Grundlagen der Rechtswissenschaft

herausgegeben von
Marietta Auer, Horst Dreier und Ulrike Müßig

44

Laura Magdalena Jung

Verfassungsvergleichung als Postulat

Eine deutsch-französische Wissenschaftsgeschichte seit 1870

Mohr Siebeck

Laura Magdalena Jung, geboren 1990; Studium der Rechtswissenschaften in Passau, Berlin, Paris und Oxford; 2014 Erste Juristische Prüfung und Maîtrise en droit; 2015 Magister Juris; 2015–19 Wissenschaftliche Mitarbeiterin am Lehrstuhl für Öffentliches Recht und Grundlagen des Rechts der Humboldt-Universität zu Berlin; 2020 Zweites Staatsexamen im Bezirk des Kammergerichts; 2021 Promotion; Wissenschaftliche Mitarbeiterin an der Bayerischen Akademie der Wissenschaften, München.
orcid.org/0000-0002-1483-102X

Gedruckt mit freundlicher Unterstützung der Geschwister Boehringer Ingelheim Stiftung für Geisteswissenschaften in Ingelheim am Rhein.

ISBN 978-3-16-161513-9 / eISBN 978-3-16-161514-6
DOI 10.1628/978-3-16-161514-6

ISSN 1614-8169 / eISSN 2569-3964 (Grundlagen der Rechtswissenschaft)

Die Deutsche Nationalbibliothek verzeichnet diese Publikation in der Deutschen Nationalbibliographie; detaillierte bibliographische Daten sind über *http://dnb.dnb.de* abrufbar.

© 2022 Mohr Siebeck Tübingen. www.mohrsiebeck.com

Das Werk einschließlich aller seiner Teile ist urheberrechtlich geschützt. Jede Verwertung außerhalb der engen Grenzen des Urheberrechtsgesetzes ist ohne Zustimmung des Verlags unzulässig und strafbar. Das gilt insbesondere für die Verbreitung, Vervielfältigung, Übersetzung und die Einspeicherung und Verarbeitung in elektronischen Systemen.

Das Buch wurde Gulde Druck in Tübingen auf alterungsbeständiges Werkdruckpapier gedruckt und gebunden.

Printed in Germany.

Meinen Eltern

Vorwort

Welche Themen und Methoden beschäftigen deutsche und französische Wissenschaftlerinnen, wenn sie Verfassungen vergleichen? In welchen Situationen postulieren sie, dass man Verfassungen vergleichen müsse und wie man dabei vorzugehen habe? Einige der Antworten auf diese Fragen über die letzten 150 Jahre nachzuvollziehen, war ein wichtiges Anliegen dieser Arbeit. Dabei legt sie ein besonderes Augenmerk auf die gegenseitigen Bezugnahmen, die Abgrenzungen, aber auch die Phasen schlichter Nichtbeachtung. Wenn diese Untersuchung die verschlungenen Wege der deutsch-französische Verfassungsvergleichung über das ‚Zeitalter der Parlamente' bis ins ‚Zeitalter der Verfassungsgerichte' nachzeichnet, stößt sie immer wieder auf die prägende Wirkung des französischen Verfassungslaboratoriums, das der epochalen Französischen Revolution folgte. Diese Arbeit zeigt am Beispiel der in Frankreich und Deutschland zeitlich versetzten Konstituierung der Verfassungsrechtswissenschaft an den Universitäten jedoch auch, dass man von der Verfassungsgeschichte nicht immer auf die Wissenschaftsgeschichte des Verfassungsrechts schließen kann.

Diese Arbeit wurde im Sommersemester 2021 von der Juristischen Fakultät der Humboldt-Universität zu Berlin als Dissertation angenommen. Sie entstand im Wesentlichen in meiner Zeit als wissenschaftliche Mitarbeiterin an der Professur für Öffentliches Recht und Grundlagen des Rechts an der Humboldt-Universität zu Berlin in den Jahren 2015 bis 2018. Sie wurde zuletzt für die Drucklegung aktualisiert und geringfügig überarbeitet.

Meiner Doktormutter, Frau *Professorin Dr. Anna-Bettina Kaiser, LL.M. (Cambridge)*, danke ich sehr herzlich für Ihre Förderung, ihr stets offenes Ohr und die produktiven Diskussionen, die ich im Laufe der Jahre über diese Arbeit und darüber hinaus mit ihr führen konnte. Sie ist mir in ihrer Gewissenhaftigkeit, ihrer intellektuellen Neugier und ihrer Begeisterungsfähigkeit stets ein wissenschaftliches Vorbild gewesen.

Herrn *Professor Dr. Christoph Möllers, LL.M. (Chicago)*, danke ich für die zügige Erstellung des Zweitgutachtens, von dessen wertvollen Anregungen die Arbeit sehr profitieren konnte.

Ich hatte das große Glück, meine Überlegungen an verschiedenen Orten mit ganz unterschiedlichen Gesprächspartnern diskutieren zu können. Die Einsichten, die ich dabei erhalten habe, haben die Arbeit reicher gemacht. Besonderer Dank gilt Herrn *Professor Dr. Armel Le Divellec*, der erste Thesen während meines Forschungsaufenthalts im Winter 2017/18 an der École du droit de la Sorbonne umfassend mit mir besprochen hat und mir viele Anregungen zur Verfassungsrechtswissenschaft Frankreichs gegeben hat. Wertvolle Hinweise verdanke ich zudem den Diskussionen im Promotionskolleg der European Law School der Humboldt-Universität. Stellvertretend möchte ich Herrn *Professor Dr. Martin Eifert, LL.M. (Berkeley)*, Herrn *Professor Dr. Dr. Günter Frankenberg* und Herrn *Dr. Yoan Vilain, LL.M.*, Dank sagen. Herr *Professsor Dr. Philipp Dann, LL.M. (Harvard)*, hat nicht nur den Vorsitz der Disputation übernommen, sondern mir darüber hinaus die Gelegenheit gegeben, einen Teil der Arbeit im ‚Arbeitskreis Verfassungsvergleichung' vorzustellen. Auch dafür bin ich sehr dankbar. Für wertvolle Ratschläge vor der Drucklegung danke ich Herrn *Professor Dr. Christian Walter* herzlich.

Die Deutsch-Französische Hochschule hat diese Arbeit mit einer Mobilitätsbeihilfe gefördert und sie im Januar 2022 mit dem *Prix international* ausgezeichnet. Dafür danke ich sehr. Den Herausgeberinnen und dem Herausgeber danke ich für die Aufnahme in diese Reihe.

Freunde und Kolleginnen haben das Entstehen dieser Arbeit begleitet und mit mir darüber und vieles andere diskutiert. Beides war durch nichts zu ersetzen. Manche haben zusätzlich die Mühe auf sich genommen und Teile der Arbeit Korrektur gelesen. Dafür danke ich *Dr. Patrick Abel, MJur (Oxford)*, *Dr. Almut Neumann, LL.M. (LSE)*, *Ines Reiling*, *Anna-Julia Saiger* und ganz besonders *Dr. Hanna Dorothea Faig* und *Martin Plohmann*.

Meiner Familie, insbesondere meiner Großmutter *Anneliese Jung* und meinen Geschwistern *Dr. Sara Jung*, *Nora Jung* und *Jakob Jung*, danke ich für ihre bedingungslose Unterstützung. Mit *Yoann Vernay* durfte ich die schönen Momente dieser Zeit teilen. In allen Phasen dieser Arbeit konnte ich auf seinen Rückhalt ebenso zählen wie darauf, dass er mich im rechten Moment auch einmal davon ablenkt.

Meinen Eltern *Christine Jung* und *Helmut Martin-Jung* danke ich von ganzem Herzen dafür, dass sie mir stets mit Rat und Tat zur Seite stehen und ich immer auf ihre Unterstützung vertrauen kann. Ihnen ist diese Arbeit gewidmet.

München, im März 2022   Laura Magdalena Jung

Inhaltsübersicht

Vorwort	VII
Inhaltsverzeichnis	XIII
Abkürzungsverzeichnis	XIX
§ 1 Einleitung. Vergleichsweise verflochten?	1
I. Verfassungsrechtswissenschaften und Vergleich	2
II. Stand der Forschung	7
III. Gang der Untersuchung	10
§ 2 Methode. Vom offenen Quellenkorpus zur Rekonstruktion und Analyse verflochtener Diskurse	13
I. Die Diskursanalyse als methodische Grundentscheidung	13
II. Die Verflechtung als leitende Hypothese	23
Erster Teil	31
§ 3 Von Evolutionsmetaphern und Empiriepostulaten. Verfassungsvergleichung als empirische Wissenschaft?	33
I. „[L]a science pour la science!" – Die Vergleichung im Zeichen der Empirie-Euphorie	36
II. Verfassungsvergleichung ohne Disziplin und Disziplin ohne Verfassungsvergleichung – vom ‚Wettstreit der Nationen'	48
III. Thesen	60

§ 4 Deutsch-französische belle époque. Das Hoch der Theorie im ‚Zeitalter der Parlamente' ... 63

- I. Theorietransfers und Allgemeine Staatslehre im ‚Zeitalter der Parlamente' ... 64
- II. Die belle époque in der Theorie der Vergleichung ... 90
- III. Sag, wie hast du's mit der Politikwissenschaft? Eine Gretchenfrage der Verfassungsvergleichung ... 101
- IV. Thesen ... 108

§ 5 Verfassungsvergleichung in der Krise. Von neuen Techniken und altbekannten Theorietransfers ... 111

- I. Verfassungsvergleichung als neu entdeckte Technik ... 114
- II. Die Abkehr von der Verfassungsvergleichung als Technik ... 128
- III. Thesen ... 140

§ 6 Die Institution als Akteur. Neue Beobachterperspektiven in der Verfassungsvergleichung ... 143

- I. Der versetzte Eintritt ins ‚Zeitalter der Verfassungsgerichte' ... 144
- II. Verfassungsgerichte als Gegenstand des Vergleichs ... 152
- III. Verfassungsgerichte als Akteure des Vergleichs ... 164
- IV. Thesen ... 177

Zweiter Teil ... 179

§ 7 Von Rechtskreisen, Regierungstypen und anderen Typologien ... 181

- I. Typenbildungen im Verfassungsrecht. Von ersten Ansätzen und verfrühten Totenreden ... 183
- II. ‚Tektonische Verwerfung' in der Disziplinenlandschaft. Vom Einfluss zivilrechtlicher Rechtskreise und politikwissenschaftlicher Regierungstypen ... 197
- III. Ausblick: Rechtskreise heute – zwischen Relativierung und Reaktivierung ... 211
- IV. Thesen ... 213

§ 8 Zwischen Ubiquität und Unklarheit? Der
Funktionalismus in der Kritik 215
*I. Funktionalität als „methodische[s] Grundprinzip" der
Rechtsvergleichung?* 220
*II. Funktionalismus bis heute – die Kritische Rechtsvergleichung und
der Kontext* 227
III. Thesen 246

§ 9 Vom Transfer über die Migration zum globalen
Konstitutionalismus? 249
*I. Verfassungsvergleichung zwischen Text und Kontext – der
Transferdiskurs als Vehikel methodologischer Reflexion* 250
*II. Transfer, Gemeineuropäisches Verfassungsrecht und globaler
Konstitutionalismus – mehr Trennendes als Verbindendes* 263
III. Thesen 268

§ 10 Zusammenfassung der Ergebnisse 271

Summary 281

Résumé 283

Quellen- und Literaturverzeichnis 285
 Archivalische Quellen 285
 Veröffentlichte Literatur 285

Namens- und Personenregister 327

Sachregister 329

Inhaltsverzeichnis

Vorwort VII

Inhaltsübersicht IX

Abkürzungsverzeichnis XIX

§ 1 Einleitung. Vergleichsweise verflochten? 1
   I. Verfassungsrechtswissenschaften und Vergleich 2
   1. Die Fragestellungen der Untersuchung 2
   2. Der Zeitraum der Untersuchung 4
   II. Stand der Forschung 7
   III. Gang der Untersuchung 10

§ 2 Methode. Vom offenen Quellenkorpus zur Rekonstruktion und Analyse verflochtener Diskurse 13
   I. Die Diskursanalyse als methodische Grundentscheidung 13
   1. Der Begriff der Diskursanalyse 13
   2. Das offene Quellenkorpus als Ausgangspunkt 17
   3. Die juristische Alltagsliteratur als Schwerpunkt der Zeitschriftenanalyse 18
   II. Die Verflechtung als leitende Hypothese 23
   1. Zur Perspektive der Verflechtungsgeschichte 23
   2. Vom Vergleich über den Transfer zur Verflechtung – von Abgrenzungsbewegungen und Grenzüberschreitungen 27
      a) Verflechtung und Vergleich 28
      b) Verflechtung und Transfer 29

Erster Teil 31

§ 3 Von Evolutionsmetaphern und Empiriepostulaten.
Verfassungsvergleichung als empirische Wissenschaft? 33

I. „*[L]a science pour la science!" – Die Vergleichung im Zeichen der
Empirie-Euphorie* 36
1. Komparatistik als Statistik – und als Vorstufe einer empirisch
   fundierten Rechtsphilosophie 37
2. Vive l'Évolution? Die Rechtsethnologie, der Fortschritt und
   die Entwicklungsstufen 41
   a) Wider die „Begriffsgymnastik" und die „Speculation" – für
      eine Erneuerung der Rechtswissenschaft 43
   b) Von Evolution und Entwicklungsstufen – Vergleichung
      im Fortschrittsglauben 46

*II. Verfassungsvergleichung ohne Disziplin und Disziplin ohne
Verfassungsvergleichung – vom ‚Wettstreit der Nationen'* 48
1. Komparatistik und Nationalismus – zwei Seiten einer Medaille 48
2. Die Verfassung als ein Vergleichsgegenstand unter vielen 51
3. Die verspätete Verfassungsvergleichung? Deutsche
   Komparatistik im Schatten der Reichsgründung 55

III. Thesen 60

§ 4 Deutsch-französische belle époque. Das Hoch der Theorie
im ‚Zeitalter der Parlamente' 63

*I. Theorietransfers und Allgemeine Staatslehre im ‚Zeitalter der
Parlamente'* 64
1. Institutionelle Unterschiede zwischen Deutschland
   und Frankreich 66
2. Wider den Despotismus des Parlaments – asymmetrische
   inhaltliche Verflechtungen 69
3. Theorietransfers im Aufwind 79

II. Die belle époque in der Theorie der Vergleichung 90
1. Die belle époque als Zeit der Methodenreflexion 90
   a) Alte Zöpfe abschneiden? Die methodischen Prämissen der
      Vergleichung auf dem Prüfstand 91
      aa) Gesetzgebungsvergleichung und Rechtsvergleichung 91
      bb) Wider die rechtsethnologische Deduktion 92
   b) Auf zu neuen Ufern? Die Frage der Vergleichsländer 94
2. Die Vergleichung der belle époque und ihre Rolle für
   die Verfassungsrechtswissenschaften 95
   a) Die Konstituierung der französischen
      Verfassungsrechtswissenschaft durch Vergleich: Der Vergleich
      als Grundlage der wissenschaftlichen Hypothesen 96

	b) Das Ende der Vergleichsmüdigkeit in der deutschen Verfassungsrechtswissenschaft: Die Verifizierung der Hypothesen durch den Vergleich	97
III.	*Sag, wie hast du's mit der Politikwissenschaft? Eine Gretchenfrage der Verfassungsvergleichung*	101
1.	Trennung oder Verschränkung – der Umgang mit den politischen Wissenschaften	102
2.	Politikwissenschaften als „wesentliche Ergänzung" des öffentlichen Rechts?	105
3.	Wissenschaftlichkeit und Autonomie des Verfassungsrechts	107
IV.	*Thesen*	108

§ 5 Verfassungsvergleichung in der Krise. Von neuen Techniken und altbekannten Theorietransfers 111

I.	*Verfassungsvergleichung als neu entdeckte Technik*	114
1.	Neue Verfassungstechnik für Weimar	116
2.	Verfassungsvergleichung als Auslegungstechnik?	119
3.	Verfassungsvergleichung im „neuen Europa" – die Technik zur Rationalisierung der Macht?	121
II.	*Die Abkehr von der Verfassungsvergleichung als Technik*	128
1.	Weder Theorie noch Technik – Verfassungsvergleichung und die Diskussion um das richterliche Prüfungsrecht in der Krise des Parlamentarismus	128
	a) Rechtstechnische Konfliktlinien	129
	b) Rechtspolitische Konfliktlinien	129
	c) Rechtstheoretische und methodologische Konfliktlinien	131
	d) Eine inhaltliche Parallele bei gegenseitiger Nichtbeachtung	134
2.	„Revolution" der Reinen Rechtslehre? Die Rückkehr des Theorietransfers	135
III.	*Thesen*	140

§ 6 Die Institution als Akteur. Neue Beobachterperspektiven in der Verfassungsvergleichung 143

I.	*Der versetzte Eintritt ins ‚Zeitalter der Verfassungsgerichte'*	144
II.	*Verfassungsgerichte als Gegenstand des Vergleichs*	152
1.	Europäisches Modell oder US-amerikanischer Mythos? Zur Normalisierung der gerichtlichen Kontrolle der Verfassungsmäßigkeit von Gesetzen	154

2. Entscheidungsvergleiche: Die Entscheidungen zum
 Schwangerschaftsabbruch als Legitimationsverstärker? 160
III. *Verfassungsgerichte als Akteure des Vergleichs* 164
1. Vergleich im Verfassungsgerichtsverbund und seine Grenzen ... 165
 a) Höchstrichterliche Zusammenarbeit und Vergleich 167
 b) Die Gründe für den Rückgriff auf die Begründungen
  anderer Gerichte 170
 c) Rechtsprechungsvergleich als Aufgabe der
  Verfassungsgerichte? 171
2. Vom Kollegium zur Person? Akteurszentrierte Perspektiven 173
IV. *Thesen* 177

Zweiter Teil 179

§ 7 Von Rechtskreisen, Regierungstypen und anderen Typologien 181

I. *Typenbildungen im Verfassungsrecht. Von ersten Ansätzen und verfrühten Totenreden* 183
1. ‚Familles de droit' und ‚empirische Typen' – Mittel zum Zweck
 oder Selbstzweck? 184
2. Typenbildung in der Tyrannei – Verfassungsvergleichung zu
 Zeiten des „Dritten Reichs" und des Vichy-Regimes als
 „Nekrolog des Konstitutionalismus" 189
II. *‚Tektonische Verwerfung' in der Disziplinenlandschaft. Vom Einfluss zivilrechtlicher Rechtskreise und politikwissenschaftlicher Regierungstypen* 197
1. Neue Verfassungen, alte Herausforderungen: Regierungstypen
 und das Verhältnis zu den Politikwissenschaften 199
 a) Die Politikwissenschaften zwischen Vereinnahmung und
  Abgrenzung: deutsch-französische Unterschiede 199
 b) Die Abbildung der Wirklichkeit des Machtprozesses als
  wesentliche Innovation der neuen Typenlehren in Deutschland
  und Frankreich 202
2. Zivilrechtliche Rechtsfamilien und ihre Rückwirkungen
 ins Verfassungsrecht 206
III. *Ausblick: Rechtskreise heute – zwischen Relativierung
 und Reaktivierung* 211
IV. *Thesen* 213

§ 8 Zwischen Ubiquität und Unklarheit? Der Funktionalismus in der Kritik 215

I. *Funktionalität als „methodische[s] Grundprinzip" der Rechtsvergleichung?* 220
1. Die Innovation des Funktionalismus: Methodenbewusstsein und Anwendungsbezug 221
2. Soziologische Inspiration als Fundament des Funktionalismus? Mehr Schein als Sein 223

II. *Funktionalismus bis heute – die Kritische Rechtsvergleichung und der Kontext* 227
1. Wider die ‚Ähnlichkeitsideologie' – der Funktionalismus in der Kritik 229
   a) Die Betonung von Unterschieden statt von Gemeinsamkeiten 233
   b) Die Bedeutung der Perspektiven 236
   c) Kritik des Ethnozentrismus 238
2. Kontext statt Funktion? Funktionalismus als „Ausgangspunkt" 240
   a) Kritik an der Kritischen Rechtsvergleichung 240
   b) Funktion im kontextualistischen Gewand? 243

III. *Thesen* 246

§ 9 Vom Transfer über die Migration zum globalen Konstitutionalismus? 249

I. *Verfassungsvergleichung zwischen Text und Kontext – der Transferdiskurs als Vehikel methodologischer Reflexion* 250
1. Textstufen und kulturwissenschaftlicher Ansatz: der Appell an die Verfassungsrechtswissenschaft 253
2. Kritik des Transplantats und Transplantat der Kritik: produktive Irritation der juristischen Komparatistik 258

II. *Transfer, Gemeineuropäisches Verfassungsrecht und globaler Konstitutionalismus – mehr Trennendes als Verbindendes* 263
1. Berührungspunkte von Transfer und Konstitutionalismus 264
2. Veränderung statt Fortschreibung der Perspektive 266

III. *Thesen* 268

§ 10 Zusammenfassung der Ergebnisse 271

Summary 281

Résumé 283

Quellen- und Literaturverzeichnis 285
    Archivalische Quellen 285
    Veröffentlichte Literatur 285

Namens- und Personenregister 327

Sachregister 329

Abkürzungsverzeichnis

AJDA	L'Actualité juridique. Droit administratif
AöR	Archiv für öffentliches Recht (bis 1910); Archiv des öffentlichen Rechts (seit 1911)
BGBl.	Bundesgesetzblatt
BSLC	Bulletin de la Société de législation comparée
BVerfG	Bundesverfassungsgericht
BVerfGE	Amtliche Sammlung der Entscheidungen des Bundesverfassungsgerichts
C. E. C. A.	Communauté européenne du charbon et de l'acier
DÖV	Die Öffentliche Verwaltung. Zeitschrift für Öffentliches Recht und Verwaltungswissenschaften
EGMR	Europäischer Gerichtshof für Menschenrechte
EMRK	Europäische Menschenrechtskonvention
EuGH	Europäischer Gerichtshof
EuGRZ	Europäische Grundrechte-Zeitschrift
GG	Grundgesetz
GLJ	German Law Journal
HRG	Handwörterbuch zur deutschen Rechtsgeschichte
HZ	Historische Zeitschrift
I.CON	International Journal of Constitutional Law
JCP	Juris-Classeur Périodique
JöR a. F.	Jahrbuch des öffentlichen Rechts der Gegenwart alte Fassung
JöR n. F.	Jahrbuch des öffentlichen Rechts der Gegenwart neue Fassung
KritV	Kritische Vierteljahresschrift für Gesetzgebung und Rechtsprechung
NJW	Neue Juristische Wochenschrift
NVwZ	Neue Zeitschrift für Verwaltungsrecht
OSZE	Organisation für Sicherheit und Zusammenarbeit in Europa
PVS	Politische Vierteljahresschrift
QPC	Question prioritaire de constitutionnalité
RabelsZ	Rabels Zeitschrift für ausländisches und internationales Privatrecht
RDP	Revue du droit public et de la science politique
RFSP	Revue française de science politique
RIDC	Revue internationale de droit comparé
RPP	Revue Politique et Parlementaire
S. N. C. F.	Société nationale des chemins de fer français
VfZ	Vierteljahreshefte für Zeitgeschichte
VRÜ	Verfassung und Recht in Übersee – World Comparative Law
VVDStRL	Veröffentlichungen der Vereinigung der Deutschen Staatsrechtslehrer
ZaöRV	Zeitschrift für ausländisches öffentliches Recht und Völkerrecht

ZEuP	Zeitschrift für Europäisches Privatrecht
ZfP	Zeitschrift für Politk
ZgStW	Zeitschrift für die gesamte Staatswissenschaft
ZNR	Zeitschrift für Neuere Rechtsgeschichte
ZNThG	Zeitschrift für Neuere Theologiegeschichte
ZRG GA	Zeitschrift der Savigny-Stiftung für Rechtsgeschichte: Germanistische Abteilung

§ 1

Einleitung. Vergleichsweise verflochten?

> „Denn nur durch Vergleichung unterscheidet man sich und erfährt, was man ist, um ganz zu werden, was man sein soll."[1]
>
> „Das Vergleichen ist das Ende des Glücks und der Anfang der Unzufriedenheit."[2]

Paris, 16. Februar 1869. *Edouard Laboulaye*, Professor für vergleichende Gesetzgebung am Collège de France, steht um acht Uhr abends im Lokal der Gelehrten Gesellschaften. Mehr als hundert Leute sind gekommen, um eine neue Gesellschaft zu gründen, deren Präsident er werden soll. *Laboulaye* begründet vor den Versammelten, wie wichtig und notwendig die Société de législation comparée gerade jetzt sei:[3] Seine Argumentation beruht dabei wie selbstverständlich darauf, dass er Vergleiche zieht. Frankreich sei gegenüber England, den Vereinigten Staaten, Deutschland und sogar Belgien ins Hintertreffen geraten. Überall gebe es mittlerweile Vereine und teils sogar Zeitschriften, die sich dem Vergleich der Gesetze in den verschiedenen Ländern widmeten; Frankreich müsse den Rückstand nun schnell aufholen.

Greifswald, 24. Dezember 1884. *Felix Stoerk*, Professor an der dortigen Universität, schreibt an seinen Verleger *Paul Siebeck*. Sie korrespondieren über ein neues Projekt. Gemeinsam mit *Paul Laband* möchte *Stoerk* der „Verzettelung"[4] im öffentlichen Recht abhelfen; dafür soll eine neue Zeitschrift für das öffentliche Recht gegründet werden. *Stoerk* legt bei *Siebeck* Wert darauf, er „habe lange genug in der Soc[iété] de legisl[ation] comparée in Paris verkehrt[,] um die Organisation ihres Bulletins [...] für eine gleichen Zwecken dienende deutsche Zeitschrift nutzbringend verwerthen zu können".[5] Leitidee des neuen Archivs für öffentliches Recht soll – wie in der Zeitschrift der französischen Gesellschaft – der „Gedanke[...] der rechtsvergleichenden Darstellung" sein.[6]

---

[1] *T. Mann*, Joseph und seine Brüder, Bd. 2, 1960, S. 1139.
[2] *S. A. Kierkegaard* zugeschrieben.
[3] *E.-R. Laboulaye*, Discours d'ouverture de M. Laboulaye, BSLC 1871, S. 1 (1 f.).
[4] *P. Laband/F. Stoerk*, Vorwort, AöR 1 (1886), S. V (VI).
[5] *F. Stoerk* an *P. Siebeck*, 24. XII. 1884, Staatsbibliothek zu Berlin (SBB), Nachl. 488 (Archiv Mohr Siebeck), A 0027, 11.
[6] *Laband/Stoerk* (Fn. 4), S. VIII (ohne Übernahme der Sperrung im Original). S. zu den

I. Verfassungsrechtswissenschaften und Vergleich

Diese beiden Anekdoten verdeutlichen zwei Aspekte, die für diese Untersuchung prägend sind. Wenn die Wissenschaftler[7] Frankreichs und Deutschlands neue akademische Disziplinen und wissenschaftliche Methoden erörtern, sind diese Diskussionen oft miteinander verknüpft, teilweise auch über große Zeitabstände hinweg. Der Vergleich wird dabei häufig zum Postulat, er ist also argumentativer Impuls in den jeweiligen Wissenschaftskulturen, ebenfalls mehr oder auf eine andere Art und Weise zu vergleichen.

1. Die Fragestellungen der Untersuchung

Ziel dieser Untersuchung ist die wissenschaftsgeschichtliche Analyse verflochtener[8] Diskurse der Verfassungsvergleichung in Frankreich und Deutschland.[9] Die verfassungsrechtliche Komparatistik bewegt sich, so die Hypothese der Untersuchung, stets zwischen zwei Polen, der wissenschaftlichen Vergleichung und der Verfassungsrechtswissenschaft. Beide entfalten in Frankreich und Deutschland ab 1870 aus unterschiedlichen Gründen neue Wirkmacht.[10] Die vorliegende deutsch-französische Wissenschaftsgeschichte zeichnet nach, wie sich die Verfassungsvergleichung bis heute zwischen diesen Polen bewegt. Sie ist dabei von drei Hauptfragen geleitet. Zunächst frage ich[11], welche Themen in der Verfassungsvergleichung wann aktuell sind, und gehe den Gründen dafür nach. Zweitens untersuche ich, *wie*, also vor allem mit welcher methodischen Vorgehensweise, die Themen analysiert werden. Die letzte Frage ist, ob und wenn ja, wie die Wissenschaftler Frankreichs und

---

näheren Umständen → §§ 3 II 3, nach → Fn. 139; → § 4 I 1 mit → Fn. 12, auch zu den Gründen, warum diese Leitidee bald ins Hintertreffen gerät und Anfang des 20. Jahrhunderts durch eine neue Zeitschrift, das Jahrbuch des öffentlichen Rechts, neu belebt wird.

[7] Ich verwende in dieser Arbeit weder das generische Maskulinum noch das generische Femininum. Stattdessen greife ich bewusst nur auf die männliche Form in Zeiten zurück, in denen es schlicht keine Wissenschaftlerinnen gab, um nicht den falschen Eindruck zu erwecken, es hätte welche gegeben. Wenn sich das im letzten Drittel des 20. Jahrhunderts langsam ändert – und in den einleitenden Kapiteln –, meine ich, wenn ich eines der beiden grammatischen Geschlechter nenne, stets beide grammatische Geschlechter.

[8] Zur Anlehnung an die sog. Verflechtungsgeschichte s. u. → § 2 II.

[9] Zum Diskursbegriff s. u. → § 2 I.

[10] S. sogleich im Haupttext unter → § 1 I 2.

[11] Diese Untersuchung greift auf die – in den Rechtswissenschaften unübliche – Ich-Form zurück, um im Sinne der verflechtungsgeschichtlichen Methode auf die Rolle der Beobachterin aufmerksam zu machen, also insbesondere darauf, dass ich diese Untersuchung als im Deutschland der 2010er-Jahre rechtswissenschaftlich sozialisierte Juristin geschrieben habe, die die französische Rechtswissenschaft lediglich in Studien- und Forschungsaufenthalten kennengelernt hat. Zur Verflechtungsgeschichte s. näher → § 2 II.

I. Verfassungsrechtswissenschaften und Vergleich

Deutschlands zu verschiedenen Zeiten miteinander, übereinander oder aneinander vorbei sprechen.

Diese drei Leitfragen sind aufs Engste miteinander verflochten. Die Frage danach, ob deutsche und französische Wissenschaftler sich gegenseitig zitieren oder ignorieren, wird sowohl bei den Inhalten als auch bei den Methoden virulent. Sach- und Methodenargumente lassen sich zwar analytisch voneinander trennen, die Unterscheidung kann im konkreten Fall aber problematisch sein.[12] All diesen Schwierigkeiten muss sich jedoch eine Arbeit stellen, die einige der wissenschaftsgeschichtlichen Wirren um die Verfassungsvergleichung entflechten will, um sie anschließend mit einer anderen Wissenschaftskultur in Beziehung zu setzen, sie also wieder zu *ver*flechten.

Drei Klarstellungen mögen den Fokus der Untersuchung verdeutlichen. Zunächst beschränkt sie sich, wenn sie von der Verfassungsvergleichung spricht, im Wesentlichen auf die *internationale* Verfassungsvergleichung. Weitgehend außen vor bleibt daher die nationale oder interföderale Verfassungsvergleichung, also komparatistische Zugriffe, die Verfassungen von Gliedstaaten vergleichen. Eine weitere Frage ist das Verhältnis des bloßen „droit étranger" oder der „Auslandsrechtskunde" zur Verfassungsvergleichung. Meine Untersuchung geht davon aus, dass diese Unterscheidung instabil ist, da auch auslandsrechtskundliche Einsichten stets vor der Folie des eigenen, vertrauten Verfassungsrechts betrachtet werden. Es wird also sehr wohl verglichen – allerdings implizit.[13] Der Ausschluss vermeintlich ‚nur auslandsrechtskundlicher' Beiträge im Untersuchungszeitraum zöge aber auch aus einem anderen Grund Schwierigkeiten nach sich. Denn die Grenzen dieser Differenzierung verschieben sich über die Zeit. Eine Unterscheidung nach heutigem Verständnis zugrunde zu legen, liefe daher stets Gefahr, ahistorisch zu sein. Der Methodenbegriff, der diese Arbeit prägt, bezieht sich auf die konkrete Vorgehensweise der Wissenschaftlerinnen, wenn sie in Frankreich und Deutschland bei bestimmten Themen und zu einer bestimmten Zeit Verfassungen vergleichen. Der Blick soll also – im Verhältnis zu einem engen

---

[12] *M. Jestaedt*, Perspektiven einer Rechtswissenschaftstheorie, in: M. Jestaedt/O. Lepsius (Hrsg.), Rechtswissenschaftstheorie, 2008, S. 185 (194). *C. Möllers*, Methoden, in: W. Hoffmann-Riem/E. Schmidt-Aßmann/A. Voßkuhle (Hrsg.), Grundlagen des Verwaltungsrechts, Bd. I, 2006, §3, S. 121 (139 Rn. 19), betont die aus der Diachronie erwachsende Kontingenz stärker, indem er die Methode als die retrospektive Betrachtung der wissenschaftlichen Praxis versteht, die versucht, aus der Beobachtung ihrer selbst Schlüsse daraus zu ziehen, was sie tut und wie sie fortfahren soll.

[13] Ähnlich bereits *I. Zajtay*, Fünfzehn Jahre „Revue internationale de droit comparé", in: E. von Caemmerer/A. Nikisch/K. Zweigert (Hrsg.), Vom Deutschen zum Europäischen Recht, 1963, S. 451 (468): „Der wissenschaftlichen Darstellung des ausländischen Rechts ist indessen die rechtsvergleichende Betrachtungsweise wesenseigen, denn man erörtert das fremde Recht im Hinblick auf eine – zumindest stillschweigend angenommene – Ausgangsrechtsordnung".

Verständnis der Methodenlehre als reiner Interpretationslehre – geweitet werden. Dabei steht im Vordergrund, welche Schlüsse Wissenschaftlerinnen aus der bisherigen Praxis ziehen, an welchen Verfahren sie festhalten und von welchen sie nach und nach Abstand nehmen, um sie vielleicht zu einem späteren Zeitpunkt wieder aufzugreifen.

2. Der Zeitraum der Untersuchung

Der Untersuchungszeitraum spannt sich von den 70er-Jahren des 19. Jahrhunderts bis heute.[14] Um das Jahr 1870 herum nahmen Entwicklungen ihren Ausgangspunkt, die für die Fragestellungen meiner Untersuchung zentral sind.[15] Der deutsch-französische Krieg 1870–71 führt links wie rechts des

---

[14] Der Schwerpunkt der Untersuchung liegt damit in der Zeitgeschichte, wobei in den Geschichtswissenschaften Streit darüber besteht, wie die Zeitgeschichte genau abzugrenzen ist. Am geläufigsten ist wohl die Definition, sie als die „Epoche der Mitlebenden und ihrer wissenschaftlichen Behandlung" aufzufassen, so bereits *H. Rothfels*, Zeitgeschichte als Aufgabe, VfZ 1 (1953), S. 1 (2). Doch diese Herangehensweise wird in letzter Zeit immer häufiger mit dem Argument abgelehnt, man brauche ein inhaltliches Kriterium für die zeitliche Abgrenzung, um zeitgeschichtliche Forschung nicht theoretisch unterkomplex zu betreiben. *M. Szöllösi-Janze*, Wissensgesellschaft in Deutschland, Geschichte und Gesellschaft 30 (2004), S. 277 (277 und *passim*), schlägt etwa vor, den Übergang zur Wissensgesellschaft Ende des 19. Jahrhunderts für ausschlaggebend zu halten. Dass Wissen die Basis von Gesellschaften ist, sei zwar kein postmodernes Phänomen, sondern anthropologische Konstante (S. 278). Wolle man das Konzept der Wissensgesellschaft aber für die Zeitgeschichte fruchtbar machen, gehe es um mehr: Im Fokus stehe die Rolle wissenschaftlichen Wissens, das alle gesellschaftlichen Funktionsbereiche durchdringe und sie von der Produktion neuen Wissens abhängig mache. Die Wissenschaft löse sich also aus ihrer „relativen sozialen Isolation" (S. 279), es komme zur Diffusion des wissenschaftlichen Wissens in alle gesellschaftlichen Teilbereiche. Zur Wissenschaftspopularisierung Ende des 19. Jahrhunderts s. näher für Frankreich: B. Béguet (Hrsg.), La science pour tous. Sur la vulgarisation scientifique en France de 1850 à 1914, 1990; zur Rolle der Zeitschriften s. *F. Colin*, Les revues de vulgarisation scientifique, in: B. Béguet (Hrsg.), La science pour tous, 1990, S. 71 ff. Für Deutschland: *A. W. Daum*, Wissenschaftspopularisierung im 19. Jahrhundert, 2. Aufl. 2002, der sich auf S. 7 mit Fn. 22 von der These des Niedergangs der Wissenschaftspopularisierung um 1900 abgrenzt, die im von *Bruno Béguet* herausgegebenen Werk vertreten wird.

[15] Für meine Untersuchung sind die sogleich im Haupttext beschriebenen Umstände für den Beginn des Untersuchungszeitraums ausschlaggebend. In Frankreich wie in Deutschland wird allerdings schon weit früher verfassungsrechtswissenschaftlich und oft sogar zusätzlich vergleichend gearbeitet. Dafür könnte man gar bis zu Aristoteles, Montesquieu und Bodin zurückgehen, die alle auch vergleichend arbeiteten. Für Frankreich ist für das 19. Jahrhundert auch der Komparatist *Pellegrino Rossi* zu nennen, der seit 1834 einen Lehrstuhl für Verfassungsrecht innehat und intensiv vergleichend arbeitet. Dieser Lehrstuhl wird allerdings bald nicht mehr nachbesetzt. Für Deutschland s. nur statt vieler *J. H. G. von Justi*, Vergleichungen der Europäischen mit den Asiatischen und andern ver-

I. Verfassungsrechtswissenschaften und Vergleich

Rheins zu verfassungsgeschichtlichen Zäsuren. Mit der III. Französischen Republik und dem Deutschen Reich stehen sich zwei neue Staaten gegenüber, die sich bald neue Verfassungen geben.[16] Bei diesem Ereignis handelt es sich jedoch in erster Linie um ein politisches, das kritisch daraufhin befragt werden muss, ob es auch wissenschaftsgeschichtlich ausschlaggebend sein kann. Denn bedeutende Daten in der politischen Chronologie stellen keinen „naturgegebenen Rahmen" dar, auf die sich historische Untersuchungen unterschiedslos beziehen sollten.[17] Für eine Wissenschaftsgeschichte der Verfassungsvergleichung in Deutschland und Frankreich gibt es jedoch gute Gründe, sich an den Zäsuren der Verfassungsgeschichte zu orientieren:[18]

Die Staatsgründungen und Verfassungsprozesse, die dadurch in Gang gesetzt werden, haben auch für die Verfassungsrechtswissenschaften und für die wissenschaftliche Vergleichung tiefgreifende Folgen. Denn als 1871 die Verfassung des Deutschen Reiches in Kraft tritt, markiert das für die Staatsrechtswissenschaft den Beginn einer neuen Zeit. Nach Jahren, in denen durch den Vergleich der verschiedenen einzelstaatlichen Verfassungen nach Gemeinsamkeiten und Möglichkeiten der Vereinheitlichung gesucht worden ist, erfährt die Staatsrechtswissenschaft mit *Gerber* und *Laband* eine prägende Wende zur Dogmenwissenschaft.[19] Während mit der Konzentration auf die neue Verfassung die Vergleichung weniger selbstverständlich wird, beginnt für die Verfassungsrechtswissenschaft eine Blütezeit.[20]

---

meintlich Barbarischen Regierungen, 1762; *R. Mohl*, Das Bundes-Staatsrecht der Vereinigten Staaten von Nord-Amerika, 1824. Auch für eine Geschichte der Verfassungsvergleichung gilt der alte Satz von *F. W. Maitland*, Prologue to a History of English Law, Law Quarterly Review 14 (1898), S. 13 (13): „Such is the unity of all history that any one who endeavors to tell a piece of it must feel that his first sentence tears a seamless web".

[16] Die Verfassung der III. Republik aus dem Jahr 1875 besteht aus der Loi du 24 février 1875 relative à l'organisation du Sénat, der Loi du 25 février 1875 relative à l'organisation des pouvoirs publics und der Loi constitutionnelle du 16 juillet 1875 sur les rapports des pouvoirs publics, <https://www.conseil-constitutionnel.fr/les-constitutions-dans-l-histoire/constitution-de-1875-iiie-republique> (zuletzt abgerufen am 14.3.2022), die des Deutschen Reiches tritt am 16.4.1971 in Kraft, F. Stoerk (Hrsg.), Handbuch der Deutschen Verfassungen, 1884, S. 6 ff.; s. S. 5 f. für das Gesetz betreffend die Verfassung des Deutschen Reichs vom 16. April 1871.

[17] *M. Werner/B. Zimmermann*, Beyond Comparison: *Histoire Croisée* and the challenge of reflexivity, History and Theory 45 (2006), S. 30 (42).

[18] Für die Wissenschaftsgeschichte des Staatsrechts s. *M. Friedrich*, Geschichte der deutschen Staatsrechtswissenschaft, 1997, S. 6.

[19] *Friedrich* (Fn. 18), S. 232, 235. S. auch *P. Laband*, Das Staatsrecht des Deutschen Reiches, Bd. 1, 1876; *C. F. von Gerber*, Grundzüge eines Systems des Deutschen Staatsrechts, 2. Aufl. 1869, S. 10 f.

[20] *Von Gerber* (Fn. 19), S. 10 f. Fn. 2, identifiziert das Staatsrecht ausdrücklich mit dem Verfassungsrecht. Im Vergleich zum französischen Verfassungsrecht einer demokratischen Republik sollen durch den Gebrauch des Begriffs ‚Verfassungsrechtswissenschaft' auch für

In Frankreich entfaltet die kurz vor dem Krieg begründete französische Gesellschaft für Gesetzgebungsvergleichung mit dem erstmaligen Erscheinen ihres Bulletins anregende Wirkung auf die Vergleichung.[21] Er kann wohl auch kriegsbedingt erst im Jahr 1871 gedruckt werden. Die Verfassungsrechtswissenschaft ist dagegen an den Universitäten noch kein anerkanntes Fach. In Frankreich lässt sich für die Zeit ab 1870 eine Konjunktur der Vergleichung beobachten, wohingegen sich die Verfassungsrechtswissenschaft zunächst noch in einer Phase der Konsolidierung befindet. Die Entwicklungen verlaufen in Frankreich und Deutschland also nicht parallel.

Gerade diese Asymmetrie der deutsch-französischen Entwicklungen führt jedoch zu Phänomenen, die in meiner Untersuchung eine große Rolle spielen. Postuliert man die Notwendigkeit oder neue Methoden der Verfassungsvergleichung, so bezieht man sich aufeinander. Man greift Ideen auf, die man dann aber in andere Zusammenhänge einbettet und sich so wieder voneinander abgrenzt. Diese Verflechtungen werden erst über die Zeit sichtbar, sie sind keine einseitigen Rezeptionen mit klarem Ursprungs- und Ankunftsort. Oft wirken sie zeitlich versetzt und in anderer Form wieder zurück. Als die komparatistische Gesellschaft in Frankreich gegründet wird, beruft *Laboulaye* sich unter anderem auf die Deutschen, die in der Komparatistik viel weiter seien.[22] Mitte der 1880er-Jahre argumentiert wiederum *Stoerk*, wie sehr die deutsche Staatsrechtswissenschaft bei der Vergleichung im Verhältnis zur französischen ins Hintertreffen geraten sei.[23] Aus verfassungsrechtswissenschaftlicher Perspektive blickt die deutsche Staatsrechtswissenschaft auf eine weiter zurückreichende Tradition zurück.[24] In Frankreich, und das mag mit

---

die deutsche Staatsrechtswissenschaft bestehende Unterschiede nicht nivelliert, sondern nur zum Ausdruck gebracht werden, dass das damalige Staatsrecht das deutsche Verfassungsrecht der Zeit war, was den Begriffsgebrauch in dieser Untersuchung erklären mag.

[21] So auch die Beurteilung im Jahr 1900 durch *M. Deslandres*, La crise de la science politique (1), RDP 1900, S. 5 (8): „Depuis 1870, nous voyons des écrivains suivre l'exemple de de Tocqueville et renouveler son heureuse tentative d'études sur les pays étrangers" („Seit 1870 sehen wir Autoren dem Beispiel von *de Tocqueville* folgen und seinen gelungenen Versuch der Studien über fremde Länder wiederholen").

[22] S. bereits den Haupttext oben mit → Fn. 3.

[23] S. bereits den Haupttext oben mit → Fn. 5.

[24] Hierzu grundlegend *Friedrich* (Fn. 18), *passim*. Auf S. 2 f. wird er besonders deutlich, wenn er schreibt, dass „im Falle Deutschlands eine Staatsrechtswissenschaft bei weitem älter als anderwärts ist. […] Freilich, auch andere europäische Gesellschaften besitzen eine ältere Literatur über ihre besonderen Verfassungseinrichtungen und -fragen, die durchaus weit zurückreichen kann. Was sie aber nicht kennen, ist eine *akademische Wissenschaft des Staats- und Verfassungsrechts von so langer Dauer* wie Deutschland" (meine Hervorhebung); s. zum Vergleich *O. Jouanjan*, Die Krise der französischen Verfassungsrechtswissenschaft um 1900, ZRG GA 2009, S. 98 (102 f.): „Zwischen 1896 und 1930 etwa war die Zeit des klassischen französischen Verfassungsrechts; es war die Zeit der großen Versuche zur theoretischen Grundlegung einer noch neuen Disziplin; es war die Zeit, da es um die Verwissenschaftlichung des Verfassungsrechts ging".

dem Blick auf die Revolution von 1789 und die darauffolgende Zeit als ‚Verfassungslaboratorium'[25] erstaunen, gewährt man der Analyse des Verfassungsrechts zunächst keinen Raum an den Universitäten.[26] Erst mit der wissenschaftspolitischen Entscheidung in den ausgehenden 1870er Jahren, die neue Republik durch neu geschaffene, verfassungsrechtliche Professuren zu stärken, kommt es zu einer Institutionalisierung des Fachs an den Universitäten.[27] Spezifisch verfassungsvergleichende Publikationen arbeiten sich nun häufig an der deutschen Staatsrechtwissenschaft ab und müssen sich sogar rechtfertigen, wenn sie es einmal nicht tun.[28]

II. Stand der Forschung

Die Historisierung stellt heute neben der Kontextualisierung eines der wichtigsten verfassungsrechtswissenschaftlichen Postulate dar.[29] Dabei macht die Wissenschaft konsequenterweise auch sich selbst zum Gegenstand dieser Forderungen. Spätestens seit *Michael Stolleis* in vier Bänden die Wissenschaftsgeschichte des öffentlichen Rechts vom Alten Reich bis zum Beginn der Berliner Republik erzählt hat, richten Wissenschaftler in Deutschland den Blick verstärkt auch auf die Geschichte des eigenen Fachs.[30] In der fran-

---

[25] *C. Guyho*, Étude de législation comparée sur la Chambre haute dans les divers pays, BSLC 1872, S. 241 (253), zählt bis zum Erscheinen des Beitrags zehn Revolutionen, die stets auch verfassungsrechtliche Umbrüche waren.

[26] Eine Ausnahme bildet die nur wenige Jahre während Zeit *Pellegrino Rossis* an der Pariser Universität; dabei handelt es sich allerdings um einen speziell an seine Person gebundenen Lehrstuhl, der nach seiner Rückkehr nach Italien nicht mehr nachbesetzt wird, s. oben → Fn. 15.

[27] Hier zeigt sich die bereits oben im Haupttext angedeutete intrikate Beziehung zwischen Verfassungs- und Wissenschaftsgeschichte. Zur Konstituierung der Verfassungsrechtswissenschaft als Disziplin in Frankreich, s. unten → § 4 nach → Fn. 8. Ich gehe in meiner Untersuchung für den voraussetzungsreichen Begriff der Konstituierung als universitäre Disziplin davon aus, dass diese Konstituierung ein Prozess ist, der eine allmähliche Transformation der Wissenslandschaft mit sich bringt. Dieser Prozess spiegelt sich jedoch außerdem in institutionellen Folgen wider, wie in der Einrichtung von Professuren oder der Gründung fachspezifischer Zeitschriften.

[28] Préface de la deuxième édition, abgedruckt in: *A. Esmein*, Éléments de droit constitutionnel français et comparé, 5. Aufl. 1909, S. IX (X); s. näher unten → § 4 I 3, nach → Fn. 103.

[29] Dies gilt für die deutsche Verfassungsrechtswissenschaft noch stärker als für die französische. S. statt vieler *O. Lepsius*, Vom Reiz der US-amerikanischen Rechtsgeschichte, Rechtsgeschichte 19 (2011), S. 190 (198); *F. Meinel*, The constitutional miracle on the Rhine, I.CON 14 (2016), S. 277 ff.

[30] *M. Stolleis*, Geschichte des öffentlichen Rechts in Deutschland, Bd. I, 1988; Bd. II, 1992; Bd. III, 1999; Bd. IV, 2012. S. auch die Beiträge in Rechtsgeschichte 19 (2011).

zösischen Verfassungsrechtswissenschaft ist das erst später und auch nicht in gleichem Maße der Fall, obwohl auch hier das Interesse steigt.[31]

Gleiches gilt auch für die Verfassungsvergleichung, von deren „Renaissance"[32] heute die Rede ist. In den vergangenen Jahren haben wieder mehr Wissenschaftler umfassende Monographien über die Verfassungsverglei-

---

[31] *S. Pinon*, Adhémar Esmein et la doctrine constitutionnelle de son temps, in: S. Pinon/P.-H. Prélot (Hrsg.), Le droit constitutionnel d'Adhémar Esmein, 2009, S. 209 (209), spricht für die Zeit bis zur Jahrtausendwende noch von einer „Quasi-Stille der juristischen Geschichtsschreibung" („quasi-silence de l'historiographie juridique"). Auch *F. Audren/ J.-L. Halpérin*, La science juridique entre politique et sciences humaines (XIXème–XXème siècles), Revue d'Histoire des Sciences Humaines 4 (2001), S. 3 (3), sprechen von „der Armut der Historiographie der juristischen Disziplinen in Frankreich bis zu den letzten Jahrzehnten" („la pauvreté de l'historiographie des disciplines juridiques en France jusqu'à ces dernières décennies").

S. zuletzt aber *G. Richard*, Enseigner le droit public à Paris sous la Troisième République, 2015; *O. Jouanjan*, Histoire de la science du droit constitutionnel, in: D. Chagnollaud/M. Troper (Hrsg.), Traité international de droit constitutionnel, Bd. 1, 2012, S. 69 ff.

Wenn *C. Schönberger*, Wissenschaftsgeschichte als Schlüssel zur Geschichte des öffentlichen Rechts? Bemerkungen zu einem schwierigen Verhältnis, Rechtsgeschichte 19 (2011), S. 285 (293), noch meint, eine auf Universitäten und Gelehrte konzentrierte Wissenschaftsgeschichte des öffentlichen Rechts sei vielleicht selbst ein sehr deutsches Unternehmen, wird diese These nunmehr von den genannten neueren französischen Arbeiten in Frage gestellt.

[32] So der sprechende Untertitel bei *R. Hirschl*, Comparative Matters. The Renaissance of Comparative Constitutional Law, 2014, der laut *A. von Bogdandy*, Zur sozialwissenschaftlichen Runderneuerung der Verfassungsvergleichung, Der Staat 55 (2016), S. 103 (114 m. w. N. auch aus der französischsprachigen Verfassungs- und Verwaltungsrechtsvergleichung), auf eine aufblühende europäische Forschungslandschaft treffe, insbesondere in der öffentlich-rechtlichen, innereuropäischen Vergleichung. S. aber noch *C. Schönberger*, Verfassungsvergleichung heute, VRÜ 2010, S. 6 (7 f.), nach dem die deutsche Staatsrechtswissenschaft im Kern immer noch ein ptolemäisches Weltbild habe und die Rechtsvergleichung durch eine verstärkte Bedeutung des Europarechts nicht automatisch gefördert werde. Ihm zufolge (S. 27) ist die ptolemäische Epoche der Staatsrechtswissenschaft erst dann wirklich zu Ende, wenn sie sich einer vergleichenden Verfassungstheorie zuwendet, die Verfassungsvergleichung und -theorie als „dialektisch aufeinander bezogen" (S. 26) begreife. Zu beachten ist hier allerdings, dass auch *von Bogdandy*, a. a. O., nicht behauptet, die Verfassungsvergleichung sei nun im Zentrum des Interesses der gesamten deutschen Verfassungsrechtswissenschaft, sondern lediglich, dass dazu mehr als noch vor einigen Jahren geschrieben wird. *S. Baer*, Empirie und Theorie zur Rechtsvergleichung im Verfassungsrecht, JöR 69 (2021), S. 393 (393), hält die „Renaissance" der Verfassungsvergleichung für auf die Vereingten Staaten beschränkt. Zur Diskussion um die verfassungsvergleichende Methode in Frankreich s. zuletzt *A. V. Texeira*, La méthode en droit constitutionnel comparé: propositions pour une méthodologie constitutionnelle comparative, RDP 2019, S. 217 ff., der auf S. 218 aber noch auf die bisher dürftige Methodendiskussion hinweist.

chung geschrieben.³³ Das gilt für die französische wie die deutsche Rechtswissenschaft. Was allerdings die Wissenschaftsgeschichte der Rechtsvergleichung in Frankreich wie in Deutschland anbelangt, ist die Zahl an Arbeiten zum einen überschaubar und zum anderen häufig aus einer privatrechtlichen Perspektive geschrieben.³⁴ Es gibt lediglich einige kürzere Beiträge zur Geschichte der Rechtsvergleichung in Frankreich und Deutschland im 19. und 20. Jahrhundert.³⁵ Die deutsch-französische Wissenschaftsgeschichte der Verfassungsvergleichung bleibt damit weitgehend unerzählt, wobei man ohnehin wohl nicht *die* Geschichte, sondern stets nur eine von vielen möglichen Geschichten erzählen kann.

Erst in jüngerer Zeit erfährt die Frage nach dem Verhältnis der Vergleichung und der Verfassungsrechtswissenschaft mehr Aufmerksamkeit. Wissenschaftlerinnen in Frankreich wie in Deutschland haben sie vor einigen Jahren fast zeitgleich in den Raum gestellt, ohne die Frage jedoch selbst zu beantworten. *Claire Cuvelier*, *Delphine Huet* und *Clémence Janssen-Bennynck* betonen 2014 in der Revue du droit public, bisher werde die Bedeutung der Rechtsvergleichung – wenn überhaupt – nur mit einer Perspektive auf das positive Verfassungsrecht untersucht. Welchen Stellenwert die Rechtsvergleichung innerhalb der wissenschaftlichen Disziplin des Verfassungsrechts im Laufe der Zeit habe, bleibe dagegen offen.³⁶ Nur ein Jahr später verbindet

---

³³ S. für Frankreich *M.-C. Ponthoreau*, Droit(s) constitutionnel(s) comparé(s), 2010; *C. Grewe/H. Ruiz Fabri*, Droits constitutionnels européens, 1995; *P. Lauvaux/A. Le Divellec*, Les grandes démocraties contemporaines, 4. Aufl. 2015; für Deutschland *U. Kischel*, Rechtsvergleichung, 2015.

³⁴ S. für Frankreich *F. Cherfouh*, Le juriste entre science et politique, 2017; für Deutschland *M. Martinek*, Wissenschaftsgeschichte der Rechtsvergleichung und des Internationalen Privatrechts in der Bundesrepublik Deutschland, in: D. Simon (Hrsg.), Rechtswissenschaft in der Bonner Republik, 1994, S. 529 ff. Für das 19. Jahrhundert sind aus öffentlich-rechtlicher Perspektive *M. Stolleis*, Nationalität und Internationalität: Rechtsvergleichung im öffentlichen Recht des 19. Jahrhunderts, 1998, sowie – für den großen Bogen von 1800 bis ins 20. Jahrhundert – *W. Heun*, Die Entdeckung der Rechtsvergleichung, in: W. Heun/F. Schorkopf (Hrsg.), Wendepunkte der Rechtswissenschaft, 2014, S. 9 ff., zu nennen.

³⁵ *Heun* (Fn. 34); *Stolleis* (Fn. 34); *C. Jamin*, Le vieux rêve de Saleilles et Lambert revisité, RIDC 2000, S. 733 ff.; in englischer Sprache erschienen als *ders.*, Saleilles' and Lambert's Old Dream Revisited, American Journal of Comparative Law 50 (2002), S. 701 ff.; *I. Schwenzer*, Development of Comparative Law in Germany, Switzerland, and Austria, in: M. Reimann/R. Zimmermann (Hrsg.), The Oxford Handbook of Comparative Law, 2006, S. 69 ff.; *B. Fauvarque-Cosson*, Development of Comparative Law in France, in: a. a. O., S. 35 ff.; s. auch *Ponthoreau* (Fn. 33), S. 36 ff. Auch *Kischel* (Fn. 33), S. 272 ff., gibt bei der Darstellung der an die überkommenen „Rechtskreise" angelehnten „Kontexte der Rechtsordnungen" einen geschichtlichen Überblick, s. etwa zum „Kontext des common law" *Kischel* (Fn. 33), S. 272 ff.

³⁶ *C. Cuvelier/D. Huet/C. Janssen-Bennynck*, La science française du droit constituti-

Christian Waldhoff im Jahrbuch des öffentlichen Rechts der Gegenwart eine Rückschau auf die Anfänge dieser Zeitschrift mit dem Postulat ihrer wissenschaftsgeschichtlichen Würdigung. Dabei stellt er die Frage in den Mittelpunkt, ob das Jahrbuch Indikator für das Verhältnis der Wissenschaft vom öffentlichen Recht zur Rechtsvergleichung sein kann.[37]

Meine Arbeit fügt diesen beiden Vorschlägen, das Verhältnis der Verfassungsrechtswissenschaft zur Komparatistik zu bestimmen, einen weiteren Aspekt hinzu. Sie setzt sich von der oft impliziten Annahme ab, wissenschaftliche Diskurse brächen an nationalen Grenzen ab.[38] Ohne den Erklärungswert nationaler Besonderheiten ganz aufgeben zu wollen oder auch zu können,[39] kann Wissenschaftsgeschichte den Erklärungswert angeblicher Besonderheiten in Frage stellen, aber auch neue Differenzen ans Licht bringen. Das gilt gerade für die anderen Ländern zugewandte internationale Verfassungsvergleichung.

III. Gang der Untersuchung

Bevor ich im Hauptteil der Arbeit verschiedene Diskurse analysiere, gehe ich auf die methodischen Prämissen der Arbeit ein. Ihre Grundlage bildet eine historische Diskursanalyse, die einige Aspekte des verflechtungsgeschichtlichen Ansatzes für eine Wissenschaftsgeschichte der Verfassungsvergleichung fruchtbar macht. Anschließend gehe ich besonders auf die Auswahl der Diskurse ein, die aufgrund einer Zeitschriftenanalyse erfolgte (§ 2).

---

onnel et le droit comparé: les exemples de Rossi, Barthélemy et Mirkine-Guetzévitch, RDP 2014, S. 1534 (1536): „Jusqu'à présent, si certains travaux ont mis en lumière les apports du droit comparé au droit constitutionnel, ils se sont limités à l'étude du seul droit constitutionnel positif". S. auch – mit Bezug auf die Revue du droit public – *A. Le Divellec*, La fondation et les débuts de la Revue du droit public et de la science politique (1894–1914), RDP 2011, S. 521 (522), der weitere Forschung über die Zeitschrift im Lichte ihrer Bedeutung für die moderne französische Rechtswissenschaft anregt.

[37] *C. Waldhoff*, Das Jahrbuch des öffentlichen Rechts der Gegenwart 1907 bis 2014 – unter besonderer Berücksichtigung seiner Entstehung, JöR n. F. 63 (2015), S. 1 (40).

[38] Die nationalen Diskurse sind vielmehr oft Teil einer international geführten Debatte, so auch *A.-B. Kaiser*, Die Kommunikation der Verwaltung, 2009, S. 282. Gerade in der deutschen Verfassungsrechtswissenschaft wird bedauert, dass die *vergleichende* Wissenschaftsgeschichte des öffentlichen Rechts noch immer in den „Kinderschuhen" stecke, so *Schönberger* (Fn. 31), S. 191, unter Verweis auf *Stolleis* (Fn. 30), Bd. II, S. 6 f.; s. auch *ders.*, Einleitung, in: ders. (Hrsg.), Juristische Zeitschriften, 1999, S. 7 (9). Mein Ansatz bei dieser Untersuchung ist allerdings kein vergleichender. Er lehnt sich an die sog. Verflechtungsgeschichte an, s. unten → § 2 II.

[39] S. dazu unten → 2 II 2, nach → Fn. 81.

III. Gang der Untersuchung

Der Hauptteil der Untersuchung gliedert sich in zwei Teile. Die Diskurse, die ich dort analysiere, bilden zwei sich überkreuzende Blickwinkel ab. Der erste dieser Teile (§ 3–§ 6) nimmt verfassungsrechtswissenschaftliche Fragestellungen zum Ausgangspunkt, der zweite (§ 7–§ 9) komparatistische, um dann in die jeweils andere Richtung zu blicken. Im ersten Hauptteil der Arbeit beschäftige ich mich damit, wie Verfassungsrechtswissenschaftlerinnen in Frankreich und Deutschland die Vergleichung in ihre Vorgehensweise integrieren – wenn sie es denn tun. Im zweiten Hauptteil stellen verschiedene komparatistische Problemlagen, wie etwa rechtsvergleichende Typologien oder Rechtstransfers, den Ausgangspunkt dar, der sich also nicht auf die zeit- und kontextspezifischen Probleme der *Verfassungs*rechtswissenschaften bezieht. Daher stellt sich in diesem zweiten Hauptteil die Frage, wie komparatistische Figuren in die Verfassungsrechtswissenschaften hineinwirken. Stellt man die beiden Hauptteile einander gegenüber, werden bei den zwei Perspektiven also Ausgangs- und Referenzpunkt vertauscht. Dies greift die bereits oben getroffene Hypothese auf, dass sich die Verfassungsvergleichung zwischen der Komparatistik und der Verfassungsrechtswissenschaft bewegt.

Die Entscheidung, die Arbeit nach diesen beiden Perspektiven zu gliedern, bedingt eine Abkehr von der rein chronologischen Darstellung. Die Diskurse, die im zweiten Hauptteil von einer komparatistischen Problemlage ausgehen, werden – wie etwa die Typologien – schon Ende des 19. Jahrhunderts geführt, verstummen dann zeitweise fast völlig, um dann – oft mit großen zeitlichen Abständen – neu belebt zu werden. Die entsprechenden Kapitel sind in sich chronologisch aufgebaut, im Verhältnis zueinander aber systematisch, das heißt nach den jeweiligen Diskursen gegliedert. Die Diskurse im ersten Hauptteil sind dagegen im Wesentlichen chronologisch angeordnet. Allerdings gibt es Zeiten, in denen sich die ausgewählten Diskurse überlappen. Daneben werden zeitgleich selbstverständlich auch ganz andere Diskurse geführt. Auch bestehen teilweise erhebliche zeitliche Abstände zwischen den Diskursen.[40] Es geht also nicht darum, ein ‚lückenloses' Bild der verfassungsvergleichenden Diskurse im Untersuchungszeitraum zu zeichnen; das wäre wohl auch gar nicht möglich. Ziel der Untersuchung ist es vielmehr, einzelne Diskurse in ihrem jeweiligen Kontext exemplarisch zu analysieren.

---

[40] Am deutlichsten zwischen den Kapiteln §§ 5 und 6.

§ 2

Methode. Vom offenen Quellenkorpus zur Rekonstruktion und Analyse verflochtener Diskurse

„Anwendung ist stets Überschreitung."[1]

Dieses Kapitel widmet sich der Methode der Untersuchung. In einem ersten Schritt steht die gewählte Form der Diskursanalyse im Fokus (I). Sie bestimmt das methodische Vorgehen ebenso wie die Anlehnung an den Ansatz der Verflechtungsgeschichte, dessen wesentliche Anliegen ich in einem zweiten Schritt darstelle (II).

I. Die Diskursanalyse als methodische Grundentscheidung

Der Diskursbegriff, beklagen manche, werde ganz unterschiedlich verwendet und sei zum Allerweltsbegriff, zur bloßen „Imponiervokabel" geworden, deren Bedeutung oft im Unklaren bleibe.[2] So erstarre dieser „tendenziell subversive" Begriff zum Klischee.[3] Diesem Einwand versuche ich zu begegnen, indem ich darlege, welches Verständnis von Diskursen dieser Arbeit zugrunde liegt (1). Anschließend wende ich mich dem offenen Quellenkorpus (2) sowie der Zeitschriftenanalyse zu, in der eine Konzentration auf die „juristische Alltagsliteratur"[4] liegt (3). Mit diesen Mitteln soll die gewählte Art der Diskursanalyse in dieser Untersuchung umgesetzt werden.

1. Der Begriff der Diskursanalyse

Der Diskursbegriff dieser Untersuchung ist ein linguistischer. Diskurse sind nach diesem Verständnis virtuelle Textkorpora, deren Zusammensetzung durch inhaltliche, also semantische Kriterien bestimmt wird.[5] Besonders

---

[1] *G. Bachelard*, Der neue wissenschaftliche Geist, 1988, S. 9.
[2] *P. Schöttler*, Wer hat Angst vor dem „linguistic turn"?, Geschichte und Gesellschaft 23 (1997), S. 134 (142), zur Problembeschreibung s. auch S. 134 f.
[3] *Schöttler* (Fn. 2), S. 142.
[4] So die Bezeichnung bei *B. Lahusen*, Rechtspositivismus und juristische Methode, 2011, S. 22.
[5] Sie lehnt sich damit an den pragmatischen Diskursbegriff an, den *D. Busse/W. Teu-*

wichtig für die Zuordnung eines Textes zu einem Diskurs ist, ob die Texte aufeinander Bezug nehmen, sei es explizit oder implizit. Den angesprochenen semantischen Kriterien liegt ein Verständnis von historischer Semantik zugrunde, das diese als die „Entfaltung von gesellschaftlich konstituiertem, historisch bedingtem und relativem Sinn" begreift.[6]

Anders als die Begriffsgeschichte, die die Wissenschaft heute wieder neu für sich entdeckt, ist die Diskursanalyse nicht an einzelne Lexeme gebunden.[7] Dennoch kann man die Diskursanalyse als Weiterentwicklung des begriffsgeschichtlichen Ansatzes verstehen.[8] Ausschlaggebend für die Bildung des Korpus ist dann nicht, ob ein einzelnes Lexem oder ein Bezugswort vorkommt.[9] Entscheidend sind die thematischen Beziehungen zwischen den möglichen Texten des Korpus in Bezug auf einen Aspekt der Untersuchung.[10] Auf Seiten der Forscherin setzt der Diskurs als virtuelles Textkorpus immer Interpretationshandlungen voraus, die inhaltliche Relevanzkriterien festlegen.[11] Um diese Kriterien bestimmen zu können, muss man den Inhalt der Texte aber schon kennen.[12] Das Textkorpus bestimmt also das Untersuchungsobjekt und umgekehrt. Korpus und Untersuchungsgegenstand sind in der Diskursanalyse untrennbar miteinander verbunden und beeinflussen sich gegenseitig.[13]

---

bert, Ist Diskurs ein sprachwissenschaftliches Objekt?, in: D. Busse/F. Hermanns/W. Teubert (Hrsg.), Begriffsgeschichte und Diskursgeschichte, 1994, S. 10 (14), formulieren.

[6] *D. Busse*, Historische Diskurssemantik, Sprache und Literatur in Wissenschaft und Unterricht 2000, S. 39 (46). Dieses Verständnis wendet sich damit gegen engere Semantik-Konzeptionen, wie sie etwa in der logischen Sprachphilosophie und der formalen Linguistik vorkommen.

[7] *E. Müller/F. Schmieder*, Begriffsgeschichte und Wissenschaftsgeschichte, Geschichte und Gesellschaft 44 (2018), S. 79 ff.; *M. Pernau*, Neue Wege der Begriffsgeschichte, Geschichte und Gesellschaft 44 (2018), S. 5 ff.; von einem „Abebben", von dem *H. U. Gumbrecht*, Dimensionen und Grenzen der Begriffsgeschichte, 2006, S. 7, noch spricht, kann daher keine Rede mehr sein. Allerdings relativiert *ders.* auf S. 35, er habe ganz bewusst vom „‚Abebben' statt vom ‚Verschwinden' der Begriffsgeschichte" gesprochen.
Zu Chancen und Grenzen der Begriffsgeschichte in der Rechts- und Wissenschaftsgeschichte s. *A.-B. Kaiser*, Ist die Begriffsgeschichte noch zu retten?, Rechtsgeschichte 19 (2011), S. 142 ff.

[8] Eine solche schlägt *A.-B. Kaiser*, Die Kommunikation der Verwaltung, 2009, S. 45 ff., vor.

[9] Anders als in einigen begriffsgeschichtlichen Ansätzen soll gerade nicht nur „Höhenkammliteratur" korpusbildend sein, sondern auch Alltagstexte, s. dazu sogleich → § 2 I 3; kritisch gegenüber dem Ansatz der von *O. Brunner*, *W. Conze* und *R. Koselleck* herausgegebenen Geschichtlichen Grundbegriffe *D. Busse*, Historische Semantik, 1987, S. 65 f.

[10] *D. Busse*, Begriffsgeschichte – Diskursgeschichte – Linguistische Epistemologie, in: A. Haardt/N. Plotnikov (Hrsg.), Diskurse der Personalität, 2008, S. 115 (120).

[11] *Busse/Teubert* (Fn. 5), S. 16.

[12] *Busse/Teubert* (Fn. 5), S. 14.

[13] Das aus der Geschichtswissenschaft bekannte Konzept des offenen Korpus mag die-

In den Diskursen wiederholen sich bestimmte inhaltliche Elemente, weil sie bewusst oder unbewusst aufgegriffen werden, und gerinnen zu komplexen semantischen Beziehungsnetzen.[14] Meine Untersuchung hat zum Ziel, diese Beziehungen zu historisieren.[15] Was folgt daraus? Wenn im Prozess des Hin- und Herwanderns zwischen den Leitfragen der Untersuchung und den Texten der Blick sich erst auf die Fragen, dann wieder auf die Texte richtet, werden einzelne inhaltliche Aspekte zunächst isoliert. Nach diesem ersten Schritt, bei dem das diskursive semantische Netz letztlich aus dem Zusammenhang gerissen wird, wird es wieder eingeordnet in den zeitgenössischen Kontext, also re-kontextualisiert. Dafür sind die Texte einerseits in die verfassungsrechtlichen und politischen Umstände der Zeit einzuordnen. Andererseits stellen sich aber auch Fragen, die die Kontextualisierung der Wissenselemente in den Texten selbst betreffen.[16] Von welchen Interessen werden Bedeutungsprägungen geleitet? Welche Faktoren beeinflussen die Bedeutungsgeschichte von Wörtern, Wortgruppen oder schließlich Diskursen? Bereits bei der Re-Kontextualisierung, jedenfalls aber, wenn im letzten Schritt ein Narrativ gebildet wird, sind auch kulturgeschichtlichen Faktoren zu berücksichtigen.[17]

Wer Diskurs sagt, und von seiner Analyse spricht, kommt meist recht bald auf *Michel Foucault*. Sein Werk ist für auch für das hier zugrundeliegende Verständnis der Diskursanalyse prägend. Meine Untersuchung lehnt sich jedoch nicht daran an, sondern speist sich erst daraus, dass seine Thesen vielfach aufgegriffen, aus ihrem zeitgebundenen Kontext gerissen und oft nur

---

sen Aspekt laut *Busse/Teubert* (Fn. 5), S. 15, veranschaulichen. Zur Korpusbildung für diese Untersuchung s. sogleich → § 2 I 2.

[14] *D. Busse*, Sprachgeschichte als Teil der Kultur- und Wissensgeschichte, Jahrbuch für internationale Germanistik 55 (2002), S. 33 (38).

[15] Zum Begriff *G. W. Most*, Preface, in: ders. (Hrsg.), APOREMATA. Kritische Studien zur Philologiegeschichte, Bd. 5, 2001, S. VII (VIII), der drei Phasen unterscheidet: Dekontextualisierung, Rekontextualisierung, Narrativbildung.

[16] *Busse* (Fn. 14), S. 36 ff.

[17] Eine so verstandene Diskurs- ist damit auch immer Kulturgeschichte. Den Zusammenhang zwischen historischer Diskursanalyse und Kulturgeschichte betont auch *Busse* (Fn. 14), S. 38. Für *U. Daniel*, Kompendium Kulturgeschichte, 5. Aufl. 2006, S. 13, ist für die Kulturgeschichte die Öffnung der Geschichtswissenschaft zur Kulturwissenschaft zentral. Dies bedeute zum einen, sich in einem heterogenen Feld der kulturwissenschaftlichen Disziplinen zu verorten, zum anderen – im Anschluss an *Pierre Bourdieu* – darum, zu wissen, was man tue, wenn man Wissenschaft betreibe. Ob diese Kulturgeschichte sich als hermeneutisch verstehen kann oder sogar muss, wie das etwa *Daniel*, a. a. O., S. 12, betont, ist eine Frage, über die sich laut *P. Sarasin*, Geschichtswissenschaft und Diskursanalyse, in: ders., Geschichtswissenschaft und Diskursanalyse, 2003, S. 10 (27), „ein Grundlagenstreit lohnt". Ders., a. a. O., S. 28, befürchtet, eine hermeneutische Kulturgeschichte liefe Gefahr, in alte Fallen der Bewusstseinszentriertheit und des Intentionalismus zu tappen, bei der Diskursanalyse gehe es aber gerade auch um das geschichtsmächtige Unbewusste.

einzelne Aspekte fruchtbar gemacht werden.[18] Auch die Wissensanalyse mit linguistischen Mitteln, die hier versucht wird, will die einzelnen Wissenselemente einer Epoche nicht primär durch ihre Beschreibung verdoppeln.[19] Wichtiger Bestandteil der Untersuchung ist vielmehr das Wissen, das gar nicht erst reflektiert wird, weil es zu einer bestimmten Zeit schlicht selbstverständlich scheint, und das so seine diskursstrukturierende Wirkung entfalten kann.[20] Der linguistische Diskursbegriff dieser Studie umfasst also auch das Unbewusste als Teil der zu analysierenden Bedeutungsnetze.

Bei den Diskursen, die Gegenstand dieser Untersuchung sind, handelt es sich um wissenschaftsgeschichtliche. Dabei greife ich auf zentrale Einsichten zurück, die bereits in der Zwischenkriegszeit von *Gaston Bachelard* und *Ludwik Fleck* formuliert wurden.[21] Wissenschaft ist ein zutiefst zeitabhängiges Unterfangen, ein sozialer Prozess, in dem nicht immer bestehende Konzepte weiterverhandelt werden, sondern auch Alternativen zur Disposition gestellt werden. Jede einmal gefundene wissenschaftliche Wahrheit endet also irgendwann womöglich als bloßer Irrtum der Vergangenheit.[22] Wissenschaftliches Wissen baut auf vorherigem Wissen auf und legitimiert so den Erwerb neuen Wissens. Es wird dadurch charakterisiert, dass es ersetzbar ist.[23] Doch

---

[18] Auch Vertreter der linguistischen Diskursanalyse, die für diese Untersuchung maßgeblich ist, erkennen die prägende Wirkung *Foucaults* an, s. etwa *D. Busse*, Sprachgeschichte als Teil der Kultur- und Wissensgeschichte, Jahrbuch für internationale Germanistik 55 (2002), S. 33 (37): „Die heutige Diskursanalyse (gleich welcher Sparte) ist ohne die grundlegenden Überlegungen und das Vorbild der Arbeiten von Michel Foucault nicht zu denken". *Foucaults* Werk mit all seinen Widersprüchen und seinem provokativen Potential wurde zum epistemologischen Instrument fortentwickelt, s. *D. Busse*, Historische Diskurssemantik, Sprache und Literatur in Wissenschaft und Unterricht 2000, S. 39 (49). Den Vorwurf der Widersprüchlichkeit greift *M. Foucault*, Archäologie des Wissens, 17. Aufl. 2015, S. 28 ff., auf, und gibt „etliche Korrekturen und innere Kritiken" (S. 29) offen zu: „Man frage mich nicht, wer ich bin, und man sage mir nicht, ich solle der gleiche bleiben" (S. 30).

[19] *Busse* (Fn. 18), S. 46.

[20] *Busse* (Fn. 18), S. 43.

[21] *G. Bachelard*, Der neue wissenschaftliche Geist, 1988; *L. Fleck*, Entstehung und Entwicklung einer wissenschaftlichen Tatsache [1935], 1980. *Flecks* Ansatz wird in neuerer Zeit auch für die Diskurslinguistik fruchtbar zu machen versucht, s. *W. Czachur*, Ludwik Flecks Denkstilansatz als Inspiration für die Diskurslinguistik, Zeitschrift des Verbandes Polnischer Germanisten 2 (2013), S. 141 ff.

[22] *Bachelard* (Fn. 21), S. 171: „Der wissenschaftliche Geist ist seinem Wesen nach eine Korrektur von Wissen, eine Erweiterung des Rahmens von Erkenntnis. Er urteilt über seine Vergangenheit, indem er sie verurteilt"; dazu auch *H.-J. Rheinberger*, Historische Epistemologie zur Einführung, 2013, S. 45 f.

[23] Das gilt natürlich auch für die Wissenschaftsgeschichte selbst, wie *G. Bachelard*, Le problème philosophique des méthodes scientifiques (1949), in: ders., L'engagement rationaliste, 1972, S. 35 (44), betont.

das Wissen ist nicht nur zeitabhängig, sondern entsteht erst durch soziale Prozesse. Es entsteht nicht aus einer Beziehung zwischen Individuum und Erkenntnisgegenstand, sondern erst, wenn beide auf einen bestimmten Wissensbestand bezogen werden.[24] *Fleck* verwendet die Figur des Denkkollektivs, um diese sozialen Prozesse deutlich zu machen. Darunter versteht er die „Gemeinschaft der Menschen, die in Gedankenaustausch [...] stehen" und die als „Träger geschichtlicher Entwicklung eines Denkgebiets, eines bestimmten Wissensbestandes und Kulturstandes, also eines besonderen Denkstils" dienen.[25] Die Wissenschaftsgemeinschaften der jeweiligen Zeit verhandeln das jeweilige Wissen also diskursiv und entscheiden, was zu einer jeweiligen Zeit prägend ist.

2. Das offene Quellenkorpus als Ausgangspunkt

Das Quellenkorpus dient in erster Linie dazu, transparent zu machen, auf welchem Fundament eine historische Arbeit gründet. Im Offenlegen der Quellen liegt aber immer auch eine Beschränkung, ein Ausschluss anderer möglicher Narrative, die man bilden könnte. Wenn dieses Korpus nun als offenes verstanden wird, wird der Zweck des Korpus dann überhaupt noch erreicht? Die Antwort auf diese Frage hängt in erster Linie davon ab, was genau unter einem offenen Korpus zu verstehen ist, und in zweiter Linie davon, wie es gebildet wird.

Das Textkorpus ist bei einem offenen Korpus nicht von vornherein festgelegt, wie das etwa beim Nachlass einer Person der Fall wäre. Stattdessen handelt es sich um ein Lesen, dessen Struktur sich in Abhängigkeit von diesem Lesen selbst verändert.[26] Für meine Untersuchung bedeutet das, dass bei der Sichtung von Zeitschriftenbeiträgen nach und nach Kriterien entwickelt werden, nach denen wiederum neue Literatur aufgenommen wird.[27]

---

[24] *Fleck* (Fn. 21), S. 53 f.
[25] *Fleck* (Fn. 21), S. 54 f.; *L. Foljanty*, Recht oder Gesetz, 2013, S. 7 mit Fn. 23, weist auf die Ähnlichkeit zwischen dem *Fleck'schen* Denkstil und dem *Foucault'schen* Diskursbegriff hin.
[26] *M. Pêcheux*, Über die Rolle des Gedächtnisses als interdiskursives Material, in: M. Geier/H. Woetzel (Hrsg.), Das Subjekt des Diskurses, 1983, S. 50 (54), spricht von „ein[em] Lesen, das einem mehrschichtigem und heterogenen Korpus untergeordnet ist und dessen Struktur sich in Abhängigkeit von diesem Lesen selbst verändert". Der Beitrag ist in französischer Sprache erst ein Jahr später erschienen als *ders.*, Rôle de la mémoire, in: P. Achard/M.-P. Gruenais/D. Jaulin (Hrsg.), Histoire et linguistique, 1984, S. 261 ff. Auf den deutschsprachigen Beitrag beziehen sich auch *D. Busse/W. Teubert*, Ist Diskurs ein sprachwissenschaftliches Objekt?, in: D. Busse/F. Hermanns/W. Teubert (Hrsg.), Begriffsgeschichte und Diskursgeschichte, 1994, S. 17 mit Fn. 13, in diesem Zusammenhang, da er ihrer Ansicht nach das offene Korpus metaphorisch umschreibt.
[27] Zu den Gründen für die Zeitschriftenanalyse als Ausgangspunkt s. sogleich → § 2 I 3.

Ein offenes Korpus erfüllt die oben genannten Funktionen, Quellen transparent zu machen und andere mögliche Narrative auszuschließen, sicherlich weniger gut. Allerdings gibt auch ein offenes Quellenkorpus zumindest Aufschluss über den Ausgangspunkt der Untersuchung. Eine andere Form des Quellenkorpus, bei der die Primärquellen des Korpus ganz ohne Ansehung des Untersuchungsgegenstands vorab festgelegt würden, wäre jedoch – wenn überhaupt – Grundlage einer ganz anderen Form der Diskursanalyse.[28]

3. Die juristische Alltagsliteratur als Schwerpunkt der Zeitschriftenanalyse

Methodisches Instrument dieser Untersuchung ist das der Zeitschriftenanalyse.[29] Juristische Zeitschriften als Träger der jeweiligen Alltagsliteratur, ergänzt um die Quellen, auf die sie sich – bewusst oder unbewusst – beziehen, können Aufschluss über die wissenschaftlichen Kommunikationsprozesse einer Zeit geben.[30] Daher rekonstruiere ich anhand von Zeitschriftenbeiträgen nach dem oben beschriebenen Verfahren eines offenen Korpus Diskurse und ihre Verflechtungen. Dies erfolgt ausgehend von dem „dicken Bodensatz juristischer Alltagsliteratur", wie etwa Zeitschriftenaufsätzen oder Rezensionen.[31] Denn diese bestimmen die Diskurse der jeweiligen Zeit, sie legen die

---

[28] Die Offenheit des Korpus wird freilich nicht stets derart betont. Liest man aber zur Frage der Korpusbildung bei der Diskursgeschichte beispielsweise den Zeithistoriker *A. Landwehr*, Diskurs und Diskursgeschichte (1. 3. 2018), <http://docupedia.de/zg/Landwehr_diskursgeschichte_v2_de_2018> (zuletzt abgerufen am 14.3.2022), scheint er letztlich ebenfalls ein offenes Korpus zu beschreiben: „Im Rahmen der Korpusbildung ist das Material zusammenzustellen, das für die jeweilige Frage von Relevanz ist. An welchen Orten wird, mit anderen Worten, über den in Frage stehenden Gegenstand geredet? Dieses Material ist angemessen in seine jeweiligen Kontexte situativer, institutioneller, medialer und historischer Art einzubetten".

[29] Für eine Analyse der VVDStRL s. *J. P. Thurn*, Welcher Sozialstaat?, 2013, S. 14, unter Verweis auf *F. Günther*, Denken vom Staat her, 2004, S. 22 ff., der sich ebenfalls auf diese Zeitschrift bezieht; für das AöR s. etwa *A. Neumann*, Preußen zwischen Hegemonie und „Preußenschlag", 2019. Rein publikationsgeschichtlich anhand der Revue générale du droit, de la législation et de la jurisprudence en France et à l'étranger dagegen *F. Cherfouh*, Le juriste entre science et politique, 2017; anhand des AöR *L. Becker*, „Schritte auf einer abschüssigen Bahn", 1999; sowie *C. Doerfert*, Das Archiv des öffentlichen Rechts, 1993.

[30] Laut *E. V. Heyen*, Die Anfangsjahre des „Archivs für öffentliches Recht", in: ders. (Hrsg.), Wissenschaft und Recht der Verwaltung seit dem Ancien Régime, 1984, S. 347 (349): „[Es] werden zugleich die erheblichen Lücken offenkundig, welche unser Wissen über die Ausdifferenzierung der öffentlichrechtlichen Disziplinen im 19. Jahrhundert aufweist. Namentlich fehlt es an Kenntnissen der faktischen Kommunikationsprozesse, welche diese Entwicklung mittragen".

[31] *Lahusen* (Fn. 4), S. 22; ähnlich für den verflechtungsgeschichtlichen Ansatz *M. Werner*, Le prisme franco-allemand: à propos d'une histoire croisée des disciplines littéraires,

unbewussten, den Diskurs strukturierenden Elemente im zeitgenössischen Wissenschaftsalltag frei. Oft sind es gerade die in Vergessenheit Geratenen, deren Schaffen und deren Auseinandersetzung mit den heute noch geläufigen, großen Namen besonders aufschlussreich ist für das, was die jeweilige Zeit prägt.[32] Denn die kanonischen Werke und die ‚Klassiker' der Verfassungsrechtswissenschaften oder der Komparatistik werden nicht als solche geschrieben, vielmehr müssen zunächst viele andere über sie schreiben; dabei handelt es sich in aller Regel um spätere – und damit ahistorische – Zuschreibungen. Bei aller Konzentration auf das Alltägliche in den Publikationen spielen aber auch die späteren Klassiker eine Rolle, weil Zeitgenossen – manchmal aber auch erst Nachgeborene – vielfach auf sie verweisen und sie so wichtiger Bestandteil des Diskurses der jeweiligen Zeit werden. Auch andere Publikationstypen werden berücksichtigt, etwa Monographien sowie die in der französischen Verfassungsrechtswissenschaft so zentralen Handbücher.[33] Den Schwerpunkt bilden jedoch die Zeitschriftenbeiträge.

Für die Diskurse, die anhand der Kommunikationsprozesse der Alltagsliteratur zu rekonstruieren sind, ist neben dem Inhalt der Beiträge auch ihre Form prägend.[34] Zeitschriftenaufsätze sind vergleichsweise kurz und dienen Wissenschaftlern daher oft dazu, auf einzelne rechtswissenschaftliche Probleme hinzuweisen oder Lösungsansätze zu formulieren. Sie gelten jedenfalls in Frankreich nicht als die wichtigsten Publikationen einer wissenschaftlichen Laufbahn, dienen jedoch häufig als Vorarbeiten zu größer angelegten, monographischen Veröffentlichungen. Obwohl die Rolle der Herausgeber nicht zu unterschätzen ist, ist sie dennoch etwas weniger groß als bei Handbuchprojekten, bei denen die verschiedenen Beiträge oft eng aufeinander abgestimmt sind.

Das Vorgehen der Untersuchung grenzt sich damit in zwei Richtungen ab. Zum einen stellt die hier gewählte Zeitschriftenanalyse kein rein publikati-

---

in: H. M. Bock/R. Meyer-Kalkus/M. Trebitsch (Hrsg.), Entre Locarno et Vichy, Bd. I, 1993, S. 303 (313 f.).

[32] Zudem sind die späteren Klassiker meist ohnehin in historischen Untersuchungen bis ins letzte Detail analysiert, so auch *Lahusen* (Fn. 4), S. 22: „Die Leuchttürme der letzten zwei Jahrhunderte, ihre Standorte und Signalstärken sind in einer reichen Sekundärliteratur präzise vermessen".

[33] Zur Rolle der sog. manuels s. *A. Le Divellec*, La QPC, déclin de la pensée constitutionnelle, in: D. Rousseau/P. Pasquino (Hrsg.), La question prioritaire de constitutionnalité. Une mutation réelle de la démocratie, 2018, S. 93 (99 f.); *G. Richard*, Enseigner le droit public à Paris sous la Troisième République, 2015, S. 4; *J.-L. Halpérin*, Art. Manuels, traités et autres livres, in: D. Alland/S. Rials (Hrsg.), Dictionnaire de la culture juridique, 2003, S. 990 ff.

[34] S. hierzu die Fragestellung bei *A. Funke/K. Lachmayer*, Einleitung, in: dies. (Hrsg.), Formate der Rechtswissenschaft, 2017, S. 7 (7), sowie die weiteren Beiträge dieses Sammelbands.

onsgeschichtliches Vorgehen dar, da die Analyse der Zeitschriften in dieser Untersuchung stets in Zusammenhang mit dem offenen Quellenkorpus betrachtet werden muss. Die Sichtung der Zeitschriftenbeiträge dient dem Festlegen von Kriterien, nach denen anschließend auch weitere Publikationen in die Untersuchung miteinbezogen werden. Damit soll nicht die Geschichte der ausgewählten Zeitschriften erzählt werden.[35] Zum anderen liegt in der Entscheidung für die Zeitschriftenanalyse eine Abkehr von einem breiter angelegten Vorhaben, das ohne methodische Einschränkung die Gesamtheit der verfassungsvergleichenden Forschung seit 1870 darzustellen versucht.[36]

Für die Zeitschriftenanalyse müssen zunächst geeignete Periodika ausgewählt werden. Deren erste Sichtung bildet den Grundstock des Quellenkorpus, das nach dem oben beschriebenen Verfahren gebildet wird. Der Fokus ist besonders auf zwei Periodika gerichtet, zum einen auf die oben bereits erwähnte Revue du droit public (RDP), die „bis heute [als] eine der wichtigsten juristischen Zeitschriften"[37] Frankreichs gilt, zum anderen auf das Jahrbuch des öffentlichen Rechts der Gegenwart (JöR).[38] Wie kommt es zu dieser Auswahl? Um den verschiedenen Perspektiven gerecht zu werden, die diese Untersuchung einnimmt, fällt die Wahl auf eine französische und eine deutsche Zeitschrift.[39] Beide legen einen Schwerpunkt auf die Rechtsvergleichung.[40] Beide Zeitschriften sind für die Verfassungsrechtswissenschaften zentral, mag ihre jeweilige Bedeutung auch über die Zeit schwanken.

---

[35] Zum AöR s. die Untersuchungen von *Becker* (Fn. 29); *Doerfert* (Fn. 29); E. V. *Heyen*, Die Anfangsjahre des „Archivs für öffentliches Recht", in: ders. (Hrsg.), Wissenschaft und Recht der Verwaltung seit dem Ancien Régime, 1984, S. 347 ff. C. *Waldhoff*, Das Jahrbuch des öffentlichen Rechts der Gegenwart 1907 bis 2014 – unter besonderer Berücksichtigung seiner Entstehung, JöR n. F. 63 (2015), S. 1 (40), schlägt dies auch für das JöR vor: „Das archivalische Material [...] [ist] derart reichhaltig, dass diese wenigen Bemerkungen eher als Anregung für weitere Forschung, wie sie für andere Zeitschriften bereits vorliegen, dienen sollten".

[36] In diese Richtung gehend der Vorschlag von *C. Cuvelier/D. Huet/C. Janssen-Bennynck*, La science française du droit constitutionnel et le droit comparé: les exemples de Rossi, Barthélemy et Mirkine-Guetzévitch, RDP 2014, S. 1534 (1534): „Die Bedeutung des Rangs der Rechtsvergleichung innerhalb der Disziplin [der Verfassungsrechtswissenschaft] ist noch nicht geklärt. Dazu müsste eine systematische Untersuchung der Werke der Gesamtheit der Schulen und Autoren der französischen Wissenschaft vorgenommen werden" („L'importance de la place occupée par le droit comparé au sein de la discipline reste à démontrer. À cette fin, il faudrait entreprendre une étude systématique des travaux de l'ensemble des écoles et des auteurs de la doctrine française").

[37] *A. Le Divellec*, La fondation et les débuts de la Revue du droit public et de la science politique (1894–1914), RDP 2011, S. 521 (522): „la *Revue du droit public* [...] reste aujourd'hui l'une des principales revues juridiques françaises" (Hervorhebung im Original).

[38] Die RDP wurde 1894, das JöR 1907 gegründet. S. sogleich für den Teil des Untersuchungszeitraums, in dem beide noch nicht erscheinen.

[39] Zur Anlehnung an die Verflechtungsgeschichte s. sogleich → § 2 II.

[40] Im Fall des JöR liegt darin sogar der eigentliche Anlass seiner Gründung, s. *Waldhoff*

Nach meiner oben genannten Hypothese[41] bewegt sich die Verfassungsvergleichung zwischen zwei Polen, den Verfassungsrechtswissenschaften und der Komparatistik.[42] Nun verstehen sich die beiden Periodika zwar als dezidiert rechtsvergleichende, letztlich sind sie jedoch ihrem Selbstverständnis nach vor allem Publikationsorgane der Wissenschaft vom öffentlichen Recht.[43]

Hätte sich die Analyse auf die beiden genannten Zeitschriften beschränkt, wäre ich der Rolle der juristischen Komparatistik für die Verfassungsvergleichung kaum gerecht geworden.[44] Denn gerade bei methodischen Fragen kommen Impulse häufig aus der zivilrechtlichen Vergleichung.[45] Die Auswahl von RDP und JöR wurde deshalb um andere, noch stärker komparatistisch angelegte Periodika erweitert, die ergänzend herangezogen wurden.[46]

(Fn. 35), S. 20. Denn das oben erwähnte Archiv für öffentliches Recht, in das zu Beginn große rechtsvergleichende Hoffnungen gesteckt wurden, enttäuscht diese bald. Im Jahr 1907 soll dem durch das JöR abgeholfen werden. S. unten → § 4 I 1, mit → Fn. 12.

[41] S. oben → § 1, nach → Fn. 9.

[42] Dabei sind diese Pole keine statischen; sie unterliegen vielmehr selbst der Veränderung über die Zeit.

[43] Die Gründung der RDP fällt etwa mit stärkeren Autonomiebestrebungen der Verfassungsrechtswissenschaften in Frankreich zusammen, s. *Le Divellec* (Fn. 37), S. 525 mit Fn. 18; s. dazu auch unten → §§ 3, 4. Dieses Selbstverständnis spiegelt sich auch in der jeweiligen Konzeption der Zeitschriften wider. So unterscheidet die RDP die ‚articles' von den ‚chroniques', das JöR zwischen ‚Abhandlungen' und ‚Berichten'. Erstere sind als umfangreichere, anspruchsvollere Beiträge konzipiert. Sie sind nicht immer auch vergleichend angelegt, sondern wollen vor allem in die jeweilige Verfassungsrechtswissenschaft hineinwirken. Die chroniques sind sehr häufig, die Berichte fast immer vergleichend, letztere aber häufig als weniger anspruchsvolle Beschreibung der Rechts- und Verfassungslage angelegt.

[44] Den Streit, ob die Rechtsvergleichung Disziplin oder Methode sei, lasse ich in dieser Untersuchung bewusst beiseite. Diese „Neurose der Rechtsvergleichung" (*G. Frankenberg*) brächte weder an dieser Stelle noch für die Untersuchung insgesamt einen Erkenntnisgewinn, da er kaum je mit der notwendigen wissenschaftsgeschichtlichen und -soziologischen Tiefe geführt wird. Oft spiegelt nur die jeweilige Auffassung zu der Frage wider, welche Bedeutung der juristischen Komparatistik zukommen solle. S. dazu aber *B. T. Blagojevic*, Le droit comparé. Méthode ou science, RIDC 1953, S. 649 ff. *O. Kahn-Freund*, Comparative Law as an Academic Subject, Law Quarterly Review 82 (1966), S. 40 (41), meint über die Rechtsvergleichung: „Das Fach [...] hat nach allgemeiner Ansicht die etwas ungewöhnliche Eigenschaft, nicht zu existieren" („the subject [...] has by common consent the somewhat unusual characteristic that it does not exist").

[45] Zur schwach entwickelten Methode der öffentlich-rechtlichen Vergleichung s. etwa *P. Dann*, Parlamente im Exekutivföderalismus, 2004, S. 27 mit Fn. 15; *M.-C. Ponthoreau*, Droit(s) constitutionnel(s) comparé(s), 2010, S. 40 ff.

[46] So war der Bulletin de la Société de législation comparée besonders für das letzte Viertel des 19. Jahrhunderts aufschlussreich, in dieser Zeit war auch das in den 1880er-Jahren gegründete AöR stärker vergleichend ausgerichtet, s. näher → § 3 I 3, nach → Fn. 139.

In den Beginn des Untersuchungszeitraums fällt nicht nur die Gründung der Gesellschaft für Gesetzgebungsvergleichung in Frankreich, sondern auch die von ihr herausgegebene Zeitschrift. Bald wird ihr Bulletin vom „Mitteilungsblatt" zur „angesehene[n] Zeitschrift".[47] 1949 geht er in der Revue internationale de droit comparé (RIDC) auf.[48] In Deutschland bot es sich dagegen an, auf die Zeitschrift für ausländisches öffentliches Recht und Völkerrecht (ZaöRV) zurückzugreifen. Damit handelt es sich, anders als beim Bulletin und der RIDC, zwar um eine Zeitschrift *mit* intradisziplinärer Begrenzung auf das öffentliche Recht. Aber als publizistisches Organ des dezidiert dem ausländischen Recht gewidmeten Max-Planck-Instituts hat es dennoch einen anderen Blick auf die Komparatistik als das JöR.[49]

Bei den Periodika, die in Deutschland erscheinen, fällt auf, dass sie über einen signifikanten Teil des Untersuchungszeitraums hinweg lediglich die bundesdeutsche Verfassungsvergleichung erfassen. Recht und Vergleichung der DDR sind ausgeklammert, was auch eine Begrenzung für meine Untersuchung mit sich bringt.[50] Der Grund dafür ist rein forschungspraktischer Natur und liegt nicht zuletzt in der notwendigen Begrenzung des untersuchten Materials.

---

[47] So *I. Zajtay*, Fünfzehn Jahre „Revue internationale de droit comparé", in: E. von Caemmerer/A. Nikisch/K. Zweigert (Hrsg.), Vom Deutschen zum Europäischen Recht, 1963, S. 451 (455 f.). Er wird im Folgenden meist schlicht Bulletin genannt.
[48] *O. A.*, Avertissement, RIDC 1949, S. 3 ff. Aus heutiger Sicht *Zajtay* (Fn. 47), S. 457: „Die *Revue* ist heute ohne Zweifel eine der bedeutendsten Zeitschriften für Rechtsvergleichung" (Hervorhebung im Original).
[49] Die Einbeziehung der ZaöRV kann zudem verhindern, eine Wissenschaftsgeschichte der Verfassungsvergleichung zu sehr aus einer spezifisch geprägten Perspektive zu schildern, denn das JöR kennt auch lange Perioden unter demselben Herausgeber; hier ist insbesondere die Ära *Häberle* zu nennen, wobei dessen Thesen in einer Wissenschaftsgeschichte der Verfassungsvergleichung auch nicht fehlen dürfen (s. zur Rechtsvergleichung als fünfter Auslegungsmethode → 6 III 1 b; zum gemeineuropäischen Verfassungsrecht → § 9 II, zum Textstufenparadigma → § 9 I 1).
[50] Aus methodologischer Perspektive wäre die Untersuchung der Verflechtungen dagegen gerade wegen der Asymmetrien besonders interessant gewesen. Das geschichtswissenschaftliche Verhältnis wird schon weit vor der Begriffsprägung ‚Verflechtungsgeschichte' durch *Werner* und *Zimmermann* als „[a]symmetrisch verflochten[es]" bezeichnet (zur Verflechtungsgeschichte s. sogleich → § 2 II). S. den sprechenden Titel bei *D. Brunner/U. Grashoff/A. Kötzing*, Asymmetrisch verflochten? Einleitung, in: dies. (Hrsg.), Asymmetrisch verflochten? Neue Forschungen zur gesamtdeutschen Nachkriegsgeschichte, 2013, S. 11 ff. und dort insb. S. 12 mit Fn. 4 m. w. N. zur Begriffsprägung Anfang der 1990er-Jahre. Der Ausschluss der Verfassungsvergleichung in der DDR bedeutet freilich nicht, dass der Kontext der deutschen Teilung oder gar des Kalten Krieges als Kontext in meiner Untersuchung keine Rolle spielte, s. dazu etwa im Diskurs um den Funktionalismus unten → § 8.

II. Die Verflechtung als leitende Hypothese

„Es ist ein Wir, dem die Wirklichkeit nicht entspricht. Wir Deutsche, das ist die Fiktion einer Gemeinsamkeit [...], die es nicht gibt. Das wahre Wir ist: Wir sind einander nichts [...] und in Wahrheit viel mehr in unseren Sonderinteressen und über alle Grenzen weg verflochten als untereinander."[51]

Die Nation als selbstverständliche Ordnungskategorie in Frage zu stellen und so den konzeptionellen Rahmen der gewählten Methode kritisch zu überprüfen, ist das Anliegen neuerer Ansätze, die sich unter dem Begriff der transnationalen Geschichte versammeln.[52] Die Verflechtungsgeschichte ist dabei einer der Vorschläge, die die methodische Fixierung der Geschichtswissenschaften auf die Nation durchbrechen wollen, ohne ihre nach wie vor prägende Kraft völlig zu negieren.[53] Ihre spezifische Perspektive steht daher zunächst im Zentrum (1), bevor sie mit anderen historiographischen Ansätzen ins Verhältnis gesetzt wird, um aus der Gegenüberstellung die Besonderheiten dieses methodischen Ansatzes zu gewinnen (2).

1. Zur Perspektive der Verflechtungsgeschichte

Was ist mit den namensgebenden Verflechtungen eigentlich gemeint? Neben den historischen Vorgängen, den Abgrenzungsprozessen und Bezugnahmen bezieht sich der Begriff auch auf die Untersuchung selbst. Denn diese wird zum „aktiven Verflechtungsfaktor".[54] Damit ist gemeint, dass einige Verflechtungen erst durch die Fragestellungen meiner Untersuchung entstehen. Auch diese – historiographischen – Verflechtungen sind integraler Bestandteil der Verflechtungsgeschichte. Im Verlauf der vorliegenden Studie sind bei

---

[51] *R. Musil*, Die Nation als Ideal und als Wirklichkeit [Dezember 1921], in: *ders.*, Gesammelte Werke, Bd. II, 1978, S. 1059 (1070).
[52] *M. Pernau*, Transnationale Geschichte, 2011, S. 8 (18 f.).
[53] Zur Verflechtungsgeschichte *M. Werner/B. Zimmermann*, Vergleich, Transfer, Verflechtung. Der Ansatz der Histoire croisée und die Herausforderung des Transnationalen, Geschichte und Gesellschaft 28 (2002), S. 607 ff.; *dies.*, Penser l'histoire croisée: entre empirie et reflexivité, Annales. Histoire, Sciences sociales 58 (2003), S. 7 ff.; *dies.*, Beyond Comparison: Histoire Croisée and the challenge of reflexivity, History and Theory 45 (2006), S. 30 ff. Die verschiedenen Sprachversionen setzen unterschiedliche Akzente. Die Verflechtungsgeschichte teilt mit der Globalgeschichte das Anliegen, ideologische Vorstellungen von der *einen* Welt genauso zu vermeiden wie statisch-essentialistische Konzepte kultureller Individualitäten, *G. Seibt*, Besser im Plural, Süddeutsche Zeitung vom 24. 4. 2017, S. 9; zur Globalgeschichte s. auch *C. Maurel*, Manuel d'histoire globale, 2014.
[54] *Werner/Zimmermann* (Fn. 53), Vergleich, S. 618.

einigen der analysierten Diskurse bereits die historischen Verflechtungen besonders eng. Bei anderen Diskursen wiederum fehlen deutsch-französische Bezugnahmen oder Abgrenzungsbewegungen weitgehend.[55] Das bedeutet aber nicht, dass die Perspektive einer Verflechtungsgeschichte nur eingenommen werden kann, wenn es zu einer bestimmten Zeit bereits mannigfaltige deutsch-französische Abgrenzungsprozesse und Bezugnahmen gibt. Im Gegenteil baut die Verflechtungsgeschichte als Form der transnationalen Geschichtswissenschaft gerade darauf, dass durch die Untersuchung selbst neue Verflechtungen hergestellt und alte neu aufgeladen werden können. Auch ist jede *Ver*flechtungs- immer auch *Ent*flechtungsgeschichte, denn aus der Gegenüberstellung der Diskurse mit ihren unterschiedlichen Graden der Verflechtung sind neue Erkenntnisse zu erwarten.

Mindestens drei Aspekte der Verflechtungsgeschichte ermöglichen diese neuen Verflechtungen, nämlich erstens der Umgang mit Asymmetrien, zweitens die Frage des räumlich-zeitlichen Maßstabs der Untersuchung sowie drittens die Rolle der Beobachterin. Die Beobachterposition, und damit der Blickwinkel der Untersuchung, ist nicht von vornherein festgelegt. Stattdessen soll der Blick auf den Gegenstand gerade von verschiedenen Standpunkten aus erfolgen, damit sich die Perspektiven überkreuzen. Wenn sich die Wissenschaftlerinnen aufeinander beziehen, hat das Einfluss auf die Untersuchung. Allerdings täuscht der Eindruck von Symmetrie, der oft erzeugt wird. Denn bezieht sich eine deutsche Wissenschaftlerin auf das Werk ihrer französischen Kollegin, bedeutet das nicht, dass das Werk und die Bezugnahme hierauf in den jeweiligen Denkkollektiven auch wahrgenommen werden. Die Verflechtungsgeschichte will solche Asymmetrien durch das Variieren der Perspektive nicht nur sichtbar machen, sondern in die Untersuchung integrieren.[56] Ein Beispiel aus der Untersuchung mag das verdeutlichen. In der Zwischenkriegszeit scheinen Wissenschaftler in Frankreich und Deutschland Verfassungsvergleichung immer mehr als Technik zu begreifen.[57] Bald zeigt sich jedoch in der französischen Wissenschaftswelt ein Wie-

---

[55] Beispielhaft sind die Kapitel §§ 8 und 9 zu nennen.

[56] *Werner/Zimmermann* (Fn. 53), Vergleich, S. 619. Die Asymmetrien betreffen allerdings nicht nur die untersuchten Diskurse, wie im sogleich im Haupttext erwähnten Beispiel, sondern auch die Asymmetrien der Untersuchung durch die heutige Beobachterin, die in Deutschland rechtswissenschaftlich sozialisiert wurde. Auch diese Asymmetrien sind Bestandteil der methodologischen Disposition dieser Arbeit. Im Gegensatz zu anderen Arbeiten beziehe ich mich daher nicht auf voraussetzungsreiche Metaphern wie die des Spiegels, der ein symmetrisches Bild erzeugt, s. aber *C. Schönberger*, Das Parlament im Anstaltsstaat, 1997, S. 8: „Dabei soll der öfter benutzte französische Spiegel nicht als Vorbild mißverstanden werden [...]. Vielmehr dient die französische Folie dazu, aus dem Kontrast heraus die Konturen der deutschen Parlamentarismus-Diskussion schärfer zu erfassen".

[57] Allerdings mit unterschiedlichem begrifflichen Technik-Verständnis, s. dazu unten → § 6.

II. Die Verflechtung als leitende Hypothese

deraufleben der Theorietransfers,[58] das vom Erscheinen der Allgemeinen Staatslehre *Kelsens* in Frankreich angestoßen wird. Wechselt man die Perspektive und blickt von der deutschen Staatsrechtslehre aus auf diese Beschäftigung mit dem *Kelsen'schen* Werk, zeigt sich, dass die französische Begeisterung wiederum in Deutschland von den Zeitgenossen kaum wahrgenommen wird.[59]

Mit der Asymmetrie, die durch die Variation der Beobachterposition sichtbar wird, ist ein weiterer Verflechtungsfaktor eng verknüpft, nämlich die Variation des Maßstabs für Raum und Zeit. Bei der Verflechtungsgeschichte ist die Brennweite der Untersuchung veränderbar, um den Schwächen der traditionellen geschichtswissenschaftlichen Ansätze zu begegnen. Während der Vergleich mit diachronen Vorgängen hadert, erfasst der Transfer Wechselwirkungsprozesse ohne festgelegten Ausgangs- und Zielpunkt nur unzureichend.[60] Ein Beispiel für die Variation des zeitlichen und räumlichen Maßstabs ist das Folgende.[61] Der Stellenwert und die Grenzen einer Disziplin, etwa in meiner Untersuchung der Verfassungsrechts- und der Politikwissenschaften, können zu verschiedenen Zeiten unterschiedlich sein. Doch auch lokale Varianten einer Disziplin weisen oft beträchtliche Divergenzen auf und interagieren zudem miteinander.[62]

Das Erkenntnisinteresse der Verflechtungsgeschichte besteht darin, zu zeigen, wie sich verschiedene soziale und wissenschaftliche Praktiken zueinander verhalten und gegenseitig bedingen.[63] Meine Untersuchung nimmt dabei – systemtheoretisch formuliert – eine Beobachterposition ein, die man mit *Niklas Luhmann* als eine „zweiter Ordnung" beschreiben könnte.[64] Sie beobachtet Beobachter, die selbst beobachten.[65] Damit beobachtet der Beobach-

---

[58] Zu diesem Begriff s. unten → § 5 I sowie → § 6 II 2.
[59] *M. Jestaedt*, Wiener Summe. Die „Allgemeine Staatslehre" als Kelsens vollständigstes Werk, in: *H. Kelsen*, Allgemeine Staatslehre. Studienausgabe, hrsg. v. M. Jestaedt, 2019, S. XI (LXV), konstatiert auch für die unmittelbare Rezeptionsgeschichte der Allgemeinen Staatslehre selbst weitgehendes Schweigen der etablierten Staatsrechtslehrer im deutschsprachigen Raum – mit Ausnahme der Wiener Schule. Die unmittelbare Rezeptionsgeschichte lese sich eher wie eine „Geschichte der Rezeptionshindernisse". Dies gilt in noch stärkerem Maße für die im Haupttext angesprochene ‚Rezeption der Rezeption'.
[60] S. näher unten → § 2 II 2.
[61] Für ein Beispiel aus der geschichtswissenschaftlichen Disziplingeschichte s. *Werner/Zimmermann* (Fn. 53), Vergleich, S. 620.
[62] *Werner/Zimmermann* (Fn. 53), Vergleich, S. 620.
[63] *Werner/Zimmermann* (Fn. 53), Vergleich, S. 635.
[64] S. dazu *N. Luhmann*, Die Wissenschaft der Gesellschaft, 2002 (zuerst 1990), S. 87, 102 f., 532 ff., 543 f. und *passim*.
[65] Laut *N. Luhmann*, Die Kunst der Gesellschaft, 2002 (zuerst 1995), S. 95, liegt darin allerdings schon eine zweite Frage. Denn der erste Schritt sei, die Beobachtung zweiter Ordnung als „Beobachten von Beobacht*ungen*" (meine Hervorhebung) aufzufassen.

ter zweiter Ordnung unmittelbar Wissenschaftlerinnen und nur mittelbar die Wissenschaft. Die Beobachterinnen erster Ordnung beobachten wiederum selbst unmittelbar die Wissenschaft. Anders als der Systemtheorie geht es meiner Untersuchung aber nicht darum, den „Beobachter als zeitbeständiges selbstreferentielles System zu etablieren".[66] Denn die Verflechtungsgeschichte betont gerade, wie zeit- und kontextabhängig Beobachtungen sind. Wenn man unterschiedliche Kontexte auf ähnliche Phänomene hin untersucht, sind mindestens zwei Einsichten möglich. Erstens ist es möglich, Kausalitäten infrage zu stellen. Die Folgen eines Phänomens können in unterschiedlichen Kontexten ganz verschieden sein, und dieselbe Folge kann auf unterschiedliche Phänomene zurückgehen.[67] Zweitens wird bisher Selbstverständliches verfremdet und ruft so Fragen an das Altbekannte hervor.[68] Letztlich schafft die Einbettung in neue Kontexte[69] also Gelegenheiten für eine vertiefte Reflexion. Der Kontext wird so mit der Verflechtungsgeschichte in gewisser Weise auf die Wortbedeutung von contexere zurückgeführt: verweben, verflechten.[70]

Die systemtheoretische Unterscheidung verdeutlicht jedoch einen wichtigen verflechtungsgeschichtlichen Aspekt. Die Beobachterpositionen sind veränderbar und zwar sowohl die der Beobachter erster als auch die zweiter Ordnung. Der deutsche Rechtswissenschaftler als Beobachter erster Ordnung, der in die USA emigrieren musste und nach dem 2. Weltkrieg in Frankreich Beiträge veröffentlicht, repräsentiert also keine spezifisch „deutsche" Perspektive.[71] Vielmehr sind in einer Person verschiedene Blickweisen miteinander verschränkt, die auf ganz unterschiedliche individuelle und kollektive Sozialisierungen zurückgehen.[72] Nationale Etiketten verdunkeln diesen Umstand – so die These der Verflechtungsgeschichte. Doch auch die Position der Beobachterin zweiter Ordnung wird nicht absolut gesetzt. Sie ist in die Besonderheiten heutiger Sichtweisen einzuordnen, also etwa verschiedene Fachtraditionen und wissenschaftliche Akkulturationsprozesse.[73] Diese Un-

---

[66] *Luhmann* (Fn. 64), S. 75.

[67] So über den v. a. von *Marc Bloch* befürworteten Vergleich *Pernau* (Fn. 52), S. 31.

[68] *Pernau* (Fn. 52), S. 31.

[69] Dabei warnen *Werner/Zimmermann* (Fn. 53), Beyond Comparison, S. 47 mit Fn. 45 f., im Anschluss an *Jacques Revel* vor dem „gefälligen und faulen Gebrauch des Kontexts" („the ‚convenient and lazy use of context'"). Statt den Kontext als gegeben und unspezifisch zu verstehen, müsse er im Verhältnis zum spezifischen Untersuchungsobjekt auf zwei Ebenen konstruiert werden: zum einen der der analytischen Tätigkeit der Forscherin, zum anderen der der untersuchten Situationen.

[70] *K. Stierle*, Zur Begriffsgeschichte von ‚Kontext', Archiv für Begriffsgeschichte 18 (1974), S. 144 (144).

[71] Das Beispiel trifft etwa auf *Karl Loewenstein* zu, zu seinen Positionen im Diskurs um die Typologien s. unten → § 7 II 1 a) und b), nach → Fn. 109.

[72] *Werner/Zimmermann* (Fn. 53), Vergleich, S. 636.

[73] Wie bereits bei der Frage der Asymmetrien betont, sieht die Verflechtungsgeschichte

tersuchung greift deshalb auch auf die – in den Rechtswissenschaften unübliche – Ich-Form zurück, um darauf aufmerksam zu machen, dass ich diese Untersuchung als im Deutschland der 2010er-Jahre rechtswissenschaftlich sozialisierte Juristin geschrieben habe, die die französische Rechtswissenschaft lediglich in Studien- und Forschungsaufenthalten kennengelernt hat. Zwischen den verschiedenen Perspektiven bestehen „Rückkopplungseffekt[e]"[74], worin ein zentraler Unterschied zu Vergleich und Transfer zu sehen ist. Selbstreflexivität wird so systematisch in das verflechtungsgeschichtliche Verfahren eingebaut.[75]

Man mag einwerfen, die gerade beschriebenen Einsichten seien nichts Neues. Die vergleichende Geschichte könne sich auf die gleichen Argumente berufen. Daher soll im nächsten Abschnitt das Verhältnis der Verflechtungsgeschichte zu anderen historischen Ansätzen erklärt werden, die die „ausgetretenen Pfade einer strikt als Nationalgeschichte"[76] verstandenen Historiographie verlassen wollen.

2. Vom Vergleich über den Transfer zur Verflechtung – von Abgrenzungsbewegungen und Grenzüberschreitungen

Vergleich (a) und Transfer (b) sind die „methodologische[n] Achsen einer Geschichtsschreibung"[77], die die Nation als selbstverständliche Ordnungskategorie in Frage stellen.[78] Die Verflechtungsgeschichte kehrt die Blickrichtung um, greift aber auf einzelne Aspekte beider Ansätze zurück.[79] Sowohl

---

auch die heutige Beobachterin mit ihren Konzepten und Analyseinstrumenten als Komponente eines Verflechtungsprozesses, in dem durch neue Blickwinkel immer neue Verflechtungen entstehen, *Werner/Zimmermann* (Fn. 53), Vergleich, S. 624, 635.

[74] *Werner/Zimmermann* (Fn. 53), Vergleich, S. 636.

[75] S. auch den Titel der englischen Version, der von der „challenge of reflexivity" („Herausforderung der Reflexivität") spricht, *Werner/Zimmermann* (Fn. 53), Beyond Comparison; *dies.* (Fn. 53), Vergleich, S. 636.

[76] *S. Conrad*, La constitution de l'histoire japonaise, in: M. Werner/B. Zimmermann (Hrsg.), De la comparaison à l'histoire croisée, 2004, S. 53 (55).

[77] *Conrad* (Fn. 76), S. 54.

[78] Erst in den 80er-Jahren des 20. Jahrhunderts setzt sich in der Geschichtswissenschaft die Ansicht der Nation als Konstrukt, als Vorstellung, als Inszenierung durch. 1983 erscheinen gleich drei Werke, deren zentrale These die Nation als Konstrukt ist, mit Hilfe dessen die Menschen ihre Umwelt begreifen: E. Hobsbawn/T. Ranger (Hrsg.), The Invention of Tradition, 1993 (zuerst 1983); *E. Gellner*, Nations and Nationalism, 1983; *B. Anderson*, Imagined Communities. Reflections on the Origin and Spread of Nationalism, 1983; kritisch gegenüber dem Titel der deutschen Übersetzung, der von der „Erfindung der Nation" spricht, *Pernau* (Fn. 52), S. 10.

[79] Mit der englischen Version von *Werner/Zimmermann* (Fn. 53), Beyond Comparison, S. 32: „[histoire croisée] offers new leads for getting beyond the stalemate in the debate between comparativists and transfer specialists, without diminishing the contributions made by these two approaches on which it draws heavily".

ein komparatistischer als auch ein an Transfers interessierter Ansatz setzen voraus, dass klar definierte – in der Praxis fast immer nationalstaatliche – Entitäten existieren, bevor sie miteinander in Kontakt treten.[80] Die These der Verflechtungsgeschichte lautet dagegen, dass nationalstaatliche Kategorien zum Teil erst das Produkt von Austausch und Interaktion auf teils viel kleinerer Ebene sind, erst „die Frucht dieser gemeinsamen Geschichte gegenseitiger Beeinflussung".[81]

In meiner Untersuchung ist zuweilen dennoch von „deutscher" oder „französischer" Verfassungsvergleichung die Rede. Anliegen der Arbeit ist es, zu zeigen, welche Inhalte und Methoden durch gegenseitige Beeinflussung erst zu diesen Zuschreibungen geführt haben. Diese Einflüsse sind also stets mitzudenken. Gleichzeitig ist der Ansatz der Verflechtungsgeschichte kein postnationaler. Ihm ist wie den Transferstudien inhärent, dass nationale Einordnungen auch konsolidiert werden können, denn die Kategorie des Nationalstaats kann als Untersuchungsebene weiterhin konstitutive Funktion haben.[82]

a) Verflechtung und Vergleich

Die Beobachterposition beim Vergleich ist als externe konzipiert, die sich in gleicher Entfernung zu den Vergleichsobjekten befindet, um einen möglichst symmetrischen Blick zu gewährleisten.[83] Diese Position wird als stabil in

---

[80] *Conrad* (Fn. 76), S. 55.
[81] *B. Zimmermann/C. Didry/P. Wagner*, Introduction, in: dies. (Hrsg.), Le travail et la nation. Histoire croisée de la France et de l'Allemagne, 1999, S. 3: „Les entités ‚France' et ‚Allemagne' sont, en partie, le fruit de cette histoire commune faite d'influences réciproques". *Conrad* (Fn. 76), S. 68: „Le danger est alors de présupposer l'existence d'identités substantielles au lieu de considérer leur élaboration discursive dans la réalité concrète des interactions croisées" („Die Gefahr ist also, substantielle Identitäten vorauszusetzen, anstatt zu berücksichtigen, dass sie diskursiv in der konkreten Realität verflochtener Interaktionen entstanden sind").
[82] *Werner/Zimmermann* (Fn. 53), Vergleich, S. 630. In meiner Untersuchung wird das besonders für die beiden Pole deutlich, zwischen denen sich die Verfassungsvergleichung meiner eingangs (→ § 1) zugrunde gelegten Hypothese zufolge bewegt: den Verfassungsrechtswissenschaften und der Komparatistik, deren deutsch-französische Verflechtungen nur am Rande mitbehandelt werden können. Gerade die Verfassungsrechtswissenschaft gewinnt ihre Legitimation als autonome Disziplin einer (nationalen) Wissenschaftslandschaft allzu oft durch Referenz auf Schwesterdisziplinen benachbarter Länder, s. für die „französischen" Verfassungsrechtswissenschaften, die sich auch aus der Anlehnung an und der Abgrenzung von der deutschen Staatsrechtswissenschaft etabliert, unten → § 4 I 3. Zu disziplinären Anlehnungs- und Abgrenzungstendenzen durch Legitimation „von außen" auch *Werner* (Fn. 31), S. 311.
[83] *Werner/Zimmermann* (Fn. 53), Beyond Comparison, S. 33. Zur Beobachterposition s. bereits oben → § 2 II 1. *J. Marjanen*, Undermining Methodological Nationalism, in: M. Albert u. a. (Hrsg.), Transnational Political Spaces, 2009, S. 239 (244), bringt den Be-

Raum und Zeit angesehen. Das Gleiche gilt für die Objekte, die verglichen werden, und für die Kategorien des Vergleichs.[84] Damit handelt man sich mehrere Probleme ein, denen der Ansatz der Verflechtungsgeschichte zu begegnen versucht. Allen voran sind das Konflikte zwischen der synchronen Logik des Vergleichs und der diachronen ihres Gegenstands.[85] Implizite Voraussetzung des Vergleichs ist ein synchrones Überkreuzen. Selbst dort, wo Wissenschaftler über die Zeit hinweg vergleichen, müssen sie das Vergleichsobjekt zu einem bestimmten Zeitpunkt fixieren und es so in gewisser Weise suspendieren.[86] Ein weiteres Problem besteht darin, dass Vergleichsobjekte miteinander interagieren können.[87] Dies kann bei einem rein vergleichenden Vorgehen nur schwer eingefangen werden. So entwickeln sich etwa die Denkkollektive[88] der Verfassungsvergleichung – so die Hypothese – auch durch deutsch-französische Austausch- oder Abgrenzungsprozesse.

b) Verflechtung und Transfer

Anders als der Vergleich ist der Transfer diachron angelegt. Im Zentrum steht stets der Veränderungsprozess, nicht statische Analyseeinheiten.[89] Bereits die Transfergeschichte legt also den Schwerpunkt auf Verflechtungen. Doch die Verflechtungsgeschichte grenzt sich auch vom Transfer ab, zum einen, weil er von einem festgelegten Ausgangs- und Endpunkt ausgeht, ohne Prozesse der Wechselwirkung zu berücksichtigen. Zum anderen wird durch die Transfergeschichte der nationale Bezugsrahmen zunächst relativiert, um ihn anschließend zu konsolidieren.[90] Transfers überschreiten zwar nationale Grenzen, aber sie konsolidieren sie auch gleich wieder, wenn die nationale Rezeptionskultur als solche nicht in Frage gestellt wird. Das Anliegen der Verflech-

---

obachter in seiner externen Position in Zusammenhang mit der begriffsgeschichtlichen Diskussion um eine (nicht existente) Metasprache, die den Vergleich der Begriffsverwendung in verschiedenen Sprachgemeinschaften ermöglichen könnte, s. dazu *R. Koselleck/U. Spree/W. Steinmetz*, Drei bürgerliche Welten? Zur vergleichenden Semantik der bürgerlichen Gesellschaft in Deutschland, England und Frankreich, in: H.-J. Puhle (Hrsg.), Bürger in der Gesellschaft der Neuzeit, 1991, S. 15 (22).

[84] *Werner/Zimmermann* (Fn. 53), Vergleich, S. 610. Zu den damit verknüpften Problemen des angelegten Maßstabs, der échelle, s. vor allem die französische Version *Werner/Zimmermann* (Fn. 53), Penser l'histoire croisée, S. 21 ff.

[85] *Werner/Zimmermann* (Fn. 53), Beyond Comparison, S. 35.

[86] In den Worten von *Werner/Zimmermann* (Fn. 53), Beyond Comparison, S. 35: „even where comparativists are also dealing with [...] comparisons over time [...], they must fix the object, freeze it in time, and thus in a way suspend it".

[87] *Werner/Zimmermann* (Fn. 53), Beyond Comparison, S. 35.

[88] Zum Begriff und dem dahinterstehenden wissenschaftsgeschichtlichen Konzept s. o. nach → Fn. 24.

[89] *Werner/Zimmermann* (Fn. 53), Beyond Comparison, S. 36.

[90] *Werner/Zimmermann* (Fn. 53), Vergleich, S. 615.

tungsgeschichte ist also nicht nur, Verflechtungen herauszuarbeiten, sondern vor allem zu analysieren, wie diese Verflechtungen in unterschiedlichen Kontexten neue Bedeutung erlangen.[91]

Stellt man die Verflechtungsgeschichte den beiden tradierten Ansätzen des Vergleichs und des Transfers gegenüber, bietet sie ein reiches Instrumentarium für methodische Neujustierungen. Dennoch wird ihre Pointe teils ganz woanders gesehen. Sie nehme der Geschichtswissenschaft die Sicherheit im Umgang mit ihrem Erkenntnisgegenstand.[92] Dabei stellt sich die Frage, mit welchen Argumenten man auf diese Sicherheit verzichten soll. Aus Sicht der Verflechtungsgeschichte liegt gerade darin ihr größtes Pfund. Sie will die historischen Vorgänge der Verflechtung nicht als stabile Gebilde in den Blick nehmen, sondern sie aus unterschiedlichen Blickwinkeln analysieren und die Grenzen des Erkenntnisgegenstands immer wieder neu bestimmen. Wenn dadurch die Sicherheit schwindet, steigt dafür, so die Hoffnung, das Potential für neue Erkenntnisse. Ob sich dieses Potential – aus dem Anwenden der Methode *und* ihrem Überschreiten – auch in dieser Untersuchung entfaltet, werden allerdings erst die beiden Hauptteile (§§ 3 ff.; §§ 7 ff.) und die Ergebnisse (§ 10) zeigen.

---

[91] *Marjanen* (Fn. 83), S. 244. *M. Aust*, Verflochtene Erinnerungen, in: M. Aust/K. Ruchniewicz/S. Troebst (Hrsg.), Verflochtene Erinnerungen, 2009, S. 3, betont zu Recht, die Verflechtungsgeschichte frage nach gegenseitigen Wahrnehmungen und Wechselwirkungen zwischen den Entitäten. Nicht allein das oppositionelle Fremde im Bild vom Eigenen interessiere.

[92] *Aust* (Fn. 91), S. 7, der daneben auch davon spricht, dass der Untersuchungsgegenstand mit der Verflechtungsgeschichte zum „Chamäleon" werde, und man eher von einer Verflüssigungs- als einer Verflechtungsgeschichte sprechen könne.

Erster Teil

§ 3
Von Evolutionsmetaphern und Empiriepostulaten. Verfassungsvergleichung als empirische Wissenschaft?

> „Ein solches Zeitalter bekommt seine Bedeutung dadurch, dass in ihm die verschiedenen Weltbetrachtungen, Sitten, Kulturen verglichen und neben einander durchlebt werden können; was früher, bei der immer localisierten Herrschaft jeder Kultur, nicht möglich war. [...]. Es ist das Zeitalter der Vergleichung!"[1]

Das „Zeitalter der Vergleichung"[2] ist 1869, als die französische Gesellschaft für vergleichende Gesetzgebung gegründet wird, noch in vollem Gange. Es ist geprägt durch die Blüte der Naturwissenschaften und ihrer Methoden, die die deutsch-französische Wissenschaftswelt während des gesamten 19. Jahrhunderts durchziehen. Dieses Wissenschaftsbild prägt auch die Staats- und Verfassungsrechtswissenschaften. Keinesfalls sollen unwissenschaftliche Spekulation und die „Hirngespinst[e]"[3] Einzelner – seien es auch die der großen idealistischen Philosophen – den Ton angeben. „[A]us dem Kreise moderner Wissenschaften ausgeschlossen zu bleiben", sehen Rechtswissenschaftler zu jener Zeit als *die* große Gefahr für ihr Fach an.[4]

Empiriepostulate und Evolutionsmetaphern sind in aller Munde. Bei aller Begeisterung für die Empirie bleibt jedoch überraschend unklar, was die Wissenschaftler links wie rechts des Rheins darunter genau verstehen.[5] Oft

---

[1] *F. Nietzsche*, Menschliches, Allzumenschliches I. 23. Aphorismus, in: G. Colli/M. Montinari (Hrsg.), Kritische Studienausgabe, 1999, S. 44 f.

[2] Anknüpfend an *Nietzsches* eingangs zitiertes, geflügeltes Wort wird das „Zeitalter der Vergleichung" in der Folge gerne und häufig aufgegriffen, um den Zeitgeist des 19. Jahrhunderts zu beschreiben. Zum engen Zusammenhang zwischen Vergleichung und Fortschrittsgedanken bis hin zu darwinistischen Tendenzen bei *Nietzsche* näher *E. Jayme*, Das Zeitalter der Vergleichung – Emerico Amari (1810–1870) und Friedrich Nietzsche (1844–1900), in: A. Mazzacane/R. Schulze (Hrsg.), Die deutsche und italienische Rechtskultur im „Zeitalter der Vergleichung", 1995, S. 21 (21 f., 25 f.).

[3] Von „Hirngespinst[en]" spricht etwa *J. Kohler*, Rechtsgeschichte und Culturgeschichte, [Grünhut's] Zeitschrift für das Privat- und öffentliche Recht der Gegenwart 12 (1885), S. 583 (588).

[4] *L. Gumplowicz*, Philosophisches Staatsrecht, 1877, S. III.

[5] Auch eine Auseinandersetzung mit den unterschiedlichen Erfahrungsbegriffen in der

entsteht der Eindruck, der Begriff wird lediglich verwendet, um die Komparatistik zu ‚verwissenschaftlichen' und so zu legitimieren.

Die Verfassungsvergleichung spielt – in Zeiten der Verfassungsumbrüche diesseits und jenseits des Rheins[6] – für die jeweiligen Denkkollektive eine ganz unterschiedliche Rolle. Während in Frankreich die Vergleichung blüht, bleibt es in Deutschland in den ersten Jahren nach der Reichsgründung für die ‚wissenschaftliche' Verfassungsvergleichung im Staatsrecht weitgehend beim Lippenbekenntnis. In Frankreich legen die erwähnte Gründung der Société de législation comparée und das erstmalige Erscheinen ihres Bulletins 1872 den Grundstein dafür, dass auch die Rechtswissenschaften Frankreichs endgültig im „Zeitalter der Vergleichung" ankommen.[7] *Edouard Laboulaye*, der erste Präsident der Société, formuliert deren Anliegen in seiner Eröffnungsansprache so: „Unser Wunsch ist, die Wissenschaft um der Wissenschaft willen zu studieren".[8] Damit verdeutlicht er einerseits das zentrale Anliegen der neu gegründeten Gesellschaft und bringt andererseits den rechtsvergleichenden Zeitgeist auf den Punkt. Auch die zentralen Fragen der Verfasstheit einer Gesellschaft seien mithilfe naturwissenschaftlicher Methoden zu klären.[9]

---

zeitgenössischen Philosophie findet nicht statt. Zu den Differenzen zwischen zwei prägenden Ansätzen, dem *Comtes* und dem *Mills*, s. *E. Cassirer*, Das Erkenntnisproblem in der Philosophie und Wissenschaft der neueren Zeit, Bd. 4, 2000, S. 14/7 f.

[6] Auch in Frankreich kam es nach dem deutsch-französischen Krieg zu einem Umbruch: Die Monarchie unter *Napoléon III* wurde – erneut – zur Republik, bereits der dritten seit der Revolution von 1789.

[7] Zur Rechtsvergleichung im Bulletin vor Ende des 19. Jahrhunderts *I. Zajtay*, Fünfzehn Jahre „Revue internationale de droit comparé", in: E. von Caemmerer/A. Nikisch/K. Zweigert (Hrsg.), Vom Deutschen zum Europäischen Recht. Festschrift für Hans Dölle, 1963, S. 451 (455 f.).

[8] „Notre désir est d'étudier la science pour la science" (meine Übersetzung, so auch im Folgenden, wenn nicht anders angegeben), *[E.-R.] Laboulaye*, Discours d'ouverture de M. Laboulaye, BSLC 1871, S. 1 (2). Seine Rede ist – anstelle eines Eröffnungsaufsatzes – zu Beginn des ersten Bulletins abgedruckt, was verdeutlicht, wie sehr das Periodikum in der Anfangszeit noch bloßes „Mitteilungsblatt" (*Zajtay* [Fn. 7], S. 455 f.) der Rechtsvergleichungsgesellschaft war.

[9] Das Plädoyer für ein wissenschaftliches Verständnis des geschichtlichen Lebens und die Kritik am Primat der naturwissenschaftlichen Methode, wie sie heute in Deutschland vor allem mit *W. Dilthey* und seiner „Einleitung in die Geisteswissenschaften" (Bd. 1, 1883) in Zusammenhang gebracht wird, wird in den Rechtswissenschaften häufig erst später prononciert formuliert, s. näher → § 4 II 1 a) bb). *Dilthey* wird zwar vereinzelt aufgegriffen, er gilt aber seinen Zeitgenossen wegen seiner monumentalen – unvollendet gebliebenen – Schleiermacher-Biographie, deren erster Band 1870 erschien, in erster Linie als Historiker der Geisteswissenschaften. Sein philosophisches Werk und sein Anliegen der ‚Kritik der historischen Vernunft' wird – trotz seiner Einleitung – dagegen erst nach seinem Tod mit der Veröffentlichung seiner Gesammelten Schriften durch seine Schüler in vollem Umfang erkennbar. S. näher zur Wirkungsgeschichte *M. Jung*, Wilhelm Dilthey zur Einführung, 2. Aufl. 2014, S. 184 ff.

Paradoxerweise korrespondiert die jeweilige Lage der Verfassungsvergleichung überhaupt nicht mit der Konstituierung der Staats- und Verfassungsrechtswissenschaften in beiden Ländern. Denn während französische Wissenschaftler zwar Verfassungen vergleichen, ist das Verfassungsrecht an den Universitäten noch lange keine anerkannte wissenschaftliche Disziplin.[10] Im Gegensatz dazu wird für die Zeit ab 1866 von den „eigentlichen Gründerjahre[n] der deutschen Staatsrechtswissenschaft" gesprochen.[11] Gleichzeitig wird der Reichsgründung eine sedierende Wirkung auf die Internationalität der deutschen Staatsrechtslehre und damit auf die Verfassungsvergleichung nachgesagt,[12] die in der Tendenz auch richtig ist.

In diesem Kapitel stelle ich zunächst Themen und Eigenheiten der empiriebegeisterten Verfassungsvergleichung dar und weise dabei immer wieder auf die jeweiligen Verflechtungen hin. Die Verfassungsvergleichung in Frankreich wie in Deutschland ist geprägt von dem allgemeinen geistesgeschichtlichen Kontext, den Evolutionsparadigmen wie dem Primat des Erfahrungswissenschaftlichen. Neben der Empirie zeigt sich insbesondere anhand der Leitmotive des Fortschritts und der Entwicklungsgesetze, wie verflochten die Diskurse sind. Besonders die einflussreiche rechtsethnologische Strömung in Deutschland greift diese Motive auf (I).

Gleichzeitig ist in beiden Ländern die zeitgenössische Idee, die Nationen und ihre Wissenschaften lägen im Wettstreit, weit verbreitet. Die unterschiedliche Ausgangslage, in denen sich die Disziplin der Staatsrechtslehre in Deutschland einerseits und die der Verfassungsrechtswissenschaft in Frankreich andererseits befinden, hat jedoch Einfluss auch auf die jeweilige Rolle der Komparatistik. Sie dient in Frankreich anderen Zielen als in Deutschland (II).

---

[10] Zur Konstituierung der französischen Verfassungsrechtswissenschaft um die Jahrhundertwende s. näher unten → §4 nach → Fn. 8.
[11] *M. Stolleis*, Geschichte des öffentlichen Rechts in Deutschland, Bd. II, 1992, S. 379; diese Wahrnehmung scheint bereits Anfang des 20. Jahrhunderts zu verfangen, s. *P. Zorn*, Die Entwicklung der Staatsrechtswissenschaft seit 1866, JöR a. F. 1 (1907), S. 47 ff.
[12] So meint etwa *C. Waldhoff*, Das Jahrbuch des öffentlichen Rechts der Gegenwart 1907 bis 2014 – unter besonderer Berücksichtung seiner Entstehung, JöR n. F. 63 (2015), S. 1 (21): „Die Bearbeitung des neuen Reichsstaatsrechts absorbierte die Energien"; *M. Friedrich*, Geschichte der deutschen Staatsrechtswissenschaft, 1997, S. 244, spricht von „einer Vernachlässigung der internationalen Rechtsvergleichung, wie man sie dem ‚konstruktiv' gewordenen Fach für die Zeit bis etwa 1900 nicht unberechtigterweise nachsagen kann"; *M. Stolleis*, Nationalität und Internationalität, 1998, S. 23, schreibt gar: das „Interesse an öffentlichrechtlicher Rechtsvergleichung erlosch praktisch mit dem Norddeutschen Bund und der Reichsgründung". Von einem völligen Erlöschen kann aber keine Rede sein, s. unter → §3 II 3.

I. „[L]a science pour la science!"[13] – Die Vergleichung im Zeichen der Empirie-Euphorie

Die Naturwissenschaften lösen die Philosophie im 19. Jahrhundert als methodisches Leitbild ab. Den Erfolg der Erfahrungswissenschaften, die auch den Alltag mehr und mehr prägen, bringt man Mitte dieses Jahrhunderts als „Wendepunkt der Rechtswissenschaft" auf den Punkt.[14] Damit nimmt gleichzeitig die Bedeutung philosophischer Wirklichkeitserschließung im Bewusstsein der wissenschaftlichen Öffentlichkeit ab. Das Zeitalter des Idealismus weicht so einer neuen Zeit, die weit über die Rechtswissenschaften hinaus von Empiriepostulaten und Evolutionsmetaphern geprägt wird. Dabei vermischen sich in der Verfassungsvergleichung in Frankreich wie in Deutschland verschiedene erkenntnistheoretische Paradigmen der Naturwissenschaften, nämlich insbesondere dasjenige der exakten Wissenschaft und das der organischen Evolution.[15] Der tiefere Grund für diese unterschiedlichen Ausrichtungen liegt im jeweils herangezogenen Vorbild. *Auguste Comte* orientiert sich in seinem wissenschaftsgeschichtlich wirkmächtigen Schaffen an der Physik *Newtons*.[16] Dieser bereitete im 18. Jahrhundert mit seinen Erkenntnissen zur Optik, Mechanik und zur Mathematik den Weg für den kausalgesetzlichen Positivismus, der vor allem das kontinentaleuropäische Wissenschaftsideal im 19. Jahrhundert prägt.[17] Zentral war für *Newton* insbesondere die rein rationale Begründung von Naturgesetzen, also die Funktionsweisen der Natur auf allgemeine Gesetze zurückzuführen, indem man beobachtet und experimentiert, um schließlich Ursachen und Folgen hieraus abzuleiten.[18]

Dagegen beruht das Leitbild einer organischen Evolution, das vor allem im anglo-amerikanischen Raum weite Verbreitung findet, auf der Biologie *Darwins* und den soziologischen Arbeiten *Herbert Spencers*.[19]

---

[13] *Laboulaye* (Fn. 8), S. 2.
[14] *J. E. Kuntze*, Der Wendepunkt der Rechtswissenschaft, 1856, der insb. auf S. 31 ff. ein „juristisches Naturstudium" anrät, auf S. 30 vor „überreizte[r] Idealität" mahnt und dafür plädiert, „die Regeln der Natur [...] als Prüfsteine der Theorie zu benutzen". Zur „Krise der idealistischen Rechtslehren" s. näher *D. Tripp*, Der Einfluß des naturwissenschaftlichen, philosophischen und historischen Positivismus auf die deutsche Rechtslehre im 19. Jahrhundert, 1983, S. 202 ff.
[15] S. zu den verschiedenen erkenntnistheoretischen Paradigmen der naturwissenschaftlichen Forschung Ende des 19. Jahrhunderts *Cassirer* (Fn. 5), S. 11 ff./4 ff.
[16] *O. Lepsius*, Erkenntnisgegenstand und Erkenntnisverfahren in den Geisteswissenschaften der Weimarer Republik, Ius Commune 12 (1995), S. 283 (300).
[17] S. dazu *H. J. Störig*, Kleine Weltgeschichte der Philosophie, 6. Aufl. 1958, S. 401 ff.
[18] So seine prägnante Zusammenfassung im Scheme for Establishing the Royal Society, näher *R. S. Westfall*, Never at Rest, 1980, S. 632.
[19] Zu dem Verhältnis zwischen beiden Ansätzen und die Frage des gegenseitigen Ein-

Anhand der Bedeutung der Statistik für die Komparatistik veranschauliche ich zunächst das Paradigma der exakten Wissenschaft (1), bevor ich in einem zweiten Schritt zeige, welch große Rolle das Evolutionsparadigma in der zeitgenössischen Rechtsethnologie und für die auch über diese Strömung hinaus propagierten Entwicklungsstufen spielt (2).

1. Komparatistik als Statistik – und als Vorstufe einer empirisch fundierten Rechtsphilosophie

Im 19. Jahrhundert führt die Industrielle Revolution in Frankreich und Deutschland zu gewaltigen gesellschaftlichen Veränderungen; dies bringt eine gewisse ‚statistische Geisteshaltung' mit sich.[20] Alles soll nun beziffert und vermessen werden, um die besten Lösungen für die Probleme der neuen Zeit zu finden. Statistiken werden genutzt, um ‚objektives Wissen' über die soziale Realität zu erhalten. Neu an den Statistiken zu dieser Zeit ist weder der Begriff noch ihre mathematischen Grundlagen, sondern dass sie nun veröffentlicht werden.[21] Kriminalstatistiken gelten als „öffentliches Barometer"[22] des Zustands der Arbeiterklasse, während man in ganz Europa beginnt, statistische Zentralbehörden einzurichten. Die Länder wollen so nicht nur die Wissenschaft voranbringen, sondern auch ihren Platz im „Wettlauf der Erfindungen" in Erfahrung bringen.[23]

Auch in der zeitgenössischen juristischen Terminologie spiegelt sich die breite Zustimmung, die eine statistisch informierte Vorgehensweise damals erfährt. So postuliert *Rudolf Gneist* im Jahr 1860 für die Rechtswissenschaft die „Methode einer pathologischen Anatomie heutiger Staatszustände [...], die sich rechtlich, volkswirthschaftlich, statistisch prüfen und controliren läßt".[24]

---

flusses zwischen *Darwin* und *Spencer* s. *V. A. Haines*, Spencer, Darwin, and the Question of Reciprocal Influence, Journal of the History of Biology 24 (1991), S. 409 ff.

[20] S. zur ‚mentalité statistique' *L. Chevalier*, Classes laborieuses et classes dangereuses, 1958, S. XI ff.; umfassend zur Rolle der Statistik in Westeuropa auch *A. Pinwinkler*, Amtliche Statistik, Bevölkerung und staatliche Politik in Westeuropa, ca. 1850–1950, in: P. Collin/T. Horstmann (Hrsg.), Das Wissen des Staates, 2004, S. 195 ff.

[21] *Y. Marec*, Vers une République sociale? Un itinéraire d'historien, 2009, S. 92 f. Der Begriff „statistique" ist in Frankreich einige Jahre vor der Revolution zuerst gebraucht worden, *J.-C. Perrot/L. Bergeron/S. Woolf*, Introduction, in: École des Hautes Études en Sciences Sociales. Séminaire de Louis Bergeron (Hrsg.), La Statistique en France à l'époque napoléonienne, 1981, S. 7 (7).

[22] Dieser Begriff geht zurück auf *Jeremy Bentham*, der diese Statistiken schon seit 1778 als Grundlage des Gesetzgebers gesehen hat, auf die er sich stützen solle, näher *Marec* (Fn. 21), S. 95 mit Fn. 12.

[23] *Stolleis* (Fn. 12), S. 11.

[24] *R. Gneist*, Das heutige englische Verfassungs- und Verwaltungsrecht, Bd. II, 1860,

Rechtswissenschaftler in der III. Französischen Republik und im Deutschen Kaiserreich haben besonders die Vergleichung als Instrument einer exakten Wissenschaft vor Augen. Allerdings stellt die vergleichende Jurisprudenz laut *Jhering* einen steinigen Weg dar, um „eine höhere Stufe der wissenschaftlichen Thätigkeit" zu erreichen.[25] Diese Einsicht teilt man auch in Frankreich. Die neu gegründete französische Rechtsvergleichergesellschaft ist ihrem Selbstverständnis nach eine „ihrem Wesen nach wissenschaftliche Gesellschaft".[26] Mit der Frage konfrontiert, wie genau man Komparatistik wissenschaftlich zu betreiben habe, findet sich teils doch erstaunliche Beteuerungen. So sollen Studien möglichst objektiv erfolgen, „ohne Kritik und fast ohne Anmerkungen".[27] Dass auch jeder Anschein parteipolitischer Stellungnahmen vermieden werden soll, erklärt sich dann fast von selbst.[28]

S. X. Zu *Gneist* und der durchwachsenen Kritik an seinem England-Werk s. *E. J. Hahn*, Rudolf von Gneist 1816–1895, 1995, S. 85 ff. *Gneist* war weder der Erste noch der Letzte, der sich an die medizinische Terminologie anlehnte: Bereits 1810 fragte *A. von Feuerbach*, Blick auf die teutsche Rechtswissenschaft [1810], in: ders., Anselms von Feuerbachs kleine Schriften vermischten Inhalts, 1833, S. 152 (163), bereits ganz im Stil des „Zeitalters der Vergleichung": „Warum hat der Anatom seine vergleichende Anatomie? und warum hat der Rechtsgelehrte noch keine vergleichende Jurisprudenz? Die reichste Quelle aller Entdeckungen in jeder Erfahrungswissenschaft ist Vergleichung und Combination". Später greifen *R. Smend*, Die Verschiebung der konstitutionellen Ordnung durch die Verhältniswahl [1919], in: ders., Staatsrechtliche Abhandlungen, 3. Aufl. 1994, S. 60 ff.: „Staatsrechtliche[...] Anatomie" (S. 60), „Zu einer anderen Betrachtungsweise, die statt der Anatomie die Physiologie des Staates in den Vordergrund rückt, hat unsere Verfassungstheorie [...] allen Anlass" (S. 67); *E. Kaufmann*, Bismarcks Erbe in der Reichsverfassung (1917), in: ders., Gesammelte Schriften, Bd. I, 1960, S. 143 (153): „anatomische[...] Vergleichung" sowie „notwendige[...] funktionell-physiologische Betrachtung", und *R. Redslob*, Le régime parlementaire en Allemagne, RDP 1923, S. 511 (511): „L'anatomie doit être complétée par une physiologie de l'état" („Die Anatomie muss durch eine Physiologie des Staates vervollständigt werden") auf ähnliche Bilder zurück.
[25] Das vollständige Zitat findet sich bei *R. v. Jhering*, Geist des römischen Rechts auf den verschiedenen Stufen seiner Entwicklung, Bd. I, 3. Aufl. 1873, S. 15, der angesichts des wachsenden Nationalismus vor einer Degradierung der Rechtswissenschaft „zur Landesjurisprudenz" warnt und daher dafür plädiert, „jene Schranken zu überspringen und den Charakter der Universalität, den sie [die Rechtswissenschaft] so lange besaß, in einer anderen Form als *vergleichende Jurisprudenz* sich für alle Folgezeit zu sichern. Ihre Methode wird eine andere, ihr Blick ein weiterer, ihr Urteil ein reiferes, ihre Behandlung des Stoffes eine freiere werden, und so wird der scheinbare Verlust in der That zu ihrem Heile ausschlagen, sie auf eine *höhere Stufe der wissenschaftlichen Thätigkeit* erheben" (meine Hervorhebung).
[26] *Laboulaye* (Fn. 8), S. 2: „société essentiellement scientifique".
[27] *Hérold*, Communication sur la durée du mandat et le mode de renouvellement des chambres législatives, BSLC 1872, S. 49 (49): „sans critique, presque sans observations".
[28] *Laboulaye* (Fn. 8), S. 2: „nous ne faisons pas ici de politique. Notre drapeau est le

I. Empirie-Euphorie

Dem Primat der exakten Wissenschaft entsprechen auch die terminologischen Anleihen an die Statistik, die diese Jahre prägen. So tituliert etwa *Hérold* seine Studie über die Mandatsdauer zur „Statistik"[29] um und im ersten Erscheinungsjahr des Bulletins wird die Société – auf immerhin sechs Druckseiten – über das Programm des anstehenden siebten internationalen Statistikkongresses informiert.[30] Das Postulat lautet, der Statistik in der Vergleichung eine größere Rolle zukommen zu lassen.[31] Währenddessen zeichnet auch in Deutschland die Statistik das Aufkommen der Volkswirtschaftslehre vor.[32]

---

drapeau tricolore" („Wir machen hier keine Politik. Unsere Fahne ist die französische"). Fast 20 Jahre später steht Ähnliches auch im Vorwort zum ersten AöR, *P. Laband/F. Stoerk*, Vorwort, AöR 1 (1886), S. V (VII f.): „Der den *parteipolitischen Ton vermeidende rechtswissenschaftliche Charakter* des Archivs öffnet Mitarbeitern die Möglichkeit die nationalen Einrichtungen aller Culturstaaten in wissenschaftlicher Objectivität einer Darstellung und Prüfung zu unterziehen" (meine Hervorhebung).

[29] *Hérold* (Fn. 27), S. 49: „Il ne s'agit, en effet, que d'un simple aperçu, d'un résumé comparatif, d'une sorte de statistique, pour parler encore plus exactement [...]" (meine Hervorhebung).

[30] *[A.] Ribot*, Compte rendu du programme de la septième session du Congrès international de statistique, BSLC 1871, S. 48 ff.

[31] Deutlich *L. Aucoc*, Observations sur le rôle des statistiques dans les études de législation comparée, BSLC 1872, S. 66: „Il se propose d'ailleurs, à cette occasion, d'appeler l'attention de la Société sur le rôle que devrait jouer la statistique dans les études de législation comparée".

[32] S. nur die bereits vor Fn. 24 zitierte Aussage *Gneists*, die rechtswissenschaftliche Methode müsse sich „volkswirthschaftlich, statistisch prüfen und controliren" lassen. Auch im juristischen Fachzeitschriftenmarkt spiegelt sich dieser Umstand: 1868 gründet *Georg Hirth* das „Staatshandbuch für Gesetzgebung, Verwaltung und *Statistik* des Norddeutschen Bundes und des Deutschen Zollvereins", das wenig später unter dem Titel „Annalen des Norddeutschen Bundes und des Deutschen Zollvereins [später: des Deutschen Reiches] für Gesetzgebung, Verwaltung und *Statistik*" firmiert. 1902 wird die *„Statistik"* im Titel dann durch *„Volkswirthschaftslehre"* ersetzt (meine Hervorhebungen), näher *E. V. Heyen*, Profile der deutschen und französischen Verwaltungsrechtswissenschaft, 1989, S. 61.
Allerdings sind aus dem öffentlichen Recht bald auch deutliche Abgrenzungstendenzen zu dieser Vorgehensweise vernehmbar. Deutlich zeigt sich das bei der Gründung des AöR im Jahr 1886, das sich im Vorwort von der Konjunktur der Statistik und der Volkswirtschaftslehre klar abgrenzt: „Das Archiv für öffentliches Recht ist bestimmt, dem gesammten Kreis der Staatsrechtswissenschaften als selbstständiges Organ zu dienen, um dadurch Staatsrecht, Verwaltungsrecht und Völkerrecht in Theorie, Gesetzgebung und Kritik von der immer enger werdenden Umklammerung der rein ökonomischen Studien zu befreien, deren kräftigem Drucke sie in der heutigen periodischen Literatur Deutschlands zu erliegen drohen". Auch als *F. Stoerk* von *P. Siebeck* als Herausgeber gewonnen wird, macht er diesen Punkt schon klar, s. *F. Stoerk* an *P. Siebeck*, 24. I. 1885, Staatsbibliothek zu Berlin (SBB), Nachl. 488 (Archiv Mohr Siebeck), A0029, 04: Mit der Idee, das AöR zu gründen, sei die „Basis gewonnen [...] für eine systematische Concentration aller Arbeiten im Gebiete

Die Konjunktur der Statistik ist Teil der bereits erwähnten Begeisterung für alles Naturwissenschaftliche und Empirische. Bereits in *Laboulayes* Eröffnungsrede findet sich die Forderung, die Rechtswissenschaft müsse – wie die Physik oder die Chemie – eine positive Wissenschaft sein.[33] Das Postulat nach einer positiven Wissenschaft deutet das wesentliche Anliegen an, das der Vergleichung dem zeitgenössischen Verständnis nach zugrunde liegt.[34] Statt lediglich eine Fülle an ausländischen Gesetzen und Verordnungen anzuhäufen und sie Praxis und Wissenschaft zur Verfügung zu stellen, steckt sich die französische Komparatistik immer häufiger höhere Ziele.[35] Der empirische Vergleich der Gesetze soll dazu dienen, die zugrundeliegenden Prinzipien zu ergründen – mit *Comte* gesprochen also allgemeine Gesetze. Dies soll dann die Vorstufe zu einer neuen, empirisch fundierten Rechtsphilosophie bilden. Die besondere Nähe zwischen Rechtsvergleichung und Rechtsphilosophie ist kein französisches Spezifikum. Auch östlich des Rheins zeigen sich verblüffend ähnliche, teils sogar noch weitergehende Ansätze. So verkündet *Albert Hermann Post*[36], dass jede Wissenschaft „nothwendig in ihren Anfängen empirisch, in ihrer Vollendung philosophisch" sei.[37]

---

des öffentlichen Rechts", und damit „die Vielen erwünschte Handhabe gegeben sei, jener endlosen Zersplitterung vorzubeugen, die sich zum entschiedenen Nachtheile der Gesammtlehre eingeschlichen hat, seitdem die Tübinger Zeitschr. ihren juristischen Charakter abgestreift und ihre Spalten ausschließlich nationalökonomischen Studien reserviren zu sollen glaubte".

[33] *Laboulaye* (Fn. 8), S. 4: „[L]a science du droit doit être, comme la physique ou la chimie, une science positive".

[34] *Laboulaye* (Fn. 8), S. 4: „[Q]uand nous étudions les législations étrangères, nous [...] cherchons les principes qui président à telle loi, nous sommes amenés à étudier la philosophie du droit, à remonter aux principes de notre propre législation" (meine Hervorhebung).

[35] Dies heißt aber nicht, dass es nicht auch Sammlungen verschiedener Verfassungen gegeben hätte. Die umfangreichste legt *F.-R. Dareste*, Les constitutions modernes, Bd. 1, 1883, vor.

[36] *Post* zählt neben *J. Kohler* zu den Begründern der Rechtsethnologie. Näher unter → § 3 II.

[37] Auch der Untertitel bei *A. H. Post*, Das Naturgesetz des Rechts, 1867, S. 11, deutet dies bereits an: „Einleitung in eine Philosophie des Rechts auf der Grundlage der modernen empirischen Wissenschaft". Näher zu *Post* und seiner Rolle in der Verfassungsvergleichung sogleich im Haupttext unter → § 3 I 2.

Die Verpflichtung zur Empirie ist allerdings kein so neues Phänomen in der Rechtsvergleichung, wie einige Wissenschaftler jener Zeit glauben machen wollen. Schon hundert Jahre zuvor wurden Rechtswissenschaft und Rechtsvergleichung als Bestandteil einer Wirklichkeitswissenschaft verstanden, die die „Vergleichung verschiedener Rechtssysteme" als Basis einer „Philosophie der Gesetzgebung" sah. Das hat *G. Hugo*, Lehrbuch eines civilistischen Cursus, Bd. 1, 2. Aufl. 1799, S. 88, schon Ende des 18. Jahrhunderts gefordert.

Bei der zentralen Rolle, die die damalige Wissenschaft der Empirie beimisst, erstaunt jedoch, wie flexibel dieser Begriff gehandhabt wird; das wird bereits daran deutlich, dass juristische Studien einfach in Statistik umbenannt werden.[38] Auch die Rechtsphilosophie, die auf empirischer Grundlage durch den Vergleich entstehen soll, bleibt ein bloßes Postulat. Dies verstärkt den Eindruck, dass es vor allem darum geht, eine wissenschaftliche Disziplin im Sinne des Zeitgeistes zu legitimieren. Der Erfahrungsbegriff oder derjenige der positiven Wissenschaft wird inflationär gebraucht, ohne dass sich dies in einer Beschäftigung mit den zugrundeliegenden philosophischen Ansätzen widerspiegeln würde. Ob das eigentliche Bedeutsame bei einer positiven Wissenschaft die Rückführbarkeit von Erkenntnissen auf Fakten der Sinneswahrnehmung liegt, oder ob eine positive Wissenschaft sich auf die Beziehung zwischen diesen Fakten konzentrieren muss, bleibt offen.[39] Die Begriffe der Empirie und des Positiven bleiben somit weitgehend leere Begriffshülsen.

2. Vive l'Évolution? Die Rechtsethnologie, der Fortschritt und die Entwicklungsstufen

Die Empirie als Grundlage einer neuen Art der Rechtsphilosophie ist auch ein Anliegen der neuen rechtsethnologischen Strömung, die in den 70er- und 80er-Jahren des 19. Jahrhunderts eng mit der Rechtsvergleichung verknüpft ist. Später übt sie auch auf verfassungsvergleichende Arbeiten großen Einfluss aus.[40] Rechtswissenschaftler beteuern auch hier, den Ursprung des Rechts streng empirisch ergründen zu wollen, ohne den Begriff näher zu klären. Alles andere sei nur „Spekulation"[41], die den Köpfen der Philosophen entspringe; dieses spekulative Vorgehen sei aber unwissenschaftlich und werde daher zu Recht keinen Bestand haben. Stattdessen soll eine „Naturwissenschaft des Rechts" entstehen.[42]

---

[38] Vgl. bereits → Fn. 29 mit dem Verweis auf *Hérold* (Fn. 27).
[39] S. näher *Cassirer* (Fn. 5), S. 14 ff./7 ff.
[40] Zum späteren Einfluss um die Jahrhundertwende und dem Aufgreifen durch Verfassungsrechtler s. → § 4 II 1 a) bb), nach Fn. 156.
[41] *A. H. Post*, Der Ursprung des Rechts. Prolegomena zu einer allgemeinen vergleichenden Rechtswissenschaft, 1876, S. 4.
[42] S. etwa *A. H. Post*, Einleitung in eine Naturwissenschaft des Rechts, 1872, s. dazu sogleich den Haupttext → § 3 II; zum Werk *A. H. Posts* eingehend *R. M. Kiesow*, Das Naturgesetz des Rechts, 1997; zusammenfassend *D. v. Stephanitz*, Exakte Wissenschaft und Recht, 1970, S. 175 ff. Die Bedeutung der Empirie betont auch *Kohler* (Fn. 3), S. 589; *E. I. Bekker*, Über den Rechtsbegriff, Zeitschrift für vergleichende Rechtswissenschaft 1878, S. 95 (98), betont, der Ausdruck „wissenschaftlich" im strengen Sinne bedinge ein Ausgehen von sinnlicher Wahrnehmung, die so zuverlässig sein müsse, wie es menschliches Können überhaupt gestatte.

Am Ende des 19. Jahrhunderts hat die Rechtsethnologie beidseits des Rheins Konjunktur. Im deutschsprachigen Raum ist sie als „allgemeine Rechtswissenschaft" bekannt.[43] Dabei handelt es sich um eine vergleichende Strömung, die sich der „Erforschung des Rechtslebens aller Völker der Erde" annehmen will.[44] Dabei stehen vor allem die „Gewohnheitsrechte [...] unzivilisirter Völker" im Vordergrund, „da die Keimbildungen des Rechtslebens den sichersten Schlüssel für die Entwickelungsgeschichte der Kulturrechte abgeben".[45] Je exotischer das Vergleichsland, desto besser. Die „allgemeine Rechtswissenschaft" veranschaulicht deutlich, wie sehr die Rechtsvergleichung zu dieser Zeit mit dem imperialistischen Gebaren der europäischen Kolonialmächte verwoben ist. Es sei „dringend zu wünschen, dass alle Regierungen europäischer Staaten, welche Kolonien unter den unzivilisirten Völkern haben, dafür Sorge tragen, dass die Rechtsgewohnheiten dieser Völker aufgezeichnet und in eine europäische Sprache übersetzt werden, um sie für die allgemeine Rechtswissenschaft nutzbar zu machen".[46] Noch deutlicher wird der auch als Rechtsethnologe bekannte *Kohler*, wenn er den „ruhmreiche[n] Aufschwung der deutschen Colonialpolitik" lobt.[47]

Dass die rechtsethnologische Strömung in dieser Geschichte der Verfassungsvergleichung ihren Platz findet, ist vor allem durch ihre Ausstrahlungswirkung zu begründen.[48] So bezieht sich etwa *G. Jellinek* auf den von der

---

[43] So die Bezeichnung von *Post* (Fn. 41) für die von ihm mitbegründete Strömung. Da der Ausdruck ‚allgemeine Rechtswissenschaft' ebenso gängig ist wie der der ‚Rechtsethnologie' und er den Anspruch ihrer Verfechter, die Rechtswissenschaft auf eine völlig neue Grundlage zu stellen und so die Philosophie zu ersetzen, deutlicher zum Ausdruck bringt als der der Rechtsethnologie, wird im Haupttext häufig von der ‚allgemeinen Rechtswissenschaft' gesprochen, auch wenn diese Bezeichnung heute weniger bekannt sein mag.

[44] *L. Adam*, Josef Kohler und die vergleichende Rechtswissenschaft, Zeitschrift für vergleichende Rechtswissenschaft 1920, S. 1 (12).

[45] *A. H. Post*, Ueber die Aufgaben einer Allgemeinen Rechtswissenschaft, 1891, S. 10.

[46] *Post* (Fn. 45), S. 10. *Kiesow* (Fn. 42), S. 130 f., meint für den Fall *A. H. Posts* jedoch, dessen Beschäftigung mit fremden Völkern sei nicht nur als Zeichen von Imperialismus und Kolonialismus zu sehen, obwohl seine Evolutionsvorstellungen von eurozentrischen Vorurteilen geprägt seien.

[47] *Kohler* (Fn. 3), S. 593.

[48] So waren *Kohler* und *Post* beide Zivilrechtler, was die Darstellung dieser Strömung in dieser Untersuchung zunächst rechtfertigungsbedürftig erscheinen lässt. Ihre Forschung wird aber in der späteren Verfassungsvergleichung durchaus rezipiert, s. nur *G. Jellinek*, System der subjektiven öffentlichen Rechte, 2. Aufl. 1905, S. 260, der auf *J. Kohler*, Das Recht als Kulturerscheinung, 1885, S. 22, sowie auf *Post* (Fn. 41), S. 74, verweist. Zivilrechtliche Einflüsse bestimmen freilich aber auch die sich konstituierende zeitgenössische Staatsrechtslehre: Sowohl *Gerber* als auch *Laband* kommen aus dem Zivilrecht und tragen die zivilistische Methode – mit Modifikationen – ins öffentliche Recht, näher *Friedrich* (Fn. 12), S. 224 ff.; *W. Pauly*, Der Methodenwandel im deutschen Spätkonstitutionalismus, 1993, S. 97 ff.; *D. Grimm*, Methode als Machtfaktor, in: ders., Recht und Staat in der bürgerlichen Gesellschaft, 1987, S. 347 (362 ff.); *Stolleis* (Fn. 11), S. 331 ff.

"Allgemeinen Rechtswissenschaft" geprägten Begriff der "Entwicklungsstufe".[49] Neben den Begriffsanleihen bei der Evolutionsbiologie weckt auch die These, das "menschliche Gattungsleben" entwickle sich überall nach den gleichen Naturgesetzen, abseits des rechtsethnologischen Diskurses Interesse.[50] Ein weiterer Aspekt, der Wirkmacht entfaltet, ist ihr bereits erwähntes Ziel, die Rechtsphilosophie zu erneuern. Das prägt auch später noch die Vergleichung in Frankreich und Deutschland, die etwa ab Mitte der 1890er-Jahre eine regelrechte Blüte erlebt.[51]

a) Wider die "Begriffsgymnastik" und die "Speculation" – für eine Erneuerung der Rechtswissenschaft

Kohler wie *Post*, die als Begründer der Rechtsethnologie in Deutschland gelten,[52] teilen mit gleichgesinnten Wissenschaftlern den Anspruch, durch ihre Forschung die Rechtsphilosophie zu ersetzen und die Rechtswissenschaften zu erneuern.[53] Ihre neue Art der Rechtsphilosophie basiert auf empirischen Tatsachen, auf dem "wirklich konkreten Rechtsleben der Völker".[54] Mit ihrem Schaffen wollen sie einen Gegensatz bilden zu der bisherigen "im ganzen öden und blutleeren a priori-Philosophie".[55] Das Problem liege darin,

---

[49] *G. Jellinek*, Die Sprachenrechte in den Staaten gemischter Nationalität [Rezension], [Grünhut's] Zeitschrift für das Privat- und öffentliche Recht der Gegenwart 12 (1885), S. 690 (692).

[50] *Post* (Fn. 41), S. 6f. Hier wird der Einfluss des *Comte'schen* Gesetzesgedanken, der Kausalität, auch in Deutschland deutlich.

[51] S. etwa *Bufnoir*, L'allocution du Président, BSLC 1891, S. 65 (66), und sogleich im Haupttext unter → § 4. Auch *Laboulayes* oben in Fn. 34 zitierter Ausspruch betont bereits den engen Zusammenhang mit der Rechtsphilosophie.

[52] *Kiesow* (Fn. 42), S. 69, bezeichnet sie zudem als "Väter der Rechtsvergleichung". Zumindest für die Verfassungsvergleichung sind jedoch bald auch viele Abgrenzungstendenzen festzustellen, s. sogleich im Haupttext unter → § 4 II 1 a) bb).

[53] S. etwa *Bernhöft*, Über Zweck und Mittel der vergleichenden Rechtswissenschaft, Zeitschrift für vergleichende Rechtswissenschaft 1878, S. 1 (3): "Uns verspricht eine umfassendere Kenntniss fremder Rechte nicht nur eine Grundlage für eine wissenschaftliche Rechtsphilosophie zu werden und durch Vergleichung manchen dunklen Punkt der deutschen und römischen Rechtsgeschichte aufzuklären, sondern wir bedürfen ihrer namentlich zu dem wichtigen nationalen Werke, dessen Vollendung unsere Rechtswissenschaft gerade jetzt beschäftigt".

[54] *T. Achelis*, A. H. Post und die vergleichende Rechtswissenschaft, in: R. Virchow/W. Rattenbach (Hrsg.), Sammlung gemeinverständlicher wissenschaftlicher Vorträge, 1896, S. 483 (486). Das bedeutet aber nicht, dass sich beide nicht auch für andere Disziplinen interessieren würden, allerdings bleiben Rechtsethnologie und Rechtsgeschichte in Deutschland getrennt, was etwa in Großbritannien mit *Henry Sumner Maine* und *Paul Vinograff* anders ist. Näher *Kiesow* (Fn. 42), S. 114. *Adam* (Fn. 44), S. 9, bezeichnet die "Universalrechtsgeschichte" als den "anderen großen Zweige der vergleichenden Rechtswissenschaft".

[55] So *Adam* (Fn. 44), S. 9, über den Anspruch von *Kohlers* Rechtsphilosophie. Auch

dass „die Rechtsphilosophie [...] nach wie vor auf der Basis der Speculation"[56] stehe und „von gewissen apriorischen Ideen als angeblich unzweifelhaften Voraussetzungen" ausgehe.[57] Damit grenzen sich die Befürworter der Rechtsethnologie klar von älteren idealistischen Rechtslehren, aber auch von den Ansichten zeitgenössischer Ethiker ab, etwa der *Trendelenburgs*.[58] Die „Rechtsidee", so das zentrale Argument, sei vom „Rechtskonzept" scharf abzugrenzen – deren Vermengung sei das „Hauptgebrechen" der gesamten gegenwärtigen Philosophie.[59] Die Rechtsidee, also die Frage nach einem überall gültigen Idealrecht, sei nach dem gegenwärtigen Stand der Forschung nicht zu beantworten.[60] Ziel der rechtsvergleichenden Wissenschaft sei nicht die Ergründung eines idealen Rechts, sondern das Auffinden allgemeiner Gesetze für die Entwicklung des Rechts.[61]

Das habe Folgen für die Aufgaben, die sich der rechtsvergleichenden Wissenschaft stellen. Denn bei ihr stehe nicht das ideale Recht, sondern dessen Konzept im Vordergrund. Statt des Ideals und der Rechtsidee macht man sich nun also auf die Suche nach dem Typischen. Dieses wiederum lasse sich nur „aus dem Ganzen des wirklichen tatsächlichen Rechts"[62] abstrahieren und sei daher keine bloße „Vorstufe", um die eigentliche Rechtsidee zu erkennen.[63] Gesucht werde durch die Rechtsethnologie „das Typische, viel-

---

Jellinek (Fn. 49), S. 691, hebt in einer Rezension lobend hervor, dass „nicht etwa aprioristische Constructionen, sondern [...] mit tief wissenschaftlichem Takte [die] Erkenntniss analoger Zustände in anderen Staaten" Gegenstand des besprochenen Werks seien.
Im Staatsrecht heißt es, der Zeitgeist verlange nach der vergleichenden Betrachtung der wirklichen Staaten, statt in „aprioristischer Konstruktion" spekulativ das Wesen des Staates erfassen zu wollen, *H. Rehm*, Allgemeine Staatslehre, 1899, S. 5.
[56] *Post* (Fn. 41), S. 4; *Achelis* (Fn. 54), S. 486, gibt *Posts* Auffassung so wieder: „Spekulation, die nur aus der Tiefe des eigenen Bewusstseins schöpfte, [überwuchert] die Erfahrung völlig". *Post* geht denn auch davon aus, die „Grenzen des menschlichen Wissens" seien „schwankend" geworden, als „Gegenstand aller menschlichen Wissenschaft" sei „ausschließlich die empirische Welt des Menschen" geeignet, *Post* (Fn. 37), S. 1.
[57] *Achelis* (Fn. 54), S. 486.
[58] *A. Trendelenburg*, Naturrecht auf dem Grunde der Rechte, 2. Aufl. 1868.
[59] *Bekker* (Fn. 42), S. 96, unter Verweis auf *E. K. Bierling*, Zur Kritik der juristischen Grundbegriffe, Bd. 1, 1877, S. 153 ff.
[60] *Bekker* (Fn. 42), S. 100. Allerdings spricht *Kohler* (Fn. 3), S. 592, von den „ersten Regungen der Rechtsideen", die die Rechtsethnologie ergründen solle.
[61] *Bernhöft* (Fn. 53), S. 4, der ergänzt, diese allgemeinen Gesetze müssten sodann auf die Geschichte der einzelnen Nationen angewandt werden.
[62] *Bekker* (Fn. 42), S. 96.
[63] *Bekker* (Fn. 42), S. 98: „Wenn wirklich die allgemeine Rechtsidee dem menschlichen Geiste zugänglich wäre, so könnte die Vergleichung der einzelnen seienden und gewesenen Rechte unter einander nur von untergeordnetem Werte sein: wozu unvollkommenes noch mit anderm unvollkommenen vergleichen, wenn man bereits das vollkommene kennte, und durch die Vergleichung mit diesem direkt ans Ziel zu gelangen vermöchte? Höchstens

leicht sogar das (philosophisch) ‚Notwendige', so wie das naturwissenschaftliche Experiment auf die Explikation der naturgesetzlichen Hypothese zielte".[64] Allerdings ist das Typische, das die Rechtsethnologie ergründen will, die Entwicklung des tatsächlich geltenden Rechts.

Post kritisiert eine weitere Strömung der Rechtswissenschaft vor ihm scharf, wenn er die folgende Diagnose stellt: Die „Rechtswissenschaft liegt [...] fast völlig unberührt von dem Sturme der Zeit da. Mit ihrer Schwester, der Theologie, schläft sie still und friedlich weiter und blättert beschaulich im Corpus juris, wie jene in der Bibel".[65] Die Rechtsethnologie versteht sich als strikter Gegensatz zur Historischen Rechtsschule, deren Methode *Kohler* schlicht als „Uebertreibung" bezeichnet.[66] Während die Historische Rechtsschule die Rechtswissenschaft erneuert hat, indem sie eine „geschichtliche" Dogmatik postulierte, meinen die Rechtsethnologen, Dogmatik könne ohne Weiteres ohne Historik betrieben werden.[67] Bei der ethnologischen Jurisprudenz geht es dagegen darum, Rechtsgeschichte nicht erst „mit der Gründung Roms" zu beginnen, sondern von der „naiven Rechtsübung der Naturvölker" ausgehend zu ergründen, wie hieraus „der Prometheusfunke des Rechts hervorgegangen ist".[68]

Dabei zeigen sich auch deutsch-französische Verflechtungen. *Laboulaye* möchte etwa Wissenschaft um der Wissenschaft willen betreiben, was eine praktische Rechtswissenschaft aber nicht ausschließe.[69] Er argumentiert verblüffend ähnlich zu *Kohler*, der schreibt, die Wissenschaft vom Recht sei sich ebenso selbst Zweck wie jede andere Wissenschaft.[70] Daneben solle die „Rechtswissenschaft [...] praktisch sein, weil das praktische Recht das richtige Recht ist, weil ein Recht, das zu ungesunden praktischen Resultaten führt, sich damit von selbst als ein falsches Recht, als ein Hirngespinst erweist".[71] Sie bedürfe der Empirie, um sich nicht „in leere Begriffsgymnastik [zu] verflüchtigen".[72] Die ethnologische Rechtsforschung betreibe „etwas

---

als *Vorstufe*, um die Erkenntnis der Rechtsidee zu erwerben, liesse vielleicht die Rechtsvergleichung gemeiner Art, positiver Rechte mit andern ebensolchen, sich empfehlen".

[64] So *Stolleis* (Fn. 12), S. 16. *Post* ist laut *Achelis* (Fn. 54), S. 515, denn auch Verfechter „strengste[r] Objektivität und kritische[r] Nüchternheit" als „unausweichliche Richtschnur jeder auf ethnologischem Fundament sich aufbauenden Forschung".

[65] *Post* (Fn. 41), S. 3.

[66] *Kohler* (Fn. 3), S. 588 mit Fn. 4.

[67] *F. Wieacker*, Privatrechtsgeschichte der Neuzeit, 2. Aufl. 1967, S. 416, zu den methodischen Anliegen der Historischen Rechtsschule, von denen sich *Kohler* (Fn. 3), S. 588 mit Fn. 4, abgrenzt.

[68] *Kohler* (Fn. 3), S. 592.

[69] S. oben den Haupttext vor → § 3 I 1, mit Fn. 8.

[70] *Kohler* (Fn. 3), S. 589, 590.

[71] *Kohler* (Fn. 3), S. 588.

[72] *Kohler* (Fn. 3), S. 589. Damit grenzt *Kohler* sich auch von der Begriffsjurisprudenz ab.

ganz Neues, bisher nie Dagewesenes: die Erforschung des Rechtslebens aller Völker der Erde ohne Ausnahme, sowie der nur irgendwie feststellbaren Grundlagen, auf denen das Recht überhaupt erst erwachsen ist".[73] Diese Erforschung sei aber unmöglich, solange man das „Tatsachenmaterial in vorweg aufgestellte Systeme künstlich einschachtelte".[74] Denn erst, wenn das Material gesichert vorhanden sei, dürfe man es „unter die juristischen Begriffe bringen" oder – wo das unmöglich scheine – mit „neuen, besonderen Begriffen operieren, [...] die durch die empirische Einzelforschung erst gewonnen werden".[75] Damit stellen die Rechtsethnologen klar, dass ihr Anliegen sich auch von dem des rechtswissenschaftlichen Gesetzespositivismus unterscheidet. Dieser leitet Rechtssätze und ihre Anwendung ausschließlich aus System, Begriffen und Lehrsätzen der Rechtswissenschaften ab und gesteht außerjuristischen Faktoren keine rechtsändernde oder rechtserzeugende Kraft zu.[76]

b) Von Evolution und Entwicklungsstufen – Vergleichung im Fortschrittsglauben

Neben der Empirie treten bald zwei weitere bestimmende Begriffe auf den Plan, nämlich Evolution und Fortschritt. So ist die Einteilung von Gesellschaften in „Entwicklungsstufen" bestimmend für *Posts* „Allgemeine Rechtswissenschaft".[77] Auch die französische Vergleichung verschreibt sich

---

[73] *Adam* (Fn. 44), S. 12.
[74] *Adam* (Fn. 44), S. 28.
[75] *Adam* (Fn. 44), S. 28.
[76] *Wieacker* (Fn. 67), S. 431, der allerdings für die Darstellung nach eigenen Angaben stilisierend vereinfacht, S. 433 mit Fn. 8 a. E.
[77] So schreibt *Post* (Rn. 41), S. 7: „Ueberall treten uns die gleichen Entwicklungsstufen mit eiserner Consequenz entgegen"; auch *Jherings* Titel („Geist des römischen Rechts auf den verschiedenen Stufen seiner Entwicklung", Fn. 25) lässt vermuten, es habe sich hierbei um eine zu dieser Zeit weiter verbreitete Auffassung gehandelt.
Allerdings gibt es auch Widerspruch zu dieser Auffassung: *G. Le Bon*, Lois psychologiques de l'évolution des peuples, 8. Aufl. 1907 (zuerst 1894), S. 5 f., geht in seiner rassenideologischen Schrift davon aus, große, beständige Gesetze gebe es nur für jede einzelne Zivilisation. Deutlich auch *ders.*, a. a. O., S. 24 ff., insb. auf S. 26: „Entre les quatre grandes divisions [les races inférieures, primitives, moyennes, supérieures], aucune confusion n'est possible, l'abîme mental qui les sépare est évident" („Bei diesen vier großen Unterteilungen [untergeordnete, primitive, mittlere, übergeordnete Rassen] kann man sich nicht irren, die geistige Kluft, die sie trennt, ist offensichtlich").
An den Entwicklungsstufen wird aber auch deutlich, wie groß der Einfluss der Geschichtsphilosophie des Idealismus bei allen Abgrenzungsbemühungen immer noch ist. Denn der Hegel'sche „Stufengang der Weltgeschichte" ist ebenso wie die „Stuffen der Cultur", von denen *J. G. Herder*, Ideen zur Philosophie der Geschichte der Menschheit, 1794, Bd. 3, 15. Buch, III, S. 391, spricht, für das Konzept prägend.

dem Fortschrittsglauben. Die umfangreiche Rezension von *Maines* Monographie Ancient Law hebt seinen vergleichenden Ansatz hervor, betont aber vor allem die Bedeutung der Evolutionstheorie.[78] Das heutige Recht müsse man in seiner Entstehung und weiteren Entwicklung beobachten, um es erfassen zu können. Einziges „a priori" der Beobachtungen sei das Evolutionsgesetz.[79]

Die Besprechung der Untersuchung *Maines* und schon die rechtsethnologische Strömung zeigen, dass Zeitgenossen in Frankreich die „zwei unterschiedlichen Leitbilder"[80] dieser Zeit, *Comtes* Gesetzes- wie *Spencers* Entwicklungsgedanken, nicht als Widerspruch wahrnehmen. Sie verbinden sie vielmehr häufig miteinander.[81]

Ein weiterer Aspekt wird an *Maines* Studie hervorgehoben. Durch seine Untersuchung könne der Fortschritt der Menschheit beobachtet werden.[82] Der Fortschritt wird zu jener Zeit zu einem zentralen Begriff, etwa bei der Frage, ob das Mehrheitswahlsystem weiter angewendet werden solle. *Bertrand* beispielsweise gibt ein Argument wieder, in dem dieser Begriff zentral ist: Die Beibehaltung des Mehrheitswahlrechts bedeute, die Zivilisation einer unvermeidbaren Katastrophe auszusetzen und sich dem Weg des Fortschritts zu verschließen.[83] England dagegen wird trotz seines Mehrheitswahlsystems als Hort des Fortschritts gehuldigt, dessen Wahlsystem kaum fortschrittlicher sein könnte. Außer einiger Detailreformen und der Erweiterung des Wahlrechts auf Frauen sei kein Fortschritt mehr möglich.[84]

---

[78] L. Roquet, Compte rendu de l'ouvrage de Henry Sumner Maine, l'Ancien droit, BSLC 1874, S. 245 ff.

[79] *Roquet* (Fn. 78), S. 250.

[80] *Lepsius* (Fn. 16), S. 300.

[81] Statt eines betonten Antagonismus scheint es sich hier um unterschiedliche Akzentsetzungen zu handeln, die aber durchaus in Anlehnung und/oder Abgrenzung an die jeweils anderen Ansätze näher ausdifferenziert werden. Dies betont auch *Störig* (Fn. 17), S. 409, allerdings mit umgekehrter Blickrichtung, also von England aus: „Comtes positive Philosophie [findet] in England mehr Widerhall [...] als in seinem eigenen Vaterlande".

[82] *Roquet* (Fn. 78), S. 252.

[83] E. *Bertrand*, Les moyens d'assurer la représentation proportionnelle des minorités dans les élections, BSLC 1873, S. 171 (182).

[84] E. *Passez*, Étude sur les résultats de la nouvelle législation électorale dans la Grande Bretagne et en Irlande, BSLC 1887, S. 277 (280).

II. Verfassungsvergleichung ohne Disziplin und Disziplin ohne Verfassungsvergleichung – vom ‚Wettstreit der Nationen'

Während die Rechtsvergleichung im Frankreich der 1870er- und 80er-Jahre einen Aufschwung erlebt, scheint die Komparatistik in der deutschen Staatsrechtslehre ein Schattendasein zu fristen. Wenn der Gründungspräsident der Gesellschaft für Gesetzgebungsvergleichung *Laboulaye* bei seiner Eröffnungsrede über den vermeintlichen Rückstand zu den Deutschen und den US-Amerikanern, vor allem aber zu den Briten klagt, trifft das also in dieser Allgemeinheit zumindest auf die deutsche Staatsrechtslehre nach der Reichsgründung nicht zu. Sein Hinweis auf vermeintliche Vorsprünge in der Vergleichung bezieht sich wohl insbesondere auf die rechtsethnologischen Forschungen in diesen Ländern.[85]

In Frankreich ist, trotz aller Beteuerungen, wissenschaftlich zu vergleichen, auch der praktisch orientierte Gesetzgebungsvergleich noch an der Tagesordnung. Dieser steht in engem Zusammenhang mit dem Gedanken, dass sich die Nationen in einem ‚Wettstreit' um die modernsten Gesetze befänden (1). Thematisch zeigt sich in der Vergleichung dieser Jahre, dass die französische Wissenschaft sich der Grundfesten der III. Republik vergewissert, indem sie das Parlament als Vergleichsgegenstand ins Zentrum rückt (2). Bei der Analyse der thematischen Vorlieben darf allerdings nicht vorschnell vom heutigen Verständnis des Verfassungsrechts auf das damalige geschlossen werden. Die damalige Idee eines ‚Wettstreits' der Nationen legt die Idee nahe, für Deutschland als ‚verspäteter Nation' auch von einer ‚verspäteten Verfassungsvergleichung' zu sprechen. Tatsächlich verkürzt dies aber die unterschiedlichen Bedingungen, unter denen zu dieser Zeit hier wie dort komparatistisch gearbeitet wird (3).

1. Komparatistik und Nationalismus – zwei Seiten einer Medaille

Wie passt das „Zeitalter der Vergleichung" in das ‚Zeitalter der Nationalismen', als welches das 19. Jahrhundert heute oft bezeichnet wird?[86] Hier besteht nur scheinbar ein Widerspruch, denn die Vergleichung steht im Zeichen

---

[85] *Laboulaye* (Fn. 8), S. 1 f. So wird 1869 der Rechtsethnologe und Komparatist *Henry Sumner Maine* auf einen eigens für ihn eingerichteten Lehrstuhl an der Universität Oxford berufen. Die Professur existiert bis heute, allerdings hat sich ihre rechtshistorische und -anthropologische Ausrichtung mit *H. L. A. Hart* in die Rechtstheorie verlagert, <http://www2.law.ox.ac.uk/jurisprudence/history.htm> (zuletzt abgerufen am 14.3.2022). Zu den engen Beziehungen zwischen Rechtstheorie und Rechtsvergleichung bereits oben im Haupttext → vor Fn. 37.

[86] Siehe statt aller A. Ara/E. Kolb (Hrsg.), Grenzregionen im Zeitalter der Nationalismen, 1998, für die der Ausdruck titelgebend ist.

II. Wettstreit der Nationen

von „Nationalität *und* Internationalität".[87] Beide prägen das 19. Jahrhundert gleichermaßen – und damit auch den Beginn des Untersuchungszeitraums dieser Studie. So ist die Extrovertiertheit der juristischen Komparatistik nur selten Selbstzweck, viel öfter ist sie dagegen Ausdruck der Idee, die Nationen lägen im Wettstreit.[88] Denn „mit dem Nationalismus" steigen „auch der Drang zum Internationalismus"[89] und der Wille, sich von den anderen abzugrenzen.[90]

Die ersten Jahre des Bulletins weisen zurück in die Vergangenheit der Vergleichung, denn es geht stets um ‚Gesetzgebungsvergleichung'. Bereits 1831 wurde in Paris der erste Lehrstuhl für ‚Législations comparées' geschaffen.[91] Nach der Französischen Revolution wurde die Gesetzgebung vielerorts immer häufiger auch zur Aufgabe der Parlamente. Damit gewann auch die Frage nach ‚modernen' Gesetzen, die denen der Nachbarn überlegen waren, an Popularität. Fast gewinnt man den Eindruck, es habe im 19. Jahrhundert neben dem „Wettlauf der Erfindungen"[92] auch einen ‚Wettlauf der gesetzgeberischen Entwicklungen' gegeben.[93] Bei allen Beteuerungen, die Gesellschaft und ihr Bulletin seien „wissenschaftlich", prägt das Anliegen, in diesem ‚Wettlauf' gut abzuschneiden, die Anfangsjahre des Bulletins und damit die Vergleichung der 1870er- und 1880er-Jahre in Frankreich.[94] Die regelmäßigen Berichte über die aktuelle Gesetzgebung in

---

[87] So der sprechende Titel bei *Stolleis* (Fn. 12, meine Hervorhebung).
[88] In Deutschland bringt *Kohler* (Fn. 3), S. 592, das folgendermaßen auf den Punkt: „Und die deutsche Wissenschaft, die in der vergleichenden Linguistik das Höchste geleistet hat, welche einen Bopp, einen Jacob Grimm, einen Diez zu den Ihrigen zählt, wird, wie wir hoffen auch auf dem Gebiet der ethnologischen Jurisprudenz mit anderen Nationen siegreich um die Palme ringen" (ohne Übernahme der Sperrungen im Original).
[89] *Stolleis* (Fn. 12), S. 12.
[90] Diese gegenläufigen Tendenzen des Nationalismus und Internationalismus werden besonders an der Reihe der industriellen Weltausstellungen deutlich, die seit 1851 stattfinden, s. näher statt aller F. Bosbach/J. R. Davis (Hrsg.), Die Weltausstellung von 1851 und ihre Folgen, 2002.
[91] Die vollständige Denomination lautet „chaire d'histoire générale et philosophique des législations comparées", *M.-C. Ponthoreau*, Droit(s) constitutionnel(s) comparé(s), 2010, S. 36; *H. Coing*, Laboulaye, ZEuP 1993, S. 519 (519).
[92] *M. Stolleis*, Geschichte des öffentlichen Rechts in Deutschland, Bd. IV, 2012, S. 665.
[93] Auch für die Verfassungsvergleichung ist der Begriff der Entwicklung ein „Zauberwort", in Frankreich wie in Deutschland gleichermaßen, zur Situation in Deutschland unter besonderer Berücksichtigung des JöR s. sogleich im Haupttext unter → § 4, zum „Zauberwort ‚Entwicklung'" allgemein s. *D. Sternberger*, Panorama oder Ansichten vom 19. Jahrhundert, 1981 (zuerst 1938), S. 112 ff.
[94] Erfolgt etwa die Analyse der französischen Gesetzgebung zum Wahlrecht nach der anderer Länder, so wird sofort beschwichtigt. Freilich habe jene den anderen oft als Vorbild gedient, *Hérold* (Fn. 27), S. 49: „J'exposerai la législation française après les autres, quoiqu'elle leur ait souvent servi de type". Auch hier zeigt sich das intrikate Zusammen-

Italien,⁹⁵ England,⁹⁶ Deutschland⁹⁷ und den Vereinigten Staaten von Amerika⁹⁸ belegen anschaulich, wie sehr der Bulletin – zumindest zu Beginn – noch der bloßen Darstellung der Gesetzgebungsentwicklung verpflichtet ist. In Deutschland soll die Vergleichung „die rechtliche Stofffülle" zu dieser Zeit nicht mehr nur „ordnen" und so der „vorkodifikatorischen Rationalisierung" dienen.⁹⁹ Der „praxisbezogene legislatorische Vergleich" tritt in der zweiten Hälfte des 19. Jahrhunderts allmählich in den Hintergrund.¹⁰⁰ Allerdings gilt dies in der Tendenz auch für komparatistische Vorgehen allgemein.¹⁰¹

Nationalismus und Internationalismus sind zwei Seiten derselben Medaille. Ihr Zusammenspiel ist jedoch keines, das nur für diesen ersten, hier untersuchten Diskurs bedeutsam wäre. Vielmehr spielt es – offen oder verdeckt durch andere Begrifflichkeiten – im Kontext der Verfassungsvergleichung stets eine Rolle. Der Nationalismus tritt in jener Zeit der mit „Eisen und Blut"¹⁰² erkämpften deutschen Reichsgründung und damit auch der deutsch-französischen ‚Erbfeindschaft' in Politik und Gesellschaft besonders offen zutage. Die Entwicklung im deutschsprachigen Raum wird dabei von französischer Seite aus genau verfolgt.¹⁰³

---

spiel von „Nationalismus *und* Internationalismus" (*Stolleis*, → Fn. 12, meine Hervorhebung) anschaulich. Auch die bereits erwähnte Feststellung, andere Länder seien Frankreich bei der Rechtsvergleichung voraus, wird umgehend relativiert, denn laut *Laboulaye* (Fn. 8), S. 1, ist „der Einfluss Frankreichs [...] auf der ganzen Welt spürbar" („l'influence de la France se fait sentir dans le monde entier").

⁹⁵ *Barboux*, Derniers travaux du Parlement italien, BSLC 1872, S. 70 (70 f.).

⁹⁶ *A. Ribot*, Derniers travaux du Parlement anglais, BSLC 1872, S. 101 ff.

⁹⁷ *Démarest*, Compte rendu des derniers travaux législatifs en Allemagne, BSLC 1872, S. 150 ff.

⁹⁸ *Demongeot*, Communication sur les travaux législatifs aux États-Unis, BSLC 1872, S. 298 ff.

⁹⁹ *H. Mohnhaupt*, Art. Rechtsvergleichung, in: A. Erler/E. Kaufmann (Hrsg.), HRG, Bd. IV, 1990, Sp. 403 (405).

¹⁰⁰ *Mohnhaupt* (Fn. 99), Sp. 408. Diese wurde in Deutschland maßgeblich von *Carl Joseph Anton Mittermaier* eingeleitet, der 1829 die ‚Zeitschrift für Rechtswissenschaft und Gesetzgebung des Auslandes' begründete, näher *Mohnhaupt*, ebd. Der *Bulletin* betont jedoch in seinen Anfängen an prominenter Stelle, auch praktische Vergleichung zu betreiben, s. nur *Laboulaye* (Fn. 8), S. 2.

¹⁰¹ S. sogleich im Haupttext unter → § 3 II 3.

¹⁰² So der berühmte Ausspruch des damaligen Kanzlers des Norddeutschen Bundes *O. v. Bismarck*, Parlamentarische Rede vom 29. September 1862, in: W. Böhm (Hrsg.), Fürst Bismarck als Redner, 1862, S. 12.

¹⁰³ Das gilt auch für die politischen Entwicklungen, s. nur *Jeanvrot*, Étude sur la loi allemande du 23 octobre 1878 contre les tendances démocratiques socialistes, BSLC 1879, S. 216 ff.; *J. Preux*, Étude sur la question des langues en Autriche sous le ministère Taaffe (1879–1887), BSLC 1888, S. 162 ff.

2. Die Verfassung als ein Vergleichsgegenstand unter vielen

Neben der traditionellen Gesetzgebungsvergleichung versucht sich die französische Rechtswissenschaft im Bulletin bald auch an Studien, die über diese hergebrachte Tradition hinausgehen.[104] Denn die französischen Juristen sind der Vergleichung zu dieser Zeit ganz besonders zugetan.[105] So finden sich allein im ersten Band[106] des damals noch dünnen Bulletins vergleichende Beiträge zur Pressefreiheit[107], zur Abschaffung der Todesstrafe[108], zu Mandatsdauer und Wahlsystem[109] sowie der Einrichtung einer zweiten gesetzgebenden Kammer[110].

Dies mag zwar auf den ersten Blick den Eindruck erwecken, die Verfassungsvergleichung sei damals ganz besonders in Mode gewesen. Gerade die ersten beiden Fragen – die zur Pressefreiheit und zur Todesstrafe – greifen etwa weit aus in einen Bereich, der aus heutiger Sicht als verfassungsrechtlich zu bezeichnen wäre. Die Beiträge sind aber zunächst lediglich Indiz dafür, dass eine Zuordnung zu einem Rechtsgebiet nach heutigen Kriterien der damaligen Lage nicht gerecht würde. Anlass der Abhandlung über die Abschaffung der Todesstrafe etwa ist die zweite Lesung des deutschen Reichstags zum Strafgesetzbuch, bei der die Abgeordneten für die Abschaffung stimmten.[111]

Wenn man nun feststellt, in Frankreich sei die Verfassungsvergleichung in den ersten Jahren des Bulletins besonders beliebt gewesen, muss man außerdem folgendes in Rechnung stellen. Die französische Rechtswissenschaft mag Verfassungen vergleichen und zu Fragen der Staatsorganisation forschen – letztlich ist dies aber vor allem Indiz für die allgemeine Konjunktur

---

[104] Die französische Gesetzgebungsvergleichung hatte ihre größte Blüte bereits nach den großen Kodifikationsbewegungen Anfang des 19. Jahrhunderts, näher *Stolleis* (Fn. 12), S. 10 f.

[105] In Deutschland kommt es erst Mitte der 1890er-Jahre wieder zu einem Aufschwung der Verfassungsvergleichung, s. sogleich im Haupttext unter → § 4.

[106] Der erste Band umfasst die Jahre 1869–1872, danach erscheint ein Band pro Jahr.

[107] *Hendlé*, Exposé de la nouvelle loi établissant en Autriche le jury en matière de presse, BSLC 1871, S. 150 ff.

[108] *Leven*, Communication relative à la peine de mort, BSLC 1871, S. 192 ff.

[109] *Hérold* (Fn. 27).

[110] *C. Guyho*, Étude de législation comparée sur la Chambre haute dans les divers pays, BSLC 1872, S. 241 ff.

[111] *Leven* (Fn. 108), S. 192 (192), hebt lobend hervor, dass der parlamentarischen Beschlussfassung umfassende rechtsvergleichende Studien vorausgegangen seien. Zudem bemerkt er, auch *Mittermaier*, dessen Monographie zum selben Thema er als besonders bemerkenswert einschätzt, sei dort *experimentell* wie der Großteil der Öffentlichrechtler in Deutschland vorgegangen. *Leven* bezeichnet den Strafrechtler *Mittermaier* denn auch ganz unbefangen als „publiciste" („Öffentlichrechtler") (S. 193). Zu *Mittermaier* bereits oben in → Fn. 100.

der Komparatistik zu dieser Zeit. Die Gründerjahre der französischen Verfassungsrechtswissenschaft beginnen erst im ausgehenden 19. Jahrhundert. Auch die intradisziplinären Grenzen differenzieren sich erst später aus, sodass die Verfassung nur eine von vielen Vergleichsgegenständen der rechtswissenschaftlichen Komparatistik ist. Die Verfassungsvergleichung in Frankreich muss zu dieser Zeit also ohne eine differenzierte disziplinäre Auffächerung der Rechtsvergleichung gedacht werden, und – wie unten zu zeigen sein wird – weitgehend außerhalb der Universitäten.[112]

Nimmt man die 1870er- und 80er-Jahre in den Blick, lässt sich gleichwohl beobachten, dass die Verfassung ein besonders beliebter Vergleichsgegenstand im Bulletin ist. Auch wenn die Verfassungsvergleichung noch nicht an den Universitäten angekommen ist und auch sonst kaum institutionalisiert ist, sind vor allem das Wahlrecht und hier die Frage der proportionalen Repräsentation oder der Repräsentation von Minderheiten in Mode.[113] Stellt man die Frage, warum sich gerade diese Themen so großer Beliebtheit er-

---

[112] S. näher → § 4, nach → Fn. 8. Erst 1889 wird das Verfassungsrecht endgültig in den Lehrkanon für Studierende der Rechtswissenschaften aufgenommen, allerdings nur als einsemestrige Vorlesung mit der Bezeichnung „éléments du droit constitutionnel et étranger", *G. Sacriste*, Droit, histoire et politique en 1900. Sur quelques implications politiques de la méthode du droit constitutionnel à la fin du XIXème siècle, Revue d'Histoire des Sciences Humaines 4 (2001), S. 69 (87 mit Fn. 87); bereits hieraus ergibt sich, dass das französische Verfassungsrecht zu Beginn in Forschung und Lehre vergleichend gedacht wird.

Zur französischen Verfassungsrechtslehre um die Jahrhundertwende eingehend *G. Richard*, Enseigner le droit public à Paris sous la Troisième République, 2015; *G. Sacriste*, La République des constitutionnalistes, 2011.

[113] *Bertrand* (Fn. 83); *Berr de Turque*, Communication d'une Étude sur la nouvelle loi électorale belge du 9 juillet 1877, BSLC 1878, S. 410 ff.; *A. Lebon*, Communication d'une Étude sur la législation électorale de l'Empire d'Allemagne, BSLC 1879, S. 333 ff.; *F. Dreyfus*, Étude sur le projet de loi électorale soumis au Parlement italien, BSLC 1880, S. 375 ff.; *Berr de Turque*, Exposé des lois électorales belges du 20 avril 1878, BSLC 1880, S. 367 ff.; *A. Arnaunél/A. Lebon*, Étude sur les débats du Parlement anglais, relatifs à la représentation proportionnelle, BSLC 1884, S. 327 ff.; *M. Botton*, Étude sur les débats du Parlement belge relatifs à la représentation proportionnelle, BSLC 1884, S. 637 ff.; *G. Laneyrie*, La représentation proportionnelle en Portugal, BSLC 1885, S. 329 ff.; *E. Roguin*, Les débats des Corps législatifs suisses relatifs à la représentation proportionnelle des minorités, BSLC 1885, S. 301 ff.; *F. Daguin*, Étude sur la représentation proportionnelle en Espagne, BSLC 1887, S. 486 ff.; *A. Gigot*, Étude de M. le baron d'Ourém sur la Représentation proportionnelle au Brésil, BSLC 1887, S. 108 ff.; *Passez* (Fn. 84); *P. Sarraute*, Étude sur les débats du Parlement italien relatifs à la Représentation proportionnelle, BSLC 1887, S. 476 ff.

Diese Mode geht über Frankreich hinaus: Auch im ersten AöR schlägt sie sich in der Veröffentlichung von Mitherausgeber *F. Stoerk* nieder, in dem er die Beiträge im Bulletin de la Société de législation comparée umfassend rezipiert: *ders.*, Das französische Listen-Wahl-Recht, AöR 1 (1884), S. 199 ff.

freuen, liegt ein Grund sicher in der politischen Situation in Frankreich. Denn die noch junge III. Republik vergewissert sich so ihrer Grundfesten. Die verfassungspolitische Situation der neuen Republik ist nämlich zunächst äußerst instabil. Nach dem deutsch-französischen Krieg und der Ausrufung der III. Republik am 4. September 1870 kommt es erst 1875 zur Verabschiedung dreier Verfassungsgesetze, mit denen man die Staatsform festzuschreiben und die Situation zu stabilisieren sucht.[114] Gleichzeitig ist es jedoch der erklärte Plan der Monarchisten, dass Marschall *Mac Mahon*, der seit 1873 Präsident der Republik ist, alsbald König werde.[115] Ab 1876 muss sich der Präsident allerdings mit einer republikanischen Mehrheit im Parlament auseinandersetzen. Nur ein Jahr später kulminiert der Konflikt, als *Mac Mahon* die amtierende republikanische Regierung zum Rücktritt zwingt. Das Parlament unter dem maßgeblichen Einfluss *Léon Gambettas* wiederum spricht der gerade ernannten konservativen Regierung umgehend das Misstrauen aus und nach der Kammerauflösung durch *Mac Mahon* kommt es zu Neuwahlen. Als die republikanischen Kräfte im Parlament ihre Mehrheit trotz leichter Verluste behaupten können, ist der Konflikt zwischen Monarchisten und Republikanern entschieden. *Mac Mahon* macht 1879 Platz für *Jules Grévy*, der sich ursprünglich vehement gegen ein Präsidentenamt ausgesprochen hat. Dementsprechend ist sein Amtsverständnis; er hält sich gegenüber dem Parlament zurück.[116] Diese Zurückhaltung äußert sich zum einen darin, dass als Exekutive immer weniger der Präsident und immer mehr der Ministerpräsident und das von ihm angeführte Kabinett in Erscheinung treten, was verfassungsrechtlich so nicht vorgesehen ist.[117] Zum anderen verzichtet *Grévy* auf das ihm konstitutionell verliehene Recht der Kammerauflösung, was eine weitere Machtverschiebung in Richtung des Parlaments nach sich zieht.

Damit deutet sich eine bestimmende Tendenz der nächsten Jahrzehnte an. Aus der Sicht der Verfassungsvergleichung kann man vom ‚Zeitalter der Parlamente' sprechen. Denn das Parlament als Vergleichsgegenstand bestimmt die Verfassungsvergleichung links wie rechts des Rheins – wenn auch in unterschiedlichem Ausmaß – bis zur Nazi-Diktatur und der Besetzung Frankreichs. Dort lebt das Zeitalter auch nach dem Zweiten Weltkrieg noch einmal

---

[114] *T. Raithel*, Der Preußische Verfassungskonflikt 1862–66 und die französische Krise von 1877 als Schlüsselperioden der Parlamentarismusgeschichte, in: S. Fisch/F. Gauzy/C. Metzger (Hrsg.), Machtstrukturen im Staat in Deutschland und Frankreich, 2007, S. 29 (32).

[115] *Raithel* (Fn. 114), S. 32 f.

[116] *M. Prélot/J. Boulois*, Institutions politiques et droit constitutionnel, 11. Aufl. 1990, S. 493 ff., sprechen insofern von der constitution *Grévy* („*Grévy*-Verfassung").

[117] *R. von Albertini*, Regierung und Parlament in der Dritten Republik, HZ 188 (1959), S. 17 (21).

auf, während in Deutschland schon das ‚Zeitalter der Verfassungsgerichte' anbricht.

Im letzten Drittel des 19. Jahrhunderts beschäftigt insbesondere die Suche nach einem gerechten Wahlrecht die Wissenschaft. Es soll wider die „Tyrannei der Mehrheit"[118] dem Schutz von Minderheiten dienen. Allerdings gibt es auch gegenläufige Tendenzen, etwa wenn berichtet wird, im belgischen Parlament werde argumentiert, das politische Leben käme an sein Ende, wenn Minderheiten nicht mehr dafür kämpfen müssten, die Mehrheit zu werden, und man ihnen Rechte ohne Weiteres einräumte.[119] Doch es sind nicht nur die politischen Minderheiten, die zu Diskussionen führen. So wird es im Bulletin beispielsweise kritisch gesehen, dass freigelassene schwarze Sklaven in den USA strengere Kriterien erfüllen müssen als andere Bürger, um zum Senator gewählt zu werden; das komme einer Ausschließung gleich.[120]

Im Interesse am Wahlrecht spiegelt sich auch die bereits erwähnte Empirie-Euphorie wider, etwa wenn zwischen „wissenschaftlichen", „rationalen" und „empirischen" Wahlsystemen unterschieden wird.[121] Kontrovers diskutiert wird zudem ganz im naturwissenschaftlichen Duktus, ob das Parlament tatsächlich die „Physiognomie"[122] des Landes perfekt widerspiegeln solle,

---

[118] *Bertrand* (Fn. 83), S. 182; *Arnauné/Lebon* (Fn. 113), S. 340.

[119] *Botton* (Fn. 113), S. 642. Auch *Bertrand* (Fn. 83), S. 184, argumentiert im Anschluss an *J. S. Mill*, Fortschritt gebe es stets nur durch die Unzufriedenheit der Menschen, durch das repräsentative Wahlsystem verlören die Minderheiten aber an Unzufriedenheit und damit auch an Schlagkraft.

[120] *Guyho* (Fn. 110), S. 253.

[121] *Bertrand* (Fn. 83), S. 172 f.: „On peut diviser en deux groupes les modes d'élection proposés jusqu'à ce jour pour être substitués à l'élection à la majorité: [...] les systèmes [...] *empiriques* et [...] les systèmes [...] *scientifiques*" („Man kann die bis zum heutigen Tage als Ersatz für die Mehrheitswahl vorgeschlagenen Wahlsysteme in zwei Gruppen einteilen: [...] die *empirischen* und [...] die *naturwissenschaftlichen* Systeme", jeweils meine Hervorhebung); *Gigot* (Fn. 113), S. 110: „nous devons examiner [...] l'idée de représentation des minorités et son évolution [...], comparer [les propositions présentes] avec les systèmes de représentation proportionnelle soit *empiriques* soit *rationnels*", („wir müssen die Idee der Repräsentation der Minderheiten und ihre Entwicklung untersuchung, die vorliegenden Vorschläge mit den Systemen proportionaler Repräsentation entweder *empirischer* oder *rationaler* Natur vergleichen", jeweils meine Hervorhebung). In einigen Beiträgen finden sich auch unterschiedliche Berechnungen der Sitzanteile, je nach gewähltem System.

[122] Zweifelnd *Bertrand* (Fn. 83), S. 185: „le [...] but de la réforme qu'ils proposent est de faire de l'Assemblée représentative le ‚miroir' du pays [...] Je ne sais trop quelle serait la physionomie de notre caractère national si toute idée qui aurait réuni à travers toute la France 10,000 adhérents devait être considérée comme un trait essentiel de cette physionomie" („Das [...] Ziel der Reform, die sie vorschlagen, ist, aus dem Parlament einen ‚Spiegel' des Landes zu machen [...] Ich weiß nicht genau, was die Physiognomie unseres Nationalcharakters wäre, wenn jede Idee in ganz Frankreich, die 10.000 Unterstützer hätte, als grundlegender Bestandteil dieser Physiognomie angesehen werden müsste", Hervorhebung im Original); befürwortend dagegen *Passez* (Fn. 84), S. 295: „terminons cette

also eine „Fotografie" des Zustands der öffentlichen Meinung sein solle,[123] und ob es wichtiger sei, das Individuum oder aber die lokale Gemeinschaft zu repräsentieren.[124] Zur Auswahl der Länder, die zum Vergleich herangezogen werden, wird dagegen meist wenig gesagt.[125] Fluchtpunkt des Vergleichs ist stets das eigene, französische System.[126] Ins Auge fällt jedoch, dass die europäischen Nachbarstaaten Frankreichs unter den Vergleichsländern zum Wahlrecht die größte Gruppe bilden. Ist der Parlamentarismus Gegenstand des Vergleichs, wird besonders häufig das britische System herangezogen.

3. Die verspätete Verfassungsvergleichung? Deutsche Komparatistik im Schatten der Reichsgründung

Wie stichhaltig ist die bereits genannte These[127], das Interesse an der Verfassungsvergleichung sei in Deutschland nach der Reichsgründung zunächst erloschen? Eine dem Bulletin vergleichbare Fachzeitschrift gibt es in Deutschland nicht, und damit auch kein institutionalisiertes, wissenschaftliches Sprachrohr für die Vergleichung – doch das ist freilich nur ein erster Anhaltspunkt.[128] Denn es gibt Gegenbeispiele, die anschaulich zeigen, dass

---

étude par un coup d'oeil jeté sur la *physionomie* de la Chambre des Communes" („beenden wir diese Studie mit einem Blick, der auf die *Physiognomie* des Unterhauses geworfen wird", jeweils meine Hervorhebung).

[123] *Botton* (Fn. 113), S. 640: „La Chambre devait être [...] *la photographie de l'état de l'opinion publique* de la nation" („Die Kammer müsste [...] *die Fotografie des Stands der öffentlichen Meinung* der Nation sein"); ähnlich auch *Daguin* (Fn. 113), S. 487: „il est nécessaire que les corps représentants soient *la reproduction fidèle* du corps représenté („es ist erforderlich, dass die repräsentativen Körperschaften die originalgetreue Reproduktion der repräsentativen Körperschaft ist", jeweils meine Hervorhebung).

[124] Unter Verweis auf *R. Gneist* und *J. S. Mill* widmet sich etwa *Bertrand* (Fn. 83), S. 186, dieser Frage.

[125] Eine Ausnahme bildet *Guyho* (Fn. 110), S. 241: „celles [les Constitutions] des peuples dont nous avons à envier la pacifique prospérité, ou dont la grandeur s'est fondée à nos dépens. Aux pays monarchiques il faut joindre des pays républicains; d'Europe, il faut pousser jusqu'en Amérique" („die [Verfassungen] der Völker, deren friedlichen Wohlstand wir beneiden, oder deren Größe auf unsere Kosten geht. Den monarchischen Verfassungen muss man die republikanischen Länder hinzufügen, von Europa aus muss man bis nach Amerika vorstoßen").

[126] *Guyho* (Fn. 110), S. 241: „sans oublier jamais que c'est en vue de la France qu'est fait le parallèle" („ohne je zu vergessen, dass die Parallele mit Blick auf Frankreich gezogen wird").

[127] *Stolleis* (Fn. 11), S. 379.

[128] Mittermaiers Zeitschrift wurde 1856 eingestellt, s. dazu *H. Mohnhaupt*, Rechtsvergleichung in Mittermaiers „Kritische Zeitschrift für Rechtswissenschaft und Gesetzgebung des Auslandes" (1829–1856), in: M. Stolleis (Hrsg.), Juristische Zeitschriften, 1999, S. 277 (283). Erst 1907 ändert sich dies mit der Gründung des JöR durch *Georg Jellinek*, *Paul Laband* und *Robert Piloty*; zum AöR s. sogleich im Haupttext nach → Fn. 139.

die Verfassungsvergleichung auch im Deutschen Reich der 70er- und 80er-Jahren des 19. Jahrhunderts keineswegs völlig zum Erliegen kommt. So wird bereits die staatsrechtliche „Eröffnungskontroverse" nach der Reichsgründung, die sich um die Rechtsnatur des neuen Reiches dreht, auch verfassungsvergleichend geführt.[129] Sowohl *Max von Seydel*[130] als auch *Albert Hänel*[131] ziehen die Vereinigten Staaten heran, um aus dem Vergleich Erkenntnisse für die Frage zu gewinnen, ob es sich beim Deutschen Reich um einen Staatenbund oder aber einen Bundesstaat handele.[132]

Die Bindung an einen neuen, positiven Verfassungstext lässt die Staatsrechtswissenschaft – und somit auch die Verfassungsvergleichung – nicht unberührt. Vor allem anderen besteht nun das „Bestreben, das gegebene positive Recht angemessen zu begreifen", dahinter trete das „Bedürfnis, allgemeine theoretische Grundsätze zu gewinnen, [...] zurück".[133] Niemand ist bei dem Versuch, das neue positive Verfassungsrecht besser zu verstehen und verständlich zu machen, erfolgreicher als *Paul Laband*, der sich nicht zuletzt durch sein umfangreiches Reichsstaatsrecht zur „überragende[n] Figur der Staatsrechtslehre"[134] entwickelt.[135] Zwar verschließt *Laband* sich der Verfassungsvergleichung nicht vollends.[136] Sein Umgang mit der Komparatistik

---

[129] *Friedrich* (Fn. 12), S. 244 mit Fn. 32.

[130] *M. Seydel*, Der Bundesstaatsbegriff, ZgStW 28 (1872), S. 185 (208 ff.), bezieht neben den Vereinigten Staaten auch die Schweiz in seine vergleichenden Überlegungen mit ein.

[131] *A. Haenel*, Studien zum Deutschen Staatsrechte, Bd. 1, 1873, S. 1 ff. *Ders.* gilt als „Antipode" *Labands* (*Stolleis* [Fn. 11], S. 355 mit Fn. 252), oder auch als „wissenschaftlich wohl bedeutendste Gegenfigur zu Laband", so *M. Friedrich*, Erich Kaufmann, Der Staat 26 (1987), S. 231 (233).

[132] Beide greifen hierfür auf die Föderationslehre *J. C. Calhouns* zurück. *Friedrich* (Fn. 12), S. 244 mit Fn. 32, schreibt, diese Lehre sei „den Südstaaten" während des nordamerikanischen Bürgerkrieges „zum Fanal geworden[...]". Im Heranziehen der US-amerikanischen und Schweizer Beispiele durch *Seydel* und *Hänel* sieht *Friedrich* eine bedeutende Einschränkung seiner oben in Fn. 12 wiedergegebenen These von der „Vernachlässigung der internationalen Rechtsvergleichung [...] bis etwa 1900".

[133] *P. von Oertzen*, Die soziale Funktion des staatsrechtlichen Positivismus, 1974, S. 254.

[134] *Stolleis* (Fn. 11), S. 341; *M. Friedrich*, Paul Laband und die Staatsrechtswissenschaft seiner Zeit, AöR 111 (1986), S. 197 (199), spricht von *Labands* „jahrzehntelanger geistiger Vorherrschaft im Fach". Allerdings wird die Stellung *Labands* im ersten Drittel des 20. Jahrhunderts auch oft überbetont. Denn es gibt durchaus auch zeitgenössische Kritik. Die Überbetonung der Bedeutung *Labands* zu Beginn des neuen Jahrhunderts rührt vielmehr auch daher, dass sich die neuen Protagonisten der Staatsrechtslehre sodann umso schärfer von seinen methodischen Prämissen abgrenzen können. Näher *C. Schönberger*, Das Parlament im Anstaltsstaat, 1997, S. 84.

[135] *P. Laband*, Das Staatsrecht des Deutschen Reiches, Bd. 1, 1876; Bd. 2, 1878; Bd. 3.1, 1880; Bd. 3.2, 1882.

[136] So zieht auch er gelegentlich die Schweiz und die Vereinigten Staaten für verfassungsvergleichende Argumente heran, s. etwa *Laband* (Fn. 135), Bd. 1, S. 94 mit Fn. 2. Auch

prägt jedoch den Stil der Zeit.[137] Denn im Zentrum steht das neue geltende Verfassungsrecht, dem *Laband* mittels „Construction" und seiner „juristische[n] Methode" beikommen will.[138] Verfassungsvergleichende Überlegungen sind da notwendig nur Beiwerk.[139]

Mitte der 1880er-Jahre scheint die Nabelschau der deutschen Staatsrechtslehre beendet zu sein. Das Archiv für öffentliches Recht, das 1886 zum ersten Mal erscheint, entwickelt sich nicht nur bald zum Leitmedium der Staatsrechtswissenschaft.[140] Es ist vielmehr auch als verfassungsvergleichendes Periodikum konzipiert. Besonders dem Mitherausgeber *Felix Stoerk* ist am internationalen Charakter der neuen Publikation gelegen.[141] Für *Laband*, der bald als zweiter Mitherausgeber gewonnen wird, hat die Vergleichung dagegen keine Priorität, er betont stattdessen andere Aspekte: „Denn worauf es mir allein ankommt, ist, daß der neuen Zeitschrift ein streng wissenschaftlicher Charakter bewahrt werde".[142] *Stoerk* schreibt später, es sei ziemlich gleichgültig, ob deutsches oder außerdeutsches Staatsrecht Gegenstand der Abhandlungen des Archivs sei – letztlich verlaufe die Entwicklung doch weitgehend parallel.[143] Diese Haltung teilt *Laband* nicht. Zu einer offenen Ausein-

---

betreffen die von *Laband* verfassten Rezensionen häufig Werke ausländischer Provenienz, s. *Friedrich* (Fn. 12), S. 253.

[137] Dies ändert sich zum Ende der 1880er-Jahre hin mit der Gründung des AöR, das zumindest in den Anfangsjahren auch dem vergleichenden öffentlichen Recht viel Platz einräumt (dazu im Haupttext nach Fn. 139), nachhaltig aber erst mit den Arbeiten *Georg Jellineks*, der mit seinen Schriften die belle époque der Verfassungsvergleichung einläutet (näher dazu sogleich → § 4).

[138] Eine knappe Verteidigung seiner Methode mittels „Konstruktion" und „juristischer Methode" findet sich im Vorwort zur zweiten Auflage von P. *Laband*, Das Staatsrecht des Deutschen Reiches, Bd. 1, 2. Aufl. 1888, S. XI f.

[139] So degradiert *Laband* die verfassungsvergleichenden Hinweise in seinem Reichsstaatsrecht zur bloßen Fußnote, s. den Nachweis oben in → Fn. 136.

[140] Im Jahr 1911 wird das „Archiv *für* öffentliches Recht" (meine Hervorhebung) in „Archiv *des* öffentlichen Rechts" umbenannt. Zur Rolle des AöR Ende des 19. Jahrhunderts *E. V. Heyen*, Die Anfangsjahre des „Archivs für öffentliches Recht", in: ders. (Hrsg.), Wissenschaft und Recht der Verwaltung seit dem Ancien Régime, 1984, S. 347 ff.

[141] *F. Stoerk* an *P. Siebeck*, 24. XII. 1884, Staatsbibliothek zu Berlin (SBB), Nachl. 488 (Archiv Mohr Siebeck), A 0027, 11: Die neue Zeitschrift „müßte nicht an den schwarz-weiß-roten Gränzpfählen auch die Marksteine [ihrer] Wirksamkeit finden".

[142] *P. Laband* an *F. Stoerk*, 24. II. 1885, Staatsbibliothek zu Berlin (SBB), Nachl. 488 (Archiv Mohr Siebeck), A 0029, 04 [Briefbeilage].

[143] S. dazu m. w. N. *Heyen* (Fn. 140), S. 363. *Stoerk* betont auch an anderer Stelle die Bedeutung der Verfassungsvergleichung, wenn er als Ziel für den zweiten Band vorgibt, „Nachweis" zu liefern, „daß hier [im AöR] das ehrliche Bestreben vorwaltet: aktuelle Fragen aufzuwerfen und die geeignetsten Kräfte hierfür in allen Weltgegenden auszusuchen", s. *F. Stoerk* an *P. Siebeck*, 2. XI. 1886, Staatsbibliothek zu Berlin (SBB), Nachl. 488 (Archiv Mohr Siebeck), A 0031, 04.

andersetzung über die Bedeutung der Verfassungsvergleichung im neuen Sprachrohr des Staatsrechts kommt es jedoch nicht. Stattdessen spielt *Laband Stoerk* die Kritik gewissermaßen über Bande zu. Statt seiner trägt *Heinrich Rosin* das Unbehagen mit dem – für *Labands* Geschmack – zu hohem Anteil an ausländischem öffentlichen Recht an den Verleger *Siebeck* heran.[144] *Stoerk* mag Form und Inhalt der Kritik missbilligen, allerdings sinkt die Bedeutung der Rechtsvergleichung im Archiv in den nächsten Jahren kontinuierlich.[145] Die Wirklichkeit bleibt hinter dem anfangs formulierten Anspruch, eine dem Bulletin vergleichbare, der internationalen Rechtsvergleichung verpflichtete Zeitschrift zu gründen, mehr und mehr zurück. So konstatiert *von Seydel* Ende der 80er-Jahre des 19. Jahrhunderts zu Recht, „[w]as Deutschland anlangt, so [ist] die wissenschaftliche Pflege der Rechtsvergleichung [...], besonders in Gegenhalte zu dem, was namentlich in Frankreich und England geleistet worden ist, der Steigerung fähig".[146]

Wenn man nun – ganz im Sinne des zeitgenössischen Wettstreits der Nationen und ihrer Wissenschaften – fragt, ob es sich bei der deutschen um eine ‚verspätete' Verfassungsvergleichung handelt, kann dies ohne einen Bezugspunkt nicht beantwortet werden. Nimmt man als einen solchen Frankreich, so scheinen die Ausgangsbedingungen ähnlich und die ‚Verspätung' Deutschlands offensichtlich zu sein. Denn auch dort kommt es, wie bereits erwähnt, nach 1871 zu einem Verfassungsumbruch, als die III. Republik gegründet wird. Dennoch zeigt sich am Bulletin und der Bedeutung, die er dem vergleichenden Verfassungsrecht einräumt, anschaulich, dass man von einer Konzentration der französischen Verfassungsrechtswissenschaft auf das neue geltende Verfassungsrecht keineswegs sprechen kann. Wie lässt sich das erklären? Zwar wurde in Frankreich bereits zur Zeit der Revolution gefordert, das Verfassungsrecht als „republikanischen Katechismus" schon an den Grundschulen zu unterrichten.[147] Lange bleibt es – aus politischen Gründen – aber selbst von den universitären Lehrplänen verschwunden.[148] Erst in der

---

[144] *Heyen* (Fn. 140), S. 368.

[145] *Waldhoff* (Fn. 12), S. 11. Aus diesem Kontext heraus ist auch die Gründung des JöR zu verstehen, das dezidiert eine Lücke im ausländischen öffentlichen Recht und der Rechtsvergleichung schließen sollte, G. *Jellinek/P. Laband/R. Piloty*, Vorwort, JöR a. F. 1 (1907), S. III, s. dazu unten → § 4.

[146] *M. von Seydel*, Vergleichende Rechtswissenschaft (1889), in: ders., Staatsrechtliche und politische Abhandlungen, 1902, S. 1 (5).

[147] *Talleyrand* hat dies schon zu Revolutionszeiten gefordert und der Politiker *Eugène Pelletan* wagt sich zu Zeiten der III. Republik erneut mit diesem Vorschlag vor, der ohne politische Konsequenzen blieb. Näher hierzu *Sacriste* (Fn. 112), République, S. 72 ff.

[148] Der erste Lehrstuhl für Verfassungsrecht wird 1879 in Paris gegründet, *Sacriste* (Fn. 112), République, S. 12. Davor hat zwar schon einmal ein solcher Lehrstuhl unter der Julimonarchie existiert. Dessen Lehrstuhlinhaber *Pellegrino Rossi* arbeitete umfassend vergleichend, betrieb aber primär eine Rechtfertigung des Regimes, in den Worten von

III. Republik wird es als Pflichtfach wieder eingeführt.[149] Die französische Verfassungsrechtswissenschaft bekommt mit der neuen Republik also nicht nur einen neuen positiven Verfassungstext. Sie erhält ihre institutionelle Existenz an den Universitäten erst im Verlauf der ersten Jahrzehnte der neuen Republik. Anders als in Deutschland kann die französische Verfassungsrechtswissenschaft nicht auf Arbeiten wie etwa die *Gerbers* zurückgreifen; der Wissenschaft des einflussreichen ‚Verfassungslaboratoriums‘ fehlt es an klassischer Literatur.[150] Der Neubeginn für die Verfassungsrechtswissenschaft in Frankreich liefert zumindest eine Erklärung für ihre Offenheit sowohl gegenüber dem positiven Verfassungsrecht als auch gegenüber der internationalen Verfassungsvergleichung. Der Rückgriff auf die diachrone und die synchrone Vergleichung dient der französischen Verfassungsrechtswissenschaft auch dazu, den neuen Staat und sich selbst zu legitimieren. Die politische Wiederbelebung der französischen Verfassungsrechtswissenschaft in der III. Republik bringt also schnell eine historisch und komparatistisch informierte Disziplin hervor.

In Deutschland war es vor der Reichsgründung vor allem das Allgemeine Staatsrecht, das durch den Vergleich der Verfassungen der deutschen Partikularstaaten eine systematische Einheit des Verfassungsrechts der verschiedenen deutschen Länder schuf.[151] Mit der Reichsgründung wird diese systematische Rechtseinheit in die politische Einheit des Reichs überführt. Als die Reichsgründung endlich auch die politische Einheit mit sich bringt, entfällt zunächst der bisherige Hauptgrund für die umfassende Vergleichung: der politischen Einigung durch das Herstellen einer rechtlichen Einheit den Weg zu bereiten. Die Verfassungsvergleichung gerät so mit der Reichsgründung aus dem Fokus der Staatsrechtslehre. Im Vordergrund steht die neue, positive Reichsverfassung der verspäteten Nation. Die theoretische „Construction" und das Bilden „allgemeiner Begriffe" werden zunächst auf den positiven Verfassungstext übertragen, erst einige Jahre später rücken die Theorie und der synchrone und diachrone Vergleich wieder ins Zentrum der Aufmerksamkeit.

O. Jouanjan, Die Krise der französischen Verfassungsrechtswissenschaft um 1900, ZRG GA 126 (2009), S. 98 (99), „ein Verfassungsrecht ‚Juste Milieu'". Der Lehrstuhl wurde im Zweiten Kaiserreich formell abgeschafft, s. *Jouanjan*, ebd. Dennoch ist sein Werk auch in der III. Republik noch Bezugpunkt der Wissenschaft, s. unten → § 4 II 2 a), mit Fn. 177.

[149] Zuerst als Wahlfach (1878), später als Pflichtfach für die Promotion (1882), ab 1889 wird es auch für Studierende im ersten Jahr zum Pflichtfach, *L. Favoreu u. a.*, Droit constitutionnel, 19. Aufl. 2017, S. 19.

[150] In den Worten *E. Boutmys*, Des précautions à prendre dans l'étude des constitutions étrangères, Recueil des séances et des travaux de l'Académie des sciences morales et politiques 122 (1884), S. 362 (362): „la branche la plus élevée du droit public n'a pas en français de littérature classique" („der am höchsten angesiedelte Zweig des öffentlichen Rechts hat keine Klassikertexte auf Französisch").

[151] S. zu dieser Zeit allgemein *Stolleis* (Fn. 11), S. 325 ff.

Für das letzte Drittel des 19. Jahrhunderts vom Erlöschen des Interesses am vergleichenden Verfassungsrecht zu sprechen, scheint dennoch übertrieben zu sein.[152] Denn Erkenntnisse auch aus dem Vergleich zu gewinnen, ist der sich konstituierenden Staatsrechtslehre an sich in weiten Teilen selbstverständlich. Sie vergleicht nur weniger häufig als zuvor. Die Reichsgründung hat in der Staatsrechtslehre eine Konzentration auf das geltende Recht und damit eine weitgehende Abwendung von der internationalen Verfassungsvergleichung zur Folge. Insofern kann man – mit Seitenblick auf die französische III. Republik, in der die Konstituierung der Verfassungsrechtswissenschaft auch komparatistisch erfolgt – kaum von einer ‚verspäteten' Verfassungsvergleichung des ‚verspäteten' deutschen Nationalstaats sprechen.[153]

III. Thesen

1. Die Vergleichung hat in den 70er- und 80er-Jahren des 19. Jahrhunderts in Frankreich Konjunktur, während sie in der deutschen Staatsrechtslehre zwar nicht völlig zum Erliegen kommt, das Interesse aber doch merklich schwindet. Dies korrespondiert allerdings gerade nicht mit der universitären verfassungsrechtlichen Forschung. Während in Deutschland die eigentliche Gründungsphase der Wissenschaft vom öffentlichen Recht angebrochen ist, kann hiervon in Frankreich noch keine Rede sein.

2. Die Empirie-Euphorie lässt sich an den vergleichenden Arbeiten links wie rechts des Rheins ablesen, besonders an den terminologischen Anleihen bei den Naturwissenschaften. Dabei bleibt häufig überraschend unklar, was die Wissenschaftler unter Empirie genau verstehen. Dies legt den Schluss nahe, dass die Rede von der Empirie dem Ziel dient, die Komparatistik wissenschaftlich zu legitimieren.

3. Die Empirie bildet jedoch nach einer in Frankreich wie in Deutschland verbreiteten Auffassung nur die Grundlage jeder Wissenschaft. Ziel ist nicht eine empirische Rechtsvergleichung. Diese ist vielmehr das Fundament einer neuen Art der Rechtsphilosophie, durch die die Rechtswissenschaft insgesamt erneuert werden soll.

4. Die rechtsethnologisch-vergleichende Strömung erweist sich in Frankreich wie in Deutschland als wirkmächtig. Ihr liegt die Idee zugrunde, hinter dem Recht stehe eine naturgesetzliche Entwicklung, das Evolutionsgesetz. Darin verbinden sich Gedanken der Kausalität und der Evolution. Unterschiede zwischen verschiedenen Ländern stellten stets nur unterschiedliche Entwicklungsstufen dar.

---

[152] So aber *Stolleis* (Fn. 12), S. 23.
[153] Zur Konstituierung der französischen Verfassungsrechtswissenschaft s. unten → § 4, nach Fn. 12.

5. Das Parlament als Vergleichsgegenstand bestimmt die Verfassungsvergleichung in Frankreich. Man kann daher von einem ‚Zeitalter der Parlamente' sprechen, wenn man etwa die inhaltliche Vorliebe der Verfassungsvergleichung für Wahlsysteme und proportionale Repräsentation in den Blick nimmt. Die Wissenschaft der noch jungen Republik vergewissert sich der Grundlagen der neuen Staatsform, indem sie intensiv vergleicht. Als Vergleichsland bietet sich hier vor allem das Mutterland des Parlamentarismus an, Großbritannien.

6. Wenn Verfassungen verglichen werden, ist dies kein Selbstzweck. Dahinter steht oft die Idee, die Nationen und ihre Wissenschaften lägen im Wettstreit.

§ 4

Deutsch-französische belle époque. Das Hoch der Theorie im ‚Zeitalter der Parlamente'

Die beiden Jahrzehnte, die die Jahrhundertwende einrahmen, werden häufig als „belle époque" der Rechtsvergleichung bezeichnet.¹ Dabei handelt es sich um einen anachronistischen Begriff, der nicht etwa aus der Zeit der Jahrhundertwende stammt, sondern erst nach dem Ersten Weltkrieg in Frankreich geprägt worden ist.² Tatsächlich kann man aber für die Zeit vom fin de siècle bis zur „Urkatastrophe", dem Ersten Weltkrieg, von einer Blüte der Verfassungsvergleichung sprechen.³

Links wie rechts des Rheins vergleichen die Wissenschaftler nun sehr häufig Verfassungen, doch damit nicht genug; der Begriff der belle époque rührt auch vom Hoch der Theorie in der Vergleichung her. Hier kommen unterschiedliche Aspekte zum Tragen. Trotz unterschiedlicher institutioneller Bedingungen kann man links und rechts des Rheins eine Blüte der Verfassungsvergleichung beobachten, die sich in Frankreich vor allem in Theorietransfers äußert (I).⁴ Wissenschaftler in Frankreich und Deutschland reflektieren die Vergleichung nun auch auf einer Metaebene, wobei rechts des Rheins die Allgemeine Staatslehre methodische Fragen aufwirft (II).

Auf dem ersten Rechtsvergleicherkongress, der anlässlich der Weltausstellung 1900 in Paris stattfindet, diskutiert man, wie man in der Rechtswis-

---

[1] *F. Audren*, Le „moment 1900" dans l'histoire de la science juridique française, in: O. Jouanjan/É. Zoller (Hrsg.), Le „moment 1900", 2015, S. 55 (56); *C. Schönberger*, Vom repräsentativen Parlamentarismus zur plebiszitären Präsidialdemokratie: Raymond Carré de Malberg (1861–1935) und die Souveränität der französischen Nation, Der Staat 34 (1995), S. 359 (359); *G. Frankenberg*, Comparative Law as Critique, 2016, S. 98.

[2] *Audren* (Fn. 1), S. 59 f.

[3] Für das öffentliche Recht in Frankreich im Allgemeinen wird auch von einem goldenen Zeitalter („l'âge d'or de la doctrine publiciste française") gesprochen, s. etwa *Audren* (Fn. 1), S. 56; *M.-J. Redor*, De l'État légal à L'État de droit, 1992, S. 8, s. auch S. 9, wo *dies.* betont, die 1890er-Jahre markierten einen „wahren Wendepunkt" in der Wissenschaft vom öffentlichen Recht („Les années 90 marquent un réel tournant dans les études de droit public"). S. auch *N. Hakim/F. Melleray*, La Belle Époque de la pensée juridique française, in: dies. (Hrsg.), Le renouveau de la doctrine française, 2009, S. 1 ff.

[4] Auf den Begriff der Theorietransfers werde ich noch zurückkommen, s. unten → § 4 I.

senschaft vergleichen solle.⁵ Auch über den Kongress hinaus reflektiert die Wissenschaft die methodischen Vorannahmen der Vergleichung nun intensiv. Daneben kommt in Frankreich die Beschäftigung mit deutscher Staatstheorie in Mode. In Deutschland gewinnt etwa zur gleichen Zeit eine stark vergleichend ausgerichtete Allgemeine Staatslehre wieder an Bedeutung. Die Verfassungsrechtswissenschaften links wie rechts des Rheins sind dabei inhaltlich geprägt vom ‚Zeitalter der Parlamente'⁶, das noch bis in die Zwischenkriegszeit hinein die Themen vorgeben wird.

Die französische Verfassungsrechtswissenschaft konstituiert sich dann in den Jahrzehnten um die Wende zum 20. Jahrhundert maßgeblich durch die Vergleichung. Wenn in Deutschland nun in der Allgemeinen Staatslehre Hypothesen widerlegt werden, die zuvor durch „Construction" aus dem positiven Recht gewonnen wurden, ist es für die französische Verfassungsrechtswissenschaft der Vergleich selbst, der die Hypothesen liefert.

Vor diesem Hintergrund sind auch Unterschiede im Umgang mit den Politikwissenschaften zu beurteilen. Während große Teile der deutschen Staatsrechtswissenschaft ihre Autonomie betonen, ist das französische Verhältnis zu den politischen Wissenschaften weniger klar.⁷ Hier finden sich auch begriffliche Aneignungen in der Verfassungsrechtswissenschaft, während andere Wissenschaftler betonen, dass das Verfassungsrecht als universitäre Disziplin eigenständig sein müsse. Beiden Wissenschaftsgemeinschaften stellt sich also die ‚Gretchenfrage': Sag, wie hast du's mit der Politikwissenschaft (III)?

I. Theorietransfers und Allgemeine Staatslehre im ‚Zeitalter der Parlamente'

Wenn die Vergleichung in der belle époque in Frankreich und Deutschland zeitgleich einen Bedeutungszuwachs erfährt, so wirft diese Parallele auch ein Schlaglicht auf die völlig unterschiedlichen Voraussetzungen der Verfassungsvergleichung. Die Staatsrechtslehre in Deutschland ist nach einer Zeit der „Construction" und der Konzentration auf den neuen positiven Verfassungstext des Deutschen Reiches wieder stärker an Allgemeinen Staatslehren interessiert. Damit steigt auch die Bedeutung der Verfassungsvergleichung. Die französische Verfassungsrechtslehre ist dagegen in einer ganz anderen

---

⁵ Zur Weltausstellung und dem zeitgleich abgehaltenen internationalen Kongress zur Rechtsvergleichung s. sogleich → § 4 I 2.
⁶ Zum Begriff des „Zeitalters der Parlamente" s. bereits → § 3 I 3, nach → Fn. 117.
⁷ Zur Frage, ob man zu dieser Zeit vor allem in Deutschland bereits von den Politikwissenschaften als Disziplin sprechen kann, s. unten → § 4 III, nach Fn. 204.

I. Theorietransfers und Allgemeine Staatslehre 65

Lage. Verfassungsvergleichung wird hier – mit wissenschaftlichem Anspruch – bereits im gesamten letzten Drittel des 19. Jahrhunderts intensiv betrieben.[8] Allerdings geschieht das lange außerhalb der Universitäten, sei es in der Rechtsvergleichergesellschaft um *Edouard Laboulaye*, sei es in der in den 1870er-Jahren gegründeten École libre des sciences politiques um ihren Gründer, *Émile Boutmy*.[9] Das begriffliche Konzept der Verfassungsvergleichung geht also seiner institutionellen Verwirklichung voraus. Auch bleibt das Verfassungsrecht aus politischen Gründen lange Zeit aus dem Kanon der Universitäten verbannt.[10]

Die Verfassungsvergleichung links wie rechts des Rheins ist im Zeitalter der Parlamente in sehr unterschiedliche institutionelle Umfelder eingebettet (1). Die Wissenschaften in Frankreich und Deutschland sind in Fragen des Parlamentarismus auch inhaltlich verflochten, allerdings stark asymmetrisch (2). Ohne dieses deutsch-französische Geflecht, das die Diskussionen um das Parlament zu dieser Zeit umgibt, ist das Phänomen der Theorietransfers (3) nicht zu erklären.

Als Theorietransfer bezeichne ich es, wenn Wissenschaftler theoretische Konzepte aus anderen Verfassungsordnungen aufgreifen und sie für ihr eigenes Verfassungsdenken fruchtbar zu machen suchen. Nun ließe sich einwenden, die hier als „Theorietransfers" bezeichneten Arbeiten seien gar keine Verfassungsvergleichung, hier würden doch nur theoretische Strömungen aus anderen Ländern aufgegriffen, ohne dabei tatsächlich Verfassungsrecht zu vergleichen. Meine Untersuchung geht jedoch davon aus, dass auch dies Verfassungsvergleichung ist – zumindest *in einem weiteren Sinne*. Denn die juristische Sozialisierung in einem Rechtssystem prägt auch das jeweilige Theorieverständnis. Wenn nun in Frankreich Wissenschaftlicher etwa *Georg Jellineks* Theorien aufgreifen, wird zumindest implizit auch immer die

---

[8] Dies liegt nicht zuletzt an der anregenden Rolle der Société de législation comparée und ihres Bulletins, s. dazu bereits oben → § 3 I.

[9] Zum den verfassungsrechtlichen Arbeiten E. Laboulayes s. überblicksartig H. Coing, Laboulaye, ZEuP 1993, S. 519 ff.; O. J. Motte, Laboulaye, Édouard René Lefebre de, in: M. Stolleis (Hrsg.), Juristen. Ein biographisches Lexikon, 1995, S. 366 ff.; eingehend auch A. Le Pillouer, La théorie constitutionnelle d'Édouard Laboulaye, Revue Française d'Histoire des Idées Politiques 2018, S. 119 ff.; G. Bigot, La conception de l'État dans l'œuvre d'Édouard Laboulaye, Revue Française d'Histoire des Idées Politiques 2018, S. 59 ff. Zur Rolle *Boutmys* und der École libre, der Vorgängerinstitution der sog. Sciences Po, näher unten → § 4 III, nach → Fn. 217.

[10] S. dazu bereits oben → § 3 I 3, nach Fn. 112. Auch die Wiedereinführung ist den politischen Umständen geschuldet: Nach der gerade noch abgewendeten revisionistischen crise boulangiste sollen die Rechtsfakultäten die bürgerliche Jugend in ganz Frankreich ‚republikanisieren', näher G. Sacriste, La République des constitutionnalistes, 2011, S. 118. Für eine knappe historische Skizze der französischen republikanischen Tradition s. O. Rudelle, La tradition républicaine, Pouvoirs 1987, S. 31 ff.

Frage beantwortet, in welchem Ausmaß scheinbar Allgemeingültiges doch ganz kontingent ist. Dabei handelt es sich aber um eine Frage, die nicht nur für die Rechtstheorie, sondern auch für die juristische Komparatistik eine große Rolle spielt. Nimmt man klassische Vergleiche von Verfassungen in den Blick, die ein bestimmtes verfassungsrechtliches Problem erhellen sollen, ergibt sich ein weiterer Grund für meine Annahme. Diese Verfassungsvergleichung *im engeren Sinne* kann oft gar nicht von den zugrundeliegenden theoretischen Vorverständnissen getrennt werden, sodass ohne die hier als Theorietransfers bezeichneten Vorgänge ein verzerrtes Bild entstünde.

1. Institutionelle Unterschiede zwischen Deutschland und Frankreich

In Frankreich und in Deutschland wird in der belle époque der Bedeutungszuwachs des Vergleichs in der Verfassungsrechtswissenschaft sichtbar, aber auf ganz unterschiedliche Art und Weise. In Deutschland nimmt die Zahl der verfassungsvergleichenden Beiträge um die Jahrhundertwende herum zu; dem wird aber – zunächst – weder durch Gründungen von Lehrstühlen oder Instituten noch von Zeitschriften Rechnung getragen. Bald bestimmt die Blüte der allgemeinen Staatslehre die Grundlagendiskussion in der Staatsrechtswissenschaft.[11] Sie trägt stark zum Aufstieg der Verfassungsvergleichung bei und kulminiert schließlich in der Gründung eines neuen öffentlich-rechtlichen Periodikums, das sich ganz besonders der Rechtsvergleichung verschreibt. Die Rede ist vom Jahrbuch des öffentlichen Rechts der Gegenwart, das 1907 zum ersten Mal erscheint.[12]

---

[11] *E. Lingg*, Empirische Untersuchungen zur Allgemeinen Staatslehre, 1890; *B. Schmidt*, Der Staat, 1896; *H. Rehm*, Allgemeine Staatslehre, 1899; *A. Affolter*, Studien zum Staatsbegriffe, AöR 17 (1902), S. 93 ff.; *ders.*, Staat und Recht. Versuche über allgemeines Staatsrecht, Annalen des Deutschen Reichs für Gesetzgebung, Verwaltung und Volkswirtschaft (1903), S. 51 ff.; *C. Bornhak*, Allgemeine Staatslehre, 1896; *G. Jellinek*, Allgemeine Staatslehre, 1900; *R. Schmidt*, Allgemeine Staatslehre, Bd. I, 1901; Bd. II, 1903. Diese Renaissance knüpfte an das frühere Allgemeine Staats*recht* an, das zur Zeit des Deutschen Bundes vielfach betrieben und das nach der Reichsgründung fast völlig aus der Staatsrechtswissenschaft verschwunden war, *M. Friedrich*, Geschichte der deutschen Staatsrechtswissenschaft, 1997, S. 282; *M. Stolleis*, Geschichte des öffentlichen Rechts in Deutschland, Bd. II, 1992, S. 423 ff.

[12] Das JöR sollte zur ersten öffentlich-rechtlichen Fachzeitschrift mit Schwerpunkt im vergleichenden öffentlichen Recht werden, und zwar – anders als das AöR – auf Dauer. Dies bestätigt die Rezension von *F. Giese*, Das öffentliche Recht der Gegenwart [Rezension], AöR 34 (1915), S. 186 (196): Die „Bereitstellung eines reichen und wertvollen Stoffs [...], dessen übersichtliche Wiedergabe [...] eine hervorragende Grundlage für rechtsvergleichende Arbeiten" biete, sei ein „außerordentliches Verdienst".
Zu erwähnen ist zudem die Zeitschrift für vergleichende Rechtswissenschaft, die jedoch das vergleichende öffentliche Recht im Zeitraum ihres Erscheinens nur stiefmütterlich behandelt. Für die rechtsethnologische Strömung in der Rechtsvergleichung war sie da-

I. Theorietransfers und Allgemeine Staatslehre

In Frankreich stellt sich die Lage anders dar. Bereits in den Jahren vor der Jahrhundertwende werden zahlreiche Zeitschriften neu gegründet. In den Annales de l'École libre des sciences politiques werden bereits von 1886 an verfassungsvergleichende Arbeiten veröffentlicht.[13] Im Jahr 1894 erscheinen gleich zwei öffentlich-rechtliche Zeitschriften zum ersten Mal, zum einen die für meine gesamte Untersuchung zentrale Revue du droit public et de la science politique en France et à l'étranger (RDP), deren Eröffnungsaufsatz *Adhémar Esmein*, eine der zentralen Figuren in der französischen Verfassungsrechtswissenschaft jener Zeit, verfasst.[14] Zum anderen gründet man die Revue Politique et Parlementaire (RPP), die zu dieser Zeit noch in direkter Konkurrenz zur RDP steht.

Ein Jahr später wird in Paris ein Lehrstuhl für vergleichendes Verfassungsrecht eingerichtet.[15] Lehrstuhlinhaber wird *Ernest Chavegrin*, der zwar selbst lange notorisch wenig publiziert, aber eine große Zahl von Dissertationen betreut.[16] Bald darauf veröffentlicht auch *Adhémar Esmein* seine „Elemente des französischen und vergleichenden Verfassungsrechts", die ihn zum Pionier der französischen Verfassungsrechtswissenschaft machen, die von Be-

---

gegen das Zentralorgan, s. → § 3 II. Ab 1895 erschien das Jahrbuch der Internationalen Vereinigung für Vergleichende Rechtswissenschaft und Volkswirtschaftslehre zu Berlin, zu deren Mitgliedern auch *F. Stoerk* zählte. Auch hier finden sich nur wenige staatsrechtliche Beiträge. 1924 kommt es schließlich zur Gründung des Kaiser-Wilhelm-Instituts für Völkerrecht und ausländisches öffentliches Recht, s. näher <http://www.mpil.de/de/pub/institut/das-institut.cfm> (zuletzt aufgerufen am 14. 3. 2022).

[13] Zur Konkurrenz im vergleichenden Verfassungsrecht zwischen der École libre des sciences politiques und den Universitäten, s. unten → § 4 III.

[14] *A. Esmein*, Deux formes de gouvernement, RDP 1894, S. 15 ff. Herausgeber der RDP war *F. Larnaude*, der – ähnlich wie *E. Chavegrin*, Inhaber des Lehrstuhls für Vergleichendes Verfassungsrecht an der Universität Paris – bei den Studenten sehr beliebte und inspirierende Vorlesungen hält, *J. Barthélemy/P. Duez*, Traité élémentaire de droit constitutionnel, 1926, S. 5: „L'enseignement oral, prodigué pendant des longues années par des grands professeurs que furent Larnaude et Chavegrin, a laissé des traces dans la production intéressante qu'il a inspirée" („Die Vorlesungen, mit der die großartigen Professoren, die *Larnaude* und *Chavegrin* waren, während vieler Jahre nicht geizten, hat in dem interessanten Schaffen, das sie inspiriert hat, Spuren hinterlassen"). Darunter litt wohl ihre Produktivität, *Sacriste* (Fn. 10), S. 189 mit Fn. 41.

[15] Dekret vom 30. 4. 1895, abgedruckt in der RDP 1895, S. 577 ff.; s. auch die wohlwollende Aufnahme a. a. O., S. 576: Die RDP „kann die entscheidende Reform nur freudig begrüßen" (la RDP „ne peut que saluer avec joie la réforme capitale"); s. auch *A. Esmein*, Le Droit comparé et l'Enseignement du Droit, BSLC 1899–1900, S. 373 (374); *T. Rambaud*, Adhémar Esmein et le droit comparé, in: S. Pinon/P.-H. Prélot (Hrsg.), Le droit constitutionnel d'Adhémar Esmein, 2009, S. 71 (79).

Es handelt sich bei der Lehrstuhlgründung eigentlich um eine Umbenennung des seit 1879 bestehenden Lehrstuhls für Verfassungsrecht, *G. Richard*, Enseigner le droit public à Paris sous la Troisième République, 2015, S. 446 Rn. 481.

[16] *Sacriste* (Fn. 10), S. 189 mit Fn. 41.

ginn an auch vergleichend arbeitet.[17] Nach der Erstauflage 1896 wird es noch weitere sieben Mal neu aufgelegt und avanciert bald zum Fixstern der zeitgenössischen Wissenschaft.[18]

Dass hier eine Parallele zu *Labands* „Staatsrecht des Deutschen Reiches" gezogen werden könnte, liegt – trotz des beachtlichen zeitlichen Unterschieds der Erstauflagen[19] – auf der Hand. Dennoch würde es beiden kaum gerecht. Denn beide trennt ihr völlig verschiedenes (Rechts-)Wissenschaftsverständnis und damit ihr Verhältnis zur Komparatistik.[20] Beide stehen auf der Seite des jeweiligen herrschenden Systems – *Esmein* als überzeugter Republikaner, *Laband* als ebenso überzeugter Monarchist.[21] Die politischen Differenzen, die immer deutlicher auch in einigen wissenschaftlichen Beiträgen der Zeit durchscheinen, dürfen jedoch über eines nicht hinwegtäuschen: Noch nie und seither nie wieder wurde die deutsche Staatsrechtslehre in Frankreich so intensiv diskutiert wie zu dieser Zeit.[22] Französische Werke werden dagegen in

---

[17] *A. Esmein*, Éléments de droit constitutionnel, 1896. In der ersten Auflage lautete der Titel noch schlicht „Éléments de droit constitutionnel", aber das Werk trägt bereits damals stark verfassungsvergleichende Züge. In allen folgenden Auflagen heißt es „Éléments de droit constitutionnel français *et comparé*" (meine Hervorhebung).

[18] Die Auflagen erscheinen 1896, 1899, 1903, 1906, 1909, 1914, 1921 und 1927, die drei letzten posthum. Die zeitgenössische Rezeption ist in weiten Teilen voll des Lobes, als „l'œuvre érudite de philosophe, d'historien" („das gelehrte Werk des Philosophen, des Historikers") bezeichnet etwa *J. Delpech*, A. Esmein. Éléments de droit constitutionnel français et comparé [Rezension], RDP 1899, S. 534 (541), *Esmeins* Werk. *F. Moreau*, Les Éléments du droit constitutionnel français et comparé de M. Esmein [Rezension], RPP 1903, S. 348 (348), hält fest, „le monde scientifique appréciait [...] une connaissance profonde de l'histoire constitutionnelle de la France et de l'étranger" („die Wissenschaftswelt wusste die fundierte Kenntnis der Verfassungsgeschichte Frankreichs und des Auslands zu schätzen"). Freilich gibt es auch kritische Stimmen, dazu sogleich → § 4 I 3, vor Fn. 104.

[19] Die Erstauflage von *Labands* Staatsrecht des Deutschen Reiches ist bereits im Jahr 1876 erschienen, also zwanzig Jahre früher.

[20] Dies wird, wie oben in → Fn. 17 erwähnt, bereits am Titel der zweiten und aller folgenden Auflagen „droit constitutionnel français et comparé" („französisches und vergleichendes Verfassungsrecht") deutlich.

[21] Relativierend jedoch *J. Boudon*, Une doctrine juridique au service de la République? La figure d'Adhémar Esmein, Historia et ius 2 (2012), S. 1 (6 ff.), der betont, für *Esmein* sei die Republik zweitrangig: „Esmein est d'abord un libéral, ensuite un républicain" (*Esmein* sei „zuerst ein Liberaler, dann erst Republikaner", S. 8). *C. Schönberger*, Das Parlament im Anstaltsstaat, 1997, S. 91: „Niemandem, der sich ernsthaft mit Labands Werk beschäftigt, kann seine deutliche politische Position – die eines monarchisch gesonnenen Etatisten – entgehen".

[22] *Schönberger* (Fn. 21), S. 7 f., führt dies insbesondere auf die „Orientierung am Sieger nach der Kriegsniederlage 1870/71 und das damalige enorme Prestige deutscher Wissenschaft in Frankreich" zurück. S. hierzu im Rückblick *P. Matter*, Quarante ans d'évolution constitutionnelle en Europe [Rezension], Revue des sciences politiques 43 (1928), S. 620 (623): „après la guerre de 1870–1871, les grammaires grecques, rédigées en France,

Deutschland trotz neuer Allgemeiner Staatslehren nur selten rezipiert, weshalb manche von einer „strukturelle[n] Asymmetrie der Rezeption" sprechen.[23]

2. Wider den Despotismus des Parlaments – asymmetrische inhaltliche Verflechtungen

Die französische Gesellschaft für Rechtsvergleichung lädt – parallel zur Pariser Weltausstellung 1900 – zu einem großen Rechtsvergleicherkongress.[24] Diese fünfte Pariser Weltausstellung wird später zum Symbol der belle époque schlechthin.[25] Sie hinterlässt Bauwerke im Stadtbild, die Paris bis heute prägen, und dient wie bereits die vorangegangene Pariser Ausstellung der Demonstration französischer Stärke nach dem verlorenen deutsch-französischen Krieg 1870/71.[26] Bereits bei der Weltausstellung 1889 haben auch

---

avaient été presque partout remplacées par des manuels allemands" („nach dem Krieg von 1870/71 waren die in Frankreich geschriebenen griechischen Grammatiken fast überall durch deutsche Handbücher ersetzt worden").

[23] *C. Schönberger*, Der „Staat" der Allgemeinen Staatslehre, in: O. Beaud/E. V. Heyen (Hrsg.), Eine deutsch-französische Rechtswissenschaft? Une science juridique franco-allemande?, 1999, S. 111 (113). Gekürzt und in französischer Sprache erschienen als *C. Schönberger*, „L'État" de la théorie générale de l'État, in: A. Chatriot/D. Gosewinkel (Hrsg.), Figurationen des Staates in Deutschland und Frankreich, 2006, S. 257 ff.

Freilich bedeutet das nicht, es habe überhaupt kein Interesse am französischen Verfassungsrecht gegeben, s. etwa das in deutscher Sprache erschienene Werk von *A. Lebon*, Das Staatsrecht der französischen Republik, in: H. Marquardsen (Hrsg.), Handbuch des Oeffentlichen Rechts der Gegenwart in Monographien, 1886, 1. Halbband, 2. Abtheilung; s. dazu auch die in Frankreich erschienene Besprechung *O. A.*, André Lebon. Das Staatsrecht der französischen Republik [Rezension], Annales de l'École libre des sciences politiques 1 (1886), S. 476.

[24] Das Deutsche Reich entsandte – anders als etwa die Vereinigten Staaten, Mexiko und Italien, keinen offiziellen Regierungsvertreter zum Kongress. Allerdings wurde der Präsident der oben in Fn. 12 erwähnten Internationalen Vereinigung für Vergleichende Rechtswissenschaft und Volkswirtschaftslehre zu Berlin *Meyer* zu einem der vielen Ehrenpräsidenten gewählt; *Josef Kohler* ließ sich entschuldigen, s. Journal du Congrès international de droit comparé 4 (1900), S. 5.

[25] <http://expositions.bnf.fr/universelles/bande/index5.htm> (zuletzt abgerufen am 14.3.2022).

[26] Anlässlich der Weltausstellung wurden entlang der Invalides und dem Champ-de-Mars eine Vielzahl an Palais errichtet, von denen die meisten gleich nach Ende der Ausstellung wieder abgerissen wurden. Bis heute stehen aber der Grand Palais und der Petit Palais des Beaux Arts. Der Eiffelturm wurde bereits anlässlich der Vierten Pariser Weltausstellung 1889 eröffnet, mit der auch das 100. Jubiläum der Revolution gefeiert wurde. Der feierliche Anlass führte bei den Frankreich umgebenden Monarchien dazu, die Weltausstellung zu boykottieren. S. näher *C. Daney*, Introduction, in: J.-C. Mabire (Hrsg.), L'exposition universelle de 1900, 2000, S. 7 (16).

,exotische Zivilisationen' das Programm geprägt, indem Menschen aus französischen Kolonien vor dem Publikum der Weltausstellung die westeuropäische Vorstellung ihres ‚Alltagslebens' präsentieren mussten.[27] Solcherlei Programmpunkte sind auch Teil der neuen Weltausstellung, mit der die Veranstalter Bilanz des Jahrhunderts ziehen, das sie gerade hinter sich gelassen haben.[28] Gleichzeitig betreiben die ‚Kulturvölker' auf der Weltausstellung Länderpavillons, mittels derer sie ihre Nationen darstellen. Dem Eröffnungsredner des Rechtsvergleicherkongresses erscheint es angesichts dieser facettenreichen Darstellung der Moderne höchste Zeit, dass auch dem „Grundprinzip der Rechtswissenschaft", dem Vergleichen, ein internationaler Kongress gewidmet werde.[29]

Damals beschäftigt das Parlament – und wie es im Optimalfall zu bilden sei – die französischen Verfassungsrechtswissenschaft sehr. Dies gilt in zweifacher Hinsicht, denn neben der Demokratisierung des Parlaments führt auch die Parlamentarisierung des politischen Systems zu lebhaften Diskussionen. Auf dem Rechtsvergleicherkongress stehen im öffentlichen Recht bezeichnenderweise zwei Themen zur Diskussion: die proportionale Repräsentation und die Parlamentsherrschaft.[30] „Es muss nicht mehr gezeigt werden, dass proportionale Repräsentation möglich ist: sie existiert", hält *R. Saleilles* den vielen Skeptikern unter Berufung auf die Schweiz und die argentinische Provinz Mendoza entgegen.[31] In der damaligen Verfassungsrechts-

---

[27] *S. Schopf*, Der Eiffelturm – Ikone der Moderne, B2-Podcast radioWissen, ausgestrahlt am 7. 9. 2020, <https://www.br.de/mediathek/podcast/radiowissen/der-eiffelturm-ikone-der-moderne/32883> (zuletzt abgerufen am 14.3.2022).

[28] So lautet der Titel der Weltausstellung von 1900: „bilan d'un siècle", s. <https://www.lesdecouvreurs.com/histoire-exposition-universelle-1900-paris/> (zuletzt abgerufen am 14.3.2022).

[29] *G. Picot*, Discours d'ouverture, Journal du Congrès international de droit comparé 1 (1900), S. 1 (2).

[30] Die fünfte Sektion zum öffentlichen Recht sei diesen „zwei Themen gewidmet, die aktuell das lebhafteste Interesse" genössen, *A. Mestre*, Congrès international de droit comparé, RDP 1900, S. 570 (570).

[31] *R. Saleilles*, La représentation proportionnelle (1), RDP 1898, S. 215 (220): „Il n'y a plus à démontrer que la Représentation proportionnelle soit possible: elle existe". Dass gerade *Saleilles* in diesen bestimmenden Diskurs der französischen *Verfassungs*rechtswissenschaft eingreift, zeigt ein ums andere Mal, dass die intradisziplinären Grenzen zu dieser Zeit noch durchlässiger waren (s. auch bereits oben → § 3 II 2); so auch *Hakim/Melleray* (Fn. 3), S. 10: „les césures disciplinaires, qui sont hélas aujourd'hui parmi les frontières les mieux gardées au monde [...], étaient plus faibles et plus artificielles encore à l'époque" („die disziplinären Grenzen, die heute leider zu den bestgeschützten der Welt gehören [...], waren zur dieser Zeit noch schwächer und noch künstlicher"). Frühere Publikationen *Saleilles'* behandeln in der Hauptsache das Zivil- und Strafrecht, näher *E. Gaudemet*, Raymond Saleilles. 1855–1912, Extrait de la Revue Bourguignonne de l'Université de Dijon 12 (1912), S. 161 ff. Deutlich auch *L. Michoud*, Raymond Saleilles et le droit public, RDP

lehre Frankreichs ist jedoch nicht nur das Interesse für, sondern auch der Widerstand gegen die proportionale Repräsentation groß.[32] Gleiches gilt für die Parlamentsherrschaft, die immer mehr zu einer Vorherrschaft wird.

Auch in Deutschland gilt der Parlamentarismus als „das große Problem in der Wissenschaft vom Staatsrecht, in der Theorie und Praxis der Politik".[33] Er bewegt die Gemüter aber nicht in einem vergleichbaren Ausmaß.[34] Das liegt auch am dortigen politischen System: Während auch das Deutsche Reich mit seinem in allgemeiner Wahl gewählten Reichstag erste Schritte in Richtung des Parlamentarismus macht, kann von einer demokratischen Kontrolle im Sinne eines parlamentarischen Systems noch keine Rede sein. Nur bei der Haushaltsbewilligung findet eine Überprüfung der Regierungstätigkeit statt und selbst hier fehlt mangels Abberufungsrecht des Reichskanzlers die eigentliche Sanktion.[35]

1912, S. 369 (369): „Sur ce terrain [le droit public] qui n'était pas à proprement parler le sien, il a pourtant apporté [...] des idées importantes" („Zu diesem Gebiet [dem öffentlichen Recht], das streng genommen nicht das seine war, hat er dennoch wichtige Ideen beigetragen"). Allerdings veröffentlicht *Saleilles* später sogar international zum Verfassungsrecht, s. nur *R. Saleilles*, The Development of the Present Constitution of France, The Annals of the American Academy of Political and Social Science 6 (07/1895), S. 1 ff.

[32] Bis heute gilt in Frankreich, bis auf kleinere Ausnahmen, das Mehrheitswahlsystem (nur zwischen 1946 und 1951, zu Beginn der IV. Republik, galt ein proportionales Wahlsystem).

[33] *J. Redlich*, Recht und Technik des Englischen Parlamentarismus, 1905, S. VII, schreibt, „[d]er müßte wahrlich fern von der staatlichen Entwicklung unserer Zeit leben, der nicht längst erkannt hätte, daß der Parlamentarismus wieder – und heute mehr denn je – das große Problem in der Wissenschaft vom Staatsrecht, in der Theorie und Praxis der Politik geworden ist".

[34] S. aber *G. Meyer*, Das parlamentarische Wahlrecht, hrsg. v. G. Jellinek, 1901, und dort insb. S. 620 ff. zu „Minoritätenvertretung und Proportionalwahl" (so die Überschrift auf S. 620); *Friedrich* (Fn. 11), S. 261, bezeichnet *Meyers* Werk als „Fundgrube für die vergleichende verfassungsgeschichtliche Forschung". Auch *G. Jellinek*, Das Recht der Minoritäten, hrsg. v. W. Pauly, 1996 (zuerst 1898), ist sich der Diskussion über die „Frage nach der Minoritätenvertretung, die zahlreichen Theorien über die Proportionalwahlen" (S. 5) durchaus bewusst, auch wenn er sich in seiner a. a. O. abgedruckten Rede auf „das Recht der Minoritäten bei Entscheidungen in gesetzgebenden Collegien und bei Volksabstimmungen" (S. 6) konzentriert. Für den Zusammenhang zwischen den Rechten von Minoritäten und dem Verfassungsrecht zitiert er *Guizot*, Histoire des origines du gouvernement représentatif et des institutions politiques de l'Europe, Bd. I, 4. Aufl. 1880. Auch *G. Jellinek*, Das Pluralwahlrecht und seine Wirkungen, 1905, S. 115 ff., und *ders.*, Regierung und Parlament in Deutschland, 1909, S. 53 ff., sind in diesem Zusammenhang erwähnenswert.

[35] In der Verfassungswirklichkeit muss sich der Kanzler freilich mit der negativen Macht des Parlaments arrangieren. Will er nicht unter Ausschaltung des Parlaments regieren, hat er sich um die Unterstützung durch die Reichstagsmehrheit zu bemühen, die durch Obstruktion die Regierungstätigkeit praktisch unmöglich machen kann. S. hierzu

Es ist also vor allem der politischen Situation der Zeit geschuldet, dass das Zeitalter der Parlamente die französische Verfassungsrechtswissenschaft stärker[36] in seinen Bann zieht. Frankreich ist das einzige[37] europäische Land, das seit 1875 die Staatsform der Republik mit dem Parlamentarismus zu verknüpfen sucht; es findet sich dabei einmal mehr in seiner Rolle als Verfassungslaboratorium wieder.

Trotz der Grundentscheidung gegen die Monarchie hat die III. Republik in ihren Anfangsjahren[38] mit einem um sich greifenden Antiparlamentarismus zu kämpfen, der nun über die Arbeiterklasse hinaus auch die Mittelschicht ergreift.[39] Unter diesen Umständen verwundert es kaum, dass die Republik bald erneut von politischen Kräften nicht nur des linken, sondern auch des rechten Lagers in Frage gestellt wird. Diese Situation des Jahres 1886 markiert den Beginn der crise boulangiste, als der im Volk beliebte General *Boulanger* Kriegsminister wird.[40] Der Bonapartist vertritt ein plebiszitär-autoritäres Programm und gewinnt auch angesichts von Spannungen mit dem Deutschen Reich unter Bismarck an Zustimmung.[41] In der Folge gelingt

---

B. Vogel/D. Nohlen/R.-O. Schultze, Wahlen in Deutschland, 1971, S. 97. Eingehend zum historischen Hintergrund *A. Thier*, Steuergesetzgebung und Verfassung in der konstitutionellen Monarchie, 1999, S. 666 ff., der – bezogen auf Preußen – darlegt, dass die Budgetgewalt des preußischen Abgeordnetenhauses nach der preußischen Verfassung im Verhältnis zu den Verfassungen Belgiens und denen des deutschen Vormärz erheblich geschwächt sei (S. 678). Überlegungen, das Budgetrecht unmittelbar zur systemverändernden Waffe gegen die Exekutive einzusetzen, bildeten die Ausnahme; vielmehr übten sich die Abgeordneten im Parlamentarismus, wollten aber dennoch konstitutionelle Abgeordnete bleiben (S. 675), unter Verweis auf *H. Brandt*, Über Konstitutionalismus in Deutschland, in: J. Kocka/H.-J. Puhle/K. Tenfelde (Hrsg.), Von der Arbeiterbewegung zum modernen Sozialstaat, 1994, S. 261 (268).

[36] *A. Le Divellec*, Robert Redslobs Theorie des Parlamentarismus, in: D. Lehnert (Hrsg.), Verfassungsdenker, 2017, S. 107 (117 f.). Die Frage nach der proportionalen Repräsentation wird in Deutschland meist erst etwas später gestellt. S. etwa *J. Hatschek*, Das Parlamentsrecht des Deutschen Reiches, Bd. I, 1915, das trotz der titelgebenden Konzentration auf das Deutsche Reich umfangreiche rechtsvergleichende Teile enthält; *R. Piloty*, Das Parlamentarische System, 1917; *R. Redslob*, Die parlamentarische Regierung in ihrer wahren und in ihrer unechten Form, 1918, die der Elsässer *Redslob* freilich ursprünglich auf Französisch verfasst und nur wegen der Länge des Kriegs schließlich auf Deutsch übersetzt und in Deutschland veröffentlicht hat, s. dazu seine Memoiren, *ders.*, Alma Mater, 1958, S. 276. Nach dem Krieg erscheinen in Frankreich zum einen sein Beitrag in der Revue du droit public, *ders.*, Le régime parlementaire en Allemagne, RDP 1923, S. 511 ff., und zum anderen eine Monographie: *ders.*, Le régime parlementaire, 1924.

[37] *Le Divellec* (Fn. 36), S. 117 mit Fn. 29, weist auf Portugal hin, das 1911 ein – instabiles – republikanisches Experiment wagt.

[38] S. zur Constitution *Grévy* → § 3 II 2 vor Fn. 116.

[39] *J.-M. Mayeur*, Les débuts de la IIIᵉ République, 1973, S. 166.

[40] *Mayeur* (Fn. 39), S. 168.

[41] Diese Spannungen äußern sich besonders im Reichsland Elsaß-Lothringen, wo das

dem bald als Minister abgesetzten *Boulanger* und seinen Anhängern jedoch kein Sieg bei den Parlamentswahlen 1889, da eine republikanische Mehrheit durch die eindringliche Warnung vor einem befürchteten Militarismus und Cäsarismus gesichert werden kann und *Boulanger* einen Marsch auf das Élysée ablehnt.[42] Endgültig wird ein nationalistischer Umsturz in der Republik durch die Flucht *Boulangers* ins Ausland verhindert, mit der er einer Verurteilung zuvorkommt. Diese nationalistische Krise verschafft in der Folge linken politischen Kräften Aufwind. Die soziale Frage bestimmt die 1890er Jahre und die Gewerkschaftsbewegung sowie der Sozialismus gewinnen an Zuspruch.

Vor diesem Hintergrund fürchtet die Verfassungsrechtswissenschaft in Frankreich, dass sich das Parlament so weit demokratisiert, dass es sich irgendwann selbst abschafft. Die Volkssouveränität, die durch das allgemeine Wahlrecht vermittelt werde, berge die Gefahr, die Republik bald wieder zu einer bloßen Episode der Geschichte zu machen.[43] Denn die Arbeiterbewegung stellt die gerade gewonnenen Verfassungsprinzipien grundlegend in Frage und will sie einer sozialistischen Räterepublik opfern. Weite Teile der Verfassungsrechtswissenschaft befürchten, dass das Zusammenwirken von Vorherrschaft des Parlaments und Allgemeinheit der Wahl das liberale Gleichgewicht aus den Fugen hebt.[44] In den Worten des Historikers *Pierre Rosanvallon* wird das „allgemeine Wahlrecht [...] als heilige Lade ausgerufen, als endgültiges und unumkehrbares Prinzip der Legitimation, während man gleichzeitig seine Schwierigkeiten und Grenzen als Regierungsprinzip erkennt".[45] Die Verfassungsrechtswissenschaft in Frankreich versucht daher in

---

Deutsche Reich Autonomiebestrebungen mit Repressionen begegnet, *Mayeur* (Fn. 39), S. 169 f. *Boulanger* gilt als Befürworter eines Vergeltungsschlags gegen das Deutsche Reich für die Niederlage 1870.

[42] *Mayeur* (Fn. 39), S. 175.

[43] *Esmein* (Fn. 14), S. 24, spricht von „germes de dissolution" („Auflösungskeimen"), die Einkammernsystem, imperatives Mandat, Referenden und die Repräsentation von Minderheiten in das klassische repräsentative Regierungssystem hineintragen könnten.

[44] *Redor* (Fn. 3), S. 30 f.

[45] *P. Rosanvallon*, Le sacre du citoyen. Histoire du suffrage universel en France, 1992, S. 450: „Le suffrage universel est proclamé arche sainte, principe définitif et incontournable de légitimation, en même temps que l'on appréhende ses limites et ses difficultés comme principe de gouvernement" („Das allgemeine Wahlrecht wird als heilige Lade ausgerufen, als endgültiges und unumkehrbares Prinzip der Legitimation, während man gleichzeitig seine Schwierigkeiten und Grenzen als Regierungsprinzip erkennt"). S. auch *O. A.*, De la sophistication du suffrage universel (2), Annales des sciences politiques 25 (1910), S. 344 (344): „nous avons essayé de montrer comment [...] le principe du suffrage universel, indiscutable désormais en son essence, devenait parfois contestable dans la réalité de ses applications" („Verf. hat versucht zu zeigen [s. *O. A.*, La sophistication du suffrage universel (1), Annales des sciences politiques 24 (1909), S. 415 ff.], wie [...] das Prinzip der Allgemeinheit der Wahl, in seiner Essenz mittlerweile unbestreitbar, in der

weiten Teilen, Gegengewichte zu finden gegen ein Parlament, das sich durch die fortschreitende Demokratisierung möglicherweise um seine Existenz bringen könnte.[46] Eine fähige Regierung der Eliten scheint für viele französische Verfassungsrechtler das bestimmende Leitbild zu sein; das proportionale Wahlsystem und damit eine weitergehende Demokratisierung des Parlaments sehen viele als diesem Ziel abträglich an.[47] „Das Volk ist nicht fähig, zu regieren; es ist aber fähig, diejenigen auszuwählen, die es verdienen, zu regieren; und kann es das nicht, so kann es gar nichts, und verdient die Tyrannei".[48]

Dieser Kontext mag erklären, dass auf dem ersten internationalen Kongress zur Rechtsvergleichung in Paris Vertreter der französischen Verfassungsrechtswissenschaft eine „doppelten Krise" von Parlamentsherrschaft und proportionaler Repräsentation diagnostizieren.[49] Schon die schiere Masse an Literatur zu dieser „Doppelkrise" spricht eine eindeutige Sprache.

Realität seiner Anwendungen manchmal angreifbar wird"). Tatsächlich beschäftigen sich viele Verfassungsrechtler und -vergleicher in Frankreich auch mit dem Thema des allgemeinen Wahlrechts, s. etwa *C. Benoist*, De l'Organisation du Suffrage Universel. La crise de l'État moderne, 1895; dazu *O. A.*, Charles Benoist. De l'organisation du suffrage universel. La crise de l'État moderne [Rezension], Annales de l'École libre des sciences politiques 10 (1895), S. 760; *O. A.*, Charles Benoist, De l'organisation du suffrage universel. La crise de l'État moderne [Rezension], Annales de l'École libre des sciences politiques 12 (1897), S. 657 ff.; *E. van der Smissen*, La question du suffrage universel en Belgique, Annales des sciences politiques 17 (1902), S. 578 ff.; *W. Beaumont*, Le suffrage universel en Autriche, Annales des sciences politiques 22 (1907), S. 618 ff.; *J. Barthélemy*, L'organisation du suffrage et l'expérience belge, 1912; dazu *M. Deslandres*, L'organisation du suffrage et l'expérience belge [Rezension], RPP 1913, S. 308 ff.

[46] *C. Schönberger*, Vom repräsentativen Parlamentarismus zur plebiszitären Präsidialdemokratie, Der Staat 34 (1995), S. 359 (370).

H. Hofmann, Repräsentation, 4. Aufl. 2003, S. 23, hat für das heutige deutsche Repräsentationsverständnis diagnostiziert, es lege sich allzu häufig auf die holzschnittartige Antithese von – politisch gesprochen – elitärem Repräsentativsystem und vulgärdemokratischer Identifikation von Regierenden und Regierten fest. Dies sei im Wesentlichen die *Schmitt*'sche Gegenüberstellung von Repräsentation und Identität (*C. Schmitt*, Verfassungslehre, 1928, S. 204 ff.). Die französische Diskussion um die Jahrhundertwende zeigt freilich anschaulich, dass diese Antithese auch früher schon diskursbestimmend war und es sich dabei keineswegs um „Eigentümlichkeiten deutscher Repräsentationsvorstellungen" (*Hofmann*, a. a. O., S. 26) handelt.

[47] S. zum Hintergrund von *Esmeins* Ablehnung etwa *S. Pinon*, Adhémar Esmein et la doctrine constitutionnelle de son temps, in: S. Pinon/P.-H. Prélot (Hrsg.), Le droit constitutionnel d'Adhémar Esmein, 2009, S. 209 (212).

[48] *F. Moreau*, Régime parlementaire et principe représentatif (1), RPP 1901, S. 331 (333): „le peuple, incapable de gouverner, est capable de choisir ceux qui méritent de gouverner; et s'il n'est capable de cela, il n'est capable de rien et il mérite la tyrannie".

[49] Laut *Mestre* (Fn. 30), S. 570 f., wird die Parlamentsherrschaft durch die Parteienzersplitterung bedroht, während die proportionale Repräsentation das Mehrheitswahlsystem in Frage stelle. Auch *Moreau* (Fn. 48), S. 331, spricht von der aktuellen Krise („la crise

Die von der Wissenschaft festgestellten Probleme des „Despotismus des Parlaments"[50] erklären sich vor allem daraus, dass das Parlament gleichzeitig verfassungsrechtlich unangefochten und bemerkenswert führungsschwach ist.[51] Die herausgehobene verfassungsrechtliche Stellung des Parlaments liegt zum einen am bereits erwähnten[52] Verzicht des Präsidenten auf sein Auflösungsrecht der Kammern. Das Staatsoberhaupt ist zu schwach, um einen Gegenpol zum Parlament zu bilden.[53] Zum anderen sichern die machtbewussten Parlamentarier ihre Stellung dadurch ab, dass sie durchsetzungsstarke und profilierte Kandidaten bei der beiden Parlamentskammern obliegenden Präsidentenwahl regelmäßig durchfallen lassen. „Votons pour le plus bête!" wird zu ihrem Credo.[54] Das Parlament ist Mediator[55] der volonté générale und als solcher skeptisch gegenüber anderweitigen Führungsansprüchen. Verbindendes Element der Regierungen dieser Jahre ist dann auch ihre politische Instabilität, bald ist angesichts der häufigen Personalwechsel die Rede vom „Walzer der Ministerien".[56] Die gleichzeitige politische Führungsschwäche des damaligen „absoluten Parlamentarismus"[57] findet ihren Grund in dem kaum ausgeprägten Parteiensystem bei gleichzeitiger Schwäche der Exekutive. Parlamentarier und Wähler teilen eine frondierende Skepsis gegenüber organisierten und disziplinierten Parteien.[58] Die Mitglieder der Volksvertretung sind zwar in vielen losen Gruppen organisiert, doch Fraktionsdisziplin lehnen sie weitgehend als antirepublikanisch ab. Wichtig sind nicht nationale Parteiorganisationen, sondern der Rückhalt und die davon abhängige Wiederwahl im Wahlkreis. Das Wahlrecht, bei dem keine Parteilisten, sondern Kandidaten im jeweiligen Département gewählt werden, trägt

---

actuelle"). Freilich beschränkt sich diese „Krise" auch keineswegs auf Frankreich, s. etwa W. Beaumont, La crise du parlementarisme en Autriche, Annales des sciences politiques 16 (1901), S. 160 ff. Diese „Krise" ist allerdings auch eine ausgesprochen produktive Zeit für die französische Verfassungsrechtswissenschaft. Heute ist für die Jahre um 1900 daher oft nicht etwa von einer „Krise", sondern von der „Erneuerung in der Rechtskultur" die Rede, C. Jamin, Dix-neuf cent: crise et renouveau dans la culture juridique, in: D. Alland/S. Rials (Hrsg.), Dictionnaire de la culture juridique, 2003, S. 380 ff.

[50] *Esmein* (Fn. 14), S. 35.

[51] Zusammenfassend L. *Duguit*, Le fonctionnement du régime parlementaire en France depuis 1875, RPP 1900, S. 263 ff.

[52] S. oben → § 3 II 2 nach Fn. 115.

[53] *Le Divellec* (Fn. 36), S. 117.

[54] *R. von Albertini*, Regierung und Parlament in der Dritten Republik, HZ 188 (1959), S. 17 (23): „Lasst uns den Dümmsten wählen!".

[55] *Von Albertini* (Fn. 54), S. 24.

[56] *Mayeur* (Fn. 39), S. 166.

[57] *R. Carré de Malberg*, La loi, expression de la volonté générale, 1931, S. 196, bringt diesen „absoluten Parlamentarismus" erst viel später auf den Begriff. Zu *Carré de Malberg* → § 5 I 2.

[58] *Von Albertini* (Fn. 54), S. 25.

dazu bei, dass die Parlamentarier partikulare Wahlkreisinteressen in vielen Fällen über die Meinungsbildung innerhalb parlamentarischer Gruppen stellen.[59] Die dadurch hervorgerufene Instabilität der Regierungen führt zu einer Entfremdung von den Wählern, da in diesem System ständig wechselnder Koalitionsregierungen das Verantwortungsbewusstsein verloren geht.[60] Für den Wähler verschwimmt immer mehr, wer gerade an der Regierung und wer in der Opposition ist, zumal gegenseitige Schuldzuweisungen für Misserfolge den Wahlkampf dominieren.

Neben das Problem der Vorherrschaft des Parlaments tritt das der weitreichenden Demokratisierung des Parlaments. Das Wahlrecht ist zwar nun allgemein, aber vermag das geltende Mehrheitswahlrecht die Wahlberechtigten angemessen zu repräsentieren? Damit ist die Diskussion um die proportionale Repräsentation angesprochen, über die die Wissenschaft neben der Parlamentsherrschaft streitet. Repräsentation ist ein Leitmotiv der Zeit.[61] Verfassungsrechtler wie *A. Esmein*, aber auch *F. Moreau* untersuchen sowohl das Verhältnis der Nation zu den Volksvertretern, wie auch die Repräsentation der Nation durch die Exekutive.[62] Bereits im Eröffnungsaufsatz der Revue du droit public, der heute als „Kondensat des liberalen Konstitutionalismus"[63] gewertet wird, stellt *Esmein* das „klassische repräsentative System" dem „semi-repräsentativen" entgegen. Letzterem attestiert er, „zum fast unbegrenzten Despotismus"[64] des Parlaments zu führen. Die proportionale Repräsentation von Minderheiten könne hierfür zwar ein „natürliches Gegengewicht" sein.[65] Dennoch befürchtet er, dass diese die Arbeit des Parlaments schwächt, denn er hält sie für „nutzlos", da sie die Mehrheitsbildung „fast bis zur Unmöglichkeit" erschwere.[66] Jede Minderheit hat, solange sie eine ist, nach *Esmein* das gute Recht auf genau zwei Dinge: erstens die Beachtung der

---

[59] *Duguit* (Fn. 51), S. 370, auch zur kurzzeitigen Einführung des Listenwahlrechts.
[60] *Von Albertini* (Fn. 54), S. 33.
[61] Zum begriffsgeschichtlichen Hintergrund des Repräsentationsbegriffs instruktiv *Hofmann* (Fn. 46).
[62] S. eingehend und kritisch zum Repräsentationsprinzip im Werk Esmeins *A. Le Divellec*, Adhémar Esmein et les théories du gouvernement parlementaire, in: S. Pinon/P.-H. Prélot (Hrsg.), Le droit constitutionnel d'Adhémar Esmein, 2009, S. 149 ff.; s. ferner *A. Cepko*, Le principe représentatif dans les théories constitutionnelles d'Adhémar Esmein et de Félix Moreau, RDP 2016, S. 991 ff.
[63] *Pinon* (Fn. 47), S. 213 mit Fn. 23: „l'article peut raisonnablement être considéré comme un condensé du constitutionalisme libéral de l'auteur".
[64] *Esmein* (Fn. 14), S. 35: „Le gouvernement semi-représentatif [...] conduirait au despotisme presque illimité d'une assemblée unique".
[65] *Esmein* (Fn. 14), S. 35, spricht von „contrepoids naturels".
[66] *Esmein* (Fn. 14), S. 37: „la représentation des minorités introduite dans le gouvernement représentatif serait un affaiblissement inutile [...]. Elle rendrait presque impossible la formation des majorités".

I. Theorietransfers und Allgemeine Staatslehre 77

Individualrechte ihrer Anhänger und zweitens die Möglichkeit, die öffentliche Meinung durch Überzeugungsarbeit zu lenken, um selbst zur Mehrheit zu werden.[67] Ganz ähnlich formuliert etwas früher auch *G. Jellinek*, wenn er schreibt, das „höchste Recht [...] einer Minorität [...] besteht darin, dass sie den Versuch machen kann, Majorität zu werden".[68]

In der Verfassungsrechtswissenschaft Frankreichs gibt es jedoch auch Gegenstimmen zur großen Skepsis, die der proportionalen Repräsentation entgegenschlägt. So tritt *Saleilles Esmeins*[69] Deutung in einem zweiteiligen Beitrag von 1898 entgegen.[70] Sein Anliegen besteht darin, den angeblichen Widerspruch zwischen der französischen Verfassung und der proportionalen Repräsentation in Frage zu stellen.[71] *Saleilles'* Beitrag zeugt davon, dass nicht

---

[67] *Esmein* (Fn. 14), S. 37.
[68] *Jellinek* (Fn. 34), Das Recht der Minoritäten, S. 28. Allerdings unterscheidet *ders.*, a. a. O., S. 24 ff., zwischen politischen und strukturellen Mehrheiten und bezieht sich in der gerade zitierten Aussage nur auf erstere. *J. Kersten*, Georg Jellinek und die klassische Staatslehre, 2000, S. 234 f., betont zu Recht, die Gleichberechtigung von Sprachminoritäten bei *Jellinek* habe teils eine nationalistisch-chauvinistische Färbung, im Grunde sei es *Jellinek* um die Sicherung von deutschsprachigen Minoritäts*vor*rechten gegangen. In Bezug auf die ungarischsprachige Bevölkerung in Österreich-Ungarn schreibt *G. Jellinek*, Die Sprachenrechte in den Staaten gemischter Nationalität [Rezension], [Grünhut's] Zeitschrift für das Privat- und öffentliche Recht der Gegenwart 12 (1885), S. 690 (692), etwa: „Endlich müssen die heute noch unterentwickelten Nationalitäten darauf verzichten, mehr zu verlangen, als ihnen nach ihrer jetzigen Entwicklungsstufe gebührt".
[69] Mit seiner Skepsis gegenüber den demokratischen Tendenzen der Zeit ist *Esmein* (s. oben nach → Fn. 63) keineswegs die Ausnahme. Vielmehr ist seine Sorge geradezu typisch für die französische Verfassungsrechtslehre der Zeit, die befürchtet, der französische Parlamentarismus entferne sich durch das allgemeine Wahlrecht nach und nach von altliberalen Idealen. S. näher *Schönberger* (Fn. 21), S. 370. Andere Stimmen sind deutlich kritischer gegenüber dem parlamentarischen System in Frankreich, s. etwa *L. Duguit*, Note sommaire sur le fonctionnement du régime parlementaire en France depuis 1875, in: Congrès international de Droit comparé, Bd. 2., 1907, S. 313 ff.
Obwohl das allgemeine Wahlrecht als unantastbares und unumkehrbares Prinzip gilt, scheint es dennoch einen Widerspruch im republikanischen Denken zu geben. Denn einerseits wird das allgemeine Wahlrecht mit der Republik identifiziert, andererseits wird die Republik als dem allgemeinen Wahlrecht vorausliegend betrachtet. *Rosanvallon* (Fn. 45), S. 455 f., identifiziert diesen scheinbaren Widerspruch für die 1870er- und 80er-Jahre. Die Beiträge in der RDP zeigen aber, dass er noch länger Auswirkungen hat (dazu sogleich im Haupttext).
Dieser scheinbare Widerspruch lässt sich jedoch auflösen, denn bei ersterem geht es um die Existenz von Wahlen selbst, und bei zweiterem um die Frage des konkreten demokratischen Wahlsystems. Wahlen sind konstitutiv für die Republik, die immer auch eine Anti-Monarchie ist. Der Gegensatz zur Monarchie übertrumpft die Frage der konkreten demokratischen Praxis nach damaligem Verständnis, s. *Rosanvallon* (Fn. 45), S. 459.
[70] *Saleilles* (Fn. 31).
[71] Hierzu bezieht sich *Saleilles* (Fn. 31), S. 222, auf den Topos der ‚souveraineté nationale'. Dieser spielt in *Esmeins* Werk eine zentrale Rolle, bot aber bereits für den zensitär-

alle Wissenschaftler in der fortschreitenden Demokratisierung des Parlaments ein Problem sehen.[72] In seiner Analyse der proportionalen Repräsentation unternimmt *Saleilles* den Versuch, die bisherige Argumentation um das Konzept der ‚souveraineté nationale' zu widerlegen.[73] Interessant ist dabei die Methode *Saleilles'*, der damit auch den eigenen rechtswissenschaftlichen Anspruch der französischen Verfassungsrechtswissenschaft betont. Die Frage sei, ob die proportionale Repräsentation ein taugliches Prinzip des „modernen öffentlichen Rechts" ist.[74] *Esmein* lehne das aufgrund des Prinzips der „nationalen Souveränität" ab, dies sei jedoch nicht zwingend. Denn wie *Esmein* richtig feststelle, handele es sich hierbei um eine Form der kollektiven Souveränität. Auch der Volkswille sei mehr als die Summe der individuellen Willen, es entstünde ein separater Wille, die „volonté générale".[75] Mit diesem Rückgriff auf die Demokratietheorie Rousseaus wagt *Saleilles* den Versuch, sein Argument durch einen autoritativen Verweis zu verbessern: Diesem Gemeinwillen werde, soweit es sich um den Gesetzgebungsprozess handele, ein proportionales System am besten gerecht, da nur dieses den Parteien ihre jeweilige Wichtigkeit gebe. Das Gegenargument, dass das proportionale System die Regierungsmehrheiten zerstöre, sei kein methodisch

---

bourgeoisen Parlamentarismus der Julimonarchie den staatstheoretischen Hintergrund, s. näher *Schönberger* (Fn. 21), S. 370.

[72] Das ist in Deutschland noch viel weniger der Fall, obwohl *Jellinek* (Fn. 34), Das Recht der Minoritäten, S. 40, im selben Jahr wie *Saleilles* schreibt: „Die moderne Gesellschaft befindet sich in einem Process der Demokratisirung. Man mag nun diese Entwicklung mit Freude begrüßen oder fürchten, keine Macht der Welt ist imstande, diesen geschichtlichen Naturprocess dauernd zu hemmen". Allerdings schreibt ders. auf S. 40f. auch: „Nichts kann rücksichtsloser, grausamer [...] sein, als eine demokratische Mehrheit". *C. Schönberger*, Ein Liberaler zwischen Staatswille und Volkswille, in: S. L. Paulson/ M. Schulte (Hrsg.), Georg Jellinek, 2000, S. 3 (4 mit Fn. 2), weist daher zu Recht darauf hin, dass sich *Jellinek* nicht auf die Demokratie als „politische Herrschaftsform", sondern als „unaufhaltsam fortschreitende[n] [...] Egalisierungsprozeß im Sinne Tocquevilles" bezog. So auch schon *A. Anter*, Modernität und Ambivalenz in Georg Jellineks Staatsdenken, in: ders. (Hrsg.), Die normative Kraft des Faktischen, 2004, S. 37 (44), der zudem auf die Parallele zu *Tocquevilles* Warnung vor der Tyrannei der Mehrheit hinweist (S. 44 mit Fn. 61). *G. Jellinek*, Besondere Staatslehre, in: ders., Ausgewählte Schriften und Reden, Bd. 2, 1970 (zuerst 1911), S. 181, diagnostiziert zudem „schwerwiegende[...] Mängel der parlamentarischen Einrichtungen"; zu seiner ablehnenden Haltung gegenüber Parlamentarismus und Repräsentation näher *Anter*, a. a. O., S. 42 ff.

[73] Die ‚nationale Souveränität' ist der Dreh- und Angelpunkt von *Esmeins* Argumentation (s. bereits Fn. 71).

[74] Diesen Ansatz verfolgt *Saleilles* (Fn. 31), S. 221, jedoch nicht ohne Seitenhiebe auf diese Vorgehensweise, die das Verfassungsrecht auf einer Reihe von Prinzipien errichtet habe und so ins öffentliche Recht ein „Element der Metaphysik absolut mystischer Erscheinung" eingeführt habe.

[75] *R. Saleilles*, La représentation proportionnelle (2), RDP 1898, S. 385 (389).

zulässiges Argument auf der Ebene der Prinzipien, sondern sei schlicht praktischer Natur.[76] Letztlich ziehen sich beide auf Parolen zurück und führen die „Doppelkrise" aus Demokratisierung des Parlaments und Parlamentarisierung des politischen Systems rhetorisch zusammen. Während *Esmein* für das proportionale Wahlsystem die Gefahr des „Despotismus des Parlaments" diagnostiziert,[77] führt nach der Meinung von *Saleilles* umgekehrt das Mehrheitswahlsystem dazu.[78]

3. Theorietransfers im Aufwind

Die Konjunktur des Themas der parlamentarischen Repräsentation liefert einen wichtigen Erklärungsansatz für die intensive Auseinandersetzung mit den Konzepten der deutschen Staatsrechtslehre und damit auch für den Theorietransfer. Wer wäre schließlich besser darin, die Macht des Parlaments juristisch einzufangen als die kaisertreuen deutschen Staatsrechtler?[79] Zwar gehen nicht alle so weit wie *Georges Cahen*, der sich intensiv mit *Laband*

---

[76] *Saleilles* (Fn. 75), S. 392.
[77] S. bereits oben → Fn. 64. *Esmein* (Fn. 14), S. 35, spricht von einem „despotisme presque illimité".
[78] *Saleilles* (Fn. 75), S. 392.
[79] Zu diesem und weiteren Ansätzen für den Rezeptionstrend s. *C. Schönberger*, Penser l'Etat dans l'Empire et la République: Critique et réception de la conception juridique de l'Etat de Laband chez Carré de Malberg, in: O. Beaud/P. Wachsmann (Hrsg.), La science juridique française et la science juridique allemande, 1997, S. 255 (261, 257 ff.).
Zwar gehen nicht alle so weit wie *G. Cahen*, La loi et le règlement, 1903, S. 229 ff., 257 ff., der sich intensiv mit *Laband* auseinandersetzt und sich auf dogmatische Konzepte etwa *Zorns* und *Arndts* beruft, um für eine Erweiterung der Verordnungsgewalt der Regierung zu plädieren. Dazu *P. Laband*, Georges Cahen. La Loi et le Règlement [Rezension], AöR 18 (1903), S. 287 ff. Anders als *Laband* und unter Berufung auf *Zorn* und *Arndt* befürwortet *Cahen* die Verordnungsgewalt der Regierung auch ohne vorherige parlamentarische Ermächtigung, s. *ders.*, a. a. O., S. 262.
Esmeins Position zur Stärkung der Exekutive ist dagegen wenig stringent, s. dazu *Redor* (Fn. 3), S. 132 mit Fn. 51 m. w. N. S. auch *dies.*, L'État dans la doctrine publiciste française du début du siècle, Droits 15 (1992), S. 91 (95 f.). *Dies.* (Fn. 3), zeigt eindrücklich, dass die Übernahme des Rechtsstaatsbegriffs Teil des Narrativs ist, die Macht des Parlaments einzuhegen und die Exekutive zu stärken: Denn die wissenschaftliche Konstruktion des Staats als juristische Person vermeidet den zuvor notwendigen Rückgriff auf die revolutionäre Tradition und die Volkssouveränität. Ein Beispiel für die Rezeption deutscher Konzepte zur Einhegung der Macht des Parlaments findet sich etwa bei *Cahen*, a. a. O., S. 24 mit Fn. 2, der sich auf *Labands* Reichsstaatsrecht beruft, um zu zeigen, dass die Legislative „nur ein Organ wie alle anderen" sei („un organe de même nature que tous les autres"). S. auch *Jellineks* antiparlamentarische Haltung, die etwa in *G. Jellinek*, Verfassungsänderung und Verfassungswandlung, 1906, S. 59 ff.; *ders.*, Regierung und Parlament in Deutschland, 1909, S. 33 f., zutage tritt.

auseinandersetzt und sich auf dogmatische Konzepte etwa *Zorns* und *Arndts* beruft, um für eine Erweiterung der Verordnungsgewalt der Regierung zu plädieren.[80] Auf die Werke dieser beiden deutschen Staatsrechtler und anders als *Laband* befürwortet *Cahen* die Verordnungsgewalt der Regierung auch ohne vorherige parlamentarische Ermächtigung.[81]

Im gleichen Zusammenhang ist auch das Aufgreifen des deutschen Staatsbegriffs zu dieser Zeit zu sehen.[82] Denn auch dies dient dem Anliegen von Teilen der französischen Wissenschaft, Regierung und Verwaltung mit deutscher Technokratie gegen den Einfluss des Parlaments weitgehend abzuschotten.[83] Die einflussreichen Arbeiten *Gerbers* und *Labands* verknüpfen die Theorie von der juristischen Staatspersönlichkeit mit dem *Savigny'schen* Personenbegriff, wonach Person diejenige ist, die Subjekt eines eigenen Willens ist; dies bewirkt eine juristische Verfestigung des monarchischen Prinzips und dient konservativen Kräften als Argumentation.[84] Eine monolithische Staatsperson, die man mit der monarchisch bestimmten Regierung und Verwaltung gleichsetzen kann, ist ein zentraler Eckstein von *Labands* Staatsrechtsverständnis. Die Rolle des Parlaments bestimmt er in Abgrenzung davon als reine „Negativkonstruktion"[85]. Seine Funktion beschränke sich auf die rechtsstaatliche Freiheitssicherung und die Verhinderung von Rechtsmissbrauch durch die Verwaltung – das Parlament als Schutzwall gegen die Exekutive.[86] Die eigentlich rechtsgestaltende Tätigkeit obliege dagegen dem Monarchen beziehungsweise dem Bundesrat.[87] Auch *Jellineks* Selbstverpflichtungslehre des Staats sieht die monarchische Bürokratie als zentral an. Sie ist es nämlich, die den Akt der Selbstverpflichtung des Staates vornimmt, und so bereits historisch den Vorrang der Bürokratie vor dem Parlament nahelegt.[88]

Die französische Orientierung hin zu einem sich selbst legitimierenden Staat entzieht diesen einerseits der politischen Auseinandersetzung, die noch von der revolutionären Tradition lebt, und ermöglicht andererseits, die Exekutive zu stärken.[89] Allen voran *Esmein* konzeptualisiert den Staat als juris-

---

[80] *Cahen* (Fn. 79), S. 229 ff., 257 ff. Dazu *P. Laband*, Georges Cahen. La Loi et le Règlement [Rezension], AöR 18 (1903), S. 287 ff.

[81] *Cahen* (Fn. 79), S. 262.

[82] *M. Deslandres*, Étude sur le fondement de la loi, RDP 1908, S. 5 (11 ff.), bietet hierzu einen Überblick.

[83] *Schönberger* (Fn. 23), S. 124 f.; ders. (Fn. 21), S. 370.

[84] S. näher *H. Uhlenbrock*, Der Staat als juristische Person. Dogmengeschichtliche Untersuchung zu einem Grundbegriff der deutschen Staatsrechtslehre, 2000, S. 99 ff.

[85] *Schönberger* (Fn. 21), S. 166.

[86] Zur gleichen Argumentation, allerdings bezogen auf den neu geschaffenen französischen Verfassungsrat, s. unten → § 6 I.

[87] *Schönberger* (Fn. 21), S. 165.

[88] *C. Möllers*, Staat als Argument, 2000, S. 19.

[89] *Redor* (Fn. 79), L'État dans la doctrine publiciste française du début du siècle, S. 95 f.

tische Person einer Nation, als ihr Subjekt und rechtliches Fundament.[90] *Duguit* hält den deutschen Begriff vom Staat als juristischer Person dagegen für grob unrichtig. Er lehnt die deutsche Theorie als realitätsfern ab und entwickelt eine soziologische Rechtstheorie, nach der alles Recht auf sozialer Solidarität gründet.[91] Allerdings betont er im Zuge seiner Kritik die seines Erachtens nach gefährlichen Tendenzen, die dem deutschen Staatsbegriff innewohnen: „Im Grunde sind die Lehren [der Deutschen und *Esmeins*] dieselben. Während sie bei *Esmein* allerdings von einer bestimmt nicht ganz exakten, aber sicher gewissenhaften und unparteiischen Tatsachenbeobachtung herrührt, ist sie bei vielen deutschen Juristen einzig und allein von dem Verlangen veranlasst, der kaiserlichen Allmacht zumindest den Anschein einer Rechtsgrundlage zu geben".[92]

„Warum, wird man mich daher fragen, berufe ich mich so oft auf deutsche Juristen?"[93] Die Antwort *Duguits* gilt auch seinen „wenig kompetenten" Kritikern, die ihm vorgeworfen hätten, sich von den deutschen Lehren inspirieren zu lassen.[94] Das Gegenteil sei der Fall. Seit er schreibe, versuche er, sie zu bekämpfen; allerdings dürfe man einige deutsche Rechtsgelehrte, so *Duguit*, wegen ihres scharfen Verstandes nicht ignorieren.[95]

Allgemein zur Rezeptionsoffenheit der französischen Wissenschaftswelt gegenüber deutschen Autoren *C. Digeon*, La crise allemande de la pensée française (1870–1914), 1959.

[90] *A. Esmein*, Éléments de droit constitutionnel français et comparé, 4. Aufl., 1906, S. 1.
[91] *L. Duguit*, L'État, le droit objectif et la loi positive, 1901, S. 9, 1; instruktiv aus zeitgenössischer Sicht *Deslandres* (Fn. 82), S. 9 f.; aus heutiger Perspektive *O. Beaud*, Duguit, l'État et la reconstruction du droit constitutionnel français, in: F. Melleray (Hrsg.), Autour de Léon Duguit, 2011, S. 29 (36).
Zum Werk *Duguits* s. *D. Grimm*, Solidarität als Rechtsprinzip. Die Rechts- und Staatslehre Léon Duguits in ihrer Zeit, 1973; *ders.*, a. a. O., S. 29, betont freilich, *Duguit* habe – trotz seiner Reputation als Rechtssoziologe – nie empirisch gearbeitet; eine knappe Rekapitulation zum Werk *Duguits* findet sich bei *dems.*, Une lecture allemande de Léon Duguit, RDP 2016, S. 185 ff.
[92] *L. Duguit*, Les transformations du droit public, 1913, S. 37 mit Fn. 2, in der er die französische Übersetzung von *Labands* Reichsstaatsrecht zitiert: „Au fond la doctrine est la même. Seulement, tandis qu'elle est déterminée chez M. Esmein par une observation des faits certainement inexacte, mais assurément consciencieuse et impartiale, elle est inspirée à beaucoup de juristes allemands par l'unique désir de donner au moins en apparence une base juridique à la toute-puissance impériale".
[93] *L. Duguit*, Traité de droit constitutionnel, Bd. 1, 2. Aufl. 1921, S. X: „Pourquoi dès lors, me dira-t-on, faire si souvent appel aux juristes allemands?". Das Verhältnis von *Duguit* und der deutschen Staatsrechtslehre wird manchmal mit „Hassliebe" umschrieben, da er seine Lesart der deutschen Theoretiker der Zeit als Abgrenzungsfolie für seinen eigenen Ansatz benutze, *O. Jouanjan*, Duguit et les allemands, in: F. Melleray (Hrsg.), Autour de Léon Duguit, 2011, S. 195 (200).
[94] *Duguit* (Fn. 93), S. X, wendet sich an die „critiques peu avertis".
[95] *Duguit* (Fn. 93), S. X f. *Duguit* übernimmt etwa den doppelten Gesetzesbegriff von

Dass der Vergleich auch der Selbstvergewisserung und teils polemischer Abgrenzung dienen kann, zeigen andere Beiträge eindrücklich. So schreibt *J. Barthélemy*, die deutschen Theorien stünden denen der Ultra-Royalisten zu Zeiten der Julimonarchie in nichts nach;[96] nicht nur seien die deutschen Verfassungen europaweit die reinsten Ausprägungen der Monarchie, das gleiche gelte für die deutschen Staatsrechtler.[97] Ihr Ziel sei es, das monarchische Prinzip gegen den Parlamentarismus zu verteidigen.[98] Später lobt er *Esmein* dafür, sich vor den „juristisch-metaphysischen Spekulationen und Abstraktionen der deutschen Schule zu ekeln".[99]

Die intensive Auseinandersetzung mit der zeitgenössischen[100] deutschen Staatsrechtslehre ist also keinesfalls mit einer unkritischen Rezeption gleichzusetzen. Zum einen greifen beileibe nicht alle Verfassungsrechtler deutsche Konzepte auf, zum anderen werden sie – selbst wenn sie berücksichtigt werden – häufig als Negativbeispiel herangezogen.[101] Allerdings sind die Kennt-

---

der deutschen Staatsrechtslehre, freilich ohne damit auf Zustimmung zu stoßen, dazu *C. Starck*, Der Gesetzesbegriff des Grundgesetzes, 1970, S. 76 mit Fn. 14.

R. Carré de Malberg, Contribution à la Théorie générale de l'État, Bd. 1, 1920, S. 314, der sich von allen französischen Verfassungsrechtlern wohl am meisten mit *Laband* beschäftigt hat, kritisiert diese Unterscheidung später von demokratietechnischer Warte aus. Sie gründe auf dem falschen (deutschen) Staatsverständnis, das den Staat mit der monarchischen Exekutive gleichsetze. Ordne man aber alle Staatsgewalt strikt dem Parlament unter, gebe es keinen Grund mehr dafür, die Verwaltung nicht an Parlamentsgesetze, sondern nur an Regeln der (monarchischen) Exekutive gebunden zu sehen.

Schönberger (Fn. 21), S. 373, betont, damit habe er *Hellers* Analyse auf der Staatsrechtslehrertagung von 1927 vorgegriffen, *H. Heller*, Der Begriff des Gesetzes in der Reichsverfassung, VVDStRL 4 (1928), S. 98 ff. Zur Auseinandersetzung *R. Carré de Malbergs* mit *Labands* Werk s. *P. M. Gaudemet*, Paul Laband et la doctrine française de droit public, RDP 1989, S. 957 (964 f.).

[96] *J. Barthélemy*, Les théories royalistes dans la doctrine allemande contemporaine, RDP 1905, S. 717 (719).

[97] *Barthélemy* (Fn. 96), S. 719.

[98] *Barthélemy* (Fn. 96), S. 722.

[99] *J. Barthélemy*, Eléments de droit constitutionnel français et comparé [Rezension], RDP 1910, S. 182 (187): „[Esmein] répugne aux spéculations juridico-métaphysiques et aux abstractions de l'école germanique". Abgrenzung durch Vergleich wird freilich auch in Deutschland gepflegt, etwa wenn *O. Mayer* meint: „Es gibt für unsere Staatslehre kein Heil, als freies offenes Bekenntnis zu dem, was wir sind, und daß wir anders sind als die anderen", *O. Mayer*, Republikanischer und monarchischer Bundesstaat, AöR 18 (1903), S. 337 (369); auf S. 337 macht *ders.* klar, welche Andersartigkeit er meint: „Deutschland allein vertritt den Bundesstaat auf Grundlage der Monarchie, und zwar ist es nicht das moderne Scheinkönigtum".

[100] Vereinzelt finden sich jedoch auch Beiträge zu älterer deutscher Staatstheorie, s. etwa *E. Allix*, La philosophie du droit de F. J. Stahl et la philosophie de la Révolution française, Annales de l'École libre des sciences politiques 12 (1897), S. 1 ff.

[101] Gerade *Duguit* und *Hauriou* beziehen sich etwa häufig auf *Laband* und *Jellinek*, um

nisse über das deutsche Staatsrecht groß.[102] 1898 muss sich *Esmein* gar gegen den Vorwurf verteidigen, in der Erstauflage seiner Éléments zu wenig deutsche Literatur berücksichtigt zu haben.[103] Seine Antwort lautet schlicht, er habe nur Verfassungen berücksichtigt, deren Grundprinzip die politische Freiheit sei.[104] In die gleiche Kerbe schlägt auch *Larnaude*, wenn er im Vorwort zur französischen Übersetzung von *Labands* Reichsstaatsrecht die Verschiedenheit der Verfassungssysteme betont.[105] Er mahnt Vorsicht an, soweit das deutsche Verfassungsrecht Gegenstand des Vergleichs sein solle. Sein Umgang mit dem deutschen Verwaltungsrecht zeigt dann jedoch, dass auch ihm letztlich daran liegt, durch den Theorietransfer die Macht des Parlaments juristisch einzuhegen. Denn er hofft, die Kenntnis des deutschen Verwaltungsrechts werde die Autonomie eines selbstständigen Verwaltungsapparats in Frankreich fördern und diesen gegen unbotmäßigen parlamentarischen Einfluss abschotten.[106]

Folge, oft aber auch Voraussetzung der Theorietransfers, sind Übersetzungen staats- und verwaltungsrechtlicher Werke. Besonders solche aus Deutschland und Großbritannien haben in Frankreich Konjunktur. Der spätere Herausgeber der RDP, *Gaston Jèze*, gründet 1900 eine Reihe, in der bis 1906 sechzehn übersetzte Werke erscheinen, darunter von Autoren wie *Paul Laband*, aber auch von *Otto Mayer, James Bryce* und *Albert Dicey*.[107]

---

deren Theorien dann aber fast durchgehend abzulehnen, näher *Gaudemet* (Fn. 95), S. 959. In den Worten *Duguits*: „Je les [les écrits des auteurs allemands] ai mis à contribution, pour les approuver quelquefois, le plus souvent, pour les critiquer" („Ich habe sie [die Schriften der deutschen Autoren] einbezogen, manchmal, um ihnen zuzustimmen, meist, um sie zu kritisieren").

[102] Als ein Kenner des deutschen Staatsrechts zeichnet sich zu dieser Zeit *A. Lebon* aus, s. *ders.*, La constitution allemande et l'hégémonie prussienne, Annales de l'École libre des sciences politiques 2 (1887), S. 37 ff.; *ders.*, Les origines de la constitution allemande, Annales de l'École libre des sciences politiques 3 (1888), S. 321 ff.; *ders.*, Le Reichstag allemand, Annales de l'École libre des sciences politiques 4 (1889), S. 193 ff.; *ders.*, Les institutions prussiennes, Annales de l'École libre des sciences politiques 5 (1890), S. 70 ff.

[103] Préface de la deuxième édition, abgedruckt in *A.* Esmein, Éléments de droit constitutionnel français et comparé, 5. Aufl. 1909, S. IX (X).

[104] *Esmein* (Fn. 103), S. X. Dieser Aussage bleiben er und seine Nachfolger auch in den Folgeauflagen treu. So findet ab der 6. Auflage das Verfassungsrecht der Weimarer Republik Berücksichtigung, s. *J. Barthélemy*, Préface de la sixième édition, in: *A. Esmein/J. Barthélemy*, Éléments de droit constitutionnel français et comparé, 6. Aufl. 1914, S. VII (XI), wenn auch in geringerem Umfang als das englische Verfassungsrecht.

[105] *F. Larnaude*, Préface, in: *P. Laband*, Le Droit Public de l'Empire Allemand, Bd. 1, 1900, S. VII (VIII).

[106] *Larnaude* (Fn. 105), S. XVII ff.

[107] S. näher *Sacriste* (Fn. 10), S. 344 f.; *Laband* (Fn. 105); *O. Mayer*, Droit administratif allemand, 1903; s. auch *H. Berthélemy*, Préface, in: *O. Mayer*, Droit administratif allemand, 1903, S. I ff.; *A. V. Dicey*, L'introduction à l'étude du droit constitutionnel, 1902;

Eingeleitet werden diese Werke meist von französischen Professoren, gelegentlich aber auch von Parlamentariern.[108] Die Vorworte sind zwar zu kurz, um ganze Theorien ausführen zu können, bieten aber den Vorteil, dass darin einzelne Punkte der Theorien betont und weiter verbreitet werden können. So führt etwa *Larnaude* im Vorwort zur Übersetzung von *Labands* Reichsstaatsrecht einige Punkte aus, die bereits in seinem RDP-Aufsatz aus dem Jahre 1894 vorkommen. Hier zeigt sich erneut die oben bereits erwähnte Asymmetrie der Verflechtung.[109] Denn das Hoch der Übersetzungen findet im Kaiserreich keine Entsprechung. Kein einziges großes Werk des zeitgenössischen französischen Verfassungsrechts wird ins Deutsche übersetzt.[110]

Deutsche Staatsrechtswissenschaftler greifen nur vereinzelt theoretische Fragen aus der französischen Verfassungstradition auf. Wirklich transnationale Diskussionen kommen daher eher selten zustande. Wenn sie doch einmal vorkommen, geben die Konfliktlinien aber Aufschluss über zugrundeliegende Auffassungen des Verfassungsrechts. Exemplarisch zu nennen ist die Kontroverse zwischen *Émile Boutmy* und *Georg Jellinek*, die sich um den Ursprung der Erklärung der Menschen- und Bürgerrechte von 1789 dreht.[111] Die Diskussion entzündet sich an zwei ebenso streitbaren wie für *Jellinek* zentralen Thesen seiner kleinen Monographie von 1895 zur Geschichte der Erklärung.[112] Die erste These *Jellineks* ist, dass der rechtshistorische wie ju-

---

J. Bryce, La République américaine, Bd. 1, 1900; Bd. 2, 1901; Bd. 3, 1901; Bd. 4, 1902; s. dazu auch *J. Barthélemy*, La condition actuelle de la présidence des Etats-Unis depuis les ouvrages de Bryce et de Woodrow Wilson, RPP 1906, S. 277 ff.

[108] *Casimir-Périer*, Préface, in: *A. Todd*, Le gouvernement parlementaire en Angleterre, 1900, S. I ff., ist ein Beispiel für letztere Gruppe.

[109] → § 3 I 2.

[110] *Schönberger* (Fn. 23), „Staat", S. 112. *Labands* Reichsstaatrecht wird 1900 ins Französische übersetzt, und zwar die 3. Auflage seines Staatsrechts des Deutschen Reichs von *Gaston Jèze*, der wenig später die Herausgeberschaft der Revue du droit public übernehmen wird. *Otto Mayer* überprüfte die Übersetzung, und doch beklagt *Laband*, es sei „nicht möglich gewesen zu vermeiden, dass die Sprache an einigen Stellen an Präzision, Klarheit und Prägnanz verloren habe", *P. Laband*, Préface de l'édition française, in: ders., Le Droit Public de l'Empire Allemand, Bd. 1, 1900, S. V (VI).

[111] *G. Jellinek*, Die Erklärung der Menschen- und Bürgerrechte, 1895; in französischer Sprache erschienen als *ders.*, La déclaration des droits de l'Homme et du citoyen, 1902; dazu *É. Boutmy*, La déclaration des droits de l'homme et du citoyen et M. Jellinek, Annales des sciences politiques 17 (1902), S. 415 ff.; sowie nachfolgend *G. Jellinek*, La déclaration des droits de l'Homme et du citoyen, RDP 1902, S. 385 ff.; s. dazu und weiterführend aus historischer Sicht *E. Doumergue*, Les origines historiques de la Déclaration des droits de l'homme et du citoyen, RDP 1904, S. 673 (673 f.); als Monographie veröffentlicht als *ders.*, Les origines historiques de la Déclaration des droits de l'homme et du citoyen, 1905.

[112] *Jellinek* (Fn. 111). Sie gilt nunmehr wissenschaftsgeschichtlich als „Paukenschlag", *W. Schmale*, Archäologie der Grund- und Menschenrechte in der Frühen Neuzeit, 1997, S. 29.

ristische Ursprung der Menschenrechtserklärung in den Bills of Rights liege, die den Verfassungen der US-amerikanischen Bundesstaaten vorausgingen.[113] Mit dieser These lehnt *Jellinek* gleichzeitig die französische Erzählung vom Rousseau'schen Sozialvertrag als Ideengeber der Menschenrechtserklärung ab.[114] Der Sozialvertrag entkleide den Naturmenschen erst einmal von allen Individualrechten, bevor er ihn zum Staatsbürger mache; dies sei aber gerade das Gegenteil der rechtlichen Anerkennung unveräußerlicher Individualrechte. *Jellineks* zweite These lautet, dass die Religionsfreiheit historisch der Ursprung aller anderen Rechte sei. Denn es sei diese Freiheit gewesen, die durch die Kämpfe der seit der Reformation verfolgten protestantischen Siedler als erstes positiv-rechtlich verbrieft worden sei: „Die Idee, unveräußerliche, angeborene, geheiligte Rechte des Individuums gesetzlich festzustellen, ist nicht politischen, sondern religiösen Ursprungs".[115] *Jellinek* weist diese These nach, indem er die Menschenrechtserklärung von 1789 auf die „Pflanzungsverträge" des 17. Jahrhunderts zurückführt, die angesichts der Konfessionsvielfalt religiöse Rechte statuierten. Dabei griffen sie auf ältere, englische Rechte zurück, die wie die Magna Charta oder die Petition of Rights freilich noch ständisch gedacht waren.[116] Diese seien in der Folge zu Menschenrechten umgeformt und um weitere Menschen- und Bürgerrechte erweitert worden.

Boutmy widerspricht *Jellinek* in beiden Punkten vehement. Er betont seine Gegenthese, dass der Ursprung der Erklärung in Rousseaus Sozialvertrag liege.[117] *Jellinek* habe Rousseau missverstanden, wenn er glaube, dass sein Sozialvertrag gar im Widerspruch zur Erklärung der Menschenrechte stehe.[118] Das geistig-politische Klima, in dem die Mitglieder der französischen Konstituante die Menschenrechtserklärung abfassten, sei ohne die Vorarbeiten der Autoren der französischen Aufklärung gar nicht vorstellbar. Die Bedeutung der amerikanischen Revolution sei demgegenüber marginal. Auch *Jellineks* zweite These überzeugt *Boutmy* nicht. Möglicherweise sei die

---

[113] *G. Jellinek*, Die Erklärung der Menschen- und Bürgerrechte, 4. Aufl. 1927, S. 12 f.
[114] *M. Stolleis*, Georg Jellineks Beitrag zur Entwicklung der Menschen- und Bürgerrechte, in: S. Paulson/M. Schulte (Hrsg.), Georg Jellinek – Beiträge zu Leben und Werk, 2000, S. 103 (107); in gekürzter Fassung erneut abgedruckt als *ders.*, Deutsch-französische Debatten um den Ursprung der Menschenrechte, in: B. Durand/L. Mayali (Hrsg.), Excerptiones iuris, 2000, S. 729 ff.
[115] *Jellinek* (Fn. 111), S. 57. Dabei unterschlägt *Jellinek* freilich, dass im England des 17. Jahrhunderts religiöses Dissidententum immer auch eine Form politischen Dissidententums ist, näher *J. Lepore*, Diese Wahrheiten, 2019, S. 68.
[116] Näher *Stolleis* (Fn. 114), S. 107. Dass die Magna Charta jahrhundertelang fast vergessen war und erst im 17. Jahrhundert durch *Edward Coke* wiederentdeckt wurde und erst seitdem auch tatsächliche Rechtswirkungen entfaltet, zeigt *Lepore* (Fn. 115), S. 69 ff.
[117] *Boutmy* (Fn. 111), S. 415.
[118] *Boutmy* (Fn. 111), S. 417 f.

Religionsfreiheit zeitlich etwas früher niedergelegt worden; maßgeblich seien aber gerade nicht die Ideen Luthers[119], sondern die Geistesgeschichte des 17. und 18. Jahrhunderts gewesen.[120]

Jellinek kontert, *Boutmy* habe schon sein methodisches Anliegen verkannt. Es sei ihm in seinem Werk lediglich um die *verfassungsgeschichtliche* und die *rechtliche* Bedeutung der Erklärung gegangen. Der „Weg von einer philosophischen Forderung zu einer Tat des Gesetzgebers ist weit und verschlungen, und es galt daher den Beginn dieses Weges festzustellen und die Wandlungen zu erkennen, welche die Ideen auf ihrem langen Zuge durch die Geschichte der Institutionen durchmachen".[121] *Jellinek* stellt klar, er habe sich auf die Tatsache konzentriert, dass zum ersten Mal Verfassungsurkunden subjektive Rechte verbrieften, die der Einzelne gegenüber dem Staat geltend machen konnte. Ewige Rechte des Einzelnen seien so zum positiven Recht des Staats geworden.

In dieser Kontroverse treten unterschiedliche Verständnisse der in der Erklärung verbrieften Rechte zutage. *Jellinek* steht dabei für eine Betonung der Menschenrechte als subjektiv-öffentliche Rechte;[122] für ihn steht also ihr Rechtscharakter im Zentrum. *Boutmy* dagegen betont den politischen und philosophischen Paukenschlag, der mit der Erklärung der Menschenrechte 1789 weit über Frankreich hinaus tönte. Ihr rechtlicher Gehalt war für ihn nebensächlich. Dieses Verständnis prägt die französische Verfassungsrechtswissenschaft nachhaltig;[123] noch bis in die V. Republik hinein wird der Rechtscharakter der Erklärung von 1789 bestritten.

Jellineks Auffassung hingegen wird für Deutschland prägend. Die rechtliche Verbindlichkeit von Menschen- und Bürgerrechtskatalogen wie dem von 1789 ist aber gleichermaßen umstritten. Die Auffassung *Gerbers*, in deren Folge subjektive Rechte geleugnet oder auf ein Mindestmaß reduziert wurden, war *Jellinek* bewusst.[124] Bereits 1892 hatte er jedoch die Gegenpo-

---

[119] Das freilich hat auch *Jellinek* nie behauptet, er bezieht sich vielmehr auf calvinistische Siedler. In diesem Punkt widerspricht ihm später *Troeltsch*, der als Quelle des angelsächsischen Menschenrechtsdenkens die Baptisten und Quäker ausmacht, s. *F. W. Graf*, Puritanische Sektenfreiheit versus lutherische Volkskirche. Zum Einfluß Georg Jellineks auf religionsdiagnostische Deutungsmuster Max Webers und Ernst Troeltschs, ZNThG 9 (2002), S. 42 (63) m. w. N.

[120] *Boutmy* (Fn. 111), S. 420.

[121] So im Vorwort zur zweiten Auflage *Jellinek* (Fn. 113), S. XVI.

[122] Den engen Zusammenhang zu *Jellineks* Schrift System der subjektiven öffentlichen Rechte, 1892, betont *Stolleis* (Fn. 114), S. 106.

[123] Zu den deutsch-französischen Unterschieden im Rechteverständnis s. auch *C. D. Classen*, Französisches Grundrechtsverständnis, JöR 68 (2020), S. 213 ff.

[124] *Jellinek* (Fn. 122), S. 4, der *C. F. v. Gerber*, Ueber öffentliche Rechte, 1852, zitiert, allerdings für die damalige Situation konstatiert: Damals „mangelte ein ausgiebiger Schutz des öffentlichen Rechts durch eine ausgebildete Verwaltungsgerichtsbarkeit". Als Staats-

sition vertreten und innerhalb des konstitutionellen Systems den Schutz subjektiv-öffentlicher Rechte bejaht. Dabei sei der gesetzgeberische Zweck von Grundrechten ein doppelter:[125] Zum einen solle die individuelle Freiheit gegenüber der Staatsverwaltung geschützt werden, also gegenüber dem richterlichen und dem polizeilichen Zwang. Zum anderen sollen die Rechtekataloge auch dem rechtssetzenden Staatswillen Schranken setzen. Verwirklicht würden diese Rechte, indem sie dem Gesetzgeber Verbote aufgäben, Grundrechte zu beschränken, oder aber Gebote enthielten, die einer künftigen Gesetzgebung zu Grunde zu legen seien. Diese Bindungswirkung für den Gesetzgeber schränkt *Jellinek* allerdings gleich wieder ein. Ein solches Verbot könne kein absolutes sein. Den Grundrechten widersprechende Anordnungen könnten nur dort invalidiert werden, wo – wie in Nordamerika durch die Unionsgerichte, in der Schweiz durch das Bundesgericht – Instanzen existierten, die Gesetze auf ihre Verfassungsmäßigkeit prüfen dürfen.[126] Dies ist freilich in Deutschland nicht der Fall. Auch Grundrechtskataloge gibt es zu jener Zeit nur in Länderverfassungen, nicht in der des Deutschen Reichs. Da auch die Unterscheidung zwischen Verfassungs- und Parlamentsgesetz damals kaum anerkannt ist, begnügen sich viele – auch *Jellinek* – weitgehend mit der rechtsstaatlichen Garantie einer staatsfreien Sphäre. In Deutschland könnten Freiheitsrechte jedenfalls kein Individualrecht auf Erlass eines Gesetzes oder gar einen Anspruch gegen Justiz oder Verwaltung begründen. Grundrechte verlangten nach einer gesetzlichen Regelung ihrer Ausübung.[127]

Die Kontroverse zwischen *Jellinek* und *Boutmy* ist aber nicht nur wegen des unterschiedlichen Verständnisses der Rechteerklärung so scharf geführt worden. Das liegt vielmehr auch an nationalen Befindlichkeiten, wer zur Ideengeschichte der Menschen- und Bürgerrechte die wichtigsten Beiträge geleistet habe.[128] Dabei ist *Jellinek*, der die englischen und amerikanischen Ursprünge betont und diese zu allem Überfluss noch mit der germanischen Rechtstradition verbindet, schnell des Pangermanismus verdächtig.[129] Auch wenn dieser Verdacht sich bei Lektüre des Texts nicht erhärten kann, hat *Jellineks* Konstruktion ideengeschichtlicher Filiation bei politischer Lesart eine Konsequenz: Für die Liberalisierung des Kaiserreichs soll man sich

---

rechtslehrer, die das subjektiv-öffentliche Recht unter Einfluss „Gerber-Laband'sche[r] Theorie[n]" „auf ein Minimum beschränkt" hätten, nennt *Jellinek*, a. a. O., S. 5 mit Fn. 3, 4, *Otto Mayer* und *Conrad Bornhak*. S. auch *Stolleis* (Fn. 114), S. 106.
[125] *Jellinek* (Fn. 122), S. 91.
[126] *Jellinek* (Fn. 122), S. 91 mit Fn. 2.
[127] *Jellinek* (Fn. 122), S. 97.
[128] *Stolleis* (Fn. 114), S. 109.
[129] *Jellinek* (Fn. 111), S. 74. Zu neueren Tendenzen in diese Richtung s. auch *Stolleis* (Fn. 114), S. 109 mit Fn. 22 m. w. N.

nicht an der III. Republik, sondern gerade an genuin ‚germanische' Traditionen orientieren, wie sie in England und der Neuen Welt zu finden sind.[130]

Theorietransfers durch die deutsche Staatsrechtslehre finden sich auch in den Werken einer Disziplin, die um die Wende auf das 20. Jahrhundert neu entdeckt wird. Zeitgenossen stellen nun eine „plötzlich wiedererwachte Produktivität auf dem seit Jahrzehnten brachliegenden Felde der allgemeinen Staatslehre" fest.[131] Die Allgemeine Staatslehre, die ihre Blüte um 1900 erlebt, soll das Untersuchungsobjekt ‚Staat' aus einem völlig anderen Blickwinkel beleuchten. So soll sie nicht zuletzt den „Biedermeierstil in der Wissenschaft des allgemeinen Staatsrechts" überwinden, und keine normative Hilfswissenschaft des positiven Staatsrechts mehr sein.[132] Denn in den kritischen Worten

---

[130] *Graf* (Fn. 119), S. 55.

[131] So aus zeitgenössischer Perspektive *H. Preuss*, Ein Zukunftsstaatsrecht, AöR 18 (1903), S. 373 (373 f.). *C. Möllers*, Der vermisste Leviathan, 2008, S. 18, spricht allerdings im Rückblick nur von einer „kleinen wissenschaftlichen Renaissance". Dem ist zumindest mit Blick auf die Bedeutung für die Vergleichung zu widersprechen.

Andere Zeitgenossen fanden ähnlich bildhafte Ausdrücke für die Situation der Allgemeinen Staatslehre um die Jahrhundertwende, so sprach *L. Gumplowicz*, Geschichte der Staatstheorien, 1905, S. 521, von einer „großen[n] Dürre", später wählte *ders.*, Allgemeines Staatsrecht, 2. Aufl. 1897, S. 31, den Begriff „vollkommene Dürre". Die Erstauflage war noch unter dem Titel ‚Philosophisches Staatsrecht' erschienen, s. *ders.*, Philosophisches Staatsrecht, 1877. Auch später blieb es bei dieser Bewertung, s. nur *H. Quaritsch*, Staat und Souveränität, Bd. 1, 1970, S. 415 f., der schreibt, *Jellinek* habe „das Fach ‚Allgemeine Staatslehre' [...] der Rechtswissenschaft [...] zurückerobert". S. auch *Kersten* (Fn. 68), S. 69 mit Fn. 1 m. w. N.

In der französischen Wissenschaftslandschaft existiert ein eigenständiges Fach der „Staatslehre" dagegen nicht, wie *G. Fardis*, Das Recht des modernen Staates. Vol. 1. Allgemeine Staatslehre, par M. Jellinek [Rezension], Revue générale du droit, de la législation et de la jurisprudence 25 (1901), S. 468 (468), gleich zu Beginn seiner Rezension anmerkt („En France, cette discipline n'existe guère en tant que discipline à part"). S. hierzu aus heutiger Perspektive auch *Schönberger* (Fn. 23), S. 257 ff.

[132] So – in Bezug die ältere Tradition des Allgemeinen Staatsrechts – *J. Hatschek*, Konventionalregeln oder über die Grenzen der naturwissenschaftlichen Begriffsbildung im öffentlichen Recht, JöR a. F. 3 (1909), S. 1 (40). Das Allgemeine Staats*recht*, wie es in der Zeit vor der Reichsgründung an den deutschen Universitäten gelehrt wurde, wurde häufig als Vorläufer oder als „Metatheorie des positiven Staatsrechts" gesehen. Sinn und Zweck des Allgemeinen Staats*rechts* vor der Reichsgründung war, eine normative Auslegungshilfe für den Fall zu bieten, dass sich das positive Staatsrecht als auslegungs- und ergänzungsbedürftig erweist. S. näher *Friedrich* (Fn. 11), S. 282 f. *J. C. Bluntschli* gilt als wichtigster Vertreter des Allgemeinen Staats*rechts* aus der Zeit vor der Reichsgründung. Da sein Allgemeines Staatsrecht auch nach der Reichsgründung noch einige Male neu aufgelegt wurde, bezeichnet ihn *Preuss* (Fn. 131), S. 374, spöttisch als „letzte[n] Mohikaner" der Disziplin. Die hier gewählte terminologische Unterscheidung zwischen ‚Allgemeiner *Staatslehre*' und ‚Allgemeinem Staats*recht*' entspricht der von den meisten Zeitgenossen gewählten Differenzierung. Allerdings gibt es auch Ausnahmen, wie etwa *Affolter* (Fn. 11), S. 52, der den Begriff des ‚Allgemeinen Staats*rechts*' vorzieht.

Julius Hatscheks huldigt „die konstitutionelle Doktrin [immer noch] ihrem Götzen, dem ‚Willen des Gesetzgebers'" und versteht den „modernen Richter" als bloßen „‚Subsumtionsapparat'".[133] Die neuen Allgemeinen Staatslehren verschreiben sich dagegen einer völlig neuen Perspektive auf den Staat. Der Blick richtet sich vor allem auf seine historischen, philosophischen und sozialen Aspekte und damit auch besonders auf die Vergleichung.[134]

Doch was bedeutet die Blüte der Allgemeinen Staatslehre für die Verfassungsvergleichung? Nach der eher introvertierten Phase[135] unmittelbar nach der Reichsgründung ist von den 1890er-Jahren an eine verstärkte Hinwendung zur internationalen Rechtvergleichung zu beobachten. Zeitgenossen gehen sogar so weit zu sagen, dass „das Wesentliche desjenigen, was als allgemeines Staatsrecht gelehrt wurde und gelehrt wird, Rechtsvergleichung ist".[136]

---

[133] *Hatschek* (Fn. 132), S. 6.

[134] S. etwa *Rehm* (Fn. 11), S. 5: „[D]ie Garantie sicherer Staatserkenntnis [werde] viel weniger durch philosophische *Spekulation* als durch die *vergleichende Betrachtung* der wirklichen Staaten gewonnen [...]. Durch *empirische* Staatsbetrachtung dringen wir viel schärfer in das Wesen des Staats ein" (meine Hervorhebung). *Friedrich* (Fn. 11), S. 283. Um 1900 entstand eine ganze Reihe von Werken zur Allgemeinen Staatslehre, die freilich untereinander erhebliche Unterschiede aufweisen, weshalb hier die Implikationen für die verfassungsvergleichende Wissenschaft im Fokus stehen. Für einen Überblick s. *Kersten* (Fn. 68), S. 69 ff. Um die Jahrhundertwende entstanden etwa: Lingg (Fn. 11); Schmidt (Fn. 11); *Affolter* (Fn. 11); *ders.* (Fn. 11); Bornhak (Fn. 11); Jellinek (Fn. 11); Schmidt (Fn. 11); zu *R. Schmidt* s. weiterführend *T. Duve*, Normativität und Empirie im öffentlichen Recht und in der Politikwissenschaft um 1900, 1998.

[135] Zu einigen gegenläufigen Tendenzen s. bereits oben → § 3 II 3 mit Fn. 130, 132, 136.

[136] *Affolter* (Fn. 11), Staat, S. 51. Diese Ansicht ist freilich nicht unumstritten, wie *ders.* auch unumwunden zugibt (ebd. mit Fn. 2). *Rieker* etwa bestreite die rechtsvergleichende Natur des Allgemeinen Staatsrechts, seine eigene Aufgabenbeschreibung des Allgemeinen Staatsrechts, die „‚systematische[...] Zusammenführung und Darstellung der in partikularrechtlichen Arbeiten enthaltenen allgemeinen staatsrechtlichen Lehren, Begriffen und Sätzen'" beruhe aber „völlig auf dem Gedanken der Rechtsvergleichung". Dass damit aber nicht unbedingt die internationale Rechtsvergleichung gemeint sein muss, verkennt *Affolter*. Auch Bornhak (Fn. 11), S. III, stellt die Rechtsvergleichung weniger stark in den Mittelpunkt: „Ob die allgemeine Staatslehre auf philosophischer oder auf geschichtlich-rechtsvergleichender Grundlage oder auf beiden entwickelt werden soll, wird sich nie absolut entscheiden lassen".

II. Die belle époque in der Theorie der Vergleichung

Die Theorietransfers prägen die belle époque, sei es als Teil der Verfassungsrechtswissenschaften in Frankreich oder als Kern der wiederentdeckten Allgemeinen Staatslehre im deutschen Kaiserreich. Doch auch die Theorie und die Methode der Vergleichung selbst sind nun links wie rechts des Rheins Gegenstand intensiver Reflexion (1). Diese Reflexionen auf einer Metaebene ermöglichen es in einem zweiten Schritt, Rückschlüsse von Theorie und Methode der Vergleichung auf ihre Rolle für die Verfassungsrechtswissenschaften in Frankreich und Deutschland zu ziehen (2).

1. Die belle époque als Zeit der Methodenreflexion

Die Zeit der Wende zum 20. Jahrhundert ist eine Hochphase des Vergleichs. Doch die Staatswissenschaft vergleicht nicht nur in größerem Umfang;[137] sie hebt auch ihre Ansprüche an die wissenschaftliche Qualität der Vergleichung an.[138] Es genügt nun nicht mehr, „Methode zu haben, ohne sie zu reflektieren".[139] „Die alten, unsicheren Methoden oder vielmehr die alte Methodenlosigkeit genügen den Anforderungen der Gegenwart nicht mehr".[140] Auch in Frankreich wird unter ausdrücklichem Bezug auf *Jherings* Warnung vor der Degradierung der Rechtswissenschaft „zur Landesjurisprudenz"[141] das Po-

---

[137] So behandeln nun – wie erwähnt (s. oben → § 3 mit Fn. 136 für *Laband*) – viele der Rezensionen *Jellineks, Labands* und *Otto Mayers* nichtdeutschsprachige Werke, näher *Friedrich* (Fn. 11), S. 253.

[138] Das wird beispielsweise an der *Gneist*-Rezeption um die Jahrhundertwende deutlich. Seine umfangreichen Arbeiten zum englischen Verfassungsrecht haben ihm den Ruf als berühmtesten kontinentalen Darsteller des englischen Verfassungsrechts seit Montesquieu eingebracht, so *Friedrich* (Fn. 11), S. 273. Freilich war die zeitgenössische Rezeption teils eher durchwachsen, s. dazu *E. J. Hahn*, Rudolf von Gneist 1816–1895, 1995, S. 85 ff., wobei teils auch eher die sperrige Sprache *Gneists* als der Inhalt Gegenstand der Kritik waren. Zu Beginn des 20. Jahrhunderts nimmt jedoch die Kritik am Inhalt der England-Werke und der von *Gneist* verwandten Methode für den Vergleich überhand. Seine Darstellung des englischen Parlamentarismus leide daran, dass er sich auf ein veraltetes Verständnis des englischen Verfassungssystems stütze. Besonders schwer wiege, so *Redlich* (Fn. 33), S. 729, dass sein Werk keine „objective Darstellung des englischen Rechtes" sei, sondern „vielmehr das Programm eines sehr zweckbewußten preußischen Politikers". Wenig später spricht er von *Gneists* Sätzen als „Irrlehren" (a. a. O., S. 729). Aus heutiger Sicht s. *A. Takada*, Die Eigenschaften der deutschen Staatsrechtslehre und ihre künftigen Herausforderungen, in: C. Schönberger (Hrsg.), Der „German Approach", 2015, S. 55 (59): „Was Gneist [1860] schilderte, hatte deshalb wenig mit den seinerzeit geltenden verfassungsrechtlichen Entwicklungen zu tun".

[139] *Kersten* (Fn. 68), S. 73.

[140] *Jellinek* (Fn. 11), S. 24.

[141] *R. v. Jhering*, Geist des römischen Rechts auf den verschiedenen Stufen seiner Entwicklung, Bd. I, 3. Aufl. 1873, S. 15.

tenzial der Rechtsvergleichung beschworen, die wissenschaftliche Methode zu verbessern.[142] Die Rechtsvergleichung müsse, so das Postulat, gemeinsam mit der Rechtsgeschichte, als „eine der Methoden, die aus dem Recht eine wirkliche Wissenschaft machen", an erster Stelle stehen.[143]

a) Alte Zöpfe abschneiden? Die methodischen Prämissen der Vergleichung auf dem Prüfstand

Die Methodenreflexion setzt an älteren Traditionslinien an und fragt insbesondere, ob die Gesetzgebungsvergleichung (aa) und die rechtsethnologische Herangehensweise (bb) noch zeitgemäß sind.

aa) Gesetzgebungsvergleichung und Rechtsvergleichung

Esmein beantwortet die Frage, ob die Gesetzgebungsvergleichung als Vorgehensweise noch vertretbar sei, klar: Sie sei stets nur „ein kleines Zusatzgepäck der juristischen Kenntnisse".[144] Er unterscheidet strikt zwischen der „législation comparée", also der *Gesetzgebungs*vergleichung, und dem „droit comparé", der *Rechts*vergleichung.[145] Nur mit Hilfe des Rechtsvergleichs könnten die Natur und die Prinzipien der juristischen Institutionen erkannt werden.[146] Auch andere Zeitgenossen äußern Bedenken gegenüber der Gesetzgebungsvergleichung und betonen die kritische Funktion des Rechtsvergleichs.[147] Die Bedeutung des Vergleichs liege vor allem darin, mit der Rechtsgeschichte die „Methode der Beobachtung" zu konstituieren, die neben der „dogmatisch-abstrakten Methode" die Wissenschaftlichkeit der Rechtswissenschaft aus-

---

[142] So, allerdings explizit nur für das Handelsrecht, *R. Saleilles*, Le droit commercial comparé, Annales du droit commercial comparé 5 (1891), S. 217 (219 mit Fn. 1).

[143] *Esmein* (Fn. 15), S. 376: „il [le droit comparé] doit figurer au premier rang, avec l'Histoire du droit, parmi les méthodes qui font du droit une véritable science". Auch G. *Jellinek*, Gesetz und Verordnung, 1886, S. IX, möchte seine Resultate „[a]uf Grund der geschichtlichen Entwickelung und möglich [sic] ausgedehnter Rechtsvergleichung" gewinnen.

[144] *Esmein* (Fn. 15), S. 376.

[145] *Esmein* (Fn. 15), S. 375 ff. S. auch bereits *Picot* (Fn. 29), S. 2, der *Montesquieu* als Urheber des Begriffs „législation comparée" benennt. Freilich gibt es auch Autoren, die diese Unterscheidung weiterhin nicht machen, s. etwa *F. Larnaude*, Droit comparé et droit public, RDP 1902, S. 5 ff.

[146] *Esmein* (Fn. 15), S. 376.

[147] *R. Saleilles*, Conception et objet de la science du droit comparé, BSLC 1899–1900, S. 383 (383), spricht für die Gesetzgebungsvergleichung gar von einer gänzlichen „Abwesenheit jeglicher wissenschaftlicher Disziplin", der Vergleich habe dagegen „kritische Funktion"; *Casimir-Périer* (Fn. 108), S. I, meint, „La législation comparée, surtout quand il s'agit des institutions fondamentales des États, doit multiplier ses recherches et ses exemples" („Die Gesetzgebungsvergleichung muss, insbesondere wenn es um die fundamentalen staatlichen Institutionen geht, ihre Forschung und ihre Beispiele vervielfachen").

mache.[148] Man dürfe sich nicht auf den Wortlaut der Regeln beschränken, sondern müsse ihre Interpretation durch Wissenschaftler und Gerichte und ihren systematischen Zusammenhang miteinbeziehen.[149]

Auch die deutsche Staatsrechtslehre bezieht sich mitunter auf die Unterscheidung zwischen Gesetzgebungs- und Rechtsvergleichung. So warnt *von Seydel* vor der Gefahr, „bei der rechtswissenschaftlichen Vergleichung den Weg über die Gesetzesstatistik" einzuschlagen.[150] Damit spielt er auf die kompilatorische Gesetzgebungsvergleichung im französischen Bulletin an, die auch die Wissenschaft im Deutschen Reich wahrnimmt.[151]

bb) Wider die rechtsethnologische Deduktion

Auch von anderen älteren Herangehensweisen grenzen sich links wie rechts des Rheins Wissenschaftler nun reihenweise ab. Wenn *Saleilles* schreibt, der Souverän sei die Nation in ihrer lebendigen und geschichtlichen Wirklichkeit, so lehnt er im gleichen Atemzug die Idee eines natürlichen Organismus ab, der aus der Gesellschaft eine neue Kreatur der Natur in der Ordnung der Biologie mache.[152] Bereits im Eröffnungsband der RDP spricht sich auch *M. Hauriou* gegen die Angleichung der Sozial- an die Naturwissenschaften aus, wie sie etwa die deutsche Rechtsethnologie vornehme.[153]

Die oben[154] beschriebene Strömung um *Post* und *Kohler* ist auch Gegenstand der Eröffnungsrede *Saleilles* auf dem Rechtsvergleichungskongress von Paris 1900. Dort lehnt er die Rechtsethnologie als pure Spekulation ab.[155] Es sei schlicht nicht möglich, von dem, was einst gewesen sei, die Gesetze der

---

[148] *Esmein* (Fn. 15), S. 377, kontrastiert die „méthode d'observation" mit der „méthode dogmatique et abstraite".

[149] *Esmein* (Fn. 15), S. 378; auf S. 379 nennt er die wortlautfokussierte Vorgehensweise abwertend „méthode de transposition" („Übertragungsmethode"; Hervorhebung im Original); *Casimir-Périer* (Fn. 108), S. I; auch *M. von Seydel*, Vergleichende Rechtswissenschaft (1889), in: K. Krazeisen (Hrsg.), Staatsrechtliche und politische Abhandlungen, 1902, S. 1 (3), betont, „man würde sich gewaltig irren, wenn man glauben wollte, im Besitze des Gesetzestextes, vollends eines übersetzten Textes, und einiger zugrundeliegender Materialien bedürfe man keines weiteren Schlüssels zum Verständnis eines fremden Rechts".

[150] *Von Seydel* (Fn. 149), S. 1 (3). Dieser Weg werde vor allem in Frankreich eingeschlagen.

[151] Erinnert sei nur an die Gründung des AöR, bei der Mitherausgeber *Stoerk* betont, er kenne die französische Gesellschaft für Gesetzgebungsvergleichung und ihren Bulletin. S. dazu bereits oben → § 1, nach Fn. 4.

[152] *Saleilles* (Fn. 75), S. 387.

[153] *M. Hauriou*, La crise de la science sociale, RDP 1894, S. 294 ff.

[154] S. oben unter → § 3 I 2.

[155] *R. Saleilles*, Rapport sur l'utilité, le but et le programme du Congrès, in: Congrès international de droit comparé. Procès-verbaux des séances et documents, Bd. 1, 1905, S. 9 (13).

Zukunft zu deduzieren.[156] Auch in der deutschen Staatsrechtslehre wird der Ansatz der rechtsethnologischen Strömung nun häufig klar abgelehnt. Besonders prononciert formuliert *G. Jellinek*: Ihre Resultate seien „trotz einer reichen, auf umfassendem Material fussenden Literatur sehr dürftig".[157] Das Ziel der Rechtsethnologie, alle Entwicklungsprozesse einer Gesellschaft von ihrem Ursprung an erklären und sogar vorhersagen zu können, sei „vom Standpunkt unserer heutigen (und wahrscheinlich auch künftigen) Kenntnisse unmöglich".[158] Sie bewege sich daher zwangsläufig „auf dem Boden schwankender Hypothesen" und könne lediglich „ein Glaubensbekenntnis über die Anfänge der gesellschaftlichen Institutionen ab[...]legen".[159] Später geht er direkt auf das Anliegen *Posts* und *Kohlers* ein, eine Allgemeine Vergleichende Rechtswissenschaft zu schaffen. Diese brächte entweder „vage Allgemeinheiten" zustande oder führte zu dem zwingenden Schluss, dass „Alles sich unter anderen Verhältnissen anders gestalten" könne.[160]

Jellinek verbindet die Kritik an den Ergebnissen der Rechtsethnologen dabei mit einem weiterreichenden Postulat, denn er stellt ihr den „Mangel einer in die Tiefe dringenden Methodenlehre" voran.[161] Zu einer „systematischen [...] Logik der Socialwissenschaften ist in ähnlicher Weise, wie es in neuerer Zeit mit Erfolg für die Naturwissenschaften geschehen ist, bisher kaum der Anfang gemacht worden".[162] Damit ist jedoch offensichtlich, dass die Allgemeine Staatslehre mit einer anderen Methodik als der naturwissen-

---

[156] *Saleilles* (Fn. 155), S. 13. S. auch die Kritik an der frühen Rechtsethnologie, die ebenfalls auf dem Kongress geäußert wurde, *É. Lambert*, Rapport sur les communications d'ordre général concernant la deuxième section, in: Congrès international de droit comparé (Hrsg.), Procès-verbaux des séances et documents, Bd. 1, 1905, S. 26 (35) unter Verweis auf *G. Tarde*.
Diese Abgrenzungstendenz ist allerdings keine einhellige, wie andere zeitgenössische Beiträge zeigen: S. nur *R. Worms*, Sciences naturelles et sciences sociales, RDP 1896, S. 66 ff.; s. auch die Erwähnung der rechtsethnologischen Strömung bei *M. Deslandres*, La crise de la science politique (5), RDP 1901, S. 45 (57 f.). Die Abgrenzung befürwortend aber *R. Beudant*, L'application des méthodes biologiques à l'étude des sciences sociales, RDP 1896, S. 434 ff.; *ders.*, La méthode des sciences sociales, RDP 1896, S. 469 ff.
[157] *Jellinek* (Fn. 11), S. 19.
[158] *Jellinek* (Fn. 11), S. 20.
[159] *Jellinek* (Fn. 11), S. 20.
[160] Dies führt *Jellinek* (Fn. 11), S. 34, als Exemplifizierung der „zu weit getriebenen Generalisierung in den Gesellschaftswissenschaften" (S. 33) aus.
[161] So der Titel des zweiten Kapitels seiner Allgemeinen Staatslehre, s. *Jellinek* (Fn. 11), S. 23.
[162] Allerdings weist *Jellinek* (Fn. 11), S. 23 mit Fn. 2, an dieser Stelle auf Arbeiten zur Methodik der Geisteswissenschaft im Allgemeinen hin und nennt etwa *J. S. Mills* System der deduktiven und induktiven Logik sowie *W. Diltheys* Einleitung in die Geisteswissenschaften, Bd. I, 1883. Im Gegensatz etwa zur Geschichtswissenschaft und zur Statistik gebe es in der Staatslehre kaum Anfänge einer solchen „systematischen [...] Logik".

schaftlichen ausgeführt wird; die Grundlage aller sozialer Erscheinungen, das Individuum, habe ein „einziggeartetes, unwiederholbares Element"[163] und lasse sich daher „niemals völlig berechnen"[164]. Statt allgemeiner Gesetze, die das Identische in den Naturwissenschaften erklären, stehe in der Allgemeinen Staatslehre die Analogie im Zentrum wissenschaftlichen Interesses.[165]

b) Auf zu neuen Ufern? Die Frage der Vergleichsländer

Die Wissenschaft in Frankreich und Deutschland widmet sich jetzt auch der Frage der Vergleichsländer. In seinem Beitrag für den Rechtsvergleichungskongress warnt *Esmein* etwa davor, das nationale Recht als „Zentrum" zu verstehen und die anderen Länder als „Satelliten".[166] Gleichzeitig dürfe man die Vergleichsländer auch nicht zufällig und also willkürlich auswählen.[167] Sein Vorschlag scheint allerdings ehrgeizig. „Man muss die Institution [...] parallel in jedem der originären Rechtssysteme, die die Menschheit hervorgebracht hat, oder zumindest der okzidentalen Zivilisation, studieren".[168] Freilich ist *Esmein* sich der Probleme bewusst, die dieser Ansatz mit sich bringt. Er schlägt daher die Bildung von Rechtsfamilien vor, um seinen methodischen Vorschlag realisierbar zu machen.[169]

Auffallend ist jedoch, dass er sich in seinem Hauptwerk, den Éléments, lediglich umfassend mit England und, in geringerem Umfang, den Vereinigten Staaten beschäftigt. Am Beispiel der Repräsentation – wie könnte es im Zeitalter der Parlamente anders sein – führt *Esmein* aus, wie nationales Verfassungsrecht mit der Vergleichung verschränkt sei. Das Verfassungsrecht keines Landes, in dem ein Parlament an der Souveränität teilhabe, könne studiert werden, ohne die englische Verfassung und die Prinzipien, die aus der amerikanischen und französischen Revolution hervorgegangen seien, zu

---

[163] *Jellinek* (Fn. 11), S. 26.
[164] *Jellinek* (Fn. 11), S. 27.
[165] *Jellinek* (Fn. 11), S. 28; s. zur Folge des Erforschens analoger Geschehnisse, dem Entwickeln von Typenlehren → § 7 I 1.
[166] *Esmein* (Fn. 15), S. 378: „il ne faut point prendre le droit national comme centre et lui donner pour satellites les autres législations, similaires ou hétérogènes".
[167] *Esmein* (Fn. 15), S. 378.
[168] *Esmein* (Fn. 15), S. 379: „Il faut étudier l'institution [...] parallèlement dans chacun des systèmes de droit originaux qu'a produits l'humanité, ou, tout au moins, la civilisation occidentale". Eine Beschränkung auf „Culturstaaten" findet sich etwa auch im oben erwähnten programmatischen Vorwort zum ersten AöR, *P. Laband/F. Stoerk*, Vorwort, AöR 1 (1886), S. V (VIII).
[169] *Esmein* (Fn. 15), S. 379, s. zu den *Esmein'schen* Rechtsfamilien auch unten → § 7 I 1.

würdigen.[170] Doch nicht nur für *Esmein*, auch für seine Zeitgenossen ist, wie erwähnt, England eines der beliebtesten Vergleichsländer.[171]

Auch in der deutschen Staatsrechtslehre erklärt man mit dem Aufschwung der Allgemeinen Staatslehre oft, welche Länder man zum Vergleich heranzieht. *Jellinek* etwa begrenzt seine vergleichend angelegte Allgemeine Staatslehre zunächst[172] in zweifacher Art: zeitlich auf „die Vergangenheit insoweit, als es zum Verständniss der Gegenwart nötig ist" und räumlich auf „die heutige[...] abendländische[...] Staatenwelt".[173]

2. Die Vergleichung der belle époque und ihre Rolle für die Verfassungsrechtswissenschaften

Die Vergleichung ist zentral für die Konstituierung der französischen Verfassungsrechtswissenschaft. In der deutschen Staatsrechtswissenschaft stellt sich dagegen die Frage, in welchem Verhältnis die vergleichend angelegte Methode der Allgemeinen Staatslehre zur ‚juristischen Methode' steht. Diese

---

[170] *Esmein* (Fn. 15), S. 381, spricht im Zusammenhang mit dem Verfassungsrecht auch von der „pénétration nécessaire du droit comparé" („notwendigen Durchdringung [des Verfassungsrechts] durch die Rechtsvergleichung").

[171] *E. Boutmy*, Études de droit constitutionnel. France – Angleterre – Etats-Unis, 1885; s. dazu *A. Arnauné*, Émile Boutmy. Études de droit constitutionnel, France, Angleterre, États-Unis [Rezension], Annales de l'École libre des sciences politiques 1 (1886), S. 618 ff.; *É. Boutmy*, L'individu et l'État en Angleterre, Annales de l'École libre des sciences politiques 2 (1887), S. 485 ff.; *ders.*, La réforme de l'administration locale en Angleterre, Annales de l'École libre des sciences politiques 4 (1889), S. 166 ff.; *ders.*, Le développement de la Constitution et de la société politique en Angleterre, 2. Aufl. 1897; *ders.*, La langue anglaise et le génie national, Annales des sciences politiques 14 (1899), S. 1 ff.; *ders.*, L'Empire britannique, Annales des sciences politiques 14 (1899), S. 537 ff.; *A. Esmein*, Une survivance qui disparaît. „The Demise of the Crown Act" du 2 juillet 1901, Annales des sciences politiques 18 (1903), S. 97 ff.; *ders.*, L'affaire Osborne et la question de l'indemnité parlementaire en Angleterre, RPP 1910, S. 444 ff.

Doch auch andere Länder werden als Vergleichsländer herangezogen. Ein Beispiel ist die Delegation von legislativen Kompetenzen an die Exekutive in Italien, die für die französische Verfassungsrechtswissenschaft die Frage aufwirft, ob Ähnliches auch in Frankreich möglich wäre, *ders.*, De la délégation du pouvoir législatif, RPP 1894, S. 200 ff.

[172] Zur dritten und letzten Begrenzung, dem Ausschluss der Politik, näher unter → § 4 III.

[173] *Jellinek* (Fn. 11), S. 19. Bereits im Vorwort (S. VI) schreibt *ders.* auch – allerdings im Hinblick auf seine geplante „specielle Staatslehre", die „in stetem Hinblicke auf die deutschen Verhältnisse" die einzelnen Institutionen des modernen Staates darstellen sollte: „Soll nämlich ein Unternehmen sich nicht ins Grenzenlose verlieren, so müssen sich seine Resultate um einen festen Mittelpunkt krystallisiren, der kein anderer sein kann als der eigene Staat und das heimische Recht". Auch *Bornhak* (Fn. 11), S. III, begrenzt seine Untersuchung auf „einen kleinen Ausschnitt aus dem großen Bilde, den Staat europäischer Kultur der Gegenwart".

hatte die ersten Jahrzehnte der Staatsrechtswissenschaft im Deutschen Reich geprägt. In der Hochphase des Vergleichs um die Jahrhundertwende lassen diese Unterschiede zwischen der französischen und der deutschen Verfassungsrechtswissenschaft Rückschlüsse auf die Rolle der Vergleichung zu.

a) Die Konstituierung der französischen Verfassungsrechtswissenschaft durch Vergleich: Der Vergleich als Grundlage der wissenschaftlichen Hypothesen

In Frankreich dient die Vergleichung dazu, das Repräsentationsprinzip im Parlamentarismus besser zu verstehen oder sie – im Fall des Vergleichs mit staatsrechtlichen Konzepten deutscher Provenienz – gegen die sog. Tyrannei des Parlaments zu instrumentalisieren. Die Rolle der Vergleichung geht darüber aber weit hinaus. Besonders auffällig ist, wie intensiv die französische Verfassungsrechtswissenschaft während ihrer Konstituierung als universitäre Disziplin vergleicht. In den Worten *Larnaudes*: „Man kann [...] sagen, dass die Untersuchung des öffentlichen Rechts [...] ohne Gesetzgebungsvergleichung nicht machbar wäre".[174]

Es ist nicht nur dem Rechtsvergleicherkongress von 1900 geschuldet, dass diachrone und synchrone Vergleichsachsen in der französischen Verfassungsrechtswissenschaft so betont werden. Das Vergleichen wird allgemein als Kernaufgabe der (Verfassungs-)Rechtswissenschaft verstanden und mit der Rechtsgeschichte ins Verhältnis gesetzt.[175] Letztlich hätten beide dasselbe Ziel – das Vergleichen, über die Zeit oder den Raum.

Dadurch läuft die französische Verfassungsrechtswissenschaft Gefahr, methodische Schwierigkeiten, die aus der Vergleichung erwachsen, in die Verfassungsrechtswissenschaft hineinzutragen. So vermengt *Esmein* positives Recht und die aus der Vergleichung gewonnenen praktischen Konsequenzen parlamentarischer Regierung.[176] Denn wenn der Vergleich nicht Hypothesen

---

[174] *Larnaude* (Fn. 145), S. 7: „On peut [...] affirmer que l'étude du droit public [...] ne saurait se faire sans législation comparée". S. auch *Richard* (Fn. 15), S. 441 f. Rn. 478, der die Rechtsvergleichung als in den Augen der zeitgenössischen Öffentlichrechtler „notwendige[n] Bestandteil des Fachs" bezeichnet („Le droit comparé est également mis en avant par les auteurs du droit public qui y voient un constituant nécessaire de leur matière").

[175] *Bufnoir*, L'allocution du Président, BSLC 1891, S. 65 f.; auch *Esmein* (Fn. 15), S. 376, betont die Notwendigkeit, synchron und diachron zu vergleichen. Vor diesem Hintergrund ist auch die Auffassung abzulehnen, man könne „zwei Kategorien von Arbeiten" *Esmeins* unterscheiden: solche, in denen er verfassungsrechtlich arbeitet und vergleichende Beispiele heranzieht, und solche, in denen er sich „Fragen der Methode oder der Epistemologie" widme (so aber *Rambaud* (Fn. 15), S. 72). Diese zwei „Kategorien" sind nicht trennscharf zu unterscheiden, da auch den Texten in ersterer „Kategorie" methodische Prämissen zugrunde liegen, die es für die Analyse der zeitgenössischen Verfassungsvergleichung miteinzubeziehen gilt.

[176] S. auch die Kritik von *Le Divellec* (Fn. 62), S. 174 f., der bei *Esmein* eine die Steuerungskraft des Rechts idealisierende Überschätzung diagnostiziert. So überhöhe er etwa

über eine juristische Denkfigur oder Konstruktion belegt oder widerlegt, sondern selbst die Hypothesen liefert, kann er sie anschließend nicht als kontingent entlarven. Die französische Verfassungsrechtswissenschaft verfolgt das Anliegen, sich von früheren Ansätzen abzusetzen. Diese betrieben öffentliches Recht wissenschaftlich, indem sie nach dem idealen Recht suchten.[177]

Esmein und *Chavegrin* stehen als Pioniere des Verfassungsrechts als wissenschaftlicher Disziplin vor einer schwierigen Aufgabe. Sie wollen es durch die Vergleichung einerseits als vollwertige juristische Disziplin etablieren und es andererseits legitimieren. Auch dazu verweisen sie auf ältere ausländische Traditionen wie die der deutschen Staatsrechtslehre und ihre Lehren.

b) Das Ende der Vergleichsmüdigkeit in der deutschen Verfassungsrechtswissenschaft: Die Verifizierung der Hypothesen durch den Vergleich

Dies steht in einem deutlichen Gegensatz zur deutschen Staatsrechtslehre, die ihre Kräfte nach der Reichsgründung beim neuen Verfassungstext und seiner Analyse bündelte, von gelegentlichen Vergleichen abgesehen.[178] Dahinter verbergen sich gravierende Unterschiede in der wissenschaftlichen Herangehensweise. Die deutsche Staatsrechtslehre beschränkt sich lange weitgehend auf die Analyse eines positiven Rechts – das der deutschen Reichsverfassung. Sie hat in den Anfangsjahren des neu gegründeten Deutschen Reichs praktische Schwierigkeiten, den disziplinären Raum zu schaffen, komparatistisch zu arbeiten, und die daraus gewonnenen Erkenntnisse innerhalb der selbst gesetzten methodischen Grenzen zu verorten.

Dies ändert sich jedoch mit der Blüte der Allgemeinen Staatslehre. Untrennbar mit diesem wissenschaftlichen Vorhaben verbunden ist der Name *Georg Jellineks*, dessen Allgemeine Staatslehre von 1900[179] heute denn auch „als Antwort auf den in die Krise geratenen staatsrechtlichen Positivismus" verstanden wird.[180] Bereits weit vor dem Erscheinen dieses Werks wird treffend umschrieben, was seinen Ansatz von dem *Labands* unterscheidet. Die „dogmatischen Ergebnisse" sind es jedenfalls nicht.[181] Im Gegensatz zur

---

die Auswirkungen eines formellen Wahlverfahrens gegenüber dem institutionellen Gleichgewicht verschiedener Staatsorgane. Zur Kritik an *Esmeins* verfassungsvergleichender Methodik s. a. a. O., S. 171 f.

[177] Dieser Ansatz wird etwa mit dem Inhaber der Verfassungsrechtsprofessur im II. Reich in Verbindung gebracht, *Pellegrino Rossi*. Auch in den 1880er-Jahren wird der wissenschaftliche Stil des Verfassungsrechtlers *Jalabert*, der sich auf *Rossi* bezieht, als Enthusiasmus beschrieben. S. näher *Richard* (Fn. 15), S. 488 f. Rn. 524.

[178] S. dazu bereits oben → § 3 III.

[179] *Jellinek* (Fn. 11).

[180] *Kersten* (Fn. 68), S. 6. *Schönberger* (Fn. 23), „Staat", S. 118, bezeichnet *Jellineks* Allgemeines Staatslehre als das „kanonische Werk dieser Literaturgattung".

[181] In einer Rezension über *Jellinek* (Fn. 11), schreibt *[S.] Brie*, Zur Theorie des con-

„überragende[n] Figur der Staatsrechtslehre"[182] ziehe *Jellinek* aber die „staatsrechtlichen Normen auch der ausserdeutschen Staaten in umfassenden Masse" heran, lege „den geschichtlichen Entwickelungsgang der Institutionen und Lehren" sorgfältig dar und gebe so „für die wissenschaftliche Bearbeitung und Lösung zahlreicher schwieriger Fragen des constitutionellen Staatsrechts eine ausgedehntere und tiefere und somit sicherere Grundlage".[183] Die Rechts- und Verfassungsvergleichung ist ein Eckstein von *Jellineks* Ansatz.[184]

Von einem Bruch mit der ‚juristischen Methode' kann dennoch keine Rede sein.[185] Vielmehr betont er die Notwendigkeit, „das Staatsrecht aus dem flüssigen Elemente einer schwer zu begränzenden Kunde vom Staate hinüberzuführen in den festen Aggregatzustand einer juristischen Disciplin".[186] Allerdings genüge der „feste[...] Boden des Rechtes eines jeden concreten Staates" gerade nicht, da die „Resultate unzutreffend" seien „und zwar um so mehr als sie sich auf die Lösung principieller Fragen beziehen".[187] Daher seien die Ergebnisse „[a]uf Grund der geschichtlichen Entwickelung und *möglich* [sic] *ausgedehnter Rechtsvergleichung*" zu gewinnen.[188] Der Ansatz deutet den Bedeutungsgewinn der Vergleichung bereits an, der sich mit dem Hoch der Allgemeinen Staatslehre weiter verstärkt. Ohne dass die – ohnehin aber auch nie monolithische[189] – Ära des Positivismus damit schlagartig vorüber ge-

---

stitutionellen Staatsrechts, AöR 4 (1889), S. 1 (1): „Die dogmatischen Ergebnisse, zu denen Jellinek's Untersuchungen gelangen, können freilich nur zu geringem Theile als wesentlich neue und bahnbrechende gelten; überwiegend zeigen sie [...] eine weitreichende grundsätzliche Übereinstimmung mit denen von Laband" (Hervorhebung im Original).

[182] *Stolleis* (Fn. 11), S. 341.

[183] So *Brie* (Fn. 181), S. 2, über *Jellineks* Vorgehen in ‚Gesetz und Verordnung' von 1887. Synchrone und diachrone Verfassungsvergleichung gehen also auch hier Hand in Hand. Zu ähnlichen Postulaten einer diachron-synchron verschränkten Vergleichung s. bereits oben *Esmein* (Fn. 15), S. 376.

[184] Das ist freilich nicht bei allen Werken zur Allgemeinen Staatslehre, die um die Jahrhundertwende vom 19. auf das 20. Jahrhundert entstehen, der Fall.

[185] Dies betont auch *Schönberger* (Fn. 21), S. 216. Zeitgenössische Stimmen bestärken dieses Urteil, so hebt *P. Zorn*, Georg Jellinek, Die Lehre von den Staatenverbindungen [Rezension], Deutsche Litteraturzeitung 4 (1883), Sp. 126 (126), hervor, *Jellinek* besitze die „bedeutende Fähigkeit der juristischen Construction".

[186] *Jellinek* (Fn. 11), S. VII. Kritisch zu *Jellineks* Staatstheorie, die den Untersuchungsgegenstand seiner Allgemeinen Staatslehre informiert, aber an einem legitimatorischen Vakuum leide, *C. Möllers*, Staat als Argument, 2. Aufl. 2011, S. 18 ff. Spezifisch auf *Jellineks* Staatszwecklehre gemünzt ist die zeitgenössische Kritik von *H. Preuß*, Über Organpersönlichkeit, [Schmoller's] Jahrbuch für Gesetzgebung, Verwaltung und Volkswirtschaft im Deutschen Reich 36 (1902), S. 557 (573): Sie lasse sich „ohne irgend einen Verlust [...] auf die vier Worte reduziren: der Staat ist Selbstzweck".

[187] *Jellinek* (Fn. 11), S. IX.

[188] *Jellinek* (Fn. 11), S. IX (meine Hervorhebung).

[189] Zeitgenossen kommen um *Laband* zwar nicht herum, s. etwa *F. Tezner*, Das Staats-

II. Theorie der Vergleichung

wesen wäre, schwindet die Stellung der konstruktiv-formalen Methode nach und nach.[190]

Im Gegensatz zu seinem akademischen Lehrer *Jellinek* geht *Hatschek* für die Methode des Allgemeinen Staatsrechts einen Schritt weiter. Was er „in aller Bescheidenheit bezweifle, ist, dass mit Hilfe der Begriffe, die Laband durch Konstruktion [...] gewinnt, der positive Rechtsstoff sich vollständig beherrschen und feststellen lasse".[191] Die naturwissenschaftliche Begriffsbildung des positiven Staatsrechts, wie sie *Labands* „dogmatische[r] Positivismus" proklamiere, stoße hier an ihre „immanenten Schranken".[192] Nicht nur seien andere Wissensgebiete neben der juristischen Konstruktion berechtigt.[193] Vielmehr sei die „Dogmatik" des Rechts nur zu verstehen, wenn neben die naturwissenschaftliche Begriffsbildung, also die juristische Konstruktion, die *historische* Begriffsbildung trete.[194] Damit diese historische Bildung von Begriffen aber möglich werde, seien Maßstäbe nötig, die wiederum „von einer eigenen Wissenschaft aufgestellt werden" müssen.[195] „Diese ist das auf Rechtsvergleichung aufgebaute allgemeine Staatsrecht".[196] Dieses Postulat ist zwar nicht neu;[197] *Hatschek* verknüpft es allerdings mit dem Vorschlag,

---

recht des Deutschen Reiches. Von Prof. Laband [Rezension], [Grünhut's] Zeitschrift für das Privat- und öffentliche Recht der Gegenwart 21 (1894), S. 272 (273): „Denn es ist heute kaum mehr möglich, auf irgend einem Gebiete des Staatsrechtes zu arbeiten, ohne entweder für oder gegen *Laband* zu sein". Zu Recht betont *ders.*, a. a. O., aber auch, es gebe noch immer eine starke Gegnerschaft. So meint auch *Friedrich* (Fn. 11), S. 260, *Labands* betont formalistische Vorgehensweise sei nur für einen kleineren Teil der zeitgenössischen Staatsrechtswissenschaft typisch gewesen.

[190] *S. Korioth*, Erschütterungen des staatsrechtlichen Positivismus im ausgehenden Kaiserreich, AöR 112 (1992), S. 213 (237).
[191] *Hatschek* (Fn. 132), S. 62.
[192] *Hatschek* (Fn. 132), S. 62.
[193] Darin gibt *Hatschek* (Fn. 132), S. 61 mit Fn. 3, *G. Jellinek*, System der subjektiven öffentlichen Rechte, 2. Aufl. 1905, S. 19 mit Fn. 1, völlig recht, um dann aber sofort hinterherzuschieben, das könne nicht ausreichen (a. a. O.): „Nein! Um den Positivismus [scil: *Labands* Positivismus] anzugreifen, muss man ihn in seinem eigenen Arbeitsgebiete aufsuchen". *Jellinek*, a. a. O., formuliert vorsichtiger: „Rechtsdogmatik soll durch Rechts-, Wirtschafts-, Kulturgeschichte und Gesellschaftswissenschaft ergänzt, aber nicht ersetzt werden". In der Fn. klingt Kritik an *Laband* an: Dieser werde „der Bedeutung der [...] genannten Disziplinen für die Arbeit der Rechtsdogmatiker nicht gerecht. Die Kenntnis der historischen Voraussetzungen und der allseitigen Beziehungen eines Rechtssatzes ist für die juristische Konstruktion selbst von der grössten Bedeutung; nur dadurch kann die Jurisprudenz vor unfruchtbarer Scholastik gehütet werden".
[194] *Hatschek* (Fn. 132), S. 62. Erneut wird hier der Vergleich ganz selbstverständlich synchron wie diachron verstanden, wie auch schon – deutlicher – bei *Esmein* (Fn. 15), S. 376, und auch bei *Jellinek*, s. näher den Haupttext vor → Fn. 188.
[195] *Hatschek* (Fn. 132), S. 62.
[196] Als Wissenschaft wird hier von *Hatschek* (Fn. 132), S. 62 (Hervorhebung im Original), das Allgemeine Staatsrecht, nicht aber die Rechtsvergleichung bezeichnet.
[197] So findet sich ebenjene Forderung, freilich im theoretischen Tiefgang weit weniger

durch Rechtsvergleichung „Funktionstypen" zu bilden, die sodann die „Wertmassstäbe des allgemeinen Staatsrechts" darstellen.[198] Es handle sich hierbei nicht um Gattungsbegriffe, unter die das positive Staatsrecht zu subsumieren sei, sondern um Paradigmen, die mittels Analogiebildung die Funktionszusammenhänge im positiven Staatsrecht aufdecken sollen.[199] Dabei sei das auf Funktionstypen gerichtete Staatsrecht jedoch keinesfalls „ein normatives Naturrecht", denn die Antwort, ob einem Funktionstyp im Einzelnen entsprochen sei, könne „[a]us dem positiven Recht allein und nur aus diesem" gewonnen werden.[200] Über das Verhältnis zwischen der Allgemeinen Staatslehre zur dogmatischen Kerndisziplin der Staatsrechtslehre besteht zwischen den Zeitgenossen jedoch Streit.[201]

Letztlich ist es ebendiese Verbindung zwischen Rechtsvergleichung und Dogmatik – sei es, wie bei *Hatschek*, mit dem die Vergleichung als *Teil* der Dogmatik, oder, wie bei *Jellinek*, als davon strikt getrennte *Perspektive* auf das positive Recht –, die in Deutschland zeittypisch ist. Sie beschäftigt auch andere rechtsvergleichende Werke der Zeit, etwa die *Smends*, *Triepels* und *Kaufmanns*.[202] Hypothesen, die es in der deutschen Staatsrechtswissenschaft seit langem gibt, sollen nun also durch die Vergleichung auf ihre Stichhaltigkeit überprüft werden.

---

ausziseliert, auch schon bei *Affolter* (Fn. 11), Staat, S. 51, s. auch bereits den Haupttext vor → Fn. 136.

[198] *Hatschek* (Fn. 132), S. 66 (Hervorhebung im Original). Darunter versteht *ders.*, a. a. O.: „Typen, welche Funktionszusammenhänge zwischen den Rechtssätzen aufdecken".

[199] *Hatschek* (Fn. 132), S. 66. Zu *Hatscheks* Funktionstypen und *Jellineks* Typenbildung s. näher → § 7 I 1.

[200] *Hatschek* (Fn. 132), S. 67.

[201] Diskussionen dieser Art lassen die Verfassungsrechtswissenschaft in Deutschland auch 100 Jahre später nicht los, s. zur Frage der Notwendigkeit einer Staatstheorie *O. Lepsius*, Braucht das Verfassungsrecht eine Theorie des Staates?, EuGRZ 2004, S. 370 ff., der auf S. 381 die Interdisziplinarität durch Integration anderer Disziplinen, was die Allgemeine Staatslehre über den Gegenstand des Staats versuche, als veraltet ablehnt. Gefragt sei vielmehr die arbeitsteilige Differenzierung, die die Allgemeine Staatslehre aber nicht leisten könne.

[202] Zu nennen ist etwa *R. Smend*, Die Preussische Verfassungsurkunde im Vergleich mit der Belgischen, 1904, S. 3: „Die Vergleichung der beiden Verfassungsurkunden, wie sie im Folgenden unternommen werden soll, kann also nicht direkt zur Interpretation des preussischen Grundgesetzes dienen [...]; dagegen kann die Untersuchung der Gründe, warum vielfach dieselben Sätze in der preussischen Verfassung etwas Anderes besagen als in der belgischen, dazu dienen, die Eigentümlichkeit der in Frage stehenden Institute des preussischen Staatsrechts heller ins Licht zu rücken". S. auch den Beitrag von *H. Triepel*, dessen Titel die starke rechtsvergleichende Perspektive zunächst nicht vermuten lässt: *ders.*, Die Kompetenzen des Bundesstaats und die geschriebene Verfassung, in: W. von Calker u. a. (Hrsg.), Staatsrechtliche Abhandlungen, Bd. 2, 1908, S. 247 ff.; *E. Kaufmann*, Auswärtige Gewalt und Kolonialgewalt in den Vereinigten Staaten von Amerika, 1908.

III. Sag, wie hast du's mit der Politikwissenschaft? Eine Gretchenfrage der Verfassungsvergleichung

Das Verhältnis der Verfassungsvergleichung zu den politischen Wissenschaften beschäftigt vor allem die Wissenschaft jenseits des Rheins zu dieser Zeit sehr.[203] *Deslandres'* umfangreicher, mehrteiliger Aufsatz in der RDP zur „Krise der Politikwissenschaften" spricht insofern eine eindeutige Sprache.[204] Gleichzeitig findet sich für die Situation diesseits des Rheins die weitverbreitete These, die Politikwissenschaft sei erst nach dem Zweiten Weltkrieg entstanden.[205] Kann man vor diesem Hintergrund für die Zeit um die Jahrhundertwende auch für die Situation diesseits des Rheins von einer Gretchenfrage sprechen?

Gerade wenn man die unterschiedlichen Ausgangslagen in Deutschland und Frankreich einander gegenüberstellt, wird deutlich, dass die disziplinären Grenzen nicht parallel verlaufen. Dies zeigt sich besonders an zwei der hier untersuchten Periodika, wenn sie zum „medialen Kreuzungspunkt der Diskurse"[206] werden, an dem sich die unterschiedlichen Disziplinen ausdifferenzieren und voneinander abgrenzen. Für Frankreich kann man insofern

---

[203] Davon abzugrenzen ist das Verhältnis der Verfassungsvergleichung zur Rechtspolitik. Hier sind in Frankreich wie im Deutschen Reich starke Abgrenzungsbemühungen erkennbar. S. etwa *R. Saleilles*, Y a-t-il vraiment une crise de la science politique?, Annales de l'École libre des sciences politiques 12 (1897), S. 91 (109 f.): „Man muss sich besonders im öffentlichen Recht davor hüten, die Rechtswissenschaft mit der Rechtspolitik zu verwechseln" („surtout dans le domaine du droit public, il faut se garder de confondre la science du droit avec la politique du droit"). Noch in Jahr 1922 schreibt *R. Laun*, Der Staatsrechtslehrer und die Politik, AöR 43 (1922), S. 145 (154), es sei allgemeine Auffassung, dass die Rechtswissenschaft ihren Charakter als Wissenschaft aus der Beschränkung auf Gesetz und Logik beziehe: „Dies ist im wesentlichen die Ansicht unseres Juristenstandes". Dennoch wird selbstverständlich auch zu rechtspolitischen Fragen Stellung genommen. Als Beispiel mag etwa die Diskussion um die Einführung des Frauenwahlrechts dienen. *A. Esmein/J. Barthélemy*, Éléments de droit constitutionnel français et comparé, 6. Aufl. 1914, S. 352 f., argumentiert in dieser Sache etwa gegen *Duguit*, das „allgemeine Frauenwahlrecht entspreche weder den Prinzipien, *noch sei es der Gesellschaft nützlich*" („le suffrage des femmes n'est ni conforme aux principes, *ni utile à la société*") (meine Hervorhebung). Zu *Jellineks* Stellungnahmen in rechtspolitischen Fragen s. weiterführend *H. Boldt*, Staat, Recht und Politik bei Georg Jellinek, in: A. Anter (Hrsg.), Die normative Kraft des Faktischen, 2004, S. 13 (30 mit Fn. 61 f.).

[204] *M. Deslandres*, La crise de la science politique (1), RDP 1900, S. 5 ff. (Teil 1); S. 247 ff. (Teil 2); S. 435 ff. (Teil 3); RDP 1901, S. 394 ff. (Teil 4); RDP 1901, S. 45 ff. (Teil 5); S. 402 ff. (Teil 6).

[205] Diese findet sich, als Frage formuliert, etwa bei *H. Maier*, Epochen der wissenschaftlichen Politik, in: H. J. Lietzmann/W. Bleek (Hrsg.), Politikwissenschaft, 1996, S. 7 (15).

[206] *M. Stolleis*, Einleitung, in: ders. (Hrsg.), Juristische Zeitschriften, 1999, S. I (XII f.).

von einem Verschränkungsmodell sprechen. Verfassungsvergleichung und Politikwissenschaften sind nach dem vorherrschenden wissenschaftlichen Zugriff der Zeit als ein eng miteinander verwobenes, organisches Gebilde anzusehen.[207] Dagegen wird in Deutschland meist die Trennung der Staatsrechtswissenschaft von allem Politischen betont, während man sich ihrer wissenschaftlichen Betrachtung nicht verschließen will.[208] Die Tatsache allein, dass die Wissenschaftler über dieses Thema kontrovers diskutieren, veranschaulicht, wie virulent die Gretchenfrage auch diesseits des Rheins ist. Denn letztlich liegt auch hier wieder ein Fall einer ‚Wissenschaft ohne Disziplin' vor, also einer Wissenschaft ohne universitäre Institutionalisierung.[209] Wie im oben[210] für die Verfassungsvergleichung in Frankreich beschriebenen Fall werden die Fragen der erst später disziplinierten Wissenschaft aber dennoch verhandelt – allerdings oft in den Nachbarwissenschaften.

1. Trennung oder Verschränkung – der Umgang mit den politischen Wissenschaften

Zwei der für diese Untersuchung analysierten Zeitschriften gehen in dieser Frage diametral entgegengesetzte Wege. Die französische RDP behandelt explizit nicht nur das öffentliche Recht, sondern auch die Politikwissenschaften.[211] Für das JöR ist dagegen das öffentliche Recht der Gegenwart, also das Recht allein, titelgebend. Die französische Zeitschrift wählt damit

---

[207] So auch die zeitgenössische Wahrnehmung in der deutschen Staatsrechtslehre: „vielfach bis in die Gegenwart herab [hat sich] die Gleichsetzung von Staatswissenschaft und Politik terminologisch behauptet, namentlich bei den romanischen Völkern [...], bei denen science politique [...] den ganzen Umfang der Staatswissenschaft bezeichnet und eine Specialisierung innerhalb dieser Disciplin entweder gar nicht versucht oder in ganz ungenügender Weise vorgenommen wird", *Jellinek* (Fn. 11), S. 5. Zur Verschränkung in Frankreich näher sogleich im Haupttext → § 4 I 1.

[208] S. beispielhaft *Jellinek* (Fn. 11), S. 15: „Ist nun auch die Politik ihren Zielen und ihrer Methode nach von socialer Staats- und Staatsrechtslehre durchaus zu trennen, so ist andererseits bei dem inneren Zusammenhang aller Gebiete einer Wissenschaft die praktische Diszplin von hoher Bedeutung für die theoretische. [...] Daher führt gänzliches Abstrahiren von aller Politik zu leeren Ergebnissen oder höchstens zur Kenntnis staatlicher Skelette".

[209] *W. Bleek*, Aspekte der Wissenschaftsgeschichte der Politikwissenschaften, in: H. J. Lietzmann/W. Bleek (Hrsg.), Politikwissenschaft, 1996, S. 21 (22), spricht insofern von „Gedächtnislücken im wissenschaftsgeschichtlichen Erinnerungsvermögen der Disziplin [...]. Weil die Politikwissenschaft in Deutschland von längeren Phasen der institutionellen Nichtexistenz gekennzeichnet ist, fiel ihr ideelles Erbe oft ihren Nachbar- und Nachfolgedisziplinen zu".

[210] S. → § 3 II 2.

[211] Der vollständige Titel der Zeitschrift lautet Revue du droit public et de la science politique en France et à l'étranger.

III. Verhältnis zur Politikwissenschaft

ein Verschränkungsmodell, während die deutsche sich für ein Modell der strikten Trennung entscheidet. Das ist kein Zufall. So wird *Jellinek* noch vor Erscheinen des ersten Jahrbuchs gefragt, ob er nicht zusätzlich die Mitherausgeberschaft der neuen Münchner Zeitschrift für Politik übernehmen wolle.[212] Obwohl er selbst nicht abgeneigt ist, stößt er bei seinem Verleger *Siebeck* und dem Mitherausgeber *Piloty* auf wenig Wohlwollen.[213] Sein Vorschlag, das Jahrbuch stattdessen umzubenennen, wird wiederum von *Laband* vehement abgelehnt.[214] Die Erweiterung des Titels um die ‚Politik' ist mit einem der bekanntesten Vertreter der juristischen Methode nicht zu machen.

Dass die französische RDP dagegen die ‚Politikwissenschaft' mit im Namen trägt, ist wohl auf die spezifischen Entstehungsbedingungen der Verfassungsrechtswissenschaft in Frankreich zurückzuführen. Das Verfassungsrecht blieb – wie erwähnt – aus politischen Gründen lange Zeit aus dem Kanon der Universitäten verbannt.[215] Als es 1879 mit der ersten Lehrstuhlgründung in Paris an die Universitäten zurückkommt, bleibt es zunächst „mit der Politik eng verkeilt, und der Prozess der Autonomisierung [...] ist noch nicht zu Ende, sondern weit davon entfernt".[216] Die Mehrheit der Universitätsprofessoren blickt darum auch mit einiger Skepsis darauf, dass politische Überlegungen nun in ihren Hörsälen verbreitet werden sollen.[217] Während an den Universitäten einerseits der Primat des Privatrechts herrscht, bekommen die Professoren andererseits im Verfassungsrecht auch institutionell Konkurrenz. Mit der Gründung der unabhängigen École libre des sciences poli-

---

[212] *C. Waldhoff*, Das Jahrbuch des öffentlichen Rechts der Gegenwart 1907 bis 2014 – unter besonderer Berücksichtigung seiner Entstehung, JöR n. F. 63 (2015), S. 1 (15).

[213] *O. Siebeck* an *P. Laband*, 2. XI. 1906, SBB, Nachl. 488 (Archiv Mohr Siebeck), A 217. Auch *Jellinek* hat freilich das Grundanliegen, Methoden nicht zu vermischen, betont aber neben der „methodische[n] Scheidung" auch die „wissenschaftliche Verbindung der Disziplinen" des Staatrechts und der Politik, *ders.* (Fn. 79), Verfassungswandlung, S. V.

[214] *P. Laband* an *O. Siebeck*, 3. XI. 1906, SBB, Nachl. 488 (Archiv Mohr Siebeck), A 217 [Briefbeilage].

[215] S. oben → vor § 5 I, nach Fn. 8.

[216] So *Sacriste* (Fn. 10), S. 15: „[C]'est une discipline qui demeure encastrée dans le politique, et le processus d'autonomisation d'un savoir scholastique n'est pas encore abouti, loin de là". Bereits 1875 stimmt die Mehrheit der Pariser Professoren für die Gründung eines Lehrstuhls für Verfassungsrecht, s. näher *Richard* (Fn. 15), S. 58 ff., zum Abstimmungsergebnis s. *ders.*, a. a. O., S. 60.

[217] *Sacriste* (Fn. 10), S. 62. Gegen die Aufwertung des Verfassungsrechts spreche vor allem, so *E. de Rozière*, Archives nationales, F/17*/3201, Intervention d'Eugène de Rozière, PV du Conseil supérieur de l'Instruction publique, séance du 19 juillet 1882, zitiert nach *Sacriste* (Fn. 10), S. 82 mit Fn. 80, dass es nicht wissenschaftlich studiert werde, also nicht mit Blick „auf die Verfassungsgeschichte und auf den Vergleich der Verfassungen untereinander" („sur l'histoire des constitutions et sur la comparaison de ces constitutions entre elles").

tiques im Jahr 1872 – aus ihr ging später die Sciences Po hervor – findet schon etwas früher wieder eine Auseinandersetzung mit dem Verfassungsrecht statt, freilich begriffen als Teil der politischen Wissenschaften.[218] *E. Boutmy*, der Gründer der École libre, liest dort vergleichende Verfassungsgeschichte.[219] Als er in die prestigeträchtige Académie des sciences morales et politiques aufgenommen wird, veröffentlicht er einen langen Beitrag zur „Methodendiskussion" des wissenschaftlichen Verfassungsrechts.[220] Tatsächlich handelt es sich um einen Beitrag zum *vergleichenden* Verfassungsrecht.[221] Mit seinen sechs Regeln zur Methode der Analyse von Verfassungen versucht *Boutmy*, den Alleinvertretungsanspruch der politischen Wissenschaften für die wissenschaftliche Behandlung des Verfassungsrechts zu behaupten.[222] Die universitäre Verfassungsrechtswissenschaft sieht sich zu dieser Zeit also vor ein zweifaches Problem gestellt. Ihr fehlen sowohl die juristische als auch die wissenschaftliche Autorität.[223] Während erstere beim dominanten zivilrechtlichen Exzellenzparadigma verbleibt, ist letztere in der École libre zu verorten.[224]

---

[218] 1945 ging die École libre im Institut d'études politiques de Paris (kurz: Sciences Po) sowie der Fondation nationale des sciences politiques auf. Näher zur Rolle der École libre für die Konstituierung neuer wissenschaftlicher Disziplinen und besonders dem Verfassungsrecht, *Richard* (Fn. 15), S. 112 ff. S. auch *P. Favre*, Naissances de la science politique en France, 1989, S. 43 ff.

[219] S. näher *Sacriste* (Fn. 10), S. 104. *Boutmy* habe seit 1872 eine Vorlesung zur vergleichenden Verfassungsgeschichte Frankreichs, Englands und der Vereinigten Staaten gehalten.

[220] *E. Boutmy*, Des précautions à prendre dans l'étude des constitutions étrangères, Recueil des séances et des travaux de l'Académie des sciences morales et politiques 122 (1884), S. 362 ff., 484 ff.

[221] Aus heutiger Perspektive denkt man an die öfter geäußerte als umgesetzte Forderung nach Kontextualisierung, wenn er etwa die Auseinandersetzung nicht nur mit den geschriebenen, sondern auch mit ungeschriebenen Quellen fordert (Regel 2), oder für die Einbeziehung vorbereitender Debatten und den praktischen Beziehungen zwischen den staatlichen Gewalten plädiert (Regel 3), *Boutmy* (Fn. 220), S. 375, 383 ff.

[222] Für die Universitätsprofessoren s. *C. Bufnoir*, Rapport présenté au nom de la section de droit du groupe parisien, Revue internationale de l'enseignement supérieur 1 (1881), S. 378 ff.; dagegen *E. Boutmy*, Observations sur l'enseignement des sciences politiques et administratives, Revue internationale de l'enseignement supérieur 1 (1881), S. 237 ff., s. auch *ders.*, Des rapports et des limites des études juridiques et des études politiques, Revue internationale de l'enseignement supérieur 9 (1889), S. 217 ff. S. näher *Sacriste* (Fn. 10), S. 104. Dieses Anliegen trägt zumindest aus Sicht der Zeitgenossen Früchte, so meint *A. Lebon*, Un historien constitutionnel. M. Boutmy [Rezension], Revue internationale de l'enseignement supérieur 8 (1888), S. 337 (338), *Boutmy* habe „die Analyse politischer Verfassungen erneuert wie Tocqueville die Geschichte der Revolution" („Boutmy a renouvelé l'étude des constitutions au même titre que Tocqueville l'histoire de la Révolution").

[223] *Sacriste* (Fn. 10), S. 131.

[224] *Sacriste* (Fn. 10), S. 130.

2. Politikwissenschaften als „wesentliche Ergänzung" des öffentlichen Rechts?

Während das Verhältnis zwischen Staatsrecht und politischer Wissenschaft in Deutschland recht wenig Aufmerksamkeit auf sich zieht, beschäftigen sich die französischen Verfassungsrechtler ausgiebig mit den politischen Wissenschaften.[225] Doch was verstehen sie darunter? *Larnaude*, der Gründer der RDP, sieht in den Politikwissenschaften eine „wesentliche Ergänzung der Studien des öffentlichen Rechts".[226] Auch *Deslandres* nimmt in seinem oben erwähnten Beitrag zur Krise der politischen Wissenschaften ein organisches Verhältnis zwischen Verfassungsrecht und Politikwissenschaften an, er sieht das Verfassungsrecht wie die politischen Wissenschaften als Teil einer staatswissenschaftlichen Disziplin, deren Konturen allerdings recht unklar bleiben.[227]

Obwohl er von der „Krise der Politikwissenschaften" spricht, geht es *Deslandres* aus heutiger Sicht um die Frage der richtigen Methode im Verfassungsrecht.[228] Hier ist also zu beobachten, dass die Wissenschaft von der Politik begrifflich mit der vom Verfassungsrecht in eins gesetzt wird. Die Krise sieht er darin, dass im Verfassungsrecht entweder eine soziologische

---

[225] Aus französischer Sicht ist freilich wenig erstaunlich, dass sich die deutsche Staatsrechtswissenschaft kaum mit der Frage der politischen Wissenschaften und ihrem Verhältnis zum öffentlichen Recht beschäftigt: *Deslandres* (Fn. 204), Teil 3, S. 450 f., meint etwa, in einem autoritären Staat wie dem Deutschen Reich könne sich keine politische Wissenschaft entwickeln.

[226] *F. Larnaude*, Notre programme, RDP 1894, S. 1 (1).

[227] *Deslandres* (Fn. 204), Teil 3, S. 439. S. auch *A. Le Divellec*, La fondation et les débuts de la Revue du droit public et de la science politique (1894–1914), RDP 2011, S. 521 (544): la contribution „est, en dépit de son titre, une contribution sur la méthode adéquate pour la science constitutionnelle largement entendue" („Der Beitrag ist trotz seines Titels ein Beitrag über die angemessene Methode für die – weit verstandene – Wissenschaft von der Verfassung"). *Deslandres* (Fn. 204), Teil 1, S. 9, vergleicht das Verfassungsrecht mit einem „wenn nicht toten, so doch verkümmerten Ast aus dem kräftigen Stamm der Politikwissenschaften" („le droit constitutionnel est comme une branche, sinon morte, du moins atrophiée sur le tronc puissant des sciences politiques"). Dass die Konturen von *Deslandres'* Politikwissenschaft recht unklar bleiben, wird auch daran deutlich, dass er schreibt, *Labands* juristische Methode sei eine „Methode der Politikwissenschaft" („Telle est donc d'après Laband, porte-parole de l'école allemande, la méthode de la science politique").

[228] *Larnaude* (Fn. 226), S. 6, spricht vom „Desertieren aus dem Verfassungsrecht" („désertion des études constitutionnelles"), und davon, die „Wissenschaft zu erneuern, indem die Methode erneuert werde" („renouveler la science par le renouvellement de la méthode"), und *Saleilles* (Fn. 203), S. 105: „C'est la question de méthode posée, non pas sur le terrain de la politique contingente, mais sur celui [...] de la science du droit public" („Die Methodenfrage ist nicht auf dem Gebiet der kontingenten Politik, sondern auf dem der Wissenschaft vom öffentlichen Recht gestellt"); *Le Divellec* (Fn. 227), S. 544.

Methode vorherrsche, die für die Zukunft keinerlei Aussagen machen könne, oder eine formalistisch-juristische Methode *Laband'scher* Prägung; dann aber werde das Politische aufs Juristische reduziert.[229] Die staatswissenschaftliche Methode, die *Deslandres* im Sinn hat, dürfe sich nicht auf eine einfache Zukunftsprognose beschränken; sie müsse die notwendigen Reformen formulieren, um den Aufbau der Gesellschaft der Zukunft zu finden. Ihre Formulierungen müssten sich in Fakten übersetzen.[230]

Saleilles lehnt diese Vorstellung ab. Es sei zu viel verlangt, ein „Präzisionsinstrument schaffen zu wollen, das für jede erdenkliche Situation die praktische Lösung und die Antwort auf die momentanen Schwierigkeiten geben könne".[231] Im Vergleich zum Privatrecht könne man wahrlich nicht von einer Krise im Verfassungsrecht sprechen, denn im Verfassungsrecht sei bislang niemand auf die Idee gekommen, sich auf die bloße Exegese rechtlicher Texte zu beschränken.[232] Wie schon bei *Boutmy* spielt die Verfassungsvergleichung auch in den Überlegungen der universitären Verfassungsrechtswissenschaft eine große Rolle. Denn das öffentliche Recht sprenge den Rahmen des positiven Rechts besonders im Hinblick auf die politischen Grenzen.[233]

Das französische Verständnis der Politikwissenschaften ist nicht das einer eigenständigen und vom öffentlichen Recht strikt getrennten Disziplin. Auch deshalb ist die Tendenz unverkennbar, das Studium der politischen Verfassungen mit den Rechtswissenschaften zu verschränken. Das Ziel ist, dieses neue Fach in die universitären Fakultäten zu integrieren.[234] Viele der Methodenpostulate bauen daher auf den Erkenntnissen der Wissenschaft in der École libre auf; hier ist auch die von *Deslandres* propagierte historisch-kritische Methode zu nennen.[235] Neben der Anlehnung an die im Entstehen

---

[229] *Deslandres* (Fn. 204), Teil 3, S. 439: „pour l'école allemande une constitution, un régime politique ce n'est qu'un vaste système juridique" („für die deutsche Schule ist eine Verfassung, ein politisches System nur ein großes juristisches System"). Ders. (Fn. 204), Teil 2, S. 279: „la méthode sociologique, devant ce problème de l'avenir, se trouve désarmée absolument" („die soziologische Methode steht völlig entwaffnet vor diesem Problem der Zukunft"). Krit. *Saleilles* (Fn. 203), S. 112, der davor warnt, *Labands* Methode der gesamten „deutschen Schule" zuzuschreiben („il serait inexact de croire que cette méthode [de l'école de Laband] fît [sic] la seule admise en Allemagne").

[230] *Deslandres* (Fn. 204), Teil 2, S. 283.

[231] *Saleilles* (Fn. 203), S. 106: „il semble, en effet, que sa principale préoccupation soit de créer un instrument de précision qui, pour chaque situation donnée, puisse donner la solution pratique et la réponse aux difficultés du moment".

[232] *Saleilles* (Fn. 203), S. 102.

[233] S. nur *Saleilles* (Fn. 203), S. 114.

[234] Hier zeigt sich erneut, wie durchlässig die disziplinären Grenzen zu dieser Zeit waren, s. dazu bereits oben → § 3 I 3.

[235] So bemerkt etwa *O. Jouanjan*, Die Krise der französischen Verfassungsrechtswissen-

begriffenen Sozialwissenschaften steht vor allem die Methode der Beobachtung im Fokus.²³⁶ Weiterhin bemüht man aber auch die deutsche Staatsrechtslehre zur Legitimierung des eigenen Ansatzes. Mit *Jellinek* sei auch in der deutschen Staatsrechtslehre angekommen, wie essentiell es sei, die Fakten zu beobachten.²³⁷

3. Wissenschaftlichkeit und Autonomie des Verfassungsrechts

Setzt man nun das Verschränkungsmodell der RDP und das Trennungsmodell des JöR zueinander in Beziehung, so ist der These von den Zeitschriften als medialen Kreuzungspunkten, an denen sich die verschiedenen Disziplinen ausdifferenzieren,²³⁸ durchaus etwas abzugewinnen. Trennung wie Verschränkung setzen dabei unterschiedliche Akzente in der Positionierung der Disziplinen links und rechts des Rheins. In Deutschland ist man vor allem darum bemüht, die Autonomie des Verfassungsrechts zu betonen, um es vor negativen Assoziationen der wissenschaftlichen Politik mit der Tagespolitik zu schützen. Die im Entstehen begriffene französische Verfassungsrechtswissenschaft legt den Schwerpunkt dagegen auf die Wissenschaftlichkeit des Verfassungsrechts.

Daher ist in Frankreich die Tendenz der sich konstituierenden Verfassungsrechtswissenschaft stärker, sich die – als solche anerkannte – Wissenschaft von der Politik begrifflich einzuverleiben. In Deutschland zeigt dagegen bereits die Debatte um den Titel des Jahrbuchs des öffentlichen Rechts, dass zumindest auf eine begriffliche Trennung großen Wert gelegt wird.

Die Unterschiede, die sich anhand des Verschränkungs- und des Trennungsmodells akzentuieren lassen, liegen in den unterschiedlichen Graden der Institutionalisierung der jeweiligen Disziplin begründet. Dies zeigt sich

---

schaft um 1900, ZRG GA 126 (2009), S. 98 (106 mit Fn. 22), zu Recht, *Deslandres'* Ansatz stehe *Boutmys* nahe, dessen verfassungswissenschaftliches Werk ebenfalls historisch und vergleichend orientiert sei. *P. Bourdieu*, Science de la science et reflexivité, 2001, S. 134, expliziert dies am Beispiel der Philosophie und der Soziologie bzw. Psychologie.

²³⁶ Einer ihrer stärksten Verfechter ist *L.* Duguit, Le droit constitutionnel et la sociologie, 1889, S. 24; *Grimm* (Fn. 91), S. 104, bemerkt jedoch, dass auf lange Sicht *Duguits* methodologische Überlegungen, seine Hoffnung, das Recht ließe sich durch Sinneswahrnehmungen allein erfassen, keinen nachhaltigen Einfluss auf die Rechtswissenschaft haben. Zeitgenossen prognostizieren freilich das Gegenteil, s. nur *G. Jèze*, L'influence de Léon Duguit sur le droit administratif français, Archives de philosophie du droit et de sociologie juridique 1932, S. 135 (137): „Ce qui est durable dans l'œuvre de Duguit, c'est sa méthode réaliste" („Was vom Werk Duguits bleiben wird, ist seine realistische Methode").

²³⁷ So *M. Caudel*, Jellinek. Verfassungsänderung und Verfassungswandlung [Rezension], Annales des sciences politiques 23 (1908), S. 137 (139), unter Verweis auf *E. Boutmys* Verdienste um diese Methode.

²³⁸ *Stolleis* (Fn. 206), S. XII f.

auch, wenn man die Aussagen einiger Staatsrechtler näher untersucht. So geht es auch deutschen Staatsrechtlern wie *Jellinek* nicht nur um die „methodische Scheidung" von Staatsrecht und Politikwissenschaft, sondern auch um die „wissenschaftliche Verbindung beider Disziplinen".[239] Die begriffliche Anlehnung der Verfassungsrechtswissenschaft an die Politikwissenschaft in Frankreich samt der politikwissenschaftlichen Kritik daran kann man später[240] für die ‚Neugründung' der Politikwissenschaften in umgekehrter Richtung für die Bundesrepublik beobachten. Dort bringt ein Jurist die Skepsis gegenüber der institutionellen Verselbstständigung der Politikwissenschaften treffend auf den Punkt: Eine neue Disziplin entstehe noch nicht, indem „man einer anderen die Federn ausrupft und sich mit ihnen schmückt".[241]

IV. Thesen

1. Die belle époque der Verfassungsvergleichung im Übergang vom 19. auf das 20. Jahrhundert lebt von der Konjunktur der Theorie im Zeitalter der Parlamente.

2. Diese Konjunktur der Theorie zeigt sich daran, dass über Vergleichung auf einer Metaebene reflektiert wird, sowie an den französischen Theorietransfers, also der Beschäftigung mit deutscher Staatstheorie, und an der Blüte der Allgemeinen Staatslehre im deutschen Kaiserreich.

3. Das Zeitalter der Parlamente bestimmt die Themen der Verfassungsvergleichung links wie rechts des Rheins, wenn auch in unterschiedlichem Maße. Ein Grund für die intensive Auseinandersetzung mit den Konzepten der deutschen Staatsrechtslehre in Frankreich ist der Wunsch, die Macht des Parlaments juristisch einzufangen. Die deutsche Skepsis gegenüber dem Parlamentarismus wird so links des Rheins wider die als übergroß empfundene Stellung des Parlaments instrumentalisiert.

---

[239] Dies betont *Jellinek* (Fn. 79), Verfassungswandlung, S. V, selbst, obwohl er in seinen Frühschriften noch auf einer strikteren Trennung von Juristischem und Politischem beharrt hat, s. *ders.*, Die Lehre von den Staatenverbindungen, 1882, S. 7; s. aber die Relativierung a. a. O., S. 10. S. auch die Besprechung, in der *Caudel* (Fn. 237), S. 139, betont, die Wichtigkeit der Beobachtung der politischen Fakten sei nun auch in der deutschen Wissenschaft angekommen. *Anter* (Fn. 72), S. 39 mit Fn. 14, meint gar, der *Jellinek*'sche Begriff der ‚sozialen Staatslehre' sein „konturlos", es sei „besser, sie als *politikwissenschaftliche* Staatslehre zu bezeichnen" (Hervorhebung im Original). *Jellinek* las in Heidelberg auch ‚Allgemeine Staatslehre *und* Politik', weiterführend *A. Anter*, Georg Jellineks wissenschaftliche Politik, PVS 39 (1998), S. 503 (506 mit Fn. 9).

[240] S. zur bundesdeutschen Politikwissenschaft der Nachkriegszeit unten → § 7 II.

[241] *J. von Kempski*, Wissenschaft von der Politik – sozusagen, Merkur 20 (1966), S. 454 (464).

4. Die französische Verfassungsrechtswissenschaft konstituiert sich als universitäre Disziplin nicht wie die deutsche Staatsrechtslehre durch „Construction" und Konzentration auf einen positiven Verfassungstext, sondern durch intensive Vergleichung. Der Vergleich dient nicht dazu, Hypothesen über eine juristische Denkfigur zu belegen oder zu widerlegen, sondern liefert selbst die Hypothesen.

5. Die Disziplin der Allgemeinen Staatslehre führt im Deutschen Reich dazu, dass das vergleichende Vorgehen im Staatsrecht wieder mehr Fuß fasst. Über das Verhältnis der Allgemeinen Staatslehre zur dogmatischen Kerndisziplin der Staatsrechtslehre besteht aber Streit.

6. Das Verhältnis zu den politischen Wissenschaften ist links wie rechts des Rheins ein schwieriges. In der III. französischen Republik ist ein eng verschränktes Verhältnis zur Verfassungsvergleichung zu beobachten. Für Frankreich kann man insofern von einem Verschränkungsmodell sprechen. Dagegen wird in Deutschland meist die Trennung der Staatsrechtswissenschaft von allem Politischen betont, während man sich ihrer wissenschaftlichen Betrachtung nicht verschließen will. Die Abgrenzungsbestrebungen sind Anzeichen dafür, dass die Staats- und Verfassungsrechtswissenschaft ihre Wissenschaftlichkeit betont, um ihre Autonomie zu stärken.

§ 5

Verfassungsvergleichung in der Krise. Von neuen Techniken und altbekannten Theorietransfers

> „La crise de la démocratie est, de nos jours, le problème essentiel de la politique et du droit."[1]

Die Krise der Demokratie, oder genauer gesagt, der parlamentarischen Demokratie in der Zwischenkriegszeit, beschäftigt die Verfassungsrechtswissenschaft in Frankreich wie in Deutschland. Nun ist die Rede von der Verfassungsvergleichung als Technik, wenn auch links und rechts des Rheins in unterschiedlichen Zusammenhängen (I). Leitfrage in Frankreich ist, ob die Theorien in den neuen demokratischen Verfassungen Mittel- und Osteuropas zur Technik geronnen seien und so eine Rationalisierung der Macht herbeiführen. In Deutschland dreht sich die verfassungsvergleichende Diskussion zu einer Zeit der intensiven Methodendebatten um die Frage, ob die Verfassungsvergleichung eine geeignete Auslegungstechnik für die neue Weimarer Verfassung ist.

Dennoch weicht die Konjunktur der Theorie nicht der der Technik, denn die Verfassungsvergleichung als Technik ist nicht überall anerkannt (II). Zu dieser Zeit ist nämlich besonders in Deutschland eine gewisse Vergleichsmüdigkeit festzustellen, die die Rede von der Verfassungsvergleichung in der Krise rechtfertigt.[2] Auch in Frankreich steht vor allem der deutsch-franzö-

---

[1] *B. Mirkine-Guetzévitch*, Les nouvelles tendances du Droit constitutionnel, RDP 1928, S. 5 (15): „Die Krise der Demokratie ist heutzutage das wesentliche Problem der Politik und des Rechts". S. auch *É. Giraud*, La crise de la démocratie et le renforcement du pouvoir exécutif, 1938.

[2] Bei der Verfassungsvergleichung in Deutschland lässt sich nach dem Ersten Weltkrieg eine Bewegung weg von der Theorie beobachten. Nicht zuletzt die neuen demokratischen Verfassungen scheinen – wie zuvor die Reichsverfassung von 1870/71 – die Kräfte der Staatsrechtler zu absorbieren. Dies zeigen die Nachkriegsjahre des JöR anschaulich, allen voran *W. Jellinek*, Revolution und Reichsverfassung, JöR a. F. 9 (1920), S. 1 ff., der auf über 120 Druckseiten über die Revolution, die vorläufige Verfassung und die neue Weimarer Reichsverfassung berichtet; *F. Poetzsch-Heffter*, Vom Staatsleben unter der Weimarer Verfassung (1), JöR a. F. 13 (1925), S. 1 ff.; *ders.*, Vom Staatsleben unter der Weimarer Verfassung (2), JöR a. F. 17 (1929), S. 1 ff.; s. auch die Beiträge zu den neuen Verfassungen der Länder, *R. Piloty*, Die bayerische Verfassung vom 14. August 1919,

sische Verfassungsvergleich nun weniger hoch im Kurs.³ Der Krieg und die Wirren der Nachkriegszeit bilden für die Verfassungsvergleichung eine Zäsur. Zunächst sinkt das Interesse an der verfassungsvergleichenden Arbeit in Frankreich wie in Deutschland, obwohl man in manchen Fragen der sich zuspitzenden „Krise des Parlamentarismus"⁴ frappierende inhaltliche Paral-

---

JöR a. F. 9 (1920), S. 129 ff.; *E. Jacobi*, Die Wandlungen der Verfassung und Verwaltung in Sachsen, JöR a. F. 9 (1920), S. 163 ff.; *W. v[on] Blume*, Die württembergische Verfassungsgesetzgebung des Jahres 1919, JöR a. F. 9 (1920), S. 171 ff.; *O. Koellreutter*, Die neue staatsrechtliche Gestaltung in Baden, JöR a. F. 9 (1920), S. 180 ff.; *H. Gmelin*, Verfassungsentwicklung und Gesetzgebung in Hessen von 1913 bis 1919, JöR a. F. 20 (1920), S. 204 ff.; *Brückner*, Die mecklenburgische Verfassungsfrage seit 1913, JöR a. F. 9 (1920), S. 218 ff.; *E. Rosenthal*, Die Entwicklung des Verfassungsrechts in den thüringischen Staaten seit November 1918 und die Bestrebungen zur Bildung eines Staates Thüringen, JöR a. F. 9 (1920), S. 226 ff.; *H. Preuß*, Die neue preußische Verfassung, JöR a. F. 21 (1921), S. 222 ff.; *W. Schelcher*, Die Verfassung des Freistaates Sachsen, JöR a. F. 10 (1921), S. 285 ff.; *H. Gmelin*, Die hessische Verfassung und Gesetzgebung von 1920, JöR a. F. 21 (1921), S. 301 ff.; *M. Wenzel*, Die neuen mecklenburgischen Verfassungen, JöR a. F. 10 (1921), S. 321 ff.; *E. Rosenthal*, Die Verfassung des Landes Thüringen vom 11. März 1921, JöR a. F. 10 (1921), S. 366 ff.; *O. Koellreutter*, Die verfassungsrechtlichen Entwicklungen in Oldenburg, Braunschweig, Anhalt, Lippe, Schaumburg-Lippe und Waldeck, JöR a. F. 21 (1921), S. 409 ff.; *O. Loening*, Die Verfassung des Freistaates Danzig, JöR a. F. 21 (1921), S. 439 ff.
³ Bei einigen steigt auch hier die Skepsis gegenüber der verfassungsvergleichenden Vorgehensweise, ein Beispiel ist *H. Nézard*, De la méthode dans l'enseignement du droit constitutionnel, in: Faculté de Droit et des Sciences Politiques de Strasbourg (Hrsg.), Mélanges Carré de Malberg, 1933, S. 390 f., der die Éléments von *A. Esmein* weiterführt, die ursprünglich sehr stark vergleichend ausgerichtet waren (→ § 4 I 1, → Fn. 17). *Nézard* will die Vergleichung einerseits auf „Länder der gleichen Zivilisation" („pays de même civilisation") beschränken und hält andererseits die historische Methode für fruchtbarer: „C'est donc moins dans les comparaisons que dans l'histoire même des institutions autochtones qu'il faut rechercher la connaissance qu'on veut acquérir et, de toutes méthodes expérimentales, c'est surtout à la méthode historique qu'il faut faire appel pour l'étude du droit constitutionnel" („Es sind weniger die Vergleiche als die Geschichte der eigenständigen Institutionen selbst, in der man nach den Kenntnissen suchen muss, die man erlangen möchte, und von allen experimentellen Methoden ist es insbesondere die historische Methode, die man für das Studium des Verfassungsrechts bemühen muss").
⁴ In Frankreich ist auch zuvor schon die Rede von Krisen (s. die Nachweise oben in → § 4 I 2, → Fn. 49). Allerdings verschärft sich die Wahrnehmung einer Staatskrise in den 20er-Jahren des 20. Jahrhunderts noch einmal deutlich, s. *S. Pinon*, Boris Mirkine-Guetzévitch et la diffusion du droit constitutionnel, Droits 46 (2007), S. 183 (186); die Abhandlungen zur Systemkrise nehmen nach dem 1. Weltkrieg um ein Vielfaches zu, *O. Jouanjan*, § 2. Grundlagen und Grundzüge staatlichen Verfassungsrechts in Frankreich, in: A. von Bogdandy/P. Cruz Villalón/P. M. Huber (Hrsg.), Handbuch Ius Publicum Europaeum, Bd. I, 2007, S. 93 Rn. 6; s. auch die Analyse von *A. Mathiot*, Les apports du droit comparé au droit constitutionnel français de 1870 à 1940, in: Société de législation comparée (Hrsg.), Livre du centenaire de la Société de législation comparée, 1969, S. 165 (167):

§ 5 Verfassungsvergleichung in der Krise   113

lelen feststellen kann. Zu nennen ist etwa die Diskussion um das richterliche Prüfungsrecht von Parlamentsgesetzen. Dass der Vergleich als Technik in einigen Fragen seinen Reiz verliert, bringt aber vor allem in Frankreich keine Abkehr vom Vergleich überhaupt mit sich. Denn dort belebt das Erscheinen von *Hans Kelsens* Allgemeiner Staatslehre die altbekannten Theorietransfers bald neu.[5]

„les institutions difficilement mises en place en 1875 se sont peu à peu affermies, dans un cadre constitutionnel assez large et souple, où le régime républicain a pu, non seulement fonctionner, mais encore, au moins jusqu'à la grande crise des années 1930, réussir" („die Institutionen, die 1875 noch mit so großen Schwierigkeiten eingesetzt worden waren, festigten sich nach und nach in einem ziemlich weiten und flexiblen Verfassungsrahmen, in dem die republikanische Regierung nicht nur funktionieren, sondern – zumindest bis zur großen Krise der 1930er-Jahre – auch Erfolg haben konnte"); aus der zeitgenössischen Literatur s. *J. Barthélemy*, La crise de la démocratie représentative, RDP 1928, S. 584 ff.; s. auch das Kapitel „Les crises de la démocratie classique", das *ders./Duez*, Traité de droit constitutionnel, 2. Aufl. 1933, S. 251 ff., gegenüber der Erstauflage ergänzt. S. auch *M. Caudel*, La crise du parlementarisme, Revue des sciences politiques 41 (1926), S. 372 ff.; *A. L. Lowell*, La crise des gouvernements représentatifs et parlementaires dans les démocraties modernes, RDP 1928, S. 571 ff.; *G. Del Vecchio*, La crise de l'État, BSLC 1934, S. 411 ff. Auch in Deutschland dauert es nicht lange, bis das Schlagwort ‚Krise' immer häufiger zur Beschreibungskategorie der ersten parlamentarischen Demokratie und auch der Staatsrechtslehre als Disziplin avanciert, s. dazu *K. Sontheimer*, Antidemokratisches Denken in der Weimarer Republik, 2. Aufl. 1968, S. 66; *S. Korioth*, Erschütterungen des staatsrechtlichen Positivismus im ausgehenden Kaiserreich, AöR 112 (1992), S. 213 (213), spricht von der Wahrnehmung einer Krise, die die deutsche Staatsrechtswissenschaft ab den 1920er-Jahren bestimme; als einer der wissenschaftsexogenen Gründe des Positivismuszweifels gelte der schwierige Übergang von der Monarchie zur parlamentarischen Demokratie.

[5] Eine Übersetzung in gekürzter Form erscheint 1926, s. → Fn. 108. In Deutschland belebt sie die Verfassungsvergleichung dagegen aus naheliegenden Gründen nicht. Grundlage der *Kelsen'schen* Allgemeinen Staatslehre ist nicht, wie noch bei *J. Hatschek* und *G. Jellinek* (zum Begriff der Allgemeinen Staatslehre s. o. → § 4 I 3, nach → Fn. 133), die Rechtsvergleichung. S. dazu etwa *H. Kelsen*, Hauptprobleme der Staatsrechtslehre entwickelt aus der Lehre vom Rechtssatze, 1911, S. VI f.; s. auch die Aussage auf S. XI: „Denn nur im steten Kontakte mit dem ganzen Komplexe juristischer Konstruktion läßt sich jenes logisch-geschlossene System einheitlicher, dem methodologischen Gesamtcharakter der Disziplin entsprechender Grundbegriffe von allgemeiner Gültigkeit gewinnen, das die notwendige Legitimation für eine *Wissenschaft* der Jurisprudenz bildet" (Hervorhebung im Original gesperrt).

I. Verfassungsvergleichung als neu entdeckte Technik

Wenn die Verfassungsvergleichung in der Zwischenkriegszeit diskutiert wird, dann links wie rechts des Rheins häufig als Technik.[6] In Deutschland spielt sie zunächst auch als solche keine Rolle – wenn man von dem Einfluss der französischen Parlamentarismusdiskussion auf den Verfassungsvater der Weimarer Republik, *Hugo Preuß*, absieht (1).[7] Dies liegt in der periodischen Literatur auch an der Materiallage – unmittelbar nach dem Krieg gestaltet es sich zunächst schwierig, Korrespondenten aus dem Ausland für Berichte und Abhandlungen zurück- oder neu zu gewinnen.[8] Spätestens auf der Staatsrechtslehrertagung von 1926 wird dann zwar wieder um die Vergleichung gestritten, allerdings auf bloß auslegungstechnischer Ebene (2).

In Frankreich stellen Zeitgenossen fest, bei vielen verfassungsrechtlichen Instituten sei man von der Phase der Doktrinen in die Phase des positiven Rechts übergegangen. Diese hätten ihren rein theoretischen Charakter ver-

---

[6] Die Bedeutung des Wortes ‚Technik' changiert allerdings, s. dazu sogleich im Haupttext.

[7] Zu *Preuß* s. die Werkbiographie von *M. Dreyer*, Hugo Preuß, 2018; zu dessen Föderalismuskonzeption *A. Neumann*, Preußen zwischen Hegemonie und „Preußenschlag", 2019.

[8] Dies wird etwa im Vorwort zum JöR a. F. 9 (1920), S. III, offenbar, in dem der letzte Erstherausgeber *R. Piloty* – nach 5-jähriger kriegsbedingter Publikationsunterbrechung und dem Tod seiner früheren Mitherausgeber *Laband* und *Jellinek* – das Fehlen ausländischer Beiträge bedauert: „Wir beginnen [...] mit dem öffentlichen Rechte Deutschlands und beabsichtigen in späteren Bänden, *sobald es die Verhältnisse gestatten*, auch wieder über die Gesetzgebung des Auslandes zu berichten" (meine Hervorhebung). Erst 1922 ist dies der Fall, und auch dann werden aus „den Schwierigkeiten, die die Beschaffung dieser Berichte zur Zeit noch bietet, [...] manche Lücken" erklärt, *R. Piloty/O. Koellreutter*, Vorwort, JöR a. F. 11 (1922), S. I (III).

Auf französischer Seite ist das Antwortschreiben des Rektors der Universität Bordeaux zeittypisch, der auf die Bitte des Rektors der Universität Uppsala in Schweden, die Kooperation der Gelehrten der am Krieg beteiligten Nationen wiederaufzunehmen, schreibt: „Quant au désir que vous exprimez en votre propre nom, relatif à une reprise des relations universitaires, nous prions toutes les universités des pays neutres [...] d'envoyer des délégués visiter le nord de la France [...], et vous nous direz, au retour de ce voyage, au bout de combien de temps vous reprendriez des relations avec des gens qui auraient fait la même chose chez vous. Pour nous, la génération qui a commis ces abominations [...] s'est retranchée elle-même de l'humanité" („Was den Wunsch betrifft, den Sie im eigenen Namen aussprechen, dass die universitären Beziehungen wiederaufgenommen werden sollen, möchten wir alle Universitäten neutraler Länder bitten [...], Delegierte zu schicken, um den Norden Frankreichs zu besuchen [...], und Sie werden uns bei der Rückkehr von dieser Reise sagen, wann Sie Beziehungen zu den Leuten aufnähmen, die das Gleiche bei Ihnen gemacht hätten. Für uns hat sich die Generation, die diese Gräueltaten begangen hat [...], selbst von der Menschlichkeit zurückgezogen"), *R. Thamin*, Variétés. Les relations scientifiques avec l'Allemagne, RDP 1919, S. 130 (131).

loren und würden heute nicht mehr als philosophische, sondern als technische Fragen problematisiert.⁹ In der Verfassungsrechtswissenschaft markiert das Werk *Joseph Barthélemys* den Bruch des Verfassungsrechts mit der Staatstheorie, und die Hinwendung zu den Tatsachen und Techniken des Verfassungslebens.¹⁰ Auch in der RDP macht sich diese ‚pragmatische Wende'¹¹ unter dem neuen Herausgeber *Jèze*, der *Larnaude* schon 1904 ablöst, nach und nach bemerkbar. Die RDP widmet sich nun überwiegend – wie die französische Wissenschaft vom öffentlichen Recht – einer minutiösen Studie des positiven Rechts.¹² Bald setzt sich *B. Mirkine-Guetzévitch* intensiv mit den Verfassungen des „neuen Europas"¹³ auseinander, und fragt, ob die

---

⁹ *Mirkine-Guetzévitch* (Fn. 1), S. 12; ders., Les nouvelles tendances du Droit constitutionnel (I), RDP 1930, S. 35 (59). *Mirkine-Guetzévitch* wird 1892 in Kiew geboren und ist vor der Russischen Revolution Professor in Petrograd. Er flieht vor den Kommunisten und lässt sich 1920 in Paris nieder. Nach der Besetzung Frankreichs im Zweiten Weltkrieg durch die Deutschen emigriert er in die Vereinigten Staaten von Amerika. Zur Person *L. Julliot de la Morandière*, Nécrologie. Boris Mirkine-Guetzévitch, RIDC 1955, S. 597 ff.; *S. Pinon*, Les idées constitutionnelles de Boris Mirkine-Guetzévitch, in: C. M. Herrera (Hrsg.), Les juristes face au politique. Le droit, la gauche, la doctrine sous la Troisième République, Bd. 2, 2005, S. 61 (62 f.).

¹⁰ Die Rede ist von *J. Barthélemy/P. Duez*, Traité élémentaire de droit constitutionnel, 1926. S. näher *O. Beaud*, Joseph Barthélemy ou la fin de la doctrine constitutionnelle classique, Droits 32 (2000), S. 89 (105); *Barthélemy/Duez*, a. a. O., S. 6 f., grenzen ihren Ansatz einerseits von der anglo-amerikanischen Art und Weise ab, die ohne jegliche „Abstraktion" die „lebendige Wirklichkeit [d]er praktischen Funktionsweise" der politischen Institutionen schilderten („les institutions dans la réalité vivante de leur fontionnement pratique"), andererseits vom deutschen Vorgehen, das sich darauf beschränke, deduktiv eine Theorie des positiven Rechts zu konstruieren.

¹¹ Näher *Beaud* (Fn. 10), passim und insb. S. 104, der von der „erklärten Abwesenheit der Verfassungstheorie im Namen des *Pragmatismus*" (meine Hervorhebung) spricht, der darin bestehe, „dem Studium der Staats- und Verfassungstheorie jeden Wert abzusprechen" („L'absence proclamée de théorie constitutionelle, au nom du pragmatisme, résulte d'un choix [...] qui consiste à dénier tout intérêt à l'étude de la théorie de l'État et de la théorie constitutionnelle").

¹² So kann man unter *Jèze* eine Öffnung zu Urteilsanmerkungen und verwaltungsrechtlicher Analyse des positiven Rechts beobachten. In den Worten von *G. Jèze*, Notes de jurisprudence, RDP 1914, S. 311 (313): „Le théoricien ne doit jamais oublier que le Droit sert à résoudre des problèmes sociaux, économiques, politiques, et c'est la vie qui les pose" („Der Theoretiker darf nicht vergessen, dass das Recht der Lösung sozialer, ökonomischer, politischer Probleme dient, und dass es das Leben ist, das diese Probleme aufwirft"); laut *J. Barthélemy*, Les principes généraux du droit administratif, par G. Jèze [Rezension], RDP 1915, S. 214 (215), macht *Jèze* „die Theorie der Praxis" („la théorie de la pratique"). S. auch *A. Le Divellec*, La fondation et les débuts de la Revue du droit public et de la science politique (1894–1914), RDP 2011, S. 521 (532), der für diese Zeit eine Hinwendung zu technischeren juristischen Fragen zum Nachteil der allgemeinen Theorie des öffentlichen Rechts konstatiert.

¹³ *B. Mirkine-Guetzévitch*, Les constitutions de l'Europe nouvelle, 1928; ders., Les nou-

Theorie der Jahrhundertwende nun in den neuen europäischen Nachkriegsverfassungen zur Technik geronnen sei. Sein Werk entfaltet große Wirkung auf die Zeitgenossen.[14] Leitfrage ist stets, ob die neue Rechtsetzungstechnik in den neuen mittel- und osteuropäischen Verfassungen politische Macht rationalisieren kann (3).

1. Neue Verfassungstechnik für Weimar

Die Zwischenkriegszeit, die für die Zeitgenossen zunächst einmal Nachkriegszeit nach der Niederlage im Ersten Weltkrieg ist, ist keine Zeit reger Vergleichung in der deutschen Staatsrechtslehre. Eine Ausnahme stellt lediglich der von der Wissenschaft mit großem Interesse verfolgte Prozess der Verfassunggebung dar. In Deutschland betont man, dass die neue demokratische Republik und insbesondere ihr Parlament nach „bekannten westlichen Mustern" gestaltet seien.[15] Die Verfassung, so die Auffassung und das Postulat der Zeit, soll die neue Demokratie mit erprobter Rechtstechnik weiter ins ‚Zeitalter der Parlamente' hinein befördern. Insbesondere *Robert Redslobs* Werk zum Parlamentarismus inspiriert den Weimarer Verfassungsvater *Preuß* nachweislich.[16] Maßgeblich anhand der *Redslob'schen* Unterscheidung zwischen echtem und unechtem Parlamentarismus gestaltet er die Architektur der neuen Verfassung.

---

velles tendances du droit constitutionnel, 1931, in dem sich seine in der RDP in vier Teilen erschienenen Überlegungen unter gleichnamigem Titel in Buchform finden (RDP 1928, S. 5 ff.; RDP 1929, S. 564 ff.; RDP 1930, S. 35 ff.; S. 490 ff.).

[14] Heute ist sein Werk jedoch weitgehend vergessen, s. *Pinon* (Fn. 4), S. 183, 185, 187, 196 ff.

[15] *H. Triepel*, Der Weg der Gesetzgebung nach der neuen Reichsverfassung, AöR 39 (1920), S. 456 (457), betont als allgemeine Auffassung zur Zeit der Verabschiedung der Weimarer Reichsverfassung, „die neuen demokratischen, republikanischen und parlamentarischen Einrichtungen seien fast durchweg nach bekannten westlichen Mustern gestaltet worden". S. auch *U. Scheuner*, Ueber die verschiedenen Gestaltungen des parlamentarischen Regierungssystems I, AöR n. F. 13 (1927), S. 209 (214): Der „Begriff des Parlamentarismus [ist] im juristischen und politischen Sinne derselbe. Denn der juristische, der erst seit wenigen Jahren in den Formeln der Verfassung erscheint, ist und will nichts anderes sein als eine Uebernahme des politischen Begriffs".

[16] *H. Preuß*, Denkschrift zum Verfassungsentwurf (3./20. Januar 1919), in: ders., Das Verfassungswerk von Weimar, hrsg. v. D. Lehnert/C. Müller/D. Schefold, 2015, S. 134 (147 f.); *Scheuner* (Fn. 15), S. 213; zu den Einflüssen *Léon Duguits* auf *Redslob A. Le Divellec*, Robert Redslobs Theorie des Parlamentarismus, in: D. Lehnert (Hrsg.), Verfassungsdenker, 2017, S. 107 (121 f.); zum Parlamentarismus unter der Weimarer und der III. Republik *T. Raithel*, Parlamentarisches System in der Weimarer Republik und in der Dritten Französischen Republik 1919–1933/40, in: H. Möller/M. Kittel (Hrsg.), Demokratie in Deutschland und Frankreich 1918–1933/40, 2002, S. 283 ff.

Unter echtem Parlamentarismus versteht *Redslob* ein Parlament, das mit dem Präsidenten oder dem Monarchen ein starkes exekutives Gegengewicht erhält.[17] Die Verfassung der III. Republik sei zwar an sich so angelegt; insbesondere durch den bereits erwähnten[18] Verzicht des Präsidenten auf das ihm verfassungsrechtlich eigentlich zustehende Auflösungsrecht habe sich die Verfassung aber zum Parlamentsabsolutismus und damit zu einer Vertreterin der unechten Form des Parlamentarismus entwickelt.[19] Die eindringliche und unter den Zeitgenossen[20] einflussreiche Warnung des elsässischen Verfassungsrechtlers veranlasst *Preuß* dazu, in den Verfassungsberatungen für ein starkes, durch direkte Volkswahl auf zehn Jahre gewähltes Staatsoberhaupt zu werben.[21] Denn nur ein starkes Staatsoberhaupt könne einem starken Parlament die Waage halten und so das von *Preuß* im Anschluss an *Redslob* erstrebte Gleichgewicht der Gewalten herstellen.[22] In der Staatsrechtslehre bestand denn auch weitgehend Konsens darüber, dass das Parlament durch ein unmittelbar vom Volk gewähltes Staatsoberhaupt in die Schranken zu weisen sei. Um den unechten Parlamentarismus zu verhindern, gilt das präsidiale Auflösungsrecht als „Sicherheitsventil" *(Koellreutter)* gegen den Parlamentsabsolutismus.[23] Für die deutsche Staatsrechtslehre hat das *Redslob'sche* Modell den Vorteil, dass der echte Parlamentarismus mit seiner starken Rolle des Staatsoberhaupts und der relativen Selbstständigkeit des Verwaltungsapparats den Prägungen durch das monarchisch-konstitutionelle System entspricht.[24] Gleichzeitig korrespondieren die direktdemokratischen Elemente mit einem Idealbild, das eine gefährliche Nähe zu ra-

---

[17] *R. Redslob*, Die parlamentarische Regierung in ihrer wahren und in ihrer unechten Form, 1918, S. 1, definiert die parlamentarische Verfassung als „ein System des Gleichgewichts zwischen der executiven und der legislativen Gewalt".

[18] → § 3 II 2 nach Fn. 117.

[19] *Redslob* (Fn. 17), S. 139: „parlamentarische Dictatur"; 178: „Das große mechanische Gesetz, nach welchem Parlament und Staatsgewalt über eine gleichwertige Macht verfügen, ein Gesetz, das [...] das Wesen der parlamentarischen Regierung ist, besteht in Frankreich nicht".

[20] Laut *Le Divellec* (Fn. 16), S. 107 (107); *Dreyer* (Fn. 7), S. 354 mit Fn. 90, ist *Redslob* heute fast vergessen. In jüngerer Zeit nimmt die Beschäftigung mit *Redslob* wieder etwas zu, s. etwa *A.-B. Kaiser*, Die Verfassung der Krisenrepublik – Reichstag versus Reichspräsident, in: H. Dreier/C. Waldhoff (Hrsg.), Weimars Verfassung, 2020, S. 179 (180 ff.); s. auch bereits *C. Schönberger*, Das Parlament im Anstaltsstaat, 1997, S. 384 ff.; *M. Friedrich*, Zur Lehre vom ‚echten' und ‚unechten' Parlamentarismus, in: D. Lehnert/C. Müller (Hrsg.), Vom Untertanenverband zur Bürgergenossenschaft, 2000, S. 189 ff.

[21] *Dreyer* (Fn. 7), S. 353; 354 f. S. hierzu auch *H. A. Winkler*, Weimar 1918–1933, 1998, S. 100 f.

[22] *Preuß* (Fn. 16), S. 148.

[23] *Schönberger* (Fn. 20), S. 397, unter Hinweis auf *O. Koellreutter*, Das parlamentarische System in den deutschen Landesverfassungen, 1921, S. 11, 13 f.

[24] *Schönberger* (Fn. 20), S. 394 f.

dikaldemokratischen Vorstellungen aufweist und aus Frankreich dementsprechend als Misstrauen gegen das Parlament beurteilt wird.[25]

Redslobs Konzeption des unechten Parlamentarismus kann als Kritik am System der III. Republik gelesen werden, wobei seine Gleichgewichtsthese in der französischen Verfassungsrechtswissenschaft weit verbreitet ist. Auch *Duguit* hat sie etwas früher schon in ähnlicher Weise formuliert.[26] Wenn er exemplarisch das System des englischen Parlamentarismus als Verkörperung des echten Parlamentarismus herausgreift, trifft er bei der deutschen Staatsrechtslehre wiederum einen Nerv. *Redslob* beschreibt, wie der englische Monarch das Recht habe, Neuwahlen auszurufen, wenn er der Meinung sei, die Regierung agiere nicht mehr dem Volkswillen entsprechend.[27] Diese Auflösungstheorie geht auf den Orléanisten *Prévost-Paradol* zurück. *Julius Hatschek* hat diesen bereits 1909 als Theoretiker des französischen Parlamentarismus kanonisiert, sodass *Redslobs* These in Deutschland schon bekannt ist. *Walter Bagehot* wiederum hat sich allerdings bereits 1869 entsetzt gezeigt angesichts dieser – für ihn offensichtlichen – Fehlrezeption des englischen Parlamentarismus; die Auflösungtheorie sei eine „Katastrophe" und entspreche mitnichten dem damaligen englischen System.[28]

Die Verfassungsvergleichung, die am Beginn der Weimarer Republik steht und wissenschaftlich intensiv begleitet wird, bestätigt die damals herrschende Meinung in der deutschen Staatsrechtslehre darin, Vorkehrungen gegen den befürchteten „Parlamentsabsolutismus" zu treffen.[29] Für die neue Verfassung führt dies allerdings dazu, dass Parlamentarisierung und Demokratisierung gegeneinander ausgespielt werden. Die Sorge, dass der Gemeinwille zu wenig zur Geltung komme, führt nämlich letztlich ausgerechnet zu einer Schwächung des Parlaments, das in der neuen Demokratie seine Rolle als rein negativer Gesetzgeber hinter sich lassen wollte.[30]

---

[25] Dazu näher *Schönberger* (Fn. 20), S. 399 mit Fn. 237, der auch auf *R. Brunet*, La Constitution allemande du 11 août 1919, 1921, S. 323, eingeht; s. auch die Rezension dieses Werks *O. A.*, René Brunet. La Constitution allemande du 11 août 1919 [Rezension], RDP 1921, S. 138 (138), wo der Rezensent *Brunets* Ausspruch kritisiert, die Weimarer Verfassung sei vom rechtstechnischen Standpunkt aus gesehen gut gemacht.
[26] *Le Divellec* (Fn. 16), S. 121 mit Fn. 34, unter Verweis auf den von *Redslob* zitierten Traité de droit constitutionnel, Bd. 1, 1911, sowie auf dieselbe Aussage, die sich schon in *Duguits* Manuel de droit constitutionnel von 1907, S. 397 f., fänden.
[27] *Redslob* (Fn. 17), S. 49 f.
[28] *W. Bagehot*, La Constitution Anglaise, 1869, S. VIII; näher *Schönberger* (Fn. 20), S. 388 mit Fn. 201 m. w. N. auch zur zeitgenössischen Wahrnehmung in der französischen und deutschen Wissenschaft.
[29] *Kaiser* (Fn. 20), S. 182 f. m. w. N. auch zur von *L. Wittmayer* vertretenen Gegenposition.
[30] *Schönberger* (Fn. 20), S. 382.

2. Verfassungsvergleichung als Auslegungstechnik?

1926 beschäftigt sich in Deutschland die Staatsrechtslehrertagung mit der Frage, ob der Gesetzgeber an den Allgemeinen Gleichheitssatz gebunden sei, der in Art. 109 WRV niedergelegt ist. Obwohl die deutsche Staatsrechtswissenschaft ihre Kräfte weitgehend auf die neue Verfassung konzentriert, wird die Diskussion mit einer Frage zur Auslegungsmethodik verbunden. Dürfen bei der Interpretation des Art. 109 Abs. 1 WRV verfassungsvergleichende Argumente herangezogen werden? Mit anderen Worten: Ist die Verfassungsvergleichung zulässige Auslegungsmethode der Verfassung? Die beiden Berichterstatter sind hier gegensätzlicher Meinung. Während *E. Kaufmann* dies nicht nur für zulässig, sondern sogar für geboten hält, lehnt *H. Nawiasky* es völlig ab.[31] Auch in der Aussprache kommen die Diskutanten mehrmals auf diese Frage zurück.

Mit welchen Argumenten streiten die Staatsrechtslehrer um die Rolle der Vergleichung bei der Auslegung der Verfassung? *Kaufmann* beruft sich darauf, dass die Weimarer Nationalversammlung den Gleichheitssatz nicht ohne das Bekenntnis zu dem Gedanken, der in der Gemeinschaft der Völker und im internationalen Recht lebendig sei, in die Verfassung aufgenommen habe.[32] *Triepel* springt ihm in der Aussprache bei. Es sei „kein Mißgriff, wenn man die deutsche Rechtsordnung in Beziehung setzt zu dem Rechtssystem der Vereinigten Staaten oder der Schweiz, wenn man Argumente, die auf dem Boden der fremden Rechtsordnung gebraucht sind, mit gewissen Vorbehalten natürlich, auch für unser Recht verwendet".[33] Das sieht *Nawiasky* ganz anders. Es sei „an sich bedeutungslos", wenn man einen wortgleichen Satz im Recht zweier unterschiedlicher Staaten auffinde;[34] von maßgeblichen Rechtsgedanken in dem einen Geltungsbereich könne man „nicht das mindeste" auf die Verhältnisse in einem anderen schließen. Man dürfe „jenen höchst interessanten, ja verführerischen Versuchen nicht folgen [...], die aus der schweizerischen und nordamerikanischen Praxis in bezug auf den verfassungsmäßigen Gleichheitssatz Konsequenzen für unser Recht gezogen haben".[35]

---

[31] *E. Kaufmann*, Die Gleichheit vor dem Gesetz im Sinne des Art. 109 der Reichsverfassung, VVDStRL 3 (1927), S. 2 (5); *H. Nawiasky*, Die Gleichheit vor dem Gesetz im Sinne des Art. 109 der Reichsverfassung, VVDStRL 3 (1927), S. 25 (26 f.).

[32] *Kaufmann* (Fn. 31), S. 5, der sein Argument a. a. O., S. 61, jedoch auf die „zivilisierte Menschheit" begrenzt. Diese Einschränkung findet sich in der Aussprache auch im Diskussionsbeitrag von *[H.] Triepel*, VVDStRL 3 (1927), S. 50, wieder, laut dem Voraussetzung sei, dass man „gemeinsamen Boden für die beiden zeitlich und räumlich getrennten Rechtssysteme" finde.

[33] *Triepel* (Fn. 32), S. 50, betont zudem, das Recht könne nicht isoliert begriffen werden, stehe es doch im Zusammenhang mit der gesamten Kultur der Gegenwart.

[34] *Nawiasky* (Fn. 31), S. 27.

[35] *Nawiasky* (Fn. 31), S. 27.

Urheber der „verführerischen Versuche" ist G. *Leibholz*, der in seiner Dissertation von 1925 über die Gleichheit vor dem Gesetz mit Argumenten aus dem Vergleich mit den Verfassungen der USA und der Schweiz arbeitet.[36] Dass dieses Werk heute – mit seinen rechtsvergleichenden Partien – als „Meilenstein auf dem Weg der Entwicklung zur Grundrechtsbindung des Gesetzgebers"[37] gilt, spiegelt sich in der damaligen Debatte kaum. Denn die Befürworter der Verfassungsvergleichung, die ihre Gebotenheit als Auslegungsmethode postulieren, sind am Ende der Debatte düpiert. Die Begründung *Nawiaskys* kann nämlich in der Diskussion nicht widerlegt werden.[38] Seine These lautet folgendermaßen: Außer bei unmittelbaren geistigen Zusammenhängen sei es schlicht nicht zulässig, aus geschichtlich voneinander entfernten Rechtszuständen oder staatlich getrennten Rechtsordnungen Schlüsse aufeinander zu ziehen.[39] Um dies zu belegen, nennt er das Beispiel der allgemeinen Gerichtsordnung Österreichs aus dem Jahr 1781.[40] Weil diese in Österreich zu einem schleppenden, veralteten Verfahren geführt hatte, suchte man zur Inspiration in anderen Ländern nach modernen Verfahrensordnungen. Schnell stieß man auf Belgien, wo das gerichtliche Verfahren als besonders modern und funktional galt. Das einzige Problem war, dass Belgien ursprünglich die österreichische Gerichtsordnung übernommen hatte. Am Beispiel zeige sich eindrücklich das Problem, vor dem man bei aus dem Vergleich gewonnenen Argumenten stehe: „ein vollkommen abweichender Rechtszustand" trotz der „Anwendung desselben Gesetzes in räumlich und kulturell getrennten Gebieten".[41] Während auch andere davor warnen, „unbesehen fremde Rechtsentwicklung auf deutsche Rechtszustände"[42] zu übertragen, gibt es bei aller Skepsis doch vereinzelt Hoffnung für die Verfassungsvergleichung in der Krise. Man dürfe nicht vergessen, dass sich der „neue deut-

---

[36] *G. Leibholz*, Die Gleichheit vor dem Gesetz, 1925. Auf S. 36 ff., 41 ff., 78 ff., 101 ff., 112 ff., bezieht er sich umfassend auf Argumente aus den USA und der Schweiz.

[37] So *C. Waldhoff*, Das Jahrbuch des öffentlichen Rechts der Gegenwart 1907 bis 2014 – unter besonderer Berücksichtung seiner Entstehung, JöR n. F. 63 (2015), S. 1 (30).

[38] *Kaufmann* (Fn. 31), S. 61: „Ich sehe nicht, wie man [...] diese Methode so ablehnen kann wie vielfach heute geschehen ist". Argumente wie das viel früher von *R. Smend*, Die Preussische Verfassungsurkunde im Vergleich mit der Belgischen, 1904, S. 3, formulierte fehlen in der Diskussion völlig: „Die Vergleichung der beiden Verfassungsurkunden, wie sie im Folgenden unternommen werden soll, kann also nicht direkt zur Interpretation des preussischen Grundgesetzes dienen [...]; dagegen kann die Untersuchung der Gründe, warum vielfach dieselben Sätze in der preussischen Verfassung etwas Anderes besagen als in der belgischen, dazu dienen, die Eigentümlichkeit der in Frage stehenden Institute des preussischen Staatsrechts heller ins Licht zu rücken".

[39] *Nawiasky* (Fn. 31), S. 26.

[40] *Nawiasky* (Fn. 31), S. 26.

[41] *Nawiasky* (Fn. 31), S. 26 f.

[42] *[W.] Jellinek*, Diskussionsbeitrag, VVDStRL 3 (1927), S. 59.

sche Bau auf den demokratischen Untergrund" stelle – die Rechtsvergleichung sei schon deshalb als Auslegungstechnik geboten.[43]

3. Verfassungsvergleichung im „neuen Europa"[44] – die Technik zur Rationalisierung der Macht?

Das französische Verfassungssystem übersteht den Krieg unverändert und der Blick der Verfassungsvergleicher richtet sich nach Osten. Nachdem auch die französische Verfassungsrechtswissenschaft in der unmittelbaren Nachkriegszeit weniger vergleicht, stimulieren die Veränderungen auf der politischen Landkarte Europas den Vergleich von Verfassungen bald aufs Neue. Die Demokratisierung Europas bestimmt den Diskurs der Zwanzigerjahre. Neben Großbritannien, das als Mutterland des Parlamentarismus seit jeher zu Vergleichen herangezogen worden ist, kommen nun viele weitere Vergleichsordnungen in Frage.[45] Denn der wichtigste Grund der Zurückhaltung gegenüber den Ländern in Frankreichs Osten entfällt, nämlich das bis dahin fehlende demokratische Fundament.[46] Mit dem Ersten Weltkrieg ist aber auch die deutsch-französische belle époque vorüber. Im Bewusstsein der französischen Verfassungsrechtslehre ist diese Zeit eine „Epoche des Übergangs".[47] Die Stimmung oszilliert dementsprechend zwischen Skepsis und Euphorie.[48]

---

[43] *Triepel* (Fn. 32), S. 50.
[44] S. den sprechenden Titel bei *Mirkine-Guetzévitch* (Fn. 13): „Les constitutions de l'Europe nouvelle" (meine Hervorhebung).
[45] Großbritannien ist als Vergleichsordnung schon gegen Ende des 19. Jahrhunderts sehr beliebt, s. → § 4 II 1 b), nach → Fn. 170.
[46] Vgl. aus der Zeit um die Jahrhundertwende etwa die Verteidigung *Esmeins* gegen die Kritik, er beschäftige sich in seinem Hauptwerk zu wenig mit deutscher Literatur (→ § 4 I 3, bei → Fn. 103).
[47] *R. Carré de Malberg*, Contribution à la Théorie générale de l'État, Bd. 1, 1920, S. V.
[48] S. einerseits die Skepsis bei *R. Capitant*, La coutume constitutionnelle, RDP 1979, S. 959 (962): „on reconnaît l'étrange faiblesse des textes en matière constitutionnelle, la force d'évasion de la vie politique hors des formules où l'on a tenté de l'enserrer, le divorce presque constant [...] entre l'apparence juridique et la réalité politique" („man erkennt die seltsame Schwäche der Texte von Verfassungen, die Fliehkraft des politischen Lebens außerhalb der Formulierungen, in die man sie einzusperren versucht hat, die fast ständige Diskrepanz zwischen der juristischen Erscheinung und der politischen Wirklichkeit"); andererseits die Euphorie bei *Mirkine-Guetzévitch* (Fn. 13), L'Europe nouvelle, S. 15: „Ces textes [des nouvelles constitutions] peuvent devenir des facteurs indépendants de réorganisation de l'État. Lassalle n'avait pas raison quand il affirmait, dans son célèbre discours, que les constitutions par elles-mêmes ne modifient pas la vie politique, que les textes constitutionnels ne font qu'exprimer le rapport réel des forces qui existe dans tel pays" („Diese Texte [der neuen Verfassungen] können unabhängige Faktoren der Neuorganisation des Staates werden. Lassalle hatte unrecht, als er in seiner berühmten Rede argumen-

Besonders wirkmächtig wird *B. Mirkine-Guetzévitchs* Begriffsprägung der „Rationalisierung der Macht" durch die neuen Verfassungen.[49] *Mirkine-Guetzévitch* umschreibt damit die hohe Bedeutung der juristischen Technik. Sie sei nicht zuletzt dem Einfluss der Rechtstheoretiker zuzuschreiben, etwa *H. Preuß* und *H. Kelsen* und ihrer Rolle für die deutsche beziehungsweise die österreichische Verfassung.[50] In den neuen Verfassungen sei das gesamte öffentliche Leben dem Recht unterworfen.[51] Das Staatsleben gründe auf dem Recht und sei vom Recht durchdrungen. Denn in den neuen Verfassungen sei oftmals *rechtlich* bis in technische Details hinein geregelt, was etwa in England oder Frankreich noch ein *politischer* Prozess sei.[52]

In Frankreich bietet etwa der neue Parlamentarismus der deutschen Länder die Gelegenheit, über die These der Rationalisierung der Macht zu diskutieren. Ein Beispiel ist die Wahl des Kabinetts in der preußischen und bayerischen Verfassung durch das Parlament. Einige Verfassungsrechtler sehen darin eine Annäherung an das schweizerische Abberufungsrecht und befürchten eine Abkehr vom Gleichgewicht des parlamentarischen Systems.[53] Doch *Mirkine-Guetzévitch* sieht darin keine Abweichung, sondern die

---

tierte, dass die Verfassungen selbst nicht das politische Leben veränderten, dass die Verfassungstexte nur die tatsächlichen Machtverhältnisse in einem Land abbildeten").

[49] *Mirkine-Guetzévitch* (Fn. 1), S. 5 und *passim*; *ders.* (Fn. 13), L'Europe nouvelle, S. 7. In rechtspolitischer Hinsicht kritisch *J. Barthélemy*, Les nouvelles tendances du droit constitutionnel, RPP 1931, S. 361 (365), der schreibt, diese Tendenzen, die *Mirkine-Guetzévitch* so treffend „Rationalisierung" nenne, verstießen direkt gegen die politischen Traditionen in Frankreich, wo die Abgeordneten gewählt würden, ohne dass der Verfassungstext eine Anhäufung von Vorsichtsmaßnahmen vornehme. In neuerer Zeit wird behauptet, *Mirkine-Guetzévitch* sei selbst nur sehr kurz Verfechter dieser Rationalisierung gewesen, s. etwa *Pinon* (Fn. 14), S. 188. Dem ist jedoch das Maß, in dem der Begriff sein Werk bestimmt, entgegenzuhalten. Freilich ist dieser Kritik zuzugeben, dass sein Begriffsverständnis kein naives gewesen ist, dazu sogleich vor → Fn. 56.

[50] *Mirkine-Guetzévitch* (Fn. 1), S. 12. Heute wird aus diesem Grund auch von „Professorenverfassungen" gesprochen, *C. Schönberger*, Zwischen Versailler Vertrag und europäischer Verfassungswelle: Die Weimarer Reichsverfassung im internationalen Kontext, in: H. Dreier/C. Waldhoff (Hrsg.), Weimars Verfassung. Eine Bilanz nach 100 Jahren, Göttingen 2020, S. 75 (79).

[51] *Mirkine-Guetzévitch* (Fn. 1), S. 12 f.

[52] *Mirkine-Guetzévitch* (Fn. 1), S. 22.

[53] So *R. Redslob*, Le régime parlementaire, 1924, S. 327 ff., 331; auch deutsche Autoren kritisieren diese Regelungen teilweise, wie *ders.*, a. a. O., S. 327 f., jeweils mit Fn. 1, bemerkt: zur badischen Verfassung s. *R. Schmidt*, Die Grundlinien des deutschen Staatswesens, 1919, S. 214 f.: „Die Landesverfassung zeigt also den Drang zur parlamentarischen Gewalten-*Einheit*" (meine Hervorhebung); *O. Koellreutter*, Das parlamentarische System in den deutschen Landesverfassungen, 1921, S. 13: „Deshalb ist der Parlamentsabsolutismus [...] im tiefsten Sinne undemokratisch"; s. zur Argumentation anhand des Gleichgewichts des parlamentarischen Systems und der daraus abgeleiteten Kritik an der Wahl des Kabinetts durch das Parlament *L. Duguit*, Traité de droit constitutionnel, Bd. 2, 2. Aufl.

rationale Perfektion des Parlamentarismus.⁵⁴ Die Theorie des Gleichgewichts im parlamentarischen System entspreche ohnehin nicht mehr den Anforderungen moderner Demokratien; die Regelung in den neuen Verfassungen normiere nun aber dafür, was woanders längst gängige Praxis sei. Während R. *Capitant* für die Regelung immerhin noch den Begriff des „preußischen Parlamentarismus" prägt, liegt für das Gros der Verfassungsrechtler in Frankreich nicht nur kein rationaler Parlamentarismus, sondern gar kein Parlamentarismus mehr vor.⁵⁵

Der Begriff der Rationalisierung der Macht mag den verfassungsvergleichenden Diskurs seiner Zeit stark geprägt haben; die Euphorie, die aus ihm spricht, kann aber dennoch nicht mit Naivität in eins gesetzt werden.⁵⁶ *Mirkine-Guetzévitch* war sich durchaus bewusst, dass die Rationalisierung, die er in vielen Regelungen der neuen europäischen Verfassungen zu erkennen glaubte, nicht unumstößlich ist.⁵⁷ Zwischen den Verfassungstexten und dem tatsächlichen politischen Leben bestehe oft ein Widerspruch.⁵⁸ Dies verwundert freilich kaum, erproben doch hier im Wesentlichen Länder mit kaum vorhandener Demokratieerfahrung die neuen Techniken des Verfassungsrechts.⁵⁹ Die Krise der Demokratie sei aber dennoch nicht der Beweis für das

---

1923, S. 640: „La première condition pour qu'un régime parlementaire puisse fonctionner normalement, c'est que le parlement et le gouvernement soient égaux en prestige et en influence" („Die erste Bedingung dafür, dass ein parlamentarisches Regime normal funktionieren kann, ist, dass das Parlament und die Regierung in Ansehen und Einfluss gleich sind").

⁵⁴ *Mirkine-Guetzévitch* (Fn. 1), S. 22.

⁵⁵ R. *Capitant*, Régimes parlementaires, in: Faculté de droit et des sciences politiques de l'Université de Strasbourg (Hrsg.), Mélanges R. Carré de Malberg, 1933, S. 31 (40): „parlementarisme prussien"; für die vorherrschende Ansicht zu dieser Zeit s. statt aller A. *Esmein/J. Barthélemy*, Éléments de droit constitutionnel français et comparé, 6. Aufl. 1914, S. 487 f.

⁵⁶ Dafür muss man gar nicht darauf aufmerksam machen, dass er später selbst vom „Scheitern des rationalisierten Parlamentarismus" spricht: B. *Mirkine-Guetzévitch*, L'échec du parlementarisme rationalisé, Revue internationale d'histoire politique et constitutionnelle (1954), S. 99 (102 ff.). Seine Analyse der Rationalisierung der Macht – zumindest in seinem Frühwerk – war jedoch auch nicht skeptisch, so aber *Pinon* (Fn. 14), S. 191.

⁵⁷ Das Koordinatensystem der französischen Verfassungsvergleichung zu erweitern und bis dahin weitgehend ignorierte (ehemals) autoritäre Systeme dort zu verorten, wird heute als für die Verfassungsrechtswissenschaft der Nachkriegszeit besonders einflussreich angesehen, s. C. *Cuvelier/D. Huet/C. Janssen-Bennynck*, La science française du droit constitutionnel et le droit comparé: les exemples de Rossi, Barthélemy et Mirkine-Guetzévitch, RDP 2014, S. 1534 (1574 f.).

⁵⁸ *Mirkine-Guetzévitch* (Fn. 1), S. 14.

⁵⁹ *Schönberger* (Fn. 50), S. 80, spricht aufgrund dieses Umstands von einer „Avantgarde aus Rückständigkeit".

Totalversagen der demokratischen Idee. Das Problem liege darin, dass das Verfassungsleben über die ganz und gar demokratischen Formulierungen der Verfassungen einfach hinweggehe. Die neuen Verfassungstexte seien trotzdem ein Fortschritt, da in ihnen die Möglichkeit angelegt sei, von der verkündeten zur gelebten Demokratie überzugehen.[60]

Die Verfassungen des „neuen Europas" beschäftigen die Verfassungsrechtswissenschaft in Frankreich, trotz – oder vielleicht auch wegen – der Schwierigkeiten, in die viele von ihnen bald geraten.[61] Je weiter die Realität die Rationalisierung der Macht in Frage stellt, desto mehr betonen auch ihre Befürworter, wie wichtig die politische Wirklichkeit sei.[62] Dennoch wird auch in den 1930er-Jahren die Rationalisierung noch als Kriterium der Demokratie gesehen. Ein Beispiel ist der zu diesem Zeitpunkt schon von der Münchner Fakultät vertriebene und in die USA emigrierte Verfassungsrechtler *Loewenstein*. Als wesentliches Merkmal des Verfassungsstaats im Gegen-

---

[60] *Mirkine-Guetzévitch* (Fn. 1), S. 16.

[61] S. etwa *E. Chavegrin*, Notice sur les lois constitutionnelles de 1919 en Allemagne, Annuaire de législation étrangère 17 (1920), S. 306 ff.; *ders.*, Communication sur le Président de l'Empire Allemand, BSLC 1923, S. 67 ff.; *O. A.*, René Brunet, La constitution allemande du 11 août 1919 [Rezension], Revue des sciences politiques 36 (1921), S. 138 ff.; *J. Blociszewski*, La constitution polonaise du 17 mars 1921, Revue des sciences politiques 37 (1922), S. 28 ff.; *ders.*, La constitution tchéco-slovaque, Revue des sciences politiques 37 (1922), S. 217 ff.; *ders.*, La constitution yougo-slave, Revue des sciences politiques 37 (1922), S. 522 ff.; *M. Caudel*, Les „démocraties modernes" de J. Bryce, Revue des sciences politiques 37 (1922), S. 555 ff.; *R. Carré de Malberg*, La question du caractère étatique des pays allemands et l'article 76 de la Constitution de Weimar, BSLC 1924, S. 285 ff.; *P. Matter*, B. Mirkine-Guetzévitch, Les constitutions de l'Europe nouvelle, 1928 [Rezension], Revue des sciences politiques 44 (1929), S. 310; *ders.*, F. R. et P. Dareste. Les constitutions modernes [Rezension], Revue des sciences politiques 45 (1930), S. 310; *O. A.*, Agnes Headlam-Morley, New democratic constitutions of Europe [Rezension], RPP 1930, S. 616 (616): „Mme Headlam-Morley nous donne, dans ces pages, une étude fort attentive des questions constitutionnelles dans *la nouvelle Europe*" (meine Hervorhebung); *O. A.*, B. Mirkine-Guetzévitch/A. Tibal, La Tchécoslovaquie [Rezension], Revue des sciences politiques 45 (1930), S. 150 ff.; *G. Renard*, Les constitutions de la nouvelle Europe, RPP 1930, S. 270 ff.; *B. Mirkine-Guetzévitch*, La défense de l'Etat démocratique en Tchécoslovaquie, RPP 1935, S. 562 ff.

[62] *B. Mirkine-Guetzévitch*, Pleins pouvoirs sous le régime parlementaire, Annales de l'Institut de Droit comparé III (1938), S. 69 (72 f.). S. aber auch früher schon *P. Matter*, Quarante ans d'évolution constitutionnelle en Europe [Rezension], Revue des sciences politiques 43 (1928), S. 620 (624): „les textes constitutionnels ne sont rien en eux-mêmes si on ne les rapproche de l'histoire et des mœurs du pays qu'il régissent" („Die Verfassungstexte allein sind nichts, wenn man sie nicht der Geschichte und den Sitten des Landes annähert, das sie regieren"). Als Beispiel zieht er Bayern heran, das Land mit den – dem Verfassungstext nach – Institutionen, die dem demokratischen Ideal am nächsten kämen: „Es scheint nicht das aktuell progressivste Land im Reich zu sein" („il ne semble pas que ce soit actuellement l'État le plus progressiste dans le Reich").

satz zu autoritären Regimen sieht er die Rechtsstaatlichkeit, die die Rationalität und Vorhersehbarkeit der Verwaltung garantiere, und eine klare Sphäre für das Privatrecht und die Grundrechte reserviere.[63] In Frankreich dreht sich die Debatte unterdessen vor allem um drei besonders kontroverse Themen. Sie betrifft die direkte Demokratie, besonders die Frage von Referenden, sowie die Parteienherrschaft und die Stärkung der Exekutive. Stets spitzt die Wissenschaft diese Themen auf die Frage zu, ob diese Entwicklungen Ausdruck der Rationalisierung des Parlamentarismus oder ihr Untergang sind.

In der Frage der Referenden sind *Carré de Malberg* und *Mirkine-Guetzévitch* entgegengesetzter Meinung. Während Ersterer in den neuen direktdemokratischen Elementen eine Analogie zum Übergang der absoluten auf die konstitutionelle Monarchie zu erkennen glaubt, lehnt Letzterer Referenden als Widerspruch zum Parlamentarismus völlig ab.[64] *Carré de Malberg* hält – zumindest in seinem Spätwerk – den Parlamentarismus für ein Übergangsregime, das, wenn nicht in die direkte Demokratie, so doch zumindest in eine Mischung aus direktdemokratischen und repräsentativen Institutionen münden werde.[65] Durch die Einführung von Referenden komme es zu einer radikalen Transformation der Machthierarchie, der Absolutismus des Parlaments könne so beendet werden.[66] *Mirkine-Guetzévitch* argumentiert dagegen, die Einführung direktdemokratischer Elemente in die europäischen Nachkriegsverfassungen zerstöre alle bisher erreichte Rationalisierung im neuen Parlamentarismus.[67] Man sei nun in eine Phase übergegangen, in der die Frage des Referendums ihren theoretischen Charakter ganz verloren habe.[68] *Carré de Malberg* zweifelt allerdings schon das Rationalisierungsnar-

---

[63] K. *Loewenstein*, Militant Democracy and Fundamental Rights (I), The American Political Science Review 31 (1937), S. 417 (418).

[64] S. den zuerst im Institut international de droit public, dessen Generalsekretär *Mirkine-Guetzévitch* war, gehaltenen und später in der RDP abgedruckten Vortrag von R. *Carré de Malberg*, Considérations théoriques sur la question de la combinaison du referendum avec le parlementarisme, RDP 1931, S. 225 (225); so auch *Barthélemy* (Fn. 49), S. 365 f.: Referenden in parlamentarischen Systemen seien seine natürliche Evolution, seine Rationalisierung; dagegen aber *Mirkine-Guetzévitch* (Fn. 9), Les nouvelles tendances, S. 81; zurückhaltender noch *ders.* (Fn. 13), L'Europe nouvelle, S. 29 f.; *ders.*, Les Constitutions de l'Europe Nouvelle, 2. Aufl. 1930, S. 27 f.

[65] *Carré de Malberg* (Fn. 64), S. 232; zu Früh- und Spätwerk eingehend C. *Schönberger*, Vom repräsentativen Parlamentarismus zur plebiszitären Präsidialdemokratie: Raymond Carré de Malberg (1861–1935) und die Souveränität der französischen Nation, Der Staat 34 (1995), S. 359 ff.

[66] *Carré de Malberg* (Fn. 64), S. 239, zum Absolutismus des Parlaments s. bereits a. a. O., S. 226.

[67] *Mirkine-Guetzévitch* (Fn. 9), Les nouvelles tendances, S. 81.

[68] So *Mirkine-Guetzévitch* (Fn. 9), Les nouvelles tendances, S. 59.

rativ an sich an. Man dürfe den Begriff der Rationalisierung bereits seiner Etymologie nach nicht auf eine Art der wissenschaftlichen Forschung reduzieren, die nur rein utilitaristischen Argumenten Tribut zolle. Stattdessen seien auch Gründe abzuwägen, die sich aus der Grundlage, ja dem Geist der Institutionen ergäben; dabei müsse man freilich achtgeben, die logische Stringenz der Ideen nicht zu kompromittieren.[69] Neben der Technik der neuen Verfassungen spielt für ihn also auch die ihnen zugrundeliegende Theorie weiter eine Rolle.[70]

Dieser Aspekt zeigt sich auch an einem verwandten Problemkreis, dem der Parteienherrschaft. Während für die einen – etwa *Carré de Malberg* – ein großer Vorteil von Referenden gerade darin liegt, die Parteienherrschaft abzumildern, ist für andere die Parteienherrschaft die logische Konsequenz der modernen Verfassungsstaaten.[71] Auch *Carré de Malberg* zufolge ist der herkömmliche Parlamentarismus ohne die Parteienpolitik undenkbar. In Frankreich sei sie aber zur „Plage" geworden.[72] Dagegen wiederholt etwa *Mirkine-Guetzévitch* das Dogma, dass der moderne Staat ein Parteienstaat sei, und greift zur Stärkung seiner Position auf *Kelsen* zurück.[73] Allerdings unterscheiden sich die Positionen *Kelsens* und derer, die sich im französischen Diskurs auf ihn berufen, doch teils erheblich. *Kelsens* Parteienstaat zeichnet sich ja vor allem dadurch aus, dass er die Bedingungen für Parteienvielfalt und eine auf Kompromiss ausgelegte Politik schafft.[74] *Mirkine-*

---

[69] *Carré de Malberg* (Fn. 64), S. 231.

[70] S. zu seiner Rolle in der Wiederbelebung des Theorietransfers auch sogleich → § 5 II 2.

[71] S. auch den auf Französisch erschienenen Bericht von *R. Thoma*, Les règles et la pratique du referendum dans le Reich Allemand et les Länder Allemands, Annuaire de l'Institut international de droit public 2 (1931), S. 335 ff., zu dieser Frage. Ders. schreibt zu Beginn (S. 335): „La question de savoir si, dans quelle mesure et par quels procédés de technique juridique des droits d'initiative directe et des droits de votation directe doivent être accordés aux citoyens d'une démocratie moderne, est à l'heure actuelle pour toutes les nations d'une importance d'autant plus considérable que le régime parlementaire est devenu l'objet d'une critique violente" („Die Frage, ob, in welchem Ausmaß und mit welchen rechtstechnischen Vorgängen Bürgern einer modernen Demokratie direkte Intitiativ- und Wahlrechte verliehen werden müssen, ist aktuell für alle Nationen umso wichtiger, als die parlamentarische Regierungsform zur Zielscheibe harscher Kritik geworden ist").

[72] *Carré de Malberg* (Fn. 64), S. 242: „la politique des partis, [...] après avoir été naguère considérée comme une des bases normales du parlementarisme entendu à l'anglaise, [...] est devenue chez nous, au dire de beaucoup, une *plaie*" (meine Hervorhebung).

[73] *H. Kelsen*, La démocratie. Sa nature. Sa valeur, 1932, S. 20 f., schreibt in der französischen Übersetzung seines Werks ‚Vom Wesen und Wert der Demokratie' (2. Aufl. 1929), das in einer von *J. Barthélemy* und *B. Mirkine-Guetzévitch* herausgegebenen Reihe erscheint: „La démocratie est donc nécessairement et inévitablement un Etat de partis *(Parteienstaat)*" (Hervorhebung im Original, „Die Demokratie ist also notwendig und unvermeidbar ein *Parteienstaat*"). Zur Rolle der Parteien s. auch *Mirkine-Guetzévitch* (Fn. 13), Teil 4, S. 522 f.

[74] *H. Kelsen*, Allgemeine Staatslehre, 1925, S. 349 f.

Guetzévitch dagegen hat etwas völlig anderes im Sinn. Nur ein System, in dem wenige Parteien um die Macht ringen und in dem es klare Mehrheiten gibt, sei ein funktionierendes System.[75] Die Frage der Parteienherrschaft wird so in der zeitgenössischen Diskussion oft mit der Forderung verbunden, die Exekutive zu stärken.[76]

Auch die Macht der Exekutive im Gefüge der Gewalten beschäftigt die Verfassungsvergleicher dieser Zeit stark. Dies liegt nicht nur daran, dass die neuen europäischen Verfassungen hier teils sehr viel weiter gehen als die alten. Ein Hauptgrund dürfte wohl auch die französische Praxis der décrets-lois sein, die sich zu jener Zeit immer größerer Beliebtheit erfreut. Die wissenschaftliche Auseinandersetzung über diese Exekutivverordnungen mit Gesetzeskraft ist kontrovers.[77] Während einige in der Stärke der Exekutive einen Rationalitätsgewinn sehen, betonen andere die Gefahren für die Demokratie.

Trotz der Konzentration auf die Betrachtung der juristischen Technik, die mit der Rationalisierung der Macht auf den Begriff gebracht wird, zeigt die Berufung auf *Kelsen* eines sehr deutlich. Auch die Theorie, oder genauer gesagt, die deutschsprachige Theorie, kommt in Frankreich zum Ende der 1920er-Jahre wieder in Mode. Darauf werde ich zurückkommen.[78]

---

[75] *Mirkine-Guetzévitch* (Fn. 13), Teil 4, S. 522 f. Näher *Pinon* (Fn. 4), S. 210; *R. Capitant*, La réforme du parlementarisme, 1934, S. 26, grenzt sich dagegen klar von *Kelsen* ab, was die Parteienherrschaft betrifft: „il vaudra mieux, pour nos institutions, ne pas trop prendre conseil du fondateur de la ‚théorie pure du droit'" („Was unsere Institutionen betrifft, ist es besser, nicht zu viele Ratschläge des Begründers der ‚Reinen Rechtslehre' anzunehmen").

[76] S. etwa *Giraud* (Fn. 1), S. 85 ff. Ein Gegenbeispiel ist aber *Carré de Malberg*, näher *Schönberger* (Fn. 65), S. 372, 370 mit Fn. 53.

[77] *R. Carré de Malberg*, La question de la délégation de puissance législative et les rapports entre la loi et l'ordonnance selon la Constitution de Weimar, BSLC 1925, S. 321 ff.; *B. Mirkine-Guetzévitch*, L'Exécutif dans le régime parlementaire, RPP 1931, S. 155 ff. Für die Stärkung der Exekutive auch *Giraud* (Fn. 1), S. 85 ff. S. auch die auf Französisch erschienenen Beiträge von *C. Schmitt*, Une étude de droit constitutionnel comparé. L'évolution récente du problème des délégations législatives, in: Introduction à l'étude du droit comparé, Bd. 3, 1938, S. 200 ff., zu gesetzgeberischen Delegationen an die Exekutive, sowie von *R. Smend*, Les actes de gouvernement en Allemagne, Annuaire de l'Institut international de droit public 2 (1931), S. 192 ff., der mit der Frage der „actes de gouvernement" ebenfalls die Grundfrage der Kompetenzverteilung zwischen Exekutive und Legislative problematisiert.

[78] S. unten → § 5 II 2.

II. Die Abkehr von der Verfassungsvergleichung als Technik

Von einer ungebrochenen Konjunktur der Verfassungsvergleichung als Technik kann in der Zwischenkriegszeit dennoch keine Rede sein. Zum einen ist sie, vor allem in der deutschen Staatsrechtswissenschaft, weder als Technik noch als Theorie besonders gefragt. Auch in der französischen Verfassungsrechtswissenschaft steht besonders in der unmittelbaren Nachkriegszeit der deutsch-französische Vergleich nicht hoch im Kurs – trotz inhaltlicher Parallelen mit Diskussionen in der neuen Weimarer Demokratie (1). Zum anderen wird der Theorietransfer in Frankreich durch eine umfassende Beschäftigung mit *Kelsens* Allgemeiner Staatslehre wiederbelebt, während andere Weimarer Staatsrechtslehrer in Frankreich keine vergleichbare Aufmerksamkeit genießen (2).

1. Weder Theorie noch Technik – Verfassungsvergleichung und die Diskussion um das richterliche Prüfungsrecht in der Krise des Parlamentarismus

Unterliegt das Parlament, das höchste Organ im Staat, in seiner gesetzgebenden Tätigkeit der Kontrolle anderer Staatsorgane? Um diese Frage dreht sich eine Diskussion, die die französische Verfassungsrechtswissenschaft zum Ende der Dritten Republik beschäftigt. Auch rechts des Rheins steht die gerichtliche Kontrolle von Parlamentsgesetzen zur Diskussion. Die Diskussion mag auf den ersten Blick rechtstechnisch scheinen (a), doch letztlich schwelt darunter in Frankreich wie in Deutschland ein politischer Glaubenskampf (b).[79] Aber auch die rechtstheoretischen und -methodologischen Konfliktlinien der Zeit spiegeln sich in diesem Streit (c). Anders als in der belle époque bezieht man sich jedoch nur noch vereinzelt aufeinander (d).[80] Die Verfassungsvergleichung wird für die französische Verfassungsrechtswissenschaft dann jedoch bald auch in dieser Diskussion prägend, allerdings vor allem der Vergleich mit dem Mutterland der gerichtlichen Kontrolle von

---

[79] Auch *Sontheimer* (Fn. 4), S. 75, spricht für die Diskussion in der Weimarer Republik von einem „Kampf um das richterliche Prüfungsrecht".

[80] Wenn auf andere Länder verwiesen wird, dann meist sehr knapp, s. etwa *Kaufmann* (Fn. 31), S. 15, der in seinem Staatsrechtslehrerreferat, in dem er Fragen der Verfassungsvergleichung eher als technische Fragen problematisiert, auch Bezug auf die Institutionenlehre *M. Haurious* nimmt. Auch *R. Carré de Malberg*, La constitutionnalité des lois et la Constitution de 1875, RPP 1927, S. 339 (S. 339 mit Fn. 1), verweist knapp auf die Diskussion zur Verwerfungskompetenz der Gerichte in Deutschland; außerdem ziehen *ders.*, a. a. O., S. 349, sowie *F. Larnaude*, L'inconstitutionnalité des lois et le droit public français, RPP 1926, S. 181 (183 ff.), die Situation in den Vereinigten Staaten heran (s. dazu unten → Fn. 87).

Parlamentsgesetzen, den Vereinigten Staaten von Amerika. In Deutschland greifen dagegen nur Einzelne auf verfassungsvergleichende Argumente zurück.

a) Rechtstechnische Konfliktlinien

Bricht man die Kontroverse auf ihre rechtstechnischen Fragen herunter, stellen sich diese links wie rechts des Rheins unterschiedlich dar und verdeutlichen so verschiedene Herangehensweisen. Juristen an den französischen Universitäten diskutieren, wie die Erklärung der Menschen- und Bürgerrechte aus dem Jahr 1789 juristisch einzuordnen sei. Nur, wenn man diese Erklärung als über der Verfassung stehendes, höherrangiges Recht auffasse, binde sie den Gesetzgeber und sei – möglicherweise – auch gegenüber dem Parlament gerichtlich einklagbar. Die deutschen Staatsrechtler kleiden die Frage nach der gerichtlichen Kontrolle von Parlamentsgesetzen dagegen in ein völlig anderes rechtstechnisches Gewand. Hier lautet die Frage, ob der Gleichheitssatz des Art. 109 Abs. 1 der Weimarer Reichsverfassung (WRV) auch den Gesetzgeber binde.

b) Rechtspolitische Konfliktlinien

Die Frage, ob die Justiz Gesetze und andere Akte des Parlaments überprüfen darf, wird nicht grundlos zu Zeiten virulent, in denen Zweifel am Parlamentarismus an der Tagesordnung sind. In der französischen Verfassungsrechtswissenschaft kommt hier die schon aus der belle époque bekannte Frage wieder zum Tragen, wie die Allmacht des Parlaments zu bändigen sei.[81] In der Weimarer Republik ist mit den Sozialdemokraten die frühere Opposition zur Regierung geworden. Die Staatsrechtslehre begegnet dem neuen demokratischen Fundament der Verfassung weitgehend mit Skepsis.[82] Hinter dem Plädoyer dafür, dass der Gleichheitssatz auch den Gesetzgeber binde, steckt oft bürgerliches Misstrauen gegenüber einem mächtigen Parlament mit neuen Mehrheitsverhältnissen. So warnt beispielsweise *Heinrich Triepel*, dass das „richterliche Prüfungsrecht […] in der parlamentarischen Republik, wenn nicht der einzige, so doch der wichtigste Schutz der bürgerlichen Freiheit gegenüber einem machthungrigen Parlament" sei.[83]

---

[81] S. dazu bereits oben → § 5 I 2, 3.
[82] *M. Stolleis*, Geschichte des öffentlichen Rechts in Deutschland, Bd. III, 1999, S. 57, betont, dass trotz der weit verbreiteten Skepsis kein Staatsrechtslehrer beim Übergang zur Republik sein Amt zurückgegeben habe. Dies sei Ausdruck der allgemeinen Überzeugung, eine unpolitische Arbeit fortzusetzen. S. hierzu bereits oben → § 4 III, → Fn. 203.
[83] *H. Triepel*, Der Weg der Gesetzgebung nach der neuen Reichsverfassung, AöR 39 (1920), S. 456 (537). Auch das Reichsgericht befeuert durch seine Worte in der Entscheidung RGZ 111, 320, 323, die Diskussion: „Da die Reichsverfassung selbst keine Vorschrift

Auch in Frankreich lässt sich ein Teil des Diskurses um das richterliche Prüfungsrecht letztlich auf diese rechtspolitische Kontroverse herunterbrechen. So warnt *E. Lambert* mit seinem aus der Verfassungsvergleichung gespeisten Argument vor dem US-amerikanischen „Regiment der Richter", die dort bisweilen schon mit „richterlicher Oligarchie" oder „Aristokratie der Robe" umschrieben werde.[84] Die Frage sei, ob man wirklich die konservativste aller drei Gewalten zum Schlussstein des Verfassungssystems machen wolle; denn genau dies tue man, wenn man das richterliche Prüfungsrecht aus den Vereinigten Staaten nach Frankreich transplantieren wolle.[85]

---

enthält, nach der die Entscheidung über die Verfassungsmäßigkeit der Reichsgesetze den Gerichten entzogen und einer bestimmten anderen Stelle übertragen wäre, muß das Recht und die Pflicht des Richters, die Verfassungsmäßigkeit von Reichsgesetzen zu prüfen, anerkannt werden". Den Worten folgen aber kaum Taten. In Frankreich behaupten weite Teile der Lehre, die diffuse gerichtliche Kontrolle sei im französischen öffentlichen Recht bereits angelegt und bedürfe keiner expliziten Verfassungsänderung, während die Justiz dem nicht folgt, s. *É. Lambert*, Quatre années d'exercice du contrôle de la constitutionnalité des lois par la Cour suprême des États-Unis, in: Mélanges Maurice Hauriou, 1929, S. 471 f., unter Verweis auf *Henri Berthélemy*, der diese Auffassung sogar vor dem tribunal de la Seine vertreten habe, das ihm aber nicht gefolgt sei. Später hält *Lambert*, a. a. O., S. 501, dieser Auffassung entgegen, die Zurückhaltung der französischen Gerichte, die Verfassungsmäßigkeit von Parlamentsgesetzen zu überprüfen, sei mittlerweile zu Verfassungsgewohnheitsrecht erwachsen. *Lambert* wirft der französischen Verfassungsrechtswissenschaft vor, Spezifika des US-amerikanischen Rechtssystems zu verkennen, wie etwa die Präzedenzwirkung der Urteile des Supreme Court. So hätten die verfassungsrechtlichen Urteile eine größere Autorität als selbst die Erlasse der alten französischen Parlamente, die zumindest der König außer Kraft setzen konnte. In den USA seien die Urteile aber für die Legislative Gesetz, *Lambert*, a. a. O., S. 481.

[84] *É. Lambert*, Le gouvernement des juges ou la lutte contre la législation sociale aux États-Unis, 1921, S. 8 f.

[85] *Lambert* (Fn. 84), S. 221, bezeichnet die US-amerikanische Judikative als die konservativste aller Gewalten. Dies sei jedoch überall so (*ders.*, a. a. O., S. 223), was man bedenken müsse, denke man über eine „Transplantation" der gerichtlichen Kontrolle von Parlamentsakten nach, *ders.*, a. a. O., S. 222; s. auch *ders.* (Fn. 83), S. 470, wo er die Frage nach den „Vor- und Nachteilen der Transplantation der gerichtlichen Kontrolle von Gesetzen" offener formuliert („les avantages et les inconvénients qu'offrirait la transplantation en France du contrôle judiciaire de la constitutionnalité des lois tel qu'il est pratiqué en Amérique").

Die Warnung von *Lambert* (Fn. 84), S. 223 f., ist vor allem dem „Kampf der Gerichte" gegen die Arbeiter- und Sozialgesetzgebung geschuldet, denn zu Zeiten der Präsidentschaft *F. D. Roosevelts* erweist sich der Supreme Court als konservative Bremse seiner Reformen in diesen Bereichen. Er parallelisiert die „due process of law"-Bestimmung im US-amerikanischen Verfassungsrecht mit der französischen Déclaration, um die Übertragbarkeit der Argumentation des Supreme Courts zu veranschaulichen.

Auf S. 20 zieht *ders.* eine Parallele zwischen dem britischen House of Lords und dem US-amerikanischen Höchsten Gericht, die beide ähnliche Kontrollfunktionen gegenüber dem Parlament bzw. dem Unterhaus ausübten.

c) Rechtstheoretische und methodologische Konfliktlinien

Es wäre allerdings auch eine Reduktion, die Diskussion um das richterliche Prüfungsrecht als rein politischen Konflikt innerhalb der französischen Verfassungsrechtswissenschaft oder der deutschen Staatsrechtslehre zu sehen, der allein der Krise des Parlamentarismus geschuldet ist.[86] Hinter den erwähnten rechtstechnischen Kontroversen verbirgt sich mehr als nur ein politischer Konflikt. Wenn in Frankreich über die Einordnung der Erklärung der Menschen- und Bürgerrechte von 1789 gestritten wird, hängt das zunächst mit dem Problem zusammen, dass die Verfassung von 1875 zu der Erklärung schweigt.[87] Letztlich steht aber weniger der Inhalt der Menschenrechtserklärung in Streit als ihre (Rechts-)Natur. Während die einen sie für eine höherrangige Norm halten, betonen andere Autoren, die Erklärung sei nichtrechtlicher Natur.[88]

---

[86] Dagegen sprechen bereits die Positionen *Schmitts* und *Kelsens*, die in der Diskussion keineswegs in das Schema der soeben dargestellten politischen Konfliktlinien passen. Zu ihrer Kontroverse näher sogleich im Haupttext nach → Fn. 91.

[87] Diese Fragestellung ist natürlich stark auf die französische Verfassung bezogen. So zieht *Carré de Malberg* (Fn. 80), S. 339, Art. 8 Abs. 1 der Verfassung von 1875 heran, der die Kompetenz des Parlaments festschreibt, die Verfassung zu ändern, und daraus wie aus der starken Stellung der Legislative nach dem französischen Verfassungssystem (a. a. O., S. 347 ff.) folgert (a. a. O., S. 345): „c'est [le Parlement] qui se trouve érigé en juge de la constitutionnalité des lois" („[das Parlament] ist zum Richter der Verfassungsmäßigkeit von Gesetzen bestimmt"). Allerdings verweist er auch auf den für ihn ausschlaggebenden Unterschied zu den Vereinigten Staaten, wo das Verfassungssystem keine so starke Stellung der Parlamente vorsehe, und sie nicht alleine die Verfassung ändern könnten (a. a. O., S. 349). Gegen die „judikative Ausnahme der Verfassungswidrigkeit" auch *Larnaude* (Fn. 80), S. 181: „l'exception judiciaire de l'inconstitutionnalité", der im Anschluss an *Boutmy* betont, zwischen dem Verfassungssystem der USA und Frankreichs bestehe kein gradueller, sondern ein prinzipieller Unterschied.

[88] *Duguit* (Fn. 53), S. 160, bezeichnet die Erklärung als „Grundgesetz" („loi fondamentale"); *M. Hauriou*, Précis de Droit constitutionnel, 2. Aufl. 1929, S. 625 ff., spricht von einer historischen Entwicklung, die zu einer sozialen Verfassung geführt habe; deren Verfassungstext sei die Menschenrechtserklärung; *H. Berthélemy*, Les limites du pouvoir législatif, RPP 1925, S. 355 (357): „le respect du droit constitutionnel, dans notre pays, est depuis longtemps atrophié par un préjugé qu'il importe de détruire: ce préjugé consiste à dire que l'inconstitutionnalité des lois est dépourvue de toute sanction" („die Beachtung des Verfassungsrechts wird in unserem Land seit Langem durch ein Vorurteil erstickt, das es zu zerstören gilt: Dieses Vorurteil besteht darin zu sagen, dass die Verfassungswidrigkeit von Gesetzen folgenlos ist"); anders aber noch *ders.*, De l'exercice de la souveraineté par l'autorité administrative, RDP 1904, S. 209 (209 mit Fn. 1): „le respect de la constitution n'a d'autre sanction que la bonne volonté législative" („die Beachtung der Verfassung wird durch nichts sanktioniert als durch den guten Willen des Gesetzgebers"); auch *Carré de Malberg* (Fn. 47), S. 492 f., betont, es gebe keine verfassungsrechtliche Garantie dafür, dass die Individualrechte von Angriffen durch den Gesetzgeber verschont blieben; so auch *A. Esmein/H. Nézard*, Éléments de droit constitutionnel français et comparé, Bd. 1,

Dieser Streit erinnert wiederum zumindest im Ansatz an die Positionen im Weimarer Methodenstreit, der etwa zur gleichen Zeit in der deutschen Staatsrechtswissenschaft geführt wird.[89] Denn auch hier kritisiert die neue geisteswissenschaftliche Strömung bekanntermaßen den Positivismus, da dieser durch seine Konzentration auf das positive, gesetzte Recht eine wert- und wirklichkeitsbetonte Staatsrechtslehre unmöglich mache.[90] Der Positivismus wiederum lehnt die neue geisteswissenschaftliche Strömung als Wiederkehr der Metaphysik, den Dezisionismus als nur notdürftig bemäntelte politische Ideologie ab.[91]

In diesen Kontext fällt auch die Kontroverse um den „Hüter der Verfassung" zwischen *Hans Kelsen* und *Carl Schmitt*. Damit sind natürlich nur die beiden bekanntesten Stimmen in einem breiteren Meinungsspektrum angesprochen, die ich im Folgenden als Antipoden dieser Diskussion idealtypisch isoliere.[92] Die Debatte dreht sich ebenfalls um die Frage der gerichtlichen

---

8. Aufl. 1927, S. 601: „Une loi qui supprimerait ou entamerait une liberté ou l'un des droits garantis par la Constitution ne serait pas nulle pour cela. Incontestablement elle n'aurait pas dû être votée par le Corps législatif, qui, en l'adoptant, a violé la Constitution. Mais une fois votée, elle devient cependant obligatoire" („Ein Gesetz, das in eine Freiheit oder eines der von der Verfassung garantierten Rechte eingreift oder es aufhebt, ist deswegen nicht nichtig. Zweifellos hätte es von der Legislative nicht verabschiedet werden dürfen, die, indem sie es angenommen hat, die Verfassung verletzt hat. Aber einmal verabschiedet wird es dennoch bindend").

[89] Dies zeigt erneut, dass eine rein an politischen Konfliktlinien orientierte Darstellung eine Reduktion wäre: Weder die positivistische noch die geisteswissenschaftliche Strömung mit allen ihren Nuancen (man vergleiche etwa *Leibholz'* Rechtsidealismus und *Hellers* soziologisch informierten Ansatz) sind „Ausdruck einer bestimmten Machtstaatslehre"– wie *[H.] Heller*, Diskussionsbeitrag, VVDStRL 3 (1927), S. 57, treffend formuliert. So ist *Kaufmann* Deutschnationaler, *Heller* dagegen Sozialdemokrat.

[90] Die Kritik ist von beiden Seiten natürlich weitaus differenzierter, wird aber in Diskussionen auch häufig nur beiläufig erwähnt. S. beispielhaft etwa *[G.] Holstein*, Diskussionsbeitrag, VVDStRL 3 (1927), S. 55: „Was mir im Hintergrund der heutigen Diskussion zu stehen scheint, scheint mir eben die Wendung zur geistesgeschichtlichen Methode in der Jurisprudenz zu sein". Auch *Nawiasky* (Fn. 31), S. 25, meint gleich zu Beginn seines Referats: „Die Ergebnisse, zu denen wir beide [er und *Kaufmann*] gelangen, sind vielleicht gar nicht so verschieden wie der Weg, die Methode".

[91] S. etwa die Kritik von *H. Kelsen*, Wer soll der Hüter der Verfassung sein?, 1931, S. 56, der von der „typische[n] Methode moderner Ideologiebildung" spricht. Dies ist freilich hauptsächlich auf *Carl Schmitt* bezogen. S. auch den Beitrag von *H. Kelsen*, Diskussionsbeitrag, VVDStRL 3 (1927), S. 53 f., der nur in diesem Zusammenhang verstanden werden kann: „Und der Schrei nach Metaphysik tönt jetzt – nach einer Periode des Positivismus und Empirismus,– wieder allenthalben und auf allen Erkenntnisgebieten".

[92] *H. Kelsen*, Wesen und Entwicklung der Staatsgerichtsbarkeit, VVDStRL 5 (1929), S. 30 ff.; *C. Schmitt*, Der Hüter der Verfassung, 1931; *Kelsen* (Fn. 91), Hüter der Verfassung; zur Kontroverse jüngst *D. Grimm*, Recht oder Politik, 2020, S. 9 ff.; für die Methode einer idealtypischen Isolierung einzelner Wissenschaftler und ihrer Positionen *F. W. Graf*,

II. Abkehr von der Technik

Überprüfbarkeit von Gesetzen, sie ist allerdings stark geprägt durch die beiden Protagonisten dieses Streits. *Kelsens* verfassungstheoretisches Plädoyer für eine Verfassungsgerichtsbarkeit, der allein dieses Recht zustehen solle, trifft auf *Schmitts* Argument für den Reichspräsidenten, das zwischen Theorie und Dogmatik oszilliert.

Kelsen verortet die Verfassungsgerichtsbarkeit in seiner Theorie des Stufenbaus der Rechtsordnung und betrachtet ihre Funktion als die eines negativen Gesetzgebers;[93] die Verfassungsgerichtsbarkeit ist für ihn eine Möglichkeit unter anderen, die Verfassungsmäßigkeit der Gesetze zu gewährleisten.[94] Letztlich zeigt *Kelsen* eine aus seiner Sicht theoretisch ansprechende Verfassungsgestaltung auf, ohne dadurch den Anspruch zu erheben, Aussagen über das positive Recht unter der WRV zu treffen. Bei *Schmitt* wird dagegen die Theorie zum dogmatischen Argument – das gilt auch für Aspekte, die er aus der Verfassungsvergleichung gewinnt. So argumentiert er, die Weimarer Reichsverfassung habe den Reichpräsidenten zum Hüter der Verfassung bestimmt.[95] Dafür differenziert *Schmitt* zwischen dem „Gesetzgebungsstaat" und dem „Justizstaat". Das Deutsche Reich sei der ersten Kategorie zuzuordnen, darum könne es keine Verfassungsgerichtsbarkeit oder Staatsgerichtsbarkeit als Hüter der Verfassung geben.[96] In den Vereinigten Staaten sei dagegen die Justiz „Hüter und Wahrer der bestehenden Gesellschafts- und Wirtschaftsordnung".[97] Sie seien ein „Justizstaat".[98] Wenn heute Gerichte als Hüter der Verfassung bezeichnet würden, so liege das an Fehlvorstellungen über den Höchsten Gerichtshof der Vereinigten Staaten. Der Supreme Court habe sich – trotz seiner „autoritären Auslegung von Begriffen wie Eigentum, Wert und Freiheit" – für so manchen deutschen Juristen zum „Mythos" entwickelt.[99] Daher sei das richterliche Prüfungsrecht „nicht einfach auf die politisch und sozial ganz anders gearteten Zustände eines europäischen Kontinentalstaates [zu] übertragen".[100] *Schmitts* Konzept

---

Puritanische Sektenfreiheit versus lutherische Volkskirche. Zum Einfluß Georg Jellineks auf religionsdiagnostische Deutungsmuster Max Webers und Ernst Troeltschs, ZNThG 9 (2002), S. 42 (51).

[93] *Kelsen* (Fn. 92), S. 33 ff., zum Stufenbau; zum „negative[n] Gesetzgeber" s. S. 56.

[94] Wenn er auch andere Möglichkeiten, etwa die Vernichtung rechtswidriger Gesetze durch ihren Urheber, das Parlament, selbst, als „politisch naiv" bezeichnet, *Kelsen* (Fn. 92), S. 53.

[95] *Schmitt* (Fn. 92), S. 132 ff.

[96] *Schmitt* (Fn. 92), S. 75 f.

[97] Auch *Schmitt* (Fn. 92), S. 18, bezieht sich also – wie weite Teile der französischen Verfassungsrechtswissenschaft – auf das Mutterland der gerichtlichen Kontrolle von Parlamentsgesetzen.

[98] *Schmitt* (Fn. 92), S. 13.

[99] *Schmitt* (Fn. 92), S. 12.

[100] *Schmitt* (Fn. 92), S. 13.

vom Reichspräsidenten als Hüter der Verfassung führt den „Gesetzgebungsstaat" allerdings ad absurdum. Denn werde, wie *Kelsen* kritisiert, ein Zustand der „Einheit des deutschen Volkes" an die Stelle des aus *Schmitts* Sicht „verfassungswidrigen Pluralismus" gesetzt, so gipfele dies in einer „Apotheose des Art. 48" WRV, dem Notverordnungsrecht.[101]

d) Eine inhaltliche Parallele bei gegenseitiger Nichtbeachtung

Das richterliche Prüfungsrecht von Parlamentsgesetzen beschäftigt die Wissenschaft in Frankreich und in Deutschland und dennoch beziehen sich französische Verfassungsrechtler zunächst kaum auf deutsche Fachkollegen, geschweige denn andersherum. Dies mag für die französische Wissenschaft auf den ersten Blick erstaunen. Denn die französischen Protagonisten des Diskurses – genannt seien etwa *Hauriou* und *Duguit* – sind weitgehend dieselben wie die der vergleichsaffinen belle époque, wobei freilich eine neue Generation hinzutritt.[102] Zum Teil liegt das sicherlich daran, dass das Ende des Ersten Weltkriegs eine Zeitenwende für die vergleichende Verfassungsrechtswissenschaft einläutet. Der Krieg vertieft die Gräben zwischen den benachbarten Ländern; davon ist auch der wissenschaftliche Austausch nicht ausgenommen.[103] Dazu kommt, dass die Kontroverse um den „Hüter der Verfassung"

---

[101] *Kelsen* (Fn. 91), Hüter der Verfassung, S. 54.
[102] S. bereits oben → § 4 II. Zur neuen Generation französischer Verfassungsrechtswissenschaftler zählen etwa *René Capitant* und *Joseph Barthélemy* (sein Name findet sich oft mit Bindestrich zwischen Vor- und Nachnamen, den er wohl zur Unterscheidung vom Verwaltungsrechtler *Henri Berthélemy* verwendet).
[103] S. nur *Thamin* (Fn. 8), S. 131; der erste Beitrag über Frankreich nach dem Krieg findet sich erst im JöR aus dem Jahr 1927: *E. von Hippel*, Die Entwicklung des öffentlichen Rechts in Frankreich seit 1914, JöR a. F. 15 (1927), S. 149 ff.; s. zur oft sehr kritischen Behandlung der Friedensverträge zu Kriegsende von deutscher Seite aus: *H. Kraus*, Der Friedensvertrag von Versailles, JöR a. F. 9 (1920), S. 291 ff.; *A. Verdroß*, Der Friedensvertrag von St. Germain-en-Laye, JöR a. F. 10 (1921), S. 474 ff.; *H. J. Held*, Unter dem Friedensvertrag von Versailles nach Locarno und Genf, JöR a. F. 15 (1927), S. 313 ff. 1933 spricht *O. Koellreutter*, Vorwort, JöR a. F. 21 (1933/34), S. I (V), dann ganz offen vom „Versailler Diktat".
Allerdings kommt es – einige Zeit nach Kriegsende – durchaus auch wieder dazu, dass sich deutsche und französische Wissenschaftler mit dem Schaffen der jeweils anderen beschäftigen, s. *M. Aubry*, Chronique constitutionelle d'Allemagne, RDP 1922, S. 593 ff.; *U. Scheuner*, Die Entwicklungen des öffentlichen Rechts in Frankreich in der Zeit vom 1. Januar 1927 bis 1. Juli 1931, JöR a. F. 19 (1931), S. 137 ff., sowie *W. Jellinek*, Le droit public de l'Allemagne en 1934, RDP 1935, S. 346 ff. S. auch *Chavegrin* (Fn. 61); *A. Ballot*, Le Reich et les „pays" qui le composent, Revue des sciences politiques 38 (1923), S. 556 ff.; *P. Matter*, Les partis politiques en Allemagne, Revue des sciences politiques 38 (1923), S. 349 ff.; *Carré de Malberg* (Fn. 61); *ders.*, La distinction des lois matérielles et formelles et le concept de loi dans la Constitution de Weimar (I), BSLC 1928, S. 597 ff.; *ders.*, La distinction des lois matérielles et formelles et le concept de loi dans la Constitution de Weimar (II), BSLC 1929, S. 155 ff.

sich zwischen *Kelsen* und *Schmitt* erst Anfang der 1930er-Jahre entwickelt; die Diskussion in der französischen Verfassungsrechtswissenschaft beschäftigt sich dagegen schon viel länger mit dem Thema.[104]

Die Diskussion um das richterliche Prüfungsrecht zeigt, dass französische und deutsche Fachkollegen sich trotz inhaltlicher Parallelen in dieser Frage kaum aufeinander beziehen. Wenn verfassungsvergleichend argumentiert wird, dann vor allem in Bezug auf das Mutterland der gerichtlichen Kontrolle von Parlamentsgesetzen, die Vereinigten Staaten von Amerika. Während das von *Lambert* gezeichnete Schreckbild des Supreme Court in Frankreich jedoch den Diskurs bestimmt, beziehen sich in Deutschland nur vereinzelt Autoren verfassungsvergleichend auf die Vereinigten Staaten.[105] Links und rechts des Rheins arbeiten die Wissenschaftler gerade bei den rechtstechnischen Aspekten dieser Frage jedoch überhaupt nicht verfassungsvergleichend, sodass die Tragweite der Verfassungsvergleichung als Technik für die Zwischenkriegszeit als eingeschränkt zu sehen ist.

2. „Revolution"[106] der Reinen Rechtslehre? Die Rückkehr des Theorietransfers

Auch in einer weiteren Hinsicht lässt sich in der Zwischenkriegszeit eine Abkehr von der Verfassungsvergleichung als Technik beobachten. Der Theorietransfer lebt wieder auf.[107] Das liegt vor allem an *Kelsens* Allgemeiner

---

[104] Als Beispiel mag *Berthélemy* (Fn. 88), De l'exercice de la souveraineté, gelten, der sich schon Anfang des 20. Jahrhunderts zu der Frage äußert. Freilich gewinnt die Diskussion Anfang der 1920er-Jahre an Schwung, was auch *Lamberts* Werk zuzuschreiben ist.

[105] Ein Beispiel ist *Carl Schmitt*, s. bereits den Haupttext oben mit → Fn. 97.

[106] *R. Redslob*, Hans Kelsen. Allgemeine Staatslehre [Rezension], RDP 1926, S. 147 (150): „Ce livre est une *révolution* [...]. Or, on ne peut pas ignorer une révolution. Il faut la combattre ou s'y rallier" („Dieses Buch ist eine *Revolution*. Eine Revolution kann man aber nicht ignorieren. Man muss sie bekämpfen, oder sich ihr anschließen", meine Hervorhebung).

[107] Zum Begriff → § 4 I. Freilich war er auch nicht ganz versiegt, wie etwa einige Beiträge *Duguits* zeigen, in denen er sich aber an den Theoretikern aus der Kaiserzeit – wie etwa *G. Jellinek* – abarbeitet. *L. Duguit*, La doctrine allemande de l'auto-limitation de l'Etat, RDP 1919, S. 161 ff.; ders., Le droit et le problème de l'État, RDP 1920, S. 521 ff. Auch *Carré de Malberg* (Fn. 47), S. V, hält es für sinnvoll, sich noch einmal zum „Staat von gestern" (ebd.) – und damit auch zu älterer deutscher Staatstheorie – umzudrehen, um seine wesentlichen Merkmale im Hinblick auf zukünftige Vergleiche festzuhalten. So beschreibt er auch das Anliegen seines Hauptwerkes im Vorwort: „Peut-être, cependant, n'est-il pas inutile, en cette époque de transition, et à raison même des probabilités de transformation prochaine, de se retourner, une fois encore, *vers l'État d'hier*, pour recueillir et fixer, en vue des comparaisons futures, ses traits essentiels, avant qu'ils aient commencé à s'altérer plus ou moins gravement" (meine Hervorhebung).

Staatslehre.¹⁰⁸ *Raymond Carré de Malbergs* Hauptwerk, das bereits im Untertitel auf die deutsche Disziplin der ‚Allgemeinen Staatslehre' anspielt, erscheint noch vor der Übersetzung von *Kelsens* Beitrag zu dieser Disziplin. Der Schwerpunkt *Carré de Malbergs* liegt schon dort auf dem Aufgreifen theoretischer Konzepte, dem Theorietransfer.¹⁰⁹ Sein Vorgehen ist dagegen nicht rechtsvergleichend in dem Sinn, dass er viele Beispiele aus dem materiellen Recht anderer Staaten heranzöge.¹¹⁰ Doch erst mit *Kelsen* lebt der Theorietransfer in größerem Umfang wieder auf.

Die Allgemeine Staatslehre von *Hans Kelsen* weckt von Beginn an das Interesse der französischen Verfassungsrechtswissenschaft. Das Buch sei eine „Revolution", die man nicht ignorieren könne. Man müsse sie bekämpfen oder sich ihr anschließen.¹¹¹ Die Ursprünge der „Revolution" liegen wohl in der Veröffentlichung einer gekürzten und von *C. Eisenmann* übersetzten Fassung von *Kelsens* Allgemeiner Staatslehre.¹¹² Ziel ist, die „großen Linien" des Werks einem französischen Publikum näherzubringen.¹¹³ Bis weit in die

---

¹⁰⁸ S. *H. Kelsen*, Aperçu d'une théorie générale de l'État, RDP 1926, S. 561 ff.; *ders.*, La garantie juridictionnelle de la constitution (La Justice constitutionelle), RDP 1928, S. 197ff.; *Redslob* (Fn. 106); *C. Eisenmann*, Sur quelques ouvrages allemands de droit public, RDP 1929, S. 548 ff.

¹⁰⁹ *R. Carré de Malbergs* Schüler *R. Capitant*, L'œuvre juridique de Raymond Carré de Malberg, Archives de philosophie du droit et de sociologie juridique 7 (1937), S. 81 (88), schreibt über den Ansatz seines akademischen Lehrers, er sei ganz freiwillig „Theoretiker" geblieben („il est volontairement resté théoricien"), er wolle eine juristische Theorie, keine „politische Beschreibung" liefern („il n'a pas entendu en [la Constitution] faire une déscription politique"); dies stehe freilich im Gegensatz zu englischen Autoren, die die politischen Systeme in ihren Sitten und Praktiken beschreiben und die Fakten notieren. Freilich hätten „sich einige französische Verfassungsrechtler seitdem dieser Schule zugewandt" („Certains constitutionnalistes français se sont depuis, mis à cette école"). *Capitant* spielt hier auf *Barthélemy* an, s. *Beaud* (Fn. 10), S. 102. Die gravierenden Unterschiede im verfassungsrechtswissenschaftlichen Verständnis von *Capitant* und *Barthélemy* zeigen sich in ihrer Behandlung des Verfassungsgewohnheitsrechts: Während *Barthélemy* schlicht dessen Wichtigkeit in der Praxis der III. Republik betont (*ders./Duez* (Fn. 10), S. 40f.), sucht *Capitant* die Existenz des Verfassungsgewohnheitsrechts theoretisch herzuleiten, *ders.* (Fn. 48); skeptisch dagegen *Carré de Malberg* (Fn. 80), S. 353: „la coutume ne peut, en aucun cas, acquérir, au point de vue juridique, une valeur constitutionnelle. L'expression coutume constitutionnelle renferme, au point de vue du juriste, une *contradictio in adjecto*" („die Gewohnheit kann in keinem Fall, von einem juristischen Standpunkt aus, Verfassungsrang erlangen. Der Ausdruck Verfassungsgewohnheitsrecht ist, vom juristischen Standpunkt aus, eine *contradictio in adiecto*").

¹¹⁰ Zu seiner wichtigen Rolle im Theorietransfer s. aber sogleich im Haupttext. Den Aspekt, dass *Carré de Malberg* (Fn. 47), sich in der Contribution kaum mit dem Vergleich mit ausländischem Verfassungsrecht beschäftigt, betont auch *P. M. Gaudemet*, Paul Laband et la doctrine française de droit public, RDP 1989, S. 957 (968).

¹¹¹ So der bereits oben in der Überschrift zu → § 5 II 2 zitierte *Redslob* (Fn. 106), S. 150.

¹¹² *Kelsen* (Fn. 108), Aperçu.

¹¹³ *Kelsen* (Fn. 108), Aperçu, S. 562 mit Fn. 1: „Nous résumons, dans cet Aperçu, les

1930er-Jahre hinein erscheinen immer wieder übersetzte und teilweise gekürzte Fassungen der Werke *Kelsens* in Frankreich.[114]

Die Reaktionen der französischen Theoretiker lassen nicht lange auf sich warten. *Duguit* vergleicht *Kelsens* Ansatz mit denen *Haurious* und *Génys* und versucht zu zeigen, dass all diese Theorien letztlich Beweis für den Übergang zur objektivistischen juristischen Konstruktion sind, für die er auch selbst einsteht.[115] In seiner scharfen Kritik an *Kelsens* Thesen greift er die im deutschen Sprachraum bereits zuvor geäußerte Kritik auf, es handele sich beim *Kelsen'schen* Ansatz um eine „Konstruktion reiner Formallogik".[116] Diese sei zwar in sich logisch, spiegele aber – besonders wegen ihrer kategorialen Trennung von *Sein* und *Sollen* – die Wirklichkeit nicht angemessen wider. Wichtiger scheint *Duguit* aber ein anderer Kritikpunkt zu sein. Identifiziere man, wie *Kelsen*, den Staat mit dem Recht, sei es ziemlich schwierig, aus dem Recht eine Beschränkung des Staates durch das Recht abzuleiten. Juristische Spekulationen seien aber sinnlos, wenn sie die Mächtigsten in einer Gesellschaft nicht mit den Mitteln des positiven Rechts in die Schranken weisen könnten. Dies sei dann ein „juristischer Pantheismus", der für *Duguit* als Negation des öffentlichen Rechts überhaupt erscheine.[117] *Duguit* ist bei weitem nicht der einzige Verfassungstheoretiker, der sich mit der *Kelsen'schen* Theorie be-

---

grandes lignes d'un ouvrage que nous avons publié récemment sous le titre d'*Allgemeine Staatslehre* (Berlin, J. Springer 1925)" (Hervorhebung im Original).

[114] S. etwa *H. Kelsen*, La méthode et la notion fondamentale de la théorie pure du droit, Revue de métaphysique et de morale (1934), S. 183 ff.; *ders.*, Droit et état du point de vue d'une théorie pure, Annales de l'Institut de Droit comparé II (1936), S. 17 ff.

[115] *L. Duguit*, Les doctrines juridiques objectivistes, RDP 1927, S. 537 (539 f.). Dieser Beitrag ist teilweise wortgleich mit einem Kapitel aus seinem Traité de droit constitutionnel, Bd. 1, 3. Aufl. 1927, S. 42 ff.: „§ 4. La doctrine normativiste de Kelsen". Bevor er sich *Kelsens* Theorie zuwendet, die er unter dem Stichwort der normativistischen Theorie behandelt, setzt er zu einer Entschuldigung an. Diese Theorie nehme derzeit eigentlich einen zu großen Platz in der Welt des Rechts ein, um sie nicht in einer eigenen, nur ihr gewidmeten Studie zu behandeln, *Duguit*, a. a. O., S. 554. Dass *Duguit* hier noch ganz apologetisch auftritt, hindert ihn einige Seiten später freilich nicht daran, *Kelsens* Theorien scharf zu kritisieren.

Den Objektivismus *Duguits* und den *Kelsens* stellt *O. Jouanjan*, Duguit et les allemands, in: F. Melleray (Hrsg.), Autour de Léon Duguit, 2011, S. 195 (214 ff.), einander gegenüber.

[116] *Duguit* (Fn. 115), Doctrines, S. 572, unter Verweis auf die Kritik von *A. Hold-Fernek*, Der Staat als Übermensch. Zugleich eine Auseinandersetzung mit der Rechtslehre Kelsens, 1926; *F. Sander*, Rechtsdogmatik oder Theorie der Rechtserfahrung? Kritische Studie zur Rechtslehre Hans Kelsens, 1921; *ders.*, Kelsens Rechtslehre. Kampfschrift wider die normative Jurisprudenz, 1923. S. auch die im Wortlaut gleiche Passage in *Duguit* (Fn. 115), Traité, S. 64: „une construction de pure logique formelle".

[117] *Duguit* (Fn. 115), Doctrines, S. 573; *ders.* (Fn. 115), Traité, S. 65: „En un mot le panthéisme juridique de Kelsen […] m'apparaît comme la négation même du droit public".

schäftigt;[118] auch *Carré de Malbergs* letzte Schrift befasst sich intensiv mit *Kelsen*.[119]

Auch *Kelsens* Standpunkt zur Verfassungsgerichtsbarkeit und damit ein spezieller Aspekt der allgemeineren Debatte um die gerichtliche Kontrolle von Parlamentsgesetzen wird in der französischen Verfassungsrechtswissenschaft aufgegriffen. *Schmitts* Position bleibt dort dagegen weitgehend unbekannt. Woran liegt es, dass *Kelsens* Weimarer Antagonist zu dieser Zeit im französischen Diskurs kaum je aufgegriffen wird? Zum einen gilt *Kelsen* als Vater der österreichischen Verfassung von 1920. Sie ist eine der ersten, die überhaupt ein Verfassungsgericht enthält, und jedenfalls die erste, bei der diese Institution tatsächlich Bedeutung erlangt.[120] Zum anderen promoviert aber auch *C. Eisenmann*, der viele der Arbeiten *Kelsens* ins Französische übersetzt und so ein wichtiger Vermittler *Kelsen'scher* Ansätze wird, zu diesem Thema.[121] Er stellt der Analyse des österreichischen Systems einen Vergleich zwischen *Hauriou*, *Gény* und *Duguit* voraus, was letztlich eine Art Vergleichsfolie zum *Kelsen'schen* Ansatz bietet. Während *Kelsen* 1928 selbst wichtige Erkenntnisse zur Verfassungsgerichtsbarkeit auf Französisch veröffentlicht, sucht noch im selben Jahr *M. Waline* nach Elementen einer Theorie der Verfassungsgerichtsbarkeit im französischen positiven Recht.[122]

---

[118] S. etwa *Tasič*, Le relativisme et normativisme dans la science juridique, Revue internationale de la théorie du droit (1926–27), S. 165 ff.

[119] *R. Carré de Malberg*, Confrontation de la Théorie de la formation du droit par degrés avec les idées et les institutions consacrées par le droit positif français relativement à sa formation, 1933.

[120] Die gescheiterte Paulskirchenverfassung enthielt auch schon Bestimmungen über eine separate Verfassungsgerichtsbarkeit, Abschnitt V. Das Reichsgericht, Art. 1 § 125 ff., abgedruckt in E. R. Huber (Hrsg.), Dokumente zur Deutschen Verfassungsgeschichte, Bd. 1, 3. Aufl. 1978, S. 388 f. Kurz vor der österreichischen Verfassung vom 1. 10. 1920 (in französischer Übersetzung abgedruckt in der RDP 1921, S. 261 ff., für die deutschsprachige Originalfassung s. D. Gosewinkel/J. Masing (Hrsg.), Die Verfassungen in Europa, 2006, S. 1550 ff.) etablierte auch die Verfassung der Tschechoslowakei vom 29. 2. 1920 einen Verfassungsgerichtshof, der aber nie ähnliche Wirkmacht entwickeln konnte. S. insbesondere auch das Gesetz vom 29. Februar 1920 betreffend die Einführung der Verfassungsurkunde der Tschechoslowakischen Republik, in: Gosewinkel/Masing, a. a. O., S. 1828, Art. 1 Abs. 1: „Gesetze, die der Verfassungsurkunde, ihren Bestandteilen und den sie abändernden und ergänzenden Gesetzen widersprechen, sind ungültig"; Art. 2: „Das Verfassungsgericht entscheidet darüber, ob die Gesetze der Tschechoslowakischen Republik [...] dem Grundsatze des Art. 1 entsprechen". Zu den Hintergründen der trotz dieser Normen geringen Wirkmacht *J. Osterkamp*, Verfassungsgerichtsbarkeit in der Tschechoslowakei (1920–1939), 2009, S. 11 ff.; der Text des Gesetzes über das Verfassungsgericht findet sich bei *F. Adler*, Das tschechoslowakische Verfassungsrecht in den Jahren 1922 bis 1928, JöR a. F. 17 (1929), S. 239 (290 ff.); der vollständige Verfassungstext in Gosewinkel/Masing (Hrsg.), a. a. O., S. 1829 ff.

[121] *C. Eisenmann*, La justice constitutionnelle et la Haute Cour d'Autriche, 1928.

[122] *M. Waline*, Éléments d'une théorie de la juridiction constitutionnelle en Droit positif

Schmitt ist im französischen Diskurs, wie erwähnt, weit weniger präsent; dies bedeutet aber nicht, dass seine Werke gar nicht aufgegriffen werden.[123] *René Capitant* setzt sich in den 1930er-Jahren mit *Schmitts* Schrift zur Präsidentschaft auseinander.[124] Dies stößt in der Zwischenkriegszeit aber auf weniger Widerhall als etwa *Duguits* Auseinandersetzung mit *Kelsens* Schriften. In den 1920er- und 30er-Jahren bleibt es in Frankreich daher bei der „Revolution" der Reinen Rechtslehre. 1926 erscheint zudem die unter anderem von *Kelsen* und *Duguit* herausgegebene zweisprachige Internationale Zeitschrift für Rechtstheorie zum ersten Mal.[125] Trotz der Vorbehalte gegenüber Wissenschaftlern aus dem deutschsprachigen Raum findet auch dadurch eine starke Auseinandersetzung mit *Kelsens* Thesen statt.

Umgekehrt beschäftigt sich jedoch die deutsche Verfassungsrechtswissenschaft weniger mit französischen Lehren, was an ihrer Konzentration auf die neue Verfassung und die Probleme des Verfassungslebens liegt. Der in Frankreich zu jener Zeit kaum beachtete *Schmitt* ist einer der wenigen Vertreter der deutschen Staatsrechtslehre, die sich mit zeitgenössischer französischer Theorie auseinandersetzen. Wie zuvor *Kaufmann* in seinem Staatsrechtslehrerreferat setzt sich auch *Schmitt* mit der Institutionenlehre *Maurice Haurious* auseinander.[126] *Schmitts* „konkrete Ordnung" und sein „Ordnungsdenken" speisen sich aus seinem Verständnis der *Hauriou'schen* Institutionen-

---

français, RDP 1928, S. 441 ff. *Kelsen* (Fn. 108), La garantie juridictionnelle. S. auch die direkt hintereinander veröffentlichten Beiträge von *dems.*, La garantie juridictionnelle de la Constitution (La Justice constitutionnelle), Annuaire de l'Institut international de droit public 1 (1929), S. 52 ff., und *R. Carré de Malberg*, La sanction juridictionnelle des principes constitutionnels, Annuaire de l'Institut international de droit public 1 (1929), S. 144 ff., in denen sie ihre unterschiedlichen Auffassungen zur Kontrolle der Verfassungsmäßigkeit von Gesetzen durch Gerichte darlegen.

[123] *M. Baldus*, Carl Schmitt im Hexagon. Zur Schmitt-Rezeption in Frankreich, Der Staat 26 (1987), S. 566 (567), spricht von einer „sehr vereinzelt und leitmotivlos bzw. unsystematisch und unstet geführte[n] Auseinandersetzung mit dem Denken Schmitts". Allerdings wurden einzelne Aufsätze übersetzt, etwa *Schmitt* (Fn. 77), S. 200 ff.

[124] *R. Capitant*, Le rôle politique du président du Reich, Politique 1932, S. 216 ff., wieder abgedruckt in *ders.*, Écrits constitutionnels, 1982, S. 435 ff.; *Schmitt* (Fn. 92); s. dazu und zu den Spekulationen, *Schmitts* Konzeption habe, vermittelt über *Capitant*, Einfluss auf die Verfassung der V. Republik ausgeübt, *N. Wahl*, Aux origines de la nouvelle Constitution, RFSP 9 (1959), S. 30 (58).

[125] Ihr französischer Name lautet ‚Revue internationale de la théorie du droit', *Weyr* ist der dritte Ko-Herausgeber.

[126] *Kaufmann* (Fn. 31), S. 15; *C. Schmitt*, Über die drei Arten rechtswissenschaftlichen Denkens, 2. Aufl. 1993 (zuerst 1934), S. 45 ff. Auch früher beruft sich *Schmitt* schon auf *Hauriou*, aber erst später auch auf seine Institutionenlehre. So bezieht er sich etwa auf *Haurious* Charakterisierung der Zeit des Parlamentarismus als „Epoche der Diskussion", s. *C. Schmitt*, Die geistesgeschichtliche Lage des heutigen Parlamentarismus, 2. Aufl. 1926, S. 61 mit Fn. 1.

lehre.¹²⁷ Freilich radikalisiert *Schmitt* die Ideen *Haurious* in einem antiliberalen, autoritären Sinn.¹²⁸ So lässt er seine Leserschaft völlig im Dunkeln darüber, dass die Prinzipien der Gewaltenteilung und der repräsentativen Demokratie Kern der Konzeption *Haurious* sind.¹²⁹

Der Theorietransfer lebt also vor allem in Frankreich wieder auf. An der unterschiedlichen Bedeutung, die *Kelsen* und *Schmitt* als zwei beispielhaft herausgegriffene Staatsrechtslehrer der Weimarer Zeit spielen, zeigt sich zum einen die wichtige Rolle, die Vermittler wie *Eisenmann* spielen. Zum anderen veranschaulicht sie aber auch, dass *Kelsens* Ansätze, die sich von der Dogmatik der Weimarer Reichsverfassung bewusst fernhielten, in Frankreich auf mehr Resonanz stießen als die *Schmitt'schen*, die sich weder klar als theoretisch noch klar als dogmatisch zuordnen lassen.¹³⁰

III. Thesen

1. Nach dem Ersten Weltkrieg, der auch für die Verfassungsvergleichung eine Zäsur bedeutet, gewinnt die Verfassungsvergleichung im Frankreich der Zwischenkriegszeit langsam wieder an Bedeutung. Während in Deutschland lediglich diskutiert wird, ob die Verfassungsvergleichung zulässige Auslegungstechnik der neuen Weimarer Reichsverfassung ist, kommt es in Frankreich zu einer pragmatischen Wende in der Verfassungsvergleichung. Im Fokus steht nun die Rechtstechnik der neuen Nachkriegsverfassungen Mittel- und Osteuropas. Hinter einer Verfassungsvergleichung als ‚Technik' verbirgt sich also zum einen eine Methodendiskussion im Bereich der Rechtsauslegung, zum anderen die Analyse neu entstandener Verfassungen und ihrer Rechtstechnik.

2. Der Begriff der „Rationalisierung der Macht" prägt den Diskurs in der französischen Verfassungsrechtswissenschaft, die sich unter dem Einfluss *B. Mirkine-Guetzévitchs* zunehmend mit der Technik der neuen Verfassungen beschäftigt, die nach dem Ersten Weltkrieg in Mittel- und Osteuropa in Kraft treten. Die Theorie sei zur Rechtstechnik geronnen und führe zur Rationalisierung der Macht.

3. Die Verfassungsvergleichung wird jedoch bei weitem nicht immer als Technik betrachtet. Sie spielt in der zeitgenössischen Staats- und Verfassungsrechtswissenschaft – etwa bei der Frage des richterlichen Prüfungsrechts – gerade in rechtstechnischen Fragen nur eine untergeordnete Rolle,

---

¹²⁷ *Schmitt* (Fn. 126), Über die drei Arten, S. 17 f.
¹²⁸ *O. Beaud*, Préface, in: *C. Schmitt*, Théorie de la Constitution, 1993, S. 8 mit Fn. 10.
¹²⁹ *M. Hauriou*, La théorie de l'institution et de la fondation, Cahiers de la Nouvelle Journée 23 (1933), S. 89 ff. (zuerst 1925).
¹³⁰ S. zu diesem letzten Punkt bereits oben → § 5 II 1, nach Fn. 92.

obwohl die Diskussionen links und rechts des Rheins inhaltlich verflochten sind. Hier wie dort spiegeln sich darin zum einen politische Konfliktlinien, die mit der Krise des Parlamentarismus zusammenhängen, sowie zum anderen Meinungsverschiedenheiten auf theoretischer und methodologischer Ebene.

4. Besonders in Frankreich, vereinzelt aber auch in Deutschland, greifen die Verfassungsrechtswissenschaften bei der Streitfrage des richterlichen Prüfungsrechts auf die Erfahrung der Vereinigten Staaten mit dem Supreme Court zurück. Besonders in Frankreich wird dabei das Bild eines abschreckenden Beispiels gezeichnet.

5. Man kann für die Verfassungsvergleichung nicht von einer völligen Abkehr von der Theorie sprechen, zumindest in Frankreich. Der Theorietransfer lebt in Frankreich wieder auf, besonders nach dem Erscheinen einer gekürzten und übersetzten Fassung von *Kelsens* Allgemeiner Staatslehre. *Kelsens* Ansätze, die sich von der Dogmatik der Weimarer Reichsverfassung bewusst fernhalten, stoßen in Frankreich auf weitaus mehr Resonanz als die *Schmitt'schen* Thesen, die zwischen Theorie und Dogmatik oszillieren.

§ 6

Die Institution als Akteur. Neue Beobachterperspektiven in der Verfassungsvergleichung

> „L'intérêt porté à la justice constitutionnelle n'est pas la manifestation de ce que l'on pourrait appeler une mode mais d'un phénomène plus profond qui est en train de transformer notre système juridique et politique."[1]

Nach dem Zweiten Weltkrieg endet das ‚Zeitalter der Parlamente' in Deutschland; die Verfassungsgerichtsbarkeit – und insbesondere die neue Institution des Bundesverfassungsgerichts – weckt nun das Interesse der Wissenschaft.[2] Der Fokus der französischen Verfassungsrechtlerinnen liegt dagegen zunächst weiter auf dem Parlamentarismus. Die Verfassungsrechtswissenschaften links und rechts des Rheins treten also zeitlich versetzt ins ‚Zeitalter der Verfassungsgerichte' ein (I). Vom Ende der 1980er-Jahre an steigt das Interesse jedoch merklich. Auch in Frankreich avancieren die Verfassungsgerichte zu einem der beliebtesten Vergleichsgegenstände, während in Deutschland das Interesse ungebrochen groß ist (II). Zunächst rücken Verfassungsgerichte – wie in der belle époque und in der Zwischenkriegszeit

---

[1] *L. Favoreu*, La politique saisie par le droit, 1988, S. 9: „Das Interesse, das der Verfassungsgerichtsbarkeit entgegengebracht wird, ist nicht Ausdruck dessen, was man eine Mode nennen könnte, sondern Ausdruck eines tiefergehenden Phänomens, das unser juristisches und politisches System verändert".

[2] Zum hier verwendeten Begriff der Verfassungsgerichtsbarkeit sei auf *G. Brunner*, Der Zugang des Einzelnen zur Verfassungsgerichtsbarkeit im europäischen Raum, JöR n. F. 50 (2002), S. 191 (192 f.), verwiesen, der darunter eine gerichtliche Entscheidungstätigkeit in Verfassungssachen versteht. S. auch *F. Moderne*, Rapport de synthèse, Annuaire International de Justice Constitutionnelle II (1986), S. 219 (219), der von einem „Verfassungsrichter im weiten Sinne" („juge constitutionnel lato sensu") spricht. Bereits unmittelbar nach dem Zweiten Weltkrieg findet in Deutschland eine intensive Auseinandersetzung mit der großen Innovation statt, die das Bundesverfassungsgericht für das deutsche Verfassungssystem darstellt. Diese strahlt auch in die komparatistisch arbeitenden Teile der Verfassungsrechtswissenschaft aus, s. hierzu nach → Fn. 38. Der Fokus liegt hier jedoch auf dem Diskurs ab Ende der 1980er-Jahre bis heute, da hier die deutsch-französischen Verflechtungen besonders offenbar werden, s. dazu sogleich im Haupttext nach → Fn. 46.

die Parlamente – als Vergleichs*objekt* ins Zentrum des Interesses. Dass Verfassungsgerichte zum beliebten Vergleichsobjekt werden, scheint an sich recht trivial zu sein, doch der Eintritt in das neue Zeitalter der Verfassungsgerichte verändert auch den wissenschaftlichen Zugriff in der Verfassungsvergleichung. Später werden sie nämlich auch als Vergleichs*subjekte* wahrgenommen, also als Akteure, die selbst Verfassungen vergleichen (III). Dies würde an sich die methodischen Prämissen einer auf Institutionen zentrierten Verfassungsvergleichung in Frage stellen, denn sie müsste ihre Perspektive neu ausrichten auf diese Akteure. Der Umstand wird aber dadurch wieder eingefangen, dass die neuen akteurszentrierten Perspektiven bisher häufig bloße Lippenbekenntnisse sind.

I. Der versetzte Eintritt ins ‚Zeitalter der Verfassungsgerichte'

Die Verfassung der V. Republik von 1958 löst die französische Nachkriegsverfassung von 1946[3] ab. Die neue Konstitution legt in ihren Art. 56 bis 63 das normative Fundament einer Innovation gegenüber der gescheiterten IV. Republik: den Conseil constitutionnel. In den Anfangsjahren der V. Republik ist diese neue Institution vor allem mit Wahlprüfungsverfahren[4] sowie – in weit geringerem Umfang – mit abstrakten Normenkontrollen[5] betraut.[6] Dabei handelt es sich zunächst um *a-priori*-Normenkontrollen vor dem Inkrafttreten der überprüften Norm.[7]

In Frankreich zweifelt man lange daran, ob überhaupt von einer Verfassungsgerichtsbarkeit gesprochen werden kann. Bis heute gibt es in der französischen Verfassungsrechtswissenschaft Diskussionen, wie der Verfassungsrat zu reformieren sei, oder ob man ihn gar durch ein ‚richtiges' Verfassungsgericht ersetzen müsse.[8] Jedenfalls bis zum Beginn der 1970er-Jahre bleibt der

---

[3] Die Verfassung der IV. Republik wird am 27. 10. 1946 verkündet und tritt am 24. 12. 1946 in Kraft.

[4] Art. 58 bis 60 der Verfassung von 1958.

[5] Art. 61 der Verfassung von 1958.

[6] Für die Erläuterung und graphische Darstellung des Entscheidungsaufkommens in den verschiedenen Verfahrensarten über die Jahre s. *R. K. Weber*, Der Begründungsstil von Conseil constitutionnel und Bundesverfassungsgericht, 2019, S. 26 ff. Neben den beiden genannten Verfahrensarten ist der Verfassungsrat auch in organisationsrechtlichen Fragen insbesondere der gerichtsinternen Verwaltung sowie beratend und konsultativ tätig, a. a. O., S. 30 f.

[7] Erst 2010 kommt die *a-posteriori*-Normenkontrolle hinzu, die sog. Question prioritaire de constitutionnalité (meist kurz QPC genannt) durch Reform vom 23. 7. 2008, die am 1. 3. 2010 in Kraft tritt. S. eingehend *M. K. Walter*, Verfassungsprozessuale Umbrüche, 2015.

[8] S. etwa den Debattenbeitrag von *D. Rousseau*, Pour une Cour constitutionnelle?,

Verfassungsrat eine *Institution ohne Eigenschaften*, deren Position im institutionellen Gefüge sich nicht so recht herauskristallisieren mag.[9]

Das liegt auch an den Intentionen, die die Väter der Verfassung der V. Republik, der Gaullist *Michel Debré* und der Verfassungsrechtler *René Capitant*, bei der Schaffung des Verfassungsrats verfolgt haben.[10] Die Kompetenzen des Verfassungsrats sind vor allem als Schutzwall gedacht, um die Unabhängigkeit und die Prärogativen der Exekutive zu bewahren.[11] Denn zu Beginn der V. Republik ist die Angst vor dem „Regiment der Richter"[12] nach wie vor groß. Dem entspricht auch der eng umgrenzte Kreis der nur vier Antragsberechtigten. Nur der Präsident der Republik, der Premierminister und die beiden Präsidenten der Parlamentskammern dürfen damals den Verfassungsrat anrufen. Eine Individualbeschwerde entspreche dagegen, so *Debré*, weder dem Geist des parlamentarischen Systems noch der französischen Tradition.[13]

RDP 2002, S. 363 ff., der eine radikale Reform des Verfassungsrates fordert; kritisch gegenüber dieser Kontroverse, die von falschen Problemen ausgehe und das Vergleichsobjekt nicht nach den Zwecken des Vergleichs bestimme, sondern nach der angeblich intrinsischen Natur des Objekts, *O. Pfersmann*, Classifications organocentriques et classifications normocentriques de la justice constitutionnelle en droit comparé, in: En hommage à Francis Delpérée. Itinéraires d'un constitutionnaliste, 2007, S. 1153 (1154). Im Folgenden gehe ich von einem weiten Begriff der Verfassungsgerichtsbarkeit aus, der an die Aufgabe der gerichtlichen Kontrolle von Parlamentsgesetzen anknüpft. Er umfasst den französischen Conseil constitutionnel wie das BVerfG. In den Diskursen, deren Analyse diesem Kapitel zugrunde liegt, wird jedoch stets ein derart weiter Begriff verwendet, der neben den beiden genannten auch den US-amerikanischen Obersten Gerichtshof umfasst.

[9] Wie der Protagonist in *R. Musil*, Der Mann ohne Eigenschaften, Bd. 1, 1978; Bd. 2, 1978, entzieht sich die Institution jeder Festlegung und hält sich so alle Optionen offen.

[10] *M. Debré*, Allocution de M. Michel Debré, garde des Sceaux, ministre de la Justice (1958), in: Comité national chargé de la publication des travaux préparatoires des institutions de la Ve République (Hrsg.), Documents pour servir à l'histoire de l'élaboration de la Constitution du 4 octobre 1958, Bd. III, 1991, S. 255 (260). Zum Einfluss *René Capitants* als *de Gaulles* bevorzugter Berater in verfassungsrechtlichen Fragen *O. Jouanjan*, § 2. Grundlagen und Grundzüge staatlichen Verfassungsrechts in Frankreich, in: A. von Bogdandy/P. Cruz Villalón/P. M. Huber (Hrsg.), Handbuch Ius Publicum Europaeum, Bd. I, 2007, S. 87 (106 Rn. 28).

[11] *Debré* (Fn. 10), S. 260: „La Constitution crée ainsi une arme contre la déviation du régime parlementaire" („Die Verfassung schmiedet so eine Waffe gegen den Irrweg des parlamentarischen Regimes"). Eingehend zum Hintergrund *P. Mels*, Bundesverfassungsgericht und Conseil constitutionnel, 2003, S. 80 ff.

[12] Der Ausdruck „gouvernement des juges", der häufig auch mit „Regierung der Richter" übersetzt wird, geht auf *É. Lambert*, Le gouvernement des juges ou la lutte contre la législation sociale aux États-Unis, 1921, zurück, der damit die Praxis des US-amerikanischen Obersten Gerichts kritisiert, die damals als reaktionär wahrgenommen wird, s. dazu bereits oben → § 5 II 1 b), nach → Fn. 83; sowie *L. Favoreu*, Le Conseil constitutionnel et l'alternance, RFSP 34 (1984), S. 1002 (1006); *Mels* (Fn. 11), S. 58 f.

[13] Bei *Debré* (Fn. 10), S. 260, tritt klar zutage, dass der französische Verfassungsrat als

Die Verfassung der V. Republik wird als Reaktion auf eine schwere Staatskrise ausgearbeitet. Der Fall der IV. Republik und die darauffolgende Präsidentschaft von Charles de Gaulle stehen in engem Zusammenhang mit dem Algerienkrieg, der 1954 beginnt. Als der Dekolonisierungskonflikt im Mai 1958 im Staatsstreich von Algier kulminiert, wächst bei Politikern nahezu aller Couleur die Überzeugung, der Widerstandskämpfer und Weltkriegsgeneral de Gaulle müsse mit der Staatsleitung betraut werden.[14] Die Gaullisten haben neben den putschenden rechtsradikalen Kräften in Algerien die notorische Instabilität der Regierungen der IV. Republik zu ihren Gunsten ausgenutzt.[15] Der Putsch verfestigt in der Öffentlichkeit den Eindruck, die IV. Republik und ihre Eliten seien handlungsunfähig und nicht in der Lage, den Algerienkonflikt zu beenden. Gleichzeitig genießt de Gaulle durch seine Verdienste in der Résistance hohes Ansehen.

Nach einem geheimen Treffen mit dem soeben gewählten neuen Ministerpräsidenten *Pflimlin* lässt de Gaulle vor der nationalen Presse verlautbaren,

---

Verteidiger der Exekutive und nicht als Bollwerk zum Schutz des Einzelnen gegen Grundrechtseingriffe des Staats konzipiert ist: „Il n'est ni dans l'esprit du régime parlementaire ni dans la tradition française de donner à la justice, c'est-à-dire à chaque justiciable, le droit d'examiner la valeur de la loi" („Es gehört weder zum Geist des parlamentarischen Regimes noch zur französischen Tradition, der Justiz, d. h. jedem Rechtssuchenden, ein Prüfungsrecht hinsichtlich des Wertes des Gesetzes zuzugestehen"); *J. Boulouis*, Le défenseur de l'Exécutif, Pouvoirs 1991, S. 33 (33): „à l'origine il ne faisait de doute pour personne que le Conseil devait sa création, non pas au revirement d'une opinion devenue soudain favorable à un véritable contrôle de la constitutionnalité des lois, toujours suspect au plus grand nombre de conduire au gouvernement des juges, mais bien au souci d'assurer une sanction juridique aux dispositions qui, dans la nouvelle Constitution, consacraient, avec la restauration de l'autorité gouvernementale, l'indépendance et les prérogatives de l'Exécutif qui en étaient les conditions" („zu Beginn gab es für niemanden Zweifel daran, dass der Rat seine Schaffung nicht einer plötzlichen Befürwortung der Kontrolle der Verfassungsmäßigkeit von Gesetzen schuldete, die für die allermeisten immer noch verdächtig war, zu einem Regiment der Richter zu führen, sondern vielmehr dem Anliegen, jenen Bestimmungen eine Rechtsfolge zuzusichern, die in der neuen Verfassung mit der Wiederherstellung der Regierungsmacht der Unabhängigkeit und den Vorrechten der Exekutive diente, die dafür Voraussetzung waren").

In der Literatur findet sich aber auch die Deutung des Verfassungsrats als Element des rationalisierten Parlamentarismus im Sinne *B. Mirkine-Guetzévitchs*, s. etwa *L. Favoreu*, Chronique constitutionnelle et parlementaire française. Le Conseil constitutionnel régulateur de l'activité normative des pouvoirs publics, RDP 1967, S. 5 (5). Zur Rationalisierung der Macht durch *Mirkine-Guetzévitchs* s. bereits oben → § 5 I 3, mit Fn. 49.

[14] Freilich mit Ausnahme etwa der kommunistischen Partei, *R. Leroy*, Causes et conditions de Mai 1958, in: *H. Claude/D. Tartakowsky/E. Mignot/R. Leroy*, La IVᵉ République, 1972, S. 139 (155 f.).

[15] Näher zum Zusammenhang des Dekolonisierungsprozesses in Algerien mit dem Fall der IV. Republik *J. Julliard*, La IVᵉ République, 1968, S. 212 f.; *Jouanjan* (Rn. 10), S. 100 Rn. 18.

I. Zeitalter der Verfassungsgerichte

das „reguläre Verfahren" zur Gründung einer republikanischen Regierung eingeleitet zu haben.[16] Diese ebenso kühne wie falsche Behauptung wird von der amtierenden Regierung nicht dementiert, sie erklärt vielmehr ihren Rücktritt. De Gaulle wird im Juni 1958 zum Regierungschef gewählt und beginnt umgehend, sein zweiteiliges Regierungsprogramm umzusetzen: die Bewältigung des Algerienkonflikts durch eine parlamentarische Generalvollmacht zugunsten der Regierung und eine zunächst als Verfassungsreform titulierte Ausarbeitung der Verfassung der V. Republik.[17]

Sein Justizminister *Debré* leitet eine Arbeitsgruppe, die die neue Verfassung entwirft. Spätestens seit seiner Rede von Bayeux 1946 ist de Gaulle als Verfechter eines starken Präsidentenamtes bekannt. Dies spiegelt sich in der neuen Verfassung ebenso wider wie die Einhegung des Parlaments. *Debré*, der wie de Gaulle zu Zeiten den Zweiten Weltkriegs in der Résistance aktiv war, setzt als Experte für die Rechtsetzungstechnik der neuen Verfassung den bei den damaligen Publizisten vorherrschenden Zeitgeist gegen den „Despotismus des Parlaments" normativ um.[18] Gleichzeitig wendet sich *Debré* entschieden gegen ein präsidentielles System US-amerikanischer Prägung. Nun ist in Frankreich vom rationalisierten Parlamentarismus die Rede.[19]

Nachdem die Vorschläge der Arbeitsgruppe einem beratenden Gremium und anschließend dem Conseil d'État vorgelegt und in Teilen verändert worden sind, stimmt das französische Volk bei dem abschließenden Referendum mit überwältigender Mehrheit für die neue Verfassung.[20] Dies stellt den Beginn der V. Republik mitsamt seiner neuen Institution des Verfassungsrats dar. Dessen Stellung ändert sich im Verlauf der Zeit entscheidend.

Während das Bundesverfassungsgericht in seinem Statusbericht[21] aus dem Jahre 1952 noch seinen Status als *Verfassungs*organ durchsetzen musste, wurde seine Eigenschaft als Organ der *Rechtsprechung* von niemandem bezweifelt; beim Conseil constitutionnel ist es genau andersherum.[22] Erst seit der „wahrhaft historischen Entscheidung"[23] zur Vereinigungsfreiheit aus dem

---

[16] *Jouanjan* (Rn. 10), S. 101 Rn 18.
[17] *Jouanjan* (Rn. 10), S. 101 f. Rn 19 f.
[18] S. näher *N. Wahl*, Aux origines de la nouvelle Constitution, RFSP 9 (1959), S. 30 ff.
[19] Zur ‚Rationalisierung der Macht'→ Fn. 13 a. E.; → § 5 I 2 mit Fn. 49.
[20] *Jouanjan* (Rn. 10), S. 103 Rn. 23.
[21] *[G. Leibholz]*, Der Status des Bundesverfassungsgerichts, JöR n. F. 6 (1957), S. 109 ff. Hierzu instruktiv *J. Collings*, Gerhard Leibholz und der Status des Bundesverfassungsgerichts, in: A.-B. Kaiser (Hrsg.), Der Parteienstaat, 2013, S. 227 ff.; zu *Leibholz'* Werk und der zeitgenössischen wie heutigen Kritik daran s. auch die anderen Beiträge in diesem Sammelband.
[22] *Jouanjan* (Rn. 10), S. 114 Rn. 39; *ders.*, Modèles et représentations de la justice constitutionnelle en France: un bilan critique, Jus Politicum 2 (2009), S. 1 (7).
[23] *J. Rivero*, Le Conseil constitutionnel et les libertés, 2. Aufl. 1987, S. 9, spricht von einer „wahrhaft historischen Entscheidung" („décision[...] véritablement historique").

Jahre 1971[24] und der einschneidenden Verfassungsänderung von 1974[25], die den Kreis der Antragsteller für die Normenkontrolle um die parlamentarische Minderheit erweitert, wird der Verfassungsrat mehrheitlich als Rechtsprechungsorgan angesehen.[26] Andere Stimmen sind aber weiterhin hörbar. Die fehlende Neutralität der Richterauswahl spreche etwa dafür, so einige Juristinnen, dass es sich beim Conseil constitutionnel um ein politisches Organ und nicht etwa um ein rechtsprechendes handele.[27] Argumente dieser Art versuchen andere Stimmen unter Rückgriff auf weitere Verfassungsordnungen wieder auszuräumen. Auch die Bestimmung der Supreme-Court-Richter

---

Heute ist für die Verfassungsrechtswissenschaft auch vom „tournant arrêtiste" (also in etwa der „Urteils-Wende") die Rede, s. etwa *A. Viala*, Le droit constitutionnel à l'heure du tournant arrêtiste. Questions de méthode, RDP 2016, S. 1137 ff. *J. Rivero*, Les principes fondamentaux reconnus par les lois de la République: une nouvelle catégorie constitutionnelle?, Recueil Dalloz Sirey, Chronique 1972, S. 265 (265), vergleicht die Entscheidung aus dem Jahre 1971 mit Marbury v. Madison; dagegen *L. Favoreu/L. Philip*, Les grandes décisions du Conseil constitutionnel, 1975, S. 270 (287). S. dazu auch *G. Ress*, Der Conseil Constitutionnel und der Schutz der Grundfreiheiten in Frankreich. Betrachtungen aus Anlaß der Entscheidung des Conseil Constitutionnel vom 16. Juli 1971 zur *Reform des französischen Vereinigungsrechts* mit rechtsvergleichenden Hinweisen, JöR n. F. 23 (1974), S. 121 ff.

[24] Kontext dieser Entscheidung war die Gründung kommunistischer Vereine, etwa Les Amis de la Cause du Peuple um *Simone de Beauvoir*. Vereinsgründungen sollten nach dem Willen des Gesetzgebers mittels Vorabkontrolle durch die Verwaltung eingeschränkt werden, näher *Weber* (Fn. 6), S. 105.

[25] Diese Wertung ist freilich nicht die zeitgenössische, in deren Wahrnehmung die Verfassungsänderung von 1974 völlig unwichtig ist, s. etwa *P. Juillard*, Chronique constitutionnelle et parlementaire française. Difficultés du changement en matière constitutionnelle: l'aménagement de l'article 61 de la Constitution, RDP 1974, S. 1703 (1704), der von einer „Veränderung um null Grad" spricht („le degré zéro du changement"). S. auch *M. Duverger*, Un gramme de démocratie, Le Monde v. 11. 10. 1974, <https://abonnes.lemonde.fr/archives/article/1974/10/11/un-gramme-de-democratie_2538643_1819218.html?xtmc=une_gramme_de_democratie&xtcr=1> (zuletzt abgerufen am 15 3.2022).

[26] *F. Luchaire*, Le Conseil constitutionnel est-il une juridiction?, RDP 1979, S. 27 ff.; *ders.*, Le Conseil constitutionnel, JöR n. F. 38 (1989), S. 173 (175 ff.). Laut *J.-P. Lebreton*, Les particularités de la juridiction constitutionnelle, RDP 1983, S. 419 (419), entbrennt die Debatte über Natur des Verfassungsrats in den 1980er-Jahre noch einmal aufs Neue; *C. Émeri*, Gouvernement des juges ou véto des sages, RDP 1990, S. 335 (337), bedient sich besonders bildhafter Sprache: Der Verfassungsrat sei ein Organ, auf das die Fledermaus-Metapher passe: „Ich bin ein Vogel, seht meine Flügel an, ich bin eine Maus, es leben die Ratten".

[27] Scharfe Kritik an der Auswahl der Mitglieder des Verfassungsrats findet sich auch bei *R. de Lacharrière*, Opinion dissidente (1980), Pouvoirs 1991, S. 141 (142), der von „neuf personnes totalement irresponsables, arbitrairement désignés et, de surcroît, en fait le plus souvent choisies selon les aimables critères de la faveur personnelle" („neun absolut unverantwortliche Personen, die willkürlich bestimmt und, zu allem Überfluss, am häufigsten anhand der freundlichen Kriterien der persönlichen Gefälligkeit ausgewählt werden").

I. Zeitalter der Verfassungsgerichte 149

in den Vereinigten Staaten oder der große Einfluss der politischen Parteien auf die Richterauswahl für das Bundesverfassungsgericht seien schließlich nicht gerade unpolitisch.[28]

Die „zweite Geburt des Verfassungsrates"[29] 1971 und die Reform von 1974,[30] die die Zahl der Entscheidungen kräftig steigen lässt, fällt mit einer „dritten Welle" zusammen, während derer nicht nur neue Verfassungsgerichte entstehen, sondern auch die bereits bestehenden erneuert werden.[31] Als Beispiel hierfür wird etwa das 19. Grundgesetz-Änderungsgesetz genannt, das die bis dato nur einfachgesetzlich geregelte Verfassungsbeschwerde konstitutionalisiert.[32] Wenig später wird auch die Möglichkeit der Lebenszeiternennung von Richtern beseitigt.[33] So werden auch Verfassungsgerichte erneuert, die in der zweiten Welle – der Nachkriegszeit – oder wie der österreichische Verfassungsgerichtshof sogar schon in der ersten Welle – der Zwischenkriegszeit – geschaffen wurden.

Die Politik sei mit dem Bedeutungsgewinn der Verfassungsgerichtsbarkeit wieder fest im Griff des Rechts.[34] Die Verfassung, die seit dem Zweiten Welt-

---

[28] So *Lebreton* (Fn. 26), S. 421, unter Rückgriff auf *G. Leibholz*, Das Bundesverfassungsgericht, in: J. Rivero u. a. (Hrsg.), MNHMH. Mélanges à la mémoire de Michel A. Dendias, 1978, S. 163 (172), der die bedeutende Rolle der Parteien für die Richterwahl am Bundesverfassungsgericht betont und die Gefahr beschreibt, dass die Wahl nur dazu dient, dass „die künftigen Bundesverfassungsrichter sich in Karlsruhe ebenso wie in Bonn verhalten, das heißt, so stimmen werden". Wenn sich diese Gefahr realisiere, hätten die Parteien ihre verfassungsmäßige Aufgabe jedoch völlig verkannt. *Jouanjan* (Fn. 22), Modèles, S. 11 f., betont freilich, dass die Modalitäten der Zusammensetzung des Verfassungsrats im europäischen Vergleich eine Ausnahme darstellten: Nirgendwo seien die ehemaligen Präsidenten von Rechts wegen Mitglieder des Verfassungsgerichts.

[29] *L. Hamon*, Les juges de la loi. Naissance et rôle d'un contre-pouvoir: le Conseil Constitutionnel, 1987, S. 159, schreibt, die Entscheidung vom 16. 7. 1971 sei die zweite Geburt des Verfassungsrats („[l]a seconde naissance du Conseil Constitutionnel").

[30] Durch diese Reform wird der Kreis der Antragsteller erweitert, nunmehr können auch 60 Abgeordnete oder 60 Senatoren den Verfassungsrat anrufen, Art. 61 Abs. 2 der französischen Verfassung von 1958 i. d. F. v. 30. 10. 1974. In den 16 Jahren zwischen 1958 und 1974 wird der Verfassungsrat neun Mal, von 1974 bis 1984 80 Mal angerufen, s. *L. Philip*, Bilan et effets de la saisine du Conseil constitutionnel, RFSP 34 (1984), S. 988 (991).

[31] Diese Wellen beschreibt *L. Favoreu*, Actualité et légitimité du contrôle des lois en Europe occidentale, RDP 1984, S. 1147 (1149, 1151).

[32] *Favoreu* (Fn. 31), S. 1152. Anders als *ders.* schreibt, betrifft das Neunzehnte Gesetz zur Änderung des Grundgesetzes vom 1. 2. 1969, BGBl. I, S. 97, jedoch nicht die Beseitigung der Ernennung der Richter auf Lebenszeit, s. dazu sogleich den Haupttext mit Fn. 33.

[33] S. das 4. Gesetz zur Änderung des Gesetzes über das Bundesverfassungsgericht vom 24. 12. 1970, BGBl. I, S. 1765.

[34] So bereits der sprechende Titel von *Favoreu* (Fn. 1), der auf S. 8 beklagt, es herrsche immer noch eine beträchtliche Diskrepanz zwischen rein institutioneller oder faktenbezogener Analyse der politischen Wirklichkeit und einer Analyse, die den gerichtlichen

krieg in Frankreich häufig mit politikwissenschaftlichem Blick untersucht wurde, werde wieder als primär juristischer Normtext verstanden.[35] Die Rede ist nun von der „Normativierung"[36] oder der „Juridifizierung"[37] der Verfassung. Man könnte meinen, dass dies hauptsächlich die französische Verfassungsrechtswissenschaft betrifft und dass diese sich zunächst damit beschäftigt, die neue Rolle des Verfassungsrats im institutionellen Gefüge der französischen Verfassung auszuloten. Doch das Gegenteil ist der Fall, man postuliert die Verfassungsvergleichung. Der komparative Ansatz, so etwa *Favoreu*, sei bei der Untersuchung der Verfassungsgerichtsbarkeit zu privilegieren, da das Phänomen nur so verstanden werden könne.[38]

Dieses Forschungsfeld wird rechts des Rheins schon länger bearbeitet; so finden sich bereits in den ersten Bänden der neuen Folge des Jahrbuchs des öffentlichen Rechts zahlreiche Aufsätze zur Rechtsprechung von Verfassungsgerichten.[39] In den ersten Jahren des neuen Bundesverfassungsgerichts

---

Elementen den angemessenen Platz einräume („Comment admettre aujourd'hui le décalage considérable entre l'analyse purement institutionnelle ou factuelle de la réalité politique et l'analyse faisant la place nécessaire aux éléments jurisprudentiels?"). S. zum Hintergrund den im JöR erschienenen Beitrag von *G. Burdeau*, Du droit à la science politique, JöR n. F. 33 (1984), S. 151 ff., der autobiographisch seine wissenschaftliche Karriere nachzeichnet. *Burdeau* ist einer der wichtigsten Vertreter eines um politikwissenschaftliche Erkenntnisse erweiterten Rechtsverständnisses, das vor allem nach dem 2. Weltkrieg die französische Verfassungsrechtswissenschaft prägt. S. näher dazu unten → § 7 II 1 a).

[35] Zu der Herangehensweise, Recht und Politikwissenschaft gemeinsam zu betreiben, s. unten → § 7 II 1 a), b).

[36] *Favoreu* (Fn. 31), S. 1197, verweist für diesen Begriff auf den deutschen Rechtswissenschaftler *Georg Ress*.

[37] *M.-F. Buffet-Tchakaloff*, Juges constitutionnels et découpage électoral (Allemagne fédérale, Autriche, États-Unis, France, Japon), RDP 1989, S. 981 (982).

[38] *Favoreu* (Fn. 31), S. 1200, spricht von einem „weiten Forschungsfeld" („champ de recherches considérable").

[39] *E. Fraenkel*, Das richterliche Prüfungsrecht in den Vereinigten Staaten von Amerika, JöR n. F. 2 (1953), S. 35 ff.; *J. Federer*, Die Rechtsprechung des Bundesverfassungsgerichts zum Grundgesetz für die Bundesrepublik Deutschland, JöR n. F. 3 (1954), S. 15 ff.; *O. Bachof/G. Jesch*, Die Rechtsprechung der Landesverfassungsgerichte in der Bundesrepublik Deutschland, JöR n. F. 6 (1957), S. 47 ff.; *E. McWhinney*, Verfassungsrechtsprechung in Kanada, JöR n. F. 6 (1957), S. 35 ff.; *G. Sciascia*, Die Rechtsprechung des Verfassungsgerichtshofes der Italienischen Republik, JöR n. F. 6 (1957), S. 1 ff.; *O. A.*, Zum Status des italienischen Verfassungsgerichtshofes, JöR n. F. 7 (1958), S. 191 ff.; *W. Buerstedde*, ‚Le comité constitutionnel' der französischen Verfassung von 1946, JöR n. F. 7 (1958), S. 167 ff.; *E. McWhinney*, A Supreme Court in a Federal State – its organisation and philosophy, JöR n. F. 7 (1958), S. 155 ff.; *B. Wolff*, Die Rechtsprechung des Bundesverfassungsgerichts von 1954 bis 1957, JöR n. F. 7 (1958), S. 107 ff.; *G. Azzariti*, Die Stellung des Verfassungsgerichtshofs in der italienischen Staatsordnung, JöR n. F. 8 (1959), S. 13 ff.; *T. Cole*, The Bundesverfassungsgericht, 1956–1958: An American Appraisal, JöR n. F. 8 (1959), S. 29 ff.; *D. Engelhardt*, Das richterliche Prüfungs-

ist dabei, wie erwähnt, noch ganz ungeklärt, wie überhaupt der Status der neuen Institution sein wird. Die Verfassungsbeschwerde, der heute zahlenmäßig bedeutsamste Rechtsbehelf, ist zu jener Zeit noch gar nicht im Grundgesetz verankert; sie wird zunächst lediglich auf einfachrechtlicher Ebene eingeführt.[40] Die Kontroversen darum, ob das neue Verfassungsgericht Bundesgericht oder aber Verfassungsorgan sei, und damit verbunden auch praktisch ganz bedeutsame Fragen um ein eigenes oder dem Bundesjustizministerium zugeordnetes Budget, sind da noch in vollem Gange.[41] Themen wie das richterliche Prüfungsrecht, Verfassungsgerichte anderer Länder sowie deren Rechtsprechung prägen bereits die Verfassungsvergleichung in den Jahren nach dem Zweiten Weltkrieg. Festzuhalten ist jedoch auch, dass die verfassungsvergleichenden Einsichten der Zeit nicht zentral für die damalige Verfassungsrechtswissenschaft als Ganze sind.[42]

Trotz der – noch – fehlenden Verfassungsgerichtsbarkeit wird auch in Frankreich die gerichtliche Kontrolle politischer Entscheidungen bereits in der Nachkriegszeit diskutiert – wenn auch in weitaus geringerem Umfang als in Deutschland.[43] Zunächst geschieht das anhand des Themas der gerichtsfreien Hoheitsakte.[44] Doch die vergleichenden Beiträge thematisieren nicht nur die Kontrolle der Exekutive, sondern auch die der Legislative – obwohl

---

recht im modernen Verfassungsstaat, JöR n. F. 8 (1959), S. 101 ff.; *F. Ermacora*, Die österreichische Verfassungsgerichtsbarkeit seit 1945, JöR n. F. 8 (1959), S. 49 ff.; *K.-H. Grossmann*, Inhalt und Grenzen des Rechts auf freie Meinungsäußerung im Spiegel der Entscheidungen des Supreme Court of the United States, JöR n. F. 10 (1961), S. 181 ff.; *W. Leisner*, Die klassischen Freiheitsrechte in der italienischen Verfassungsrechtsprechung, JöR n. F. 10 (1961), S. 243 ff.; *H.-J. Rinck*, Die höchstrichterliche Rechtsprechung zum Gleichheitssatz in der Bundesrepublik, der Schweiz, Österreich, Italien, den USA und Indien, JöR n. F. 10 (1961), S. 269 ff.

[40] §§ 90–96 Gesetz über das Bundesverfassungsgericht vom 12. 3. 1951, BGBl. I, S. 243 (252).

[41] S. die im JöR n. F. 6 (1957), S. 109 ff., abgedruckten Dokumente zu dieser Kontroverse (→ Fn. 21).

[42] S. bereits soeben → Fn. 39.

[43] So erscheinen schon während der 1950er- und 1960er-Jahre französische Dissertationen zum Bundesverfassungsgericht, die aber wenig Beachtung finden, s. dazu näher *O. Jouanjan*, Conseil constitutionnel und Bundesverfassungsgericht: zwei verschiedene Modelle der europäischen Verfassungsgerichtsbarkeit, in: M. Stolleis (Hrsg.), Herzkammern der Republik, 2011, S. 137 (140 mit Fn. 14); ein Sinneswandel zeichnet sich erst mit *Michel Fromonts* Verfassungschroniken ab, die von 1969 an erscheinen, 1971 ist eine Chronik zum ersten Mal explizit der Rechtsprechung des BVerfG gewidmet, s. *M. Fromont*, Chronique constitutionnelle et administrative étrangère. République Fédérale allemande. Le Tribunal constitutionnel fédéral en 1970, RDP 1971, S. 1411 ff.

[44] *M. Virally*, L'introuvable „acte de gouvernement", RDP 1952, S. 317 (320 und *passim*); s. auch den in deutscher Sprache erschienenen Beitrag von *C. Eisenmann*, Gerichtsfreie Hoheitsakte im heutigen französischen Recht, JöR n. F. 2 (1953), S. 1 ff.

diese in der IV. Republik nicht anerkannt war.[45] In den zahlreichen Verfassungschroniken über Deutschland finden sich zwei Beiträge, die sich mit der Verfassungsgerichtsbarkeit und den Grenzen der richterlichen Kontrolle von Parlamentsgesetzen beschäftigen.[46] Der Eintritt in das ‚Zeitalter der Verfassungsgerichte', das – wie das ‚Zeitalter der Parlamente' vor dem 2. Weltkrieg – die Verfassungsrechtswissenschaften links wie rechts des Rheins prägt, ist dennoch stark zeitversetzt. Dies beeinflusst die Debatten im Frankreich und Deutschland noch lange. Die deutsche Staatsrechtswissenschaft sieht es bald als selbstverständlich an, das Verfassungsrecht als in weiten Teilen justiziabel zu betrachten und analysiert es dementsprechend. In Frankreich muss sich der Teil der Verfassungsrechtswissenschaft, der sich der Analyse der Verfassungsgerichtsbarkeit widmet, dagegen ab den 1980er-Jahren erst einmal als legitim behaupten.

II. Verfassungsgerichte als Gegenstand des Vergleichs

Es gibt wohl kaum ein Thema, das die Verfassungsvergleichung links wie rechts des Rheins seit den 1980er-Jahren[47] so sehr beschäftigt wie die Verfassungsgerichtsbarkeit. Dabei könnte die jeweilige Selbstdiagnose der Verfassungsrechtswissenschaften zu dieser Zeit kaum unterschiedlicher ausfallen. Während *Louis Favoreu* der französischen Verfassungsrechtswissenschaft letztlich Ignoranz gegenüber dieser bahnbrechenden Transformation des Verfassungssystems vorwirft, wird ihrem deutschen Pendant der Vorwurf der Paralyse gemacht:[48] Die deutsche Staatsrechtswissenschaft stehe „inhaltlich

---

[45] Zum Diskurs der 1930er-Jahre und seinen Verflechtungen → § 7 I 2 nach Fn. 58.

[46] *C. Lassalle*, Chronique constitutionnelle étrangère. Allemagne. Le Tribunal Fédéral Constitutionnel et la réorganisation des Länder de l'Allemagne du Sud-Ouest, RDP 1952, S. 396 ff.; *ders.*, Chronique constitutionnelle étrangère. Allemagne. Les limites du contrôle de la constitutionnalité des lois en Allemagne occidentale, RDP 1953, S. 106 ff. Thematisch nicht hierauf gemünzte Verfassungschroniken über Deutschland finden sich freilich ebenfalls, s. nur *C.-A. Colliard*, Chronique constitutionnelle étrangère. Allemagne, RDP 1948, S. 452 ff.; *P. M. Gaudemet*, Chronique constitutionnelle de l'Allemagne, RDP 1948, S. 204 ff.; *K. Loewenstein*, Chronique constitutionnelle étrangère. L'Allemagne soviétique, RDP 1952, S. 145 ff.

[47] An dieser Stelle ist daran zu erinnern (→ § 1 III), dass meine Arbeit kein ‚lückenloses' Bild der verfassungsvergleichenden Diskurse im Untersuchungszeitraum zu zeichnen versucht, sondern dass ich – mit teils erheblichen Zeitsprüngen – einzelne Diskurse in ihrem jeweiligen Kontext exemplarisch analysiere.

[48] Ignoranz konstatiert *Favoreu* (Fn. 1), S. 8: „Il n'est plus possible d'étudier véritablement la situation politique sans prendre connaissance et assimiler la jurisprudence constitutionnelle: et pourtant cela reste le cas le plus fréquent" („Es ist nicht mehr möglich, die politische Situation wirklich zu untersuchen, ohne sich profunde Kenntnisse über die Verfassungsgerichtsbarkeit anzueignen: und doch ist das meist der Fall").

im Bann des BVerfG" und leide an einem „Verfassungsgerichtspositivismus".[49] Zwei Jahrzehnte später ist jedoch auch in Frankreich keine Rede mehr von Ignoranz. Die französische Verfassungsrechtswissenschaft, diagnostiziert etwa *O. Beaud* sei im 20. Jahrhundert nach und nach zur „Dienerin der Rechtsprechung" geworden.[50] Der Grund für diese zeitversetzte Entwicklung liegt vor allem darin, dass der französische Verfassungsrat seinen Platz als rechtsprechende Institution erst viel später als das Bundesverfassungsgericht findet.

Werden Verfassungsgerichte zum Vergleichsobjekt bestimmt, sind mindestens zwei Herangehensweisen denkbar.[51] Verfassungsrechtlerinnen links wie rechts des Rheins versuchen sich seit dem Ende der 1980er-Jahre bis heute an einer Systembildung, für die eine Makroperspektive gewählt wird. Recht schnell wird das kontinentaleuropäische System der Verfassungsgerichtsbarkeit dem US-amerikanischen System gegenübergestellt, um die Dichotomie dieser Systeme jedoch dann sofort wieder infrage zu stellen (1). Hier zeigt sich anschaulich, dass diese Art der Dichotomien vor allem in Frankreich Konjunktur hat. Sie dient dort der Abgrenzung von Denktraditionen aus der III. Republik. Denn der schlechte Ruf der US-amerikanischen Verfassungsgerichtsbarkeit könnte – so die Befürchtung der „neuen Verfassungsrechtswissenschaft", die sich der Analyse der Verfassungsrechtsprechung annimmt –, der Legitimität dieser neuen wissenschaftlichen Ausrichtung schaden. Daher stellen sie diesem Modell ein kontinentaleuropäisches, kelsenianisches Modell gegenüber, das auch den französischen Verfassungsrat einschließt.

Andere nehmen eine Mikroperspektive ein, indem sie einzelne Entscheidungen miteinander vergleichen. Hier spielen in Frankreich wie in Deutschland Ende der 1980er-Jahre vor allem die Entscheidungen zum Schwangerschaftsabbruch eine große Rolle, die zu dieser Zeit die Gerichte beschäftigen.

---

[49] *B. Schlink*, Die Entthronung der Staatsrechtswissenschaft durch die Verfassungsgerichtsbarkeit, Der Staat 28 (1989), S. 161 (162 f. und *passim*). Krit. etwa *F. Günther*, Denken vom Staat her, 2004, S. 110 f., der zu bedenken gibt, *Schlinks* These der Entthronung solle mit Vorsicht betrachtet werden, da die Staatsrechtslehre weiterhin ein weitgehend autonomes Eigenleben führe.

[50] *O. Beaud*, Art. Doctrine, in: D. Alland/S. Rials (Hrsg.), Dictionnaire de la culture juridique, 2003, S. 384 (388): „si la doctrine a redécouvert la jurisprudence, elle en est devenue progressivement la servante".

[51] Daneben erscheint etwa auch eine Analyse der Entscheidungsbegründungen denkbar, s. *Weber* (Fn. 6); A. Jakab/A. Dyevre/G. Itzcovich (Hrsg.), Comparative Constitutional Reasoning, 2017; sowie die dazu erschienenen Rezensionsaufsätze: *P. Chiassoni*, Dilemmas about the Conceptual Frame for Comparing Constitutional Reasoning, ZaöRV 79 (2019), S. 399 ff.; *A. Gamper*, The Methods and Parameters of Comparative Constitutional Reasoning, ZaöRV 79 (2019), S. 415 ff.; *N. Petersen*, Quantifying Constitutional Reasoning, ZaöRV 79 (2019), S. 425 ff.

Doch auch hier wird nur in Frankreich die These aufgestellt, gerade diese Entscheidungen seien ein Legitimationsverstärker der Verfassungsgerichte (2).

1. Europäisches Modell oder US-amerikanischer Mythos? Zur Normalisierung der gerichtlichen Kontrolle der Verfassungsmäßigkeit von Gesetzen

In der Forschung über Verfassungs- und Höchstgerichte findet sich in Frankreich wie in Deutschland vom Ende der 1980er-Jahre an ein „Paradigma"[52], das die Gerichte in zwei große Kategorien einteilt: das kontinentaleuropäische und das US-amerikanische System. Während das – angebliche – Paradigma sich in der deutschen Verfassungsrechtswissenschaft jedoch als brüchig erweist, streitet die französische Wissenschaft leidenschaftlich um Sinn und Unsinn der Modelle.[53]

In der deutschen Verfassungsrechtswissenschaft kann von vornherein keine Rede von einem Paradigma sein, wenn manche auch die Vereinigten Staaten und Kanada unter den „europäischen Raum" fassen wollen.[54] Anders stellt sich die Lage in Frankreich dar, wo man das US-amerikanische und das europäische Modell einander gegenüberstellt.[55] Dabei spiegelt sich der Bedeutungswandel des Verfassungsrats auch in der komparatistischen Forschung wider. Die Autoren, die nun ein europäisches Modell postulieren, sind dieselben, die anderthalb Jahrzehnte zuvor noch jeglichen Vergleich mangels Vergleichbarkeit abgelehnt haben. Damals hieß es noch, der Verfassungsrat sei ein „spezieller Typ der Verfassungsgerichtsbarkeit", der anderen Höchstgerichten in den verschiedensten Ländern kaum gleiche; Kritik am Verfassungsrat mit Blick auf diese anderen Gerichte sei sinnlos, man vergleiche stets nur Vergleichbares.[56] Ende der 1980er-Jahre ist von dieser Zu-

---

[52] *H. Wada*, Continental Systems of Judicial Review, JöR n. F. 31 (1982), S. 29 (30).

[53] Während die einen betonen, der Mythos des US-amerikanischen Supreme Courts sei durch ein europäisches Modell zu ersetzen, stellen andere in Frage, ob eine derartige Systembildung überhaupt möglich ist – und wenn ja, wie nützlich sie ist. S. einerseits *Favoreu* (Fn. 31), S. 1200; etwas vorsichtiger *D. Rousseau*, La justice constitutionnelle en Europe, 1992, Rn. 23; andererseits *M. Fromont*, La diversité de la justice constitutionnelle en Europe, in: Mélanges Philippe Ardant. Droit et politique à la croisée des cultures, 1999, S. 48 f.; zuvor – allerdings im JöR – bereits *Wada* (Fn. 51), S. 31.

[54] So etwa *Brunner* (Fn. 2), S. 192, der unter dem europäischen Raum den Mitgliederkreis der OSZE verstanden wissen will.

[55] S. den Beitrag von *L. Favoreu*, Modèle américain et modèle européen de justice constitutionnelle, Annuaire International de Justice Constitutionnelle IV (1988), S. 51 ff.

[56] *Favoreu* (Fn. 13), S. 118; auch *M. Prélot*, Institutions politiques et droit constitutionnel, 4. Aufl. 1969, S. 820, schreibt über den Verfassungsrat, er sei „ohne Zweifel eine Gerichtsbarkeit, aber eine, die anderen Höchstgerichten in verschiedenen Ländern kaum

rückhaltung nichts mehr zu spüren. Nicht nur in Deutschland wird der französische Verfassungsrat ohne Weiteres als „das französische Verfassungsgericht" wahrgenommen,[57] während früher oft von einem französischen Sonderweg gegenüber den mitteleuropäischen Nachbarn die Rede war.[58] *Konrad Hesse* spricht für die Entwicklung der Verfassungsgerichtsbarkeit von einer zweiten Stufe, in der die verfassungsgerichtliche Kontrolle auf die gesetzgebenden Körperschaften, also vor allem das Parlament, ausgeweitet wird.[59] Die gerichtliche Kontrolle von Parlamentsgesetzen, unter dem Grundgesetz längst Normalität, wird drei Jahrzehnte nach ihrem Inkrafttreten auch unter der französischen Verfassung von 1958 allmählich zur Norm.[60]

---

gleiche" („[Le Conseil constitutionnel] est, sans doute, une juridiction, mais qui ne ressemble guère aux cours suprêmes existant dans divers pays").

[57] *C.-D. Classen*, Die Ableitung von Schutzpflichten des Gesetzgebers aus Freiheitsrechten – ein Vergleich von deutschem und französischem Verfassungsrecht und der Europäischen Menschenrechtskonvention, JöR n. F. 36 (1987), S. 29 (31). Selbst *M. Duverger*, La Cinquième République, 1974, S. 209 f., der stets betont hat, es handele sich beim Verfassungsrat um eine „politische Gerichtsbarkeit", weicht zwar auch 1974 noch nicht von seiner Auffassung ab; er spricht nun aber von einer „politischen obersten Gerichtsbarkeit" („juridiction politique suprême"). A. A. aber etwa *F. Fernández Segado*, La faillite de la bilpolarité „modèle américain – modèle européen" en tant que critère analytique du contrôle de la constitutionnalité et de la recherche d'une nouvelle typologie explicative, JöR n. F. 52 (2004), S. 471 (492): Das Organ des Verfassungsrates sei noch weit von einem Verfassungsgericht entfernt („cet organe [le Conseil constitutionnel] est encore loin de pouvoir être assimilé à une Cour Constitutionnelle").

[58] *H. Mosler*, Das Heidelberger Kolloquium über Verfassungsgerichtsbarkeit, in: Max-Planck-Institut für ausländisches und öffentliches Recht und Völkerrecht (Hrsg.), Verfassungsgerichtsbarkeit in der Gegenwart, 1962, S. IX (IX), spricht von einer „wesentlich andere[n] Lösung als [die] seine[r] mitteleuropäischen Nachbarn". Freilich werden Besonderheiten auch später noch als „französische Ausnahme" („exception française") tituliert, dazu krit. *M. Fromont*, La justice constitutionnelle en France ou l'exception française, Anuario Iberoamericano de Justicia Constitucional 8 (2004), S. 171 (171), der von der Ausnahme als verstecktem Rückstand spricht.

[59] So, freilich in erster Linie mit Bezug auf Deutschland, *K. Hesse*, Stufen der Entwicklung der deutschen Verfassungsgerichtsbarkeit, JöR n. F. 46 (1998), S. 1 (6).

[60] So auch der Tenor bei *Favoreu* (Fn. 1), S. 41: „Comme dans d'autres pays européens (l'Autriche, l'Allemagne fédérale, l'Italie et plus récemment l'Espagne, la Grèce et le Pottugal [sic]), la justice constitutionnelle et le contrôle de constitutionnalité des lois, qui constituent à notre sens l'un des événements majeurs au cours de ces trente dernières années en Europe, ont définitivement acquis droit de cité en France" („Wie in anderen europäischen Ländern (Österreich, der Bundesrepublik Deutschland, Italien und kürzlich auch Spanien, Griechenland und Portugal), haben die Verfassungsgerichtsbarkeit und die Kontrolle der Verfassungsmäßigkeit von Gesetzen, die nach der Auffassung d. Verf. eines der bedeutendsten Ereignisse im Lauf der letzten 30 Jahre in Europa darstellen, definitiv auch in Frankreich das Stadtrecht erlangt"). Freilich handelt es sich bei der Kontrolle des französischen Verfassungsrats bis zur Einführung der QPC stets um eine a-priori-Kontrolle: Der Kontrolle zugänglich waren nur Gesetze *vor* ihrem Inkrafttreten.

In der französischen Verfassungsrechtswissenschaft sagen selbst diejenigen, die Ende der 1980er-Jahre den Mythos des Supreme Courts noch durch ein europäisches Modell ersetzen wollen, dass dies einen „französischen Weg" nicht ausschließe. Dieser könne an das europäische Modell angelehnt sein, aber durchaus eigene Charakteristika haben.[61] Dies geht in die Richtung einer anderen Differenzierung, nämlich der zwischen US-amerikanischem, österreichisch-deutschem und französischem Modell.[62]

Die Dichotomie zwischen US-amerikanischem und kontinentaleuropäischem System ist in der französischen Wissenschaftslandschaft dennoch prägend, was manche auf *Kelsens* Erbe zurückführen wollen.[63] Das Erbe des Vaters der österreichischen Verfassungsgerichtsbarkeit sei in Frankreich durch seinen Schüler *Charles Eisenmann*, aber auch durch *Louis Favoreu*, *Michel Troper* und heute *Otto Pfersmann* am präsentesten. Wendet man den Blick zum Vergleich auf die deutsche Verfassungsrechtswissenschaft, so ist – für die ersten Jahrzehnte der Bundesrepublik – tatsächlich zu bemerken, dass *Kelsens* Werk kaum rezipiert wurde.[64] Doch kann der Verweis auf *Kelsen* die Dichotomie der Modelle in der französischen Literatur vollständig erklären? Nein – blickt man auf die Situation in den 1980er-Jahren, liegt der eigentliche Grund wohl tiefer. Der Verfassungsrat und die ‚neue Verfassungsrechtswissenschaft', für die das wissenschaftliche Schaffen um die Verfassungsgerichtsbarkeit prägend ist,[65] haben beide das Bedürfnis der Legitimation.[66] Der Verfassungsrat wandelt sich von einer ‚Institution ohne Eigenschaften'[67] zu einer unabhängigen und unparteilichen Gerichtsbarkeit; die französische

---

[61] *Favoreu* (Fn. 31), S. 1200 f.: „Ceci évidemment n'exclut pas l'existence d'une ‚voie française' qui, tout en se rattachant au modèle européen, a des caractéristiques propres".

[62] Diese Differenzierung erwähnt etwa *Brunner* (Fn. 2), S. 193, der dann jedoch selbst zwischen konzentrierter und diffuser Verfassungsgerichtsbarkeit unterscheidet, wobei er sich auf *M. Cappelletti/T. Ritterspach*, Die gerichtliche Kontrolle von Gesetzen, JöR n. F. 20 (1971), S. 65 ff., beruft.

[63] *C. Grewe*, Le statut du Conseil constitutionnel à la lumière des enseignements du droit comparé, Anuario Iberoamericano de Justicia Constitucional 8 (2004), S. 189 (191).

[64] So *F. Günther*, „Jemand, der sich schon vor fünfzig Jahren selbst überholt hatte". Die Nicht-Rezeption Hans Kelsens in der bundesdeutschen Staatsrechtslehre der 1950er und 1960er Jahre, in: M. Jestaedt (Hrsg.), Hans Kelsen und die deutsche Staatsrechtslehre, 2013, S. 67 (69, 83), für die 1950er- und 1960er-Jahre der bundesrepublikanischen Staatsrechtslehre, und weitgehend bis in die 1980er-Jahre hinein.

[65] Die sog. Schule von Aix um *Louis Favoreu* an der Universität Aix-Marseille fokussiert ihr wissenschaftliches Schaffen auf die Verfassungsgerichtsbarkeit und ihre Verankerung in der französischen Institutionenlandschaft. Zum Begriff der „Schule von Aix" („l'école d'Aix"), s. *S. Pinon*, Le „nouveau droit constitutionnel" à travers les âges, S. 7, <https://de.calameo.com/read/004491118e069cdc0d8f4> (zuletzt abgerufen am 15.3.2022), der a. a. O., *passim*, auch vom „neuen Verfassungsrecht" spricht.

[66] *Jouanjan* (Fn. 22), Modèles, S. 8.

[67] S. oben den Haupttext mit → Fn. 9.

‚neue Verfassungsrechtswissenschaft' muss zugleich ihre neue Aufgabe legitimieren, die Entscheidungsexegese nämlich und die dadurch angestoßene Erneuerung des Verfassungsrechts.[68] Teil dieser Legitimationsstrategie der Verfassungsrechtswissenschaft besteht darin, den französischen Verfassungsrat in ein *Kelsen*'sches „europäisches Modell" der Verfassungsgerichtsbarkeit zu integrieren und „Mythos" des US-amerikanischen Supreme Courts ein für alle Mal zu beenden.[69] Doch worauf spielt die ‚neue Verfassungsrechtswissenschaft' an, wenn sie von diesem „Mythos" spricht? Seit der III. Republik rekurriert man in Frankreich, wenn über die Institution eines Verfassungsgerichts gestritten wird, auf den Supreme Court als Vorbild; doch auch *Edouard Lamberts* berühmte Warnung vor dem „Regiment der Richter" wurde mit Blick auf den US-amerikanischen Gerichtshof geprägt, dessen Rechtsprechung während der ersten Zeit des New Deal als reaktionär wahrgenommen wurde.[70]

Für *Favoreu* ist daher klar, dass der amerikanische Mythos, der wegen seines schlechten Rufs in Frankreich kaum Legitimationswirkung entfaltet, kein gutes Vorbild ist. Denn sein wissenschaftliches Schaffen um die ‚neue Verfassungsrechtswissenschaft' bedarf einer Verfassungsgerichtsbarkeit, an deren Legitimität keine großen Zweifel mehr gehegt werden. Daher soll ein europäisches Modell den amerikanischen Mythos ersetzen.[71] Hinter der Dichotomie zwischen US-amerikanischem und europäischem Modell steckt also keine wissenschaftlich rigorose Typologie, sondern das Anliegen, sich von *Lamberts* „Regiment der Richter" abzugrenzen. So soll nicht nur der Verfassungsrat, sondern auch ein auf ihn konzentrierter wissenschaftlicher Zugriff gerechtfertigt werden.

In einem Beitrag in dem von ihm begründeten Internationalen Jahrbuch der Verfassungsgerichtsbarkeit[72], das 1985 zum ersten Mal erscheint, be-

---

[68] *Jouanjan* (Fn. 22), Modèles, S. 8, betont die gegenseitige Legitimierung des Conseils und der mit ihm befassten Wissenschaft.

[69] *Favoreu* (Fn. 31), S. 1200, schreibt, dass der Supreme Court der Vereinigten Staaten seit der III. französischen Republik zum Mythos geworden sei. Selbst aus der US-amerikanischen Außenperspektive merkt *F. L. Morton*, Point de vue d'outre-Atlantique sur le Conseil constitutionnel, Pouvoirs 1988, S. 127 (144 f.), an, es sei Zeit, die Kontrolle der Verfassungsmäßigkeit von Gesetzen als Oberbegriff und das US-amerikanische Modell als eine unter mehreren Spielarten zu verstehen, statt Mythenbildung zu betreiben („il est temps que les doctrines constitutionnelles américaine et européenne conçoivent le contrôle de la constitutionnalité comme le ‚genre' et le modèle américain simplement comme une ‚espèce ou un cas' [...] de contrôle de constitutionnalité").

[70] S. bereits oben → § 5 II 1 b, mit → Fn. 84.

[71] *Favoreu* (Fn. 31), S. 1200; *ders.* (Fn. 54), S. 61, betont, es habe in Frankreich seit der III. Republik eine Tradition der falschen Imitation gegeben, in der nur die Institution des Obersten Gerichtshofs, nicht aber das Zusammenspiel mit den unterinstanzlichen Gerichten rezipiert worden sei.

[72] Annuaire International de Justice Constitutionnelle I (1985).

schreibt *Favoreu* sechs Charakteristika des europäischen Modells der Verfassungsgerichtsbarkeit.[73] Verfassungs- und andere Rechtsstreitigkeiten seien erstens strikt getrennt, das Verfassungsgericht habe zweitens das Entscheidungsmonopol über diese Streitigkeiten. Drittens sei das Verfassungsgericht in Europa ein spezifisches, außerhalb der normalen Gerichtsbarkeit stehendes Organ. Für die Anrufung des Verfassungsgerichts spielten Individuen viertens – mit Ausnahme des Bundesverfassungsgerichts – kaum eine Rolle. Fünftens handele es sich in aller Regel um abstrakte und nicht um konkrete Streitigkeiten, wobei die Entscheidung sechstens nicht nur inter partes, sondern in aller Regel erga omnes wirke.

Diese Aufzählung des *Favoreu'schen* europäischen Modells verdeutlicht, warum die Dichotomie der beiden Systeme gleich wieder infrage gestellt wird.[74] Für nahezu alle der von *Favoreu* herausgearbeiteten Charakteristika finden sich in Europa auch Gegenbeispiele oder zumindest Gründe, sie nuanciert zu betrachten – wenn nicht bereits die begrifflichen Prämissen der Unterscheidung in Frage gestellt werden.[75] So sei die erga-omnes-Wirkung zwar in der Tat ein Charakteristikum vieler kontinentaleuropäischer Verfassungsgerichtsbarkeiten; die Common-Law-Doktrin der stare decisis laufe aber in der Praxis auf ein ähnliches Ergebnis hinaus.[76] Die konkrete Normenkontrolle, die es in mehreren europäischen Ländern gibt, sei ein Beispiel für das Ineinandergreifen diffuser und konzentrierter Kontrolle.[77] Andere

---

[73] *Favoreu* (Fn. 54), S. 57 ff.

[74] S. bereits früher *Wada* (Fn. 51), S. 31; s. auch *F. Rubio Llorente*, Tendances actuelles de la juridiction constitutionnelle en Europe, Annuaire International de Justice Constitutionnelle XII (1996), S. 11 (11); *Fromont* (Fn. 52), S. 48 f., mit Bezugnahme auf *Favoreu*.

[75] Ein Beispiel für letztere Ansicht ist *Jouanjan* (Fn. 22), Modèles, S. 10 ff.; *G. Tusseau*, Les causes du choix d'un modèle de contrôle de constitutionnalité, Jus Politicum 13 (2014), S. 1 (3), stellt fest, man wisse um die geringe wissenschaftliche Relevanz der Gegenüberstellung eines europäischen mit einem amerikanischen Modell („l'opposition entre un modèle européen et un modèle américain de justice constitutionnelle, dont on sait le peu de pertinence scientifique"). Auch *Favoreu* (Fn. 54), S. 52, ist sich allerdings durchaus bewusst, dass die Unterschiede zwischen US-amerikanischem und europäischen Modell oft weniger trennscharf sind, als die Bezeichnung als zwei sich konträr gegenüberstehenden Modellen dies andeutet.

[76] *Fernández Segado* (Fn. 56), S. 484.

[77] *Fernández Segado* (Fn. 56), S. 481 f. Seit der Einführung der Question prioritaire de constitutionnalité (meist kurz QPC genannt) durch Reform vom 23. 7. 2008, die am 1. 3. 2010 in Kraft tritt, zeigt sich dieses Ineinandergreifen der Verfassungs- und der Fachgerichtsbarkeit in Frankreich in besonderem Maße: „C'est la juridiction saisie de l'instance qui procède sans délai à un premier examen. La juridiction examine si la question est recevable et les critères fixés par la loi organique sont remplis. Si ces conditions sont réunies, la juridiction saisie transmet la question prioritaire de constitutionnalité au Conseil d'État ou à la Cour de cassation. Le Conseil d'État ou la Cour de cassation procède à un examen plus approfondi de la question prioritaire de constitutionnalité et décide de

geben zu bedenken, dass das US-amerikanische Modell sich in Europa ausbreite, wenn es dadurch gekennzeichnet sei, konkrete Verfahren und subjektive Rechtsverletzungen in den Mittelpunkt zu rücken – freilich aber in Gestalt einer konzentrierten Verfassungsgerichtsbarkeit.[78]

Anfang der 2000er-Jahre stellt der Verfassungsrechtler *Francisco Fernández Segado* in einem auf Französisch veröffentlichen Beitrag im JöR fest, die oft wiederholte Dualität zwischen US-amerikanischem und europäischem System habe jeden analytischen Nutzen verloren.[79] So sei etwa *Michel Fromonts* Ansatz, zwischen einem französischem und einem US-amerikanischen Modell zu unterscheiden, ebenso etwas abzugewinnen, bestünden doch große Unterschiede zwischen der punktuellen Kontrolle zukünftiger Gesetze und einiger Fragen zur Funktionsweise der Staatsgewalten einerseits und einer allumfassenden Kontrolle der Einhaltung der Verfassung durch alle Gerichte und Verfassungsorgane andererseits.[80] Auch die Strategie, neben dem europäischen und dem US-amerikanischen ein drittes Modell zu entwickeln, verdecke nur die Diversität zwischen den verschiedenen Verfassungsgerichtsbarkeiten.[81] Von einem europäischen System zu sprechen, ergebe keinen Sinn, da zwischen den einzelnen europäischen Systemen oft mehr Unterschiede bestünden als zwischen einzelnen unter ihnen und dem US-amerikanischen.[82] Zielführend sei deshalb keine neue Typologie, sondern ein beschreibender Zugriff anhand von Begriffspaaren – wie etwa dem der Kontrolle des Gesetzes selbst oder aber der Anwendung des Gesetzes.[83] Zusammenfassend lässt sich sagen, dass man in der Diskussion schnell die hinter der Modellbildung stehenden Belange erkennt: das Bedürfnis nach Legiti-

---

saisir ou non le Conseil constitutionnel" („Die zur Entscheidung angerufenen Fachgerichte beginnen unverzüglich mit einer ersten Prüfung. Das Gericht prüft, ob die Entscheidung zulässig ist, und ob die Bestimmungen des Organgesetzes erfüllt sind. Wenn die Voraussetzungen eingehalten sind, leitet das zur Entscheidung berufene Gericht die QPC an den Staatsrat oder das Kassationsgericht [die beiden Gerichte letzter Instanz in Frankreich] weiter. Der Staatsrat oder das Kassationsgericht nimmt eine vertiefte Prüfung der QPC vor und entscheidet, ob der Verfassungsrat anzurufen ist"), <http://www.conseil-constitutionnel.fr/conseil-constitutionnel/francais/la-question-prioritaire-de-constitutionnalite/decouvrir-la-qpc/12-questions-pour-commencer.47107.html#5> (zuletzt abgerufen am 15.3.2022).

[78] *Grewe* (Fn. 62), S. 196 f.
[79] *Fernández Segado* (Fn. 56), S. 472; s. auch *Jouanjan* (Fn. 11), Modèles, S. 11.
[80] *M. Fromont*, La justice constitutionnelle dans le monde, 1996, S. 42 ff.; dazu *Fernández Segado* (Fn. 56), S. 492.
[81] *Fernández Segado* (Fn. 56), S. 491.
[82] *F. Rubio Llorente*, Tendencias actuales de la jurisdicción constitucional en Europa, in: Fundación „Cánovas del Castillo" (Hrsg.), Manuel Fraga. Homenaje Académico, Bd. II, 1997, S. 1411 (1416).
[83] *Fernández Segado* (Fn. 56), S. 500.

mierung eines neuen institutionellen Verständnisses und einer darauf kaprizierten Verfassungsrechtswissenschaft. Die Frage, ob – und wenn ja, wie – man sinnvoll Modelle der Verfassungsgerichtsbarkeiten bilden kann, ist jedoch nicht die einzige, die die Wissenschaft beim Vergleich von Verfassungsgerichten beschäftigt; oft stehen auch einzelne Entscheidungen im Mittelpunkt.

2. Entscheidungsvergleiche: Die Entscheidungen zum Schwangerschaftsabbruch als Legitimationsverstärker?

Den französischen Verfassungsrat, so der Politikwissenschaftler *Alfred Grosser*, verstehe man in seinen Funktionen und in seiner Entwicklung viel besser, wenn man ihn mit den entsprechenden Institutionen anderer Staaten vergleiche.[84] Der Vergleich sei noch fruchtbarer, wenn er ein Problem zum Gegenstand habe, das innerhalb kurzer Zeit mehrere Verfassungsgerichte beschäftigt habe – und der interessanteste Fall sei hier der der Entscheidungen zum Schwangerschaftsabbruch.[85] *Grosser* ist mit dieser These in den 1980er-Jahren nicht allein.[86] So werden auch im Jahrbuch des öffentlichen Rechts bald Stimmen laut, die argumentieren, das Bedürfnis von Verfassungsgerichten nach Legitimität und Vorhersehbarkeit könne am besten anhand dieser Entscheidungen veranschaulicht werden.[87] Neben Beiträgen im JöR und der RDP ist vor allem der Runde Tisch zum Vergleich der Rechtsprechung zum Schwangerschaftsabbruch zu nennen, der in Aix-en-Provence im Jahr 1986 stattfindet.[88] Wie kommt es, dass in den 1980er-Jahren gerade die Entscheidungen zu dieser Frage derart im Zentrum stehen?

Es sei äußerst selten, dass ein und dasselbe Problem innerhalb eines halben Jahres vier verschiedene Verfassungsgerichte beschäftigt habe – genau das sei aber bei den Entscheidungen zum Schwangerschaftsabbruch der Fall.[89] Nach

---

[84] A. *Grosser*, Cours constitutionnelles et valeurs de référence. A propos de décisions sur l'avortement (1980), Pouvoirs 1991, S. 125 (125).

[85] *Grosser* (Fn. 83), S. 125.

[86] Doch auch später wird die juristische Reaktion auf Abtreibung wegen der Vielgestaltigkeit der Fragen, die sie aufwerfen, als „‚Schlager' der Verfassungsvergleichung" bezeichnet, s. S. Baer, Verfassungsvergleich und reflexive Methode: Interkulturelle und intersubjektive Kompetenz, ZaöRV 64 (2004), S. 735 (741).

[87] *W. Brugger*, A Constitutional Duty to Outlaw Abortion? A Comparative Analysis of the American and German abortion decisions, JöR n. F. 36 (1987), S. 49 (49); s. auch die Hinweise auf die Entscheidungen des französischen Conseil constitutionnel und des deutschen BVerfG etwa bei *Classen* (Fn. 56), S. 40 mit Fn. 81, S. 47.

[88] S. die Beiträge anlässlich des IIIe Table ronde internationale sur l'interruption volontaire de la grossesse, Annuaire International de Justice Constitutionnelle II (1986). Hier ist *Louis Favoreu* federführend, s. bereits den Haupttext oben mit → Fn. 64. Den Bericht für die Bundesrepublik erstattet G. Ress, Professor an der Universität des Saarlandes.

[89] B. *Genevois*, Intervention, Annuaire International de Justice Constitutionnelle II

der Entscheidung Roe v. Wade des US-amerikanischen Supreme Court im Jahr 1973 fallen die Gerichtsentscheidungen zu dieser Frage in Österreich, Frankreich, Italien und in der Bundesrepublik zeitlich kurz hintereinander.[90] Damit ist aber der Grund für die intensive wissenschaftliche Befassung nur zum Teil genannt. Denn die Entscheidungen betreffen eine Frage, die die Gesellschaften tief spaltet. Dies zeigt sich auch am sehr unterschiedlichen Ausgang der erwähnten Gerichtsentscheidungen. Die Verfassungsgerichte müssen bei diesen Entscheidungen ihren Platz im institutionellen Gefüge unter dem Druck besonderer Beobachtung behaupten.

Diesen Umstand erkennt besonders die französische Verfassungsrechtswissenschaft. Institutionalisierungen wie der soeben erwähnte Runde Tisch zu dieser Frage veranschaulichen die Bedeutung der richterlichen Vergleichung für die französische Verfassungsrechtswissenschaft jener Zeit.[91] Die Verfassungsgerichtsbarkeit sei nun aufgerufen, sich zu den Bedingungen zu äußern, unter denen die fundamentalen Entscheidungen in modernen Gesellschaften getroffen werden.[92]

Einige vertreten gar die These, am Beispiel der Abtreibungsentscheidungen etwa in Deutschland, Frankreich und Italien zeige sich eine Legitimationsverstärkung der Verfassungsgerichte, sie trügen zur Befriedung des politischen Lebens bei. Denn nun habe die Opposition mit der gerichtlichen Kontrolle der Gesetze die Möglichkeit, sicherzustellen, dass die politische Mehrheit die Grenzen der Verfassung einhalte.[93] Andere widersprechen, denn

---

(1986), S. 213 (213). *O. A.*, L'interruption volontaire de grossesse dans les jurisprudences constitutionnelles comparées, Annuaire International de Justice Constitutionnelle II (1986), S. 81 (81) m. w. N.

[90] Der US Supreme Court entscheidet in Roe v Wade, 410 U.S. 113; 93 S. Ct. 705 (1973), am 22. 1. 1973, dass Frauen in den ersten Wochen der Schwangerschaft ein Recht auf Schwangerschaftsabbruch zustehe, entgegenstehende Gesetz der Bundesstaaten verletzten die Verfassung. Der österreichische Verfassungsgerichtshof erklärt am 11. 10. 1974 die sog. Fristenlösung für vereinbar mit der Verfassung, VfSlg 7400/1974. In Frankreich entscheidet der Conseil constitutionnel, der zum zweiten Mal seit der Reform von 1974 (vor → Fn. 25) von der parlamentarischen Minderheit angerufen worden ist, dass das Gesetz zum Schwangerschaftsabbruch „nicht unvereinbar" mit der Verfassung ist, CC Nr. 74–54 DC vom 15. 1. 1975; zu dieser Formulierung s. sogleich im Haupttext. In Italien entscheidet die Corte costituzionale, Sentenza 27/1975, Gazz. Uff. n° 55 del 26 febbraio 1975, dass die Erweiterung des Tatbestands des geänderten Strafgesetzes, der die Gefährdung der physischen oder psychischen Gesundheit der Mutter betraf, teilweise verfassungswidrig sei. Der Gesetzgeber müsse den Tatbestand neu regeln. In der Bundesrepublik Deutschland erklärt das BVerfG am 25. 2. 1975 die sog. Fristenlösung des § 218 StGB a. F. für verfassungswidrig, BVerfGE 39, 1.

[91] So, sicherlich etwas vom Blick auf die Situation in Frankreich geprägt, *O. A.* (Fn. 88), S. 82.

[92] *O. A.* (Fn. 88), S. 82.

[93] *Favoreu* (Fn. 31), S. 1195.

werfe man einen näheren Blick auf die Entscheidungen, sei der Grad der Zurückhaltung der Gerichte frappierend. Mit Ausnahme des Bundesverfassungsgerichts sei kein Verfassungsgericht in dieser Frage vom Willen des Gesetzgebers abgewichen.[94] Zudem bleibe die öffentliche Meinung tief gespalten.[95]

Tatsächlich ist die richterliche Selbstbeschränkung ein wichtiger Aspekt in der Diskussion. So betont *Dominique Turpin* in seiner Analyse der Entscheidung des französischen Verfassungsrats, dieser habe die Entscheidungen zum Schwangerschaftsabbruch genutzt, um zum ersten Mal festzustellen, dass die ihm übertragene Kompetenz zur Normenkontrolle in der Verfassung von 1958 keine allgemeine Einschätzungs- und Entscheidungsprärogative umschließe, die der des Parlaments gleichkomme.[96] Der Verfassungsrat übe sich in „self-restraint", was auch an Details in der Formulierung zutage trete. Statt die Norm für vereinbar mit der Verfassung zu erklären, habe der Verfassungsrat sie für „nicht unvereinbar" erklärt, um so seiner begrenzten Entscheidungsmacht Ausdruck zu verleihen.[97] Als *Michel Fromont* die Entscheidung des Bundesverfassungsgerichts von 1974 analysiert, betont er ein ähnliches Argument der Abweichenden Meinung besonders. Das BVerfG dürfe nicht seine eigenen Einschätzungen an die Stelle derer des Gesetzgebers setzen.[98] Damit bringen die beiden Kommentatoren einen Umstand zum Ausdruck, der nicht nur unter französischen Wissenschaftlern als zentraler Punkt gilt. Wenn bei der Entscheidung einer strittigen Frage weder Normtext noch die Entstehungsgeschichte eindeutige Hinweise gäben, sei stets zu bedenken, dass Entscheidungskompetenzen der Verfassungsgerichte gerechtfertigt und abgegrenzt werden müssten.[99]

Die Entscheidungsvergleiche, die die Entscheidungen zum Schwangerschaftsabbruch hervorrufen, ebben nach den 1980er-Jahren nicht völlig ab; es ist jedoch selten, dass verfassungsgerichtliche Entscheidungen zeitlich und inhaltlich derart parallel gefällt werden. Entscheidungsvergleiche finden sich später besonders in zwei Bereichen, zum einen am Schnittpunkt zwischen Verfassungs- und Europarecht, etwa wenn in der RDP die Frage gestellt

---

[94] *Genevois* (Fn. 88), S. 216 f. S. aber zur Entscheidung der italienischen Corte cositunzionale *G. Zagrebelsky*, Italie, Annuaire International de Justice Constitutionnelle II (1986), S. 169 ff.

[95] *R. Pinto*, La Cour Suprême Américaine et l'avortement, RDP 1993, S. 907 (938).

[96] Art. 61 der Verfassung der V. Republik von 1958; *D. Turpin*, France. Sur l'interruption volontaire de la grossesse dans la jurisprudence constitutionnelle française, Annuaire International de Justice Constitutionnelle II (1986), S. 145 (151).

[97] *Turpin* (Fn. 95), S. 155.

[98] *M. Fromont*, Allemagne fédérale, Annuaire International de Justice Constitutionnelle II (1986), S. 83 (86).

[99] *Brugger* (Fn. 86), S. 50.

wird, ob es auch in Frankreich eine Solange-II-Rechtsprechung geben könne;[100] zum anderen in weiteren gesellschaftspolitisch umstrittenen Bereichen, etwa dem der Öffnung der Ehe für gleichgeschlechtliche Paare.[101] Entscheidungsvergleiche finden sich also vor allem in den Bereichen, in denen die Legitimität der Verfassungsgerichtsbarkeit und damit auch die der sie untersuchenden Wissenschaft in Frage gestellt wird. Die Frage, ob bestimmte Entscheidungen als „Legitimitätsverstärker" wirken, stellt sich somit über die Urteile zum Schwangerschaftsabbruch hinaus. Dieser inhaltliche Schwerpunkt der Entscheidungsvergleiche wirkt sich auch auf die Vergleichsländer aus; Wissenschaftlerinnen in Frankreich wie in Deutschland ziehen die Vereinigten Staaten von Amerika besonders häufig für den Vergleich heran.[102]

Mit den Entscheidungsvergleichen eng verknüpft sind zum einen die Interaktion der Verfassungsrichterinnen verschiedener Gerichte, die gegenseitige Wahrnehmung, Beachtung und sogar Berücksichtigung der jeweiligen Entscheidungen. Zum anderen fragen sich Wissenschaftler, wie weitgehend die Verfassungsrichter selbst vergleichen sollen – und können. Beide Fragen betreffen nicht mehr die Verfassungsgerichte als *Objekt*, sondern als *Subjekt* des Vergleichs.

---

[100] *T. Meindl*, Le contrôle de constitutionnalité des actes de droit communautaire dérivé en France: La possibilité d'une jurisprudence *Solange II*, RDP 1997, S. 1665 ff. *J. Nergelius*, § 22. Offene Staatlichkeit. Schweden, in: A. von Bogdandy/P. Cruz Villalón/P. M. Huber (Hrsg.), Ius Publicum Europaeum, Bd. II, 2008, S. 284 f. Rn. 17 ff., weist daraufhin, dass eine der Solange-Rechtsprechung entlehnte Formulierung in Schweden zwischenzeitlich Eingang in die Verfassung gefunden hat, bis sie 2002 durch eine andere Formulierung ersetzt wird. Rechtsvergleichend zur europarechtlichen Integrationsrechtsprechung verschiedener Verfassungsgerichte auch *M. Wendel*, Richterliche Rechtsfindung als Dialogform: Die Integrationsrechtsprechung nationaler Verfassungsgerichte in gemeineuropäischer Perspektive, Der Staat 52 (2013), S. 339 (344 ff.).
[101] *N. Markard*, Unausweichliche Gleichheit. *Obergefell* und die Öffnung der Ehe für gleichgeschlechtliche Paare, JöR n. F. 64 (2016), S. 767 ff. Ein anderes Beispiel sind die sog. Kopftuchentscheidungen, s. dazu *R. C. van Ooyen*, Die „Kopftuch-Entscheidung" des Bundesverfassungsgerichts zwischen Pluralismustheorie (Kelsen/Fraenkel) und Staatstheologie (Hegel/Schmitt), JöR n. F. 65 (2008), S. 125 ff.
[102] *Pinto* (Fn. 94); *D. Custos*, La Cour Suprême américaine et la liberté d'avortement, RDP 1995, S. 1119 ff.; *F. Moderne*, „La liberté ne trouve pas refuge dans une jurisprudence qui doute", RFDC 11 (1992), S. 583 ff.; *Brugger* (Fn. 86); *M. Fromont*, Chronique constitutionnelle et administrative étrangère. Allemagne fédérale. La jurisprudence constitutionnelle en 1982 et 1983, RDP 1984, S. 1555 ff.; *ders.*, Chronique étrangère. République fédérale d'Allemagne. La jurisprudence constitutionnelle 1984 et 1985, RDP 1987, S. 1199 ff.; *C. Starck*, Chronique étrangère. La jurisprudence de la Cour Constitutionnelle Fédérale concernant les droits fondamentaux, RDP 1988, S. 1263 ff.

III. Verfassungsgerichte als Akteure des Vergleichs

Dass Verfassungsgerichte zum Gegenstand des vergleichenden Verfassungsrechts werden, wenn es normal wird, dass sie die Verfassungsmäßigkeit von Gesetzen kontrollieren, erstaunt kaum. Bald rücken aber nicht nur die großen Systeme der Verfassungsgerichtsbarkeit und einzelne Entscheidungen in den Mittelpunkt. Der wissenschaftliche Diskurs beschäftigt sich von den 2000er-Jahren an zunehmend auch mit den Gerichten als Subjekten, die selbst vergleichen. Dies wirft die Frage auf, ob die Verfassungsvergleichung im „Zeitalter der Verfassungsgerichte" ihren Fokus auf Institutionen nach und nach aufgibt und sich stattdessen auf eine akteurszentrierte Betrachtungsweise konzentriert. Jedenfalls wird der institutionelle und entscheidungszentrierte Fokus durch eine Perspektive ergänzt, die vor allem danach fragt, ob – und wenn ja, wie – Verfassungsgerichte die Auslegung ähnlicher Bestimmungen durch andere Gerichte berücksichtigen (1). Hier sind die Gerichte als Kollegialorgane die Akteure, auf denen der Fokus liegt. Damit ist zum einen die Frage gestellt, wie der Vergleich im Verfassungsgerichtsverbund genau funktioniert.[103] Zum anderen wächst aber auch die Skepsis, ob die Gerichte der Aufgabe gewachsen sind, Urteile anderer Spruchkörper in ihre Entscheidungsfindung miteinzubeziehen. Teilweise geht die Kritik noch weiter und fragt danach, ob – selbst wenn die Gerichte diese Aufgabe bewältigen können – sie Urteile anderer Gerichte bei der Auslegung der Verfassung berücksichtigen *sollen*. Damit ist auch die Frage nach den Grenzen des Vergleichs durch Verfassungsgerichte formuliert. Der Diskurs um die Rechtsvergleichung durch Verfassungsgerichte kann in weiten Teilen als Rezeptionsgeschichte einer Debatte am US-amerikanischen Supreme Court erzählt werden. Besonders die harsche Kritik *Antonin Scalias* am Vergleich durch Gerichte und die Reaktion seiner liberalen und dem Vergleich wohlgesinnten Kollegen *Stephen Breyer* und *Ruth Bader Ginsburg* weckt in Deutschland und in Frankreich das wissenschaftliche Interesse.[104] In jüngerer Vergangenheit ist neben dieser Diskussion eine weitere Frage auch diesseits des Atlantiks virulent. Sollte die individualisierbare Rolle einzelner Richter mehr im Zentrum rechtswissenschaftlicher Erkenntnis stehen? Diese akteurszentrierte[105] Perspektive, die in den US-amerikanischen Rechtswissenschaft

---

[103] Dieser wird allerdings erst später auf diesen Begriff gebracht, s. sogleich im Haupttext bei → Fn. 109.

[104] So auch *A.-B. Kaiser*, „It Isn't True that England Is the Moon": Comparative Constitutional Law as a Means of Constitutional Interpretation by the Courts?, GLJ 18 (2017), S. 293 ff.; *S. Martini*, Vergleichende Verfassungsrechtsprechung, 2018, S. 36 f. S. statt vieler etwa *Pinto* (Fn. 94), S. 923 f., einerseits; *J. Reich*, „Originalismus" als methodologischer Scheinriese und verfassungspolitische Konterrevolution, JöR n. F. 65 (2017), S. 713 ff., andererseits.

[105] Als Akteure werden in aller Regel die Gerichte als Ganzes bezeichnet, s. nur statt

selbstverständlich ist, bleibt jedoch in der deutschen Verfassungsrechtswissenschaft bis heute weitgehend eine Wunschvorstellung, die zudem von vielen sehr kritisch gesehen wird (2). In der französischen Wissenschaft wird sie vor allem außerhalb der Rechtswissenschaften diskutiert.

1. Vergleich im Verfassungsgerichtsverbund und seine Grenzen

Die Rechtswissenschaft interssiert sich bereits vom Ende der 1980er-Jahre an für die Interaktion verschiedener Gerichte. Zunächst wird die Frage, wie die Gerichte selbst vergleichen, aber eher am Rande mitbehandelt.[106] Noch bevor der Begriff des Verfassungsgerichtsverbunds geprägt wird, steht die Frage nach der Kooperation verschiedener Gerichte bereits im Raum. So stellt etwa *Hesse* Ende der 1990er-Jahre fest, es sei „in der europäischen höchstrichterlichen Rechtsprechung eine gewisse Zusammenarbeit entstanden, auf die es in Zukunft mehr und mehr ankommen wird".[107] Nach und nach beschäftigt das „trianguläre[...] Spannungsfeld von nationalen Verfassungsgerichten, EuGH und EGMR"[108] in Europa die Wissenschaft immer mehr.[109] 2010 wird

---

vieler *A. Voßkuhle*, Der europäische Verfassungsgerichtsverbund, NVwZ 2010, S. 1 (2). *Ders.*, a. a. O., S. 8, betont aber auch, wie wichtig die einzelnen Richter sind. Diesen Aspekt betont auch *J. Limbach*, Globalization of Constitutional Law through Interaction of Judges, VRÜ 2008, S. 51 (52 ff.); krit. gegenüber der „monolithisch[en]" Stilisierung des BVerfG auch *S. Baer*, Zum Potenzial der Rechtsvergleichung für den Konstitutionalismus, JöR n. F. 63 (2015), S. 389 (391).
Der hier dargestellte Diskurs greift die verwendete Terminologie auf und bezeichnet die Gerichte als Akteure; eine Perspektive, die Gerichte als Kollegialorgane auffasst und die einzelnen Richterinnen als Akteure, wird bisher nur selten gewählt, dazu aber näher unten → § 6 II 2.
[106] S. etwa *Buffet-Tchakaloff* (Fn. 37), S. 982 f. mit Fn. 4, S. 1008; *Genevois* (Fn. 88), S. 215 f.
[107] *Hesse* (Fn. 58), S. 23. S. auch bereits *ders.*, Verfassungsrechtsprechung im geschichtlichen Wandel, JZ 1995, S. 265 (269), wo er den Wandel der Aufgaben des BVerfG wegen des Bedeutungszuwachses der Europäischen Gerichtshöfe betont. S. auch *P. Häberle*, Die Wesensgehaltsgarantie des Art. 19 Abs. 2 Grundgesetz, 3. Aufl. 1983, S. 409, der von der „Permeabilität der Grundrechtsordnungen" spricht.
[108] *M. Kotzur*, Kooperativer Grundrechtsschutz – eine Verfassungsperspektive für Europa, JöR n. F. 55 (2007), S. 337 (339); s. auch *Voßkuhle* (Fn. 104), S. 2, der von einem „Rechtsprechungsdreieck zwischen Karlsruhe, Luxemburg und Straßburg als Teil eines ‚europäischen Verfassungsgerichtsverbundes'" spricht.
[109] So gibt es in der RDP ab 2000 eine Chronik der europäischen Rechtsprechung, womit sowohl die vertikale Interaktion zwischen nationalen und inter- wie supranationalen europäischen Gerichten, als auch die horizontale Interaktion zwischen europäischen Verfassungsgerichten, also dem EGMR in Straßburg und dem EuGH in Luxemburg, näher beleuchtet werden sollen, s. dazu *L. Burgorgue-Larsen*, Chronique de jurisprudence européenne comparée, RDP 2000, S. 1081 (1082).

es in Deutschland auf den Begriff des „Verfassungsgerichtsverbunds" gebracht.[110] Dieser Begriff soll vor allem unterkomplexe Bilder ersetzen, die das dynamische Zusammenspiel im Mehrebenensystem als System der Gleich-, Über- oder Unterordnung beschreiben.[111]

Besonders oft wird das Verhältnis zwischen nationalen Verfassungsgerichten, EGMR und EuGH in der Grundrechtsauslegung beleuchtet, da für Letztere der Vergleich der staatlichen Verfassungen ihrer Mitglieds- oder Konventionsstaaten alltäglich ist.[112] Doch die Diskussion greift von Anfang an darüber hinaus und erfasst die Verfassungsgerichte verschiedener Staaten ebenso wie die föderaler Gliederungen wie die der deutschen Bundesländer.[113]

---

[110] *Voßkuhle* (Fn. 104); s. auch zu dem bereits früher geprägten Begriff des „Verfassungsverbundes", bei dem die Rolle der Gerichte jedoch nur einen – wenn auch wichtigen – Aspekt darstellt, *S. Oeter*, Rechtsprechungskonkurrenz zwischen nationalen Verfassungsgerichten, Europäischem Gerichtshof und Europäischem Gerichtshof für Menschenrechte, JöR n. F. 66 (2007), S. 361 (375 ff.); *I. Pernice*, Das Verhältnis europäischer zu nationalen Gerichten im europäischen Verfassungsverbund, 2006, S. 6 ff. Kritisch zum Verfassungsverbundbegriff und seinen Implikationen *M. Jestaedt*, Der europäische Verfassungsverbund – Verfassungstheoretischer Charme und rechtstheoretische Insuffizienz einer Unschärferelation, in: R. Krause/W. Veelken/K. Vieweg (Hrsg.), Recht der Wirtschaft und der Arbeit in Europa, 2004, S. 637 (645 ff.).

[111] *Voßkuhle* (Fn. 104), S. 3.

[112] S. etwa *Classen* (Fn. 56); *E. G. Mahrenholz*, Europäische Verfassungsgerichte, JöR n. F. 49 (2001), S. 15; aber auch schon in der Debatte um die Abtreibungsentscheidungen wird der unterschiedliche Umgang verschiedener Verfassungsgerichte mit der EMRK problematisiert, s. *Genevois* (Fn. 88), S. 215 f., der betont, neben Österreich hätten auch Spanien und Norwegen die EMRK bei der Auslegung berücksichtigt, letztlich sei Art. 2 EMRK kein entscheidendes Element der Debatte gewesen. *Fromont* (Fn. 97), S. 87, verweist auf den österreichischen Verfassungsgerichtshof, der die österreichische Verfassungsbestimmung als vereinbar mit dem Recht auf Leben der EMRK angesehen habe (Art. 2 Abs. 1 EMRK). Diese österreichische Verfassungsbestimmung sei der deutschen sehr ähnlich. Zu den Entscheidungen des BVerfG, Beschlüsse v. 6. 11. 2019, abgedruckt in NJW 2020, S. 300 ff. – Recht auf Vergessen I – und auf S. 314 ff. – Recht auf Vergessen II – und die europäisierte Grundrechtsprüfung des BVerfG s. nunmehr statt vieler *M. Wendel*, Das Bundesverfassungsgericht als Garant der Unionsgrundrechte, JZ 2020, S. 157 ff.

[113] *A. Voßkuhle*, Die Landesverfassungsgerichtsbarkeit im föderalen und europäischen Verfassungsgerichtsverbund, JöR n. F. 59 (2011), S. 215 (218 f.). Auch das Zusammenspiel der verschiedenen Verfassungsgerichte in Europa und damit die Frage nach der Bedeutung der Rechtsvergleichung für die Verfassungsrechtsprechung ist Bestandteil der Betrachtung als Verbund, s. etwa *Voßkuhle* (Fn. 104), S. 8; *Baer* (Fn. 104), S. 389 f.; *Martini* (Fn. 103), S. 40 f., spricht von einem „Kommunikationsnetzwerk von Verfassungsgerichten", das ein „komplexes Ineinandergreifen und Zusammenschalten verschieden (lokal) verorteter Rechtsordnungen, Rechtsordnungsschichten und -institutionen" darstelle. *Ders.* untersucht a. a. O., *passim*, mit der komparativen Argumentation des Bundesverfassungsgerichts und der des südafrikanischen Verfassungsgerichts einen Ausschnitt aus diesem „Netz".

Freilich gibt es auch kritische Stimmen, die die Rede vom „Dialog der Gerichte" für irreführend halten. Gerichte führten in ihrer Rechtsprechungsfunktion keine Dialoge, sie agierten mit eigenen, „vornehmlich rein nationalrechtlichen Prüfungsmaßstäben" in einem „überschneidungsfreien, unverbundenen Nebeneinander".[114]

Für eine Geschichte des vergleichenden Verfassungsrechts, die den Schwerpunkt auf internationale Vergleiche setzt, sind aus der reichhaltigen Literatur zu Funktionsweise und Entwicklungsperspektiven dieses Verbundes vor allem folgende Fragen relevant:[115] Wie wirkt sich die höchstrichterliche Zusammenarbeit auf die Rolle des Vergleichs in der Verfassungsrechtsprechung aus (a)? Welche Gründe werden für ein wechselseitiges „Ausleihen" von Begründungen anderer Gerichtsentscheidungen vorgebracht (b)?[116] Und schließlich: Sollte das Aufgreifen von Begründungen anderer Spruchkörper stattfinden (c)?

a) Höchstrichterliche Zusammenarbeit und Vergleich

Wie wirkt sich die höchstrichterliche Zusammenarbeit auf die Rolle des Vergleichs in der Verfassungsrechtsprechung aus? Die Art und Weise, mit der diese Frage beantwortet wird, zeigt, dass der wissenschaftliche Blick auf den Verfassungsgerichtsverbund von einer Perspektive auf das jeweils eigene Gericht geprägt ist.[117] Institutionelle Besonderheiten werden dabei ausgeblendet. Das wird besonders bei der Gegenüberstellung von Conseil constitutionnel und BVerfG deutlich. Drei Beispiele veranschaulichen die Unterschiede, die auf die wissenschaftliche Perspektive zurückwirken.

---

[114] *C. Hillgruber*, Die Bedeutung der Rechtsvergleichung für das deutsche Verfassungsrecht und die verfassungsgerichtliche Rechtsprechung in Deutschland, JöR n. F. 63 (2015), S. 367 (386). A. A. *B.-O. Bryde*, The Constitutional Judge and the International Constitutionalist Dialogue, Tulane Law Review 80 (2005), S. 203 ff.; *A.-M. Slaughter*, A Global Community of Courts, Harvard International Law Journal 44 (2003), S. 191 (192); *A. Voßkuhle*, Rechtspluralismus als Herausforderung, ZaöRV 79 (2019), S. 481 (494).

[115] Der Verfassungsgerichtsverbund sei ein „rahmenartiges Konzept" und daher Schlüsselbegriff mit verschiedenen Verständigungs-, Deutungs-, Vernetzungs- und Orientierungsfunktionen, *M. Albers*, Höchstrichterliche Rechtsfindung und Auslegung gerichtlicher Entscheidungen, VVDStRL 71 (2012), S. 257 (288 mit Fn. 156), unter Verweis auf *A. Voßkuhle*, § 1. Neue Verwaltungsrechtswissenschaft, in: W. Hoffmann-Riem/ E. Schmidt-Aßmann/A. Voßkuhle (Hrsg.), Grundlagen des Verwaltungsrechts, Bd. 1, 2006, S. 35 f. Rn. 40 f.

[116] Zur Relevanz dieser Frage, vor allem dem „Ausleihen" außerhalb rechtlicher Bindungswirkungen für den Verfassungsgerichtsverbund s. *Albers* (Fn. 114), S. 290. Zu Leihe, Transplantation, Transfer und Migration von Verfassungsideen s. näher → § 9.

[117] Eine Ausnahme stellt *Martini* (Fn. 103), S. 306 ff., dar, der den Gebrauch des komparativen Arguments durch das Bundesverfassungsgericht dem des südafrikanischen Verfassungsgerichts gegenüberstellt, punktuell durch die Erfahrungen an anderen Verfassungs- und Höchstgerichten ergänzt und daraus eine „Typik" entwickelt.

So bemerken manche – mit Blick auf das Bundesverfassungsgericht –, besonders viele Verweise auf ausländische Entscheidungen fänden sich in Abweichenden Meinungen.[118] Nimmt man etwa das oben erwähnte Erste Schwangerschaftsabbruch-Urteil des BVerfG, beruft sich die Abweichende Meinung tatsächlich auf die Fristenlösungen, die in Österreich, Frankreich und Dänemark gelten.[119] Die Besprechungsliteratur betont denn auch die Unterschiede zur Mehrheitsmeinung. Während diese sich auf eine autonome und historische Interpretation im Lichte der Erfahrung der Nazi-Zeit berufe, wolle die Abweichende Meinung ausländische Judikatur als „Leitidee" berücksichtigen.[120] Auch die Kritiker der Rechtsvergleichung durch Gerichte erkennen an, dass Gerichte wie etwa das Bundesverfassungsgericht keine grundsätzlichen Bedenken gegen diese Methodik zu haben scheinen.[121]

Im Hinblick auf den französischen Verfassungsrat kann man keine solche Aussage über Abweichenden Meinungen treffen – es gibt dort keine.[122] Dennoch spielt die Verfassungsvergleichung und insbesondere die Auswertung ausländischer Judikate für den Verfassungsrat eine große Rolle. Es findet sogar eine institutionalisierte Verfassungsvergleichung statt. Dies zeigt bereits die Position der Beauftragten für Rechtsvergleichung im juristischen Dienst des Verfassungsrats, die die Entscheidungen anderer Verfassungs- und Höchstgerichte auswertet und den Mitgliedern des Conseil constitutionnel zur Verfügung stellt. Daneben ist der Verfassungsrat selbst Herausgeber einer Zeitschrift, der Cahiers du Conseil constitutionnel.[123] Sie sollen einen Dialog

---

[118] So etwa *S. Martini*, Lifting the Constitutional Curtain? The Use of Foreign Precedent by the German Federal Constitutional Court, in: T. Groppi/M.-C. Ponthoreau (Hrsg.), The Use of Foreign Precedents by Constitutional Judges, 2013, S. 229 (247).

[119] Abweichende Meinung der Richterin Rupp-von Brünneck und des Richters Dr. Simon zum Urteil des Ersten Senats des Bundesverfassungsgerichts vom 25. Februar 1975 – 1 BvF 1, 2, 3, 4, 5, 6/74, BVerfGE 31, 206 (254).

[120] Der Begriff der „Leitidee" findet sich jedoch nur in der Besprechung von *G. Ress*, Allemagne fédérale. L'interprétation du droit à la vie par le Tribunal constitutionnel allemand par rapport à la question de l'avortement volontaire, Annuaire International de Justice Constitutionnelle II (1986), S. 89 (94), nicht aber in der Abweichenden Meinung selbst.

[121] So *Hillgruber* (Fn. 113), S. 383, unter Verweis auf das Spiegel-Urteil des BVerfG von 1966, in dem sich die Mehrheit wie die Abweichende Meinung mit rechtsprechungsvergleichenden Argumenten befasst.

[122] S. dazu auch die Debatte zur Frage, ob Abweichende Meinungen für den französischen Conseil constitutionnel eingeführt werden sollten: *F. Luchaire/G. Vedel*, „Contre": le point de vue de deux anciens membres du Conseil constitutionnel, Les Cahiers du Conseil constitutionnel 8 (2000), S. 111 f.; *D. Rousseau*, „Pour": une opinion dissidente en faveur des opinions dissidentes, Les Cahiers du Conseil constitutionnel 8 (2000), S. 113 f. Zur Praxis der Sondervoten in Deutschland und ihrer Geschichte *C. Walter*, La pratique des opinions dissidentes en Allemagne, Les Cahiers du Conseil constitutionnel (2000), S. 81 ff.

[123] Sie erscheinen seit 1996, werden mit der Einführung der QPC 2010 in Nouveaux

des Verfassungsrats mit der Wissenschaft und mit ausländischen Verfassungsgerichten ermöglichen.[124]

Die Aussage, die Untersuchung der Funktionsweise der Gerichte werde dadurch erschwert, dass man sich auf die expliziten Hinweise auf Entscheidungen anderer Gerichte beschränken müsse, verdeutlicht einen zweiten Unterschied.[125] Auch das trifft nur auf Gerichte zu, die – wie das BVerfG und anders als der Conseil constitutionnel – andere Entscheidungen zitieren. Für das BVerfG kann man sagen, dass die Zitate ausländischer Urteile nur die Spitze des „komparatistischen Eisbergs" sind, da auch im Vorfeld und ohne explizite Nennung im Urteil verglichen wird.[126] Der Verfassungsrat pflegt dagegen einen extrem knappen Begründungsstil, der die Nennung anderer Entscheidungen nicht zulässt.

Ein weiteres Beispiel, das Einfluss auf die Beobachterperspektive hat, ist die unterschiedliche Besetzungspolitik der Gerichte. Am BVerfG sind nur Volljuristen tätig, darunter viele Wissenschaftlerinnen, die den Diskurs – etwa durch Begriffsprägungen wie den des Verfassungsgerichtsverbunds – mitunter selbst beeinflussen. Am Verfassungsrat ist der juristische Abschluss dagegen keine Pflicht, obwohl sich eine Entwicklung abzeichnet, dass immer mehr Juristen berufen werden. Die Mitglieder des Verfassungsrats wirken daher auch kaum in den *rechts*wissenschaftlichen Diskurs zurück – allerdings mitunter in andere Wissenschaftsdisziplinen, wie etwa die Ethnologie.[127] Die

---

Cahiers umbenannt und erscheinen seit September 2018 in Anlehnung an den Teil der Verfassung, der den Verfassungsrat zum Gegenstand hat, als Internetpublikation mit dem Namen „Titre VII", näher *Weber* (Fn. 6), S. 285 mit Fn. 262; *D. Schnapper*, L'expérience-enquête au Conseil constitutionnel, Sociologie 2 (2011), S. 295 (305), nennt die Cahiers, und insbesondere die dort vom Generalsekretär des Verfassungsrats veröffentlichten Entscheidungsbesprechungen „die autorisierte und quasi-offizielle Stimme" des Rats („les Cahiers du Conseil constitutionnel, voix autorisée et quasi officielle").

[124] *M.-C. Meininger*, Avant-propos – Les Cahiers du Conseil constitutionnel fêtent leur dixième anniversaire, Cahiers du Conseil constitutionnel 20 (2006), <http://www.conseil-constitutionnel.fr/conseil-constitutionnel/francais/nouveaux-cahiers-du-conseil/cahier-n-20/avant-propos-les-cahiers-du-conseil-constitutionnel-fetent-leur-dixieme-anniversaire.51761.html> (zuletzt abgerufen am 15.3.2022): „La vocation des Cahiers […]est […] d'exprimer la politique de dialogue du Conseil constitutionnel avec le monde académique ainsi qu'avec les cours étrangères" („Die Aufgabe der Cahiers ist […], die Politik des Dialogs des Verfassungsrats mit der Welt der Wissenschaft wie mit ausländischen Gerichten zum Ausdruck zu bringen"). Zur Kritik, der Conseil constitutionnel wolle durch die Cahiers die universitäre Doktrin ‚einfangen' *Weber* (Fn. 6), S. 286 m. w. N.

[125] Unter Verweis auf das Beratungsgeheimnis im deutschen BVerfG *Baer* (Fn. 104), S. 390.

[126] Zum Begriff *J. Husa*, The Tip of the Iceberg or What Lies Beneath the Surface of Comparative Law, Maastricht Journal of European & Comparative Law 12 (2005), S. 73 ff.

[127] *D. Schnapper*, Une sociologue au Conseil constitutionnel, 2010.

Beispiele zeigen, dass oft eine auf das ‚eigene' Gericht geprägte wissenschaftliche Perspektive dominiert. Doch welche Gründe gibt es für wechselseitige Bezugnahmen auf Entscheidungsgründe?

b) Die Gründe für den Rückgriff auf die Begründungen anderer Gerichte

Die Frage, warum Gerichte auf die Entscheidungen anderer eingehen, beschäftigt die Wissenschaft in der RDP genauso wie im JöR und darüber hinaus. In der RDP wird bereits Ende der 1980er-Jahre die These aufgestellt, parallele Kontrollen verschiedener Verfassungsgerichte – ob nun auf staatlicher oder überstaatlicher Ebene – könnten zum Modell werden und Richterinnen zur Imitation anregen, die sich noch nicht zu dieser Frage äußern mussten; nach und nach könne so eine Art Gewohnheitsrecht oder ein Prinzip entstehen, das sich zu einer transnationalen, höherrangigen Norm verdichten könne.[128] So weit gehen freilich wenige. *Baer* betont etwa, oft würden Entscheidungen anderer Verfassungsgerichte nicht zitiert, um die eigene Entscheidung zu belegen, sondern um sie in einen weltweit diskutierten Rahmen zu stellen. Es gehe dann – ganz im Gegensatz zur oben genannten These – oft darum, eine Kontroverse zu markieren, bei der verschiedene Gerichte nach ausführlicher Deliberation zu unterschiedlichen Entscheidungen kommen könnten.[129] In der deutschen Verfassungsrechtswissenschaft wird dieser Problemkomplex häufig in Auseinandersetzung mit *Häberles* Postulat behandelt, die Rechtsvergleichung müsse zur fünften Auslegungsmethode werden.[130] Hier zeigt sich wiederum ein Unterschied zum französischen Diskurs um den „Dialog der Gerichte". In der französischen Rechtswissenschaft sind die Auslegungsmethoden nicht nach der *Savigny'schen* Tradition kanonisiert; es wird zwar um den „Dialog der Gerichte" gerungen, aber das Problem der Auslegung scheint kein zentrales zu sein. Ganz anders stellt sich dies in der deutschen Verfassungsrechtswissenschaft dar. Auch wenn die Verfassungsinterpretation, oder gar die Rechtsauslegung schlechthin, sich nicht mehr isoliert am eigenen nationalen Recht orientieren könne, sei das Ziel des Vergleichs die kritische Auseinandersetzung.[131] Der Verfassungsgerichtsverbund und die Auslegung, die in seinem Bewusstsein stattfindet, wird daher

---

[128] *Buffet-Tchakaloff* (Fn. 37), S. 982 f. mit Fn. 4.

[129] *Baer* (Fn. 104), S. 395. Den deliberativen Aspekt der Verfassungsvergleichung für Gerichte betont auch *S. Fredman*, Foreign Fads or Fashions? The Role of Comparativism in Human Rights Law, International and Comparative Law Quarterly 64 (2015), S. 631 (634); daran anknüpfend auch *Kaiser* (Fn. 103), S. 293 (307 mit Fn. 85).

[130] S. etwa *A.-B. Kaiser*, Verfassungsvergleichung durch das Bundesverfassungsgericht, JRP 2010, S. 203 (205 mit Fn. 19), unter Verweis auf *P. Häberle*, Grundrechtsgeltung und Grundrechtsinterpretation im Verfassungsstaat. Zugleich zur Rechtsvergleichung als „fünfter" Auslegungsmethode, JZ 1989, S. 913 (916 ff.).

[131] So etwa *Hesse* (Fn. 58), S. 23, mit Bezug zum deutschen Bundesverfassungsgericht.

auch als „diskursives Ringen um die ‚beste Lösung'" verstanden; letztlich handele es sich um einen „Lernverbund".[132] Andere argumentieren, wenn richterliche Rechtsvergleichung zum Ausgangspunkt eines transnationalen Dialogs der Gerichte werde, handele es sich nicht mehr nur um ein Hilfsmittel zur Auslegung nationalen Rechts. Die rechtsvergleichende Argumentation diene dann der Positionsbestimmung zu Inhalt und Umfang gemeineuropäischen Verfassungsrechts.[133]

c) Rechtsprechungsvergleich als Aufgabe der Verfassungsgerichte?

Soll Verfassungsgerichtsvergleichung in der Urteilsfindung eine Rolle spielen? Die Skepsis, ob Gerichte Rechtsvergleichung überhaupt leisten können, ist verbreitet – bei Gegnern wie bei Befürwortern der Vergleichung durch Gerichte.[134] Vor allem in den Vereinigten Staaten von Amerika lässt sich aber ein anderer Strang der Kritik an der Verfassungsgerichtsvergleichung beobachten. Selbst wenn die Gerichte der Aufgabe des Vergleichs gewachsen sein sollten, sei es methodisch nicht zu rechtfertigen, dass sie Urteile anderer Gerichte bei der Auslegung der Verfassung berücksichtigen.[135] Diese Meinung ist vor allem mit dem mittlerweile verstorbenen Richter am *Supreme Court Antonin Scalia* verbunden. Für ihn zählt für die Auslegung nur die gewöhnliche Bedeutung des Verfassungstexts zur Zeit seines Inkrafttretens, seine

---

[132] *Voßkuhle* (Fn. 104), S. 8. *Baer* (Fn. 104), S. 400, betont unter Verweis auf *Voßkuhle*, a. a. O., Verfassungsvergleichung sei eine wichtige Verbundtechnik von Verfassungsgerichten.

[133] So etwa *Wendel* (Fn. 99), S. 342, 340, freilich in erster Linie in Bezug auf die Europa-Entscheidungen verschiedener mitgliedstaatlicher Gerichte; zum gemeineuropäischen Verfassungsrecht s. *P. Häberle*, Europäische Verfassungslehre, 7. Aufl. 2011, S. 111 ff.; sowie unten → § 9 II; *Baer* (Fn. 104), S. 399, sieht Verfassungsrechtsprechungsvergleichung durch Verfassungsgerichte als Beitrag zu dem internationalen Versuch, Maßstäbe für den demokratischen Konstitutionalismus zu finden.

[134] *Hillgruber* (Fn. 113), S. 385. S., allerdings mit zu *Hillgruber* gegenläufiger Grundhaltung, *Martini* (Fn. 103), S. 28, S. 41, der offen die Frage nach der Legitimität des komparativen Arguments an den Beginn seiner Untersuchung stellt. Auch *S. Baer*, Empirie und Theorie zur Rechtsvergleichung im Verfassungsrecht, JöR 69 (2021), S. 393 (398) wirft die Frage in ihrer Rezension erneut auf.

[135] *A. Scalia*, Common-Law Courts in a Civil Law System: The Role of United States Federal Courts in Interpreting the Constitution and Laws, in: A. Gutman (Hrsg.), A Matter of Interpretation, 1997, S. 3 (47). S. jedoch die These, der Originalismus sei zwar in verfassungspolitischer Hinsicht ein Gigant, als Methode der Verfassungsinterpretation aber dagegen ein Scheinriese, *Reich* (Fn. 103), S. 716 mit Fn. 20, s. auch *ders.*, a. a. O., S. 735, wo er die limitierte Bedeutung des Originalismus als Theorie der Verfassung und ihrer Auslegung für den Ausgang konkreter Verfahren vor dem Supreme Court betont und ein eigentümliches Missverhältnis zur überbordenden wissenschaftlichen und politischen Aufmerksamkeit, die ihm zuteilwerde, feststellt.

Methode ist der *originalism*.¹³⁶ Das „Ausleihen" von Gründen anderer Gerichtsentscheidungen lehnt er kategorisch ab.¹³⁷ In Frankreich und bis vor kurzem auch in Deutschland scheint die radikale Ablehnung der verfassungsgerichtlich praktizierten Rechtsvergleichung dagegen bisher kaum verbreitet zu sein.¹³⁸ Erst in jüngerer Vergangenheit sind in Deutschland Stimmen laut geworden, die – trotz der Gefahr, als „national introvertiert und ergo borniert" zu gelten – auf die „Grenzen [...] der Einbeziehung" ausländischen öffentlichen Rechts bei der Verfassungsinterpretation hinweisen.¹³⁹ Denn es gebe weder eine Verpflichtung noch auch nur die Berechtigung, dass deutsche Rechtsanwendungsorgane ausländisches Verfassungsrecht berücksichtigten.¹⁴⁰ Fremdes Recht könne – auch als Auslegungshilfe – nur herangezogen werden, wenn es durch Verweisungs-, Rezeptions- oder Inkorporationsregeln in die nationale Rechtsordnung einbezogen sei.¹⁴¹

Dagegen wird vorgebracht, dass Vergleiche der Rechtsprechung zu Verfassungsfragen heuristisch wertvoll seien, da sie sehr spezifische Wissensbestände in die Vergleichung einführten.¹⁴² Zudem entspreche es einer institutionellen Rationalität, sich mit den Begründungen anderer zu beschäftigen, da ein gutes Gericht immer in Sorge um die Akzeptanz seiner Entscheidungen sei.¹⁴³ Dies sind valide Gründe für den Vergleich von Rechtsprechung durch Gerichte; dennoch setzen sie sich nicht explizit mit dem Argument auseinander, dass es ohne ausdrückliche Rechtsregel keine Einbeziehung geben dürfe. Implizit kann man allerdings den Hinweis darauf, dass Entscheidungen anderer Gerichte *heuristisch* wertvoll seien, durchaus als Auseinandersetzung mit diesem Argument sehen. Dieser Überlegungen korrespondieren eng mit einem weiteren Argumentationsstrang in der Diskussion. Zwischen als bindend verstandenem ausländischen Recht einerseits und der Ori-

---

¹³⁶ *Scalia* kommt es darauf an, wie der Text der Verfassung ursprünglich verstanden wurde („how the text of the Constitution was originally understood"), *Scalia* (Fn. 134), S. 38. S. aber die These bei *M. A. Case*, Scalia as a Procrustes for the Majority, Scalia as Cassandra in Dissent, JöR n. F. 65 (2017), S. 765 (770), *Scalia* steche nicht wegen seines Bekenntnisses zu Originalismus oder Textualismus heraus, sondern wegen seines Verständnisses der rule-of-law als Recht der Regeln („the rule of law as a law of rules") und seiner Aversion gegen fallspezifische Angemessenheitsprüfungen.

¹³⁷ S. etwa „this Court [...] should not impose foreign moods, fads, or fashions on Americans", Lawrence v Texas (2003) 539 U.S. 598 (U.S. Supreme Court).

¹³⁸ Vgl. etwa *Wendel* (Fn. 99), S. 339: „Anders als in den Vereinigten Staaten von Amerika ist verfassungsgerichtlich praktizierte Rechtsvergleichung in Europa nicht mehr von grundlegenden Zweifeln an ihrer Zulässigkeit begleitet".

¹³⁹ *Hillgruber* (Fn. 113), S. 368.
¹⁴⁰ *Hillgruber* (Fn. 113), S. 372.
¹⁴¹ *Hillgruber* (Fn. 113), S. 387.
¹⁴² *Baer* (Fn. 104), S. 398.
¹⁴³ *Baer* (Fn. 104), S. 396.

entierung an Gründen anderer Gerichte außerhalb rechtlicher Bindungswirkung müsse unterschieden werden.[144] Bei der Offenheit vieler Verfassungsbestimmungen für unterschiedliche Interpretationen bestehe zudem die Herausforderung, mit dieser Offenheit angemessen umzugehen.[145] Neben der Textauslegung, der reinen Textorientierung, müssten, wenn es um die Herstellung der Entscheidung gehe, auch viele andere Faktoren berücksichtigt werden; offenen Formulierungen könne man mit diesen anderen Möglichkeiten beikommen, um dennoch eine Entscheidung treffen zu können.[146] Nur so könne man auch der *Kelsen'schen* Einsicht gerecht werden, dass Rechtsprechung immer auch Rechtsetzung sei.[147]

Die Argumentationslinien zeigen jedoch, dass die Verfassungsrechtswissenschaft – obwohl die Gerichte nun häufig als Akteure bezeichnet werden – nicht die Fragen behandelt, wie genau der Verfassungsgerichtsverbund und der Prozess des Vergleichens durch die Akteure funktionieren. Statt verschiedenen Verfassungsgerichten als Vergleichssubjekten widmet man sich weiter den institutionellen Logiken des ‚eigenen' Gerichts und der Frage, wo die Grenzen der Verfassungsvergleichung durch dieses Gericht liegen.

2. Vom Kollegium zur Person? Akteurszentrierte Perspektiven

Die breite Rezeption der Debatte zwischen den Richtern am US-amerikanischen Supreme Court über die Rolle des Vergleichs zeigt nicht nur, dass sich die französische wie die deutsche Rechtswissenschaft für die Methode ihrer Verfassungsgerichte interessieren. Sie wirft gleichzeitig ein Schlaglicht auf den hohen Grad der Personalisierung und der Akteurszentrierung am Supreme Court.[148] Damit rückt sie die beteiligten Richter als Akteure der Entscheidungsfindung und des Vergleichens in den Mittelpunkt. Eine ähnliche Konzentration auf Persönlichkeiten ist etwa am deutschen Bundesverfassungsgericht nicht zu beobachten, obwohl in der Debatte um die Rolle der Rechtsvergleichung durch Verfassungsgerichte *Scalia* mit dem deutschen Rechtswissenschaftler *Hillgruber*, *Scalias* Gegenpart *Breyer* dagegen mit der Verfassungsrichterin *Baer* verglichen wird.[149] Dies wirft die Frage auf, ob die

---

[144] Im anglo-amerikanischen Kontext wird, in dieser Hinsicht vergleichbar, zwischen bindenden Präzedenzfällen („binding precedent") einerseits und überzeugenden Begründungen („persuasive" reasoning) andererseits unterschieden, s. *Fredman* (Fn. 128), S. 634.

[145] So *[W.] Hoffmann-Riem*, Diskussionsbeitrag, VVDStRL 71 (2012), S. 336, freilich nicht explizit zur Berücksichtigung ausländischer Urteile durch Gerichte.

[146] *Hoffmann-Riem* (Fn. 144), S. 336 f.

[147] Auf diese Einsicht weisen in der Aussprache *[C.] Möllers*, Diskussionsbeitrag, VVDStRL 71 (2012), S. 337, und *[K.] Waechter*, VVDStRL 71 (2012), S. 340, hin.

[148] Dies betont auch *O. Lepsius*, La Cour, c'est moi, JöR n. F. 64 (2016), S. 123 (125).

[149] S. *Kaiser* (Fn. 103), S. 303, die jedoch vor einer zu starken Parallelisierung *Hillgru*-

individualisierbare Rolle einzelner Richterinnen mehr im Zentrum rechtswissenschaftlicher Erkenntnis stehen soll.[150]

In den Sozialwissenschaften ist dies längst der Fall. So schreibt die französische Soziologin *Dominique Schnapper* über ihre „beobachtende Teilnahme"[151] am französischen Verfassungsrat, die Soziologie müsse es sich zum Ziel setzen, zu verstehen, wie genau das Recht hergestellt werde, indem sie den Prozess seiner Entwicklung, die alltägliche Praxis und die interpersonellen Beziehungen analysiert.[152] *Bruno Latour*, der dem französischen Conseil d'État eine Studie gewidmet hat, beschreibt das „Dilemma" des Sozialwissenschaftlers, der nach seinen methodischen Standards mit Daten aus erster Hand arbeiten müsse, aber gleichzeitig das Beratungsgeheimnis des Staatsrats nicht lüften dürfe.[153] Juristen – stellen sowohl *Schnapper* als auch *Latour* zumindest mit Bezug auf die Richter fest – wollten nicht, dass man den langsamen Entstehungsprozess eines Urteils und die mitunter kontroversen Diskussionen im Einzelnen nachvollziehen könne, denn das Urteil dürfe aus Prinzip nur mit einer kollektiven und anonymen Stimme sprechen.[154] Den Richtern sei also daran gelegen, die „Transzendenz des Rechts" zu bewahren.[155] Auch in rechtswissenschaftlichen Arbeiten finden sich Teile dieser Analyse; diese widmen sich freilich dem deutschen Bundesverfassungsgericht. Richter müssten als Kollegialorgan entscheiden und sollten zu einer einmütigen Lösung kommen.[156] Das Bundesverfassungsgericht werde in der Rechtswissenschaft als mehr oder minder monolithischer Akteur wahrgenommen.[157] Dies deckt sich wiederum mit der Analyse des französischen Ver-

---

bers mit *Scalia* warnt; in Gegensatz zu Letzterem befürworte *Hillgruber* die subjektivhistorische Auslegung, wohingegen *Scalia* den „original intent" gerade nicht für ausschlaggebend hält. S. auch U. *Sacksofsky*, „Große Richter"?, JöR n. F. 65 (2017), S. 743 (752 mit Fn. 53).

[150] Diese Frage wirft *Lepsius* (Fn. 147) auf.

[151] *Dominique Schnapper* ist von 2001 bis 2010 gewähltes Mitglied des französischen Verfassungsrats, während dieser Zeit entsteht die Idee, eine soziologische Studie über den Rat zu schreiben, s. *Schnapper* (Fn. 126). In Anlehnung an die bekannte Methode der „teilnehmenden Beobachtung" beschreibt sie ihren Zugriff in der Einleitung als „beobachtende Teilnahme".

[152] *Schnapper* (Fn. 126), S. 29.

[153] B. *Latour*, La fabrique du droit, 2002, S. 8. Neben den Studien *Schnappers* und *Latours* über den Conseil constitutionnel bzw. über den Conseil d'État ist auch die Studie von M. *Abélès*, Un ethnologue à l'Assemblée, 2000, zu nennen, der die Abgeordnetenkammer des Parlaments untersucht hat.

[154] *Latour* (Fn. 152), S. 8.

[155] *Schnapper* (Fn. 126), S. 28.

[156] *Lepsius* (Fn. 147), S. 160 mit Fn. 178; G. *Lübbe-Wolff*, Die Beratungskultur des Bundesverfassungsgerichts, EuGRZ 2014, S. 509 ff.; *dies.*, Wie funktioniert das Bundesverfassungsgericht?, 2015, S. 23.

[157] *Baer* (Fn. 104), S. 391; *Sacksofsky* (Fn. 148), S. 760.

fassungsrats. Seine Mitglieder begründeten „die Position" oder „den Willen des Rates" rational, ohne zu bedenken, dass „der Rat" keine abstrakte Einheit, sondern ein Ganzes sei, das aus verschiedenen Individuen bestehe.[158]

Auffällig ist, dass das für die US-amerikanische Rechtswissenschaft gerade nicht gilt. Statt „gesetzesorientierter Systematik" herrsche dort eine „akteurszentrierte Kasuistik".[159] Dem hohen Grad der Individualisierung in der Forschung über den Supreme Court begegnet in den Beiträgen im JöR auch Kritik. Nicht nur sei festzustellen, dass die Entscheidung in den Vereinigten Staaten nicht als Ergebnis pfadabhängiger Dogmatik, sondern als das individueller richterlicher Überzeugungen erscheine.[160] Dass Richter am Supreme Court in wissenschaftlichen Beiträgen ohne Weiteres als „Helden" bezeichnet werden, nimmt die deutsche Verfassungsrechtslehre mit Erstaunen, wenn nicht gar mit Befremden wahr.[161]

In Deutschland oder Frankreich gibt es keinen Fachdiskurs, der die Beiträge einzelner Richterpersönlichkeiten zur Rechtsentwicklung analysiert und sie im Kontext spezifischer Fälle betrachtet.[162] Das Beratungsgeheimnis erschwert diese Art von Herangehensweise allerdings, wobei für den deutschen Kontext zumindest die Person der Berichterstatterin bekannt ist und die Sperrfrist für die frühen Entscheidungen mittlerweile abgelaufen ist.[163] Im Diskurs um den wissenschaftlichen Umgang mit dem Bundesverfassungsgericht behaupten nun manche, es komme darauf an, eine eigenständige Beschreibung der individuellen Rolle von Richtern zu bekommen; das Ziel der Personalisierung müsse aus rechtswissenschaftlichem Erkenntnisinteresse verfolgt werden.[164] Andere warnen dagegen vor einer „akteurszentrierten

---

[158] *Schnapper* (Fn. 150), S. 27 f.
[159] *Lepsius* (Fn. 147), S. 137.
[160] *Lepsius* (Fn. 147), S. 131.
[161] C. *Sunstein*, Constitutional Personae, 2015, S. 7, bezeichnet den Richter *Marshall* als „original judicial Hero", s. auch bereits a. a. O., S. 2; kritisch *Sacksofsky* (Fn. 148), S. 744; *Lepsius* (Fn. 147), S. 134 mit Fn. 48, betont, *Sunstein*, a. a. O, komme zu völlig anderen Typisierungen als T. *Berndt*, Richterbilder, 2010, S. 137 ff.
[162] So – für die Situation in Deutschland – *Lepsius* (Fn. 147), S. 177. Gemeint ist der juristische Fachdiskurs; in den Politikwissenschaften finden sich dagegen durchaus einige akteurszentrierte Beiträge, s. etwa C. *Hönnige/T. Gschwend*, Das Bundesverfassungsgericht im politischen System der BRD – ein unbekanntes Wesen?, PVS 51 (2010), S. 507 (511 ff.); U. *Kranenpohl*, Hinter dem Schleier des Beratungsgeheimnisses, 2010; *Berndt* (Fn. 160), S. 137 ff.
[163] Näher zum Quellenzugang F. *Meinel/B. Kram*, Das Bundesverfassungsgericht als Gegenstand historischer Forschung, JZ 69 (2014), S. 913 ff.; M. *Hollmann*, Die Akten des Bundesverfassungsgerichts im Bundesarchiv, in: F. Meinel (Hrsg.), Verfassungsgerichtsbarkeit in der Bonner Republik. Aspekte einer Geschichte des Bundesverfassungsgerichts, 2019, S. 97 (108): Noch seien im Bundesarchiv keine Personalakten angelegt.
[164] *Lepsius* (Fn. 147), S. 182.

Überschätzung".¹⁶⁵ Zwar komme einzelnen Personen für die verfassungsgerichtliche Entscheidungsfindung eine besondere Bedeutung zu; man dürfe darin jedoch nicht den zentralen Faktor sehen. Von der normativen Frage ganz abgesehen, ob ein derartiger Perspektivwechsel angebracht ist, stellen sich allerdings praktische Probleme, wie etwa die lange Sperrfrist für die Gerichtsakten. Am Bundesverfassungsgericht wird – anders als am Verfassungsrat – zudem kein Protokoll über die Beratungen geführt. Insofern mag es erstaunen, dass in der französischen Verfassungsrechtswissenschaft bisher kaum postuliert wird, den Beitrag einzelner Persönlichkeiten am Verfassungsgericht akteurszentriert zu untersuchen. Dies mag aber zumindest zum Teil daran liegen, dass den Entscheidungen des Verfassungsrats – trotz des Postulats einer ‚neuen Verfassungsrechtswissenschaft' – viel weniger Bedeutung beigemessen wird als in Deutschland.

Doch was verspricht man sich von einer Forschung über Verfassungsgerichte, die die Akteure mehr in den Blick nimmt? Ihre Befürworter nennen die Befreiung der Verfassungsrechtswissenschaft von der Systemfixierung pfadabhängiger Dogmatik, die Interessen, Konflikte und die Dynamik der Zeit ausblende.¹⁶⁶ Daneben sei die Individualisierung von Richtern „Desiderat einer vorurteilsfreien Richtersoziologie und einer ideologiekritischen Justizforschung".¹⁶⁷ Doch auch für den Dialog der Richter könne eine solche Betrachtungsweise zu neuen Erkenntnissen führen. Fallrechtliche Individualisierung könne Unterschiede im europäischen Verfassungsgerichtsverbund weit besser erklären, rechtfertigen, aber auch anpassen und ändern als über „Identitätsformeln, die Diskurse ausschließen".¹⁶⁸

Die methodischen Herausforderungen, vor die eine akteurszentrierte Perspektive die Verfassungsvergleichung stellen würde, wären groß. Bisher bleibt es weitgehend beim Postulat, das sich noch nicht zur wissenschaftlichen Realität verdichtet hat. Will man den Bogen zurück zur Parallelisierung der Kritik an einer zu starken Fixierung auf die Gerichte am Beginn dieses Kapitels schlagen, deutet der versetzte Eintritt ins ‚Zeitalter der Verfassungsgerichte' der französischen und deutschen Verfassungsrechtslehre auf Unterschiede hin. Die Kritik, die Wissenschaft sei zur „Dienerin" der Rechtsprechung geworden, tritt im Vergleich zum „Verfassungsgerichtspositivismus" zwar später, aber auch schärfer hervor. Sie richtet sich nicht nur gegen eine zu starke Konzentration auf die neue Rechtsprechung, darauf, dass die Wissenschaft von einem Verfassungsrat mit neuem judikativen Selbstverständnis paralysiert sei. Die Kritik nimmt vielmehr die neue Rechtsprechung selbst

---

¹⁶⁵ *Albers* (Fn. 114), S. 273 f.
¹⁶⁶ *Lepsius* (Fn. 147), S. 182.
¹⁶⁷ *Lepsius* (Fn. 147), S. 182.
¹⁶⁸ Die Rechtsprechung zur Verfassungsidentität wird nicht nur von *Lepsius* (Fn. 147), S. 182, als Paradigma angeführt; s. auch die Beiträge im JöR n. F. 63 (2015).

und nicht zuletzt ihren knappen Stil und die juristische Qualität ihrer Entscheidungen in den Blick. Die Judikate des Verfassungsrats könnten eine um die Verfassungsrechtsprechung kreisende Wissenschaft nur schwer rechtfertigen.[169] Das ‚Zeitalter der Verfassungsgerichte' ist allen Unterschieden zum Trotz links wie rechts des Rheins geprägt von der Konzentration auf und der Kritik an den verfassungsrechtlichen Entscheidungen.

IV. Thesen

1. Die französische und die deutsche Verfassungsrechtswissenschaft treten zeitversetzt in das „Zeitalter der Verfassungsgerichte" ein. Dieses prägt nicht nur die Themen der Verfassungsvergleichung, sondern erschüttert später auch ihre methodischen Prämissen. Während die Verfassungsgerichte in Deutschland schon seit der Nachkriegszeit die Debatte auch in der Verfassungsvergleichung prägen, entsteht in Frankreich erst in den 1980er-Jahren eine sog. ‚neue Verfassungsrechtswissenschaft', die sich vor allem der Analyse der Verfassungsgerichtsbarkeit widmet.

2. Fragen nach der eigenen Legitimation beschäftigen vor allem die französische Verfassungsrechtswissenschaft, die die Verfassungsgerichte als Vergleichsgegenstand von den 1980er-Jahren an für sich entdeckt. So steckt hinter der Dichotomie zwischen US-amerikanischem und europäischem Modell keine wissenschaftlich rigorose Typologie. Vielmehr verfolgen französische Rechtswissenschaftlerinnen das Anliegen, sich vom „Regiment der Richter" abzugrenzen. Der Mythos dieses Regiments haftet dem US-amerikanischen System mit dem Supreme Court seit der III. Republik an.

3. In Frankreich wie in Deutschland werden Entscheidungen von Verfassungs- und Höchstgerichten vor allem dann verglichen, wenn sie weitergehende Fragen nach der Legitimität der Verfassungsgerichtsbarkeit aufwerfen. Damit wirken sie auf die Legitimation der Verfassungsrechtswissenschaft zurück, die sich mit der Analyse der Entscheidungen beschäftigt. Dies erklärt die in der französischen Verfassungsrechtswissenschaft diskutierte These, die Entscheidungen zum Schwangerschaftsabbruch wirkten als „Legitimationsverstärker".

4. Um die Jahrtausendwende rücken die Verfassungsgerichte als Akteure, die selbst vergleichen, in den Mittelpunkt. Die Verfassungsgerichte sind nicht mehr nur Vergleichsobjekte, sondern auch Subjekte, die selbst vergleichen.

---

[169] *Jouanjan* (Fn. 22), Modèles, S. 25, betont im Anschluss an *P. Rosanvallon*, La légitimité démocratique, 2008, S. 220, der die reflexive Funktion der Verfassungsgerichtsbarkeit betont, das Verfassungsgericht müsse sich, um seiner kritischen Funktion in der repräsentativen Demokratie gerecht zu werden, mit seinen Entscheidungsbegründungen der Diskussion stellen und Abweichende Meinungen zulassen.

Vor allem die Wissenschaft in Deutschland beschäftigt die Frage, wie der Vergleich im schließlich auf den Begriff gebrachten Verfassungsgerichtsverbund funktioniert und wo seine Grenzen liegen. In der Diskussion um die Grenzen der Verfassungsvergleichung durch Gerichte wird immer wieder auf den Konflikt um die Vergleichung am US-amerikanischen Supreme Court verwiesen. Letztlich steht jedoch nicht die Frage im Mittelpunkt, wie der Verfassungsgerichtsverbund und der Vergleichsprozess durch die Akteure funktionieren. Stattdessen sind die institutionellen Logiken des ‚eigenen' Verfassungsgerichts weiter zentral und die Frage, wo die Grenzen der Verfassungsvergleichung durch dieses Gericht liegen.

5. Der Vergleich mit dem US-amerikanischen Supreme Court führt in der deutschen Verfassungsrechtswissenschaft auch zu einer weiteren Diskussion. Sie dreht sich darum, ob die Verfassungsrechtswissenschaft – und damit auch die Verfassungsvergleichung – die einzelnen Akteure, also die Richterinnen, mehr in den Blick nehmen sollte. Dies würde auch die methodischen Prämissen der Verfassungsvergleichung erschüttern, die bisher stets Institutionen und nicht Akteure betrachtet. Allerdings bleibt es bisher beim Postulat, das viele zudem kritisch sehen.

Zweiter Teil

§ 7
Von Rechtskreisen, Regierungstypen und anderen Typologien

„Ces discussions ont fait couler beaucoup d'encre; elles n'ont pas pourtant beaucoup de sens. La notion de ‚famille de droits' ne correspond pas à une réalité biologique; on y recourt seulement à une fin didactique, pour mettre en valeur les ressemblances et les différences qui existent entre les différents droits. Cela étant, toutes les classifications ont leur mérite."[1]

Typologien zählen in der Komparatistik zu den methodischen Grundfragen, sie beschäftigen die rechtsvergleichende Wissenschaft seit jeher.[2] Rechtsfamilie, Rechtskreis, Rechtsstil, Rechtskultur, Rechtskontext – allein für die verschiedenen Begriffe ist schon viel „Tinte geflossen".[3] Neben der geogra-

---

[1] *R. David/C. Jauffret-Spinosi*, Les grands systèmes de droit contemporains, 10. Aufl. 1992, S. 16 („In diesen Diskussionen ist viel Tinte geflossen; sie haben aber nicht viel Sinn. Der Begriff der Rechtsfamilie entspricht keiner biologischen Realität; man greift nur aus didaktischen Gründen darauf zurück, um die Ähnlichkeiten und Unterschiede hervorzuheben, die zwischen den verschiedenen Rechten bestehen. Dennoch haben alle Klassifikationen ihren Wert").

[2] Bereits im chronologisch ersten, in dieser Studie behandelten Diskurs findet sich der Rechtskreis: *T. Achelis*, A. H. Post und die vergleichende Rechtswissenschaft, in: R. Virchow/W. Rattenbach (Hrsg.), Sammlung gemeinverständlicher wissenschaftlicher Vorträge, 1896, S. 483 (486).

[3] S. den Nachweis oben in → Fn. 1. Diese Aufzählung ist unvollständig und nennt nur einige Begriffe. In dieser Untersuchung wird – soweit möglich – jeweils der Begriff verwendet, den die Wissenschaftlerinnen selbst gebrauchen. S. für „Rechtsfamilien" statt vieler *A. Esmein*, Le Droit comparé et l'Enseignement du Droit, BSLC 1899–1900, S. 373 (379); *R. David*, Les Grands Systèmes de Droits Contemporains, 1964, S. 12 ff.; *L.-J. Constantinesco*, Rechtsvergleichung, Bd. III, 1983, S. 69 ff.

Für die „Rechtskreise" s. *C. F. von Gerber*, Grundzüge eines Systems des Deutschen Staatsrechts, 2. Aufl. 1869, S. 218; *K. Zweigert/H. Kötz*, Einführung in die Rechtsvergleichung, Bd. I, 1971, S. 67; *Constantinesco*, a. a. O., S. 69 ff.; für die „Rechtsstile" s. *K. Zweigert*, Zur Lehre von den Rechtskreisen, in: K. H. Nadelmann/A. T. Von Mehren/J. N. Hazard (Hrsg.), XXth century comparative and conflicts law, 1961, S. 42 (46); für die „Rechtskulturen" s. *D. Nelken*, Defining and Using the Concept of Legal Culture, in:

fischen Einteilung in Verfassungsfamilien oder Rechtskreise ist mit der Einteilung in Regierungssysteme eine andere Form der Typologie mindestens ebenso verbreitet. In diesem Kapitel werden diese beiden verschiedenen, für die Verfassungsvergleichung sehr wichtigen Formen der Typologien einander immer wieder gegenübergestellt. Dies macht es möglich, ihre Unterschiede im Lichte der jeweils anderen Form der Typologie zu betrachten, aber auch Querbezüge und zeitliche Parallelen zu zeigen.[4] Einige der intra- und interdisziplinären Verschiebungen, die es über die Zeit gibt, werden rekonstruiert, um ein umfassenderes Bild der Verfassungsvergleichung im Spannungsfeld von Verfassungsrechtswissenschaften und Komparatistik zu zeichnen.

Anders als die landläufige Ansicht es vermuten lässt, spielen geografische Einteilungen wie die in Rechtsfamilien auch im vergleichenden Verfassungsrecht schon früh eine Rolle.[5] Für eine historiographische Untersuchung bedeutet das, dass die Debatte einerseits nie ganz verstummt. Andererseits ist es unmöglich, mehr als einhundert Jahre Rechtskreisdiskurs in seiner jeweiligen Zeit auch nur annähernd einzufangen. Teilweise kommt der spezifisch verfassungsrechtliche Diskurs fast zum Erliegen. Dann scheint es wieder, „als müsse jeder Rechtsvergleicher, der in seiner Zunft ernstgenommen sein wollte, sich in dieser Frage zu Wort gemeldet haben".[6]

Diese ‚Spitzen' im Verlauf der Zeit stehen besonders im Zentrum dieses Kapitels, obwohl sie zeitlich teils weit auseinanderliegen.[7] Eine Ausnahme für diese Konzentration auf die ‚Spitzen' sind die 30er- und 40er-Jahre des 20. Jahrhunderts.[8] Auch in der Zeit der „furchtbaren Juristen" wird weiter verglichen, auch das sog. Dritte Reich ist kein „rechtsleere[r] Raum".[9] Sie

---

D. Nelken/E. Örücü (Hrsg.), Comparative Law, 2007; ders., Legal cultures, in: D. S. Clark (Hrsg.), Comparative Law and Society, 2012; für die „Rechtssysteme" s. *P. Arminjon/B. Nolde/M. Wolff*, Traité de droit comparé, Bd. 1, 1950, S. 42 ff.; *R. David*, Traité élémentaire de droit civil comparé, 1950, S. 215.

[4] Der Einwand, diese Untersuchung bewege sich mit den Regierungstypen aus dem Verfassungsrecht heraus und in die Politikwissenschaft hinein, mag auf den ersten Blick naheliegen. Dem ist aus historischer Sicht entgegenzuhalten, dass derlei Einteilungen etwa von *Georg Jellinek*, *Julius Hatschek*, *Karl Loewenstein* und *Maurice Duverger* vorgenommen wurden. Diese Namen allein mögen zeigen, dass dieser Diskurs auch in einer Geschichte der Verfassungsvergleichung seinen Platz hat.

[5] S. sogleich → § 7 I 1.

[6] So *H. Kötz*, Abschied von der Rechtskreislehre?, ZEuP 1998, S. 493 (493), zur Frage der Rechtskreise.

[7] Zur belle époque → § 4; dass die Diskussion bis heute anhält, zeigen Publikationen wie etwa die von *U. Kischel*, Rechtsvergleichung, 2015, S. 217 ff., S. 243 ff.; *R. Legeais*, Grands systèmes de droit contemporains, 2. Aufl. 2008. S. näher → § 7 III.

[8] → § 7 I 2.

[9] Näher zu diesem Ausdruck *M. Stolleis*, Furchtbare Juristen, in: E. François/H. Schulze (Hrsg.), Deutsche Erinnerungsorte, Bd. II, 2001, S. 535 ff.; die Behandlung als rechtsleeren Raum schlägt etwa *K. W. Nörr*, Zwischen den Mühlsteinen. Eine Privatrechtsgeschichte der Weimarer Republik, 1988, S. 244, vor.

sind weder in Frankreich noch in Deutschland eine Zeit der besonders intensiven Rechtskreisdiskussionen.[10] Dennoch teilt die Verfassungsvergleichung auch damals weiter in Rechtskreise ein, wenn sie ihnen auch eine eher bescheidene Rolle zumisst.[11]

Nachdem die Typologien in der belle époque selbstverständlicher Bestandteil der Verfassungsvergleichung sind, wird in der Zeit des Nationalsozialismus einerseits ihr Ende beschworen, andererseits entstehen selbst zu jener Zeit neue Typologien (I). Nach dem Ende des Zweiten Weltkriegs zeigt sich eine ‚tektonische' Verschiebung in der Disziplinenlandschaft. In Frankreich wird der Primat der Politikwissenschaft vor allem bei den Regierungstypen deutlich; in Deutschland manifestieren sich dagegen Autonomiebestrebungen und eine Konzentration auf die neue Verfassung (II). Zeitlich versetzt greift aber vor allem die Verfassungsrechtswissenschaft in Deutschland bis heute zivilrechtliche Rechtskreise auf, wobei Streit darüber herrscht, ob man sie auf das Verfassungsrecht übertragen kann oder nicht. Die Rechtskreise stehen heute also zwischen ihrer Reaktivierung und ihrer Relativierung (III).

I. Typenbildungen im Verfassungsrecht. Von ersten Ansätzen und verfrühten Totenreden

Oft wird behauptet, Rechtskreise seien „durchweg auf der Grundlage des Privatrechts" gebildet worden.[12] Daran ist richtig, dass die wirkmächtigsten Konzepte des 20. Jahrhunderts von Privatrechtlern stammen.[13] Trotzdem verkennt diese Aussage, dass es durchaus auch frühere verfassungsrechtliche Beispiele für Einteilungen in Rechtsfamilien gibt. Zur gleichen Zeit hat mit den Regierungstypen auch eine andere Form der Typenbildung Konjunktur (1).

Von den 1930er-Jahren an kommt es zwar zu einer Abwendung vom Vergleich. Selbst zur Zeit des sog. Dritten Reichs und des Vichy-Regimes kann man aber nicht von einem vollständigen Erliegen des Vergleichs von Verfassungen sprechen, was nicht zuletzt zeitgenössische Typologien belegen (2).

---

[10] Während der Bulletin 1937 eingestellt wird, erscheint die RDP weiterhin.

[11] Etwa als „Nekrolog des Konstitutionalismus", so *C. Bornhak*, Genealogie der Verfassungen, 1935, S. VI.

[12] S. etwa *R. Grote*, Rechtskreise im öffentlichen Recht, AöR 126 (2001), S. 10 (16).

[13] Zu nennen sind neben *David* (Fn. 3), Les grands systèmes de droit contemporains, auch *Zweigert/Kötz* (Fn. 3), sowie *L.-J. Constantinesco*, Rechtsvergleichung, Bd. I, 1971; s. näher, insbesondere zur Bedeutung auch im öffentlichen Recht → § 7 II 2.

1. ‚Familles de droit' und ‚empirische Typen' – Mittel zum Zweck oder Selbstzweck?

Bereits *C. F. von Gerber* spricht von „Linien der sich berührenden Rechtskreise";[14] die Idee, Rechtskreise oder -familien zu bilden, ist damit im öffentlichen Recht weit älter, als man sich heute oft bewusst ist. Ein frühes, genuin verfassungsrechtliches Konzept der Rechtsfamilien stammt von *Adhémar Esmein*.[15] Bezeichnenderweise entwickelt er diese Idee in einem Lehrbeitrag. In der Didaktik liegt für ihn der wahre Grund für die Rechtsfamilien. Eigentlich, so der „Meister"[16] des Verfassungsrechts, müsse man Verfassungsinstitute stets mit denen aller „originären Rechtssysteme", zumindest aber mit denen der „okzidentalen Zivilisation" vergleichen.[17] Die Gesetze und Gewohnheiten verschiedener Völker müssten dafür in eine „Anzahl von Familien oder Gruppen" unterteilt werden; jede der Familien stelle eines der „originären Rechtssysteme" dar. Ein erster, allgemeiner und essentieller Teil jeder „wissenschaftlichen" Vorlesung bestehe dann darin, die geschichtliche Entwicklung, die allgemeine Struktur und die bestimmenden Merkmale dieser Rechtsfamilien nachzuzeichnen.[18] Die Rechtsfamilien sind für *Esmein* also bloßes Mittel zum Zweck. Ihr tieferer Grund liegt für ihn darin, dass wissenschaftliches Vergleichen anders nicht vermittelbar ist.

Esmein schlägt vier Rechtsfamilien vor, freilich begrenzt auf die „okzidentale Zivilisation".[19] Neben der lateinischen gebe es die germanische, die angelsächsische und zuletzt die slawische. Vielleicht müsse man jedoch noch eine fünfte Familie hinzufügen, nämlich die des muslimischen Rechts, seien doch einige europäische Nationen „aufgrund ihrer Kolonien" ernsthaft an diesem „großen originären System" interessiert.[20] Schon diese letzte Ergänzung zeigt nicht nur die Selbstverständlichkeit des imperialistischen Denkens, sondern durch das Wort „vielleicht" auch, dass *Esmeins* Rechtsfamilien

---

[14] So *von Gerber* (Fn. 3), S. 218.

[15] *Esmein* (Fn. 3), S. 373 (379), zu seinen Diskursbeiträgen in der belle époque s. bereits oben unter → § 4 I, II. Natürlich gibt es zu dieser Zeit aber auch im Privatrecht und auch in Deutschland Beiträge zu dieser Debatte, s. etwa *A. H. Post*, Ueber die Aufgaben einer Allgemeinen Rechtswissenschaft, 1891.

[16] So etwa der sprechende Titel des Beitrags von *S. Pinon*, Regard critique sur les leçons d'un ‚maître' du droit constitutionnel. Le cas Adhémar Esmein (1848–1913), RDP 2007, S. 193 ff.

[17] *Esmein* (Fn. 3), S. 379.

[18] *Esmein* (Fn. 3), S. 379.

[19] *Esmein* (Fn. 3), S. 379. S. zur Beschränkung auf „westliche Kulturstaaten" bereits oben → § 4 II 1 b), nach → Fn. 168. S. auch sogleich im Haupttext.

[20] Was *Esmein* (Fn. 3), S. 379, hier schreibt, zeigt ein ums andere Mal, dass das Interesse an nichteuropäischen Verfassungssystemen zu dieser Zeit aufs Engste mit dem Imperialismus verflochten ist, s. dazu bereits oben → § 3 I 2, nach → Fn. 45.

kein ausgearbeitetes Konzept, sondern nur ein erster Ansatz sind. Ein Aspekt seines Entwurfs sticht dabei besonders hervor. Er spricht bereits von „grands systèmes", die heute mit keinem Namen so sehr verbunden zu sein scheinen wie mit dem *René Davids*.[21]

Rechtsfamilien sind – wie erwähnt – nur eine Form der Typologie. Zur Zeit der *Esmein'schen* Rechtsfamilien prägen in Deutschland jedoch auch *G. Jellineks, R. Schmidts* und *J. Hatscheks* Typenlehren den Diskurs – ganz zu schweigen von den über die Sozialwissenschaften hinaus sehr einflussreichen Idealtypen *M. Webers*.[22] Immer wieder zeigt sich, wie sehr der Typus als Instrument der Wirklichkeitswissenschaften um 1900 den rechtswissenschaftlichen Diskurs prägt.[23]

Nicht nur die Rechtswissenschaften streiten um die Einteilung in typologische Muster. Der Typus ist ein Eckstein der allgemeinen wissenschaftstheoretischen Diskussion der Zeit.[24] Für die Verfassungsvergleichung ist besonders der Diskurs um die Staatstypen wichtig.[25] So entwickeln sowohl *Jellinek* als auch *Hatschek* ihre Typologien in ihren jeweiligen Werken zur Allgemeinen Staatslehre.[26] Beide sehen sie die Rechtsvergleichung als deren

---

[21] Die Erstausgabe der „Grands systèmes" *R. Davids* erscheint allerdings erst 1964.

[22] S. etwa *M. Weber*, Gesammelte Aufsätze zur Wissenschaftslehre, hrsg. v. J. Winckelmann, 3. Aufl. 1968, S. 200; *G. Jellinek*, Allgemeine Staatslehre, 1900, S. 32 f., der zuvor noch über die „Forschung nach den Typen in der Sozialwissenschaft" schreibt, grenzt den „idealen Typus" (S. 32) vom Durchschnittstypus (S. 33) ab.

[23] *T. Duve*, Normativität und Empirie im öffentlichen Recht und der Politikwissenschaft um 1900, 1998, S. 288. Bis heute wird immer wieder angeregt, die Typenlehre auf die Verfassungsvergleichung anzuwenden. Besonders häufig findet sich dieses Postulat für *M. Webers* Idealtypen, interessanterweise vorwiegend in der US-amerikanischen Literatur, s. etwa *R. Hirschl*, Comparative Matters. The Renaissance of Comparative Constitutional Law, 2014, S. 256 f., der auf S. 133 zudem bedauert, wie wenig *Weber* in der Verfassungsvergleichung rezipiert werde – ganz im Gegensatz zu den Sozialwissenschaften; *A. Harding/P. Leyland*, Comparative Law in Constitutional Contexts, in: E. Örücü/D. Nelken (Hrsg.), Comparative Law, 2007, S. 313 (329); *P. Leyland*, Oppositions and fragmentations: in search of a formula for comparative analysis?, in: A. Harding/E. Örücü (Hrsg.), Comparative law in the 21st century, 2002, S. 211 (222).

[24] *Duve* (Fn. 23), S. 288. Das bedeutet freilich nicht, dass allgemeiner Konsens über die Bedeutung von ‚Typen' besteht – im Gegenteil: Die Breite der Verwendungen ist groß, s. den Überblick bei *J. Janoska-Bendl*, Methodologische Aspekte des Idealtypus, 1965, S. 17 ff.

[25] Seine Tradition reicht weit zurück: So beginnt *J. Hatschek*, Allgemeines Staatsrecht auf rechtsvergleichender Grundlage, Bd. I, 1909, S. 5, sein Werk mit dem Verweis auf Aristoteles.

[26] *Hatscheks* Allgemeine Staatslehre erscheint jedoch im selben Jahr wie sein Beitrag im JöR, in dem er ebenfalls auf die Typenlehre eingeht, s. *J. Hatschek*, Konventionalregeln oder über die Grenzen der naturwissenschaftlichen Begriffsbildung im öffentlichen Recht, JöR a. F. 3 (1909), S. 1 ff.

Grundlage an.[27] Nun kann man mit *Hatschek* fragen, „wozu die Klassifikationen, die das allgemeine Staatsrecht zu geben hat"?[28] Für ihn dienen sie dazu, Typen zu entwickeln, die „Funktionszusammenhänge zwischen den Rechtssätzen aufdecken".[29] Doch was bedeutet das? *Hatscheks* Typen sollen helfen, konkrete und detaillierte Zusammenhänge aufzuzeigen. An der Stelle naturwissenschaftlicher Systembildung[30] steht für ihn das Problem des historisch Individuellen, des – wie er es nennt – „Werteinmaligen".[31] Seine Typen sollen dazu dienen, die prägende „geschichtliche Tatsache" zu erkennen.[32]

Als Beispiel nennt er die Frage, ob dem französischen Senat die gleiche Kontrolle der Minister zustehe wie der ersten Kammer des Parlaments. Die Antwort ist laut *Hatschek* aus dem „Typus des parlamentarisch regierten Staates" zu gewinnen.[33] Dieser weise einen funktionellen Zusammenhang auf, nämlich zwischen der Erteilung des Misstrauensvotums und der Auflösungsmöglichkeit der Kammer, die das Misstrauen ausspricht. Da der Präsident dem Senat gegenüber kein Auflösungsrecht besitze, habe der Senat auch kein Recht, Minister durch sein Votum zu Fall zu bringen.

Sein akademischer Lehrer *G. Jellinek* sieht den Sinn und Zweck der von ihm befürworteten empirischen Typen dagegen darin, „Durchschnittstypen staatlicher Verhältnisse" abzubilden.[34] Sein Verständnis ist damit ein anderes als das seines Schülers *Hatschek*, für den nicht der Durchschnitt, sondern das

---

[27] S. näher bereits oben → § 4 II 2 b), nach → Fn. 182, nach → Fn. 195. S. nur den sprechenden Titel bei *Hatschek* (Fn. 25): „Allgemeines Staatsrecht auf rechtsvergleichender Grundlage". *Jellinek* (Fn. 22), S. 34, beschränkt sich auf „die Erscheinungen der heutigen abendländischen Staatenwelt", und auch *Hatschek*, a. a. O., S. 9, beabsichtigt eine „Klassifikation der modernen Kulturstaaten".

[28] *Hatschek* (Fn. 25), S. 13.

[29] *Hatschek* (Fn. 25), S. 13, 22.

[30] *Hatschek* grenzt sich hier vom staatsrechtlichen Positivismus und dem alten mos geometricus ab. S. dazu bereits oben → § 4 II 2 b), nach → Fn. 190. Seine Typen dienen nicht der Darstellung dessen, was sich gesetzmäßig wiederholt. Sie sollen also gerade keine immer abstrakteren Gattungsbegriffe sein, die wiederum ein System bilden, unter das sich Einzelfälle des positiven Staatsrechts subsumieren lassen.

[31] *Hatschek* (Fn. 25), S. 19 f., beruft sich auch auf *Rickert* und *Windelband*, die dasselbe Problem für die Kulturwissenschaften auf den Punkt gebracht hätten: S. *H. Rickert*, Kulturwissenschaft und Naturwissenschaft, 6. Aufl. 1926; *ders.*, Die Grenzen der naturwissenschaftlichen Begriffsbildung, 5. Aufl. 1929; *W. Windelband*, Geschichte und Naturwissenschaft, 3. Aufl. 1904. Die These, auf die *Hatschek* sich beruft, ist, dass jeder Gegenstand Objekt der Naturwissenschaft wie der Kulturwissenschaft sein könne, da die Wissenschaftsdisziplinen nicht nach ihrem Gegenstand, sondern nach ihrer Methode zu unterscheiden seien, s. dazu auch die instruktiven Ausführungen bei *Janoska-Bendl* (Fn. 24), S. 18 f.

[32] *Hatschek* (Fn. 25), S. 20.

[33] *Hatschek* (Fn. 25), S. 22, verweist hier auf *Esmeins* „Droit constitutionnel".

[34] *Jellinek* (Fn. 22), S. 34.

Verständnis des „Werteinmaligen" zählt. Wie dieser meint aber auch *Jellinek*, man gelange zu den Typen „auf induktivem Wege, also durch sorgfältige *Vergleichung* der einzelnen Staaten, ihrer Organisation, ihrer Funktionen".[35]

Doch auch dieser methodische Ansatz ist umstritten. So zweifelt etwa *R. Schmidt* daran, dass man ohne die verpönte „metaphysische[...] Spekulation über eine Staatsidee" aus längst vergangenen Zeiten zu „einigen wenigen Staatstypen" gelangen könne.[36] Er plädiert daher für variationsfähigere „Staatscharaktere", die die Wirklichkeit angemessen erfassen, ohne ins Spekulative abzugleiten.[37]

Damit ist das Hauptproblem jeder Typenbildung angerissen. Sie soll die Wirklichkeit erfassen, ohne bloße Einzelphänomene zu beschreiben. Dennoch sieht *Jellinek* es gerade als die *Aufgabe* der Staatswissenschaft an, Typologien zu erarbeiten.[38] Sie seien ein wertvolles heuristisches Mittel. Zeigt sich hier eine Gemeinsamkeit zu *Esmeins* Rechtsfamilien, da auch diese als

---

[35] *Jellinek* (Fn. 22), S. 34 (meine Hervorhebung). Freilich bezieht sich *ders.* wieder nur auf die „in Kulturgemeinschaft stehenden Staaten" (a. a. O.), solche, die – mit anderen Worten – „einem gemeinsamen geschichtlichen Boden entsprossen sind" (S. 35), s. bereits → Fn. 27.

[36] *R. Schmidt*, Allgemeine Staatslehre, Bd. II.1, 1903, S. 839.

[37] *Jellinek* und *Schmidt* verstricken sich hier in eine Auseinandersetzung, der es an Polemik nicht fehlt, dazu näher *Duve* (Fn. 23), S. 294 f. Einen wiederum anderen Ansatz verfolgt *M. Weber*, Wirtschaft und Gesellschaft, 5. Aufl. 1980 (zuerst 1921), S. 396 f., dessen *rechtswissenschaftliche* Typologie heute – wie oben (→ Fn. 23) bereits angedeutet – zumindest im deutsch-französischen Rechtsraum weitgehend vergessen scheint. Denn neben seinen berühmten Herrschaftstypen entwickelt Weber auch eine Typologie entlang von zwei Achsen, die das Recht seinem Verständnis nach in verschiedenen Gemeinwesen prägen: Rational-irrational einerseits und formal-material andererseits.

[38] *Jellinek* (Fn. 22), S. 34: „Aufgabe der Wissenschaft vom Staate, insoweit ihr Objekt nicht ausschliesslich der einzelne Staat bildet, ist es nun, diese Durchschnittstypen staatlicher Verhältnisse zu finden". *Jellineks* Arbeiten sind in Frankreich gut bekannt; *G. Fardis*, Das Recht des modernen Staates. Vol. 1. Allgemeine Staatslehre, par M. Jellinek [Rezension], Revue générale du droit, de la législation et de la jurisprudence 25 (1901), S. 468 (475), schreibt über *Jellineks* Allgemeines Staatsrecht: „les théories émises [...] jouissent aujourd'hui d'une célébrité universelle; elles sont bien connues en France" („Die geäußerten Theorien genießen heute universelle Berühmtheit; sie sind in Frankreich gut bekannt"). *Fardis* selbst hat *Jellinek* ins Französische übersetzt (*G. Jellinek*, La déclaration des droits de l'Homme et du citoyen, RDP 1902, S. 385 ff.). Auch *Labands* Reichsstaatsrecht wird ins Französische übersetzt, s. bereits oben → § 4 I 3, → Fn. 105. Auch *M. Friedrich*, Geschichte der deutschen Staatsrechtswissenschaft, 1997, S. 253, betont, dass insbesondere *Jellineks* Allgemeine Staatslehre zur Verbreitung der Anschauungs- und Begriffswelt der deutschen Staatsrechtslehre beiträgt.

In der Rezeption der *Jellinek'schen* Allgemeinen Staatslehre zollt man der Theorie der juristischen Natur der repräsentativen Organe dagegen – erwartungsgemäß – mehr Aufmerksamkeit als seiner Typologie. Zur Wichtigkeit der Theorie der Repräsentation im französischen Diskurs s. bereits oben → § 4 I 2.

heuristisches Mittel betrachtet werden können? Dagegen spricht freilich, dass hier ein gravierender Unterschied zwischen den Typenbildungen hervortritt. Wenn *Esmein* die Rechtsfamilien als primär räumliche Beschränkung einführt, sieht er dies als rein didaktisch notwendige Abweichung vom Ideal weltweiten Vergleichens.[39] Für Anfänger sind die Rechtsfamilien also Mittel zu dem Zweck, im Vergleichen von Verfassungen Fuß zu fassen. *Jellinek* sieht das ganz anders. Er verspricht sich keinerlei Einsicht aus der „vergleichenden Betrachtung von geschichtlich und social unzusammenhängenden" Staaten. Statt „tiefere[r] Einsicht" erhalte man so nur „allgemeine, aber inhaltsleere Sätze von geringem Erkenntnisswert".[40] *Jellineks* Typologie bezieht sich also – trotz ihrer Eigenschaft, heuristisches Mittel zu sein – von vorneherein nur auf Länder mit eng verflochtener Geschichte und Tradition, während *Esmein* aus rein didaktischen Gründen vom Ideal weltweiter Vergleichung abweicht.

Esmeins Vorschlag ist damit methodisch komplett spiegelverkehrt. Während die Typenbildung für *Esmein* bloßes *Mittel zum Zweck* ist, ist sie für *Jellinek Selbstzweck.*[41] *Jellineks* Durchschnittstypen sollen – anders als *Esmeins* Rechtsfamilien – keine Vergleichbarkeit zu didaktischen Zwecken herstellen. Die Vergleichbarkeit ist für *Jellinek* Voraussetzung dafür, bestimmte Staaten für seine Typenbildung überhaupt heranzuziehen, die Typen sind das Ergebnis dieser Auswahl.

Zwischen den verschiedenen Arten der Typologien gibt es daher – sieht man von der zeitlichen Korrelation ab – kaum Berührungspunkte. Wenn etwa *Hatschek Esmein* zitiert, tut er dies nicht, um seine Funktionstypen von den Rechtsfamilien abzugrenzen. Er zieht ihn für inhaltliche Aussagen zum französischen Verfassungsrecht zu Rate.[42] Zwar handelt es sich auch bei den Rechtsfamilien um Typologien, ihr theoretisches Anliegen ist aber bescheidener. Dies wird besonders deutlich, wenn man sie mit den anderen hier

---

[39] *Esmein* (Fn. 3), S. 379. S. bereits oben, nach → Fn. 15. Auch deutsche Rechtskreiskonzepte teilen dieses Ideal weltweiten Vergleichens, wie etwa *Achelis* (Fn. 2), S. 486, deutlich macht: Die „Erweiterung des landläufigen, im Wesentlichen auf die abendländische Kultur beschränkten Standpunktes [...] lag umso näher, als ja durch die sprachvergleichenden Untersuchungen ganz neue Kreise in den Bereich exakter Wissenschaften gezogen waren; wie die indogermanische Sprachforschung ein zusammenhängendes Bild der arischen Urrasse entworfen hatte, so erwuchs auf diesem Boden auch eine Behandlung der einzelnen, durch jenen Rahmen umschlossenen Rechtsgebiete, also des indischen, iranischen, gräko-italischen Rechts u. s. f.".

[40] *Jellinek* (Fn. 22), S. 21.

[41] Dies verkennt *T. Rambaud*, Adhémar Esmein et le droit comparé, in: S. Pinon/P.-H. Prélot (Hrsg.), Le droit constitutionnel d'Adhémar Esmein, 2009, S. 71 (76), der auch für *Esmeins* Rechtsfamilien behauptet, er habe sie als „Ziel der rechtsvergleichenden Wissenschaft" („l'objet de la Science du Droit comparé") konzipiert.

[42] S. bereits oben → Fn. 33.

erwähnten Typologien der Herrschafts- oder Regierungstypen vergleicht. Diese sind das Ergebnis der jeweiligen Forschung und bringen diese auf den Begriff. Die Rechtsfamilien stellen dagegen eine Typenbildung dar, deren Stichhaltigkeit es erst noch nachzuweisen gilt. Während die Rechtsfamilien also am Anfang der wissenschaftlichen Anstrengung stehen, ergeben sich die zeitgenössischen Typologien etwa *Schmidts* und *Hatscheks* erst an ihrem Ende.

2. Typenbildung in der Tyrannei – Verfassungsvergleichung zu Zeiten des „Dritten Reichs" und des Vichy-Regimes als „Nekrolog des Konstitutionalismus"[43]

Ebenso wenig wie von einem Stillstand des Rechts kann man für die Zeit des Nationalsozialismus von einem Stillstand der Verfassungsvergleichung sprechen.[44] Selbst in Zeiten der Diktatur und der Besatzung wird verglichen, wenn auch nicht mehr so umfassend wie zuvor.[45] Besonders postuliert man nun andere autoritäre Staaten als Vergleichsländer der Wahl.[46] Der Zeitgeist in Deutschland ist jedoch dem Staatsrecht insgesamt nicht wohlgesinnt. Der Bedeutungsverlust dieses Rechtsgebiets wird durch das Ausweichen auf das Verwaltungs- und Völkerrecht und auf die Verfassungsgeschichte nur teilweise kompensiert.[47] Einen deutlichen Ausdruck findet diese Tendenz auf

---

[43] *Bornhak* (Fn. 11), S. VI.
[44] Zur Ansicht, die Zeit des NS sei ein „rechtsleerer Raum", s. bereits → Fn. 9.
[45] So betont auch *O. Koellreutter*, Vorbemerkung, JöR a. F. 23 (1936), S. V (V), dass „die Veröffentlichung ausländischer Berichte [...] auch weiterhin eine wichtige Aufgabe des Jahrbuchs sein" werde.
[46] Für das erste Jahrbuch „im neuen deutschen Staat" betont *O. Koellreutter*, Vorbemerkung, JöR a. F. 21 (1933/34), S. V (V), den „Bericht über Spanien, der gerade jetzt besonders willkommen sein wird". Auch im darauffolgenden Jahr findet die „„autoritäre' Verfassungsentwicklung Estlands" besondere Erwähnung, s. *O. Koellreutter*, Vorbemerkung, JöR a. F. 22 (1935), S. III (III). S. auch *H. Gmelin*, Die Entwicklung des Verfassungsrechts in Spanien von 1913–1932, JöR a. F. 21 (1933/34), S. 335 ff.; *N. Gürke*, Die Verfassung Österreichs, JöR a. F. 22 (1935), S. 339 ff.; *S. von Csekey*, Die Verfassungsentwicklung Estlands 1929–1934, JöR a. F. 22 (1935), S. 411 ff.; *N. Siotto-Pintòr*, Der Ausbau des obrigkeitlichen Regierungssystems in Italien (1928–1934), JöR a. F. 22 (1935), S. 459 ff.; das JöR a. F. 23 (1936), stellt in dieser Reihe freilich eine Ausnahme dar, werden hier doch u. a. Frankreich, die Sowjetunion, die Vereinigten Staaten und das Königreich Siam behandelt.
[47] *W. G. Grewe*, Ein Leben mit Staats- und Völkerrecht im 20. Jahrhundert, Freiburger Universitätsblätter 31 (1992), S. 25 (27 f.): „Im Dritten Reich schrumpfte das Staatsrecht rasch und reduzierte sich bald auf den Führerbefehl. Recht und Gesetz ist, was der Führer will: In diesem Satz erschöpfte sich das Staatsrecht".

institutioneller Ebene, als Ende der 1930er-Jahre die Staatsrechtslehrervereinigung aufgelöst wird.[48]

Vor wie auch nach Beginn des Vichy-Regimes im Juli 1940 veröffentlichen deutsche Wissenschaftler in der RDP. Dabei finden sich zunächst vor allem Beiträge von in die Emigration getriebenen Wissenschaftlern wie *Leibholz* und *Loewenstein*, später dann auch Aufsätze von bekennenden Nationalsozialisten und Sympathisanten.[49] Auffällig ist, dass viele französische Autoren, die sich in der RDP mit der Verfassungslage Deutschlands nach der „Machtergreifung" im Januar 1933 auseinandersetzen, mit dem Nationalsozialismus sympathisieren.[50] Auch der zweiteilige Aufsatz *R. Bonnards*, seit 1935 Mitherausgeber der RDP, ist der nationalsozialistischen Staats- und Rechtstheorie zugeneigt. *Bonnard* schreibt, die neue nationalsozialistische Rechts- und Staatstheorie sei eine „völlig neue Theorie"; sie trete hinzu zu den beiden großen Theorien, der alten deutschen und der französischen, die sich bisher allein gegenübergestanden hätten.[51] Auch grenzt er sich deutlich von der Ansicht ab, nach der die nationalsozialistische Ideologie letztlich nur von Na-

---

[48] Dies wirkt sich freilich auch auf die anderen genannten Fächer, wie etwa das Verwaltungsrecht, aus. Die letzte Tagung der Staatsrechtslehrervereinigung hat 1931 stattgefunden. Die Auflösung wird durch einen Rundbrief des Vorsitzenden *Sartorius* an die Mitglieder bekanntgegeben, der abgedruckt ist im AöR 99 (1974), S. 312 f.

[49] S. *G. Leibholz*, Syndicalisme, Corporatisme et Etat corporatif, RDP 1939, S. 65 ff.; *K. Loewenstein*, Contrôle législatif de l'extrémisme politique dans les démocraties européennes, RDP 1938, S. 294 ff.; zu seiner Person *M. Lang*, Karl Loewenstein, 2007; ebenfalls zu nennen ist *G. Riegner*, Le pouvoir du „Führer"-Chancelier en Allemagne, RDP 1935, S. 701 (711), der dort *Schmitt* als „légiste officiel du gouvernement" („offizieller Regierungsjurist") bezeichnet und seine Ansicht kritisiert, der wahre Führer müsse zugleich auch Richter sein: „C'est là encore une preuve [...] de l'omnipotence césarienne du führer-chancelier" („Dort findet sich also ein weiterer Beweis [...] für die cäsarische Allmacht des Führer-Kanzlers"). Später finden sich aber auch Beiträge von Sympathisanten des NS-Regimes, etwa von *U. Scheuner*, Le peuple, l'Etat, le droit et la doctrine nationale-socialiste, RDP 1937, S. 38 ff.

[50] *W. Gueydan de Roussel*, L'évolution du pouvoir exécutif en Allemagne (1919–1934), RDP 1935, S. 393 ff.; *R. Bonnard*, Le droit et l'Etat dans la doctrine nationale-socialiste (I), RDP 1936, S. 205 ff.; *ders.*, Le droit et l'Etat dans la doctrine nationale-socialiste (II), RDP 1936, S. 415 ff. So ist *W. Gueydan de Roussel*, der auch *C. Schmitt* ins Französische übersetzt hat, Gründer und Vorsitzender einer anti-jüdischen Kommission und Informant der Gestapo, *M. Poulain*, Livres pillés, lectures surveillées, 2. Aufl. 2013, S. 151, 154. In seiner Einführung zu *C. Schmitt*, Légalité. Légitimité, 1936, S. 1 (22), der französischen Übersetzung von *Schmitts* ‚Legalität und Legitimität', betont *Gueydan de Roussel*, *Schmitt* habe die ‚legale Machtergreifung' theoretisch vorbereitet.

[51] *Bonnard* (Fn. 50), Teil I, S. 207; *ders.*, Les Actes constitutionnels de 1940, RDP 1940, S. 46, stellt später auch die neuen Verfassungsakte von 1940 vor, eine neue Verfassungsorganisation, „um das politische Regime von 1875 zu ersetzen, das durch die Nationale Revolution gestürzt wurde" („pour remplacer le régime politique de 1875, renversé par la Révolution Nationale").

tionalsozialisten und gerade nicht von außen verstanden werden könne.[52] So weit müsse man nicht gehen; auch, wenn man die Ideologie nicht als unmittelbares „‚Erlebniss'" [sic] erfahren habe, sei es möglich, sie zu verstehen.[53] In Frankreich treten die Typenbildungen zunächst in den Hintergrund, erst nach Vichy wendet sich die Wissenschaft ihnen wieder zu.[54]

In Deutschland sind die Staatstypen sowie die Rechtskreisidee dagegen auch in der Zeit des Nationalsozialismus weiter präsent. So versucht etwa *O. Koellreutter*, mit dem „nationalen Rechtsstaat" einen neuen Staatstypus zu etablieren.[55] Allerdings entstehen hier keine, nicht einmal für die Zeit wirkmächtigen Entwürfe; dies belegt schon die Tatsache, dass weder die Rechtskreiskonzepte *H. P. Ipsens* und *C. Bornhaks* noch *Koellreutters* eigener Staatstypus im Jahrbuch des öffentlichen Rechts, das die Rechtsvergleichung immer noch pflegt – jedenfalls betont das Herausgeber *Koellreutter* –, aufgegriffen werden.[56] Allerdings wird das JöR 1938 mit dem 25. Band kriegsbedingt eingestellt.

Ipsens Habilitationsschrift über das Problem der justizlosen Hoheitsakte veranschaulicht eindrucksvoll, wie sehr ein vergleichender Ansatz zur Zeit des wahnhaften Nationalismus rechtfertigungsbedürftig ist.[57] So grenzt er sich deutlich von früheren Vergleichstraditionen ab. Es könne nicht darum gehen, europäische Rechtsbegriffe aufzugreifen; die „im konstitutionellen Liberalismus nachweisbare westliche Abhängigkeit der deutschen Publizis-

---

[52] Diese werde, so *R. Capitant*, L'idéologie nationale-socialiste, L'Année politique française et étrangère 10 (1935), S. 177 (177), allzu oft aus Bequemlichkeit vertreten. Zur Kritik *Capitants* am NS näher *O. Beaud*, René Capitant et sa critique de l'idéologie nazie (1933–1939), Revue française d'histoire des idées politiques 14 (2001), S. 351 ff.

[53] *Bonnard* (Fn. 50), Teil I, S. 208. *Scheuner* (Fn. 49), S. 39, lobt in seiner Rezension von *R. Bonnard*, Le droit et l'État dans la doctrine nationale-socialiste, 1936, dass dieser die Wichtigkeit der nationalsozialistischen Weltanschauung für das Verständnis der Doktrinen erkannt habe.

[54] Erst nach dem Ende des Vichy-Regimes findet sich in der französischen RDP ein Beitrag, der als Ansatz in Richtung einer vergleichenden Staatslehre faschistischer Staaten verstanden werden kann: *R. Pelloux*, Contribution à l'étude des régimes autoritaires contemporains, RDP 1945, S. 334 ff.; bezeichnenderweise beginnt der Autor seinen Aufsatz aber mit der Feststellung, es gebe „überhaupt keine allgemeine Theorie" autoritärer Regierungsformen, *ders.*, a. a. O., S. 334: „On ne trouve aucune théorie générale de ces régimes".

[55] *O. Koellreutter*, Der nationale Rechtsstaat, 1932; *ders.*, Grundriß der Allgemeinen Staatslehre, 1933.

[56] Trotz *Koellreutters* Herausgeberschaft finden sich zu dieser Zeit keine Entwürfe im JöR, die sich mit Rechtskreislehren auseinandersetzen.

[57] *H. P. Ipsen*, Politik und Justiz, 1937, S. 10, nennt „die Annahme, die neue Rechtswissenschaft könne der Vergleichung über die Grenzen der Nation oder der Gegenwart hinaus entbehren, weil die deutsche Verfassung einmalig und einzigartig zu nennen sei" „[i]rrig", ja, „[n]ichts wäre unheilvoller".

tik" müsse ein für alle Mal beendet werden.[58] Die Verfassungsvergleichung zeichnet den Verfassungszustand eindrücklich nach, denn der deutsche Reichstag ist da längst zum Akklamationsorgan degradiert.[59]

Das Anliegen *Ipsens* ist, zu zeigen, wie sehr die Problembeschreibung der justizlosen Hoheitsakte in der klassischen „romanischen Publizistik" politisch und weltanschaulich kontingent ist, und dass sie daher für den „deutschen Führerstaat" nur zur Abgrenzung taugt.[60] Wie sehr sich der Vergleich des Umgangs mit justizlosen Hoheitsakten in den Dienst des nationalsozialistischen Staates stellt, wird schon in der Einführung deutlich. Denn dort wird der französische Ursprung, die Begriffsprägung des ‚acte de gouvernement', in seiner „polemischen Natur" auf den „gewaltengeteilten Staat" zurückgeführt.[61] Im deutschen „Führerstaat in seiner Einheit der Staatsgewalt" stelle sich das Problem der justizlosen Hoheitsakte gar nicht; justizlose Hoheitsakte entsprängen der „konkreten Qualifikation des Trägers hoheitlicher Gewalt von Staat oder Partei".[62] Dass dies voraussetzt, von der Gerechtigkeit des justizlosen Ausgleichs von Rechtsstreitigkeiten im nationalsozialistischen Staat überzeugt zu sein, ist *Ipsen* nicht entgangen: „Daß er in dieser Erwartung [des gerechten Ausgleichs] nicht enttäuscht wird, kann im neuen Staat jeder annehmen, der ihn bejaht. Wer ihn aber nicht bejaht, hat auch nicht Teil an der deutschen Rechtswissenschaft".[63]

Letztlich dient die Rechtsvergleichung also der Abgrenzung vom liberalen Konstitutionalismus. Dass *Ipsen* sich bei seiner Untersuchung vor allem an den „romanischen Rechtskreis" hält, hat wohl zwei Gründe. Zum einen stammt der Begriff des justizlosen Hoheitsaktes wie erwähnt aus Frankreich; der analysierte Rechtskreis dient also nicht der didaktischen Einteilung der

---

[58] *Ipsen* (Fn. 57), S. 10.
[59] So beschreibt *P. Hubert*, Uniformierter Reichstag, 1992, S. 23, treffend das Ende des Parlamentarismus in Deutschland im Jahr 1933; s. auch *G. Neliba*, Peter Hubert, Uniformierter Reichstag [Rezension], ZNR 1994, S. 460 (460, 462), der zwar den Begriff des „Akklamationsorgan[s]" für treffend hält, aber vorschlägt, von einem „Pseudo-Parlament mit uniformen Inhalten" zu sprechen.
[60] *Ipsen* (Fn. 57), S. 11.
[61] Die berühmte Kritik *Duez'*, auf die sich *Ipsen* hier bezieht, lautet, dass der justizlose Hoheitsakt „tourné contre le juge" („gegen den Richter gerichtet") sei, und zum Kampf aller gegen alle im Verfassungsstaat führe, s. *P. Duez*, Les actes de gouvernement, Annuaire de l'Institut international de droit public 2 (1931), S. 35 ff.; s. dagegen den Mitbericht von *R. Laun*, Les actes de gouvernement, Annuaire de l'Institut international de droit public 2 (1931), S. 85 ff., im gleichen Band; eine etwas längere Fassung der Positionen *Duez'* findet sich in der Monographie *P. Duez*, Les actes de gouvernement, 1935. Zu *Duez'* und *Launs* Werken zum acte de gouvernement s. auch *C. Lodemann*, Die Geschichte des französischen *acte de gouvernement*, 2005, S. 130 ff., 139 ff.
[62] *Ipsen* (Fn. 57), S. 10 f.
[63] *Ipsen* (Fn. 57), S. 12.

I. Typenbildungen im Verfassungsrecht

Welt in Kreise, sondern veranschaulicht ein Verhältnis der Beeinflussung.[64] Zum anderen gibt der „romanische Rechtskreis" die Gelegenheit, mit Italien einen anderen faschistischen Staat zu untersuchen. Aus damaliger Sicher „ist [es] Aufgabe der Rechtsvergleichung, zu ermitteln, ob das faschistische Staatsrecht Hilfestellung zu geben vermag".[65]

Auch *Bornhaks* Genealogie der Verfassungen beginnt mit einer Rechtfertigung, denn „wir stehen am Wendepunkt einer neuen Zeit. Überall treten autoritäre Staatsformen an die Stelle des entarteten Parlamentarismus, wie einst die absolute Monarchie das verfaulende Ständetum ablöste".[66] Bemerkenswert ist, wie der zum Zeitpunkt des Erscheinens 74-jährige *Bornhak*, der sich vom überzeugten Monarchisten zum Nationalsozialisten gewandelt hat, sein Buch über explizit demokratische Verfassungskreise rechtfertigt.[67] Denn er untersucht hauptsächlich demokratische Verfassungen, von der Zeit der amerikanischen Revolution bis zur Weimarer Verfassung. Es sei ein „Nachruf", ja, „der Nekrolog des Konstitutionalismus und des Parlamentarismus, für Deutschland endend in der Weimarer Verfassung".[68] Mit dieser Verfassung endet, insoweit konsequent, auch seine „Genealogie"; im ganzen Werk findet sich jedoch nirgends eine Erläuterung, wie *Bornhak* zu den von ihm untersuchten Kreisen gelangt. Die Form der Darstellung zeugt aber davon, dass auch die *Bornhak'schen* Verfassungskreise – wie schon die *Ipsens* – keine geographische Einteilung sind; bis auf einen fernöstlichen Ausreißer – die Darstellung der japanischen Verfassung von 1889 – finden sich in allen untersuchten Kreisen nur europäische Verfassungen. Der „Nachruf" auf den Konstitutionalismus, den *Bornhak* geschrieben haben will, folgt vielmehr einer chronologischen Einteilung, die häufig veranschaulicht, welche Verfassungen andere in welcher Art und Weise beeinflusst haben. So umfasst der „belgische Verfassungskreis" nicht nur die belgische Verfassung von 1831, sondern auch zwei Verfassungen, die sie zum Vorbild genommen haben. Neben der erwähnten japanischen untersucht *Bornhak* hier auch die preußische Verfassung von 1848/50.[69] ‚Verfassungskreis' ist hier nach alledem nur ein

---

[64] S. etwa *Ipsen* (Fn. 57), S. 46: „Rumänien ist – neben Italien und Spanien – der dritte Staat des französisch beeinflussten Rechtskreises".

[65] Nicht nur *Ipsen* (Fn. 57), S. 41 mit Fn. 86, betont die Notwendigkeit, ein solches gemeinsames faschistisches Staatsrecht zu entwickeln; zur Untermauerung dieser Notwendigkeit beruft er sich auch auf *C. Schmitt*, Faschistische und nationalsozialistische Rechtswissenschaft, Deutsche Juristen-Zeitung 41 (1936), Sp. 619 f.

[66] *Bornhak* (Fn. 11), S. V f.

[67] Allerdings beschäftigt sich auch *C. Bornhak*, Das Italienische Staatsrecht des Faschismus, 1934, wie *Ipsen* der Tendenz im JöR folgend, mit autoritären und faschistischen Staaten.

[68] *Bornhak* (Fn. 11), S. VI. Zu seiner Person s. *M. Grohmann*, Exotische Verfassung, 2001, S. 124 ff.

[69] *Bornhak* (Fn. 11), S. 74 ff., der sich auf S. 82 mit Fn. 2 unter anderem auf *R. Smend*,

Sammelbegriff für mehrere Verfassungen, die in einer gewissen Zeitspanne unter dem inhaltlichen Einfluss einer bestimmten Verfassung stehen.

Koellreutter ist 1931 einer der ersten Staatsrechtslehrer, der sich offen zum Nationalsozialismus bekennt.[70] Als er in den 1930er-Jahren Arbeiten zum „nationalen Rechtsstaat" veröffentlicht, knüpft er einerseits an die früheren Staatstypenlehren an. Andererseits versäumt er es nicht, sich davon deutlich abzugrenzen. Denn neben dem liberalen bürgerlichen Rechtsstaat und dem bolschewistischen „Nichtrechtsstaat" möchte er einen dritten Staatstypus etablieren, den „nationalen Rechtsstaat".[71] *Koellreutter* versteht darunter einen „Staat, in dem das Macht- und Ordnungsmoment dadurch zum Ausgleich gelangt, daß in ihm in gleicher Weise den Forderungen der Gerechtigkeit wie den Lebensnotwendigkeiten des Volkes Genüge geschieht".[72] Nicht nur diese Definition, auch *Koellreutters* Ansatz einer Typologie bleibt im Vergleich zu früheren staatstypologischen Ansätzen blass. Das liegt auch daran, dass sein Anliegen keine vergleichende Staatslehre faschistischer Staaten ist; eine solche wurde während der gesamten Zeit des Nationalsozialismus in Deutschland nicht versucht.[73] Sein „Grundriß" will stattdessen „die politischen Ideen und Formen der Staatenwelt der Gegenwart in ihrer Gegensätzlichkeit, aber auch in ihrer Bezogenheit aufeinander [...] schildern".[74]

Der Begriff des „nationalen Rechtsstaats" genießt in der Zeit nach der „legalen Revolution" große Beliebtheit.[75] Er spielt auch für die große Ko-

---

Die Preussische Verfassungsurkunde im Vergleich mit der Belgischen, 1904, beruft, um diese Kette der Beeinflussungen zu belegen.

[70] *M. Stolleis*, Geschichte des öffentlichen Rechts in Deutschland, Bd. III, 1999, S. 251.
[71] *Koellreutter* (Fn. 55), Grundriß der Allgemeinen Staatslehre, S. 105, 108 f.; *ders.* (Fn. 55), Der nationale Rechtsstaat.
[72] *Koellreutter* (Fn. 55), Grundriß der Allgemeinen Staatslehre, S. 108.
[73] Dies merkt *Stolleis* (Fn. 70), S. 319, zu Recht an.
[74] *Koellreutter* (Fn. 55), Grundriß der Allgemeinen Staatslehre, S. V.
[75] Zum Begriff des „nationalen Rechtsstaats" s. *Koellreutter* (Fn. 55), Der nationale Rechtsstaat; *U. Scheuner*, Die nationale Revolution. Eine staatsrechtliche Untersuchung, AöR 63 (1934), S. 166 ff.; eine sehr positive Würdigung des Werks von *Scheuner* findet sich bei *K. Schlaich*, Von der Notwendigkeit des Staates – Das wissenschaftliche Werk Ulrich Scheuners, Der Staat 21 (1982), S. 1 ff. (zu *Scheuners* Werk während des NS insb. S. 20). Den Nationalsozialisten, allen voran Hitler selbst, war jedoch von Beginn an viel daran gelegen, ihren Staat als Rechtsstaat darzustellen. So berichtet *C. Schmitt*, Nationalsozialismus und Rechtsstaat, Juristische Wochenschrift 1934, S. 713 (713), von Hitler-Reden: „Sobald der Führer unserer deutschen Rechtsfront das Wort ‚Rechtsstaat' ausspricht – ich habe das öfters bei größeren Versammlungen und Tagungen erlebt – ertönt meistens ein besonders lebhafter Beifall. Von dem Beifall unterbrochen, geht dann manchmal die Fortsetzung, daß es sich natürlich um einen nationalsozialistischen Rechtsstaat handelt und die nationalsozialistischen Grundsätze unverbrüchlich sind, verloren". Vor allem der Nachschub, es müsse sich um einen nationalsozialistischen Rechtsstaat handeln, deckt sich frei-

operationsbereitschaft der Staatsbediensteten im Nationalsozialismus eine wichtige Rolle. Viele Beamte und Richter waren überzeugt davon, der neue deutsche Staat werde sich nach den Wirren der Revolution als „nationaler Rechtsstaat" wieder stabilisieren.[76] In der Wissenschaft ist zumindest zu Beginn der nationalsozialistischen Herrschaft lebhaft umstritten, ob der neue Staat als Rechtsstaat bezeichnet werden solle.[77] Die meisten jüdischen Wissenschaftler sind da freilich bereits aus den Universitäten vertrieben.[78] Die Verfassungsvergleichung leidet stark unter dieser erzwungenen Emigration. Dass man tatsächlich von einer „geistige[n] Enthauptung"[79] der Wissenschaft

---

lich besonders gut mit der Ansicht, die *Schmitt* sodann – zumindest zeitweise – selbst vertritt, s. *C. Schmitt*, Nachwort, in: G. Krauß/O. von Schweinichen (Hrsg.), Disputation über den Rechtsstaat, 1935.

[76] *Stolleis* (Fn. 70), S. 246 f.

[77] Zu den Befürwortern zählen neben *Koellreutter* (Fn. 71), Der nationale Rechtsstaat, auch *B. Dennewitz*, Das nationale Deutschland ein Rechtsstaat, 1933; *R. Freisler*, Rechtsstaat, in: E. Volkmar/A. Elster/G. Küchenhoff (Hrsg.), Die Rechtsentwicklung der Jahre 1933 bis 1935/36, Bd. VIII, 1937, S. 567 (572); *O. von Schweinichen*, Gegenthese, in: G. Krauß/O. von Schweinichen (Hrsg.), Disputation über den Rechtsstaat, 1935, S. 33 (33): „der nationalsozialistische Staat [ist] Rechtsstaat im wahrsten Sinne"; gegen die Übernahme des Rechtsstaatsprinzips argumentieren die *Schmitt*-Schüler *E. Forsthoff*, Otto Koellreutter, Der deutsche Führerstaat [Rezension], Juristische Wochenschrift 1934, S. 538: „Jede geistig-politische Epoche entwickelt eine ihrem Denken gemäße Sprache. Die Überlegenheit einer politischen Denkweise erweist sich am sichersten darin, daß es ihr gelingt, ihre Terminologie als die allgemein geltende [...] durchzusetzen. So hat der Liberalismus des 19. Jahrhunderts [...] in dem Wort Rechtsstaat geradezu eine sprachliche Neuschöpfung vollzogen, die, rein aus dem liberalen Denken hervorgegangen und ihm gemäß, von dem Liberalismus nicht ablösbar ist. Wer ein solches Wort mit Bewußtsein übernimmt oder beibehält, begeht mehr als einen terminologischen Mißgriff [...]. Versucht man, das Wort Rechtsstaat aus seinen geistesgeschichtlichen Zusammenhängen zu lösen, so wird es notwendig inhaltsleer", sowie *G. Krauß*, These, in: G. Krauß/O. von Schweinichen (Hrsg.), Disputation über den Rechtsstaat, 1935, S. 9 (28 ff.). Eine weitere Gegenstimme findet sich bei *[H.] [H.] Helfritz*, Rechtsstaat und nationalsozialistischer Staat, Deutsche Juristen-Zeitung 39 (1934), Sp. 426 ff.; *C. Schmitts* Position ist dagegen nicht vollständig klar, wie *C. Bäcker*, Gerechtigkeit im Rechtsstaat, 2015, S. 150 ff., konzise darstellt. Denn er entwickelt einerseits einen nationalsozialistischen Rechtsstaatsbegriff, gibt aber andererseits häufig die Gefahren zu bedenken, die in einer Übernahme oder Umprägung des Begriffs liegen. S. einerseits *C. Schmitt*, Was bedeutet der Streit um den „Rechtsstaat"?, ZgStW 95 (1935), S. 189 (196 ff.): „Die geistige Eroberung des Wortes und Begriffes Rechtsstaat ist ein großes Verdienst" (S. 199); andererseits *ders.* (Fn. 75), S. 85: „Ich [...] bleibe dabei, dass das Wort ‚Rechtsstaat' kein ewiges Wort sein kann".

[78] Dies geschieht unter dem Deckmantel der Restituierung des Berufsbeamtentums, s. *W. Benz*, Von der Entrechtung zur Verfolgung und Vernichtung, in: H. Heinrichs u. a. (Hrsg.), Deutsche Juristen jüdischer Herkunft, 1993, S. 813 (828 ff.).

[79] *Stolleis* (Fn. 70), S. 414. Die Liste der Namen, die sich in W. Röder (Hrsg.), Biographisches Handbuch der deutschsprachigen Emigration nach 1933, Bd. III, 1983, S. 184, findet, macht die „geistige Enthauptung" mehr als deutlich. Zum Hintergrund s. *Benz*

sprechen kann, zeigt der Fall *Karl Loewensteins* eindrücklich. *Koellreutter*, wie erwähnt Herausgeber des JöR, schätzt *Loewenstein* persönlich wie fachlich sehr und hat ihn für eine umfangreiche Abhandlung über Großbritannien gewinnen können.[80] Allerdings fragen sich Herausgeber *Koellreutter* wie Verleger *Siebeck*, ob Juden überhaupt noch als Autoren in Betracht kommen. Über seinen Assistenten *Norbert Gürke* wendet sich der Herausgeber an *Rudolf Schraut*, der sowohl Leiter der rechtspolitischen Abteilung der Reichsleitung der NSDAP als auch stellvertretender Vorsitzender des Bundes nationalsozialistischer deutscher Juristen ist.[81] Unterdessen ist *Loewensteins* Name auch für das Wintersemester 1933/34 aus dem Vorlesungsverzeichnis gestrichen. *Schraut* rät wohl von der Mitarbeit ab, denn einige Monate später schreibt *Koellreutter* an seinen Verleger *Oskar Siebeck*: „Im völkischen Staat kann nun einmal öffentliches Recht nicht von einem konsequenten Juden gelesen werden".[82] *Loewensteins* Beitrag über Großbritannien könne daher nicht mehr gedruckt werden. In der französischen RDP veröffentlicht *Loewenstein* dagegen noch 1938 einen Beitrag zur parlamentarischen Kontrolle des politischen Extremismus in europäischen Ländern.[83]

(Fn. 78); *L. Breunung*, Wissenschaftsgeschichte auf dem statistischen Prüfstand, KritV 80 (1997), S. 359 ff.; zu Hintergrund und Folgen der Wissenschaftsemigration zur Zeit des Nationalsozialismus allgemein *W. Frühwald*, Verlust und Gewinn – Folgen der Wissenschaftsemigration 1933 bis 1945, in: R. Gerwin (Hrsg.), Wie die Zukunft Wurzeln schlug, 1989, S. 83 (84): Die Rechtswissenschaften verlieren in dieser Zeit 45 % aller Lehrenden. Neben *Loewenstein* emigriert auch eine bemerkenswerte Zahl anderer Wissenschaftler, deren Schwerpunkt die Rechts- oder Verfassungsvergleichung ist, etwa *Otto Kahn-Freund*, *Ernst Fraenkel*, *Martin Wolff* und *Ernst Rabel*. Zu den wissenschaftspolitischen Folgen der Emigration der von den Nationalsozialisten verfolgten Wissenschaftlern im Überblick *M. Stolleis*, Geschichte des öffentlichen Rechts in Deutschland, Bd. IV, 2012, S. 40 ff. Zur Situation jüdischer Bürgerinnen unter dem Vichy-Regime s. *M. R. Marrus/R. O. Paxton*, Vichy France and the Jews, 2. Aufl. 1995. Zur Person *Loewensteins* s. *O. Lepsius*, Karl Loewenstein (1891–1973), in: P. Häberle/M. Kilian/H. Wolff (Hrsg.), Staatsrechtslehrer des 20. Jahrhunderts, 2. Aufl. 2018, S. 489 ff.

[80] *L. Becker*, „Schritte auf einer abschüssigen Bahn", 1999, S. 94 mit Fn. 251. In früheren Ausgaben des JöR hatte *Loewenstein* bereits über Großbritannien geschrieben, vgl. *K. Loewenstein*, Das heutige Verfassungsrecht des britischen Weltreichs, JöR a. F. 13 (1925), S. 404 ff.; ders., Verfassungsleben in Großbritannien 1924–1932, JöR a. F. 20 (1932), S. 195 ff.

[81] *Gürke* hat bereits *Koellreutters* ‚Grundriß' (→ Fn. 55), der noch vor der ‚Machtergreifung' entstanden war, i. S. d. Nationalsozialismus umgearbeitet, s. *Stolleis* (Fn. 70), S. 347; vgl. auch *Becker* (Fn. 80), S. 95.

[82] *O. Koellreutter* an *O. Siebeck* v. 22. IX. 1933, SBB, Nachl. 488 (Archiv Mohr Siebeck), A 472, 3, Bl. 127.

[83] *Loewenstein* (Fn. 49).

II. ‚Tektonische Verwerfung' in der Disziplinenlandschaft. Vom Einfluss zivilrechtlicher Rechtskreise und politikwissenschaftlicher Regierungstypen

War der Typus Anfang des 20. Jahrhunderts noch Eckstein der Verfassungsvergleichung, ist er Ende der 1950er-Jahre Sinnbild einer ‚tektonischen Verwerfung' der Disziplinenlandschaft. Neue Typenbildungen finden nun oft außerhalb des Verfassungsrechts statt. Rechtskreise werden in Frankreich wie in Deutschland wirkmächtig konzeptualisiert – allerdings von Zivilrechtlern.[84] Bei den Regierungstypen zeigt sich dagegen, dass die französische und die deutsche Verfassungsrechtswissenschaft unterschiedliche Wege einschlagen. Denn die ‚Gretchenfrage' nach dem Verhältnis zur Politikwissenschaft stellt sich erneut und findet links und rechts des Rheins unterschiedliche Antworten. *Maurice Duverger* führt eine „methodische Revolution"[85] an, welche die französische Verfassungsrechtswissenschaft aus politikwissenschaftlicher Perspektive betreiben will.[86] Auch in Deutschland ist die Politikwissenschaft im Aufwind, das wird von den Nachbarwissenschaften – darunter den Rechtswissenschaften – jedoch mit einiger Skepsis aufgenommen. Es entstehe noch keine neue Disziplin, indem „man einer anderen die Federn ausrupft und sich mit ihnen schmückt".[87] Die Nichtbeachtung neuer politikwissenschaftlicher Typenbildungen spiegelt diese Ablehnung ebenso wider wie die Schwierigkeit der Remigranten nach dem Ende des 2. Weltkriegs. So kann man exemplarisch die Fälle *Ernst Fraenkel* und *Karl Loewenstein* herausgreifen, die den Diskurs um die Regierungstypen in unterschiedlicher Weise vorantreiben und die während des Nationalsozialismus in die Emigration getrieben wurden. Sie verließen Deutschland als Juristen und kehren – *Fraenkel* nach langem Zögern, *Loewenstein* gar nur zeitweise – als Politikwissenschaftler zurück. Der Fachwechsel war notgedrungen, fanden sie doch an den US-amerikanischen juristischen Fakultäten keine Anstellung.[88] Auch

---

[84] S. sogleich → § 7 II 2.
[85] *L. Heuschling*, § 28. Wissenschaft vom Verfassungsrecht. Frankreich, in: A. v. Bogdandy/P. Cruz Villalón/P. M. Huber (Hrsg.), Ius Publicum Europaeum, Bd. 2, 2008, S. 505 Rn. 21.
[86] S. etwa bereits die titelgebende Verbindung von Politikwissenschaft und Verfassungsrecht in *M. Duverger*, Manuel de droit constitutionnel et de science politique, 5. Aufl. 1948.
[87] *J. von Kempski*, Wissenschaft von der Politik – sozusagen, Merkur 20 (1966), S. 454 (464). Entschieden gegen derartige Einwände aber bereits auf der ersten Tagung der neu gegründeten Vereinigung für die Wissenschaft von der Politik *A. Rüstow*, Weshalb Wissenschaft von der Politik?, ZfP n. F. 1 (1954), S. 131 ff.; *C. J. Friedrich*, Grundsätzliches zur Geschichte der Wissenschaft von der Politik, ZfP n. F. 1 (1954), S. 325 ff.
[88] Zu *Fraenkel* s. *W. Bleek*, Geschichte der Politikwissenschaft in Deutschland, 2001, S. 280; zu *Loewenstein* s. *R. C. van Ooyen*, Politics, Staatsrecht und die demokratische

wenn diese neue disziplinäre Verortung nicht ihrer Selbstwahrnehmung entspricht, prägen ihre Regierungstypen die im Entstehen begriffene Politikwissenschaft in Deutschland weit mehr als die großteils auf den neuen positiven Verfassungstext fixierte Staatsrechtslehre.[89] Typenlehren bestimmen die Zeit ab dem 2. Weltkrieg bis in die 1970er-Jahre. Die Verschiebungen in der Disziplinenlandschaft führen aber dazu, dass diese ‚Diskursspitze' sich – zumindest in Deutschland – aus dem Verfassungsrecht heraus bewegt (1). In Frankreich wie in Deutschland ist diese Zeit auch eine der methodologischen Reflexion in der Zivilrechtsvergleichung. Dies äußert sich besonders in einflussreichen neuen Rechtskreiskonzeptionen. Sie werden auch in der Verfassungsrechtsvergleichung rezipiert, allerdings in Frankreich früher als in Deutschland (2). Dies veranschaulicht, dass die Konturen der Verfassungsvergleichung über die Zeit nur sichtbar werden, wenn auch inter- und intradisziplinäre Verschiebungen deutlich gemacht werden.

Kontrolle der Macht im Spiegel totalitärer Erfahrung, in: ders. (Hrsg.), Verfassungsrealismus, 2007, S. 21; *Lepsius* (Fn. 79), S. 412, spricht für *Loewenstein* zu Recht von einer „disziplinäre[n] Zwangsmigration". Wie viele andere Rechtswissenschaftler, die während der nationalsozialistischen Diktatur emigrieren mussten, hat *Loewenstein* in den Vereinigten Staaten keine Stelle in der Rechtswissenschaft gefunden, er ist Professor für Vergleichende Regierungslehre. *Loewenstein* hat sich in der ersten Zeit in den USA intensiv um eine juristische Professur bemüht; zu den Gründen, warum dies selbst *Loewenstein*, der aufgrund seiner umfangreichen Arbeiten auch zum britischen Recht für die US-amerikanische Rechtswissenschaft gut geeignet scheint, nicht gelingt, *M. Lang*, Juristen unerwünscht? Karl Loewenstein und die (nicht-)Aufnahme deutscher Juristen in der amerikanischen Rechtswissenschaft nach 1933, Jahrbuch politisches Denken 2003, S. 55 ff.

[89] Während diese Typenlehren vor dem 2. Weltkrieg ohne größere Zweifel Teil der Staatsrechtswissenschaft waren – man denke nur an *G. Jellinek* –, wird dies danach zweifelhaft. Zu *G. Jellinek* und seinem Verständnis des vergleichenden Verfassungsrechts, das als ‚Allgemeine Staatslehre' stark auf die Bildung von Regierungstypen setzt s. → § 4 II 2 b). Der Einfluss der (R-)Emigranten auf die Konstituierung der Politikwissenschaft und damit auch auf den Diskurs um die Regierungstypen, der mit dieser Konstituierung eng verflochten ist, wird jedoch manchmal bestritten, etwa mit dem Argument, die Wissenschaftsbiographie der Gründungsväter (Gründungsmütter gibt es nicht) sei mehr von deren vorherigen Wirken zu Zeiten der Weimarer Republik als mit dem Bruch durch Vertreibung und Verfolgung im sog. Dritten Reich geprägt, s. *H. Buchstein/P. T. Walther*, Politikwissenschaft in der Emigrationsforschung, PVS 30 (1989), S. 342 (348, 350 f.); *H. Buchstein*, Wissenschaft von der Politik, Auslandswissenschaft, Political Science, Politologie, in: W. Bleek/H. J. Lietzmann (Hrsg.), Schulen in der deutschen Politikwissenschaft, 1999, S. 183 (202 ff.).

1. Neue Verfassungen, alte Herausforderungen: Regierungstypen und das Verhältnis zu den Politikwissenschaften

Die alte ‚Gretchenfrage'[90], das Verhältnis zu den Politikwissenschaften, beeinflusst die tektonische Verschiebung der Disziplinenlandschaft, die in Frankreich anders verläuft als in Deutschland (a). Trotz dieser Unterschiede liegt aber die wesentliche Innovation der neuen Regierungstypen links wie rechts des Rheins darin, dass sie die „Wirklichkeit des Machtprozesses" abbilden wollen (b).[91]

a) Die Politikwissenschaften zwischen Vereinnahmung und Abgrenzung: deutsch-französische Unterschiede

Obwohl Frankreich wie Deutschland sich nach dem Zweiten Weltkrieg neue Verfassungen geben, hat dies unterschiedliche Auswirkungen auf die mit der Verfassung beschäftigten Wissenschaften.[92] Die deutsche Staatsrechtswissenschaft setzt sich intensiv mit dem neuen Normtext auseinander; in Frankreich scheint die Berichterstattung über die Verfassung der IV. Republik dagegen bald zur bloßen Pflichtübung zu werden.[93] Wichtige Vertreter der Disziplin geißeln sie als zu normtextorientiert, ihr fehle der für die Wissenschaft unabdingbare kritische Geist. Angesichts dieser Kritik stehen die Normtexte der Verfassung für die französische Verfassungsrechtswissenschaft weniger stark im Zentrum des Interesses.[94] Der Fokus auf die neue Verfassung ist in Deutschland nichts Neues. Bereits in der Anfangszeit des Deutschen Reichs und der Weimarer Republik hatte die Staatsrechtswissenschaft die Tendenz, sich auf neue Normtexte geradezu zu stürzen.[95] Die Ursache der Normfixierung liegt vor allem an dem Thema, das in der deutschen Verfassungsrechtswissenschaft zu dieser Zeit Hochkonjunktur hat. Die vielleicht größte institutionelle Änderung, die das vielfach zum Provisorium erklärte neue Grund-

---

[90] S. bereits oben → § 4 III.
[91] K. *Loewenstein*, Verfassungslehre, 1959, S. 152; s. auch bereits ebd., S. VII.
[92] Die Verfassung der IV. Republik wird am 27. 10. 1946 verkündet und tritt am 24. 12. 1946 in Kraft, das Grundgesetz tritt am 24. 5. 1949 in Kraft.
[93] S. die im JöR n. F. 1 (1951), abgedruckten Beratungen zum Grundgesetz im Parlamentarischen Rat; G. *Berlia*, L'Evolution Constitutionnelle Française depuis 1944, JöR n. F. 2 (1952), S. 151 (153 mit Fn. 3), der auch auf den im Referendum gescheiterten Verfassungsentwurf vom 19. 4. 1946 eingeht.
[94] Die Selbstvergewisserung der französischen Verfassungsrechtswissenschaft prägt auch die RDP, s. etwa R.-E. *Charlier*, Les fins du Droit public moderne, RDP 1947, S. 127 ff.; R. *Pelloux*, Enseignement du droit public et des sciences politiques, RDP 1947, S. 54 ff.
[95] S. o. → § 3 III, nach → Fn. 132; vor → § 5 I, mit → Fn. 2.

gesetz mit sich bringt, bestimmt die Diskussion – die Schaffung des Bundesverfassungsgerichts.[96]

In Deutschland ist das wissenschaftliche Klima daher besonders ungünstig, wenn man, wie etwa die US-amerikanischen Theoretiker deutscher Herkunft *Ernst Fraenkel, Carl J. Friedrich* und *Karl Loewenstein*, historisch informiert Verfassungen vergleichen möchte.[97] Denn das Verhältnis zu den Politikwissenschaften, die sich gerade neu konstituieren, ist eines der Abgrenzung. Auch die Allgemeine Staatslehre kann keine Abhilfe schaffen.[98] Die Zeit des Nationalsozialismus hat eine Dürre in der Disziplin ausgelöst, wird doch in der Nachkriegszeit allzu oft ein enger Zusammenhang zwischen Theorien über den Staat und der nationalsozialistischen Ideologie vermutet, den man nun gerade zu vermeiden sucht.[99] Zugleich herrscht in Deutschland insgesamt ein apologetischer Umgang mit den nationalsozialistischen belasteten Staatsrechtslehrern vor.[100] Nur einige wenige müssen sich wegen ihrer nationalsozialistischen Verstrickungen aus der wissenschaftlichen Öffentlichkeit zurückziehen.[101] Auch in Frankreich wirken selbst die Kronjuristen des Vichy-Regimes in der IV. Republik weiter, zumindest an den juristischen Fakultäten.[102]

Die Lage der französischen Verfassungsrechtswissenschaft ist dabei ganz anders als die der deutschen Staatsrechtslehre. Dies liegt vor allem an der „methodischen Revolution", die sich nach 1945 in Frankreich ereignet.[103]

---

[96] S. oben → § 6.

[97] Diese Wissenschaftler publizieren nach dem Ende des Zweiten Weltkriegs freilich dennoch in Deutschland und im Übrigen auch in Frankreich, s. nur *C. J. Friedrich*, La démocratie constitutionnelle, 1958; *ders.*, Der Verfassungsstaat der Neuzeit, 1953; *K. Loewenstein*, Staatspolitik und Verfassungsrecht in den Vereinigten Staaten 1933 bis 1954, JöR n. F. 4 (1955), S. 1 ff.; *ders.*, Reconstruction politique en Allemagne zonale et interzonale, RDP 1948, S. 26 ff.; s. auch seinen zweiteiligen vergleichenden Aufsatz zur Präsidentschaft, *K. Loewenstein*, Etude de droit comparé sur la Présidence de la République à l'exclusion de celle des Etats-Unis, RDP 1949, S. 153 ff. (Teil I); 291 ff. (Teil II); *ders.*, Chronique constitutionnelle étrangère. L'Allemagne soviétique, RDP 1952, S. 145 ff.

[98] *Loewenstein* (Fn. 91), S. IV f., sieht sich mit seinem Werk in der Tradition *G. Jellineks*, der freilich für eine andere Zeit geschrieben habe.

[99] *C. Möllers*, Der vermisste Leviathan, 2008, S. 31.

[100] *F. Günther*, Denken vom Staat her, 2004, S. 64 ff.

[101] Genannt seien etwa *C. Schmitt, O. Koellreutter* und *E. R. Huber*, wobei Letzterer später sogar in die Staatsrechtslehrervereinigung aufgenommen wird.

[102] Genannt sei etwa *J. Barthélemy*, der unter dem Vichy-Regime von 1941–1943 Justizminister war, s. *Heuschling* (Fn. 85), S. 505 Rn. 21 mit Fn. 52; *C. Cuvelier/D. Huet/C. Janssen-Bennynck*, La science française du droit constitutionnel et le droit comparé: les exemples de Rossi, Barthélemy et Mirkine-Guetzévitch, RDP 2014, S. 1534 (1553 ff.), betonen, *Barthélemy* habe zwar seine Positionen in der École libre des sciences politiques und der École des hautes études de sciences sociales räumen müssen. Er ist aber weiterhin Professor an der Juristischen Fakultät der Universität Paris.

[103] *Heuschling* (Fn. 85), S. 505 Rn. 21.

Doch was steckt hinter dieser Revolution, die die Verfassungsrechtswissenschaft derart in Bedrängnis bringt? Die klassische Verfassungsrechtswissenschaft, so die Kritik, sei zu stark normtextorientiert und komme so über hohle Förmelei oft nicht hinaus. Sie stütze damit das bestehende System, die Macht der herrschenden Klassen; Aufgabe einer Wissenschaft vom Staat sei es aber, die Realität der Macht im Staat, von Politik und Recht zu erfassen.[104] Dies könne aber nur eine empirische, ideologiekritische Politikwissenschaft leisten. Die Lehre des Verfassungsrechts, so prominent etwa *M. Duverger*, müsse daher um die Perspektive der Politikwissenschaft erweitert werden.[105] Manche sprechen der Verfassungsrechtswissenschaft gar jeden Wert ab.[106] Diese gerät so in eine tiefe Krise.[107] Während dieser Identitätskrise entstehen von der politikwissenschaftlichen Perspektive beeinflusste, neue Typenlehren.[108] Ansätze wie derjenige *Loewensteins* in seiner 1959 veröffentlichten Verfassungslehre entstehen aus demselben Impetus. Mit seiner Ansicht, das vergleichende Verfassungsrecht sei „Hilfsmittel" der Politikwissenschaft, befindet er sich in guter französischer Gesellschaft.[109] In der deutschen Staatsrechtslehre wird diese Ansicht dagegen kaum geteilt.

---

[104] *J. Chevallier*, Droit constitutionnel et institutions politiques: les mésaventures d'un couple fusionnel, in: Mélanges en l'honneur de Pierre Avril, 2001, S. 183 (187 ff.); *D. Turpin*, Droit constitutionnel, 2003, S. 3 ff.

[105] *Duverger* (Fn. 86); *G. Vedel*, Cours de droit constitutionnel et institutions politiques, 1958–59, S. 10, zit. nach *Chevallier* (Fn. 104), S. 189 mit Fn. 23, will „das politische Leben als Untersuchungsgegenstand betrachten" und zwar „jenseits der rechtlichen Regeln, die es bestimmen" („considérer la vie politique comme un objet d'étude par delà les règles de droit qui la régissent"). Auch *A. Hauriou*, Droit constitutionnel et institutions politiques, 2. Aufl. 1967, S. 20 f., möchte anhand der Institutionen das Studium der Regeln der Verfassung komplettieren, modifizieren und neu interpretieren („La considération des institutions politiques entraine à n'accorder d'attention [...] qu'aux phénomènes [...] susceptibles d'apporter un complément, une modification, une interprétation nouvelle des règles constitutionnelles").

[106] *C. Bidegaray/C. Emeri*, Du droit constitutionnel au gouvernement comparé, in: Etudes offertes à Jean-Marie Auby, 1992, S. 448 ff. m. w. N.

[107] Bereits 1954 wirkt sich die erwähnte Identitätskrise der französischen Verfassungsrechtswissenschaft auf die universitäre Lehre aus. Das Verfassungsrecht wird nunmehr bereits im ersten Studienjahr mit dem Studium der politischen Institutionen verknüpft. Dies wird erst 1997 wieder rückgängig gemacht, s. näher *Chevallier* (Fn. 104), S. 183. Auch auf dem Zeitschriftenmarkt bekommt sie sichtbar Konkurrenz: 1951 erscheint die Revue de science politique zum ersten Mal, das Aushängeschild der zwei Jahre zuvor gegründeten Vereinigung der Politikwissenschaftler, s. *ders.*, a. a. O., S. 188. Kritisch gegenüber der These, dass die Erweiterung der Lehre auf die politischen Institutionen im Jahr 1954 Anzeichen einer Krise, ihre Rückgängigmachung 1994 dagegen Zeichen neuen Selbstbewusstseins der verfassungsrechtlichen Disziplin sei, ist *ders.*, a. a. O., S. 183.

[108] S. dazu sogleich → § 7 II 1 b. Heute sehen einige rückblickend in den neuen Verfassungstypologien die „wesentliche Innovation", die sich aus der Erweiterung des Studiums des Verfassungsrechts in Frankreich ergibt, *Chevallier* (Fn. 104), S. 189.

[109] *Loewenstein* (Fn. 91), S. IV.

b) Die Abbildung der Wirklichkeit des Machtprozesses als wesentliche Innovation der neuen Typenlehren in Deutschland und Frankreich

Das Zusammenbrechen vieler Demokratien vor dem Zweiten Weltkrieg prägt auch die Typenbildungen der Nachkriegszeit. Eine Verfassung sei nicht nur Substanz und Inhalt des Textes, sondern das, was Machtträger und -adressaten aus ihr machten.[110] Die neuen Typenlehren wollen vor allem realistische Theorien, Abbilder der tatsächlichen Regierungsstrukturen sein.[111] Statt einer „einheitliche[n] Staatsphilosophie spekulativen oder metaphysischen Charakters" wollen die neuen Typologien der Regierungssysteme und der Verfassungen als Beitrag „zur Wirklichkeit des politischen Machtprozesses" gelten.[112] So ist der *Weber'sche* Idealtyp einer ausgewogenen Machtgestaltung für *Loewenstein* nicht mehr Ziel der Typenbildung, denn dabei handele es sich um einen „mechanistisch-equilibristische[n] Traum der Staatstheorie des frühen Konstitutionalismus".[113] Auch in Frankreich meint *Vedel*,

---

[110] *Loewenstein* (Fn. 91), S. 152. Freilich gibt es auch vor dem Zusammenbrechen der Zwischenkriegsordnung schon Ansätze, die in diese Richtung gehen, genannt seien in Frankreich etwa *J. Barthélemy*, oder auch *B. Mirkine-Guetzévitch*, der trotz seines Rationalisierungsparadigmas (s. o. → § 5 I 3, mit → Fn. 49) stets auch die tatsächlichen Regierungsstrukturen im Blick hat. Zu *Barthélemy* und der späten Rezeption seines Traités als Initiation einer politikwissenschaftlichen Methode in der französischen Verfassungsrechtswissenschaft s. näher *O. Beaud*, Joseph Barthélemy ou la fin de la doctrine constitutionnelle classique, Droits 32 (2000), S. 89 (96, 100).

[111] *G. Vedel*, Topologie et recherche politique, Bulletin SEDEIS. Supplément Futuribles N° 791 (1961), S. 3 (18); *Loewenstein* (Fn. 91), S. 26. Doch obwohl es ganz und gar nicht dem Anliegen der neuen Typologien entspricht, ein noch kaum in die Tat umgesetztes Verfassungsdokument nach dem Gehalt ihrer toten Buchstaben zu beurteilen, nimmt *ders.*, a. a. O., S. 101 ff. zur Regierungsform der V. Republik, die noch kaum ein Jahr alt ist, als *Loewenstein* sie in seine Verfassungslehre miteinbezieht, Stellung (S. 103): „Will man daher dem von der Fünften Republik verkörperten Regierungstyp ein Etikett aufkleben, so wäre es das des gebändigten, gezügelten, ‚disziplinierten', oder deutlicher, wenn auch gröber ausgedrückt, das des entmachteten und kastrierten Parlamentarismus, eine Zwitterbildung, die je nach den Umständen näher beim Neopräsidentialismus als bei der Volldemokratie liegen kann. Gelingt aber sein Unternehmen, so hätte de Gaulle die Verfassungslehre um einen neuen und auch für andere Länder nachahmenswerten Regierungstyp bereichert"; s. auch *ders.*, a. a. O., S. 118 mit Fn. 30, wo er zustimmend *F. Goguel*, Vers une nouvelle orientation de la révision constitutionnelle, RFSP 6 (1956), S. 493 ff., zitiert, der den jüngsten Vorschlägen *Duvergers* und *Capitants* zur Einführung des Präsidialsystems in Frankreich mit berechtigter Skepsis gegenüberstehe.

[112] *Loewenstein* (Fn. 91), S. VII. S. auch a. a. O., S. 15, wo *ders.* sich klar zur Stellung der politischen Parteien in einer modernen Verfassungslehre äußert: „Jedoch kann ihr Status als legitimer Machtträger in der modernen Massengesellschaft kaum bezweifelt werden". *Loewensteins* 1957 ursprünglich in englischer Sprache als ‚Political Power and the Governmental Process' erschienenes Werk wurde für die deutsche Fassung schlicht mit ‚Verfassungslehre' übersetzt.

[113] *Loewenstein* (Fn. 91), S. 70; *E. Fraenkel*, Strukturanalyse der modernen Demokratie

"nicht das ganze Verfassungsrecht steht in der Verfassung", daher bleibe das Verfassungsrecht ohne eine Analyse des Machtphänomens blutleer.[114]

Der Prestigeverlust und die „funktionelle Entwertung" der geschriebenen Verfassung werden in der Nachkriegszeit zu einem wichtigen Thema der Verfassungsvergleichung. Dies gilt in besonderem Maße für Frankreich, wo sie aus der Mitte der politikwissenschaftlich inspirierten Verfassungsrechtswissenschaft heraus fomuliert werden. Sie prägen etwa die Typenlehre *Duvergers*. Auch auf Deutsch erscheinen Werke, die so argumentieren, hier ist etwa die Arbeit *Loewensteins* zu nennen.[115] Auch autokratische Regierungstypen stehen nun im Fokus.[116] So schreibt *Loewenstein*, bei der Typologie der Verfassungen müsse die „Mimikri [sic]" von Beginn an berücksichtigt werden, die moderne Autokraten betreiben. Die Unterscheidung zwischen normativer, normativistischer und semantischer Verfassung versucht der Dynamik des politischen Prozesses ebenso gerecht zu werden wie der „Pervertierung der Verfassung durch die moderne Autokratie".[117] Dies sei wichtig, da die demokratische Legitimierung heute „Weltgeltung" habe und daher auch autokratische und autoritäre Herrscher sich mehr und mehr zumindest äußer-

---

(1969), in: ders., Deutschland und die westlichen Demokratien, 1991, S. 326 (326 f.), teilt diese Ablehnung der *Weber'schen* Idealtypen nicht: „Es stehen sich somit zwei idealtypische Staatsgebilde gegenüber, die auf diametral verschiedenen Verfassungsgrundsätzen basiert sind: der Idealtyp des autonom legitimierten, heterogen strukturierten, pluralistisch organisierten Rechtsstaats und der Idealtyp der heterogen legitimierten, homogen strukturierten, monistischen, d. h. aber totalitär organisierten Diktatur". S. auch *ders.*, Deutschland und die westlichen Demokratien, 2. Aufl. 1964, S. 32, für den „Typus ‚westliche Demokratie'".

[114] So bereits 1949 *G. Vedel*, Droit constitutionnel, 1949, S. 5: „tout le droit constitutionnel n'est pas dans la Constitution".

[115] *Loewenstein* (Fn. 91), S. 157 mit Fn. 30, macht darauf aufmerksam, die „funktionelle Entwertung" und der Prestigeverlust der geschriebenen Verfassung seien auch Thema der Sektion für öffentliches Recht des 4. Kongresses der Akademie für Rechtsvergleichung, der im August 1954 in Paris stattfindet.

[116] So unterscheidet *Duverger* zwischen Demokratie und Autokratie, behandelt daneben aber auch einige Mischformen. Sein Einteilungskriterium ist, wie der Auswahlprozess der Regierenden jeweils ausgestaltet ist, *Duverger* (Fn. 86), S. 33 f. *Loewenstein* unterscheidet innerhalb des Systems der Autokratie zwischen der absoluten Monarchie, Napoleons Cäsarismus und dem Neopräsidentialismus, und innerhalb der konstitutionellen Demokratie zwischen der unmittelbaren Demokratie, der Versammlungs-Regierung, dem Parlamentarismus und der Direktorialregierung, *Loewenstein* (Fn. 91), S. 58 ff., 73 ff.

[117] *Loewenstein* (Fn. 91), S. 148. S. auch a. a. O., S. 156 mit Fn. 29, wo *ders.* die sowjetische Verfassung Stalins unter Berufung auf *M. Mouskhély*, Chronique constitutionnelle étrangère. Union des Républiques socialistes soviétiques. La notion soviétique de constitution, RDP 1955, S. 894 (897), als „semantische Verfassung im Gewande der ultra-demokratischen Versammlungsregierung" bezeichnet.

lich, also dem Verfassungswortlaut nach, der „allgemein akzeptierten Ideologie der Volkssouveränität" beugten.[118]

Bei allen politikwissenschaftlichen Neuerungen beziehen sich die neuen Typenlehren durchaus weiterhin auf ältere Regierungstypen; *Loewenstein* greift in seiner Studie über die Präsidentschaft in Republiken auf die Unterscheidung zwischen präsidentieller, parlamentarischer und diktatorischer Regierungsform zurück.[119] Auch *Duverger* bezieht sich auf die klassische Einteilung in autokratische und demokratische Regierungen.[120] Die Schaffung neuer Typenlehren impliziert aber eine sehr viel feinere Differenzierung. Als ein zentraler Punkt sticht hervor, dass der Oberbegriff des politischen Systems von dem des Regierungstyps abgegrenzt wird. Ersterer sei ein „Gattungsbegriff", der „in der Regel verschiedene Regierungstypen" umfasse.[121] Entscheidend für die Zugehörigkeit eines Typs zur Gattung sei, dass sie „von derselben Ideologie inspiriert" seien – für den demokratischen Konstitutionalismus etwa von der Auffassung, dass der Wille des Volkes die höchste Macht darstelle.[122]

Trotz vielfacher Querbezüge zu anderen Typenlehren und Klassifikationen sind die neuen Einteilungen freilich auch als scharfe Kritik an den alten zu verstehen. Ganz gleich, ob es um die Unterscheidung rigider und flexibler Verfassungen, direkter und repräsentativer Demokratie oder von Monarchie und Republik geht, rein rechtstechnische oder nominalistische Differenzierungen hätten – so das Credo – keinerlei Bedeutung.[123] Es könne nicht sein, dass Saudi-Arabien und Großbritannien in der einen, das Dritte Reich und die USA in der anderen Kategorie einzuordnen seien.[124] Was die Begrifflichkeiten angeht, sei man „zwischen Skylla und Charybdis", der Gebrauch der alten Theorien und Kategorien trage dem Abbröckeln des Alten und dem Aufstieg des Neuen überhaupt nicht Rechnung; dagegen verkenne die Erfindung eines vollkommen neuen Rahmens die Unauslöschbarkeit des alten.[125]

---

[118] *Loewenstein* ((Fn. 91), S. 29.
[119] *Loewenstein* (Fn. 91), S. 153 (155).
[120] *Duverger* (Fn. 86), S. 34 ff., 38 ff.
[121] *Loewenstein* (Fn. 91), S. 11.
[122] *Loewenstein* (Fn. 91), S. 12, 51, 145.
[123] S. für Kritik an der hergebrachten Unterscheidung zwischen – je nach Verfahren der Abänderbarkeit – rigiden und flexiblen Verfassungen *Vedel* (Fn. 112), S. 17 f., erneut abgedruckt in: A. de Laubadère u. a. (Hrsg.), Pages de doctrine, 1980, S. 415 ff.; *Loewenstein* (Fn. 91), S. 142 f.; für Kritik an der Unterscheidung zwischen repräsentativer, halb-direkter und direkter Demokratie als „illusorisch" („illusoire") *Duverger* (Fn. 86), S. 39; für Kritik an der Differenzierung zwischen Republik und Monarchie *Loewenstein*, a. a. O., S. 23 f.
[124] *Loewenstein* (Fn. 91), S. 24.
[125] *Vedel* (Fn. 112), S. 5 f. S. auch *Loewenstein* (Fn. 91), S. 13, der die gebräuchlichen alten Begriffe den neuen, terminologisch exakteren vorzieht, denn was „durch die Einfüh-

Daraus spricht auch das Bewusstsein, dass Staatengesellschaften fluktuieren und jede Klassifizierungstheorie notwendig nur eine zeitlich begrenzte sein kann.[126]

Die Werke von Emigranten wie *Loewenstein* und von *E. Fraenkel*, der 1960 eine verfassungsvergleichende Arbeit veröffentlicht, die bald zum Standardwerk avanciert, passen sich an sich inhaltlich hervorragend in den zeitgenössischen französischen Diskurs um neue Typologien ein.[127] In der Verfassungslehre *Loewensteins* finden sich zahlreiche Hinweise auf französische Ansätze, etwa auf *Duvergers* Abschnitt über die Machtbeschränkung der Regierenden.[128] Auch als *Loewenstein* begründen möchte, dass es sich bei der Versammlungs-Regierung um einen eigenen Typ handelt, setzt er sich etwa mit *Mirkine-Guetzévitchs* Ansicht auseinander, aus der französischen Verfassung vom 24. 6. 1793 sei eine parlamentarische Regierung hervorgegangen.[129] Freilich erscheinen die Werke auf Deutsch – und treffen so in Frankreich auf wenig Resonanz. Wegen ihrer politikwissenschaftlichen Perspektive zeigt sich auch die deutsche Rechtswissenschaft diesen Arbeiten gegenüber wenig aufgeschlossen.

---

rung scharfer Begriffe gewonnen wird, mag leicht wieder verlorengehen, wenn diese ungebräuchlich sind". Kritischer dagegen *ders.*, a. a. O., S. 21: „Kaum irgendein anderes poltisches Theorem hat sich so unverrückbar realitätsfremd erwiesen wie die Doktrinen, auf denen die Klassifizierung der Regierungsformen oder Regierungstypen beruht. Der Weg zu der dringend gebotenen Neuorientierung ist immer noch durch die konventionelle Terminologie versperrt".

[126] So schlägt etwa *Loewenstein* (Fn. 91), S. 26 f., bei aller Konzentration auf die tatsächliche Machtausübung vor, die grundlegende Dichotomie der politischen Systeme in Konstitutionalismus und Autokratie als heuristisch wertvolles Prinzip anzuerkennen. S. auch *ders.*, a. a. O., S. 50, wo er die rein heuristische Natur der Unterscheidung noch einmal betont. Zur zeitlichen Kontingenz s. *ders.*, a. a. O., S. 145. „Verfassungen haben mit der Damenkleidung gemeinsam, daß sie der Mode, dem Stil ihrer Zeit, unterliegen".

[127] Die Rede ist von *E. Fraenkel*, Das amerikanische Regierungssystem, 1960, s. dazu auch *Bleek* (Fn. 88), S. 280.

[128] *Loewenstein* (Fn. 91), S. 45 mit Fn. 18.

[129] Zu *Mirkine-Guetzévitch* s. bereits oben → § 5 I 2. *Loewenstein* (Fn. 91), S. 79 mit Fn. 11, zur Versammlungsregierung der französischen Verfassung vom 24. 6. 1793, aus der laut *B. Mirkine-Guetzévitch*, Le parlementarisme sous la Convention nationale, RDP 1935, S. 671 (673), eine parlamentarische Regierung hervorging, dagegen *M. Duverger*, Droit constitutionnel et institutions politiques, 1955, S. 413 f.: „Il y a une différence entre le vote de défiance et la guillotine, entre l'atmosphère d'une Assemblée parlementaire et celle de la Convention" („Es gibt einen Unterschied zwischen dem Misstrauensvotum und der Guillotine, zwischen der Atmosphäre eines Parlaments und der des Konvents"); *R. Villers*, La Convention pratiqua-t-elle le gouvernement parlementaire?, RDP 1951, S. 375 ff., und im Anschluss daran *Loewenstein*, der in der Versammlungs-Regierung einen eigenen Typ sieht, a. a. O., S. 79 mit Fn. 11.

Eine Ausnahme von dieser grundsätzlichen Ignoranz gegenüber politikwissenschaftlich geprägten Beiträgen bildet das Thema der politischen Parteien, das hier wie dort Konjunktur hat. Anfang der 1950er-Jahre erscheint nicht nur die neue Revue française de science politique zum ersten Mal, sondern auch *M. Duvergers* Werk über die politischen Parteien.[130] Auch in Deutschland gelten die Parteien nunmehr als „Triebkräfte des politischen Lebens", ohne die Parlament, Regierung und Volk nichts weiter als „tote Mechanik und leere Staffage eines Staatsapparates" seien.[131] Allenthalben ist nun die Rede vom Parteienstaat. *Leibholz*, der 1938 nach England emigrieren muss und 1947 seine Göttinger Professur für Öffentliches Recht und Politik zurückerhält, prägt die Diskussion in den Rechtswissenschaften.[132] Doch auch *Loewenstein* meint, normologisch nicht erfassbare pluralistische Gebilde wie politische Parteien müssten heute in eine Verfassungslehre einbezogen werden, wolle diese nicht „leeres Normengeklapper bleiben".[133]

2. Zivilrechtliche Rechtsfamilien und ihre Rückwirkungen ins Verfassungsrecht

In Frankreich und Deutschland sind die beiden Jahrzehnte nach dem Zweiten Weltkrieg Hochphasen der zivilistischen Rechtsvergleichung. Es ist die Zeit der großen Lehrbücher und Grundrisse zivilistischer Komparatistik.[134]

---

[130] *M. Duverger*, Les partis politiques en Europe, 1952.

[131] *Loewenstein* (Fn. 91), S. 71.

[132] Nicht zuletzt aufgrund seiner Tätigkeit als Richter am BVerfG ist die Parteienstaatslehre von *G. Leibholz* besonders einflussreich, s. *ders.*, Parteienstaat und Repräsentative Demokratie. Eine Betrachtung zu Art. 21 und 38 des Bonner Grundgesetzes, DVBl. 1951, S. 1 ff.; s. auch seine Habilitationsschrift von 1929, die 1960 in 2. Auflage erscheint, *ders.*, Das Wesen der Repräsentation und der Gestaltwandel der Demokratie im 20. Jahrhundert, 2. Aufl. 1960. Zum Einfluss *Leibholz'* auf die rechtswissenschaftliche Diskussion seiner Zeit *E. Küchenhoff*, Nachruf auf Gerhard Leibholz, PVS 23 (1982), S. 362 ff.; *C. Link*, Zum Tode von Gerhard Leibholz, AöR 108 (1983), S. 153 ff.; zur Person *A.-B. Kaiser*, Leibholz, Gerhard, in: R. Voigt/U. Weiß (Hrsg.), Handbuch Staatsdenker, 2010, S. 231 ff.; zu seinem Staatsverständnis A.-B. Kaiser (Hrsg.), Der Parteienstaat, 2013.

[133] *Loewenstein* (Fn. 91), S. IV f. *A. Akoun u. a.*, Larousse dictionnaire de politique, 1979, hält das Parteiensystem für zentral für das Studium *politischer* Regierungssysteme. So findet sich zum Eintrag „régime politique" folgende Erläuterung: „l'ensemble des institutions et des pratiques concrètes d'un gouvernement. La connaissance d'un régime politique implique, par exemple, l'étude du système des partis". In den sich allmählich neu konstituierenden Politikwissenschaften in Deutschland ist die repräsentativ-pluralistische Lehre *E. Fraenkels* dagegen weiter verbreitet als *Leibholz' Parteienstaatslehre*. *Fraenkel* betont neben den Parteien auch die Bedeutung der Interessenverbände und der öffentlichen Meinung, näher *Bleek* (Fn. 88), S. 293 f.

[134] S. oben → Fn. 13. In diesem Abschnitt über die Rechtskreislehre in der zivilrechtlichen Komparatistik stehen allerdings nicht die Rechtskreiskonzepte dieser großen Lehr-

Der „eiserne Vorhang lüftet sich, wenn man die bei den sowjetischen Juristen angewandte Rechtstheorie untersucht und die Art und Weise, nach der die Institutionen funktionieren";[135] gerade in der heutigen Welt sei es eine zwingende Pflicht, zu versuchen, fremde Länder zu verstehen und ihre Institutionen nicht im Lichte der eigenen Konzepte zu erfassen.[136]

Anfang der 1950er-Jahre prägt neben dem Kalten Krieg auch die Idee verstärkter europäischer Integration – freilich unter Ausschluss Osteuropas – die Rechtsvergleichung.[137] Dass damit auch eine stärkere wirtschaftliche Zusammenarbeit einhergeht, befruchtet gerade die zivilistische Vergleichung. Allerdings sind auch damals Einzelstudien und Ländervergleiche nicht gerade Mangelware; es fehlt, so die einhellige Ansicht, an systematischen Studien.[138] Diese Einsicht führt zu einer methodologischen Reflexion, die in Frankreich gut zwei Jahrzehnte früher Früchte trägt als in Deutschland. Sie führt hier wie dort zu einer regelrechten Blüte dieser Art der Typologien. 1950 bilden *Arminjon*, *Nolde* und *Wolff* sieben „moderne Familien der Rechtssysteme", *David* kommt im selben Jahr auf fünf „Gruppen von Rechtssystemen".[139] In Deutschland erscheint das große Lehrbuch von *K. Zweigert* und *H. Kötz* zwar erst Anfang der 1970er-Jahre, aber auch zwanzig Jahre zuvor spielen die Rechtskreise in der deutschen Zivilrechtsvergleichung bereits eine Rolle.[140]

---

bücher im Zentrum, wenn auch gelegentlich auf sie verwiesen wird. S. hierzu aber die Kompilationen bei *Kischel* (Fn. 7), S. 218 ff. Rn. 3 ff. und *Constantinesco*, Bd. III, S. 73 ff. Denn die Lehrbücher greifen auf früher von denselben Autoren entwickelte Rechtskreislehren zurück, der maßgebliche Diskurs findet also zu großen Teilen schon früher statt. Darauf liegt der Fokus hier.

[135] *David* (Fn. 3), Traité élémentaire de droit civil, S. I: „Le ‚rideau de fer' se soulève si l'on étudie la théorie du droit chez les juristes soviétiques et la manière dont les institutions fonctionnent".

[136] *David* (Fn. 3), Traité élémentaire de droit civil, S. II.

[137] S. etwa *G. Héraud*, Chronique constitutionnelle européenne. La communauté européenne de défense dans ses relations avec l'alliance atlantique et la „Fédéralisation fonctionnelle" du continent, RDP 1952, S. 980 ff.

[138] *Arminjon/Nolde/Wolff* (Fn. 3), S. 7: „La bibliographie du droit comparé est immense, mais vainement checherait-on, parmi ces publications innombrables, une étude systématique d'ensemble qui sorte les cadres de l'analyse comparative d'une institution particulière ou d'une comparaison d'un nombre restreint de législations. L'ouvrage que nous présentons au lecteur est une tentative de combler cette lacune" („Die Literatur zur Rechtsvergleichung ist riesig, doch unter diesen zahllosen Veröffentlichungen würde man eine systematische Studie der Gesamtheit vergeblich suchen, die über den Rahmen einer vergleichenden Analyse einer bestimmten Institution oder eines Vergleichs einer begrenzten Zahl von Rechtsordnungen hinausgeht. Das Werk, das wir dem Leser präsentieren, ist ein Versuch, diese Lücke zu schließen").

[139] *Arminjon/Nolde/Wolff* (Fn. 3), S. 49 ff.; *David* (Fn. 3), Traité élémentaire de droit civil, S. 224.

[140] Interessanterweise stammt ein früher Beitrag aus dem Bereich der Didaktik,

Die Haltung der Wissenschaftlerinnen gegenüber der Gruppierung und Klassifizierung von Rechtssystemen könnte indes unterschiedlicher kaum sein. Während die einen eben diese Klassifizierung für die Aufgabe der Rechtsvergleichung schlechthin halten,[141] betonen andere, dass jede Gruppierung von Rechtssystemen notwendig willkürlich sei: „Man muss auch nicht darüber staunen, dass es ebenso viele, oder fast ebenso viele, Klassifizierungen wie Autoren gibt, die sich mit der Frage beschäftigt haben".[142] Selbst die Skeptiker bilden Rechtsfamilien mit der Begründung, das wesentliche Ziel des Rechtsvergleichers sei, zu verstehen und sich verständlich zu machen.[143] Dies erinnert an die didaktischen Anliegen *Esmeins*. Die alte Frage, welche Rechtsordnungen man als Komparatist vergleichen soll, ist nach der Meinung mancher Wissenschaftler nunmehr gegenstandslos; denn es sei offensichtlich, dass die Antwort darauf einfach sei. Alles hänge von dem Ziel ab, das der Jurist im Blick hat, wenn er auf die vergleichende Methode zurückgreife.[144] Wählt man als Ziel des Vergleichs aber den Systemvergleich, so gelte es die Vorfrage zu klären, welche großen Systeme es überhaupt gebe.

Über diese Frage herrscht große Uneinigkeit – wobei sich gleichzeitig alle einig sind, warum die alten Typisierungsversuche der Rechtssysteme abzulehnen sind. Allzu oft fehle nicht nur ein einheitliches Unterscheidungskriterium, sondern die Kriterien seien darüber hinaus nicht aus dem Recht abgeleitet. Vielmehr würden oft geographische und ethnische Elemente gewählt, „als ob jede Rasse oder jeder Teil eines Territoriums sein eigenes Recht habe".[145] Uneinigkeit besteht aber sowohl über die Bildung der Rechtsfamilien als auch über die Kriterien, nach denen sie zu bilden sind. Die Wissenschaftler benennen sie nun oft explizit, etwa als rechtstechnische und – wichtiger – ideologische Kriterien, ohne dass sie dadurch notwendigerweise greifbarer werden. *David* greift als Kriterium etwa die philosophische Basis des Rechts heraus, also die Konzeption der Gerechtigkeit, deren Verwirklichung es sich verschrieben hat.[146] Andere weisen – weniger deutlich – darauf hin,

---

s. *B. C. H. Aubin/K. Zweigert*, Rechtsvergleichung im deutschen Hochschulunterricht, 1952. Zur Rolle des Lehrbuchs von *Zweigert* und *Kötz* s. auch näher → §8, insbesondere zum bis heute einflussreichen Funktionalismus.

[141] *Arminjon/Nolde/Wolff* (Fn. 3), S. 42; *Aubin/Zweigert* (Fn. 141), S. 33.

[142] *David* (Fn. 3), Traité élémentaire de droit civil, S. 222: „Aussi ne faut-il pas s'étonner qu'il y ait autant de classements, ou presque, qu'il y a d'auteurs s'étant occupés de la question".

[143] *David* (Fn. 3), Traité élémentaire de droit civil, S. 222.

[144] *David* (Fn. 3), Traité élémentaire de droit civil, S. 7.

[145] *Arminjon/Nolde/Wolff* (Fn. 3), S. 42: „comme si chaque race ou chaque division territoriale avait un droit spécial"; s. auch *David* (Fn. 3), Traité élémentaire de droit civil, S. 223, der am wissenschaftlichen Wert vieler bisheriger Unterscheidungskriterien zweifelt.

[146] *David* (Fn. 3), Traité élémentaire de droit civil, S. 224.

dass diese Kriterien aus den verschiedenen zu vergleichenden Rechten selbst gewonnen werden müssen.[147] Wieder andere greifen auf *Heinrich Triepel* zurück und sehen als Kriterium den Stil des Rechts an.[148]

Dabei lassen die großen systematischen Werke ein deutliches Bewusstsein für die Kontingenz ihrer jeweiligen Typologie von Rechtssystemen erkennen. Sie erheben keinen Anspruch auf Vollständigkeit, beziehen sich nur auf aktuelle Systeme und weisen darauf hin, dass sie manche Rechtssysteme nur mit Informationen aus zweiter Hand darstellen können. Manche betonen auch, dass die Einteilungen nur für eine bestimmte Rechtsmaterie – wie das Zivilrecht – Geltung beanspruchen.[149] *Aubin* und *Zweigert* möchten sich dagegen mit „Randfiguren" wie nordischen, ostasiatischen, religiösen und „Eingeborenenrechte[n] [sic!]" „im rechtsvergleichende[n] Unterricht in der Regel nicht belasten".[150]

Doch wie kommt es, dass trotz der Kritik an den früheren Einteilungen weiter typisiert und klassifiziert wird? Manche argumentieren, die Alternativen seien noch schlechter. Man könne unmöglich alles mit allem vergleichen, auch sei es unsinnig, mechanisch nach Alphabet oder Geographie vorzugehen. Für jede spezifische Fragestellung eine eigene Klassifizierung zu entwickeln, sei ebenfalls nicht zu rechtfertigen.[151] Andere sehen die Rechtsvergleichung als Vermittlerin einer allgemeinen Rechtskultur.[152] Ziel des rechtsvergleichenden Unterrichts sei es auch, „ein zusammengefaßtes geistig profiliertes Bild von den großen Rechtskulturen dieser Welt [zu] vermitteln, jenen den Sprachfamilien vergleichbaren Rechtsfamilien, welche die verglei-

---

[147] *Arminjon/Nolde/Wolff* (Fn. 3), S. 42.
[148] *Aubin/Zweigert* (Fn. 141), S. 35 mit Fn. 33, sehen das Kriterium im „Vorfeld einer juristischen Stilkunde", und zwar unter Verweis auf H. Triepel, Vom Stil des Rechts, 1947.
[149] S. etwa *David* (Fn. 3), Traité élémentaire de droit civil, S. 216, der sich – nicht aus Desinteresse, sondern schlicht aufgrund seines begrenzten Wissens – nicht in der Lage sieht, (noch) mehr Systeme darzustellen; *Aubin/Zweigert* (Fn. 141), S. 25; für die Beschränkung auf zivilrechtliche Systeme s. *Arminjon/Nolde/Wolff* (Fn. 3), Traité élémentaire de droit civil, S. 47.
[150] *Aubin/Zweigert* (Fn. 141), S. 33 f. Vgl. demgegenüber aber die Auffassung in *Zweigert/Kötz* (Fn. 3), S. 80: „Überhaupt ist jede Einteilung in Rechtskreise [...] nur ein erstes grobfingriges Hilfsmittel, das namentlich dem Anfänger brauchbare Dienste leistet, indem es die zunächst verwirrende Vielfalt der Rechtsordnungen der Welt in eine lockere Ordnung bringt. Gerade der fortgeschrittene Rechtsvergleicher aber, der sich durch Übung und Erfahrung ein Gespür für den besonderen Stil eines nationalen Rechtssystems erworben hat, wird dieses Hilfsmittels bald nicht mehr bedürfen oder wird es mit den Vorbehalten benutzen, die stets am Platze sind, wenn man so komplexe soziale Phänomene, wie es lebende Rechtsordnungen sind, in eine notgedrungen schematische äußere Ordnung zu bringen sucht".
[151] *Arminjon/Nolde/Wolff* (Fn. 3), S. 42.
[152] So, unter Verweis auf *R. David*, Le droit comparé, enseignement de culture générale, RIDC 1950, S. 682 ff., und *M. Ancel*, La fonction judiciaire et le droit comparé, RIDC 1949, S. 57: *Aubin/Zweigert* (Fn. 141), S. 28 mit Fn. 18.

chende Rechtsforschung freigelegt hat".[153] Dabei dürfe der Blick nicht auf eine einzelne, positiv-staatliche Rechtsordnung verengt werden, da dies das „Verständnis von dem Wesentlichen ablenke[...], das sich erst auf dem Untergrund eines ganzen Rechtskreises, einer geschlossenen Rechtskultur abzeichnet".[154]

Im öffentlichen Recht, besonders in der Verfassungsvergleichung, finden sich zu dieser Zeit keine eigenen Einteilungen in Rechtsfamilien oder Rechtskulturen. Das heißt aber nicht, dass die zivilrechtlichen Typenlehren an den Verfassungsrechtlern vorbeigehen, ganz im Gegenteil. Die Verfassungsvergleichung enthält bis heute mannigfache Bezüge zu den Begriffen der Rechtsfamilien und Rechtskreise.[155] Auch die Zeitgenossen aus dem Verfassungsrecht beschränken sich in dieser Frage keineswegs nur auf verfassungsvergleichende Literatur. So argumentiert G. Berlia, er hoffe, dass die ausländischen Leser die französische Rechtswissenschaft aufgrund von Arbeiten wie Davids beurteilen. Denn sie brächten den französischen Willen nach internationaler Verständigung zum Ausdruck und dieser sei realer, als es die momentane Schwäche seiner Realisierung glauben mache.[156] Besonders historische und vergleichende Entwicklungen im Zivilrecht werden in Frankreich also auch im öffentlichen Recht mit Interesse zur Kenntnis genommen.[157]

Anfang der 1960er-Jahre greifen Verfassungsrechtler in Deutschland zumindest den Begriff des ‚Rechtskreises' auf, ohne freilich selbst derartige Typen zu bilden. G. Leibholz etwa, der Herausgeber des JöR, das nach dem Zweiten Weltkrieg in neuer Fassung erscheint, bedient sich des Begriffs des ‚Verfassungsrechtskreises',[158] versteht darunter aber etwas völlig anderes als die zivilrechtliche Vergleichung. Der Verfassungsrechtskreis sei der „Rechtskreis[...], in dem der Staat zugleich sein spezifisches Wesen bestimmt und sich

---

[153] Aubin/Zweigert (Fn. 141), S. 33 mit Fn. 27, wo dies. noch auf Leibniz' Idee eines theatrum legale mundi verweisen, der G. [W. Leibniz], Nova methodus discendae docendaeque jurisprudientiae, 1667, vor fast dreihundert Jahren einen Sonderplatz in seinen Entwürfen zur juristischen Studienreform zugewiesen habe. Diese Idee habe seitdem nichts an verpflichtender Kraft eingebüßt.

[154] Aubin/Zweigert (Fn. 141), S. 33.

[155] S. dazu sogleich, → § 7 III.

[156] G. Berlia, René David, Traité élémentaire de droit civil comparé [Rezension], RDP 1950, S. 477 (479): „Nous souhaiterions d'abord que nos lecteurs étrangers jugent la science juridique française sur des travaux de cette sorte: ils traduisent la volonté française de compréhension internationale et celle-ci est plus réelle que pourrait le faire croire la faiblesse actuelle de ses réalisations".

[157] S. auch den Beitrag von C. Eisenmann, Droit public, Droit privé (En marge d'un livre sur l'évolution du droit civil français du XIXe au XXe siècle), RDP 1952, S. 903 ff., der sich in diesem Beitrag mit einem Buch zur Entwicklung des Zivilrechts auseinandersetzt.

[158] G. Leibholz, Die Stellung des Bundesverfassungsgerichts im Rahmen des Bonner Grundgesetzes, PVS 3 (1962), S. 13 (18).

zur Einheit konstituiert".[159] Wie zuvor E. Friesenhahns gründet auch *Leibholz'* Verständnis der Rechtskreise auf der Ansicht, dass sich die Rechtsnormen einer einzigen Rechtsordnung in verschiedene Rechtskreise einteilen lassen.[160] Der Schwerpunkt seines ‚Verfassungsrechtskreises' liegt mehr auf der *Verfassung* denn auf dem *Rechtskreis*. Dies ist etwas völlig anderes als etwa die *David'schen*, komparativ angelegten großen Rechtssysteme.

III. Ausblick: Rechtskreise heute – zwischen Relativierung und Reaktivierung

Im Gegensatz zu den Regierungs- und Verfassungstypen scheinen die geographischen Einteilungen heute kaum an Anziehungskraft eingebüßt zu haben.[161] Allenthalben ist die Rede vom „Verfassungsrechtskreis",[162] von der „Verfassungsfamilie des Westens",[163] in der französischen Zivilrechtsvergleichung auch schlicht wieder von den „großen Rechtssystemen".[164] Blickt man genauer hin, so verbirgt sich hinter dem Gebrauch von Begrifflichkeiten wie ‚Rechtskreis' und ‚Rechtsfamilie' jedoch – zumal im Verfassungsrecht – oft kein größeres Konzept oder gar eine Typenbildung. Vielmehr ist der Gebrauch heute oft ein metaphorischer.[165]

---

[159] *Leibholz* (Fn. 159), S. 18. S. auch *H. Engler*, Die Rechtsprechung des Bundesverfassungsgerichts zum Grundgesetz in den Jahren 1959 bis 1965, JöR n. F. 15 (1966), S. 137 (198); *W. Bogs*, Rechtsprechung des Bundessozialgerichts zum Grundgesetz, JöR n. F. 16 (1967), S. 129 (138).

[160] *E. Friesenhahn*, §98. Staatsgerichtsbarkeit, in: G. Anschütz/L. Thoma (Hrsg.), Handbuch des Deutschen Staatsrechts, Bd. 2, 1932, S. 423 (424). *Leibholz* bezieht sich in seinem Beitrag allerdings nicht explizit auf *Friesenhahn*. Die inhaltliche Überschneidung und der Umstand, dass *Friesenhahns* Beitrag über die Staatsgerichtsbarkeit immerhin im renommierten und weit verbreiteten Handbuch des Staatsrechts erschienen ist, scheinen dafür zu sprechen, dass *Leibholz Friesenhahns* Beitrag kennt.

[161] Man denke nur an die vielfältigen Formen der Einteilungen Ende der 1990er-, Anfang der 2000er-Jahre: *P. H. Glenn*, La tradition juridique nationale, RIDC 2003, S. 263 ff.; aus dem anglo-amerikanischen Raum s. statt aller *ders.*, Comparative Legal Families and Comparative Legal Traditions, in: M. Reimann/R. Zimmermann (Hrsg.), The Oxford Handbook of Comparative Law, 2006; *U. Mattei*, Three Patterns of Law: Taxonomy and Change in the World's Legal Systems, American Journal of Comparative Law 45 (1997), S. 5 ff.

[162] *B.-O. Bryde*, Warum Verfassungsvergleichung?, JöR n. F. 64 (2016), S. 431 (439).

[163] *J. Isensee*, §254. Legitimation des Grundgesetzes, in: J. Isensee/P. Kirchhof (Hrsg.), Handbuch des Staatsrechts, Bd. XII, 3. Aufl. 2014, Rn. 100.

[164] *Legeais* (Fn. 7).

[165] Freilich gab es auch in den Phasen der großen Konzeptualisierungen daneben stets auch den nur metaphorischen; man denke nur an *Friesenhahn* (Fn. 161); ähnlich auch *Leibholz* (Fn. 159).

Die Kritik der Einteilungen und ihrer Kriterien hat die Rechtskreisbildungen von Beginn an begleitet. Über die Jahre ist sie keineswegs verstummt, sondern eher noch schärfer geworden. Sie richtet sich heute nicht mehr nur gegen bestimmte Kriterien. Vielmehr wird der Sinn der Einteilungen in Rechtskreise überhaupt angezweifelt, da sie generell falsche Anreize für die Rechtsvergleichung setze.[166] Derartige Klassifizierungen nähmen allzu oft die formalen und technischen Seiten des Rechts zu wichtig – und vernachlässigten im Gegenzug die gelebte Rechtskultur.[167] Dies aber führe zu formalistischen Vergleichen von Systemen, die so nur auf Papier bestünden. Selbst frühere Verfechter der Rechtskreise meinen nun, man solle sie „weder in den Himmel heben noch verdammen"; zumindest „Anfängern" könne sie „eine erste grobe Orientierung" bieten.[168] Eine gewisse Relativierung kann also kaum bezweifelt werden.

Sind die Rechtsfamilien – von ihrem metaphorischen Gebrauch einmal abgesehen – nunmehr von bloß historischem Interesse? Mitnichten, denn neben der Relativierung ist jüngst auch eine, wenn auch vorsichtige, Reaktivierung zu beobachten. So schlägt etwa *Kischel* eine „pragmatische kontextuelle Betrachtung" vor und will den Kontext zum „Kernbegriff [...] des typisierenden Gesamtvergleichs" machen, wobei er unter dieser Art von Vergleich gerade die „Bildung von Rechtskreisen" versteht.[169] Wie so oft in der Geschichte der Rechtskreise steht auch hier die Didaktik im Zentrum. Denn Rechtskreislehren seien in erster Linie „didaktisches Hilfsmittel".[170] Sie könnten einen Überblick verschaffen über den rechtlichen und außerrechtlichen Kontext, der für die Rechtsvergleichung so wichtig sei.[171] Freilich stellt auch *Kischel* klar, dass der Anspruch der Rechtskreisbildung ein bescheidener sei. Jenseits eines gewissen Kerns sei die Auswahl der Rechtskreise ebenso wenig zwingend wie die Auswahl von Beispielen.[172] Die Bildung von Idealtypen müsse hinter bloß beispielhaftes Vorgehen zurücktreten, denn Idealtypen seien für den Zweck der praktisch ausgerichteten Rechtskontexte einerseits zu aufwendig. Andererseits liefen sie aber auch Gefahr, die Vielschichtigkeit und zeitliche Entwicklung realer Rechtsordnungen zu sehr in den Hintergrund zu rücken.[173]

---

[166] *C.-D. von Busse*, Die Methoden der Rechtsvergleichung im öffentlichen Recht als richterliches Instrument der Interpretation von nationalem Recht, 2014, S. 310 f., 313 f.

[167] *L. Friedmann*, Some thoughts on Comparative Legal Culture, in: D. S. Clark (Hrsg.), Comparative and Private International Law. Essays in honor of John Henry Merryman on his Seventieth Birthday, 1990, S. 49 (51).

[168] *Kötz* (Fn. 6), S. 504.

[169] *Kischel* (Fn. 7), S. 238 vor Rn. 45, S. 239 Rn. 46.

[170] *Kischel* (Fn. 7), S. 228 Rn. 26.

[171] *Kischel* (Fn. 7), S. 225 Rn. 19, S. 228 Rn. 26.

[172] *Kischel* (Fn. 7), S. 240 Rn. 49.

[173] *Kischel* (Fn. 7), S. 249 Rn. 48.

Die Rechtskreise mögen zwischen Relativierung und Reaktivierung schwanken, die vergleichende Bildung von Verfassungstypen scheint dagegen zumindest in Deutschland völlig außer Mode zu sein.[174] Hier scheint die Skepsis von *Saleilles* so aktuell zu sein wie Anfang des letzten Jahrhunderts: „Gäbe es einen umfassenderen Fehler, als einen Typ von Verfassung bilden zu wollen, der für alle demokratischen Gesellschaften angemessen sei"?[175]

IV. Thesen

1. Der Typus ist Ende des 19. Jahrhunderts nicht nur ein Eckstein der wissenschaftstheoretischen Diskussion, er prägt auch den Diskurs in der Verfassungsvergleichung. Stellt man verschiedene Typenbildungen wie Rechtskreise und Regierungstypen einander gegenüber, verbindet diese aber wenig mehr als die zeitliche Korrelation. Rechtskreise stehen auch im öffentlichen Recht stets am Beginn der wissenschaftlichen Anstrengung, sie sind didaktisches *Mittel zum Zweck*; Regierungstypen sind dagegen *Selbstzweck*, sie sind das Ergebnis wissenschaftlichen Wirkens.

2. Zur Zeit des Nationalsozialismus entstehen in Deutschland einige neue Typenlehren. Die Rechtskreislehren verstehen sich dabei selbst als Nachruf auf den Konstitutionalismus; neue Staatstypen wie der des „nationalen Rechtsstaats" *(Koellreutter)* sind dagegen letztlich Debattenbeiträge zu Streitfragen der Staatsrechtslehre im Nationalsozialismus.

3. In den 1950er- und 1960er-Jahren stellt sich für die Verfassungsrechtswissenschaften in Frankreich und in Deutschland erneut die ‚Gretchenfrage' des Verhältnisses zu den Politikwissenschaften.[176] Sie wird jedoch unterschiedlich beantwortet. Während sich die deutsche Staatsrechtswissenschaft darauf konzentriert, die neue Verfassung und ihre Institutionen auszudeuten, bahnt sich in Frankreich eine „methodische Revolution"[177] an, die

---

[174] Allerdings fordert *C. Schönberger*, Der „German Approach": Die deutsche Staatsrechtslehre im Wissenschaftsvergleich, in: ders. (Hrsg.), The „German Approach", 2015, S. 1 (51), „[d]ie konzeptionelle Entwurfstradition der Staatsrechtswissenschaft" müsse „sich daher heute stärker wandeln hin zur Erarbeitung von Modellen, Funktionstypen und Typologien, die sich aus einem rechtsvergleichenden Erfahrungsfundus speisen". Ziel solle sein, ein „allgemeines europäisches Verfassungsrecht" (S. 52) zu entwickeln, das sich nicht in einer bloßen Projektion der bisherigen Vorstellungen der deutschen Staatsrechtswissenschaft erschöpft. „Es braucht zugleich mehr Theorie und mehr Empirie" (S. 52).
[175] *R. Saleilles*, Conception et objet de la science du droit comparé, BSLC 1899/90, S. 383 (394): „Y aurait-il erreur plus complète que de vouloir rechercher un type de constitution adéquate à toutes les sociétés démocratiques?".
[176] S. dazu bereits oben → § 4 III.
[177] *Heuschling* (Fn. 85), S. 505 Rn. 21.

die Verfassungsrechtswissenschaft um eine politikwissenschaftliche Perspektive ergänzen möchte.

4. Diese politikwissenschaftliche Strömung der französischen Verfassungsrechtswissenschaft bringt neue Regierungstypen hervor, die vor allem realistische Theorien, also Abbilder der tatsächlichen Regierungsstrukturen sein wollen. Typenlehren von Emigranten wie etwa *K. Loewenstein* fügen sich in das zeitgenössische politikwissenschaftliche Paradigma der französischen Verfassungsrechtswissenschaft ein, während sie in der deutschen Staatsrechtslehre trotz fehlender Sprachbarriere wenig Resonanz hervorrufen.

5. In den Zivilrechtswissenschaften links und rechts des Rheins sind die 1960er- und 70er-Jahre Zeiten methodologischer Reflexion, in denen wirkmächtige Rechtsfamilien, -systeme und -kreise neu konzipiert werden. Diese werden in der französischen Verfassungsrechtswissenschaft sofort, in der deutschen erst mit einiger Verzögerung aufgegriffen. In der deutschen Staatsrechtswissenschaft wird der Begriff des Rechtskreises häufig metaphorisch verwendet und nicht im Sinne einer komparatistisch angelegten Typologie.

6. Heute befinden sich die Rechtskreise zwischen Relativierung und Reaktivierung. Die Kritik an Rechtskreiseinteilungen richtet sich nicht mehr gegen einzelne Kriterien, sondern gegen das Anliegen als solches. Daneben werden sie als didaktisches Hilfsmittel aber auch heute reaktiviert, wenn auch mit abgewandelter Terminologie.

§ 8

Zwischen Ubiquität und Unklarheit?
Der Funktionalismus in der Kritik

„[D]er einsichtsvolle Jurist [...] kann [...] nicht darauf verzichten, dass das feste Rechtsgebilde einmal aus dem Fluss des Werdens genommen und in seiner gesetzlich gegebenen Form der wissenschaftlichen Prüfung, der Untersuchung seiner functionellen Bedeutung innerhalb des gesammten Rechtssystems zugeführt werde."[1]

Hört man heute die Begriffe Rechtsvergleichung und Funktionalismus, löst das, zumindest in Deutschland, wohl im Wesentlichen eine Assoziation zum einflussreichen Lehrbuch der Rechtsvergleichung von *Konrad Zweigert* und *Hein Kötz* aus.[2] Darin gehen die beiden Zivilrechtler auch auf die von ihnen präferierte komparatistische Methode ein. Statt des Wortlauts einer Norm steht nun ihre gesellschaftliche Funktion im Fokus, man spricht daher von der funktionalistischen Vorgehensweise.[3]

Für den Diskurs um den Funktionalismus gilt Ähnliches wie für den um die die Rechtskreise. Eine Geschichte der Verfassungsvergleichung lässt sich ohne ihre privatrechtlichen Einflüsse kaum erzählen. Dennoch wird das Narrativ einer Methodenmigration aus dem Privatrecht bei näherem Hinsehen schnell brüchig. Denn auch die deutsche Staatsrechtslehre schweigt schon früher beileibe nicht zur „functionellen Bedeutung" des Rechts, wie bereits im oben erwähnten Zitat *Paul Labands* und *Felix Stoerks* im Vorwort zum

---

[1] *P. Laband/F. Stoerk*, Vorwort, AöR 1 (1886), S. V (V) (ohne Übernahme der Sperrung im Original).

[2] *K. Zweigert/H. Kötz*, Einführung in die Rechtsvergleichung, Bd. I, 1971. In Frankreich ist als einflussreicher Vertreter der funktionellen Methode in der Zivilrechtsvergleichung *M. Ancel*, Utilité et méthodes du droit comparé, 1971, S. 101 ff., 97, unter Verweis auf *K. Zweigert*, Des solutions identiques par des voies différentes (Quelques observations en matière de droit comparé), RIDC 1966, S. 5, zu nennen; s. auch *M. Ancel*, Le problème de la comparabilité et la méthode fonctionnelle en droit comparé, in: R. H. Graveson u. a. (Hrsg.), Festschrift für Imre Zajtay, 1982, S. 4.

[3] Dieses Element funktionalistischen Vergleichens ist auch heute noch weitgehend konsentiert, s. näher sogleich im Haupttext nach → Fn. 20.

ersten AöR deutlich wird. Speziell für die Verfassungsvergleichung ist vielleicht das Beispiel *Julius Hatscheks* noch eindrücklicher. Er schreibt 1909 über das Vorgehen *Jean Bodins*: „Wenn Bodin darunter die Entwicklung der functionellen Bedeutung eines Rechtsinstituts oder Rechtssatzes aus der logischen Struktur der verglichenen Rechtssysteme, also kurz eine rein logische Notwendigkeit verstanden hätte, dann hätte er als Vater auch der einzig richtigen Methode des *allgemeinen Staatsrechts* gelten können".[4] Es gehe bei der rechtsvergleichenden Methode auch darum, so *Hatschek*, den fremden Rechtsinstituten die „in unserem Recht entsprechende functionelle Bedeutung zuweisen" zu können.[5] Als Vater der funktionellen Methode in der Rechtsvergleichung gilt dennoch nicht *Hatschek*, sondern der Zivilrechtler *Ernst Rabel*.[6] „Gesetzesparagraphen zu vergleichen, ist ungenügend", schreibt dieser 1924 und betont, zu erfassen seien stattdessen die „Funktionen der Rechtsgestaltungen".[7]

Trotz dieser begrifflichen Parallelen muss man Vorsicht walten lassen. Denn so wirkmächtig der Funktionalismus bis heute scheint, so mannigfaltig ist das, was die jeweiligen Autorinnen darunter verstehen. Obwohl von dem Funktionalismus die Rede ist, stehen sich allzu oft mehrere Funktionalismen gegenüber. Die Diskussion um den Funktionalismus erscheint daher ebenso ubiquitär wie begrifflich unklar.[8]

Von den 1960er-Jahren an gewinnt er als spezifisch rechtsvergleichende Herangehensweise an Bedeutung – vor allem durch die einflussreiche privat-

---

[4] *J. Hatschek*, Konventionalregeln oder über die Grenzen der naturwissenschaftlichen Begriffsbildung im öffentlichen Recht, JöR a. F. 3 (1909), S. 1 (42), Hervorhebung im Original gesperrt; s. auch *ders.*, Gneist, Rudolf von, in: Allgemeine Deutsche Biographie, 1904, S. 403 ff., verfügbar unter <http://www.deutsche-biographie.de/pnd118717790.html> (zuletzt abgerufen am 15.3.2022); *ders.*, Allgemeines Staatsrecht auf rechtsvergleichender Grundlage, Bd. I, 1909, S. 21.

[5] *Hatschek* (Fn. 4), Gneist, Rudolf von.

[6] So vertritt *M. Graziadei*, The Functional Heritage, in: P. Legrand/R. Munday (Hrsg.), Comparative Legal Studies: Traditions and Transitions, 2003, S. 100 (104 ff.), die These, der Funktionalismus sei als Methode eng mit dem Problem der Kategorisierungen im internationalen Privatrecht verknüpft, also dem Rechtsgebiet, auf dem *Rabels* Expertise unbestritten sei. Allerdings weist *R. Michaels*, The Functional Method of Comparative Law, in: M. Reimann/R. Zimmermann (Hrsg.), The Oxford Handbook of Comparative Law, 2006, S. 339 (362 mit Fn. 123), darauf hin, dass es eher das Werk seines Schülers *Max Rheinstein* sei, *Rabel* die funktionelle Methode zuzuschreiben, s. *M. Rheinstein*, Comparative Law and Conflict of Laws in Germany, The University of Chicago Law Review 2 (1935), S. 232 (246 ff.).

[7] *E. Rabel*, Aufgabe und Notwendigkeit der Rechtsvergleichung [1924], in: H. G. Leser (Hrsg.), Ernst Rabel. Gesammelte Aufsätze, Bd. III, 1967, S. 1 (4).

[8] *Michaels* (Fn. 6) S. 342, bezeichnet die „funktionale Methode" allerdings 2006 noch als „misnomer" („Fehlbezeichnung"), da es viele von ihnen gebe, und einige unter ihnen nicht einmal eine Methode seien.

rechtliche Konzeptualisierung *Zweigerts* und *Kötz'*. Auch in der Verfassungsvergleichung ist nun zwar gelegentlich vom Funktionalismus die Rede, zunächst gibt es aber keine nennenswerte Diskussion um die funktionalistische Methode (I).⁹ Erst etwa zu Beginn des neuen Jahrtausends führt der in der Verfassungsvergleichung lange nur stiefmütterlich behandelte Funktionalismus auch hier zu neuen Diskussionen – zumindest in Deutschland, während Methodenfragen in Frankreich weiterhin eher in der Zivilrechtsvergleichung ausgehandelt werden.¹⁰ Der Diskurs in den 2000ern schwankt zwischen Anlehnung und Ablehnung. Neben neuen Arbeiten in der Tradition

---

⁹ Eine bloße Erwähnung des Funktionalen in der Verfassungsvergleichung lässt sich freilich für frühere und spätere Zeiten ebenso belegen, s. nur *K. Loewenstein*, Verfassungslehre, 1959, S. 117: „In seinem funktionalen Zusammenhang gesehen, ist der amerikanische Typ der gegenseitigen Abhängigkeit und Verbundenheit durch Koordination weder Präsidentialismus noch das, was man als Kongreßregierung bezeichnet, ein Ausdruck, der etwa der amerikanischen Variante der Versammlungs-Regierung nahekommt"; *P. H. Brietzke*, Die Schattenseite der Verfassungsvergleichung: Lehren aus der Dritten Welt, VRÜ 1983, S. 5 (18): „Vergleiche von verfassungsrechtlichen Normen oder Strukturen sind viel weniger ergiebig als Vergleiche von Funktionen". Stattdessen betonen die Verfassungsrechtler die methodische Überlegenheit der Privatrechtsvergleichung, und fordern, dass sich auch die Vergleichung im öffentlichen Recht vor Aufgaben gestellt, „die eine methodische Besinnung zur Pflicht" mache, *J. H. Kaiser*, Vergleichung im öffentlichen Recht, ZaöRV 24 (1964), S. 391 (402, 404).

¹⁰ So schreibt *C. Cuvelier/D. Huet/C. Janssen-Bennynck*, La science française du droit constitutionnel et le droit comparé: les exemples de Rossi, Barthélemy et Mirkine-Guetzévitch, RDP 2014, S. 1534 (1576 f.) über Methodenfragen in der Verfassungsvergleichung: „il apparaît qu'il n'y a pas encore eu de grand débat sur le droit constitutionnel comparé. Cet état des choses semble contraster avec la situation au sein de la science française du droit privé, où les réflexions sur la méthodologie comparative engagées par quelques auteurs marquants apparaissent avoir laissé une empreinte plus significative" („es scheint, als habe es noch keine große Debatte über die Verfassungsvergleichung gegeben. Dieser Stand der Dinge scheint mit der Situation in der französischen Privatrechtswissenschaft zu kontrastieren, wo die Überlegungen zur komparativen Methodologie, die von einigen profilierten Autoren angestellt wurden, einen bedeutenderen Abdruck hinterlassen zu haben scheinen"); das privatrechtlichen Interesse an rechtsvergleichenden Methodenfragen zeigt sich etwa bei *M.-L. Izorche*, Propositions méthodologiques pour la comparaison, RIDC 2001, S. 289 ff.; *H. Muir Watt*, Comparer l'éfficience des droits, in: P. Legrand (Hrsg.), Comparer les droits, résolument, 2009, S 434 ff.; s. aber für das Verfassungsrecht auch *M.-C. Ponthoreau*, Le droit comparé en question(s). Entre pragmatisme et outil épistémologique, RIDC 2005, S. 7 ff.; *dies.*, Le recours à „l'argument de droit comparé" par le juge constitutionnel, in: F. Mélin-Soucramanien (Hrsg.), L'interprétation constitutionnelle, 2005, S. 167 ff.; *dies.*, L'argument fondé sur la comparaison dans le raisonnement juridique, in: P. Legrand (Hrsg.), Comparer les droits, résolument, 2009, S. 537 ff.

U. Kischel, Rechtsvergleichung, 2015, S. 92 Rn. 1, schreibt dagegen über die heutige Rechtsvergleichung gerade auch in Deutschland, es gebe „kaum einen Zweig der Rechtswissenschaft, in dem so viel über Methode geschrieben, in dem die Methode als so grundlegend problematisch angesehen wird".

des Funktionalismus gibt es auch viel Kritik an diesem methodischen Ansatz, besonders aus der Richtung der Kritischen Rechtsvergleichung (II).[11] Dieser neuere Strang des Diskurses kann ohne die Diskussion der 1960er- und 70er-Jahre nicht verstanden werden. Dies allein rechtfertigt aus historiographischer Sicht freilich kaum, den Diskurs darzustellen. Wie bei den Typologien ist es jedoch auch hier das Anliegen dieser Studie, aus der Perspektive primär komparatistischer Problemlagen inter- und intradisziplinäre Verschiebungen deutlich zu machen.[12] Dahinter steckt der Gedanke, dass die Kontinuität der Disziplinbezeichnung ‚Verfassungsrecht' keine Rückschlüsse darauf zulässt, dass die Disziplin auch kognitiv oder institutionell dieselbe bleibt.[13] Oft verhandeln mehrere Disziplinen bestimmte komparatistische Kernprobleme der Zeit. Indem sie miteinander in Beziehung gesetzt werden, kann ein umfassenderes Bild der Verfassungsvergleichung rekonstruiert werden.[14]

Es drängt sich die Frage auf, warum die Verfassungsvergleichung dem Funktionalismus gegenüber zunächst relativ indifferent ist, um ihn dann jedoch später – sei es wohlwollend oder ablehnend – aufzugreifen. In Frankreich wird das Verwaltungsrecht seit dem Zweiten Weltkrieg wieder zur Königsdisziplin, auch das Gros der rechtsvergleichenden Beiträge ist verwaltungsrechtlich.[15] Ein weiterer Grund für die Indifferenz der Verfassungsver-

---

[11] Die Kritische Rechtsvergleichung ist freilich eine Strömung, der es um weit mehr als Funktionalismuskritik geht; dies erklärt auch, warum es durchaus auch einige französische Beiträge in dieser Tradition gibt.

[12] S. → § 7 I, nach → Fn. 90.

[13] *W. Lepenies*, Wissenschaftsgeschichte und Disziplingeschichte, Geschichte und Gesellschaft 4 (1971), S. 437 (444).

[14] Vgl. auch die Thesen von *M. Foucault*, L'archéologie du savoir, 1969; *ders.*, Die Ordnung der Dinge, 23. Aufl. 2015 (zuerst 1974), nach dem sich etwa die Biologie *Buffons* und *Darwins* weniger ähneln als Sprachwissenschaft, Biologie und Ökonomie am Ende des 18. Jahrhunderts.

[15] S. statt vieler nur *J. Rivero*, Existe-t-il un critère du droit administratif?, RDP 1953, S. 279 ff.; *P. Stillmunkes*, La classification des actes ayant force de loi en droit public français, RDP 1964, S. 261 ff.; *J. Petot*, Quelques remarques sur les notions fondamentales du droit administratif français, RDP 1965, S. 369 ff.; *C. Eisenmann*, La théorie des „bases constitutionnelles du droit administratif", RDP 1972, S. 1345 ff. *Georges Vedel* prägt – unabhängig vom rechtsvergleichenden Funktionalismus, von dem im Haupttext sogleich die Rede sein wird, – schon unmittelbar nach dem Zweiten Weltkrieg eine Unterscheidung zwischen funktionellen und konzeptionellen Begriffen. *G. Vedel*, De l'arrêt Septfonds à l'arrêt Barinstein, JCP 1948, I n° 682, Rn. 11. Gerade im Verwaltungsrecht fehle es an der Einheit der Kategorien, oft entbehrten sie jeder Logik. Funktionelle Begriffe könnten genau diese Einheit herstellen, da sie im Unterschied zu konzeptionellen nicht abstrakt und unabhängig von ihrem Zweck gebildet würden, sondern progressiv und stets nur übergangsweise nach ihrer konkreten Funktion, *ders.*, La juridiction compétente pour prévenir, cesser ou réparer la voie de fait administrative, JCP 1950, I n° 851, Rn. 4. Bereits 1934 hat *Vedel* auch die „funktionelle Einheit des Begriffs der Ursache" in seiner Doktorarbeit

gleichung gegenüber dem Funktionalismus ist die Europarechtswissenschaft, die zu dieser Zeit im Entstehen begriffen ist. Von ihr gehen zwar methodische Impulse aus, aber links wie rechts des Rheins ebenfalls eher für die Verwaltungsrechts- als für die Verfassungsvergleichung.[16]

---

hervorgehoben, s. *ders.*, Essai sur la notion de cause en droit administratif français, 1934, S. 493 ff., 432.

[16] Die europarechtlichen Beiträge, die sich im JöR ab Beginn der 1960er-Jahre, in der RDP bereits ab den 1950er-Jahren finden, beschränken sich dagegen oft darauf, die neuen Rechtsinstrumente, die Institutionen und ihre Funktionsweise darzustellen: *L. Kopelmanas*, Chronique européenne. Cour de justice de la communauté européenne du charbon et de l'acier, RDP 1955, S. 54 ff.; *C. Lagrange*, L'ordre juridique de la C. E. C. A. vu à travers la jurisprudence de sa Cour de Justice, RDP 1958, S. 841 ff.; *C. Lassalle*, Aspects institutionnels de la Communauté Charbon-Acier, RDP 1958, S. 410 ff.; *C. Lagrange*, Les pouvoirs de la haute autorité et l'application du traité de Paris, RDP 1961, S. 40 ff.; *J. Breban*, Chronique européenne. Revue de jurisprudence de la Cour de Justice des Communautés européennes. Principes généraux, RDP 1962, S. 873 ff.; *R.-M. Chevallier*, Chronique européenne. Le droit de la Communauté européenne et les juridictions françaises (Conseil d'État, 22 décembre 1961, S. N. C. F. contre Ministre des Travaux Publics et des Transports), RDP 1962, S. 646 ff.; *M. Zuleeg*, Die Kompetenzen der Europäischen Gemeinschaften gegenüber den Mitgliedstaaten, JöR n. F. 20 (1971), S. 1 ff.; *G. Zieger*, Die Rechtsprechung des Europäischen Gerichtshofs, JöR n. F. 22 (1973), S. 299 ff.; *A. Pellet*, La ratification par la France de la Convention européenne des droits de l'Homme, RDP 1974, S. 1319 ff.; *H. G. Petersmann*, Einige verfassungsrechtliche Implikationen der britischen Mitgliedschaft in den Europäischen Gemeinschaften, JöR n. F. 23 (1974), S. 47 ff.; *B. Beutler*, Der Beitritt Großbritanniens zur Europäischen Gemeinschaft, JöR n. F. 24 (1975), S. 1 ff.; *G. Lescuyer*, Coopération européenne en matière nucléaire et nationalisation, RDP 1975, S. 379 ff.; *H. Walter*, Die Rechtsprechung des Europäischen Gerichtshofs für Menschenrechte 1959–1974, JöR n. F. 24 (1975), S. 25 ff.; *H. G. Kundoch*, Reformbestrebungen innerhalb des Europäischen Parlaments, JöR n. F. 25 (1976), S. 1 ff.; *A. Cocatre-Zilgien*, De quelques effets actuels et éventuels de la ratification de la convention européenne, RDP 1978, S. 645 ff.; *E.-F. Berthet/C. Brésard/M. Jacasson*, L'élection au suffrage universel direct des représentants à l'Assemblée des Communautés Européennes, RDP 1979, S. 347 ff.

Es gibt aber auch Beiträge, die darüber hinausgehen und die einzelne Aspekte der Verfassungen der Mitgliedstaaten untereinander, teils mit der neuen supranationalen Rechtsordnung, vergleichen: *S. Buerstedde*, Der Ministerrat im Aufbau und Wirken der Europäischen Gemeinschaften, JöR n. F. 14 (1965), S. 87 (192 mit Fn. 485), zieht neben dem bundesrepublikanischen Vermittlungsausschuss die commission mixte paritaire gem. Art. 45 der französischen Verfassung von 1958 heran, wenn er de-lege-ferenda-Überlegungen zu einem Vermittlungsausschuss im Verhältnis Europäisches Parlament – Ministerrat anstellt. Daneben bezieht er freilich auch die US-amerikanischen conference committees mit ein. S. auch *P. Lalumière/A. Demichel*, Les régimes parlementaires européens, 1966, die etwa Großbritannien, die Bundesrepublik Deutschland und Italien sowie – am Rande – skandinavische Länder, Belgien und die Niederlande behandeln. Für das vergleichende Verwaltungsrecht s. *J.-M. Auby/M. Fromont*, Les recours contre les Actes Administratifs

I. Funktionalität als „methodische[s] Grundprinzip"[17] der Rechtsvergleichung?

> „Wie Menschen, die sich durch Selbstbeobachtung quälen, meist kranke Menschen sind, so pflegen aber Wissenschaften, die sich mit ihrer eigenen Methodenlehre zu beschäftigen Anlaß haben, kranke Wissenschaften zu sein."[18]

Der oft zitierte Ausspruch *Gustav Radbruchs* setzt methodologische Reflexion einem pathologischen Zustand gleich. Doch so gefährlich Metaphern sind, weil sie falsche Parallelisierungen nahelegen, so hilfreich sind sie auch. Bilder sprechen oft die deutlichere Sprache. Auch das der kranken Wissenschaft verfehlt seine Wirkung nicht. *Zweigert* und *Kötz* beginnen ihr Methodenkapitel mit der soeben genannten *Radbruch'schen* These und halten fest, die Rechtsvergleichung habe diese Diagnose nicht verdient, da Krankheitssymptome fehlten; bei einer so jungen Disziplin könne zudem „ein gesicherter Methodenkanon gar nicht verlangt werden".[19]

Mit dem Funktionalismus haben *Zweigert* und *Kötz* aus heutiger Sicht einen Beitrag zu diesem Kanon geleistet. Die Frage, die sich für die 1960er- und 70er-Jahre stellt, ist daher, was genau an dem Methodenvorschlag Funktionalismus so innovativ ist – wenn er es überhaupt ist (1). Zweifel kommen vor allem deshalb auf, weil sich der rechtsvergleichende Funktionalismus auffallend häufig auf soziologische Vorarbeiten beruft, ohne dass sich dies in

---

dans les pays de la Communauté Économique Européenne, 1971, S. 1, die die Wahl der sechs Mitgliedsstaaten der EG als Vergleichsländer damit begründen, dass es eine evidente Verbindung zwischen der Politik der Gesetzesharmonisierung und den nationalen Institutionen des Verwaltungsprozesses gebe, auch wenn Letztere freilich nicht Gegenstand der Harmonisierung seien.

[17] *Zweigert/Kötz* (Fn. 2), S. 29.

[18] *G. Radbruch*, Einführung in die Rechtswissenschaft, 5. und 6. Aufl. 1925, S. 194.

[19] *Zweigert/Kötz* (Fn. 2), S. 28. So auch *G. Langrod*, Quelques réflexions méthodologiques sur la comparaison en science juridique, RIDC 1957, S. 353 (354). In eine ähnliche Richtung geht *R. K. Merton*, Éléments d'une théorie et de méthode sociologique, 1953 (zuerst 1949 als Social Theory and Social Structure), S. 20 f., wenn er methodologische Reflexion als Ausdruck einer „Wachstumskrise" (a. a. O., S. 20) von Disziplinen, die einen gewissen Reifegrad noch nicht erreicht hätten, begreift. Zur Illustration bedient sich *Richard Merton* der Metapher eines Lehrlings, der bewusst jeden einzelnen Schritt einer neuen Technik überprüft, während sein Meister sie routinemäßig ausführt, ohne sich weiter mit den Einzelschritten zu beschäftigen. Freilich gibt es auch gegenteilige Ansichten: *V. Gessner*, Soziologische Überlegungen zu einer Theorie der angewandten Rechtsvergleichung, RabelsZ 36 (1972), S. 229 (230), sieht in Überlegungen zur Methodik einer Wissenschaft keine Schwäche, sondern „Beweis ihrer Lebenskraft".

einer intensiven Auseinandersetzung spiegelt – was bereits in den 1960er-Jahren kritisiert wird (2).

1. Die Innovation des Funktionalismus: Methodenbewusstsein und Anwendungsbezug

Die Reflexion über die richtige methodische Vorgehensweise in der zivilrechtlichen Rechtsvergleichung setzt bereits Mitte der 1950er-Jahre ein, wenn etwa der „rein dogmatische Ansatz des Komparatisten" verurteilt wird.[20] Ein funktioneller Ansatz könne demgegenüber verhindern, den juristischen Fakt von seinem natürlichen sozialen Umfeld zu isolieren.[21] Damit ist eine der Grundideen des Funktionalismus in der Rechtsvergleichung formuliert. Die Konzeption *Zweigerts* und *Kötz'* ergänzt diese Idee um weitere Eckpunkte. Die funktionalistische Methode beschäftige sich – seit *Rabel* – mit den Auswirkungen der Rechtsregeln, nicht mit den Regeln selbst; die Rechtswirklichkeit zähle, nicht die Systematik dahinter.[22] Die Vergleichsobjekte seien in ihrem funktionellen Verhältnis zur Gesellschaft zu verstehen. Die Ausgangsfrage jeder rechtsvergleichenden Arbeit müsse rein funktional gestellt werden, die Funktion sei „Ausgangspunkt und Grundlage jeder Rechtsvergleichung".[23] Vergleichbar sei im Recht nur, was dieselbe Aufgabe, dieselbe Funktion erfülle. *Tertium comparationis* ist also die Funktion selbst; funktionell äquivalente Objekte – ob rechtlich oder nicht – seien vergleichbar, soweit sie die gleiche Funktion erfüllten. Das Gegenstück einer Norm in einer Rechtsordnung könne in einem anderen System mittels außerrechtlicher Phänomene geregelt werden, die nur durch Rechtstatsachenforschung zu ermitteln seien.[24]

Die klaren Formulierungen sind neben dem Anwendungsbezug eine wesentliche Erklärung dafür, dass diese Ideen unter dem Schlagwort der funktionalistischen Methode viel Widerhall finden. Allerdings sind einzelne Punkte trotz dieser sprachlichen Klarheit schnell umstritten. Nach der oben erwähnten Grundidee wird der juristische Fakt durch eine funktionelle Betrachtung gerade nicht von seinem sozialen Umfeld isoliert.[25] Ein Jahrzehnt später lautet aber gerade so der Vorwurf. Die funktionelle Methode verkenne das sozio-ökonomische Milieu, in dem die Institutionen funktionieren; da-

---

[20] *Langrod* (Fn. 19), S. 369. Den „unreflektiert-selbstsichere[n] Dogmatismus" kritisieren auch *Zweigert/Kötz* (Fn. 2), S. 28.
[21] *Langrod* (Fn. 19), S. 369.
[22] Zu *Rabel* s. bereits oben der Haupttext mit → Fn. 7.
[23] *Zweigert/Kötz* (Fn. 2), S. 43.
[24] *Zweigert/Kötz* (Fn. 2), S. 34.
[25] S. oben → Fn. 21.

durch laufe sie Gefahr, die Realität durch die funktionelle Betrachtung zu verzerren.[26]

Diese Kritik stammt allerdings aus einer vom Kalten Krieg geprägten Perspektive, was auch am Beispiel des Eigentums deutlich wird, das diese Kritik veranschaulicht. Es sei möglich, Privateigentum und persönliches Eigentum, wie es einerseits etwa in Frankreich, andererseits etwa in Ungarn bestehe, unter die gemeinsame funktionelle Kategorie des individuellen Eigentums zu fassen.[27] Das heiße aber noch lange nicht, dass es sich dabei um eine gute Vergleichskategorie handele. Denn die Methode sei letztlich ein Prokrustesbett. Das persönliche Eigentum sei kaum vom sozialen Eigentum zu trennen, da es vielfach mit ihm verschränkt sei.[28]

Der Systemkonflikt des Kalten Krieges gibt nicht nur hier Beispiel und Vokabular vor; er ist in der Diskussion um den Funktionalismus stets präsent. So wird die Frage, ob überhaupt und wenn ja, wie Rechtsordnungen sozialistischer Länder als Vergleichsländer in Betracht kommen, als „Sonderproblem" der Rechtsvergleichung und ihrer Methodik gesehen.[29] Für „‚systembezogene[...]' Rechtsinstitute" wie etwa das Eigentum sozialistischer Betriebe ließen sich funktionell verwandte Gegenstücke in den Rechtsordnungen nicht mehr finden; dies hieße aber nicht, dass man „vorschnell vor vermeintlicher Unvergleichbarkeit kapitulieren" solle, denn steige man nur weit genug hinab in die „Realien der Rechtswirklichkeit", befördere man mehr Vergleichbares zutage als gedacht.[30]

Auch in Frankreich beschwört *André Hauriou* den „Schulterschluss der Forschergemeinschaft" in einer geteilten Welt.[31] Er verwendet allerdings einen völlig anderen Begriff des Funktionalismus, was veranschaulicht, wie unklar und gleichzeitig ubiquitär dieses Konzept ist. Sein durch die politikwissenschaftliche Perspektive geprägtes Verständnis ist in Frankreich zu dieser Zeit weit verbreitet.[32] Ziel der funktionellen Analyse ist es laut *Hauriou*,

---

[26] G. *Eörsi*, Réflexions sur la méthode de la comparaison des droits dans le domaine du droit civil, BSLC 1967, S. 397 (400 f.).

[27] *Eörsi* (Fn. 26), S. 403.

[28] *Eörsi* (Fn. 26), S. 403. *Dies.* betont auch, dass für die funktionelle Methode der Rechtsvergleichung vor allem die Funktion der juristischen Institutionen zentral sei – und dass diese Methode sich besonders in den Vereinigten Staaten großer Beliebtheit erfreue, *dies.*, a. a. O., S. 400.

[29] *Zweigert/Kötz* (Fn. 2), S. 37.

[30] *Zweigert/Kötz* (Fn. 2), S. 39.

[31] A. *Hauriou*, Recherches sur une problématique et une méthodologie applicable à l'analyse des institutions politiques, RDP 1971, S. 305 (351): „Dans un monde où la fraternité est encore, en beaucoup de domaines, partielle, il est consolant de voir des chercheurs s'épauler les uns les autres" („In einer Welt, in der in vielen Bereichen nur zum Teil von Brüderlichkeit gesprochen werden kann, ist es tröstlich, den Schulterschluss der Forschergemeinschaft zu sehen").

[32] S. bereits oben → § 7 II 1.

einzelne elementare Komponenten des politischen Systems zunächst zu isolieren, um sie anschließend neu zu gruppieren und zu klassifizieren. Diese Klassifizierung erfolge anhand ihrer Funktion im untersuchten politischen System.[33] Entscheidend ist für ihn, nicht nur ein Institut wie etwa das Eigentum herauszugreifen, sondern das System zunächst in seiner Gesamtheit zu betrachten, seine wesentlichen Elemente dann zu identifizieren und zu isolieren, um schließlich eine neue Kategorisierung anhand ihrer Funktionen vorzunehmen. Dem Funktionalismus, den *Hauriou* beschreibt, liegt damit nicht das Zivilrecht als Anwendungsfall einer rechtsvergleichenden Methode zugrunde, sondern eine Methode der Analyse politischer Systeme. Dies mag Unterschiede im Begriffsverständnis erklären.

2. Soziologische Inspiration als Fundament des Funktionalismus? Mehr Schein als Sein

Etwa vom Ende der 1960er-Jahre an beginnt für die Rechtsvergleichung eine Zeit der methodischen Rückbesinnung. Wer damals Methode sagt, muss wohl auch Funktion sagen.[34] Allenthalben betonen Wissenschaftlerinnen zu dieser Zeit, der Diskurs speise sich aus der Auseinandersetzung mit der Soziologie.[35]

Für die politikwissenschaftliche Perspektive des französischen Verfassungsrechts konstatiert *Hauriou*, die Unzulänglichkeiten der anerkannten Methoden hätten zu einer Hinwendung zur Soziologie geführt, um methodologische Anleihen zu nehmen.[36] Denn weder die Gesetzesauslegung – die

---

[33] *Hauriou* (Fn. 31), S. 307.
[34] *R. Wiehl*, Subjektivität und System, 2000, S. 375, meint gar, im gesamten 20. Jahrhundert habe es kein modischeres Konzept gegeben als das der Funktion.
[35] Zu bedenken ist allerdings, dass die wesentlichen Eckpunkte der soziologischen und der rechtsvergleichenden Konzeptionen sich auf einem deutlich anderen Abstraktionsniveau bewegen, *Michaels* (Fn. 6), S. 342. Den Rechtsvergleichern geht es um eine *Methode*, den Soziologen aber um eine *Theorie* der Gesellschaftssysteme, *Michaels* (Fn. 6), S. 352. Freilich ist hoch umstritten, um welche Art von Theorie es sich dabei handeln soll. Mittlerweile klassisch ist wohl der Streit zwischen *Parsons* und seinem Schüler *Merton*: Letzterer beschränkt sich explizit auf „middle range theories", da er die Großtheorien seines akademischen Lehrers im damaligen Stadium der Soziologie für verfrüht hält, s. *R. K. Merton*, On Sociological Theories of the Middle Range, in: ders., Social Theory and Social Structure, 3. Aufl. 1968, S. 39 (39 mit Fn. 2 m. w. N.); sowie die Synthese bei *L. A. Coser/C. Fleck*, Richard K. Merton, in: D. Kaesler (Hrsg.), Klassiker der Soziologie, Bd. 2, 5. Aufl. 2007, S. 152 ff.
[36] So *Hauriou* (Fn. 31), S. 306, in seinem Beitrag zur Methode der Analyse politischer Systeme. Selbst in der Verfassungsrechtswissenschaft, die sich weiterhin kaum mit dem Funktionalismus auseinandersetzt, ist eine gewisse Faszination für die Soziologie zu bemerken: Hier werden gar die Lehren *Mirkine-Guetzévitchs* bemüht, um die Relevanz der soziologischen Methode zu begründen. *J. P. Galvão de Sousa*, Remarques sur l'idée de

„im eigentlichen Sinne juristischen Methode"[37] – noch die traditionellen historischen und vergleichenden Vorgehensweisen seien in der Lage, verbleibende blinde Flecken bei der Analyse politischer Systeme sichtbar zu machen. In der zivilrechtlichen Rechtsvergleichung in Frankreich wie in Deutschland finden sich ähnliche Forderungen. *Marc Ancel* betont, für den Funktionalismus sei die soziale Funktion einer Institution wichtiger als ihre juristische Definition oder Charakterisierung: „Dies ist eine neue Folge der soziologischen Konzeption der Rechtsvergleichung und des funktionellen Ansatzes".[38] Auch *Zweigert* und *Kötz* schreiben, die rechtsvergleichende Methode bedeute letztlich, Lösungen verschiedener Rechtsordnungen nach der Erfüllung ihres sozialen Zwecks aneinander zu messen.[39]

Wirft man einen Blick in die soziologische Literatur, die etwa *Hauriou*[40] heranzieht, findet sich allerdings auch hier umgehend das Narrativ von Ubiquität und Unklarheit des Funktionalismus. Von Anfang an habe der Funktionalismus, so der Soziologe *Richard Merton* bereits im Jahr 1949, an einer terminologischen Verwirrung gelitten, da zu oft der gleiche Begriff für verschiedene Konzepte oder aber mehrere Begriffe für das gleiche Konzept gebraucht worden seien.[41] Die funktionelle Analyse, die gleichzeitig in mehreren wissenschaftlichen Disziplinen aufgetreten sei, sei daher ohne Zweifel die fruchtbarste Analysetechnik, aber auch die am wenigsten klare.[42]

Worin genau liegen die behaupteten Anleihen an soziologische Methoden, wenn über das funktionalistische Prinzip auch in dieser Disziplin Streit besteht? In der Rechtsvergleichung bleibt dies unklar; der Rückgriff auf sozialwissenschaftliche Vorarbeiten erschöpft sich weitgehend in Rhetorik.[43] Dennoch ist die – wenn auch nur oberflächliche – Inspiration ebenfalls

---

Constitution et la Signification Sociologique du Droit Constitutionnel, JöR n. F. 16 (1967), S. 39 (66 mit Fn. 47). Denn schon er habe betont, beim Studium des vergleichenden Verfassungsrechts gehe es in erster Linie um die Beobachtung der Verfassungspraxis; dies aber führe dazu, letztlich die soziologische Methode – die Beobachtung sozialer Fakten – in der Rechtswissenschaft anzuwenden, zu *Mirkine-Guetzévitch* s. bereits oben → § 5 II 1.

[37] *Hauriou* (Fn. 31), S. 305.
[38] *Ancel* (Fn. 2), Comparabilité et méthode fonctionnelle, S. 5.
[39] *Zweigert/Kötz* (Fn. 2), S. 46.
[40] *Hauriou* (Fn. 31), S. 307 Fn. 308, verweist auf *T. Parsons*, The Social System, 1951; *ders.*, Éléments pour une sociologie de l'action, 1955; *ders.*, Social Structure and Personality, 1964; *Merton* (Fn. 19); *G. A. Almond/G. B. Powell*, Comparative Politics, 1966.
[41] *Merton* (Fn. 19), S. 68.
[42] *Merton* (Fn. 19), S. 67; 68 f.
[43] Im Ergebnis ist daher *Kischel* (Fn. 10), S. 180 Fn. 181, recht zu geben, der betont, in der Grundidee *Zweigerts* und *Kötz'* liege „kein Rückgriff auf eines der zahlreichen, theoriegeladenen Konzepte des sog. Funktionalismus innerhalb der Soziologie". Zur unbestreitbaren oberflächlichen Inspiration, der sich in den verwendeten Begriffen widerspiegelt, s. sogleich im Haupttext.

schwer zu bestreiten. *Zweigert* und *Kötz* sehen etwa die Einsicht, dass Rechtswissenschaft Sozialwissenschaft sei, als methodischen Ausgangspunkt der Rechtsvergleichung an.[44] Auch zentrale Begriffe wie der des ‚funktionalen Äquivalents' stammen eindeutig aus dem soziologischen Funktionalismus. Denn dieser geht von der Einsicht aus, dass bestimmte soziale und kulturelle Praktiken unabdingbar sind. Diese Notwendigkeit führt zum Konzept der funktionalen Äquivalente oder Substitute. Denn auch wenn die Funktionen und Praktiken jeweils für sich genommen unabdingbar sind, so kann eine Praktik mehrere Funktionen haben und eine Funktion von mehreren austauschbaren Praktiken erfüllt werden.[45]

Jenseits dieser terminologischen Anleihen heben bereits Zeitgenossen hervor, die Verwendung soziologischer Methoden in der Rechtsvergleichung sei bisher ein bloßes Postulat geblieben.[46] Hinter der „rechtsvergleichenden Grunderfahrung"[47] verbirgt sich also ein unklares theoretisches Fundament. Mit den von der soziologisch informierten Forschung formulierten Problemen setzen sich die Rechtsvergleicher jedenfalls kaum je vertieft auseinander. Dies mögen einige Beispiele zeigen. So schreiben *Zweigert* und *Kötz,* das „konkrete Sachproblem" sei der „Angelpunkt jeder Rechtsvergleichung"; Systembegriffe des eigenen Rechts verstellten den Blick dagegen häufig.[48] Die rechtlichen Lösungsansätze, die die verschiedenen Rechtsordnungen bereithielten, seien in Stil und ihrer Verortung in einem systematisch-theoretischen Aufbau sehr divers;[49] die Probleme, die die jeweiligen Gesellschaften durch das Recht zu lösen versuchten, seien aber im Wesentlichen gleich.[50] Soziologisch interessierte Rechtsvergleicher betonen, dass diese Erläuterung die we-

---

[44] Alle anderen Methodenlehrsätze – von der Auswahl der zu vergleichenden Rechte über die Spannweite der Untersuchung bis zur Systembildung – ergäben sich aus diesem Prinzip, *Zweigert/Kötz* (Fn. 2), S. 29 f.

[45] Näher *Merton* (Fn. 19), S. 77 ff.

[46] Nur wenige Autoren aus der Rechtswissenschaft beschäftigen sich näher mit soziologischen Ansätzen. *Gessner* (Fn. 19), S. 238 mit Fn. 38, s. auch a. a. O., S. 241: „Insbesondere steht eine Rezeption der Diskussionen noch aus, die in der Philosophie, in den Sozialwissenschaften und den Naturwissenschaften über den Funktionsbegriff und seine Implikationen geführt werden".

[47] *Zweigert/Kötz* (Fn. 2), S. 30.

[48] *Zweigert/Kötz* (Fn. 2), S. 30, halten diese Gefahr bei deutschen Juristen für besonders groß: „Namentlich wir deutschen Juristen sind in besonderem Maße der Gefahr ausgesetzt, in den Begriffen unserer eigenen Dogmatik verhaftet zu bleiben: in unserem hochgezüchtet-systematischen Begriffsdenken sind wir leicht geneigt, unsere Systematik und unsere Denkmethoden für geradezu naturrechtlich vorgegeben zu halten".

[49] Für die Lösungsansätze betonen *Zweigert/Kötz* (Fn. 2), S. 40 (s. o. → Fn. 24) auch, außerrechtliche Phänomene könnten nur durch Rechtstatsachenforschung ermittelt werden; dass dies aber auch für die Formulierung des Problems gelten könnte, diskutieren sie nicht, s. dazu sogleich im Haupttext.

[50] *Zweigert/Kötz* (Fn. 2), S. 30.

sentlichen Aspekte ausspare. Die Frage sei nämlich, ob man das Problem als Jurist überhaupt ausreichend formulieren könne und – falls nicht – welche sozialwissenschaftlichen Faktoren bei der Formulierung des Problems zu berücksichtigen seien.[51] Dazu schweigt die rechtsvergleichende Methodenliteratur freilich.

Soziologisch informierte Rechtswissenschaftler kritisieren ferner, dass der rechtsvergleichende Funktionalismus die wesentliche soziologische Erkenntnis unberücksichtigt lasse, wonach es auch latente Funktionen und Dysfunktionalität gebe. Wenn *Zweigert* und *Kötz* etwa schrieben, vergleichbar sei im Recht nur, was dieselbe Aufgabe, dieselbe Funktion erfülle,[52] sei eine Klarstellung wichtig. Der Normzweck enge die Vergleichung als funktionaler Bezugspunkt zu sehr ein.[53] Denn wenn der Vergleich nur Normen einbeziehe, denen die gleichen Zwecke zugeschrieben würden, lasse man Normen mit ganz anderen expliziten Normzwecken außen vor. Es komme aber durchaus vor, dass bestimmte Normen, denen eigentlich ganz andere Zwecke zugeordnet würden, gerade dasselbe Ziel erfüllten. Fälle dieser latenten Funktionalität blieben daher unberücksichtigt.[54] Außerdem verliere man auch Normen aus dem Blickfeld, die dem Ziel entgegenwirken – Dysfunktionalität – oder die gar keine Wirkung entfalteten, bei denen es an der Funktionalität also fehle.[55]

Auch bei einem anderen Aspekt des rechtsvergleichenden Funktionalismus gibt die Kritik Anlass zu der Vermutung, dass das behauptete sozialwissenschaftliche Fundament mehr Schein als Sein ist. Die Rede ist von der Ähnlichkeitsvermutung, der praesumptio similitudinis. Kritiker monieren, die aus ihr gewonnene Erkenntnis sei „trivial".[56] Sie beruhe nicht etwa auf soziologischen Vorarbeiten, sondern auf einer Wertung, die schon bei der Problemstellung vorgenommen würde. Da sie annehme, dass überall die gleichen Rechtsbedürfnisse bestehen, laufe sie zudem Gefahr, zu fehlerhaften

---

[51] *Gessner* (Fn. 19), S. 240, betont, dies sei ein Gebiet, auf dem sich Juristen und Sozialwissenschaftler kooperativ zusammenfinden müssten; s. auch a. a. O., S. 238, wo *ders.* betont, Juristen seien – trotz wiederholt geäußerter Zuneigung zur Soziologie – besonders zurückhaltend, nichtjuristische Kriterien für die Problemformulierung anzuwenden.

[52] S. oben nach → Fn. 24; *Zweigert/Kötz* (Fn. 2), S. 43.

[53] Diese Kritik betrifft allerdings nicht in erster Linie *Zweigert* und *Kötz*, die bis auf die soeben im Haupttext genannte Stelle nicht explizit auf den Normzweck als funktionalen Bezugspunkt eingehen, sondern dies weitgehend im Ungefähren belassen. Explizit auf den Normzweck abstellend aber beispielsweise *J. Esser*, Vorverständnis und Methodenwahl in der Rechtsfindung, 1970, S. 164 ff. Krit. *Gessner* (Fn. 19), S. 244 f.

[54] *Gessner* (Fn. 19), S. 244, bezieht sich bei den latenten Funktionen sowie der Dysfunktionalität wiederum auf *R. K. Merton*, Manifest and Latent Functions, in: ders., Social Theory and Social Structure, 3. Aufl. 1968, S. 73 (105, 114–136).

[55] *Gessner* (Fn. 19), S. 244.

[56] *Gessner* (Fn. 19), S. 235 mit Fn. 22.

Ergebnissen zu führen. Tatsächlich handelt es sich bei dieser Vermutung um eine Innovation der rechtsvergleichenden Methode gegenüber dem soziologischen Funktionalismus. *Zweigert* und *Kötz* bezeichnen sie als „rechtsvergleichendes Grundgesetz".[57] Die praktischen Lösungen, die die jeweiligen Rechtsordnungen bereithielten, seien bis in kleinste Details hinein identisch; man könne daher von einer Vermutung für die Ähnlichkeit sprechen.[58] Diese Ähnlichkeitsvermutung habe im rechtsvergleichenden Vorgehen zweierlei Bedeutungen. Zum einen sei sie heuristisches Prinzip am Anfang jeder Untersuchung, da sie Bereiche des fremden Rechts und der fremden Rechtswirklichkeit aufzeige, die auf Entsprechungen und Ähnlichkeiten abzuklopfen seien. Zum anderen könne sie am Ende als Richtschnur wirken. Stelle der Rechtsvergleicher am Ende der Untersuchung fest, dass die praktischen Lösungen verschieden oder sogar völlig gegensätzlich seien, stelle sich die Frage, ob er „richtig und radikal genug" nach der Funktion der Rechtsfiguren gesucht habe.[59] Dies gelte freilich nicht für die Bereiche des Rechts, die von spezifischen moralischen und politischen Wertvorstellungen einer Gesellschaft geprägt seien.

II. Funktionalismus bis heute – die Kritische Rechtsvergleichung und der Kontext

Ende der 1990er-Jahre scheint der Funktionalismus sich – zumindest in Deutschland – von einer dezidert privatrechtlichen zu einer allgemeinen rechtsvergleichenden Methode gewandelt zu haben. Er sei zwar von der Zivilrechtsvergleichung entwickelt worden; heute zähle er aber „zum Kern der rechtsvergleichenden Methode überhaupt".[60] Forderungen wie die nach einer

---

[57] *Zweigert/Kötz* (Fn. 2), S. 35, betonen, man könne vom Ausdruck „Grundgesetz" nur mit einiger Übertreibung sprechen.
[58] S. auch *Zweigert* (Fn. 2), S. 6; *ders.*, Die „Praesumptio Similitudinis" als Grundvermutung rechtsvergleichender Methode, in: M. Rotondi (Hrsg.), Inchieste di Diritto Comparato II: Scopi e Metodi du Diritto Comparato, 1973, S. 735 ff.
[59] *Zweigert/Kötz* (Fn. 2), S. 37.
[60] *K.-P. Sommermann*, Die Bedeutung der Rechtsvergleichung für die Fortentwicklung des Staats- und Verwaltungsrechts in Europa, DÖV 1999, S. 1017 (1023). Wichtige Impulse für methodologische Fragen der Rechtsvergleichung kommen jedoch nach wie vor oft aus der Privatrechtsvergleichung, s. *Cuvelier/Huet/Janssen-Bennynck* (Fn. 10), S. 1577, für die Situation in Frankreich. In der Privatrechtsvergleichung ist als Faktor für den neuerlichen Aufschwung der funktionellen Methode vor allem der „Common Core Approach to European Private Law" zu nennen, s. *M. Bussani/U. Mattei*, The Common Core Approach to European Private Law, Columbia Journal of European Law 3 (1997), S. 339 ff.; krit. *Michaels* (Fn. 6), S. 364, nach dessen Ansicht der Common-Core-Ansatz nicht funktionell genannt werden sollte, da er viel begrenzter sei und vor allem gesellschaftliche Auswirkungen ausklammere.

rechtsvergleichenden, soziologisch informierten Metasprache, die von „,Systembegriffen der eigenen Rechtsordnung gereinigt'" sein müsse, finden sich gerade auch in Beiträgen zur öffentlich-rechtlichen Vergleichung.[61]

Doch die im öffentlichen Recht neue Anlehnung an funktionelle Ansätze stößt auch auf Kritik. Vor allem Wissenschaftler, die sich in der Tradition der sog. Kritischen Rechtsvergleichung sehen, lehnen den Funktionalismus samt seiner „Ähnlichkeitsideologie"[62] ab. Die Kritik zielt nicht auf eine bloße Kontextualisierung, die bereits zuvor gefordert wurde.[63] Die gesamte Rechtsvergleichung und das ihr zugrundeliegende Rechtsverständnis wird zum Ziel der Dekonstruktion. Die Postmoderne ist – mit einiger Verspätung – auch in der Rechtsvergleichung angekommen.[64]

Es wäre jedoch eine Verkürzung, die Kritische Rechtsvergleichung auf eine Kritik der funktionellen Methode zu reduzieren. Dies zeigt schon die französische Verfassungsvergleichung. Dort spielt der Funktionalismus in den 2000er-Jahren eine weniger bedeutende Rolle als in Deutschland, es gibt jedoch Beiträge, die sich mit der Kritischen Rechtsvergleichung identifizieren oder zumindest auseinandersetzen.[65] Auch in Deutschland ist der Funktionalismus nur eines von vielen Zielen kritischer Dekonstruktion.[66] Wenn die

---

[61] *C. Starck*, Rechtsvergleichung im öffentlichen Recht, JZ 1997, S. 1021 (1027 mit Fn. 87); ebd. mit Fn. 90, meint *ders.* auch, tertium comparationis für die Rechtsvergleichung seien die rechtstatsächlichen Kategorien der Soziologie. So auch bereits *U. Drobnig*, Rechtsvergleichung und Rechtssoziologie, RabelsZ 18 (1953), S. 295 (305): „Die rechtstatsächlichen Kategorien der Soziologie geben der Rechtsvergleichung erst das für alle Vergleichung erforderliche tertium comparationis".

[62] So der Begriff bei *C. Schönberger*, Verfassungsvergleichung heute, VRÜ 2010, S. 6 (24).

[63] So wird auch der Funktionalismus häufig als „kontextualistisch" bezeichnet, s. *Sommermann* (Fn. 60), S. 1023; zuvor bereits *Ancel* (Fn. 2), Comparabilité et méthode fonctionnelle, S. 4: „[La méthode fonctionnelle] permet d'atteindre, au-delà de la règle et de l'institution, envisagées formellement, le système [...] dans son esprit et dans ce qu'on a justement appelé sa ,mentalité'" („[Die funktionelle Methode] lässt es zu, zum System, über die formell betrachtete Regel und Institution hinaus, in [...] seinem Geist und in dem, was man zu Recht seine ,Mentalität' genannt hat, zu gelangen").

[64] Mittlerweile klassisch *J.-F. Lyotard*, La condition postmoderne, 1979; für die Rechtsvergleichung s. *G. Frankenberg*, Critical Comparisons: Re-thinking Comparative Law, Harvard International Law Journal 26 (1985), S. 411 ff. Meine Darstellung geht davon aus, dass postmoderne und kritische Vergleichung unabhängig von Selbstzuschreibungen zusammen betrachtet werden müssen, um sie voll erfassen zu können.

[65] Wenn einige auch zu Recht feststellen, dass methodologische Beiträge zur Verfassungsvergleichung immer noch nur „vereinzelt" veröffentlicht würden; die zivilrechtliche Komparatistik sei hier weiter, s. *Cuvelier/Huet/Janssen-Bennynck* (Fn. 10), S. 1577.

[66] So ist die Kritische Rechtsvergleichung auch bereits für den oben unter → § 7 dargestellten Diskurs sehr wichtig. Zur Dekonstruktion mittels Kritik s. weiterführend *P. Carozza*, Continuity and Rupture in 'New Approaches to Comparative Law', Utah Law Review 2 (1997), S. 657 (661).

Kritische Rechtsvergleichung als Teil des Diskurses um den Funktionalismus dargestellt wird, liegt das darin begründet, dass mit der Kritik am Funktionalismus exemplarisch verschiedene Perspektiven der Kritischen Rechtsvergleichung veranschaulicht werden können (1). Trotz dieser Kritik scheint der Funktionalismus nach wie vor einige Anziehungskraft zu entfalten, wenn nun auch häufig eher als „Ausgangspunkt"[67] denn als methodisches Grundprinzip (2).

1. Wider die ‚Ähnlichkeitsideologie' – der Funktionalismus in der Kritik

> La comparaison des droits sera *culturelle* ou elle ne sera pas.[68]

„Rechtsvergleichung", also auch Verfassungsrechtsvergleichung, „die nicht kulturell ist, ist gar keine." Mit diesem markigen Diktum bringt *Pierre Legrand* eine weit verbreitete Stimmung auf den Punkt. Der „lange Sommer der Theorie"[69] der ausgehenden 1960er-Jahre zieht an der Verfassungsvergleichung zwar zeitlich verzögert, nicht aber spurlos vorüber. Ende der 1990er-Jahre bricht für die Verfassungsvergleichung eine Art „Spätsommer der Theorie" an, der bis heute andauert.[70] Die Initialzündung liegt in den Vereinigten Staaten von Amerika. Dort entsteht in den ausgehenden 1970er-Jahren eine politisch dezidiert linke Strömung in der rechtswissenschaftlichen Forschung, die Critical Legal Studies.[71] Ihre Befürworter lehnen sich oft explizit an den Legal Realism an, der die US-amerikanische rechtswissenschaftliche Forschung der 1930er-Jahre entscheidend geprägt hat.[72] Wie die

---

[67] *Zweigert/Kötz* (Fn. 2), S. 43.
[68] P. *Legrand*, Le droit comparé, 1999, S. 119 (Hervorhebung im Original gesperrt).
[69] So der sprechende Titel des Buchs von P. *Felsch*, Der lange Sommer der Theorie, 2015, der als *Foucault'sche* „Ideenreportage" (S. 20) die Theorieversessenheit der „Bundesrepublik Adorno" (S. 26) ab den 1960er-Jahren nachzeichnet. Der (West-)Berliner Merve-Verlag, der zeitweise vor allem französische Theorie auflegte, dient dabei als bestimmender Rezeptionszusammenhang.
[70] S. etwa das 2016 erschienene Sonderheft der VRÜ mit dem Titel „Theorizing Comparative Constitutional Law: New Approaches in German-Speaking Scholarship", VRÜ 2016, S. 251 ff. Für die US-amerikanische Diskussion, auf die in diesem Diskurs rege zurückgegriffen wird, s. das Sonderheft im American Journal for Comparative Law 65 (2017), das den folgenden Untertitel trägt: „Pierre Legrand's Critique in Discussion".
[71] In den Worten von *D. Kennedy*, Critical Labor Law Theory: A Comment, Industrial Relations Law Journal 4 (1981), S. 503 (506), bedeutet das Aufkommen der Critical Legal Studies „the emergence of a new left intelligentsia committed at once to theory and to practice, and creating a radical left world view in an area where once there were only variations on the theme of legitimation of the status quo".
[72] Dies wird teilweise bereits an den Titeln der Aufsätze deutlich. S. etwa *[D. Livings-*

Realists kritisiert auch die neue Bewegung den Formalismus in der Rechtswissenschaft. Rechtliche Regeln seien oft unbestimmt und determinierten richterliche Entscheidungen daher nur unzureichend. Die Ansicht, dass dogmatische Lösungen der Gerichte allein durch die Auslegung des Rechts vorhersagbar seien, sei daher abzulehnen. In dem pragmatischen Anliegen, Praktikern des Rechts durch eine realistischere Konzeption der Rechtsprechung zu helfen, unterscheiden sich die Legal Realists der 1930er-Jahre jedoch grundlegend von den Crits der 1970er-Jahre. Denn diese sind geprägt von der Bürgerrechtsbewegung der 1960er, der Frauenbewegung und den Antikriegsprotesten, die durch den bis 1975 geführten Vietnamkrieg befeuert werden. Aus der Unzufriedenheit mit der US-amerikanischen Politik, die in linken akademischen Kreisen weit verbreitet ist, entstehen die Critical Legal Studies. Deren Ansatz beinhaltet eine fundamentale Rechtskritik und betont die ideologische und legitimierende Rolle des Rechts, während seine regulierende Kraft oft in den Hintergrund rückt.[73]

Erst Mitte der 1980er-Jahre trifft die Critical-Legal-Studies-Bewegung in den Vereinigten Staaten zum ersten Mal auf die Rechtsvergleichung, als *Günter Frankenberg* in einem Aufsatz das kritische Potential dieser Strömung auslotet.[74] Zunächst trifft dieser innovative Versuch jedoch auf „freundliche Indifferenz".[75] Das ist erstaunlich, wird das Unterfangen der Critical Legal Studies hier doch zum ersten Mal auf die Rechtsvergleichung angewendet.[76]

---

tone], Round and Round the Bramble Bush: From Legal Realism to Critical Legal Scholarship, Harvard Law Review 95 (1982), S. 1669 ff., die sich auf *K. N. Llwellyn*, The Bramble Bush, 1930, bezieht.

[73] *A. Hunt*, The Theory of Critical Legal Studies, Oxford Journal of Legal Studies 6 (1986), S. 1 (44).

[74] *Frankenberg* (Fn. 64). S. auch *ders.*, Autorität und Integration, 2003, S. 299 ff., mit der Kapitelüberschrift „Kritische Vergleiche". Zum Hintergrund s. auch *M. Bönnemann/L. Jung*, Critical Legal Studies and Comparative Constitutional Law, in: R. Wolfrum/F. Lachenmann/R. Grote (Hrsg.), Max Planck Encyclopedia of Comparative Constitutional Law, 2017, verfügbar unter <http://oxcon.ouplaw.com/view/10.1093/law-mpeccol/law-mpeccol-e670> (zuletzt abgerufen am 15.3.2022).

[75] So rückblickend *U. Mattei*, Comparative Law and Critical Legal Studies, in: M. Reimann/R. Zimmermann (Hrsg.), The Oxford Handbook of Comparative Law, 2006, S. 817 (818): „article, which the discipline's mainstream happily (and unfortunately) ignored" („Artikel, den der Mainstream der Disziplin (leider) gerne ignorierte"); zur Rezeption weiterführend auch *P. Zumbansen*, Comparative Law's Coming of Age? Twenty Years after Critical Comparisons, German Law Journal 6 (2005), S. 1073 ff.

[76] Vielleicht rührt die Gleichgültigkeit daher, dass der Artikel sowohl zu spät als auch zu früh erscheint: Zu spät, weil die Critical Legal Studies Mitte der 1980er-Jahre keine neue Bewegung mehr sind, ja, allmählich etabliert sind und neue Beiträge in ihrer Tradition Alltag geworden sind; zu früh, weil sich die Kritik der Bewegung noch immer zumeist auf die nationale, also die US-amerikanische, Rechtsordnung bezieht, s. *Mattei* (Fn. 75), S. 819.

II. Kritische Rechtsvergleichung und Kontext

Erst mehr als ein Jahrzehnt später findet die „Indifferenz"[77] ihr Ende. 1996 veranstaltet der Utah Law Review ein Symposium, das sich mit „Neuen Ansätzen in der Rechtsvergleichung" beschäftigt.[78] Die dort versammelten Wissenschaftlerinnen grenzen sich von der Konzentration der traditionellen US-amerikanischen Rechtsvergleichung auf das west- und mitteleuropäische Privatrecht ab. Diskussionsrunden etwa zur ‚Rechtsvergleichung als kritischer Selbstreflexion' stehen in krassem Gegensatz zum jährlichen Treffen der Amerikanischen Gesellschaft für Rechtsvergleichung, die sich 1997 etwa mit der ‚Kodifikation im 21. Jahrhundert' beschäftigt.[79] Bald erscheinen jedoch auch in lange etablierten Zeitschriften Beiträge, die der Kritischen Rechtsvergleichung zuzuordnen sind.[80]

Auch in Frankreich und Deutschland werden nun ‚Kritische Vergleiche' gezogen, wenn die Resonanz auch lange eher spärlich bleibt.[81] Während in Frankreich der Fokus häufig ganz allgemein auf den epistemologischen Prämissen des Vergleichs liegt,[82] wendet sich der Diskurs in Deutschland besonders der Gefahr ethnozentrischer Vergleichung zu.[83] Die Mehrzahl der französischen und deutschen Beiträge, die sich der Fragestellungen der kritischen Verfassungsvergleichung annehmen, begreifen diese als produktive Irritation – wahren aber dennoch eine gewisse kritische Distanz.[84]

---

[77] *Mattei* (Fn. 75), S. 818.

[78] S. die Beiträge im Utah Law Review 2 (1997) zu den ‚New Approaches to Comparative Law'.

[79] *N. V. Demleitner*, Challenge, Opportunity and Risk: An Era of Change in Comparative Law, The American Journal of Comparative Law 46 (1998), S. 647 (650).

[80] Dies belegt das Ende der Indifferenz umso mehr, denn bald nach der Konferenz in Utah auch im American Journal of Comparative Law, der seit 1949 erscheinenden Zeitschrift der amerikanischen Gesellschaft für Rechtsvergleichung, Beiträge in der Tradition der kritischen Strömung erscheinen. S. etwa *V. Grosswald Curran*, Cultural Immersion, Difference and Categories in U.S. Comparative Law, American Journal of Comparative Law 46 (1998), S. 43 ff.

[81] Insbesondere der bereits oben zitierte Frankokanadier *P. Legrand* publiziert sowohl in englischer als auch in französischer Sprache, s. etwa *ders.* (Fn. 68), einerseits; *ders.*, Against a European Civil Code, Modern Law Review 60 (1997), S. 44 ff., andererseits.

[82] So verweist *Ponthoreau* (Fn. 10), Le droit comparé en question(s), S. 23 f., darauf, wie wichtig Perspektivwechsel seien, auch was die Tiefe der Untersuchung angehe; s. auch *M.-L. Mathieu-Izorche*, Approches épistémologiques de la comparaison des droits, in: P. Legrand (Hrsg.), Comparer les droits, résolument, 2009, S. 123 ff.

[83] S. nur das bereits erwähnte (→ Fn. 70) Sonderheft der VRÜ mit dem Titel „Theorizing Comparative Constitutional Law: New Approaches in German-Speaking Scholarship", VRÜ 2016, S. 251 ff.

[84] *Ponthoreau* (Fn. 10), Le droit comparé en question(s); *Schönberger* (Fn. 62); *E. Zoller*, Qu'est-ce que faire du droit constitutionnel comparé?, Droits 32 (2000), S. 121 ff.; anders aber etwa *Frankenberg* (Fn. 74), Autorität und Integration; *J. Schacherreiter*, Postcolonial Theory and Comparative Law, VRÜ 2016, S. 291 ff. Krit. dagegen *D. Richers*, Postmoderne Theorie in der Rechtsvergleichung?, ZaöRV 67 (2007), S. 509 ff.

Mit der Kritischen Rechtsvergleichung gehen Kultur und Kritik eine enge diskursive Bindung ein.[85] Die Rückbesinnung auf das theoretische Fundament der Verfassungsvergleichung ist dabei zentral. Das Postulat, die Vergleichung etwa mit den Mitteln der Literaturkritik und der postkolonialen Theorie zu „kolonialisieren",[86] ist nicht nur gezielte Provokation, sondern auch ein Plädoyer für Interdisziplinarität und den intradisziplinären Austausch mit der Rechtstheorie. Die Kritik will die Verfassungsvergleichung von der pragmatischen Operationalisierung in Rechtskreise und Funktionalismus abbringen. Im Zentrum steht die Reflexion über die Prämissen des Vergleichs. Meist ist die Kritik nicht darauf angelegt, konkrete Gegenvorschläge zu formulieren, sondern gibt mit ihrer Dekonstruktion Denkanstöße und betont die Unvollkommenheit des Vergleichs.

Wenn es heißt, „[d]as Schlagwort ‚Kultur' wurde vor Kurzem gebraucht, um Unzufriedenheit mit dem Funktionalismus auszudrücken"[87], so wird damit eine zentrale Kritik an der funktionellen Methode angedeutet. Die funktionelle Methode klammere aus, was auch immer zwischen den Tatsachen und den rechtlichen Konsequenzen liege; dies aber bevorzuge einseitig einen regelbasierten Ansatz des Rechts, der das große Ganze – die Rechtskultur – verschleiere.[88]

Es entsteht eine – freilich zunächst kleine und stets wenig homogene – Bewegung, die Komparatistik und Kritik symbiotisch vereinen will. Zum einen ist die bisherige Vergleichung Gegenstand kritischer Auseinandersetzungen. Zum anderen soll die „neue" Rechtsvergleichung selbst zum Mittel der Kritik werden.[89] Neben der methodologischen sind insbesondere episte-

---

[85] „Kultur" ist freilich kein neuer Topos in der Rechts- und Verfassungsvergleichung, bereits vor der kritischen Strömung wurde er fruchtbar gemacht, s. etwa *P. Häberle*, Verfassungslehre als Kulturwissenschaft, 1982. Allerdings erfuhr der Topos ab Mitte der 1980er-Jahre eine alles Vorherige übertreffende Blütezeit. Dieses Phänomen lässt zunächst in der englischsprachigen Rechtsvergleichung beobachten, s. *Frankenberg* (Fn. 64), S. 411; *M. Van Hoeckel/M. Warrington*, Legal Cultures, Legal Paradigms and Legal Doctrine: Towards a New Model for Comparative Law, International and Comparative Law Quarterly 47 (1998), S. 495 (498). Für die Zivilrechtsvergleichung s. etwa *Legrand* (Fn. 81), S. 48 mit Fn. 30; etwas später lässt sich die Konjunktur der Kultur dann auch in der französisch- und deutschsprachigen Verfassungsvergleichung beobachten, etwa bei *Zoller* (Fn. 84), S. 132; *S. Baer*, Verfassungsvergleich und reflexive Methode: Interkulturelle und intersubjektive Kompetenz, ZaöRV 64 (2004), S. 735 (736).
[86] *Carozza* (Fn. 66), S. 661 f.
[87] *Graziadei* (Fn. 6), S. 100 (126).
[88] *Graziadei* (Fn. 6), S. 100 (110).
[89] S. etwa *Ponthoreau* (Fn. 10), L'argument, S. 538, die sich selbst zwischen Kritischer Rechtsvergleichung und traditionellen Ansätzen einordnet, s. a. a. O., S. 539 mit Fn. 6, wo sie ihren Beitrag als „proposition de réconciliation" („Vermittlungsvorschlag") bezeichnet „Il appartient en effet au comparatiste d'élever le sens critique au rang des principes cardinaux de l'activité comparative" („Es ist nämlich Sache des Komparatisten, den kritischen Geist auf den Rang der Hauptprinzipien der vergleichenden Tätigkeit zu erheben").

mologische und ideologische Dimensionen zu nennen. Bei den drei Hauptargumenten sind diese Stoßrichtungen der Kritik stets miteinander verschränkt. Der Funktionalismus betone – wie die bisherige Rechtsvergleichung allgemein – einseitig Gemeinsamkeiten und vernachlässige die Bedeutung von Unterschieden (a). Außerdem verkenne er, dass das für funktionalistische Herangehensweisen zentrale tertium comparationis nur scheinbar neutral sei und tatsächlich von der spezifischen Perspektive der Komparatistin geprägt sei (b). Die Auswahl der Vergleichsländer sei – auch bei funktionalistischen Herangehensweisen – zudem oft von ethnozentrischen Annahmen geprägt. Dies sei nicht nur ein methodisches Problem, sondern auch auf epistemischer Ebene problematisch (c). An der Funktionalismus-Kritik zeigt sich also die schon weit früher formulierte Einsicht eindrücklich, dass die Methode nie nur Technik, sondern stets auch Machtfaktor ist.[90]

a) Die Betonung von Unterschieden statt von Gemeinsamkeiten

Der kritischen Strömung in der Rechts- und Verfassungsvergleichung wird oft vorgeworfen, sie lenke die Aufmerksamkeit zu sehr auf Unterschiede und verkenne dabei, dass Gemeinsamkeiten ebenso wichtig seien.[91] Die angesprochenen kritischen Stimmen betonen dagegen, dass sie Unterschiede zwischen verschiedenen Verfassungskulturen nicht um ihrer selbst willen hervorheben würden.[92] Vielmehr sei es die bisherige Vergleichung und vor allem der Funktionalismus mit seiner Praesumptio similitudinis,[93] der die Bedeutung von Unterschieden verkannt habe. Überall Ähnlichkeiten zu entdecken, bedeute, die Identität der unterschiedlichen Verfassungskulturen nicht ernst zu nehmen; das aber komme letztlich einer Camouflage gleich.[94] Eine vor-

---

[90] Mittlerweile klassisch *D. Grimm*, Methode als Machtfaktor, in: ders., Recht und Staat in der bürgerlichen Gesellschaft, 1987, S. 347 ff.
[91] So etwa *A. Peters/H. Schwenke*, Comparative Law Beyond Post-Modernism, International and Comparative Law Quarterly 49 (2000), S. 800 (801 f.).
[92] *Grosswald Curran* (Fn. 80), S. 83: „My vision of comparative law [...] does not amount to a focus on difference for the sake of difference". *P. Legrand*, Comparer, RIDC 1996, S. 279 ff., rückt dagegen die Unterschiede stark in den Vordergrund – allerdings in Bezug auf die Privatrechtsvergleichung.
[93] S. aus der Privatrechtsvergleichung etwa *Zweigert* (Fn. 58), „Praesumptio Similitudinis". *Schönberger* (Fn. 62), S. 24, weist jedoch darauf hin, dass Ähnlichkeitspostulate auch von Anhängern eines gemeineuropäischen Verfassungsrechts geteilt würden und auch *P. Häberles* Konzept der Textstufenanalyse (→ § 9 I) ihnen in vielem verpflichtet sei. Ebenfalls kritisch gegenüber jeglicher Vermutung der Ähnlichkeit *J. Bell*, La comparaison en droit public, in: Société de législation comparée (Hrsg.), Mélanges en l'honneur de Denis Tallon, 1999, S. 33 (41); *M. Van Hoecke*, Deep Level Comparative Law, in: ders. (Hrsg.), Epistemology and Methodology of Comparative Law, 2004, S. 165 (170).
[94] Diese Erkenntnis wurde in der Anthropologie schon früher treffend von *C. Geertz*, Local Knowledge: Fact and Law in Comparative Perspective, in: *ders.*, Local Knowledge:

schnelle Ähnlichkeitsvermutung führe auch zu Marginalisierung und Ausschließungsmechanismen, gerade gegenüber kleineren Verfassungskulturen.

Doch auch wenn man die ideologischen Aspekte der methodischen Entscheidung beiseitelasse – es sei voraussetzungsreich, von einer Ähnlichkeitsvermutung auszugehen. Sie nehme an, Rechts- und damit auch Verfassungskulturen seien homogen;[95] dadurch werde verkannt, wie groß die Bedeutung von Unterschieden innerhalb einer Verfassungskultur sei und dass es auch Subkulturen gebe.[96] Denn, wie selbstkritische Stimmen aus den Reihen der Kritikerinnen zu bedenken geben, laufe die Betonung von Unterschieden auch Gefahr, das „Andere", das „Fremde", das „Unterschiedliche" zurückzuweisen.[97] Man müsse daher das emanzipatorische Potential der Verfassungsvergleichung umsetzen.[98]

Im französischen wie im deutschen Diskurs wird die Dichotomie zwischen Ähnlichkeit und Unterschiedlichkeit kritisiert. Man könne sowohl aus integrierten vergleichenden Studien lernen, die den Ähnlichkeiten verpflichtet seien, wie auch aus Ansätzen, die sich der Würdigung der Unterschiede verschrieben hätten.[99] Die Frage sei aber, ob es in der Vergleichung wirklich darum gehe, einen „Idealtyp" zu finden, oder ob die Möglichkeit einer Alternative den epistemologischen Horizont nicht erweitere.[100] Ähnlichkeits- wie Differenzideologie verwiesen auf das „Dilemma des Vergleichens".[101] Während sich die Ähnlichkeitsideologie der Fremd- und Eigenheit des anderen Rechts nicht wirklich aussetze, mache die Differenzideologie jede Vergleichung von vornherein unmöglich, die sich nicht auf die Feststellung unüberbrückbarer Unterschiedlichkeit beschränke.

Further Essays in Interpretive Anthropology, 1983, S. 186, formuliert: „we are faced with defining ourselves neither by distancing others as counterpoles nor by drawing them close as facsimiles but by locating ourselves among them".

[95] *Grosswald Curran* (Fn. 80), S. 44.

[96] *Grosswald Curran* (Fn. 80), S. 91.

[97] Die Kontingenz der Fremdheit betont *O. Pfersmann*, Le droit comparé comme interprétation et comme théorie du droit, RIDC 2001, S. 275 (280 f.); *Grosswald Curran* (Fn. 80), S. 84 f.

[98] *Grosswald Curran* (Fn. 80), S. 44, betont, der Disziplin sei es zwar stets darum gegangen, das „andere" zu erklären und für Erkenntnisse fruchtbar zu machen. Trotzdem gebe es keinen Dialog mit Disziplinen, die sich marginalisierten Gruppen widmeten, wie etwa den Critical Race Studies.

[99] *Ponthoreau* (Fn. 10), Le droit comparé en question(s), S. 16 f.

[100] *Ponthoreau* (Fn. 10), Le droit comparé en question(s), S. 17; *G. Samuel*, Epistemology and Methodology of Comparative Law: Contributions from the Sciences and Social Sciences, in: M. Van Hoecke (Hrsg.), Epistemology and Methodology of Comparative Law, 2004, S. 35 (75).

[101] *Schönberger* (Fn. 62), S. 24.

Der Funktionalismus habe – so der Vorwurf der kritischen Rechtsvergleichung – die Vergleichbarkeit zweier Verfassungen vorschnell bejaht. Er sei geradezu darauf angelegt, Unterschiede an den Rand zu drängen und Gemeinsamkeiten hervorzuheben. Eine funktionelle Analyse könne gar einen „Imperialismus des immer Gleichen" hervorrufen.[102] Damit sind zwei wichtige Argumentationslinien angesprochen. Eine ist methodischer Natur, die andere betrifft die politischen Implikationen der Vergleichung: Oft werde verkannt, dass bereits die Bedeutung einer bestimmten Frage von Verfassungskultur zu Verfassungskultur changieren könne.[103] Gerade bei unterdeterminierten, mehrdeutigen Begriffen stoße der Funktionalismus an seine Grenzen.[104] Diese Argumentationslinie betreffe das Verfassungsrecht, das stets mit solchen Begriffen operiere, in besonderem Maße. Andererseits seien auch die politischen Implikationen einer Ähnlichkeitsvermutung nicht zu unterschätzen.[105] Die Rechtsvergleichung dürfe nicht zur Annehmlichkeit der Mächtigen werden, indem wichtige Unterschiede eingeebnet würden.[106]

Bei all der Kritik fällt auf, dass sie oft gegen die praesumptio similitudinis gerichtet ist und nicht gegen andere Elemente des Funktionalismus. Diese Ähnlichkeitsvermutung ist zwar traditionell ein wichtiger Bestandteil der funktionalistischen Methode.[107] Die Grundidee des Funktionalismus kommt aber auch ohne diesen Bestandteil aus.[108] Die Kritik am Funktionalismus verbleibt häufig in der Dichotomie zwischen Ähnlichkeit und Differenz. Außerdem zieht sie oft nicht etwa zeitgenössische funktionalistische Beiträge, sondern ältere heran, die weniger sensibel für vorschnelle Universalisierungen des Eigenen sind. Das führt zu dem Eindruck, der Funktionalismus werde lediglich in einer schwachen Form seiner selbst der Kritik ausgesetzt. Die Kritik jedoch läuft auf diese Weise Gefahr, einen Strohmann zum Ziel der Dekonstruktion zu machen, statt sich an den Funktionalismus in seiner besten Form heranzuwagen.[109]

---

[102] *U. Baxi*, The Colonialist Heritage of Comparative Law, in: P. Legrand/R. Munday (Hrsg.), Comparative Legal Studies: Traditions and Transitions, 2003, S. 46 (75). Zur Kritik am Ethnozentrismus, der hier mitschwingt, s. auch sogleich → § 8 II 1 c).
[103] *Grosswald Curran* (Fn. 80), S. 91; *Graziadei* (Fn. 6), S. 127.
[104] *Graziadei* (Fn. 6), S. 127.
[105] *Baxi* (Fn. 102), S. 53; *Grosswald Curran* (Fn. 80), S. 67 ff.
[106] *Baxi* (Fn. 102), S. 53.
[107] S. bereits oben → 8 I 3, nach → Fn. 56.
[108] So warnt auch *H. Kötz*, The Trento Project and its Contribution to the Europeanization of Private Law, in: M. Bussani/U. Mattei (Hrsg.), Making European Law, 2000, S. 115 (121), zur Vorsicht bei der praesumptio similitudinis. S. auch sogleich → § 8 II 2.
[109] S. dazu sogleich → § 8 II 2, nach → Fn. 167.

b) Die Bedeutung der Perspektiven

Die spezifische Perspektive des Komparatisten prägt die Vergleichung. Diese Erkenntnis mag trivial sein, und doch sei sie in der Verfassungsvergleichung – so die Kritische Rechtsvergleichung – nicht selbstverständlich. Allzu oft fehle nämlich ein Bewusstsein dafür, dass unterschiedliche Perspektiven den Vergleich in vielerlei Hinsicht leiten.[110]

Methodisch könne ein fehlendes Bewusstsein der eigenen Perspektive dazu führen, altbekannte Kriterien aus der eigenen Verfassungskultur allzu unbedarft anzuwenden.[111] Das Problem der Perspektive sei nicht einfach durch die Wahl eines – scheinbar – neutralen tertium comparationis aus der Welt zu schaffen.[112] Unbewusste Vorannahmen bestimmten allzu oft das Vergleichskriterium, ohne dass sich die Komparatistin dessen bewusst sei.[113] In der Vergleichung fehle es dann oft an der Einsicht, dass es Kategorisierungen gebe, die das je eigene Rechts- und Verfassungssystem untermauerten. Dieses Fundament sei für die Rechtswissenschaftler, die in diesem System juristisch sozialisiert wurden, so selbstverständlich, dass sie sich seiner prägenden Kraft häufig nicht bewusst seien.[114] Dennoch bestimme es die Art und Weise, wie Konzepte formuliert werden, da jeder Kategorisierung auch ein vergleichendes Element innewohne, denn kategorisiert werde durch Abgrenzung und Annäherung an benachbarte Sachverhalte.[115]

Die eigenen Kriterien zu verabsolutieren und zu verkennen, dass die eigene Perspektive vorgeprägt ist, stelle nicht nur einen methodischen Fehler dar. Auch auf der epistemologischen Ebene, die danach frage, was wir wissen können und wie unser Wissen konstituiert wird, erweise sich die Abhängigkeit von der eigenen Perspektive als problematisch. Dieser Aspekt wird im

---

[110] So für die Verfassungsvergleichung schon früh *Brietzke* (Fn. 9), S. 5; *Ponthoreau* (Fn. 10), Le droit comparé en question(s), S. 12 f. Für die Rechtsvergleichung pointiert *Frankenberg* (Fn. 64), S. 411, der sich einem kritischen Ansatz verschreibt, der „Probleme der Perspektive als zentrales Element des Diskurses in der Rechtsvergleichung anerkennt".

[111] Mit dieser Problemlage sehen sich auch andere Disziplinen konfrontiert, s. für die (Rechts-)Ethnologie *L. Nader*, Harmony Ideology, 1990, S. 317: „scientific observers are [frequently] caught by the thought systems of their own cultures and the way that different disciplinary lenses in legal studies screen out data".

[112] *Frankenberg* (Fn. 64), weist daraufhin, dass das eigentliche Problem gerade darin bestünde, wie ‚gute', nichtethnozentrische Abstraktionen zu produzieren seien.

[113] *P. Legrand*, Sur l'analyse différentielle des juriscultures, RIDC 1999, S. 1053 (1055); *Grosswald Curran* (Fn. 80), S. 45.

[114] *Zoller* (Fn. 84), S. 124, führt diesen Gedanken anhand der Schwierigkeit fortgeschrittener US-amerikanischer Studierenden aus, ein Verfassungsrecht zu begreifen, das – wie das französische – kein Richterrecht sei.

[115] *Grosswald Curran* (Fn. 80), S. 45.

II. Kritische Rechtsvergleichung und Kontext

französischen Diskurs besonders betont.[116] Die Prägung durch die eigene Perspektive habe Einfluss darauf, wie der Komparatist Wissen bewerte. Neues bringe dabei allzu oft nur Altes wieder zum Vorschein.[117] Die Forderung der kritischen Rechtsvergleichung geht freilich nicht dahin, ohne Perspektive zu vergleichen; das wäre auch unmöglich. Ziel ist es aber, ein Bewusstsein zu schaffen, dass Neutralität nicht einfach durch die Wahl eines Vergleichskriteriums oder einer Vergleichskategorie geschaffen werden könne. Denn oft entspringe ebendiese Kategorie der eigenen Rechtskultur.[118]

Es könne unbewusst geschehen, eine Perspektive zu verabsolutieren; das sei aber – wie kritische Stimmen zu Recht betonen – nicht immer der Fall. Verfassungsvergleichung sei auch politisch kein neutrales Unterfangen.[119]

---

[116] S. nur den sprechenden Titel von *Ponthoreau* (Fn. 10), Le droit comparé en question(s), aber auch *Zoller* (Fn. 84), S. 133: „Cette nouvelle approche du droit comparé est inséparable d'une nouvelle philosophie de la connaissance" („Dieser neue Ansatz der Rechtsvergleichung ist untrennbar verbunden mit einer neuen Philosophie des Wissens"); *Pfersmann* (Fn. 97), S. 275: „[Le droit comparé] s'appuie toujours sur la plus faible des épistémologies" („[Die Rechtsvergleichung] stützt sich immer noch auf die schwächste aller Epistemologien").

[117] Grundlegend *Frankenberg* (Fn. 64), S. 416; für *Ponthoreau* (Fn. 10), Le droit comparé en question(s), S. 11 f. mit Fn. 17, stellt die Frage, wie man neues Wissen mit altem ins Verhältnis setzt, eine der wesentlichen Fragen für den Komparatisten dar. Die Antwort, die *Frankenberg* (Fn. 64), gebe, schreibe sich perfekt in die Erkenntnisse der juristischen Hermeneutik ein, wie sie etwa von *H.-G. Gadamer* gegeben würden. Dessen Arbeiten zum „Vorverständnis" korrespondierten mit dem Problem bei der Vergleichung, dass das Verstehen eines anderen Rechts sich sehr wahrscheinlich am bereits Bekannten orientiere; *Zoller* (Fn. 84), S. 123 mit Fn. 2, verweist ebenfalls auf *Frankenberg* und betont, man dürfe nicht von den eigenen Institutionen und Vorurteilen ausgehen, um das Universelle zu suchen.

[118] Mit *Legrand* (Fn. 113), S. 1058: „[C]e qui est, pour le comparatiste, n'existe qu'à la mesure de la signification, en fait culturellement déterminée, que cela prend pour lui" („[Das], was für den Komparatisten ist, existiert nur nach Maßgabe der Bedeutung, die eigentlich kulturell determiniert ist, die dies für ihn hat").

[119] So schreibt *Legrand* (Fn. 113), S. 1061: „Tout acte de comparaison constitue une critique idéologique d'un droit" („Jede Vergleichshandlung stellt eine ideologische Kritik eines Rechts dar"); auch *Pfersmann* (Fn. 97), S. 287, weist auf die Gefahr des „ideologischen Missbrauchs" („abus idéologique") des (falsch verstandenen) Rechtsvergleichs hin; *D. Kennedy*, New Approaches to Comparative Law: Comparativism and International Governance, Utah Law Review 2 (1997), S. 545 (636), betont, die Vergleichung könne hegemonialen Bestrebungen dienen. Noch 2003 beklagt er, der politisch-ideologische Aspekt der Vergleichung werde noch immer weitgehend ignoriert, *ders.*, The Methods and the Politics of Comparative Law, in: P. Legrand/R. Munday (Hrsg.), Comparative Legal Studies: Traditions and Transitions, 2003; *G. Frankenberg*, Stranger than Paradise: Identity & Politics in Comparative Law, Utah Law Review 2 (1997), S. 259 (260), argumentiert, gerade beim sog. constitution building, wo oft nordamerikanische oder nordwesteuropäische Verfassungsexperten beratend tätig seien, gehe es häufig ebenso sehr um marktliberale Wirtschaftsordnungen wie um Individualrechte der Bürgerinnen und Bürger.

Ohne Bewusstsein für die eigenen Perspektiven sei Vergleichbarkeit jedenfalls eher Parole denn Realität.

c) Kritik des Ethnozentrismus

Der Vorwurf des Ethnozentrismus schwingt schon in den ersten beiden Fragestellungen mit. Als Ethnozentrismus gilt die Haltung, die eigene (Verfassungs-)Kultur an die erste Stelle der eigenen normativen Skala zu stellen und ihre Standards universell anwenden zu wollen.[120] Probleme, sich seiner Perspektive bewusst zu sein und Unterschiede, feine Differenzierungen zu verkennen, sind unterschwellig oft Probleme, sich seiner „westlichen" Perspektive bewusst zu sein und Unterschiede zu „nichtwestlichen" Kulturen zu verkennen.[121]

Welche Risiken birgt eine ethnozentrische Komparatistik? Die Gefahr des Ethnozentrismus bestehe insbesondere dann, wenn der Vergleich nur Spiegel für die Selbstreflexion des Westens sei.[122] Beim Vergleich von Verfassungen könne sich Ethnozentrismus unterschiedlich auswirken. Selbstverständlich könne es gute Gründe geben, „westliche" Rechtsordnungen wie die Frankreichs, Deutschlands und der Vereinigten Staaten für Vergleiche heranzuziehen. Aus Europazentriertheit werde aber Eurozentrismus, wenn dies zur Selbstverständlichkeit werde, die keiner weiteren Begründung bedürfe.[123] Eine größere geographische Differenzierung wurde zwar schon seit langem angemahnt.[124] Aus Sicht der Kritischen Rechtsvergleichung ist aber zu differenzieren zwischen den verschiedenen Umständen, unter denen man sich für bestimmte Vergleichsländer entscheidet. Das wachsende Interesse an nichteuropäischen Gesellschaften für die Verfassungsvergleichung gehe weiterhin mit der Annahme ihrer Minderwertigkeit einher, wenn diese auch

---

[120] *Frankenberg* (Fn. 64), S. 422; *Schacherreiter* (Fn. 84), S. 292.

[121] Kritisch gegenüber der Dichotomie zwischen ‚westlicher' und ‚nichtwestlicher' Welt L. *Abu-Odeh*, Comparatively Speaking, Utah Law Review 2 (1997), S. 287 (289 mit Fn. 4; 292), die im Anschluss an *E. W. Said*, Orientalism, 1978, darauf aufmerksam macht, dass diese Dichotomie zwar Grundlage der Orientalisten wie der Anti-Orientalisten sei, dass der Unterschied aber konstruiert sei.

[122] *N. Demleitner*, Combating Legal Ethnocentrism: Comparative Law Sets Boundaries, Arizona State Law Journal 31 (1999), S. 737 (741 mit Fn. 23). S. auch *U. Narayan*, Dislocating Cultures, 1997, S. 138: „Mirror for Western self-reflection".

[123] Tatsächlich zeigt sich am Diskurs um die Kritische Rechtsvergleichung, dass zum ersten Mal Impulse aus dem „globalen Süden" den Diskurs mitprägen. Dies betrifft nicht in erster Linie die Länderauswahl. Denn beim Diskurs um die Kritische Rechtsvergleichung handelt es sich in Deutschland und Frankreich bisher weitgehend um einen Diskurs auf der Metaebene der Verfassungsvergleichung.

[124] Das gestehen kritische Stimmen wie *Carozza* (Fn. 66), S. 658 f., bereitwillig ein. Für die Situation in Deutschland s. *H. Krüger*, Verfassung und Recht in Übersee, VRÜ 1968, S. 3 (3 ff.).

immer subtiler werde.¹²⁵ Das werde auch dadurch deutlich, dass Gegenstand der Rechtsvergleichung immer noch bevorzugt Westeuropa und die Vereinigten Staaten von Amerika seien, während die Länder Afrikas, des Nahen Ostens und, etwas weniger stark, Asiens dem Gegenstandsbereich der Ethnologie zugeschrieben würden.¹²⁶

Die Kritische Verfassungsvergleichung formuliert oft keine völlig neuen Argumente. Besonders klar erscheint aber die epistemologische Kritik. Der Fundus, aus dem rechts- und verfassungsvergleichendes Wissen generiert wird, sei durch den Ethnozentrismus begrenzt.¹²⁷ Werde etwa die Allgemeine Erklärung der Menschenrechte von 1948 als Maß aller Dinge betrachtet, ohne spätere Erfahrungen und Entwicklungen miteinzubeziehen, verkenne man, dass ein signifikanter Teil der Welt keine Gelegenheit hatte, an der Erklärung mitzuwirken.¹²⁸ Weite Teile Asiens und Afrikas waren 1948 nicht Mitglied der Vereinten Nationen, weil sie europäische Kolonien waren.¹²⁹ Dabei gehe es oft nicht darum, die „westliche" Konzeption im Ganzen zu verwerfen. Im Zentrum stehe die Forderung, dass alle großen Verfassungskulturen Gelegenheit haben müssten, den Menschenrechtskorpus mitzuverhandeln.¹³⁰ Die kulturelle Engstirnigkeit müsse ein Ende haben, und die Menschenrechte dürften nicht als letztgültige Wahrheit, sondern als work in progress verstanden werden.¹³¹

Am Beispiel der Kritik des Ethnozentrismus zeigt sich deutlich, dass vermeintlich neutrale methodologische und epistemologische Prämissen beachtliche politisch-ideologische Konsequenzen nach sich ziehen. So habe eine ethnozentrische Herangehensweise – wie schon die Verabsolutierung der eigenen Perspektive und die systematische Ignoranz gegenüber Unterschieden – immer auch die Marginalisierung der vermeintlichen Peripherie zur Folge.

---

¹²⁵ So etwa *Demleitner* (Fn. 122), S. 742.
¹²⁶ *Demleitner* (Fn. 122), S. 743.
¹²⁷ *Frankenberg* (Fn. 119), S. 293 ff.
¹²⁸ M. W. *Mutua*, The Ideology of Human Rights, Virginia Journal of International Law 36 (1995–1996), S. 589 (605); in der Philosophie wurde dieser Einwand schon früher formuliert, s. aus der Diskussion in Frankreich R. *Panikkar*, La notion des droits de l'Homme est-elle un concept occidental?, Diogène 120 (1982), S. 87 ff.; in die gleiche Richtung gehend auch S. *Goyard-Fabre*, Les droits de l'homme: origines et prospective, JöR n. F. 42 (1994), S. 1 ff.
¹²⁹ *Mutua* (Fn. 128), S. 605.
¹³⁰ *Mutua* (Fn. 128), S. 644.
¹³¹ *Mutua* (Fn. 128), S. 593, 653.

2. Kontext statt Funktion? Funktionalismus als „Ausgangspunkt"

Bei dieser Kritik am Funktionalismus scheint erstaunlich, wie groß seine Anziehungskraft nach wie vor ist; so wird er in einem 2015 erschienenen Werk zwar nicht mehr in *Zweigert/Kötz'scher* Manier als „Grundprinzip", aber immerhin noch als „Ausgangspunkt" methodischer Überlegungen zur Rechtsvergleichung verstanden.[132] Zwei Aspekte können hierfür einen ersten Ansatz der Erklärung liefern. Zum einen ist die Kritische Rechtsvergleichung selbst Gegenstand der Kritik, die ihr vorwirft, sie verliere sich in Kulturrelativismus oder sei reine Fundamentalkritik (a). Zum anderen erweist sich die oft kritisierte Unklarheit des Funktionalismus hier mehr als Segen denn als Fluch. Wenn einzelne Elemente der funktionellen Methode der Rechtsvergleichung, wie etwa die praesumptio similitudinis, in Misskredit geraten, ist eine Variante, die ohne dieses Element auskommt, nicht weit.[133] Neuere Ansätze entwickeln den Funktionalismus in Richtung einer kontextsensibleren Methode fort und versuchen so, der Kritik an älteren Spielarten der funktionellen Methode zu begegnen (b).

a) Kritik an der Kritischen Rechtsvergleichung

Die Critical-Legal-Studies-Bewegung verliert seit den ausgehenden 1980er-Jahren an Einfluss, zumindest was ihre Präsenz an den US-amerikanischen Universitäten betrifft.[134] Diese Beobachtung trifft allerdings im Hinblick auf kritische Beiträge in der Rechts- und Verfassungsvergleichung in den USA, aber auch in Frankreich und Deutschland nicht zu.[135] Die kritischen Ansätze wirken also als Denkschule etwa in der Vergleichung fort; von einer Bewegung wie in den Vereinigten Staaten der 1980er-Jahre kann aber keine Rede mehr sein. Auch in der deutschen Rechts- und Verfassungsvergleichung kann der Diskurs keineswegs als abgeschlossen gelten. Neuere Werke beziehen zu den Positionen der Crits Stellung und setzen sich mit ihren Thesen kritisch auseinander.[136]

---

[132] So *Kischel* (Fn. 10), S. 93 Rn. 3, unter Verweis auf das „Grundlagenwerk" von *Zweigert/Kötz*, für die 1. Aufl. s. oben → Fn. 2.

[133] *P. de Cruz*, Comparative Law in a Changing World, 2. Aufl. 1999, S. 232 f.; *J. Husa*, Farewell to Functionalism or Methodological Tolerance, RabelsZ 67 (2003), S. 419 (440 f.).

[134] Näher *P. Schlag*, Critical Legal Studies, in: S. N. Katz (Hrsg.), The Oxford International Encyclopedia of Legal History, 2009, S. 295 (298).

[135] Dies gilt insbesondere für die mit der Bewegung eng verwandte Critical Race Theory, s. etwa *J. Schacherreiter*, Postcolonial Theory and Comparative Law. On the Methodological and Epistemological Benefits to Comparative Law through Postcolonial Theory, VRÜ 49 (2016), S. 291 ff.

[136] S. sogleich im Haupttext → § 8 II 2 b).

Teile der (verfassungs-)vergleichenden Wissenschaft sehen durch die Kritische Rechtsvergleichung nicht nur das Ende des Funktionalismus, sondern das Ende der Vergleichung überhaupt nahen.[137] Die kritische Komparatistik laufe Gefahr, durch überzogenen Relativismus jeglicher Vergleichung die Grundlage zu entziehen.[138] Befindet sich die Verfassungsvergleichung tatsächlich in einem klassischen Dilemma, das die Kritische Rechtsvergleichung aufgedeckt hat? Begibt man sich entweder auf universalistische Höhenflüge, die zu verfälschten Ergebnissen führen, oder läutet man durch kulturrelativistische Perspektiven gar das Ende der Komparatistik ein, da so die Vergleichung zum unmögliches Unterfangen wird?[139] Das Gros der kritischen Stimmen betont, die Gegenüberstellung von Universalismus und Kulturrelativismus sei eine falsche Dichotomie, wie sie nicht nur die juristische Komparatistik präge.[140] Verfassungsvergleichung sei als dialektische Lernerfahrung zu begreifen, die keinem der beiden genannten Extreme entspreche – weder der Universalisierung kognitiver westlicher Muster noch der skeptischen Annahme, dass Vergleichung unmöglich sei, weil sie vollkommen determiniert sei von spezifischen historischen, kulturellen und sozialen Erfahrungen.[141]

Universalistische Tendenzen in der Verfassungsvergleichung sind aber in der Tat ein Ziel kritischer Dekonstruktion.[142] Oft bestehe die Tendenz, so die Kritische Rechtsvergleichung, westliche Besonderheiten ohne Einbeziehung anderer kultureller Kontexte als „universell" anzusehen.[143] Der Kritischen Verfassungsvergleichung wird im Gegenzug oft ein Kulturrelativismus vorgeworfen, der jeden Vergleich von vornherein ausschließe.[144] Kriterien seien

---

[137] Für die Rechtsvergleichung im Allgemeinen s. etwa den Beitrag von *M. M. Siems*, The End of Comparative Law, Journal of Comparative Law 2 (2007), S. 133 (133), der argumentiert, es gebe gute Gründe für Pessimismus, obwohl er mit dem – im Übrigen zweideutigen – Titel auch bewusst provozieren möchte.

[138] Laut *Schönberger* (Fn. 84), S. 24, handelt es sich „paradoxerweise um eine Theorie der Rechtsvergleichung, die darlegt, warum Vergleichen wissenschaftlich unmöglich ist"; *Richers* (Fn. 84), S. 525 ff.

[139] Eine ähnliche Problembeschreibung wählt *Schönberger* (Fn. 84), S. 24.

[140] *Demleitner* (Fn. 122), S. 755, betont, diese „falsche Dichotomie" („false dichotomy") präge etwa auch den Bereich der Grund- und Menschenrechte.

[141] *Frankenberg* (Fn. 64), S. 415.

[142] Diese reichen weit zurück, s. näher → § 3, finden sich aber auch heute noch in der verbreiteten Ansicht, Rechtskonzepte oder -regeln könnten problemlos exportiert werden, s. näher → § 9 sowie *G. Frankenberg*, Comparative Law as Critique, 2016, S. 103 f.

[143] *Frankenberg* (Fn. 142), S. 98. Dies wurde aber auch schon weit vor der Kritischen Rechtsvergleichung durch die Legal Realists bemerkt, s. etwa *K. N. Llwellyn*, The Bramble Bush, 1930, S. 37: „Nowhere more than in law do you need armor against that type of ethnocentric and chronocentric snobbery – the smugness of your own tribe and your own time: We are the Greeks, all others are barbarians".

[144] Allerdings wird dem Kulturrelativismus auch sein Gutes abgewonnen, so meint

für wissenschaftliche Vergleiche unabdingbar, durch die Kritik des Universalismus scheinen sie aber gleichzeitig unmöglich.[145] So werde Inkommensurabilität zur Regel und die Vergleichung letzten Endes vereitelt.[146] Teilweise wird dem wiederum entgegengehalten, Inkommensurabilität bedeute nicht zwangsläufig Unvergleichbarkeit; es gehe bei der Vergleichung gerade darum, sich im Raum der Divergenz einzurichten und das Inkommensurable als Kontrapunkt zu begreifen.[147] Es sind Vorschläge wie dieser, die zum Vorwurf der Fundamentalkritik führen, die die kritische Verfassungsvergleichung aber durchaus prägen.

Der Einwand der Fundamentalkritik übersieht jedoch häufig das historische Erbe der Kritischen Verfassungsvergleichung. Denn bereits den Critical Legal Studies war es ein Anliegen, ein Bewusstsein für die Probleme der akademischen Disziplin zu schaffen. Konstruktive Lösungsvorschläge zu unterbreiten ist dagegen keine Priorität, wenn zunächst die bisherige Vorgehensweise dekonstruiert und so kritisiert wird. Denn es ist dieser Strömung nicht daran gelegen, Methodenvorschlägen wie dem des Funktionalismus eine Alternative entgegenzusetzen und die Rechtsvergleichung so behutsam zu reformieren. Die Kritische Rechtsvergleichung betrifft das Selbstverständnis der Verfassungsvergleichung. Ohne ein reflektiertes theoretisches Fundament könne man keine Komparatistik betreiben.[148] Der Vergleichung müsse die Reflexion über das Vergleichsobjekt vorausgehen, das Recht. Dies werde oft fälschlicherweise als Kompendium von Regeln und Propositionalsätzen verstanden – dabei sei es in erster Linie ein Kulturphänomen.[149] Als solches könne es auch nicht gänzlich klassifiziert werden.[150] Das Bekenntnis zur Theorie schließe auch den Einsatz für Interdisziplinarität ein, so könnten etwa Erkenntnisse über fremde Rechtskulturen aus der Anthropologie für das Recht als soziales Phänomen fruchtbar gemacht werden.[151]

Der – pauschal formulierte – Vorwurf der Fundamentalkritik nimmt die Diversität innerhalb der Strömung nicht ernst, wenn sie in der Diskussion auf einzelne ihrer besonders skeptischen Vertreter reduziert wird.[152] Oft wird ver-

---

M. Delmas-Marty, Le relatif et l'universel, 2004, S. 47, es sei sein Verdienst, die Frage der Methoden zurück ins Herz der vergleichenden Studien geholt zu haben.

[145] *Peters/Schwenke* (Fn. 91), S. 821; vgl. auch *Richers* (Fn. 84), S. 525 ff.
[146] *Peters/Schwenke* (Fn. 91), S. 802.
[147] *Legrand* (Fn. 113), S. 1056.
[148] *P. Legrand*, How to compare now, Legal Studies 16 (1996), S. 238 ff.; *Delmas-Marty* (Fn. 144), S. 47 f.
[149] So, wenn auch nicht auf das Verfassungsrecht beschränkt, *Legrand* (Fn. 148), S. 236.
[150] *Frankenberg* (Fn. 64), S. 415 f.
[151] *Legrand* (Fn. 148), S. 238; auch *H. Muir Watt*, La fonction subversive du droit comparé, RIDC 2000, S. 503 (508), spricht sich für mehr Interdisziplinarität statt „textueller Querelen von lediglich lokalem Interesse" („querelles de texte à intérêt exclusivement local") in der Rechtswissenschaft aus.
[152] S. statt vieler *Richers* (Fn. 84), S. 525 mit Fn. 139.

kannt, dass ein wichtiges Anliegen der Kritiker auch darin besteht, sich selbst der Kritik auszusetzen. Der Komplexität der Komparatistik gerecht zu werden, heiße auch zu akzeptieren, dass es keinen perfekten Vergleich gebe.[153] Absolute Vergleichbarkeit entspreche der Identität der Vergleichsgegenstände und sei damit tatsächlich das Ende der Vergleichung.[154] Unabhängig von konkreten methodischen Postulaten, um die es der Kritischen Rechtsvergleichung wegen ihres Anliegens eines umfassenderen Umdenkens nicht geht, kann aus der Dekonstruktion so auch Konstruktives folgen.

b) Funktion im kontextualistischen Gewand?

Die Kritik am Funktionalismus ist nicht ohne Widerhall geblieben. So warnt in *Kötz* gar ein Wissenschaftler vor einem „absolut gesetzten Funktionalismusprinzip", der selbst maßgebend an seiner Konzeptualisierung mitgewirkt hat.[155] Dennoch wäre es falsch zu denken, die heutige Rechts- und Verfassungsvergleichung habe den Funktionalismus unter dem Druck der Kritik aufgegeben. Beispielhaft sei der bereits erwähnte Ansatz genannt, „den Begriff der funktionalen Rechtsvergleichung zu verabschieden, ihre Kerngedanken aber zu erhalten".[156] Denn es sei der Begriff, der bei vielen Wissenschaftlern einen „Abwehrreflex" auslöse; tatsächlich führe er oft zu Missverständnissen.[157] Es finden sich aber auch Vorschläge, den Funktionalismus nicht umzubenennen, sondern neu zu beleben.[158] Dabei stehen zwei Aspekte im Vordergrund: Zum einen wird die Kritik am Funktionalismus auf ihre Stichhaltigkeit überprüft, zum anderen werden die Grenzen der funktionellen Methode und die Notwendigkeit ihrer Präzisierung aufgezeigt.

Dem Funktionalismus ist vorgeworfen worden, er zeige zu wenig Interesse an der Rechtskultur und am Kontext und fokussiere sich zu sehr auf Regeln. Dagegen nehmen neuere Ansätze den Funktionalismus in Schutz. Es sei zwar richtig, dass der funktionelle Ansatz sich oft zu sehr auf Rechtsregeln konzentriere, aber dies sei kein Mangel der Methode, sondern ihrer Umsetzung.[159] Auch das Kulturdefizit, das häufig beklagt werde, stamme eher von einem „Zerrbild" des Funktionalismus als vom Original.[160] „Der Umstand,

---

[153] *Grosswald Curran* (Fn. 80), S. 45.
[154] Vgl. *Grosswald Curran* (Fn. 80), S. 91, 65.
[155] H. *Kötz*, Abschied von der Rechtskreislehre?, ZEuP 1998, S. 493 (504).
[156] *Kischel* (Fn. 10), S. 187 Rn. 199.
[157] *Kischel* (Fn. 10), S. 187 Rn. 199.
[158] *Michaels* (Fn. 6), S. 363 ff.
[159] *Michaels* (Fn. 6), S. 364; *Kischel* (Fn. 10), S. 180 f. Rn. 182; in diesem Sinne auch U. *Müßig*, Reason and Fairness, 2019, S. 28, die ebenfalls betont, dass Kern des (historischen) Funktionalismus gerade nicht das Anknüpfen an den Wortlaut einer Rechtsnorm ist, sondern im Fokus auf konkrete Rechtsprobleme liegt sowie darauf, von wem und wie sie funktionell konkret gelöst werden.
[160] Die Bezeichnung als „Zerrbild[...]" findet sich bei *Kischel* (Fn. 10), S. 164 Rn. 146.

dass alles Recht ein kulturelles Phänomen ist und dass die Rechtsregeln niemals unabhängig vom historischen, sozialen, ökonomischen, psychologischen und politischen Kontext betrachtet werden können, wird von rechtsvergleichenden Untersuchungen mit besonderem Nachdruck bestätigt".[161] Dieser *Zweigert'sche* Satz zeige, dass der Funktionalismus den Kontext nie ignoriert habe – der Unterschied liege woanders. Funktionalisten und Kulturalisten unterschieden sich nicht im Ausmaß, sondern in der Art der Beachtung von Kultur.[162] Während Kulturalisten eine Innenperspektive einnähmen, rekonstruierten Funktionalisten Kultur als funktionales Verhältnis zum Recht und nähmen so eine Außenperspektive ein. Freilich könne der Funktionalismus so nur einen Aspekt von Kultur erfassen, aber dasselbe gelte für andere Ansätze – außer man nehme essentialistisch-reduktiv ein ganzheitliches Konzept von Kultur an, das von der Innenperspektive aus voll erfasst werden könne.[163]

Was die Ähnlichkeitsvermutung anbelange, so stehe sie schon in keinem engen Zusammenhang zur funktionalen Methode und sei von vornherein in vielerlei Hinsicht begrenzt.[164] Sie sei auch historisch kontingent. Denn man müsse sie im Kontext der Nachkriegszeit sehen, die auf einen Krieg gefolgt sei, in dem oftmals die Unterschiede einseitig betont worden seien.[165] Letztlich könne die Kritik eingefangen werden, indem man eine Rekonstruktion wage. Die Ähnlichkeitsvermutung sei gleichbedeutend mit einem Indiz dafür, dass es ein funktionales Äquivalent gebe. Das impliziere allerdings nur eine Ähnlichkeit in Bezug auf eine bestimmte – die untersuchte – Funktion. Der Begriff der Ähnlichkeit sei irreführend, da er nur in Bezug auf diese eine Funktion, nicht aber im Verhältnis zu unbestimmt vielen andere Funktionen gelte, die nicht untersucht würden.[166]

Der Versuch, den Funktionalismus wiederzubeleben, kann allerdings nicht auf eine Gegenkritik – eine bloße Antwort auf die Argumente der Kritischen Rechtsvergleichung – reduziert werden. Denn *Michaels'* Anliegen besteht auch darin, die Diskussion mit einer besseren Version des Funktionalismus zu beleben und gleichzeitig seine Grenzen aufzuzeigen. Keinesfalls

---

[161] *Zweigert* (Fn. 2), S. 13 f.: „Le fait que tout droit est un phénomène culturel et que les règles du droit ne peuvent jamais être considérées indépendamment du contexte historique, social, économique, psychologique et politique est confirmé avec une force particulière par les enquêtes de droit comparé"; s. auch *Ancel* (Fn. 2), Comparabilité et méthode fonctionnelle, S. 4 a. E.

[162] *Michaels* (Fn. 6), S. 365.

[163] *Michaels* (Fn. 6), S. 365.

[164] *Kischel* (Fn. 10), S. 181 Rn. 184 f. A. A. freilich *Michaels* (Fn. 6), S. 370 f.

[165] *Michaels* (Fn. 6), S. 370 unter Verweis auf *Grosswald Curran* (Fn. 80).

[166] *Michaels* (Fn. 6), S. 371, 363 mit Fn. 126 zur konstruktiv-interpretativen Rekonstruktion des Funktionalismus.

dürfe die Rechtsvergleichung sich in „methodologische[m] Eklektizismus" verlieren, und Kultur gewissermaßen als Zusatz zur Funktion verstehen, ohne sich über das Verhältnis von Kultur und Funktion im Klaren zu sein.[167] Wenn der Funktionalismus an sich defizitär sei, könne auch eine kulturaffine, abgemilderte Version keine Abhilfe schaffen. Wenn er aber nicht defizitär sei, müsse man ihn nicht abmildern.

Michaels' Ziel liegt darin, die bestmögliche Version des Funktionalismus konstruktiv-interpretativ zu rekonstruieren.[168] Vertreter der Kritischen Rechtsvergleichung argumentieren, dass die meisten rechtsvergleichenden Arbeiten, die sich zum Funktionalismus bekennen, nicht so vorgingen.[169] Allerdings muss sich diese Kritik, will sie nicht an Schlagkraft einbüßen, wiederum fragen, ob dieses Argument auch auf die Rekonstruktion des bestmöglichen Funktionalismus noch zutrifft. In dieser Rekonstruktion steckt der Gedanke, dass die funktionelle nur eine von mehreren Perspektiven ist.[170] Sie ist aber auch eine Absage an einen Methodenpluralismus inkonsistenter Methoden – ob funktionalistisch oder nicht.[171] Die Rekonstruktion unternimmt den Versuch, den Funktionalismus anhand seiner Funktionen zu bewerten. Interessanterweise hat dies zum Ergebnis, dass diese Version des Funktionalismus gerade keinen Fokus auf Gemeinsamkeiten legt und für die Bewertung und Vereinheitlichung von Recht ungeeignet ist.[172]

Ein anderer Ansatz besteht darin, die funktionelle Methode auf ihren „weithin konsensfähigen Kern" zu konzentrieren.[173] Dazu müsse man zu einer kontextuellen Rechtsvergleichung übergehen, die sowohl aus dem Funktionalismus wie aus seiner Kritik und aus Alternativvorschlägen Lehren ziehe.[174] Die Methode sei eine hermeneutische, die an die jeweilige Fragestellung angepasst werden müsse.[175] Statt eines „Kochrezepts" wird eine „Fehlerlehre" vorgeschlagen.[176] Mit Übersetzungs- und Quellenproblemen, dem

---

[167] *Michaels* (Fn. 6), S. 362.
[168] S. dazu auch *Pfersmann* (Fn. 97).
[169] *Frankenberg* (Fn. 142), S. 55 mit Fn. 87.
[170] Dieser Gedanke findet sich auch bei *M.-C. Ponthoreau*, Droit(s) constitutionnel(s) comparé(s), 2010, S. 62 ff.; *Michaels* (Fn. 6), S. 343.
[171] *Michaels* (Fn. 6), S. 362 f.
[172] *Michaels* (Fn. 6), S. 380 f.
[173] *Kischel* (Fn. 10), S. 93 Rn. 2; ähnlich S. 187 Rn. 199.
[174] Krit. *G. Frankenberg*, Kischel, Uwe: „Rechtsvergleichung" – A New Gold Standard? [Rezension], ZaöRV 76 (2016), S. 1001, der dies als „maeandering pathway" („mäandernden Weg") bezeichnet.
[175] Zur Notwendigkeit einer hermeneutischen Methode der Rechtsvergleichung näher *Kischel* (Fn. 10), S. 187 Fn. 201; s. auch *A. von Bogdandy*, Zur sozialwissenschaftlichen Runderneuerung der Verfassungsvergleichung, Der Staat 55 (2016), S. 103 ff.; auf Englisch veröffentlicht als *ders.*, Comparative Constitutional Law as a Social Science? A Hegelian Reaction to Ran Hirschl's Comparative Matters, VRÜ 2016, S. 278 ff.
[176] *Kischel* (Fn. 10), S. 188 ff. Rn. 202 ff.

Übersehen funktionaler Äquivalente und einer Verengung des Blickfeldes, die den rechtskulturellen und nichtrechtlichen Kontext übersieht, spricht diese Fehlerlehre in der Tat klassische Probleme der rechtsvergleichenden Methode, also auch des Funktionalismus an. Sie setzt sich jedoch auch der Kritik aus, hinter hohen Erwartungen an eine große methodische Innovation, einen stilprägenden Kontextualismus, zurückzubleiben.[177]

III. Thesen

1. Etwa um 1970 erlebt der Funktionalismus durch zivilrechtliche Konzeptualisierungen in Frankreich und Deutschland eine Blüte. Die Verfassungsvergleichung zeigt sich davon zunächst unberührt, zumal es die Verwaltungsvergleichung ist, die durch die sich gerade konstituierende Europarechtswissenschaft Impulse erhält und dadurch ins Zentrum der Aufmerksamkeit rückt.

2. Bereits in der Hochphase der zivilrechtlichen Konzeptualisierungen zeigt sich, dass die Methode des Funktionalismus ebenso ubiquitär wie unklar ist. Trotz vielfältiger Beteuerungen, das theoretische Fundament sei durch soziologische Vorarbeiten fest errichtet, erweisen sich die nachbarwissenschaftlichen Verflechtungen bei genauerem Blick als oberflächlich. Trotzdem findet die funktionalistische Methode mit ihren theoretisch unterdeterminierten, aber praktisch leicht umzusetzenden Anweisungen weite Verbreitung.

3. Vom Ende der 1990er-Jahre an scheint sich der Funktionalismus – zumindest in der deutschen Verfassungsvergleichung – zur allgemeinen rechtsvergleichenden Methode gewandelt zu haben. Doch neben neuer Zustimmung erfährt der Funktionalismus nun auch scharfe Ablehnung.

4. Besonders Wissenschaftlerinnen in der Tradition der Kritischen Rechtsvergleichung kritisieren methodische, epistemische und ideologische Prämissen des Funktionalismus. Die Stoßrichtungen der Dekonstruktion, die die Kritische Rechtsvergleichung vorantreiben möchte, können anhand des Funktionalismus besonders gut veranschaulicht werden. Tatsächlich lässt sich die Kritische Rechtsvergleichung jedoch nicht auf eine Kritik des Funktionalismus reduzieren. Ihr Anliegen besteht vor allem darin, durch Kritik und Dekonstruktion eine neue Form der Rechtsvergleichung zu initiieren.

---

[177] So *Frankenberg* (Fn. 174), S. 1007; s. aber *U. Kischel*, Critical Legal Studies, Postmodernism and the Contextual Method in Comparative Law – A Reply to Günter Frankenberg, ZaöRV 76 (2016), S. 1009 (1010 f.), wo er seine „positive methodologische Antwort" auf die Kritische Rechtsvergleichung, die Hermeneutik, hervorhebt. S. auch *U. Kischel*, La méthode en droit comparé. L'approche contextuelle, RIDC 2016, S. 907 ff., für einen Beitrag zur kontextuellen Methode in französischer Sprache.

5. Die Anziehungskraft des Funktionalismus scheint dennoch auch heute ungebrochen zu sein. Dies liegt nur teilweise an der Gegenkritik, der die Ansätze der Kritischen Rechtsvergleichung ausgesetzt sind. Vielmehr erweist sich die Unklarheit, die den Funktionalismus begleitet, hier mehr als Segen denn als Fluch. Aus der Fülle funktionalistischer Herangehensweisen wagt man nun sowohl die Rekonstruktion des bestmöglichen Funktionalismus als auch die Reduktion auf einen konsensfähigen Kern. Dabei ist es ein Verdienst der Kritischen Vergleichung, die Erkenntnisgrenzen des Funktionalismus aufgezeigt zu haben.

§ 9

Vom Transfer über die Migration zum globalen Konstitutionalismus?

> „Es ist das Zeitalter der Vergleichung! [...] [W]ollen wir die Aufgabe, welche das Zeitalter uns stellt, so gross verstehen, als wir nur vermögen: so wird uns die Nachwelt darob segnen, – eine Nachwelt, die ebenso sich über die abgeschlossenen originalen Volks-Culturen hinaus weiss, als über dic Kultur der Vergleichung, aber auf beide Arten der Cultur als auf verehrungswürdige Alterthümer mit Dankbarkeit zurückblickt."[1]

Dieses Kapitel zeichnet die Konfliktlinien um Verfassungstransfers und die Entstehung gemeinrechtlicher Ansätze auf überstaatlicher Ebene nach. Beide Phänomene sollen in diesem Kapitel zueinander in Beziehung gesetzt werden. Denn Transfers sind die Voraussetzung für die Formen des Gemeinrechts, die in diesem Kapitel im Fokus stehen. Sie werden letztlich durch Transferprozesse auf eine überstaatliche Ebene gebildet.

In einem ersten Schritt wird jedoch der Diskurs um die komparatistische Problemlage der Rechtstransfers näher beleuchtet. Im Zentrum steht zunächst die Frage, wie Transferprozesse zwischen Text und Kontext verortet werden. Die kulturelle Bedingtheit des Transferprozesses wird dabei – zeitlich versetzt[2] – von so verschiedenen Wissenschaftlern wie *Peter Häberle* und *Pierre Legrand* betont, andere Forscherinnen bestreiten sie vehement. Das „Ringen um Metaphern"[3], das man beim Transfer beobachten kann, ist Anzeichen dafür, dass der Transferdiskurs als Vehikel dient, um das wissenschaftliche Selbstverständnis in Frage zu stellen und eine methodologische Neuorientierung zu fordern (I).

---

[1] *F. Nietzsche*, Menschliches, Allzumenschliches I. 23. Aphorismus, in: G. Colli/M. Montinari (Hrsg.), Kritische Studienausgabe, 1999, S. 44 f.

[2] Auch dieses Kapitel folgt einer inneren Chronologie. S. dazu oben im Haupttext unter → § 1 III.

[3] *L. Foljanty*, Rechtstransfer als kulturelle Übersetzung, KritV 98 (2015), S. 89 (92). Zu den verschiedenen Metaphern s. sogleich im Haupttext.

Anschließend werden in einem zweiten Schritt Berührungspunkte und Unterschiede des Diskurses um Transfers und um gemeinrechtliche Ansätze beleuchtet. Sowohl bei den Transfers als auch beim globalen Konstitutionalismus werden – voraussetzungsvolle und daher in vielerlei Hinsicht umstrittene – Entstehungsprozesse von Recht virulent.[4] Denn sowohl in der Diskussion um Transfers als auch in der um ein globales oder europäisches Gemeinrecht spielen stets auch die jeweiligen rechtstheoretischen Prämissen eine Rolle. Dennoch werden Transfers einerseits und die Entstehung eines neuen ius commune andererseits kaum je gemeinsam betrachtet.[5] Dies wirft die Frage auf, ob die beiden Diskussionen tatsächlich mehr trennt als verbindet (II).

I. Verfassungsvergleichung zwischen Text und Kontext – der Transferdiskurs als Vehikel methodologischer Reflexion

Der Diskurs um ein neues ius commune – sei es auf europäischer oder eben auf globaler Ebene – wird in diesem Kapitel mit einer sehr viel älteren diskursiven Strömung in Beziehung gesetzt. Die Rede ist vom Rechts-Transfer, dem Transplantat, der Leihe von Rechtsideen – um nur einige der zahllosen Bilder zu nennen, mit denen dieses Phänomen beschrieben wird.[6]

Die bildhafte Sprache lässt bereits vermuten, dass es sich um ein schwierig zu fassendes Phänomen handelt. Dabei ist der erste Befund ziemlich trivial: Die Übernahme einer Norm aus einem anderen Rechtssystem, also des – übersetzten – Wortlauts.[7] Dennoch scheiden sich an dieser Art des Rechts-

---

[4] Dies gilt freilich nicht für Spielarten des globalen Konstitutionalismus, die bestehenden Textbeständen des Völker- oder Europarechts Verfassungscharakter zuschreiben wollen. Diese werden hier ausgeklammert.

[5] S. aber *É. Zoller*, Introduction, in: dies. (Hrsg.), Migrations constitutionnelles d'hier et d'aujourd'hui, 2017, S. 13 ff.; *M.-C. Ponthoreau*, Trois interprétations de la globalisation juridique, AJDA (2006), S. 20 (21), die schreibt, die Frage der Rechts-Leihe sei alt, werde aber heute in neuen Zusammenhängen aufgeworfen, s. auch *J. Chevallier*, Mondialisation du droit ou droit de la mondialisation?, in: C.-A. Morand (Hrsg.), Le droit saisi par la mondialisation, 2001, S. 37 (55), nach dem das Recht der Globalisierung aus vielfachen Leihen unterschiedlichen Ursprungs („d'emprunts d'origines diverses") bestehe.

[6] S. zur terminologischen Diskussion eingehend *D. Nelken*, Legal Transplants and Beyond, in: A. Harding/E. Örücü (Hrsg.), Comparative Law in the 21st Century, 2002, S. 19 (29 ff.); zu Rechtskreisen, -familien und anderen Metaphern s. oben → § 7. Zu den Metaphern und den unterschiedlichen heuristischen Gehalten, die ihnen zugeschrieben werden, s. auch unten → § 9 I 2, nach → Fn. 61.

[7] *Zoller* (Fn. 5), S. 17, weist jedoch auf begriffliche Unklarheiten hin. Oft sei nicht klar, was genau migriere: Text, Rechtsfiguren, Ideen, oder Praktiken. Freilich stellt der im Haupttext erwähnte Befund auch nur eine Form von Transferprozessen dar, die aber – oft

bildungsprozesses seit jeher die Geister. Zu beinahe allen Zeiten finden sich eindrückliche Warnungen vor der Übernahme fremder Bestimmungen. Es reiche nicht aus, eine exotische Pflanze in die Erde zu setzen, damit sie dort Wurzeln schlage.[8] Allzu oft bleibe ausländisches Recht, das stückweise aus dem „historischen und socialen Milieu und aus der heimischen Rechtsordnung herausgerissen" werde, „auf fremdem Boden ein Torso".[9] Gleichzeitig ist ebenso häufig die Rede von „Exportartikel[n]" einer Verfassung oder den weltweiten „Produktions- und Rezeptionsprozessen", durch die alle „nationalen Beispiele des Typus ‚Verfassungsstaat'" einander verbunden seien.[10]

---

verbunden mit dem weiteren Schicksal der „transplantierten" Norm – im Zentrum des verfassungsvergleichenden Diskurses steht. Für die Rolle der Verfassungsgerichte in der Fortbildung des Verfassungsrechts s. oben → § 6; erwähnenswert ist auch die Rolle der Rechtswissenschaft, die sich durch den Vergleich für die Fortbildung des eigenen Rechts inspirieren lässt. Das wohl bekannteste Beispiel ist *Otto Mayer*, dessen Theorie des französischen Verwaltungsrechts von 1886 seine späteren Werke zur Dogmatik des deutschen Verwaltungsrechts maßgebend beeinflussen, s. zum Theorietransfer oben → § 4 I; einem Überblick über verschiedene Arten von Rezeptionsprozessen findet sich bei *C. Starck*, Gründe, Bedingungen und Formen von Rechtsrezeptionen, in: W. Heun/C. Starck/T.-j. Tsai (Hrsg.), Rezeption und Paradigmenwechsel im öffentlichen Recht, 2009, S. 25 (34 f.).

[8] *Casimir-Périer*, Préface, in: A. Todd (Hrsg.), Le gouvernement parlementaire enAngleterre, 1900, S. II: „Nous avons parfois voulu copier l'étranger [...] Il ne suffit pas de ficher en terre une plante exotique pour qu'elle y prenne racine. Rien n'est plus dangereux que l'étude des organisations politiques étrangères réduite à une notion superficielle ou à la lecture des textes". Auch *Starck* (Fn. 7), S. 26, benutzt die Pflanzen-Metapher.

[9] *J. Hatschek*, Gneist, Rudolf von, in: Allgemeine Deutsche Biographie, 1904, S. 403 ff., verfügbar unter <https://www.deutsche-biographie.de/pnd118717790.html#adbconten t> (zuletzt abgerufen am 15.3.2022), s. auch *A. Mestre*, Congrès international de droit comparé, RDP 1900, S. 570 (570 f.): „C'est seulement moyennant ces études générales préliminaires qu'il peut être question pour un pays de faire des emprunts à la législation étrangère [...] L'écueil le plus dangereux de nos études, dans le droit public [...] consisterait donc à préconiser trop légèrement l'importation dans un pays des institutions qui réussissent au dehors" („Nur im Gegenzug zu allgemeinen vorläufigen Studien kann es für ein Land in Frage kommen, Anleihen an der ausländischen Gesetzgebung zu machen [...] Die gefährlichste Klippe in unseren Studien, im öffentlichen Recht [...] bestünde also darin, den Import von Institutionen, die woanders gelingen, zu leichtfertig zu empfehlen"). S. auch die eindringliche Warnung bei *M. Deslandres*, Observations sur la fonction de la science du Droit comparé par rapport au Droit public, BSLC 1899/90, S. 507 (509); s. aus neuerer Zeit *L. Álvarez*, Die spanische Dogmatik der Verfassungstreue. Geschichte einer fehlgeschlagenen Rezeption des deutschen Verfassungsdenkens, ZaöRV 70 (2010), S. 433 (458).

[10] So bezeichnet *K. Loewenstein*, Etude de droit comparé sur la Présidence de la République à l'exclusion de celle des Etats-Unis, RDP 1949, S. 153 (153 mit Fn. 1), die gerichtliche Kontrolle als „ersten Exportartikel der amerikanischen Verfassung neben der Direktwahl des Präsidenten" („Le premier article d'exportation, après l'élection du Président par le peuple [...], fut la technique d'un contrôle juridique"). *P. Häberle*, Verfassungslehre als Kulturwissenschaft, 2. Aufl. 1998, S. 321: „Der [...] ‚Textstufenvergleich' beruht auf der

Der erste Teil dieses Kapitels konzentriert sich auf zwei Spielarten des Transferdiskurses, die den Diskurs in Frankreich und Deutschland unterschiedlich stark prägen. Zunächst steht *Peter Häberles* Textstufenparadigma im Fokus, dessen Entwicklung er seit dem Ende der 1980er-Jahre vorantreibt (1). Mit dem Textstufenparadigma bedient sich *Häberle* eines editionswissenschaftlichen Begriffs, den er aus diesem Zusammenhang löst und für die Transferforschung fruchtbar zu machen sucht.[11] Er untersucht die Übernahme von Verfassungsrechtstexten einer Rechtsordnung durch eine andere, mit anderen Worten: die „Vorgänge kultureller Produktion und Rezeption".[12] Auch wenn das Textstufenparadigma nicht explizit als Verfassungstransfer ausgeflaggt ist, handelt es sich um nichts anderes.

Die Geschichte des Transfer-Diskurses kann nicht erzählt werden, ohne auf eine Kontroverse einzugehen, die in den 1990er-Jahren besonders intensiv geführt wurde und an die bis heute angeknüpft wird. Der zweite Teil des Kapitels dreht sich um diesen Streit (2). Damals stellt *Pierre Legrand*, eine der Galionsfiguren der Kritischen Rechtsvergleichung, die zentrale These *Alan Watsons* in Frage.[13] *Watson* hält Rechtstransplantate für „einfach", sie seien das „zentrale Element der Rechtsentwicklung". *Legrand* kontert bekanntlich mit seiner mittlerweile berühmten Gegenthese: „Rechts-Transplantate sind unmöglich".[14]

Doch inwiefern sind diese doch sehr unterschiedlichen Diskussionen um Transplantate Vehikel methodologischer Reflexion? Das Textstufen-Paradigma muss im Zusammenhang mit der zentralen Forschungsperspektive *Häberles* gesehen werden, die sein Schaffen und auch das JöR prägt: dem kulturwissenschaftlichen Ansatz.[15] Dieser verweist schon in seinen Anfängen immer bereits auf das Vergleichen.[16] Seine „Verfassungslehre als Kulturwis-

---

Beobachtung, daß heute alle nationalen Beispiele des Typus ‚Verfassungsstaat' weltweit einander in Produktions- und Rezeptionsprozessen verbunden sind und daß in die neuen Textgestaltungen jüngerer nationaler Verfassungsgeber Entwicklungen der Verfassungswirklichkeit älterer Verfassungsstaaten, vor allem die Leistungen der Verfassungsgerichtsbarkeit und Wissenschaft Eingang finden"; *Ponthoreau* (Fn. 5), S. 21, spricht ebenfalls von dem französischen Verwaltungsrecht als „Exportprodukt" („produit d'exportation").

[11] S. dazu sogleich unten im Haupttext unter → § 9 I 1.

[12] Von diesen Zusammenhängen spricht er vielfach, s. nur *Häberle* (Fn. 10), S. 268, 313, 321, 421, 465.

[13] Das Werk von *A. Watson*, Legal Transplants, 2. Aufl. 1993, ist da gerade in der zweiten Auflage erschienen; *P. Legrand*, The Impossibility of Legal Transplants, Maastricht Journal of European & Comparative Law 4 (1997), S. 111 ff. Zur Kritischen Rechtsvergleichung s. bereits oben → § 8 II 1.

[14] *Legrand* (Fn. 13), S. 114.

[15] So fordert er bereits in der erweiterten, 3. Auflage seiner Dissertationsschrift, Grundrechtsvergleichung als Kulturvergleichung zu verstehen, s. *P. Häberle*, Die Wesensgehaltsgarantie des Art. 19 Abs. 2 Grundgesetz, 3. Aufl. 1983, S. 407 ff.

[16] *Häberle* (Fn. 10), S. 578, spricht von „vergleichende[r] Kulturwissenschaft"; s. auch

senschaft" ist mit ihrer zentralen Forderung, die wissenschaftliche Vorgehensweise um eine kulturwissenschaftliche Perspektive zu ergänzen, als Appell an die übrige Verfassungsrechtswissenschaft zu verstehen. *Häberle* wendet sich mit seiner Forderung nach methodologischer Neuorientierung hin zu einem kulturwissenschaftlich-vergleichenden Vorgehen also an die deutsche Verfassungsrechtswissenschaft. Die Kontroverse um Möglichkeit und Unmöglichkeit von Transplantaten betrifft dagegen die vergleichende Rechtswissenschaft und zwar nicht in erster Linie die deutsche. Nun könnte man meinen, ein Streit zwischen einem frankokanadischen Rechtsvergleicher und einem schottischen Rechtshistoriker sei für die französische und deutsche Verfassungsrechtswissenschaft völlig irrelevant. Tatsächlich wird aber bald auch in der Verfassungsvergleichung – zumindest in Deutschland – diese Frage aufgeworfen und der Streit nachvollzogen.[17] In beiden Fällen folgen den Transfer-Diskussionen methodologische Reflexionen – in Bezug auf die deutsche Verfassungsrechtswissenschaft einerseits und die Rechtsvergleichung andererseits.

1. Textstufen und kulturwissenschaftlicher Ansatz: der Appell an die Verfassungsrechtswissenschaft

Worin genau besteht das Textstufenparadigma? Ende der 1980er-Jahre stellt *Häberle* zum ersten Mal Arbeitsthesen zu „Textstufen als Entwicklungswege[n] des Verfassungsstaates" auf.[18] Der Begriff der Textstufe stammt eigentlich aus der Editionswissenschaft und bezeichnet eine Texteinheit innerhalb

---

ebd., S. 264, 423. Den Aspekt, dass *Häberles* kulturwissenschaftliche Verfassungslehre von Beginn an auf das Vergleichen als Methode verweise, betonen auch *A. Voßkuhle/T. Wischmeyer*, Der Jurist im Kontext, JöR n. F. 63 (2015), S. 401 (406).

[17] S. nur den sprechenden Titel bei *M. Seckelmann*, Ist Rechtstransfer möglich?, Rechtstheorie 43 (2012), S. 419 ff. In Frankreich ist die Diskussion durch die in französischer Sprache publizierten Beiträge von *Legrand* zwar bekannt, hat aber insgesamt weniger Resonanz hervorgerufen, s. aber *Zoller* (Fn. 5), S. 14, die den Einfluss der Critical Legal Studies vor allem für die Verfassungsrechtslehre betont.

[18] So der Titel bei *P. Häberle*, Textstufen als Entwicklungswege des Verfassungsstaates, in: J. Jekewitz u. a. (Hrsg.), Des Menschen Recht zwischen Freiheit und Verantwortung, 1989, S. 555 ff.; s. auch seine bereits früher erschienenen Beiträge, in denen *Häberle* die Textstufenanalyse für verschiedene Felder erprobt, *ders.*, Vielfalt der Property Rights und der verfassungsrechtliche Eigentumsbegriff, AöR 109 (1984), S. 36 (52 ff.); *ders.*, Aspekte einer Verfassungslehre der Arbeit [Rezension], AöR 109 (1984), S. 630 ff.; *ders.*, Die Freiheit der Kunst im Verfassungsstaat, AöR 110 (1985), S. 77 ff.; *ders.*, Verfassungsstaatliche Staatsaufgabenlehre [Rezension], AöR 111 (1986), S. 595 (601 ff.); *ders.*, Die verfassunggebende Gewalt des Volkes im Verfassungsstaat – eine vergleichende Textstufenanalyse, AöR 112 (1987), S. 54 ff.; *ders.*, „Wirtschaft" als Thema neuerer verfassungsrechtlicher Verfassungen, Jura 1987, S. 577 ff.

der Textentstehung, die chronologisch von der vorhergehenden und der folgenden Texteinheit unterschieden werden kann.[19] Sie stellt eine übergeordnete Einheit gegenüber der Fassung eines Textes dar und kann, etwa durch Korrekturschichten, selbst mehrere Textfassungen enthalten.[20]

Häberle bedient sich des Begriffs der Textstufe und löst ihn aus seinem editionswissenschaftlichen Zusammenhang; er will die Analyse von Textstufen für eine „komparatistisch und geschichtlich arbeitende Verfassungslehre" fruchtbar machen.[21] Bei diesem Textstufenvergleich untersuche man Verfassungstexte daraufhin, was sie über den Wandel von Verfassungsstaaten aussagen können.[22] Die Rezeption eines Rechtstexts beschränke sich oft nicht auf den Text der Norm, sondern bringe auf den Begriff, was andernorts bereits durch Rechtspraxis und -lehre fortentwickelt wurde.[23] Diese „normierende Kraft der Praxis" gerinne zu neuen Texten, sodass die textwissenschaftliche Analyse nur der Beginn sei und nach und nach einer wirklichkeitswissenschaftlichen weichen müsse.[24]

Peter Häberles Textstufenparadigma betont die Relevanz des Textes, aber auch die des Kontextes oder des kulturellen Rahmens für rechtliche Transferbewegungen. Während das Paradigma in Deutschland zu intensiven Debatten führt, findet sich in der französischen Verfassungsrechtswissenschaft keine vergleichbare textwissenschaftliche Herangehensweise an den Transfer; auch *Häberle* wird – trotz seines auf Französisch erschienenen Werks L'État constitutionnel von 2004 – dort bisher kaum rezipiert.[25] Insgesamt kann man für den methodologischen Diskurs um Transfers eine gewisse Zurückhaltung der französischen Verfassungsrechtswissenschaft beobachten, während der globale Konstitutionalismus auch links des Rheins zunehmend zur Diskussion gestellt wird.[26]

---

[19] Diese Definition findet sich bei *B. Plachta*, Editionswissenschaft, 1999, S. 140; ähnlich *G. Martens*, Textdynamik und Edition, in: G. Martens/H. Zeller (Hrsg.), Texte und Varianten, 1971, S. 164 (179 f.), der von einer innerstrukturellen Beziehungseinheit innerhalb des Entstehungsprozesses eines Textes spricht; für eine andere editionswissenschaftliche Verwendungsweise des Begriffs der Textstufe s. *H. Zwerschina*, Die editorische Einheit ‚Textstufe', in: H. Zeller/G. Martens (Hrsg.), Textgenetische Edition, 1998, S. 177 (182).
[20] *Martens* (Fn. 19), S. 179.
[21] *Häberle* (Fn. 18), S. 556.
[22] *Häberle* (Fn. 18), S. 555 f.
[23] *Häberle* (Fn. 10), S. 352.
[24] *Häberle* (Fn. 10), S. 352.
[25] *P. Häberle*, L'État constitutionnel, 2004. Eine Ausnahme ist *Ponthoreau* (Fn. 5), S. 20. Zu nennen ist auch *P. Häberle*, Idées associées au constitutionnalisme d'aujourd'hui – un point de vue allemand, RDP 2014, S. 1483 ff.
[26] S. dazu unten → § 9 II.

Betrachtet man das Textstufenparadigma isoliert, so wird man ihm kaum gerecht. Dies zeigt sich auch schon am Untertitel zum erwähnten Beitrag von 1989. Denn hier werden die Arbeitsthesen explizit der „Verfassungslehre als juristischer Text- und Kulturwissenschaft" zugeordnet. Auch *Hermann Heller* hat in seiner Staatslehre bereits eine Staatslehre als Kulturwissenschaft gefordert, worauf *Häberle* ausdrücklich Bezug nimmt.[27] Seine Textstufen sind also einerseits eng mit dem Postulat einer kulturwissenschaftlichen Verfassungsvergleichung verbunden. Nur Letztere könne erklären, warum gleichlautende Texte im Laufe der Zeit oder von Anfang an einer unterschiedlichen Interpretation zugänglich sind.[28] Andererseits macht dieser Ansatz deutlich, dass *Häberle* eine Verfassungslehre vorschwebt, die sich – anders als die bisherige – als „juristische Text- und Kulturwissenschaft" versteht. Dabei sei es wichtig, zunächst präzise an die Texte anzuknüpfen, um dann aber auch auf ihre im Entstehungsprozess präsenten kulturellen Kontexte zurückzugreifen. Nur so könne der ganze vielschichtige Inhalt der Texte gewonnen werden.[29] Damit reicht sein Postulat eines kulturwissenschaftlichen Ansatzes über das vergleichende Verfassungsrecht hinaus und bezieht sich auch auf die deutsche Verfassungsrechtswissenschaft insgesamt. Diese solle insgesamt häufiger vergleichend arbeiten und sich auch als Text- und Kulturwissenschaft verstehen.[30]

Freilich ist der Topos „Kultur" auch in der juristischen Komparatistik kein unbeschriebenes Blatt. Schon 1950 sah *René David* in der Rechtsvergleichung eine Lehre allgemeiner Kultur.[31] Zu Beginn der 1980er-Jahre bemerkt *Peter Häberle* treffend, „Kultur" habe „als Thema ‚Konjunktur'".[32]

---

[27] S. *Häberle* (Fn. 18), S. 556 mit Fn. 4, unter Verweis auf *H. Heller*, Staatslehre, 1934, S. 32 ff. S. auch *Häberle* (Fn. 10), S. 588: Der kulturwissenschaftliche Ansatz wolle in Anschluss an Heller die kulturellen Wurzeln des Rechts erarbeiten und für Verfassungstheorie und Verfassungsrecht fruchtbar machen.
[28] *Häberle* (Fn. 10), S. 313.
[29] *Häberle* (Fn. 10), S. 363.
[30] *Häberle* (Fn. 10), S. 423.
[31] So auch der sprechende Titel des Beitrags von *R. David*, Le droit comparé comme enseignement de culture générale, RIDC 1950, S. 682 ff.
[32] *P. Häberle*, Europa in kulturverfassungsrechtlicher Perspektive, JöR n.F. 32 (1983), S. 9 (15). S. auch *ders.*, Verfassungslehre als Kulturwissenschaft, 1982, S. 33 ff. zur „Kulturelle[n] Verfassungsvergleichung". Das gilt im Übrigen nicht nur für die Verfassungsvergleichung, wie die Staatsrechtslehrertagung von 1983 deutlich macht, die sich mit dem Thema ‚Kulturauftrag im staatlichen Gemeinwesen' beschäftigte, s. *U. Steiner*, Kulturauftrag im staatlichen Gemeinwesen, VVDStRL 42 (1984), S. 7 ff., und *D. Grimm*, Kulturauftrag im staatlichen Gemeinwesen, VVDStRL 42 (1984), S. 46 ff. So beschäftigen sich beide Berichterstatter auch mit der Frage, ob eine Kulturstaatsklausel in das bundesrepublikanische Grundgesetz aufgenommen werden solle, oder ob dies nur eine „Textlücke", aber keine Rechtslücke" (*Grimm*, ebd., S. 67) schließen würde.
Auch das BVerfG hat durch die Prägung seiner Kulturstaatsformel den deutschen

Daran ist er selbst nicht ganz unbeteiligt, ist das Kulturrecht als juristisches Feld nicht zuletzt durch *Häberles* „perfekte[...] kompilatorische[n] Leistungen erstklassig besetzt".[33] Von einem *„offenen Kulturkonzept"*[34] aus fragt er, wie das Kulturverfassungsrecht gestaltet sein solle.[35] Letztlich geht seine Fragestellung also zunächst dahin, wie das Verfassungsrecht des „Kulturstaats" auszusehen habe.[36] Diese Fragestellung ist jedoch keine verfassungsvergleichende, betrifft sie doch lediglich die Verfassung der Bundesrepublik. Wenn *Häberle* fordert, die „Verfassungs-Kultur" des Grundgesetzes müsse „umfassender, aus der Sicht einer kulturwissenschaftlich orientierten Verfassungslehre gewürdigt werden", veranschaulicht dies deutlich, dass sein Appell an die gesamte Verfassungsrechtswissenschaft gerichtet ist.[37] Auch in Frankreich lässt sich etwas später ein ähnlicher Diskurs um den Umgang der französischen Verfassung mit der Kultur beobachten.[38]

Diskurs um das Kulturverfassungsrecht mitgeprägt, s. BVerfGE 36, 321 (327): „Diese Verfassungsbestimmung [Art. 5 Abs. 3 GG] enthalte zwei Wertentscheidungen. Zum einen habe sich Art. 5 Abs. 3 GG für den Rechtsgrundsatz entschieden, daß das Kunstleben in seiner Struktur freiheitlich sein und Eigengesetzlichkeit genieße solle. Zum anderen enthalte Art. 5 Abs. 3 GG das Verfassungsgebot, daß von Staats wegen das freie Kunstleben ebenso wie die Wissenschaft zu fördern sei (Kulturstaatsklausel)"; kritisch *Steiner*, ebd., S. 13 ff.

Für Frankreich bemerkt *T. Rambaud*, Adhémar Esmein et le droit comparé, in: S. Pinon/P.-H. Prélot (Hrsg.), Le droit constitutionnel d'Adhémar Esmein, 2009, S. 71 (78), der kulturelle Ansatz der juristischen Systeme werde nicht nur von den Komparatisten befürwortet, die direkt von Ideen des philosophischen Postmodernismus inspiriert seien, sondern von allen, die dem modernen Recht und seinem epistemologischen Modell kritisch gegenüberständen.

[33] So *Steiner* (Fn. 32), S. 12. Kritisch *B. Pieroth*, Kultur als juristisches Spiel ohne Grenzen, Der Staat 22 (1983), S. 394 (402 ff.).

[34] So die Bezeichnung durch *Häberle* (Fn. 32), Verfassungslehre, S. 16 f.; kritisch *Pieroth* (Fn. 33), S. 404 f.

[35] *Häberle* (Fn. 10), S. 7, versteht unter Kulturverfassungsrecht die „Summe jener Verfassungsnormen, die die kulturellen Angelegenheiten im engeren Sinne (bundes- oder landes-) verfassungsrechtlich umfangen".

[36] Auf die Problematik des Begriffs „Kulturstaat" und seiner verschiedenen Konnotationen weist *Steiner* (Fn. 32), S. 10 f., hin. Diese variierten mit den Kulturbegriffen. Zum einen könne man unter „Kulturstaat" einen Staat verstehen, der in einem Verhältnis des Schutzes und der Pflege zu den Angelegenheiten des engeren Kulturbereichs stehe. Zum anderen gebe es aber auch ein Verständnis des Kulturstaats als „Staat mit einem sich vom Macht- und Unrechtsstaat absetzenden kulturellen Wertsystem". Der Begriff des Kulturstaats geht auf *J. G. Fichte*, Die Grundzüge des gegenwärtigen Zeitalters (1806), in: ders., Johann Gottlieb Fichte's sämmtliche Werke, Bd. VII, 1846, S. 198 (200 f.), zurück.

[37] *Häberle* (Fn. 10), S. 1.

[38] *A.-H. Mesnard*, Droit et politique de la culture, 1990; *J.-M. Pontier/J.-C. Ricci/J. Bourdon*, Droit de la culture, 1990.

Der deutsche Diskurs um das Kulturverfassungsrecht gewinnt freilich dann eine verfassungsvergleichende Dimension, wenn das Grundgesetz „als (gutes) Beispiel für den Verfassungsstaat als Typus"[39] herangezogen wird. Und doch zeigt vor allem die Kritik an *Häberle*, dass seine Thesen in der Verfassungsrechtswissenschaft ganz allgemein Stoff für Debatten liefern, nicht nur in der Verfassungsvergleichung. So erhebt *Pieroth* schon früh den Vorwurf, es sei unklar, was genau aus *Häberles* kulturwissenschaftlichen Thesen folge.[40] Diese Kritik findet sich auch heute noch, etwa wenn beklagt wird, der Kulturbegriff bei *Häberle* meine „alles und nichts".[41] Ein Ansatz, der – scheinbar – rechtsexternen Faktoren so viel Gewicht beimesse, sehe sich vor die anspruchsvolle Aufgabe gestellt, Kriterien für deren *rechtlich-normative* Relevanz aufzustellen.[42] Dies berge die Gefahr, einem Zirkelschluss zu unterliegen und Bestehendes und Richtiges zu verwechseln.[43] Andere meinen, diese Gefahr habe sich bei einer solchen begrifflichen Unklarheit bereits verwirklicht. Jede argumentative Kontrolle darüber, welche normativen Gehalte dem Recht unterlegt werden, gehe verloren; um genau diese Kontrolle müsse es der Rechtswissenschaft aber gehen.[44]

Ein anderer Kritikpunkt hat verfassungsvergleichende Elemente. Denn es verwundert kaum, dass einige meinen, *Häberles* Forderung nach einer Rechtswissenschaft als Kulturwissenschaft unterliege die „Idee einer ‚gelingenden' und deswegen relevanten Kultur".[45] *Häberle* antizipiert die Kritik des naiven Fortschrittsoptimismus und verwahrt sich dagegen.[46] Doch obwohl er gegen schlichte Teleologien Position bezieht, holt *Häberle* die begriffliche Unklarheit seines Kulturbegriffs hier wieder ein. Denn außer der Bezugnahme auf *Hermann Heller* findet sich in seinem Werk nichts, was der begrifflichen Präzisierung seines Unterfangens dienen könnte.[47] Wenn *Häberle* statt vom Fortschritt vom „Teilfortschritt" spricht und sein Wissenschaftsverständnis zwar nicht als optimistisch, aber doch als „gedämpft optimistisch" bezeichnet, legt dies in der Tat den Gedanken nahe, der Unterschied zum Fortschrittsoptimismus sei nicht kategorial, sondern nur graduell.[48] Dies scheint auch die Rezeption älterer, noch unumwunden fortschritts-

---

[39] *Häberle* (Fn. 10), S. 1.
[40] *Pieroth* (Fn. 33), S. 402 f.
[41] T. *Gutman*, Recht als Kultur?, 2015, S. 43.
[42] *Voßkuhle/Wischmeyer* (Fn. 16), S. 426.
[43] *Voßkuhle/Wischmeyer* (Fn. 16), S. 426, sehen darin vor allem eine theoretische Herausforderung für die Rechtsanwendungslehre.
[44] *Gutman* (Fn. 41), S. 43.
[45] *Voßkuhle/Wischmeyer* (Fn. 16), S. 427.
[46] *Häberle* (Fn. 10), S. 173.
[47] Für die Bezugnahme auf *Heller* s. bereits oben → Fn. 27.
[48] *Häberle* (Fn. 10), S. 360 f.; s. auch S. 558: Entwicklung der Texte verfassungsstaatlicher Verfassungen und mit ihnen der Typus Verfassungsstaat laufe in einer Art gestufter Evolution ab.

optimistischer rechtsvergleichender Literatur in seinem Werk zu bestätigen. So schreibt *Häberle* etwa über *Josef Kohler*: „Mag sein Ansatz auch *zu stark* vom Fortschrittsdenken geprägt sein [...], er bleibt im übrigen aktuell".[49]

Der Textstufen-Vergleich stößt aus weiteren Gründen auf Kritik. Er gehe davon aus, dass die Texte von Verfassungen in allen Rechtsordnungen ähnlich relevant seien wie in der deutschen.[50] Bereits das Beispiel der Vereinigten Staaten zeige aber, dass man dort teilweise sogar die Bindungswirkung von Verfassungstexte ohne ebendiese Texte diskutiere.[51] Diesen Unterschieden im Umgang mit Verfassungstexten könne der Textstufen-Vergleich kaum Rechnung tragen.[52]

Während sich der Textstufen-Vergleich als Teil einer kulturwissenschaftlichen Verfassungslehre in erster Linie an die deutsche Verfassungsrechtswissenschaft richtet und vor allem dort kritische Auseinandersetzungen hervorruft, führt die Transferdebatte zu methodologischen Neuorientierungen in der juristischen Komparatistik.

2. Kritik des Transplantats und Transplantat der Kritik: produktive Irritation der juristischen Komparatistik

Die Debatte in den 1990er-Jahren darum, ob Transplantate möglich seien, gilt heute als „Meilenstein" im Diskurs um Transfers.[53] Tatsächlich hat der Streit zwischen *Alan Watson* und *Pierre Legrand* das Bewusstsein dafür ge-

---

[49] *Häberle* (Fn. 10), S. 314 mit Fn. 257, unter Verweis auf *J. Kohler*, Das Recht als Kulturerscheinung, 1885, präzisiert in *Kohlers* mit kleinen Abänderungen veröffentlichtem Vortrag anlässlich des Rechtsvergleichungskongresses in Paris im Jahr 1900, *ders.*, Über die Methode der Rechtsvergleichung, [Grünhut's] Zeitschrift für das Privat- und öffentliche Recht der Gegenwart 28 (1901), S. 273 (281 ff.); wiederabgedruckt in: K. Zweigert/H. J. Puttfarken (Hrsg.), Rechtsvergleichung, 1978, S. 18 (26 ff.).

[50] *S. Baer*, Verfassungsvergleich und reflexive Methode: Interkulturelle und intersubjektive Kompetenz, ZaöRV 64 (2004), S. 735 (743 f.). Nicht spezifisch auf das vergleichende Verfassungsrecht bezogen, sondern auf die empirische Erforschung von Normen *C. Möllers*, Die Möglichkeit der Normen, 2015, S. 437: „Es muss kein Fehler sein, mit dem Text einer Verfassung zu beginnen, um ein politisches System zu beschreiben. Trotzdem ist bei einem solchen Vorgehen Vorsicht geboten [...]. Vermutlich fange ich in einer legalistischen Kultur wie der deutschen mit der Beschreibung der Verfassung mehr vom politischen System ein als in einer weniger legalistischen wie der französischen [...]. Die Frage, welche Relevanz eine formalisierte Normenordnung hat, lässt sich durch die Untersuchung der Normenordnung allein nicht beantworten".

[51] So, unter Verweis auf *N. Dorsen* u. a., Comparative Constitutionalism, 2003, S. 157 ff.; s. dazu *Baer* (Fn. 50), S. 743 f. mit Fn. 26.

[52] *Baer* (Fn. 50), S. 743 f., betont, die Konfrontation mit der Unterschiedlichkeit im Umgang mit Verfassungstexten gehöre zu den Fremdheitserfahrungen rechtsvergleichender Arbeit, mit denen aktiv und produktiv umzugehen wäre.

[53] *Foljanty* (Fn. 3), S. 91.

schärft, dass sich die wissenschaftliche Analyse von Transfer-Vorgängen nicht von selbst versteht. Anders als früher dreht sich der Streit nicht mehr um das Ausmaß der Übertragbarkeit, sondern stellt die Übertragbarkeit überhaupt in Frage.[54] In der Folge kommt es zu einer methodologischen Selbstvergewisserung der Rechtsvergleicherinnen, die sich mit Transfers beschäftigen – dies veranschaulicht etwa die Vielzahl an neuen Metaphern, die zur Beschreibung des Transfer-Phänomens vorgeschlagen werden.[55]

Anlass für die Debatte, ob Rechtstransplantate möglich sind oder nicht, war das Erscheinen der zweiten Auflage von *Watsons* Buch zu diesem Thema.[56] Während *Watson* Rechtstransplantate als zentral für das Recht ansieht, hält *Legrand* sie für unmöglich. *Legrand* wirft *Watson* vor, sein Verständnis von Rechtstransplantaten sei simplifizierend. Die Bedeutung von Recht könne nicht völlig akontextuell bestimmt werden.[57] Epistemologische Annahmen, die für Auslegung und Anwendung von Recht zentral seien, seien historisch und kulturell bedingt.[58] *Watson* hält dem entgegen, „historische Fakten und Denkgewohnheiten" begrenzten die Transplantierbarkeit keineswegs, dies zeige die Rechtsgeschichte eindrücklich.[59] Dies bestreitet *Legrand* wiederum vehement und zieht eine Parallele zur Übersetzung eines Textes. Um einen Text so zu übersetzen, dass man seine Bedeutung in keiner Weise ändere, müsse man nicht einen einzigen Begriff, sondern auch die ihn umgebende Sprache in die Zielsprache übernehmen; letztlich müsse man also auch die Leserschaft ‚transferieren'.[60]

Mit dem Bild der Übersetzung greift *Legrand* eine Metapher heraus, die in jüngerer Zeit auch in Deutschland wieder fruchtbar gemacht wird.[61] Teils

---

[54] S. dazu sogleich im Haupttext → § 9 I 2.
[55] *Foljanty* (Fn. 3), S. 94.
[56] *Watson* (Fn. 13).
[57] P. *Legrand*, What „Legal Transplants"?, in: D. Nelken/J. Feest (Hrsg.), Adapting Legal Cultures, 2001, S. 55 (58). Zur rechtstheoretisch informierten Kritik *Legrands* s. unten nach → § 9 II 2.
[58] *Legrand* (Fn. 57), S. 58, unter Verweis auf H.-G. Gadamer, Wahrheit und Methode, 4. Aufl. 1975, und den von ihm geprägten Begriff des Vorverständnisses.
[59] *Watson* (Fn. 13), S. 96. Allerdings begrenzt *Watson* seine Erkenntnisse ausdrücklich auf das Privatrecht, s. ders., Society and Legal Change, 1977, S. IX.
[60] *Legrand* (Fn. 57), S. 60 f.
[61] T. Duve, Von der Europäischen Rechtsgeschichte zu einer Rechtsgeschichte Europas in globalhistorischer Perspektive, Rechtsgeschichte 20 (2012), S. 18 (54 f.). Nach *Foljanty* (Fn. 3), S. 95 f., ist das Potential der Metapher nach ihrer aktuellen Gebrauchsweise entscheidend. Die Übersetzungsmetapher könne den Fokus der rechtsvergleichenden Diskussion auf Transformationen in der Tiefenstruktur des Rechts lenken. Bisher sei die Diskussion zu stark einer Vogelperspektive auf das Recht verhaftet, das Recht scheine zusammengesetzt aus verschiedenen, isolierbaren Elementen, die auf Reisen gehen; durch den Übersetzungsbegriff könne der Blick für die Prozessualität von Transfervorgängen geöffnet werden und Dichotomien zwischen gebender und nehmender Seite kritisch über-

werden auch Parallelen zu gemeinrechtlichen Begriffen in lateinischer Sprache in der frühen Neuzeit gezogen, die damals selten übersetzt worden sind und dann zu metaphorischen Begriffen wurden; heute stelle sich eine ähnliche Übersetzungsproblematik.[62] Etymologisch eng verwandt sei die Übersetzung mit zwei weiteren Metaphern. Der Transfer und auch das aus der Musik bekannte Transponieren wurden bereits im 16. Jahrhundert austauschbar mit dem Begriff der Übersetzung verwendet.[63] Als Metapher in der juristischen Komparatistik sind die Rezeption und – etwas später – das Rechtstransplantat wohl die Begriffe, die in jener Zeit am geläufigsten sind, in der noch nicht so stark um Metaphern gerungen wird.[64] Später betonen Wissenschaftler eher das Element der Bewegung, wie etwa bei der Diffusion und teilweise auch bei der Migration.[65] Bei Letzterer steht, wie bei der métissage und der Hybridisierung jedoch zusätzlich auch der Umstand im Mittelpunkt, dass der beschriebene Vorgang das Recht nicht unverändert lässt.[66] Dies gilt umso mehr für die Rechtsirritationen, bei der die Wechselwirkungen mit und Veränderungen durch die neue Rechtsordnung betont werden.[67] Die Verwen-

---

dacht werden. *Dies.*, a. a. O., S. 97 mit Fn. 40, betont, Übersetzung sei auch in den Kulturwissenschaften zu einem Begriff geworden, der eine Beschreibung von Kulturkontakten jenseits geschlossener, sich gegenüberstehender Entitäten ermögliche (translational turn).

[62] *K. A. Modéer*, Lebende Ruinen des Rechts, Rechtsgeschichte 19 (2011), S. 228 (229).

[63] *Foljanty* (Fn. 3), S. 94 f., unter Verweis auf *W. Grimm/J. Grimm*, Art. Transferieren, in: dies., Deutsches Wörterbuch, Bd. 21, 1935, Sp. 1237 (1237 f.).

[64] S. statt vieler für das legal transplant *Watson* (Fn. 13); kritisch *M.-T. Fögen/G. Teubner*, Transfer, Rechtsgeschichte 7 (2005), S. 38 (42), die a. a. O., S. 44, aus systemtheoretischer Sicht Zweifel am Transfer äußern und den Prozess als Resignifikation beschreiben. Für eine Verwendung des Rezeptionsbegriffs s. *Häberle* (Fn. 10), S. 462 f., der jedoch deutlich macht, dass er sich der problematischen Heuristik, die die Rezeptions-Metapher mit sich bringt, bewusst ist: Sprachlich lege der Begriff Rezeption nahe, dass dem Akt der schöpferischen, aktiven Produktion woanders ein passiver, allenfalls „nachschöpferischer" Prozess nachfolge; allerdings sei, was oft als bloß passive Rezeption erscheine, näher und „im Laufe der Zeit" beobachtet, ein kreativer Vorgang: Rezeption sei als „schöpferische Re-Produktion" zu verstehen. Der Begriff der Re-Produktion sei gegenüber dem der Rezeption zu bevorzugen, da er den Kontext, das komplexe Ensemble, die den fremden Text umgeben, erfasse. Krit. gegenüber dem Begriff der Rezeption *Foljanty* (Fn. 3), S. 94; s. auch *Duve* (Fn. 61), S. 52 f., m. w. N. zu den Implikationen des Rezeptions-Begriffs im Lichte der Forschungstradition des 20. Jahrhunderts.

[65] Für die Migration s. *S. Choudhry*, Migration as a new metaphor in comparative constitutional law, in: ders. (Hrsg.), The Migration of Constitutional Ideas, 2006, S. 1 ff.; für die Diffusion s. etwa *P. Dann/F. Hanschmann*, Postkoloniale Theorien, Recht und Rechtswissenschaft, KJ 2012, S. 127 (130); *Zoller* (Fn. 5), S. 13 f.; *F. Schauer*, On the Migration of Constitutional Ideas, Connecticut Law Review 37 (2004–2005), S. 907 ff.

[66] So spricht etwa *Ponthoreau* (Fn. 5), S. 25, von métissage; *G. Preyer/R.-M. Krauße*, Rechtliche Kommunikation in der chinesischen Gegenwartsgesellschaft als normativ-faktischer Ausgleich ohne Gleichheit, Rechtstheorie 43 (2012), S. 403 (405 ff.), sprechen von Hybridisierung.

[67] *G. Teubner*, Rechtsirritationen, in: G. Dux/F. Welz (Hrsg.), Moral und Recht im

dung der jeweiligen Metaphern geschieht äußerst vorsichtig, und jedenfalls vom Ende der 1990er-Jahre an kaum je ohne Argumente für das eigene und wider ein anderes Sprachbild.[68]

Das zeigt, dass der Streit um die passende Metaphorik auf ein tieferliegendes Problem hindeutet, die Wahl des wissenschaftlichen Zugriffs, des Forschungsdesigns. So wird etwa die Übersetzungsmetapher nicht damit begründet, dass sie eine etymologische Neuerung sei, sondern ein produktiver Anstoß für eine Änderung des wissenschaftlichen Zugriffs. Glatte Metaphern wie die des Transplantats, das nur abgestoßen oder angenommen werden könne, suggertierten, dass das Recht aus isolierbaren Elementen zusammengesetzt sei. Diese Vogelperspektive auf das Recht solle abgelöst werden durch eine Fokussierung auf die „Tiefenstruktur des Rechts".[69]

Doch was ist damit gemeint? Der Begriff der Übersetzung lenke den Blick auf die Prozesshaftigkeit von Transfervorgängen, auf grundlegende Denkstrukturen und Denktraditionen, Möglichkeiten und Grenzen einer juristischen Sprache und die rechtliche Sozialisierung der Akteure. Die Metapher der Übersetzung will mehr sein als eine weitere bildhafte Umschreibung. Mit ihr verknüpft ist das Postulat, den wissenschaftlichen Fokus auf Transfervorgänge mit einer völlig anderen Forschungsperspektive neu auszurichten.[70]

Auch der Streit zwischen *Legrand* und *Watson* ist mit der Frage nur unzureichend beschrieben, ob Rechtstransplantate nun möglich oder unmöglich sind. Abgesehen von fundamentalen Unterschieden in ihrem Rechtsverständnis dreht sich die Kontroverse auch um das methodologische Anliegen der Rechtsvergleichung.[71] Das zeigt auch der Vergleich mit der Debatte kurz nach dem Erscheinen der ersten Auflage von *Watsons* Buch über Rechtstransplantate. Anders als später *Legrand* in Bezug auf die zweite Auflage ist

---

Diskurs der Moderne, 2001, S. 351 (353). S. auch seinen bereits zuvor auf Englisch veröffentlichten Beitrag: *G. Teubner*, Legal Irritants: Good Faith in British Law or How Unifying Law Ends Up in New Divergences, Modern Law Review 61 (1998), S. 11 ff.

[68] Dies steht in starkem Kontrast etwa zur Metaphorik des Gesellschaftskritikers *Guo Yidong*, der die Metapher vom „Sojasoßenfass" prägt: Kulturelle Einflüsse, die von außerhalb Chinas stammen, werden darin so lange eingelegt, bis sie einen einheitlichen Geschmack angenommen haben. Anders als in seiner Gesellschaftskritik scheint es im wissenschaftlichen Diskurs auf jede Nuance der Heuristik anzukommen, die die gewählte Metapher transportiert. S. *Guo Yidong [Bo Yang]*, The Ugly Chinaman, verfügbar unter <https://www.thechinastory.org/yearbooks/yearbook-2013/forum-counting-and-corruption/the-ugly-chinaman/> (zuletzt aufgerufen am 15. 3. 2022).

[69] *Foljanty* (Fn. 3), S. 95.

[70] *Duve* (Fn. 61), S. 54 ff.

[71] Zu den rechtstheoretischen Implikationen s. unten → § 9 II; s. auch *Foljanty* (Fn. 3), S. 92, die betont, letztendlich gehe es in der Debatte darum, welche Forschungsfragen sinnvollerweise an interkulturell vermittelte Rechtsbildungsprozesse gestellt werden sollten.

die damalige Kritik *Otto Kahn-Freunds* weit weniger radikal.[72] Er warnt davor, stets von der Transplantierbarkeit auszugehen und ruft *Montesquieus* mittlerweile klassische Warnung in Erinnerung, der es als „großen Zufall" bezeichnet hat, wenn ein Gesetz auch für ein anderes Land als passend erscheine.[73] Die fundamentalen Zweifel *Legrands* führen dagegen zu Warnungen in der Komparatistik. Indem man Zweifel an der ‚Transplantierbarkeit' rechtlicher Institute äußere, laufe man Gefahr, ein zentrales Phänomen zu verkennen. Rechtssysteme erlauben transkulturelle Diskussionen und Wandel, sie ändern sich ständig aufgrund transkultureller Einflüsse.[74] Wie mit dem Phänomen umzugehen ist, bleibt dennoch umstritten. Werden Transplantate als Indizien für den Einfluss einer ‚Mutterrechtsordnung' herangezogen, als Vorstufe zu Rechtskreisbildungen, werden Zweifel laut. Reflektiert ein rechtsvergleichender Ansatz die Kolonialvergangenheit und ihre Nachwirkungen angemessen, wenn er sein Hauptanliegen darin sieht, Einflüsse über Raum und Zeit zu kartographieren?[75] Welche Folgen hat andererseits die Annahme uniformer und gegeneinander abgeschotteter Rechtskulturen, zwischen denen Dialog und gegenseitiges Verständnis kaum mehr möglich ist?[76] Transfers werden in den letzten Jahren auch aus ganz anderem Blickwinkel untersucht: als Ansatzpunkt für Wirkungsforschung etwa.[77] Andere betonen, die Debatte bedürfe dringend konzeptioneller Verfeinerung. So müssten die empirischen Grundannahmen sowohl bei *Watson* als auch bei *Legrand* in Frage gestellt werden.[78] Die Debatte dürfe nicht wie bisher in einer falschen Dichotomie zwischen Kontext und Autonomie des Rechts verharren.[79]

---

[72] *O. Kahn-Freund*, On Uses and Misuses of Comparative Law, Modern Law Review 37 (1974), S. 1 (6 f.).

[73] *Montesquieu*, L'Esprit des lois, Bd. 1, 1836, S. 15 f.: „Elles [les lois] doivent être tellement propres au peuple pour lequel elles sont faites que c'est un très grand hasard si celles d'une nation peuvent convenir à une autre" („Sie [die Gesetze] müssen dem Volk, für das sie gemacht sind, so eigen sein, dass es ein sehr großer Zufall wäre, wenn diejenigen einer Nation einer anderen zusagen").

[74] *J. Q. Whitman*, The neo-Romantic turn, in: P. Legrand/R. Munday (Hrsg.), Comparative Legal Studies: Traditions and Transitions, 2003, S. 312 (342).

[75] *Foljanty* (Fn. 3), S. 91.

[76] *J. Schacherreiter*, Das Verhängnis von Ethnozentrismus und Kulturrelativismus in der Rechtsvergleichung, RabelsZ 77 (2013), S. 272 (285), kritisiert *Legrands* Auffassung als eine, die letztlich in Kulturrelativismus münde.

[77] *P. Cancik*, Die Rezeption neuer Verfassungsregelungen, JöR n. F. 55 (2007), S. 151 (156 f.), die in ihrem Beitrag die Verfassungen der Bundesländer vergleicht.

[78] *Teubner* (Fn. 67), Rechtsirritationen, S. 360 mit Fn. 28.

[79] *Teubner* (Fn. 67), Rechtsirritationen, S. 360. Auch *Zoller* (Fn. 5), S. 25, betont, die wissenschaftliche Verfassungsvergleichung sei noch immer im Stadium der Reflexionen und auf der Suche nach Theorien, um das Phänomen der Rechtsmigrationen einzufangen.

Beide Spielarten des Transferdiskurses, *Häberles* Textstufen ebenso wie die Kontroverse um die Möglichkeit von Rechtstransplantaten, dienen der Wissenschaft als Vehikel methodologischer Reflexion. Transfers werden aber auch in Bezug auf ihre Rolle für die Neubildung rechtlicher Normen untersucht. Es wird darum gestritten, was – wenn er denn existiert – Kern des Rechts und dessen Entstehung ist. So wird in jüngster Zeit in der Transferforschung die Frage aufgeworfen, wie sich die Idee eines universellen Kerns des Rechts jenseits lokaler Ausprägungen überhaupt herausbilden konnte.[80] Damit ist die Frage gestellt, die den zweiten Teil des Kapitels leitet: Was trennt und was verbindet die Transferforschung mit der Diskussion um ein regionales oder gar globales Gemeinrecht?

II. Transfer, Gemeineuropäisches Verfassungsrecht und globaler Konstitutionalismus – mehr Trennendes als Verbindendes

Mit dem Konstitutionalismus auf europäischer oder auf globaler Ebene ist ein Phänomen angesprochen, das die Wissenschaft etwa seit den 1980er-Jahren weit über Frankreich und Deutschland hinaus beschäftigt. Es handelt sich dabei um ein Konzept, um das besonders in der Völker- und Europarechtswissenschaft leidenschaftlich gestritten wird und dessen verschiedene Spielarten Bücher füllen würden. Was rechtfertigt es dann, es als Teil des Transfer-Diskurses der Verfassungsvergleichung zu behandeln?[81] Im Kontext dieser Arbeit geht es darum, eine Beziehung zwischen dem aktuell viel diskutierten Thema des Konstitutionalismus jenseits des Staates und dem Klassiker des Verfassungstransfers herzustellen.[82] Der Hintergrund dieser gemeinsamen Betrachtung ist, dass Transfers Voraussetzung für viele Spielarten des Gemeinrechts sind. Denn diese werden durch Transfer auf eine abstraktere Ebene gebildet. Beide Phänomene werfen zudem rechtstheoretische Probleme auf. Daher soll in diesem Teil des Kapitels die Frage im Mittelpunkt stehen, welche verbindenden Elemente es gibt, oder ob das Trennende im Transferdiskurs vorherrscht.

---

[80] *Foljanty* (Fn. 3), S. 106.

[81] Wie in allen anderen Diskursen, die in dieser Untersuchung analysiert werden, kann auch hier das Ziel nicht darin bestehen, einen ‚vollständigen' Überblick über die Literatur zu einem Thema zu geben, zumal die Kriterien jeglicher ‚Vollständigkeit' mehr als unklar sind.

[82] So betont etwa auch *Ponthoreau* (Fn. 5), S. 21, das klassische Thema der „Rechtsleihen" werde heute in völlig neuem Kontext, nämlich dem der rechtlichen Globalisierungsphänomene, gestellt.

1. Berührungspunkte von Transfer und Konstitutionalismus

Sowohl das Gemeineuropäische Verfassungsrecht als auch die Spielarten des Globalen Konstitutionalismus, die hier im Mittelpunkt stehen, beruhen auf speziellen Transferprozessen.[83] *Peter Häberle* stellt für das Gemeineuropäische Verfassungsrecht klar, es entstehe oder bestätige sich „durch Rezeptionen".[84] Das Gemeineuropäische Verfassungsrecht stellt also eine Art regionalen Konstitutionalismus dar.[85] Auch der globale Konstitutionalismus beschreibt, wie gemeinsame Verfassungsstandards aus dem Zusammenhang des jeweiligen staatlichen Verfassungsrechts gelöst werden, und als Rahmenordnung die Interpretation und Entwicklung einer überstaatlichen Ordnung leiten sollen.[86]

Dabei steht nicht im Vordergrund, einzelstaatliche Doktrinen einseitig zu übertragen. Für das Gemeineuropäische Verfassungsrecht solle aus allen europäischen Verfassungen ein „gemeinsame[r] Nenner" gebildet werden.[87] Die Perspektive der Rezeption sei also eine ganz andere. Zentral sei die Fortentwicklung in einem pluralistisch-offenem, europäischen Verfassungsdiskurs.[88]

---

[83] Damit sind etwa die Konstitutionalisierungsdiskussionen des Völkerrechts und des Europarechts nicht primärer Gegenstand der Untersuchung, zumindest soweit Teile des europa- oder völkerrechtlichen Normenbestands als europäisches oder globales Verfassungsrecht proklamiert werden. Zur These, Teile des völkerrechtlichen Normenbestands seien politisches Globalverfassungsrecht, s. etwa *A. Fischer-Lescano*, Die Emergenz der Globalverfassung, ZaöRV 63 (2003), S. 717 (722).

[84] *Häberle* (Fn. 32), Verfassungslehre, S. 464; *ders.* (Fn. 32), Europa in kulturverfassungsrechtlicher Perspektive.

[85] Es wird von *Häberle* (Fn. 32), Europa in kulturverfassungsrechtlicher Perspektive, bereits zu Beginn der 1980er-Jahre ins Gespräch gebracht, zuerst noch auf den Bereich der Grundrechte bezogen. *Ders.* schlägt diese neue Form des Gemeinrechts auch für andere Regionen vor, etwa Lateinamerika und Asien, s. nur *ders.*, Mexiko – Konturen eines gemeinamerikanischen Verfassungsrechts – ein jus commune americanum, JöR n. F. 52 (2004), S. 581.

[86] S. *A. Wiener* u. a., Editorial. Global constitutionalism, Global Constitutionalism 1 (2012), S. 1 ff., welche die Strömung des globalen Konstitutionalismus nach Schulen gliedern und die „normative school" so beschreiben. Mein Anliegen in diesem Kapitel besteht nicht darin, alle Strömungen des Global Constitutionalism abschließend darzustellen, was bei der Fülle an Ausfüllungsangeboten dieses Begriffs auch ein unmögliches Unterfangen wäre. Stattdessen geht es mir darum, einen Bogen vom Diskurs um Transfers über den des europäischen Gemeinrechts hin zum Globalen Konstitutionalismus zu spannen. Dafür greife ich auf einige exemplarische Beispiele zurück, die besonders im französischen und deutschen verfassungsvergleichenden Diskurs auf Resonanz gestoßen sind.

[87] *P. Häberle*, Gemeineuropäisches Verfassungsrecht, EuGRZ 1991, S. 261 (263). A. A. *H. Gaudin/D. Rousseau*, Le droit constitutionnel européen en débat, RDP 2008, S. 721 (723), für die europäisches Verfassungsrecht gerade nicht das Recht ist, bei dem es um eine komparative Untersuchung des Rechts der europäischen Nationalstaaten gehe.

[88] *M. Kotzur*, Föderalisierung, Regionalisierung und Kommunalisierung als Struktur-

Jacques Chevallier, der von globalisiertem Recht spricht, betont dagegen die entgegengesetzte Wirkung auf das nationale Recht. Die Globalisierung führe dazu, dass staatliche Rechtsordnungen sich verändern. Oft wolle man an der Errichtung eines Korpus von Regeln und Prinzipien mitwirken, der unter dem Siegel des Universalismus stehe. Dadurch würden Partikularismen seltener und staatliches Recht nun häufig von einem gemeinsamen Nenner überschrieben.[89]

Dieser gemeinsame Nenner, den sowohl *Häberle* als auch *Chevallier* ansprechen, darf freilich nicht darüber hinwegtäuschen, dass es ihnen nicht darum geht, eine kohärente, transnationale Rechtsordnung zu beschreiben, die den nationalen übergestülpt werde.[90] Obwohl sich beide auf die Universalität des Konstitutionalismus berufen, den sie analysieren, sei dieser „kein Weltrecht oder Weltstaat".[91]

Die These, der gemeinsame Nenner führe zum Abbau von Partikularismen und also zu größerer Konvergenz, ruft jedoch Widerspruch hervor. Die Frage sei doch, inwiefern es zu einer tiefen Konvergenz und oberflächlichen Divergenzen komme, und inwiefern es auch andersherum sein könne.[92] Deutsche und französische Verfassungsrechtswissenschaft beziehen sich in der Debatte kaum je aufeinander, während Literatur aus dem angloamerikanischen Raum die Diskussion beiderorts prägt. Dies spiegeln auch die Begriffe wider. Das ‚droit commun' oder ‚Gemeinrecht' weicht immer öfter Varianten eines regionalen oder globalen ‚Konstitutionalismus'.

Transfers spielen in der Entstehung eines europäischen oder globalen ius commune eine große Rolle; darin liegt aber nicht der einzige Berührungspunkt. Eine weitere Gemeinsamkeit liegt darin, dass umstritten ist, wie man diese Phänomene unter rechtstheoretischen Gesichtspunkten begreifen muss. Die Perspektiven sind jedoch unterschiedlich und spiegeln die oben herausgearbeiteten methodologischen Konfliktlinien der Transferdebatte in groben Zügen wider: Zum einen stehen die Prämissen des *Vorgangs* des Transfers zur Diskussion. Zum anderen diskutiert die Wissenschaft das *Resultat* des Transfers, den globalen oder europäischen Konstitutionalismus, dessen theoretische Einordnung Schwierigkeiten bereitet.

---

prinzipien des europäischen Verfassungsraumes, JöR n. F. 50 (2002), S. 257 (259 mit Fn. 12), unter Verweis auf *Jürgen Habermas'* Kommunikations- und Diskurstheorie.
[89] *Chevallier* (Fn. 5), S. 38.
[90] *Chevallier* (Fn. 5), S. 39.
[91] P. *Häberle*, Universaler Konstitutionalismus aus nationalen und völkerrechtlichen Teilverfassungen – sieben Thesen, JöR n.F. 62 (2014), S. 417 (418 f.).
[92] *Ponthoreau* (Fn. 5), S. 25.

2. Veränderung statt Fortschreibung der Perspektive

Eine Deutung der bereits erwähnten Transfer-Debatte zwischen *Watson* und *Legrand* liegt darin, sie als Streit um die Funktionsweise von Recht aufzufassen.[93] Indem *Legrand* Transfers in Frage stellt, lenkt er gleichzeitig die Aufmerksamkeit darauf, vor welche Herausforderungen dieser Prozess den Rechtsbegriff stellt. Denn er baut seine These, Rechtstransplantate seien unmöglich, auf einer Kritik an *Watsons* Rechtsverständnis auf. Dieser verstehe das Recht als formalistisches Regelsystem von Gesetzestexten und Gerichtsurteilen.[94] Das Recht werde mit Regeln gleichgesetzt, die Regel wiederum mit einem propositionalen Gehalt. *Legrands* weitere Ausführungen lassen darauf schließen, dass er mit Proposition den semantischen Gehalt des Satzes meint.[95] Denn auf diesen kommt er in seiner Kritik an *Watson* als wesentlichen Punkt zurück.[96] Jede Regel, die dieser Bezeichnung gerecht werden wolle, habe eine Bedeutung, also einen semantischen Gehalt. Auch wenn die Bedeutung sich aus der Regel ergebe und ihre – zumindest virtuelle – Existenz daher schon vor der Interpretation vorausgesetzt werden müsse, sei keine Rechtsregel je völlig selbsterklärend. Die Bedeutung einer Regel sei aber nur bis zu diesem Grad akontextuell zu verstehen. Viel wichtiger sei jedoch die Bedeutung, die erst zutage trete, wenn die Rechtsanwenderin die Regel auslege. Denn dann zeige sich, dass die Bedeutung von epistemischen Vorannahmen geprägt sei, die wiederum historisch und kulturell bedingt seien. Inspiriert von der These, Recht sei ein komplexes kulturelles Phänomen, werden auch andere Fragen laut. Zu nennen ist etwa die, warum Rechtsbildungsprozesse, die sich unter dem Einfluss anderer Rechtskulturen vollzogen haben, überhaupt als spezifische Form der Entstehung von Recht diskutiert werden.[97] Wenn die Bedeutung ohnehin immer an den diskursiven und kulturellen Rahmen gebunden sei, warum interessiere es dann überhaupt, woher sie komme?[98]

Auch beim globalen und europäischen Konstitutionalismus werden die rechtstheoretischen Prämissen virulent. Die Verfassung ist ohne den Staat, den sie verfasst, ein Phänomen, das den Rechtsbegriff vor große Herausforderungen stellt. Probleme bereitet hier allerdings nicht in erster Linie der

---

[93] *Foljanty* (Fn. 3), S. 92.
[94] *Legrand* (Fn. 57), S. 56.
[95] Zu anderen Verwendungsweisen in der zeitgenössischen Philosophie und Kritik des Verständnisses als semantischem Gehalt s. *M. McGrath/D. Frank*, Propositions, in: E. N. Zalta (Hrsg.), The Stanford Encyclopedia of Philosophy (Spring 2018 Edition), <https://plato.stanford.edu/archives/spr2018/entries/propositions/> (zuletzt abgerufen am 15.3.2022).
[96] *Legrand* (Fn. 57), S. 57 f.
[97] *Foljanty* (Fn. 3), S. 92.
[98] *Foljanty* (Fn. 3), S. 92.

Prozess, der – wie seine Befürworter meinen – zu einem ius commune führe. Es ist vielmehr das Resultat, also das Gemeinrecht selbst, um dessen theoretisches Verständnis Streit herrscht.[99] Besonders die französische Rechtswissenschaft versucht, den neuen Herausforderungen mit einem netzwerkartigen Rechtsverständnis beizukommen.[100] *Mireille Delmas-Marty* etwa schreibt, das Staatsgebiet als Herrschaftsraum des Rechts werde heute durch eine Vielzahl von Netzen von Normen überlagert. Diese regelten die Interaktion von Akteuren und wirkten auf globaler Ebene. Statt einer kohärenten, transnationalen Rechtsordnung lägen „transnationale Netze" vor.[101] Ein so verstandenes Gemeinrecht sei ein epistemologischer Bruch mit dem herkömmlichen juristischen Denken, das eine geeinte und hierarchische Ordnung voraussetze.[102] Das „Wirrwarr von Normen in polyzentrischem Raum" berge sogar das „Risiko einer normativen Katastrophe".[103] Rechtseinheit fehle völlig und außerdem sei im ius commune eine gefährliche Kombination angelegt. Vereinheitlichung, die Konformität erfordere, bestehe neben bloßer Umsetzung, die Differenz zulasse. In der Konsequenz führe das dazu, dass das neue Gemeinrecht als Referenzsystem brüchig werde. Damit stelle sich auch die Frage, ob ein derart inkohärentes Gemeinrecht objektiv genug bleibe, um den Anforderungen der formellen Geltung von Rechtssystemen zu entsprechen, die Vorhersehbarkeit von Entscheidungen impliziere.[104] Einige sehen deswegen kein Gemeinrecht, sondern eine öffentliche Gewalt, die in zahlreiche unverbundene Institutionen mit eng begrenzten Zuständigkeitsbereichen zerfällt und deren rechtliche Regulierung in unverbundenen Teilordnungen stattfindet.[105] Andere flüchten sich für die rechtstheoretische Einordnung des Gemeinrechts ins Ungefähre. „Es soll nicht starr unitarisieren, es soll hinter dem ‚positiven Recht' ‚undogmatisch' greifbar werden", so *Häberle*, der für das Gemeineuropäische Verfassungsrecht hinzufügt, es solle arbeitsteilig den Durchgriff zum Rechtsethischen erleichtern und den Durch-

---

[99] S. etwa *M. Kumm*, The Cosmopolitan Turn in Constitutionalism: On the Relationship Between Constitutionalism in and Beyond the State, in: J. L. Dunoff/J. P. Trachtman (Hrsg.), Ruling the World?, 2009, S. 258 (264), der seinen „kosmopolitischen Konstitutionalismus" als „grundlegenden konzeptionellen Rahmen für eine allgemeine Theorie des öffentlichen Rechts" versteht, der sowohl nationalem als auch internationalem Recht zugrunde liege.

[100] *Ponthoreau* (Fn. 5), S. 21; *M. Delmas-Marty*, Les processus de la mondialisation du droit, in: C.-A. Morand (Hrsg.), Le droit saisi par la mondialisation, 2001, S. 66.

[101] *Delmas-Marty* (Fn. 100), S. 66. Zur Ablehnung des europäischen bzw. globalen Konstitutionalismus als transnationale Rechtsordnung, die der nationalen übergestülpt werde, s. o. → § 9 II 1, nach→ Fn. 78.

[102] *Delmas-Marty* (Fn. 100), S. 73.

[103] *Delmas-Marty* (Fn. 100), S. 65.

[104] *Delmas-Marty* (Fn. 100), S. 73.

[105] *D. Grimm*, Die Zukunft der Verfassung, Bd. II, 2012, S. 90 f.

blick auf das Rechtskulturelle eröffnen. Freilich verweist er noch auf zwei Gewährsmänner. Zum einen betont er das „*Prinzipienhafte* des gemeineuropäischen Verfassungsrechts", nicht ohne dafür *Robert Alexy* heranzuziehen.[106] Zum anderen lehnt sich *Häberle* an *Josef Esser* an, der mit seinem Werk ‚Grundsatz und Norm' bereits in den 1950er-Jahren Pionierarbeit auf dem Feld des gemeineuropäischen Privatrechts geleistet habe.[107]

Wenn also die rechtstheoretischen Prämissen des Gemeinrechts diskutiert werden, steht nicht der Prozess seiner Entstehung, sondern das Ergebnis selbst im Zentrum. Damit ist angedeutet, dass – anders als im Titel des Kapitels angedeutet – die Forschungsperspektive vom Transfer zum globalen Konstitutionalismus nicht fortgeschrieben, sondern verändert wird. In der Tendenz ist erstere retrospektiv und letztere prospektiv. Steht der Rechts-Transfer im Vordergrund, geht es in erster Linie darum, ihn in der Rückschau zu analysieren, sei es auf seine Prozesshaftigkeit – wie etwa in der jüngeren rechtshistorischen Forschung in Deutschland –, oder auf den Einfluss bestimmter Rechtsordnungen und -figuren mit einem kartographischen Ziel.[108] Die Forschung um ein europäisches oder globales Gemeinrecht befasst sich dagegen damit, um seine Existenz und Natur zu streiten. Die Perspektive ist also weniger in die Vergangenheit als in die Zukunft gerichtet, an der die Argumente zu messen sein werden.

III. Thesen

1. Neue Formen des europäischen oder globalen Gemeinrechts werden weiterhin auch konstruiert, indem man gemeinsame Elemente aus nationalen Rechtsordnungen auf eine übergeordnete Ebene hebt. Letztlich stecken dahinter Transferbewegungen auf die überstaatliche Ebene. Dennoch werden sie kaum je mit dem Transferdiskurs in Zusammenhang gebracht.

2. Der Transferdiskurs dient seit den 1990er-Jahren als Vehikel methodologischer Reflexion. Zum einen wirkt *Peter Häberles* Textstufen-Para-

---

[106] *Häberle* (Fn. 87), S. 269 mit Fn. 76, unter Verweis auf *R. Alexy*, Theorie der Grundrechte, 1985, s. auch die teilweise wortwörtlich gleichen Passagen in *P. Häberle*, Europäische Rechtskultur, 1994, S. 33 ff.

[107] *Häberle* (Fn. 87), S. 269 mit Fn. 76, unter Verweis auf *J. Esser*, Grundsatz und Norm, 1956.

[108] Krit. gegenüber der „diffusionistischen Prägung der historiographischen Tradition", die „textsubstanzialistische Rekonstruktionen" fördere, *Duve* (Fn. 61), S. 53; s. auch bereits *E. E. Hirsch*, Die Einflüsse und Wirkungen ausländischen Rechts auf das heutige türkische Recht, in: ders., Das Recht im sozialen Ordnungsgefüge, 1966, S. 106 (107), der von dem „höchst komplizierte[n] Vorgang" spricht, „den man als ‚Rezeption fremden Rechts' zu bezeichnen" pflege.

digma, dessen Anliegen in der Analyse von Vorgängen kultureller Rezeption besteht, als Postulat einer kulturwissenschaftlichen Perspektive in die deutsche Verfassungsrechtswissenschaft zurück. Zum anderen führt der bekannte Streit zwischen *Pierre Legrand* und *Alan Watson*, der sich nur vordergründig um die Möglichkeit von Rechtstransplantaten dreht, zur methodologischen Selbstvergewisserung der Komparatistik.

3. Die Vielzahl verschiedener Metaphern und die Diskussion darüber, welche davon Transferprozesse adäquat beschreibt, zeigen, dass es beim Transferdiskurs um ein tieferliegendes Problem geht: das Forschungsdesign, mit dem Transfers in den Blick genommen werden. So soll etwa die Metapher der Übersetzung, die jüngst vorgeschlagen wurde, die Komplexität des Vorgangs veranschaulichen, an dessen Ende man von Transfers spricht. Darin liegt eine Abkehr von der Tendenz, vergangene Transferbewegungen zu kartographieren, um so den Einfluss bestimmter Rechtsordnungen zu verdeutlichen.

4. Sowohl bei den Transfers als auch beim europäischen oder globalen Gemeinrecht werden die rechtstheoretischen Prämissen des Diskurses virulent. Allerdings sind die Perspektiven unterschiedlich. Beim Diskurs um ein neues Gemeinrecht ist der Fokus nicht auf den *Vorgang* des Transfers gerichtet, sondern auf sein *Resultat*. Rechtstheoretische Fragen stellen sich also auf unterschiedlichen Ebenen.

5. Die Forschungsperspektive vom Transfer zum Globalen Konstitutionalismus wird also nicht fortgeschrieben, sondern verändert. In der Tendenz ist sie beim Transfer retrospektiv, beim Globalen Konstitutionalismus dagegen prospektiv.

6. Das Phänomen des Globalen Konstitutionalismus führt in der deutschen wie der französischen Verfassungsrechtswissenschaft zu Diskussionen. Man bezieht sich eher selten aufeinander, beide rezipieren aber sehr wohl Literatur aus dem anglo-amerikanischen Raum.

7. Die Auseinandersetzung um Transfers wirkt in die deutsche Verfassungsrechtswissenschaft stärker hinein als in die französische. Das Textstufen-Paradigma beschäftigt die deutsche Verfassungsrechtswissenschaft als Ganze seit den 1990er-Jahren, der Streit um die Forschungsperspektive auf Transfers seit den 2000er-Jahren. In der französischen Verfassungsrechtswissenschaft ist der Disput zwar bekannt, hat aber nicht zu einem vergleichbaren Impuls für die Komparatistik geführt.

§ 10
Zusammenfassung der Ergebnisse

Ziel dieses Buchs war es, sich mit der Verfassungsvergleichung wissenschaftsgeschichtlich auseinanderzusetzen. Um eine deutsch-französische Wissenschaftsgeschichte der Verfassungsvergleichung seit 1870 zu erzählen, zeichnet meine Untersuchung verschiedene Diskurse nach und nimmt zwei sich überkreuzende Blickwinkel ein, nämlich einen verfassungsrechtswissenschaftlichen und einen komparatistischen. Über die Zeit verändern sich diese Perspektiven, die Grundannahme der Untersuchung bleibt aber dieselbe. Die Verfassungsvergleichung bewegt sich im Spannungsfeld dieser beiden Pole, ohne in einem von beiden völlig aufzugehen.

Die verfassungsvergleichenden Diskurse, die meine Untersuchung rekonstruiert, brechen nicht an nationalstaatlichen Grenzen ab. Von einer deutsch-französischen Verfassungsvergleichung, die unterschiedslos von der französischen wie der deutschen Wissenschaft betrieben würde, kann dennoch keine Rede sein. Ihre Denkstile *(Ludwik Fleck)* sind, um den methodischen Zugriff der Untersuchung aufzugreifen, vergleichsweise verflochten. Bewusst oder unbewusst greifen sie Themen und Methoden auf, grenzen sich voneinander ab und beziehen sich aufeinander. Wie verflochten sie jeweils sind, und wie bewusst sie sich dessen sind, unterscheidet sich innerhalb der einzelnen Diskurse und auch zwischen den verschiedenen Diskursen.

Die drei Fragen, die diese Untersuchung beantwortet, greifen häufig ineinander. Mir ging es erstens darum, zu untersuchen, welche Themen in der Verfassungsvergleichung wann aktuell waren und warum. Zweitens habe ich danach gefragt, welche methodische Vorgehensweise jeweils gewählt wurde. Ob französische und deutsche Wissenschaftlerinnen in den jeweiligen Diskursen überhaupt miteinander geredet haben und wenn ja, wie, war die dritte und letzte Frage meiner Untersuchung.

Die vorliegende Zusammenfassung unterscheidet sich in zweierlei Hinsicht von den Gedanken, die ich bereits am jeweiligen Ende der sieben rekonstruierten Diskurse als Resümee formuliert habe. Zum einen können in der Zusammenschau zeitlich oder inhaltlich weit auseinander liegende Entwicklungen zueinander in Beziehung gesetzt werden. Ersteres war bisher bei den aus verfassungsrechtswissenschaftlicher Perspektive rekonstruierten Diskursen nicht möglich, da ihr Ordnungsgedanke – mit zeitlichen Überschneidungen ebenso wie mit zeitlichen Lücken – ein chronologischer ist. Letzterem konnte ich dagegen bei den Diskursen aus komparatistischer Perspektive nicht Rechnung tragen, da sie systematisch nach verschiedenen Problemlagen aus der Komparatistik gegliedert sind. Zum anderen können nun auch die beiden Blickwinkel, welche die Verfassungsvergleichung aus verfassungsrechtswissenschaftlicher (I) wie aus komparatistischer Perspektive (II) beleuchten, zusammengedacht werden (III). So werden die verschiedenen wissenschaftlichen Postulate in Bezug auf die Rolle und Methode der Vergleichung in der Verfassungsrechtswissenschaft besser sichtbar.

I.

1. Die Verfassungsvergleichung erweist sich – aus der Perspektive der Verfassungsrechtswissenschaften links und rechts des Rheins – als sehr wandelbar. Im letzten Drittel des 19. Jahrhunderts gilt sie vor allem als Ersatz für das naturwissenschaftliche Experiment, das den wissenschaftlichen Goldstandard der Zeit vorgibt. Die Verfassungsvergleichung liefert die Empirie, an der man glaubt, die naturgesetzliche Entwicklung des Rechts ablesen zu können (§ 3).

2. Um die Wende zum 20. Jahrhundert postuliert man die Verfassungsvergleichung dagegen als Theorie. Zum einen wird die Vergleichung auf einer Metaebene reflektiert, zum anderen kommt es zu einem Hoch der Theorie in der Verfassungsvergleichung. Deutsche Staatstheorie wird in Frankreich diskutiert, und mit der Allgemeinen Staatslehre rückt die Verfassungsvergleichung ins Zentrum einer vergleichend ausgerichteten verfassungsrechtswissenschaftlichen Strömung in Deutschland (§ 4). In Frankreich konstituiert sich die Verfassungsrechtswissenschaft maßgeblich durch die Vergleichung. Darin liegt eine Erklärung für das Interesse an Theorie der deutschen Staatsrechtslehre, deren Tradition als Disziplin weiter zurückreicht.

3. Nach dem Ersten Weltkrieg, den Zeitgenossen auch als „Kampf um die Staatsverfassung" (*Kaufmann*) bezeichnen, scheint das Interesse an der Theorie in Frankreich und Deutschland zunächst erloschen. Die Weimarer Verfassung beschäftigt die deutsche Staatsrechtslehre, und Verfassungsvergleichung spielt höchstens als Auslegungstechnik eine Rolle. In Frankreich richten komparatistisch versierte Verfassungsrechtler den Blick dagegen auf die Gesetzestechnik der neuen Verfassungen in Europas Osten, bis mit der Übersetzung der Allgemeinen Staatslehre *Kelsens* das Interesse an der Theorie wieder aufflammt (§ 5).

4. Von den 1980er-Jahren an werden die Verfassungsgerichte auch in Frankreich zu Vergleichsobjekten. Als neuer Veto-Spieler im institutionellen Gefüge ziehen sie die Aufmerksamkeit der Verfassungsrechtswissenschaften auf sich. In Deutschland zeigt sich diese Tendenz schon seit der Nachkriegszeit. Das Interesse an der Verfassungsgerichtsbarkeit lässt auch die mit ihr befasste Wissenschaft nicht unberührt. Gerade in Frankreich versucht man durch das Vergleichen, die auf die Gerichte fokussierte ‚neue Verfassungs-

rechtswissenschaft' zu legitimieren. Bald werden die Verfassungsgerichte auch als Vergleichssubjekte, als Akteure wahrgenommen, die selbst Verfassungen vergleichen. Vor allem in Deutschland gerät die Verfassungsvergleichung aus dieser Perspektive erneut als Auslegungstechnik in den Blick (§ 6).

5. Thematisch ist die Verfassungsvergleichung zunächst dem ‚Zeitalter der Parlamente' verhaftet, das in Frankreich früher beginnt. Schon im letzten Drittel des 19. Jahrhunderts stehen in Frankreich Grundfragen des Parlamentarismus im Zentrum der verfassungsvergleichenden Aufmerksamkeit, wie etwa solche des Wahlsystems und der Repräsentation. Methodisch ist man meist der kompilierenden Gesetzgebungsvergleichung verhaftet (§ 3). Mit der belle époque avanciert das Parlament auch in Deutschland zum beliebten Vergleichsgegenstand. Wenn die Staatsrechtslehre dem Parlamentarismus auch mit großer Skepsis begegnet, spielt das Parlament in den Werken der Allgemeinen Staatslehre doch eine große Rolle. Die Wissenschaften links wie rechts des Rheins vergewissern sich ihrer jeweiligen Staatsform, indem sie das Parlament zum Dreh- und Angelpunkt ihrer Forschung machen. Auch aus Angst vor dem ‚Absolutismus des Parlaments' beschäftigt sich die französische Verfassungsrechtswissenschaft vielfach mit deutschen Staatstheorien (§ 4). In der Zwischenkriegszeit bestimmt dann die ‚Krise des Parlamentarismus' die Werke der Weimarer Verfassungsrechtler wie die ihrer französischen Fachkollegen (§ 5).

6. In Deutschland geht das ‚Zeitalter der Parlamente' mit dem Beginn der nationalsozialistischen Herrschaft unter, während es in Frankreich nach Vichy noch einmal auflebt. In der Nachkriegszeit fasziniert das neu geschaffene Bundesverfassungsgericht die deutsche Verfassungsrechtswissenschaft. Diese Faszination schlägt sich bald auch thematisch in der Verfassungsvergleichung nieder und markiert den Eintritt in das ‚Zeitalter der Verfassungsgerichte'. In den 1980er-Jahren weicht mit dem Bedeutungszuwachs des Verfassungsrats auch in der französischen Verfassungsrechtswissenschaft das ‚Zeitalter der Parlamente' dem der Verfassungsgerichte (§ 6). Die Verfassungsgerichte als neue Institution rücken zunächst als Kollektivorgane in den Fokus der Vergleichung. Methodische Sprengkraft entfaltet das ‚Zeitalter der Verfassungsgerichte' aber erst, wenn die individuelle Rolle der Richterinnen als neuer Fokus zum Thema wird. Diese realisiert sich aber bis heute nicht, da diese akteurszentrierte Perspektive bisher weitgehend Postulat geblieben ist. Der Vorschlag, den Blick auf die Richter als Akteure zu richten, sieht sich zudem vielfältiger Kritik ausgesetzt.

7. Die Diskurse sind oft über große zeitliche Abstände hinweg inhaltlich miteinander verwoben. In den 1980er-Jahren greift die französische ‚neue Verfassungsrechtswissenschaft' in ihrem Bestreben, die Verfassungsgerichtsbarkeit zu legitimieren, eine These aus der III. Republik auf. Sie warnt vor dem US-amerikanischen „Regiment der Richter". Anschließend grenzt sie sich davon wieder ab (§§ 5, 6). Hier zeigt sich deutlich, wie neues Wissen

einerseits auf altem aufbaut und andererseits auf der Ersetzbarkeit des alten Wissens beruht *(Gaston Bachelard)*.

8. In methodischer Hinsicht lässt sich eine große Vielfalt an Herangehensweisen feststellen, die die Verfassungsrechtswissenschaften in Frankreich und Deutschland bei der Vergleichung an den Tag legen. Nicht immer scheint es selbstverständlich zu sein, die gewählte Methode auch zu reflektieren. Dies ist etwa zu Zeiten der Gesetzgebungsvergleichung nicht der Fall (§ 3). Allerdings gibt es auch Zeiten intensiver Methodenreflexion, wie etwa die belle époque, in der die Vergleichung auf einer Metaebene reflektiert wird (§ 4). Diese Reflexionen fallen jedoch nicht notwendigerweise mit Phasen in eins, in denen viel verglichen wird. Dies zeigt sich etwa, wenn im überwiegend vergleichsmüden Weimar über die Verfassungsvergleichung als Auslegungsmethode debattiert wird (§ 5).

9. Die Verfassungsrechtswissenschaften in Frankreich und Deutschland unterscheiden sich deutlich in Bezug auf die Rolle, die sie der Verfassungsvergleichung beimessen. Die Verfassungsrechtswissenschaft in Frankreich konstituiert sich auch durch die Vergleichung, ja, sie ist ohne Vergleichung kaum denkbar (oben I. 2). Letztere dient ihr oft nicht dazu, die aus dem positiven Verfassungsrecht gewonnenen Hypothesen zu bestätigen oder zu widerlegen, sondern liefert selbst die Hypothesen. Bereits vor der Institutionalisierung der Verfassungsrechtswissenschaft an den französischen Universitäten werden dort Verfassungen verglichen (§§ 3, 4). Das begriffliche Konzept der Verfassungsvergleichung geht seiner institutionellen Verwirklichung also voraus. Die Etablierung der Verfassungsrechtswissenschaft an den Universitäten und die Gründung öffentlich-rechtlicher Zeitschriften gibt der Verfassungsvergleichung in Frankreich weiteren Auftrieb (§ 4).

10. In der deutschen Staatsrechtslehre im ausgehenden 19. und im beginnenden 20. Jahrhundert ist die Verfassungsvergleichung dagegen nicht zentral. Erst mit dem Wiederaufleben der Allgemeinen Staatslehre ab 1900 steigt auch das Interesse an der Verfassungsvergleichung. Dass die Vergleichung gerade durch diese Disziplin in der deutschen Staatsrechtswissenschaft wieder mehr Verbreitung findet, mag erklären, warum die Vergleichung in Deutschland seit 1870 lange Zeit nur eine marginale Rolle spielt. Vor der Reichsgründung ist es gerade die universitäre Wissenschaft vom öffentlichen Recht, und insbesondere das Allgemeine Staatsrecht, das der Rechtszersplitterung zum Trotz eine systematische Einheit herstellt, indem es die Verfassungen der Partikularstaaten vergleicht. Als die Einheit mit der Reichsgründung vollendet und in ein System positiven Rechts gegossen ist, erledigt sich ihr Anliegen – zumindest vorerst.

11. Darin mag auch ein wesentlicher Faktor für die großen Unterschiede im Verhältnis der Verfassungsrechtswissenschaften in Deutschland und Frankreich zur Vergleichung liegen. In Frankreich erhält die Verfassungsrechtswissenschaft erst nach Gründung der III. Republik von der Politik ihre

institutionelle Existenz. Sie konstituiert sich als Disziplin maßgeblich, indem sie auf die weiter zurück reichende Tradition vor allem der deutschen Staatsrechtslehre blickt. Die deutsche Staatsrechtslehre hat dagegen durch das Allgemeine Staatsrecht durch die Vergleichung der deutschen Partikularstaaten vor der Reichsgründung der Rechtseinheit vorgegriffen und diese vorbereitet. Die Rechtseinheit geht der politischen Einheit also voraus. Die Staatsrechtswissenschaft muss nach der Reichsgründung also weder den neuen Staat noch sich selbst legitimieren.

II.

1. Die ausgewählten komparatistischen Problemlagen, die den Ausgangspunkt der zweiten Untersuchungsperspektive bilden, sind in zeitlich gestreckte Diskursverläufe eingebettet. Typologien (§ 7), Funktionalismus (§ 8) und Transfers (§ 9) werden zu verschiedenen Zeiten mit unterschiedlicher Intensität diskutiert. Meine Untersuchung konzentriert sich auf Zeiten besonders intensiver Auseinandersetzungen – mit Ausnahme des Diskurses um die Typologien zur Zeit des Nationalsozialismus. Zu jener Zeit setzt sich die Staatsrechtslehre in Deutschland zwar nicht besonders intensiv mit den Typologien und der Verfassungsvergleichung allgemein auseinander. Dennoch wird gerade an den Typenbildungen deutlich, dass auch im Nationalsozialismus weiterhin Verfassungen verglichen werden.

2. Bei den Diskursen um Rechtskreise und um Verfassungstransfers wird deutlich, wie sehr die Komparatistik links und rechts des Rheins zur „Begriffsprägungsmaschine" *(Anna-Bettina Kaiser)* wird. Für beide Phänomene finden sich unzählige Versuche, sie auf den Begriff zu bringen. Dahinter verbergen sich häufig methodologische Unsicherheiten in der Wissenschaft, denen durch das „Ringen um Metaphern" *(Lena Foljanty)* Ausdruck verliehen wird (§§ 7, 9). Läuft die „Begriffsprägungsmaschine" auf Hochtouren, ist dies also Anzeichen für eine Zeit der methodologischen Unsicherheit.

3. Bei den Rechtskreisen beispielsweise ist zu verschiedenen Zeiten nicht ganz klar, mit welchem wissenschaftliches Anliegen sie gebildet werden. Während die Verfassungsrechtswissenschaftler in Frankreich und Deutschland sie meist als rein didaktisches Hilfsmittel sehen, scheinen sie andere – gerade in den einflussreichen zivilrechtlichen Konzeptionen, die auch in den Verfassungsrechtswissenschaften ein Echo hervorrufen –, als das Ziel der komparatistischen Anstrengung aufzufassen. Bei den Verfassungstransfers dagegen herrscht Unklarheit darüber, ob es der Vorgang selbst oder aber sein Ergebnis ist, das weiterer Untersuchung bedarf.

4. Für die Rechtskreise heute habe ich eine Haltung zwischen Relativierung und Reaktivierung festgestellt (§ 7). Hier kann ein Bogen zur heutigen Diskussion um die Verfassungstransfers geschlagen werden (§ 9). Einerseits stehen auch in diesem Diskurs frühere Ansätze, die sich der Analyse von

Transferbewegungen angenommen haben, in der Kritik und werden so relativiert. Es sei nicht mehr zeitgemäß, Einflüsse einzelner Rechtsordnungen durch das Nachzeichnen von Transferbewegungen zu kartographieren; zudem werde man der Komplexität von Transferprozessen so nicht gerecht. Relativierungstendenzen finden sich auch bei anderen Ansätzen. Verfassungstransfers sind für viele Spielarten eines europäischen Gemeinrechts, oder auch eines regionalen oder gar globalen Konstitutionalismus notwendige Bedingung. Denn diese werden letztlich durch Transferbewegungen auf eine abstraktere Ebene gebildet. Trotz dieser zentralen Rolle steht beim Diskurs um eine neue Form des Gemeinrechts nur das *Ergebnis* der Transfers zur Debatte, während man die *Prozesse* selbst nicht diskutiert. Der Diskurs um die Transfers wird, ebenso wie der um die Rechtskreise, auch reaktiviert. Transfers stehen nun als Prozesse der Rechtsbildung im Zentrum, vor allem bei rechtshistorisch geprägten Ansätzen in Deutschland.

5. Verglichen mit der metaphorischen Vielfalt bei Rechtskreisen und Transfers scheint die Lage beim Diskurs um den Funktionalismus (§ 8) genau umgekehrt zu sein. Hier wird ein altes begriffliches Konzept immer wieder neu aufgeladen. Vor allem die Komparatistik in Deutschland verwendet den Begriff des Funktionalismus, allerdings häufig nur ornamental. Die Selbstverständlichkeit, mit der von der funktionalistischen Methode gesprochen wird, erweist sich bei genauerem Hinsehen als nicht gerechtfertigt. So ubiquitär der Diskurs um den Funktionalismus auch zu sein scheint, so unklar bleiben seine theoretischen Prämissen. Nachbarschaftliche Verflechtungen etwa zur Soziologie werden schon in den 1970er-Jahren betont. Sie erweisen sich bei näherer Analyse aber als oberflächlich.

6. Der Funktionalismus wird seit den 1980er-Jahren zum Ziel der Kritischen Rechtsvergleichung. Diese Strömung dekonstruiert die methodischen, epistemischen und ideologischen Prämissen der Komparatistik und widmet dem Funktionalismus dabei besondere Aufmerksamkeit. Doch auch die Verfassungstransfers und die Rechtskreiskonzeptionen sehen sich dem Vorwurf ausgesetzt, ihre Prämissen nicht kritisch genug auf unbewusste Vorannahmen zu prüfen. Zentral ist dabei die Befürchtung, in der Rechtsvergleichung würde eher auf Ähnlichkeiten geachtet als auf Unterschiede, letztlich gehe es darum, Einflusssphären sogenannter Mutterrechtsordnungen nachzuzeichnen.

7. Die zentrale, diskursprägende Methode des Funktionalismus wird im Diskurs oft so behandelt, als habe sie keine Geschichte. Bereits im zivilrechtswissenschaftlichen Diskurs der 1960er- und 70er-Jahre ziehen die Wissenschaftler historische Vorbilder nur sehr selektiv heran. Auch in Veröffentlichungen, die sich dem Funktionalismus als Methode widmen, und nicht primär seiner Anwendung, lässt man das geschichtliche Geflecht, das den Funktionalismus umgibt, in der Regel auf sich beruhen. Als von den 1990er-Jahren an vor allem die deutsche Verfassungsrechtswissenschaft den

privatrechtlich geprägten Funktionalismus aufgreift, erscheint der Funktionalismus als ebenso allgemeingültige wie ahistorische Methode der Rechtsvergleichung.

8. Blickt man von den ausgewählten komparatistischen Grundfragen auf die Verfassungsrechtswissenschaften, stellt man bei allen hier untersuchten Diskursen eine Gemeinsamkeit fest. Sie gelten heute als maßgeblich von der zivilistischen Vergleichung geprägt. Das ist insofern nachvollziehbar, als Rechtskreise und Funktionalismus in den 1960er- und 70er-Jahren von Zivilrechtlern wirkmächtig konzeptualisiert wurden (§§ 7, 8). Bei den Transfers beruht diese Einschätzung auch darauf, dass etwa *Peter Häberle* seine Textstufen nicht als Verfassungstransfers ausgeflaggt hat; letztlich handelt es sich aber genau darum (§ 9).

9. Rechtskreise, Funktionalismus und Rechtstransfers sind jedoch allesamt bereits vor den erwähnten zivilrechtlichen Konzeptualisierungen Gegenstand verfassungsrechtlicher Publikationen, die heute aber weitgehend vergessen sind. In *Adhémar Esmein* entwickelt einer der Gründerväter der französischen Verfassungsrechtswissenschaft Rechtskreise (§ 7). *Julius Hatschek* spricht schon von der funktionellen Bedeutung der Rechtsinstitute, die sich aus der logischen Struktur der verglichenen Rechtssysteme ergebe (§ 8), und auch von Recht, das nach seinem Transfer „auf fremden Boden ein Torso" bleibe (§ 9).

10. Unternimmt man den Versuch, die komparatistischen Grundfragen auf ihre spezifisch verfassungsrechtlichen Ausprägungen zu beleuchten, kann man solche zumindest bei den Typologien und den Transfers identifizieren. Denn neben der Typologie der Rechtskreise und -familien findet man auch – oft sogar zeitgleich – Regierungstypen (§ 7). Die Transfers kann man als Entstehungsprämisse vieler Ansätze eines Gemeinrechts auf regionaler und globaler Ebene auffassen (§ 9). Beiden verfassungsrechtswissenschaftlichen Phänomenen ist aber gemein, dass sie kaum je in Zusammenhang mit den weiter gefassten komparatistischen Problemlagen gebracht werden.

11. Die französische und die deutsche Komparatistik beziehen sich in den hier rekonstruierten Diskursen selten aufeinander. Insgesamt scheint der Funktionalismus in der französischen Verfassungsrechtswissenschaft kaum je zu verfangen, höchstens vermittelt durch die Kritik der Kritischen Rechtsvergleichung. Auch Rechtskreise und Transfers werden in der französischen Verfassungsrechtswissenschaft – mit Ausnahme der belle époque – noch stärker als zivilrechtliche denn als allgemeine komparatistische Fragen angesehen.

III.

1. Meine Untersuchung verortet die Verfassungsvergleichung im Spannungsfeld von Komparatistik und Verfassungsrechtswissenschaften als den beiden

Polen, von denen ausgehend das Feld gebildet wird. In Frankreich liegen diese Pole bei der Verfassungsvergleichung über den gesamten Untersuchungszeitraum hinweg näher beieinander. Gleichzeitig ist der verfassungsrechtliche Blick in Frankreich stets komparatistisch informiert. Die Verfassungsvergleichung in Deutschland befindet sich dagegen in weiterer Entfernung vom verfassungsrechtswissenschaftlichen Pol, die Verfassungsvergleichung greift hier aber auch komparatistische Tendenzen auf, die auf den ersten Blick kaum Berührungspunkte mit den Verfassungsrechtswissenschaften haben.

2. Allerdings verändert sich das Feld über die Zeit, die Positionen der Pole bleiben nicht konstant. In der deutschen Verfassungsrechtswissenschaft spielen komparatistische Fragestellungen im letzten Drittel des 19. Jahrhunderts nur eine untergeordnete Rolle. In Frankreich konstituiert sich die Verfassungsrechtswissenschaft dagegen an den Fakultäten und arbeitet von Beginn an vergleichend, auch um der neuen universitären Disziplin eine höhere Legitimität zu verschaffen.

3. Darin könnte auch ein Grund für die Beobachtung liegen, dass die komparatistischen Fragen in Frankreich entweder ohnehin weniger verfangen oder aber dort noch viel stärker als zivilrechtsvergleichende Probleme identifiziert werden (oben These II. 12). Gerade beim Funktionalismus geht es letztlich vor allem um methodische Fragen. Diese werden in Frankreich aber aus der Verfassungsrechtswissenschaft heraus beantwortet. Als Beispiel mag die politikwissenschaftliche Wende in der französischen Verfassungsrechtswissenschaft der Nachkriegszeit dienen. Aus ihr leitet man die Postulate ab, wie man bei der Vergleichung methodisch vorzugehen habe. Man bildet Regierungstypen statt Rechtskreise (§ 7), forscht zu globalem Konstitutionalismus statt zu Transfers (§ 9) und von der Funktion ist nur als politikwissenschaftlichem, nicht aber als rechtsvergleichendem Begriff die Rede (§ 8).

4. In Deutschland folgt auf die Feststellung, die Methode der Rechtsvergleichung sei im öffentlichen Recht nicht besonders ausgeprägt, meist im gleichen Atemzug die Anlehnung an die zivilrechtswissenschaftliche Vergleichung. Man überlegt, ob die zivilrechtlichen Rechtskreise ins Verfassungsrecht übertragbar sind (§ 7), und ob der Funktionalismus auch in der öffentlich-rechtlichen Vergleichung seine Berechtigung hat (§ 8).

5. Das Verhältnis zu den Politikwissenschaften, aber auch das zur Zivilrechtsvergleichung sagt viel über die Verfassungsvergleichung im Spannungsfeld von Verfassungsrechtswissenschaften und Komparatistik aus. Die Konturen der Verfassungsvergleichung werden über die Zeit nur sichtbar, wenn auch intra- und interdisziplinäre Verschiebungen deutlich gemacht werden. Eine wissenschaftsgeschichtliche Rekonstruktion, die verknüpfte, aber teils auch komplementäre Entwicklungen in benachbarten Disziplinen aufgreift, wird am Ende ein plastischeres Bild der jeweiligen Zeit vermitteln als eine, die solche Entwicklungen ausblendet.

§ 10 Zusammenfassung der Ergebnisse

6. In der Tendenz ist das Verhältnis zwischen der Verfassungsvergleichung und den Politikwissenschaften in Frankreich von Beginn an enger. Dies liegt daran, dass bereits die Konstituierung der Verfassungsrechtswissenschaften an den Universitäten unter dem Konkurrenzdruck unabhängiger politikwissenschaftlicher Institutionen stattfindet (§ 4).

7. Wo die Verfassungsrechtswissenschaft aufhört und die Politikwissenschaft beginnt, ist über die Zeit nicht konstant. Die Grenzen werden ständig neu abgesteckt. Bis in die Anfänge des 20. Jahrhunderts hinein finden sich aber in der französischen Verfassungsrechtswissenschaft auch Beiträge, die ihr Fach mit der Politikwissenschaft begrifflich in eins setzen (§ 4). Diese große Nähe wird auch in den 1950er- und 60er-Jahren aufs Neue sichtbar, als an Verfassung und Vergleichung mit politikwissenschaftlicher Methode herangegangen wird (§ 7).

8. In Deutschland sind dagegen in der Zeit um die Wende zum 20. Jahrhundert die Autonomiepostulate der Staatsrechtswissenschaft in Richtung der Wissenschaft von der Politik, der man die Wissenschaftlichkeit oft schlechthin abspricht, deutlicher. Eingehalten werden sie freilich auch nicht immer (§ 4). In der Nachkriegszeit ist dann eine noch striktere Trennung zwischen politikwissenschaftlichen und rechtlichen Fragen feststellbar. Dies zeigt sich besonders am Umgang mit Wissenschaftlern, die Deutschland zur Zeit des Nationalsozialismus als Juristen verlassen mussten und die später – wenn überhaupt – als Politikwissenschaftler zurückkehren. Auch hier gibt es – etwa in *Gerhard Leibholz* – aber Ausnahmen (§ 7).

9. Mit der Frage der Vergleichsländer scheint eine methodische Grundfrage der Komparatistik angesprochen zu sein. Doch sie ist erstaunlich oft nur am Rande behandelt. Ein gängiges Deutungsmuster liegt heute darin, eine Erweiterung der Vergleichsländer seit etwa den 1980er-Jahren über bekannte ‚westliche' Demokratien hinaus festzustellen. Meine Untersuchung hat dagegen in der Frage der Vergleichsländer keine einheitliche Bewegung „[from] the West to the rest" (*Upendra Baxi*) beobachten können. Es finden sich zu allen Zeiten verfassungsvergleichende Beiträge zu ‚nicht-westlichen' Ländern, und diese sind bis heute meist kürzer als die über ‚westliche' Vergleichsländer. Selbstverständlich ändern sich die Kontexte, in denen Länder außerhalb des ‚Westens' für die Verfassungsvergleichung herangezogen werden. Die Erwägungen für ein Vergleichsland im Kontext der Kolonialisierung im Diskurs um Evolutionsparadigmen (§ 3) sind andere als die im Kontext der Dekolonialisierung im Diskurs um die Kritische Rechtsvergleichung (§ 8). Festzuhalten bleibt indes, dass man bis heute kaum Vergleiche mit theoretischen Konzepten aus nicht-westlichen Ländern findet.

10. Die Vereinigten Staaten dagegen sind in Frankreich und in Deutschland über die Jahre hinweg das beliebteste Vergleichsland, und sie scheinen immer beliebter zu werden. Während in Deutschland um die Wende zum 20. Jahrhundert – wegen der bundesstaatlichen Parallelen – auch noch häufig

die Schweiz herangezogen wird, berufen sich französische Verfassungsrechtler zu jener Zeit besonders gerne auf das Mutterland des Parlamentarismus, auf England.

11. In neuerer Zeit ist dagegen in Frankreich und Deutschland eine stärkere Fokussierung auf die Vereinigten Staaten auszumachen, welche die Frage des Vergleichslands bald übersteigt. Bei einzelnen Diskursen wird die anglo-amerikanische Literatur in der Verfassungsvergleichung in die deutschen und französischen Diskurse aufgenommen und prägt sie maßgeblich. Dies zeigt sich etwa beim Streit um die Möglichkeit von Rechtstransfers (§ 9), aber auch bei der Frage, ob Verfassungsgerichte nicht akteurszentriert behandelt und verglichen werden sollten (§ 6). Diese Tendenz hat gewisse vereinheitliche Wirkungen, allerdings sollten diese nicht überschätzt werden. Denn auch wenn man sich auf dieselbe anglo-amerikanische Literatur beruft, passen Wissenschaftlerinnen in Deutschland und Frankreich sie doch in ihre jeweiligen Traditionen ein. So ist etwa zu erklären, warum der globale Konstitutionalismus in Frankreich in der Verfassungsrechtsvergleichung reger diskutiert wird als die Transfers. Ersterer ist eine genuin verfassungsrechtswissenschaftliche Frage. Zweitere zählen dagegen zu den komparatistischen Grundfragen, die in der französischen Rechtswissenschaft eher im Zivilrecht diskutiert werden (oben III. 3).

Summary

What do comparatists do exactly when they compare constitutions? What seems to be a rather mundane question at first glance, quickly turns out to be quite intricate when looking closer. This book does take a closer look. Its starting point is the observation that the answer to the mundane question asked above fundamentally depends on when and whom you ask – and maybe also on where you ask them.

This contingency leads to an approach which takes seriously the observer's perspective, and tries to give answers by juxtaposing French and German answers over the last 150 years. My approach does however not stop there, its main focus being the entanglements of those two academic communities over the course of the years. In doing this, it questions whether national categories are suited to explain historical processes without denying how relevant those categories can still turn out to be. It is, however, exactly those discourses which in the end construct and produce national categories.

This book traces the arguments within French and German constitutional law academia on what laws to compare and how to do it. Topics in comparative constitutional law shift from an 'era of parliaments' to an 'era of constitutional courts', albeit not simotaneously. Meanwhile, academics sometimes intensively debate across national borders, sometimes they tend to limit themselves to talking about one another. At other times, German and French comparatists bluntly ignore each other or talk at cross purposes.

Methods in comparative constitutional law can tell us a lot about how constitutional law as a broader university discipline works differently in France and in Germany. Whereas in French constitutional thought, comparative law is at the core of constitutional law as an academic subject, the same does not hold true for the German situation. This might be one of the explanations why German constitutional law scholars in the second half of the twentieth century tend to rely on the purportedly more developed methods of comparative civil law – they seem to have forgotten historical antecedents in comparative methodology stemming from their own discipline or deem them not to be state of the art anymore. Be that as it may, it is telling that German constitutional law comparatists in recent times almost always make sure of themselves methodologically whereas their French counterparts hardly ever feel the need to do just that: they perceive comparisons as an integral part of the discipline of constitutional law as a whole.

Résumé

Ce livre, intitulé « Une histoire franco-allemande du droit constitutionnel comparé de 1870 à nos jours : histoire d'un postulat », s'ouvre sur deux anecdotes imbriquées l'une dans l'autre. Le lecteur est invité à s'imaginer un épisode de l'année 1869, lorsqu'*Édouard Laboulaye* devant la session fondatrice de la société de législation comparée justifie pourquoi celle-ci est si importante : d'autres pays, dont l'Allemagne, sont selon lui en avance sur la France dans cette démarche. Environ un quart de siècle plus tard, *Felix Stoerk*, le fondateur d'une revue allemande de droit public, écrit à son éditeur à propos de cette nouvelle publication : Il doit inclure le droit comparé car l'Allemagne est en retard dans ce domaine. Il ajoute bien connaître la société française de législation comparée et en conséquence être en mesure de faire profiter la nouvelle revue des connaissances qu'il y a acquises.

Ces références mutuelles sont symptomatiques, non seulement de cette fascination pour le progrès et l'avancée des connaissances caractéristiques du XIXème siècle mais également d'un aspect central de mes recherches : l'importance du point de vue. Mon analyse entend mettre au jour de nouvelles perspectives sur le droit constitutionnel comparé. Cela permet de le comprendre comme un objet de recherche changeant selon différents contextes et époques, avec des traits caractéristiques du droit comparé aussi bien que du droit constitutionnel. Ce faisant, je cherche à attirer l'attention avant tout sur des aspects qui n'avaient été que peu considérés jusqu'alors. L'alternance des perspectives françaises et allemandes, très présente dans ce livre, est visible dès son sommaire : la première partie prend sa source dans les discussions clés des différentes époques parmi les cercles universitaires de droit constitutionnel. Ensuite, j'analyse ces discussions à la lumière du droit comparé et cherche à savoir dans quelle mesure des universitaires en droit public se voient également comme comparatistes. Dans la deuxième partie, j'inverse la perspective en prenant comme point de départ les problématiques comparatives récurrentes comme la construction de typologies ou la méthode fonctionnaliste. Ainsi, j'explore leur effet sur les connaissances en droit constitutionnel. Mon travail se consacre à la période de 1870 à nos jours, toutefois la méthode choisie, celle de l'histoire croisée, ne permet pas de couverture uniforme et continue.

La problématique de mes recherches s'articule autour de trois questions. D'une part, quelles ont été les questions majeures du droit constitutionnel comparé, à quel moment et pourquoi ? D'autre part, comment ces thématiques ont été analysées d'un point de vue méthodique ? Enfin, est-ce que les chercheurs et chercheuses en France et en Allemagne ont parlé les uns aux autres, les uns des autres ou bien ne se sont pas compris ?

Au fil des années, on peut constater une transition d'une « époque des parlements » à une « époque de la juridiction constitutionnelle » en ce qui concerne les thématiques majeures du droit constitutionnel comparé dans les deux pays. Toutefois, on observe cette transition à des moments différents, du fait des différences de contexte politique aussi bien qu'universitaire. Le rôle que la comparaison joue au sein du droit constitutionnel en France et en Allemagne aide à comprendre les différentes auto-perceptions. Alors que les Allemands se préoccupent beaucoup de questions de méthode si jamais ils comparent, on observe qu'en France la comparaison en droit constitutionnel est souvent vue comme une évidence, on ne la remet donc pas si souvent en question.

Quellen- und Literaturverzeichnis

Archivalische Quellen

Staatsbibliothek zu Berlin (SBB), Nachl. 488 (Archiv Mohr Siebeck)
- A 0027
- A 0029
- A 0031
- A 217
- A 472

Veröffentlichte Literatur

Abélès, Marc, Un ethnologue à l'Assemblée, Paris 2000

Abu-Odeh, Lama, Comparatively Speaking. The „Honor" of the „East" and the „Passion" of the „West", Utah Law Review 1997, S. 287 ff.

Achelis, Thomas, A. H. Post und die vergleichende Rechtswissenschaft, in: Rudolph Virchow/Wilhelm Rattenbach (Hrsg.), Sammlung gemeinverständlicher wissenschaftlicher Vorträge. Heft 241–264, Hamburg 1896, S. 483 ff.

Adam, Leonhard, Josef Kohler und die vergleichende Rechtswissenschaft, Zeitschrift für vergleichende Rechtswissenschaft 1920, S. 1 ff.

Adler, Franz, Das tschechoslowakische Verfassungsrecht in den Jahren 1922 bis 1928, JöR a. F. 17 (1929), S. 239 ff.

Affolter, A., Studien zum Staatsbegriffe, AöR 17 (1902), S. 93 ff.

ders., Staat und Recht. Versuche über allgemeines Staatsrecht, Annalen des Deutschen Reichs für Gesetzgebung, Verwaltung und Volkswirtschaft 1903, S. 51 ff.

Akoun, A[ndré] u. a., Larousse dictionnaire de politique. Le présent en question, Paris 1979

Albers, Marion, Höchstrichterliche Rechtsfindung und Auslegung gerichtlicher Entscheidungen, VVDStRL 71 (2012), S. 257 ff.

von *Albertini, Rudolf*, Regierung und Parlament in der Dritten Republik, HZ 188 (1959), S. 17 ff.

Alexy, Robert, Theorie der Grundrechte, Baden-Baden 1985

Allix, Edgard, La philosophie du droit de F. J. Stahl et la philosophie de la Révolution française, Annales de l'École libre des sciences politiques 12 (1897), S. 1 ff.

Almond, Gabriel A./Powell, G. Bingham, Comparative Politics. A Developmental Approach, Boston und Toronto, 1966

Álvarez, Leonardo, Die spanische Dogmatik der Verfassungstreue. Geschichte einer fehlgeschlagenen Rezeption des deutschen Verfassungsdenkens, ZaöRV 70 (2010), S. 433 ff.

Ancel, Marc, La fonction judiciaire et le droit comparé. Discours prononcé à l'audience solennelle de rentrée de la Cour de Paris, le 2 octobre 1948, en présence de M. Vincent Auriol, Président de la République, RIDC 1949, S. 57 ff.
ders., Utilité et méthodes du droit comparé, Neuchâtel 1971
ders., Le problème de la comparabilité et la méthode fonctionnelle en droit comparé, in: Ronald H. Graveson/Karl Kreuzer/André Tunc/Konrad Zweigert (Hrsg.), Festschrift für Imre Zajtay, Tübingen 1982, S. 1 ff.
Anderson, Benedict, Imagined Communities. Reflections on the Origin and Spread of Nationalism, London 1983
Anter, Andreas, Georg Jellineks wissenschaftliche Politik. Positionen, Kontexte, Wirkungslinien, PVS 39 (1998), S. 503 ff.
ders., Modernität und Ambivalenz in Georg Jellineks Staatsdenken, in: ders. (Hrsg.), Die normative Kraft des Faktischen, Baden-Baden 2004, S. 37 ff.
Ara, Angelo/Kolb, Eberhard (Hrsg.), Grenzregionen im Zeitalter der Nationalismen. Elsaß-Lothringen/Trient-Triest, 1870–1914, Berlin 1998
Arminjon, Pierre/Nolde, Boris/Wolff, Martin, Traité de droit comparé, Bd. I, Paris 1950
Arnauné, Auguste, Émile Boutmy. Études de droit constitutionnel, France, Angleterre, États-Unis [Rezension], Annales de l'École libre des sciences politiques 1 (1886), S. 618 ff.
Arnauné, Auguste/Lebon, André, Étude sur les débats du Parlement anglais, relatifs à la représentation proportionnelle, BSLC 1884, S. 327 ff.
Aubin, Bernhard C. H./Zweigert, Konrad, Rechtsvergleichung im deutschen Hochschulunterricht, Tübingen 1952
Aubry, Maurice, Chronique constitutionelle d'Allemagne, RDP 1922, S. 593 ff.
Auby, Jean-Marie/Fromont, Michel, Les recours contre les Actes Administratifs dans les pays de la Communauté Économique Européenne. Allemagne, Belgique, France, Italie, Luxembourg, Pays-Bas, Paris 1971
Aucoc, Léon, Observations sur le rôle des statistiques dans les études de législation comparée, BSLC 1872, S. 66 ff.
Audren, Frédéric, Le „moment 1900" dans l'histoire de la science juridique française, in: Olivier Jouanjan/Elisabeth Zoller (Hrsg.), Le „moment 1900", Paris 2015, S. 55 ff.
Audren, Frédéric/Halpérin, Jean-Louis, La science juridique entre politique et sciences humaines (XIXème–XXème siècles), Revue d'Histoire des Sciences Humaines 4 (2001), S. 3 ff.
Aust, Martin, Verflochtene Erinnerungen. Einleitende Ausführungen zur Affinität von Gedächtnis- und Verflechtungsgeschichte, in: Martin Aust/Krysztof Ruchniewicz/Stefan Troebst (Hrsg.), Verflochtene Erinnerungen. Polen und seine Nachbarn im 19. und 20. Jahrhundert, Köln u. a. 2009, S. 1 ff.
Azzariti, Gaetano, Die Stellung des Verfassungsgerichtshofs in der italienischen Staatsordnung, JöR n. F. 8 (1959), S. 13 ff.
Bachelard, Gaston, Le problème philosophique des méthodes scientifiques (1949), in: ders., L'engagement rationaliste. Préface de Georges Canguilhem, Paris 1972, S. 35 ff.
ders., Der neue wissenschaftliche Geist. Übersetzt von Michael Bischoff, Frankfurt a. M. 1988
Bachof, Otto/Jesch, Gottfried, Die Rechtsprechung der Landesverfassungsgerichte in der Bundesrepublik Deutschland, JöR n. F. 6 (1957), S. 47 ff.
Bäcker, Carsten, Gerechtigkeit im Rechtsstaat. Das Bundesverfassungsgericht an der Grenze des Grundgesetzes, Tübingen 2015
Baer, Susanne, Verfassungsvergleich und reflexive Methode: Interkulturelle und intersubjektive Kompetenz, ZaöRV 64 (2004), S. 735 ff.

dies., Zum Potenzial der Rechtsvergleichung für den Konstitutionalismus, JöR n. F. 63 (2015), S. 389 ff.
dies., Empirie und Theorie zur Rechtsvergleichung im Verfassungsrecht – eine Buchbesprechung, JöR n. F. 69 (2021), S. 393 ff.
Bagehot, W[alter], La Constitution Anglaise. Traduit de l'Anglais par M. Gaulhiac, Paris u. a. 1869
Baldus, Manfred, Carl Schmitt im Hexagon. Zur Schmitt-Rezeption in Frankreich, Der Staat 26 (1987), S. 566 ff.
Ballot, A., Le Reich et les „pays" qui le composent, Revue des sciences politiques 38 (1923), S. 556 ff.
Barboux, Derniers travaux du Parlement italien, BSLC 1872, S. 70 ff.
Barthélemy, Joseph, Les théories royalistes dans la doctrine allemande contemporaine, RDP 1905, S. 717 ff.
ders., La condition actuelle de la présidence des Etats-Unis depuis les ouvrages de Bryce et de Woodrow Wilson, RPP 1906, S. 277 ff.
ders., Éléments de droit constitutionnel français et comparé [Rezension], RDP 1910, S. 182 ff.
ders., L'organisation du suffrage et l'expérience belge. Suffrage censitaire, capacitaire, universel. Suffrage plural. Vote obligatoire, sincérité des opérations électorales. Scrutin de liste, scrutin uninominal. Représentation des intérêts. Représentation proportionnelle, Paris 1912
ders., Préface de la sixième édition, in: *A[dhémar] Esmein/Joseph Barthélemy*, Éléments de droit constitutionnel français et comparé, 6. Auflage, Paris 1914, S. VII ff.
ders., Les principes généraux du droit administratif, par G. Jèze [Rezension], RDP 1915, S. 214 ff.
ders., La crise de la démocratie représentative, RDP 1928, S. 584 ff.
ders., Les nouvelles tendances du droit constitutionnel, RPP 1931, S. 361 ff.
Barthélemy, Joseph/Duez, Paul, Traité élémentaire de droit constitutionnel, Paris 1926
dies., Traité de droit constitutionnel, 2. Auflage, Paris 1933
Baxi, Upendra, The Colonialist Heritage of Comparative Law, in: Pierre Legrand/Roderick Munday (Hrsg.), Comparative Legal Studies: Traditions and Transitions, Cambridge 2003, S. 46 ff.
Beaud, Olivier, Préface, in: *Carl Schmitt*, Théorie de la Constitution, Paris 1993, S. 5 ff.
ders., Joseph Barthélemy ou la fin de la doctrine constitutionnelle classique, Droits 32 (2000), S. 89 ff.
ders., René Capitant et sa critique de l'idéologie nazie (1933–1939), Revue française d'histoire des idées politiques 14 (2001), S. 351 ff.
ders., Art. Doctrine, in: Denis Alland/Stéphane Rials (Hrsg.), Dictionnaire de la culture juridique, Paris 2003, S. 284 ff.
ders., Duguit, l'État et la reconstruction du droit constitutionnel français, in: Fabrice Melleray (Hrsg.), Autour de Léon Duguit, Brüssel 2011, S. 29 ff.
Beaumont, W., La crise du parlementarisme en Autriche. Les élections législatives et la situation politique, Annales des sciences politiques 16 (1901), S. 160 ff.
ders., Le suffrage universel en Autriche. La loi du 26 janvier 1907, Annales des sciences politiques 22 (1907), S. 618 ff.
Becker, Lothar, „Schritte auf einer abschüssigen Bahn". Das Archiv des öffentlichen Rechts (AöR) und die deutsche Staatsrechtswissenschaft im Dritten Reich, Tübingen 1999
Béguet, Bruno (Hrsg.), La science pour tous. Sur la vulgarisation scientifique en France de 1850 à 1914, Paris 1990

Bekker, E. I., Über den Rechtsbegriff. Zu Bierling, Dr. E. K., Prof. in Greifswald, „Zur Kritik der juristischen Grundbegriffe", Gotha 1877 [Rezension], Zeitschrift für vergleichende Rechtswissenschaft 1878, S. 95 ff.

Bell, John, La comparaison en droit public, in: Société de législation comparée (Hrsg.), Mélanges en l'honneur de Denis Tallon, Paris 1999, S. 33 ff.

Benoist, Charles, De l'Organisation du Suffrage Universel. La crise de l'État moderne, Paris 1895

Benz, Wolfgang, Von der Entrechtung zur Verfolgung und Vernichtung. Jüdische Juristen unter dem nationalsozialistischen Regime, in: Helmut Heinrichs/Harald Franzki/ Klaus Schmalz/Michael Stolleis (Hrsg.), Deutsche Juristen jüdischer Herkunft, München 1993, S. 813 ff.

Berlia, Georges, René David, Traité élémentaire de droit civil comparé [Rezension], RDP 1950, S. 477 ff.

Berndt, Thorsten, Richterbilder. Dimensionen richterlicher Selbsttypisierungen, Wiesbaden 2010

Bernhöft, Über Zweck und Mittel der vergleichenden Rechtswissenschaft, Zeitschrift für vergleichende Rechtswissenschaft 1878, S. 1 ff.

Berr de Turque, Communication d'une Étude sur la nouvelle loi électorale belge du 9 juillet 1877, BSLC 1878, S. 410 ff.

ders., Exposé des lois électorales belges du 20 avril 1878, BSLC 1880, S. 367 ff.

Berthélemy, H[enri], Préface, in: *Otto Mayer*, Droit administratif allemand, Paris 1903, S. I ff.

ders., De l'exercice de la souveraineté par l'autorité administrative, RDP 1904, S. 209 ff.

ders., Les limites du pouvoir législatif, RPP 1925, S. 355 ff.

Berthet, Ernest-François/Brésard, Claire/Jacasson, Michel, L'élection au suffrage universel direct des représentants à l'Assemblée des Communautés Européennes, RDP 1979, S. 347 ff.

Bertrand, Edmond, Les moyens d'assurer la représentation proportionnelle des minorités dans les élections, BSLC 1873, S. 171 ff.

Beudant, Robert, L'application des méthodes biologiques à l'étude des sciences sociales, RDP 1896, S. 434 ff.

ders., La méthode des sciences sociales, RDP 1896, S. 469 ff.

Beutler, Bengt, Der Beitritt Großbritanniens zur Europäischen Gemeinschaft. Eine verfassungsrechtliche Studie, JöR n. F. 24 (1975), S. 1 ff.

Bidegaray, Christian/Emeri, Claude, Du droit constitutionnel au gouvernement comparé, in: Études offertes à Jean-Marie Auby, Paris 1992, S. 445 ff.

Bigot, Grégoire, La conception de l'État dans l'œuvre d'Édouard Laboulaye, Revue Française d'Histoire des Idées Politiques 2018, S. 59 ff.

von Bismarck, Otto, Parlamentarische Rede vom 29. September 1862, in: Wilhelm Böhm (Hrsg.), Fürst Bismarck als Redner. Vollständige Sammlung der parlamentarischen Reden Bismarcks seit dem Jahre 1847. Sachlich und chronologisch geordnet, mit Einleitungen und Erläuterungen versehen, Berlin und Stuttgart 1862, S. 11 ff.

Bierling, Ernst Rudolph, Zur Kritik der juristischen Grundbegriffe, 1. Theil, Gotha 1877

Blagojevic, Borislav T., Le droit comparé. Méthode ou science, RIDC 1953, S. 649 ff.

Bleek, Wilhelm, Aspekte der Wissenschaftsgeschichte der Politikwissenschaften, in: H. J. Lietzmann/W. Bleek (Hrsg.), Politikwissenschaft. Geschichte und Entwicklung in Deutschland und Europa, München und Wien 1996, S. 21 ff.

ders., Geschichte der Politikwissenschaft in Deutschland, München 2001

Blociszewski, Joseph, La constitution polonaise du 17 mars 1921, Revue des sciences politiques 37 (1922), S. 28 ff.

ders., La constitution tchéco-slovaque, Revue des sciences politiques 37 (1922), S. 217 ff.
ders., La constitution yougo-slave, Revue des sciences politiques 37 (1922), S. 522 ff.
von Blume, Wilhelm, Die württembergische Verfassungsgesetzgebung des Jahres 1919, JöR a. F. 9 (1920), S. 171 ff.
von Bogdandy, Armin, Comparative Constitutional Law as a Social Science? A Hegelian Reaction to Ran Hirschl's Comparative Matters, VRÜ 2016, S. 278 ff.
ders., Zur sozialwissenschaftlichen Runderneuerung der Verfassungsvergleichung. Eine hegelianische Reaktion auf Ran Hirschls Comparative Matters, Der Staat 55 (2016), S. 103 ff.
Bogs, Walter, Rechtsprechung des Bundessozialgerichts zum Grundgesetz, JöR n. F. 16 (1967), S. 129 ff.
Böhm, Helmut, Von der Selbstverwaltung zum Führerprinzip. Die Universität München in den ersten Jahren des Dritten Reiches (1933–1936), Berlin 1995
Boldt, Hans, Staat, Recht und Politik bei Georg Jellinek, in: Andreas Anter (Hrsg.), Die normative Kraft des Faktischen, Baden-Baden 2004, S. 13 ff.
Bonnard, Roger, Le droit et l'Etat dans la doctrine nationale-socialiste (I), RDP 1936, S. 205 ff.
ders., Le droit et l'Etat dans la doctrine nationale-socialiste (II), RDP 1936, S. 415 ff.
ders., Le droit et l'État dans la doctrine nationale-socialiste, Paris 1936
ders., Les Actes constitutionnels de 1940, RDP 1940, S. 46 ff.
Bönnemann, Maxim/Jung, Laura, Critical Legal Studies and Comparative Constitutional Law, in: Rüdiger Wolfrum/Frauke Lachenmann/Rainer Grote (Hrsg.), Max Planck Encyclopedia of Comparative Constitutional Law, Oxford 2017, verfügbar unter <http://oxcon.ouplaw.com/view/10.1093/law-mpeccol/law-mpeccol-e670> (zuletzt abgerufen am 15.3.2022)
Bornhak, Conrad, Allgemeine Staatslehre, Berlin 1896
ders., Das Italienische Staatsrecht des Faschismus, Leipzig 1934
ders., Genealogie der Verfassungen, Breslau 1935
Bosbach, Franz/Davis, John R. (Hrsg.), Die Weltausstellung von 1851 und ihre Folgen. The Great Exhibition and its Legacy, München 2002
Botton, Max, Étude sur les débats du Parlement belge relatifs à la représentation proportionnelle, BSLC 1884, S. 637 ff.
Boudon, Julien, Une doctrine juridique au service de la République? La figure d'Adhémar Esmein, Historia et ius 2012, S. 1 ff.
Boulouis, Jean, Le défenseur de l'Exécutif, Pouvoirs 1991, S. 33 ff.
Boutmy, É[mile], Observations sur l'enseignement des sciences politiques et administratives, Revue internationale de l'enseignement supérieur 1 (1881), S. 237 ff.
ders., Des précautions à prendre dans l'étude des constitutions étrangères, Recueil des séances et des travaux de l'Académie des sciences morales et politiques 122 (1884), S. 362 ff.
ders., Études de droit constitutionnel. France – Angleterre – Etats-Unis, Paris 1885
ders., L'individu et l'État en Angleterre, Annales de l'École libre des sciences politiques 2 (1887), S. 485 ff.
ders., Des rapports et des limites des études juridiques et des études politiques, Revue internationale de l'enseignement supérieur 9 (1889), S. 217 ff.
ders., La réforme de l'administration locale en Angleterre, Annales de l'École libre des sciences politiques 4 (1889), S. 166 ff.
ders., Le développement de la Constitution et de la société politique en Angleterre, 2. Auflage, Paris 1897
ders., L'Empire britannique, Annales des sciences politiques 14 (1899), S. 537 ff.

ders., La langue anglaise et le génie national, Annales des sciences politiques 14 (1899), S. 1 ff.
ders., La déclaration des droits de l'homme et du citoyen et M. Jellinek, Annales des sciences politiques 17 (1902), S. 415 ff.
Brandt, Hartwig, Über Konstitutionalismus in Deutschland. Eine Skizze, in: Jürgen Kocka/Hans-Jürgen Puhle/Klaus Tenfelde (Hrsg.), Von der Arbeiterbewegung zum modernen Sozialstaat. Festschrift für Gerhard A. Ritter zum 65. Geburtstag, München u. a. 1994, S. 261 ff.
Breban, Jean, Chronique européenne. Revue de jurisprudence de la Cour de Justice des Communautés européennes. Principes généraux, RDP 1962, S. 873 ff.
Breunung, Leonie, Wissenschaftsgeschichte auf dem statistischen Prüfstand. Erkenntnismöglichkeiten quantifizierender Methoden am Beispiel der rechtswissenschaftlichen Amtsvertreibung und Emigration nach 1933, KritV 1997, S. 359 ff.
Brie, [Siegfried], Zur Theorie des constitutionellen Staatsrechts, AöR 4 (1889), S. 1 ff.
Brietzke, Paul H., Die Schattenseite der Verfassungsvergleichung: Lehren aus der Dritten Welt, VRÜ 1983, S. 5 ff.
Brückner, Die mecklenburgische Verfassungsfrage seit 1913, JöR a. F. 9 (1920), S. 218 ff.
Brugger, Winfried, A Constitutional Duty to Outlaw Abortion? A Comparative Analysis of the American and German abortion decisions, JöR n. F. 36 (1987), S. 49 ff.
Brunet, René, La Constitution allemande du 11 août 1919, Paris 1921
Brunner, Detlev/Grashoff, Udo/Kötzing, Andreas, Asymmetrisch verflochten? Einleitung, in: dies. (Hrsg.), Asymmetrisch verflochten? Neue Forschungen zur gesamtdeutschen Nachkriegsgeschichte, Berlin 2013, S. 11 ff.
Brunner, Georg, Der Zugang des Einzelnen zur Verfassungsgerichtsbarkeit im europäischen Raum, JöR n. F. 50 (2002), S. 191 ff.
Bryce, James, La République américaine. Avec une préface de M. E. Chavegrin, Bd. I. Le gouvernement national, Paris 1900
ders., La République américaine. Avec une préface de M. E. Chavegrin, Bd. II. Les gouvernements des états, Paris 1901
ders., La République américaine. Avec une préface de M. E. Chavegrin, Bd. III. Le système des partis – L'opinion publique, Paris 1901
ders., La République américaine. Avec une préface de M. E. Chavegrin, Bd. IV. Institutions sociales, Paris 1902
Bryde, Brun-Otto, The Constitutional Judge and the International Constitutionalist Dialogue, Tulane Law Review 80 (2005), S. 203 ff.
ders., Warum Verfassungsvergleichung?, JöR n. F. 64 (2016), S. 431 ff.
Buchstein, Hubertus, Wissenschaft von der Politik, Auslandswissenschaft, Political Science, Politologie. Die Berliner Tradition der Politikwissenschaft von der Weimarer Republik bis zur Bundesrepublik, in: Wilhelm Bleek/Hans J. Lietzmann (Hrsg.), Schulen in der deutschen Politikwissenschaft, Opladen 1999, S. 183 ff.
Buchstein, Hubertus/Walther, Peter Th., Politikwissenschaft in der Emigrationsforschung, PVS 30 (1989), S. 342 ff.
Buerstedde, Sigismund, Der Ministerrat im Aufbau und Wirken der Europäischen Gemeinschaften, JöR n. F. 14 (1965), S. 87 ff.
Buerstedde, W., ‚Le comité constitutionnel' der französischen Verfassung von 1946, JöR n. F. 7 (1958), S. 167 ff.
Buffet-Tchakaloff, Marie-France, Juges constitutionnels et découpage électoral (Allemagne fédérale, Autriche, États-Unis, France, Japon), RDP 1989, S. 981 ff.
Bufnoir, C., Rapport présenté au nom de la section de droit du groupe parisien, Revue internationale de l'enseignement supérieur 1 (1881), S. 378 ff.

ders., L'allocution du Président, BSLC 1891, S. 65 ff.
Burdeau, Georges, Du droit à la science politique, JöR n. F. 33 (1984), S. 151 ff.
Burgorgue-Larsen, Laurence, Chronique de jurisprudence européenne comparée, RDP 2000, S. 1081 ff.
Bussani, Mauro/Mattei, Ugo, The Common Core Approach to European Private Law, Columbia Journal of European Law 3 (1997), S. 339 ff.
von Busse, Carl-David, Die Methoden der Rechtsvergleichung im öffentlichen Recht als richterliches Instrument der Interpretation von nationalem Recht, Baden-Baden 2014
Busse, Dietrich, Historische Semantik. Analyse eines Programms, Stuttgart 1987
ders., Historische Diskurssemantik. Ein linguistischer Beitrag zur Analyse gesellschaftlichen Wissens, Sprache und Literatur in Wissenschaft und Unterricht 2000, S. 39 ff.
ders., Sprachgeschichte als Teil der Kultur- und Wissensgeschichte. Zum Beitrag einer historischen Diskurssemantik, Jahrbuch für internationale Germanistik 55 (2002), S. 33 ff.
ders., Begriffsgeschichte – Diskursgeschichte – Linguistische Epistemologie. Bemerkungen zu den theoretischen und methodischen Grundlagen einer Historischen Semantik in philosophischem Interesse anlässlich einer Philosophie der ‚Person', in: Alexander Haardt/Nikolaj Plotnikov (Hrsg.), Diskurse der Personalität. Die Begriffsgeschichte der ‚Person' aus deutscher und russischer Perspektive, München 2008, S. 115 ff.
Busse, Dietrich/Teubert, Wolfgang, Ist Diskurs ein sprachwissenschaftliches Objekt? Zur Methodenfrage der historischen Semantik, in: Dietrich Busse/Fritz Hermanns/Wolfgang Teubert (Hrsg.), Begriffsgeschichte und Diskursgeschichte. Methodenfragen und Forschungsergebnisse der historischen Semantik, Opladen 1994, S. 10 ff.
C.-D., J., Charles Benoist, De l'organisation du suffrage universel. La crise de l'État moderne [Rezension], Annales de l'École libre des sciences politiques 12 (1897), S. 657 ff.
Cahen, Georges, Le gouvernement législateur. La loi et le règlement, Paris 1903
Cancik, Pascale, Die Rezeption neuer Verfassungsregelungen. Ein Beitrag zur ‚Wirkung' der Oppositionsregelungen in den Landesverfassungen, JöR n. F. 55 (2007), S. 151 ff.
Capitant, René, Le rôle politique du président du Reich, Politique 1932, S. 216 ff.
ders., Régimes parlementaires, in: Faculté de droit et des sciences politiques de l'Université de Strasbourg (Hrsg.), Mélanges R. Carré de Malberg, Paris 1933, S. 33 ff.
ders., La réforme du parlementarisme, Paris 1934
ders., L'idéologie nationale-socialiste, L'Année politique française et étrangère 10 (1935), S. 177 ff.
ders., L'œuvre juridique de Raymond Carré de Malberg, Archives de philosophie du droit et de sociologie juridique 7 (1937), S. 81 ff.
ders., La coutume constitutionnelle (1929), RDP 1979, S. 959 ff.
ders., Le rôle politique du président du Reich (1932), in: ders., Écrits constitutionnels, Paris 1982, S. 435 ff.
Cappelletti, Mauro/Ritterspach, Theodor, Die gerichtliche Kontrolle von Gesetzen, JöR n. F. 20 (1971), S. 65 ff.
Carozza, Paolo, Continuity and Rupture in 'New Approaches to Comparative Law', Utah Law Review 2 (1997), S. 657 ff.
Carré de Malberg, Raymond, Contribution à la Théorie générale de l'État spécialement d'après les données fournies par le Droit constitutionnel français, Bd. 1, Paris 1920
ders., La question du caractère étatique des pays allemands et l'article 76 de la Constitution de Weimar, BSLC 1924, S. 285 ff.
ders., La question de la délégation de puissance législative et les rapports entre la loi et l'ordonnance selon la Constitution de Weimar, BSLC 1925, S. 321 ff.
ders., La constitutionnalité des lois et la Constitution de 1875, RPP 1927, S. 339 ff.

ders., La distinction des lois matérielles et formelles et le concept de loi dans la Constitution de Weimar (I), BSLC 1928, S. 597 ff.

ders., La distinction des lois matérielles et formelles et le concept de loi dans la Constitution de Weimar (II), BSLC 1929, S. 155 ff.

ders., La sanction juridictionnelle des principes constitutionnels, Annuaire de l'Institut international de droit public 1 (1929), S. 144 ff.

ders., Considérations théoriques sur la question de la combinaison du referendum avec le parlamentarisme, RDP 1931, S. 225 ff.

ders., La loi, expression de la volonté générale. Étude sur le concept de la loi dans la Constitution de 1875, Paris 1931

ders., Confrontation de la Théorie de la formation du droit par degrés avec les idées et les institutions consacrées par le droit positif français relativement à sa formation, Paris 1933

Case, Mary Anne, Scalia as a Procrustes for the Majority, Scalia as Cassandra in Dissent, JöR n. F. 65 (2017), S. 765 ff.

Casimir-Périer, Préface, in: *A. Todd*, Le gouvernement parlementaire en Angleterre, Paris 1900, S. I ff.

Cassirer, Ernst, Das Erkenntnisproblem in der Philosophie und Wissenschaft der neueren Zeit. Text und Anmerkungen bearb. v. Tobias Berben/Dagmar Vogel, 4. Bd. Von Hegels Tod bis zur Gegenwart, Hamburg 2000

Caudel, M[aurice], Jellinek. Verfassungsänderung und Verfassungswandlung [Rezension], Annales des sciences politiques 23 (1908), S. 137 ff.

ders., Les „démocraties modernes" de J. Bryce, Revue des sciences politiques 37 (1922), S. 555 ff.

ders., La crise du parlementarisme, Revue des sciences politiques 41 (1926), S. 372 ff.

Cepko, Aurélie, Le principe représentatif dans les théories constitutionnelles d'Adhémar Esmein et de Félix Moreau, RDP 2016, S. 991 ff.

Chavegrin, E[rnest], Notice sur les lois constitutionnelles de 1919 en Allemagne, Annuaire de législation étrangère 17 (1920), S. 306 ff.

ders., Communication sur le Président de l'Empire Allemand, BSLC 1923, S. 67 ff.

Cherfouh, Fatiha, Le juriste entre science et politique. La Revue générale du droit, de la législation et de la jurisprudence en France et à l'étranger (1877–1938). Préface de Nader Hakim, Issy-les-Moulineaux 2017

Chevalier, Louis, Classes laborieuses et classe dangereuses à Paris pendant la première moitié du XIXe siècle, Paris 1958

Chevallier, Jacques, Droit constitutionnel et institutions politiques: les mésaventures d'un couple fusionnel, in: Mélanges en l'honneur de Pierre Avril. La République, Paris 2001, S. 183 ff.

ders., Mondialisation du droit ou droit de la mondialisation?, in: Charles-Albert Morand (Hrsg.), Le droit saisi par la mondialisation, Brüssel 2001, S. 37 ff.

Chevallier, Roger-Michel, Chronique européenne. Le droit de la Communauté européenne et les juridictions françaises (Conseil d'État, 22 décembre 1961, S. N. C. F. contre Ministre des Travaux Publics et des Transports), RDP 1962, S. 646 ff.

Chiassoni, Pierluigi, Dilemmas about the Conceptual Frame for Comparing Constitutional Reasoning, ZaöRV 79 (2019), S. 399 ff.

Choudhry, Sujit, Migration as a new metaphor in comparative constitutional law, in: ders. (Hrsg.), The Migration of Constitutional Ideas, Cambridge 2006, S. 1 ff.

Classen, Claus-Dieter, Die Ableitung von Schutzpflichten des Gesetzgebers aus Freiheitsrechten – ein Vergleich von deutschem und französischem Verfassungsrecht und der Europäischen Menschenrechtskonvention, JöR n. F. 36 (1987), S. 29 ff.

ders., Französisches Grundrechtsverständnis: kaum Dogmatik, objektiv-rechtliche Traditionen, subjektiv-rechtliche Perspektiven?, JöR n. F. 68 (2020), S. 213 ff.
Cocatre-Zilgien, André, De quelques effets actuels et éventuels de la ratification de la convention européenne, RDP 1978, S. 645 ff.
Coing, Helmut, Laboulaye, ZEuP 1993, S. 519 ff.
Cole, Taylor, The Bundesverfassungsgericht, 1956–1958: An American Appraisal, JöR n. F. 8 (1959), S. 29 ff.
Colin, Florence, Les revues de vulgarisation scientifique, in: Bruno Béguet (Hrsg.), La science pour tous. Sur la vulgarisation scientifique en France de 1850 à 1914, Paris 1990, S. 71 ff.
Colliard, Claude-Albert, Chronique constitutionnelle étrangère. Allemagne, RDP 1948, S. 452 ff.
Collings, Justin, Gerhard Leibholz und der Status des Bundesverfassungsgerichts. Karriere eines Berichts und seines Berichterstatters, in: Anna-Bettina Kaiser (Hrsg.), Der Parteienstaat. Zum Staatsverständnis von Gerhard Leibholz, Baden-Baden 2013, S. 227 ff.
Conrad, Sebastian, La constitution de l'histoire japonaise. Histoire comparée, transferts, interactions transnationales, in: Michael Werner/Bénédicte Zimmermann (Hrsg.), De la comparaison à l'histoire croisée, Paris 2004, S. 53 ff.
Constantinesco, Léontin-Jean, Rechtsvergleichung, Bd. I. Einführung in die Rechtsvergleichung, Köln u. a. 1971
ders., Rechtsvergleichung, Bd. III. Die rechtsvergleichende Wissenschaft, Köln u. a. 1983
Coser, Lewis A./Fleck, Christian, Richard K. Merton (1910–2003), in: Dirk Kaesler (Hrsg.), Klassiker der Soziologie, Bd. 2. Von Talcott Parsons bis Anthony Giddens, 5. Auflage, München 2007, S. 152 ff.
de Cruz, Peter, Comparative Law in a Changing World, London und Sydney 1999
von Csekey, Stephan, Die Verfassungsentwicklung Estlands 1929–1934, JöR a. F. 22 (1935), S. 411 ff.
Custos, Dominique, La Cour Suprême américaine et la liberté d'avortement, RDP 1995, S. 1119 ff.
Cuvelier, Claire/Huet, Delphine/Janssen-Bennynck, Clémence, La science française du droit constitutionnel et le droit comparé: les exemples de Rossi, Barthélemy et Mirkine-Guetzévitch, RDP 2014, S. 1534 ff.
Czachur, Waldemar, Ludwik Flecks Denkstilansatz als Inspiration für die Diskurslinguistik, Zeitschrift des Verbandes Polnischer Germanisten 2 (2013), S. 141 ff.
Daguin, Fernand, Étude sur la représentation proportionnelle en Espagne, BSLC 1887, S. 486 ff.
Daney, Charles, Introduction. Les expositions universelles, aboutissement de la pensée saint-simonienne ou vaste entreprise commerciale?, in: Jean-Christophe Mabire (Hrsg.), L'exposition universelle de 1900, Paris 2000, S. 7 ff.
Daniel, Ute, Kompendium Kulturgeschichte, Frankfurt a.M. 2006
Dann, Philipp, Parlamente im Exekutivföderalismus. Eine Studie zum Verhältnis von föderaler Ordnung und parlamentarischer Demokratie in der Europäischen Union, Berlin u. a. 2004
Dann, Philipp/Hanschmann, Felix, Postkoloniale Theorien, Recht und Rechtswissenschaft. Einleitung in den Schwerpunkt, KJ 2012, S. 127 ff.
Dareste, F.-R., Les constitutions modernes. Recueil des constitutions actuellement en vigueur dans les divers états d'Europe, d'Amérique et du monde civilisé. Traduites sur les textes et accompagnés de notices historiques et de notes explicatives, Bd. 1, Paris 1883
Daum, Andreas W., Wissenschaftspopularisierung im 19. Jahrhundert. Bürgerliche Kultur, naturwissenschaftliche Bildung und die deutsche Öffentlichkeit, 2. Auflage, München 2002

David, René, Le droit comparé, enseignement de culture générale, RIDC 1950, S. 682 ff.
ders., Traité élémentaire de droit civil comparé. Introduction à l'étude des droits étrangers et la méthode comparative, Paris 1950
ders., Les Grands Systèmes de Droits Contemporains (Droit comparé), Paris 1964
David, René/Jauffret-Spinosi, Camille, Les grands systèmes de droit contemporains, 10. Auflage, Paris 1992
Debré, Michel, Allocution de M. Michel Debré, garde des Sceaux, ministre de la Justice (1958), in: Comité national chargé de la publication des travaux préparatoires des institutions de la Ve République (Hrsg.), Documents pour servir à l'histoire de l'élaboration de la Constitution du 4 octobre 1958, Bd. III, Paris 1991, S. 255 ff.
Del Vecchio, Giorgio, La crise de l'État, BSLC 1934, S. 411 ff.
Delmas-Marty, Mireille, Les processus de la mondialisation du droit, in: Charles-Albert Morand (Hrsg.), Le droit saisi par la mondialisation, Brüssel 2001, S. 63 ff.
dies., Les forces imaginantes du droit. Le relatif et l'universel, Paris 2004
Delpech, Joseph, A. Esmein. Éléments de droit constitutionnel français et comparé [Rezension], RDP 1899, S. 534 ff.
Démarest, Compte rendu des derniers travaux législatifs en Allemagne, BSLC 1872, S. 150 ff.
Demleitner, Nora V., Challenge, Opportunity and Risk: An Era of Change in Comparative Law, The American Journal of Comparative Law 46 (1998), S. 647 ff.
dies., Combating Legal Ethnocentrism: Comparative Law Sets Boundaries, Arizona State Law Journal 31 (1999), S. 737 ff.
Demongeot, Communication sur les travaux législatifs aux États-Unis, BSLC 1872, S. 298 ff.
Dennewitz, Bodo, Das nationale Deutschland ein Rechtsstaat. Die Rechtsgrundlagen des neuen deutschen Staates, Berlin 1933
Deslandres, Maurice, Observations sur la fonction de la science du Droit comparé par rapport au Droit public, BSLC 1899/90, S. 507 ff.
ders., La crise de la science politique (1), RDP 1900, S. 5 ff.
ders., La crise de la science politique (2), RDP 1900, S. 247 ff.
ders., La crise de la science politique (3), RDP 1900, S. 435 ff.
ders., La crise de la science politique (4), RDP 1901, S. 394 ff.
ders., La crise de la science politique (5), RDP 1901, S. 45 ff.
ders., La crise de la science politique (6), RDP 1901, S. 402 ff.
ders., Étude sur le fondement de la loi, RDP 1908, S. 5 ff.
ders., L'organisation du suffrage et l'expérience belge [Rezension], RPP 1913, S. 308 ff.
Dicey, A. V., L'introduction à l'étude du droit constitutionnel. Édition française complétée par l'auteur. Traduction française d'André Batut et de Gaston Jèze, Paris 1902
Digeon, Claude, La crise allemande de la pensée française (1870–1914), Paris 1959
Doerfert, Carsten, Das Archiv des öffentlichen Rechts. 1885–1918. Zur Geschichte einer Wissenschaft und ihrer Zeitschrift, Berlin 1993
Dorsen, Norman/Rosenfeld, Michel/Sajó, András/Baer, Susanne, Comparative Constitutionalism. Cases and Materials, St. Paul 2003
Doumergue, E., Les origines historiques de la Déclaration des droits de l'homme et du citoyen, RDP 1904, S. 673 ff.
ders., Les origines historiques de la Déclaration des droits de l'homme et du citoyen, Paris 1905
Dreyfus, Ferdinand, Étude sur le projet de loi électorale soumis au Parlement italien, BSLC 1880, S. 375 ff.
Dreyer, Michael, Hugo Preuß. Biografie eines Demokraten, Stuttgart 2018

Drobnig, Ulrich, Rechtsvergleichung und Rechtssoziologie, RabelsZ 18 (1953), S. 295 ff.
Duez, Paul, Les actes de gouvernement, Annuaire de l'Institut international de droit public 2 (1931), S. 35 ff.
ders., Les actes de gouvernement, Paris 1935
Duguit, Léon, Le droit constitutionnel et la sociologie, Paris 1889
ders., Le fonctionnement du régime parlementaire en France depuis 1875, RPP 1900, S. 263 ff.
ders., L'État, le droit objectif et la loi positive, Paris 1901
ders., Note sommaire sur le fonctionnement du régime parlementaire en France depuis 1875, in: Congrès international de Droit comparé (Hrsg.), Procès-verbaux des séances et documents, Bd. II, Paris 1907, S. 313 ff.
ders., Les transformations du droit public, Paris 1913
ders., La doctrine allemande de l'auto-limitation de l'Etat, RDP 1919, S. 161 ff.
ders., Le droit et le problème de l'État, RDP 1920, S. 521 ff.
ders., Traité de droit constitutionnel, Bd. 1, 2. Auflage, Paris 1921
ders., Traité de droit constitutionnel, Bd. 2, 2. Auflage, Paris 1923
ders., Les doctrines juridiques objectivistes, RDP 1927, S. 537 ff.
ders., Traité de droit constitutionnel, Bd. 1, 3. Auflage, Paris 1927
Duve, Thomas, Normativität und Empirie im öffentlichen Recht und der Politikwissenschaft um 1900. Historisch-systematische Untersuchung des Lebens und Werks von Richard Schmidt (1862–1944) und der Methodenentwicklung seiner Zeit, Ebelsbach 1998
ders., Von der Europäischen Rechtsgeschichte zu einer Rechtsgeschichte Europas in globalhistorischer Perspektive, Rechtsgeschichte 20 (2012), S. 18 ff.
Duverger, Maurice, Manuel de droit constitutionnel et de science politique, 5. Auflage, Paris 1948
ders., Les partis politiques en Europe, Nancy 1952
ders., Droit constitutionnel et institutions politiques, Paris 1955
ders., La Cinquième République, Paris 1974
ders., Un gramme de démocratie, Le Monde v. 11. 10. 1974, <https://abonnes.lemonde.fr/archives/article/1974/10/11/un-gramme-de-democratie_2538643_1819218.html?xtmc=une_gramme_de_democratie&xtcr=1> (zuletzt abgerufen am 15.3.2022)
Eisenmann, Charles, La justice constitutionnelle et la Haute Cour d'Autriche, Paris 1928
ders., Sur quelques ouvrages allemands de droit public, RDP 1929, S. 548 ff.
ders., Droit public, Droit privé (En marge d'un livre sur l'évolution du droit civil français du XIXe au XXe siècle), RDP 1952, S. 903 ff.
ders., Gerichtsfreie Hoheitsakte im heutigen französischen Recht, JöR n. F. 2 (1953), S. 1 ff.
ders., La théorie des „bases constitutionnelles du droit administratif", RDP 1972, S. 1345 ff.
Émeri, Claude, Gouvernement des juges ou véto des sages, RDP 1990, S. 335 ff.
Engelhardt, Dieter, Das richterliche Prüfungsrecht im modernen Verfassungsstaat. Eine vergleichende Untersuchung über die Nachprüfung allgemeiner Rechtsnormen durch die Gerichte, JöR n. F. 8 (1959), S. 101 ff.
Engler, Helmut, Die Rechtsprechung des Bundesverfassungsgerichts zum Grundgesetz in den Jahren 1959 bis 1965, JöR n. F. 15 (1966), S. 137 ff.
Eörsi, Gyula, Réflexions sur la méthode de la comparaison des droits dans le domaine du droit civil, BSLC 1967, S. 397 ff.
Ermacora, Felix, Die österreichische Verfassungsgerichtsbarkeit seit 1945. Bericht und informatorischer Rechtsvergleich, JöR n. F. 8 (1959), S. 49 ff.

Esmein, A[dhémar], De la délégation du pouvoir législatif, RPP 1894, S. 200 ff.
ders., Deux formes de gouvernement, RDP 1894, S. 15 ff.
ders., Éléments de droit constitutionnel, Paris 1896
ders., Éléments de droit constitutionnel français et comparé, 2. Auflage, Paris 1899
ders., Le Droit comparé et l'Enseignement du Droit, BSLC 1899–1900, S. 373 ff.
ders., Éléments de droit constitutionnel français et comparé, 3. Auflage, Paris 1903
ders., Une survivance qui disparaît. „The Demise of the Crown Act" du 2 juillet 1901, Annales des sciences politiques 18 (1903), S. 97 ff.
ders., Éléments de droit constitutionnel français et comparé, 4. Auflage, Paris 1906
ders., Éléments de droit constitutionnel français et comparé, 5. Auflage, Paris 1909
ders., L'affaire Osborne et la question de l'indemnité parlementaire en Angleterre, RPP 1910, S. 444 ff.
Esmein, Adhémar/Barthélemy, Joseph, Éléments de droit constitutionnel français et comparé, 6. Auflage, Paris 1914
Esmein, Adhémar/Nézard, Henry, Éléments de droit constitutionnel français et comparé, Bd. 1. La liberté moderne. Principes et institutions, 7. Auflage, Paris 1921
dies., Éléments de droit constitutionnel français et comparé, Bd. 1. La liberté moderne. Principes et institutions, 8. Auflage, Paris 1927
Esser, Josef, Grundsatz und Norm in der richterlichen Fortbildung des Privatrechts. Rechtsvergleichende Beiträge zur Rechtsquellen- und Interpretationslehre, Tübingen 1956
ders., Vorverständnis und Methodenwahl in der Rechtsfindung, Frankfurt a. M. 1970
Fardis, G., Das Recht des modernen Staates. Vol. 1. Allgemeine Staatslehre, par M. Jellinek [Rezension], Revue générale du droit, de la législation et de la jurisprudence 25 (1901), S. 468 ff.
Fauvarque-Cosson, Bénédicte, Development of Comparative Law in France, in: Mathias Reimann/Reinhard Zimmermann (Hrsg.), The Oxford Handbook of Comparative Law, Oxford 2006, S. 35 ff.
Favoreu, Louis, Chronique constitutionnelle et parlementaire française. Le Conseil Constitutionnel régulateur de l'activité normative des pouvoirs publics, RDP 1967, S. 5 ff.
ders., Actualité et légitimité du contrôle des lois en Europe occidentale, RDP 1984, S. 1147 ff.
ders., Le Conseil constitutionnel et l'alternance, RFSP 34 (1984), S. 1002 ff.
ders., La politique saisie par le droit, Paris 1988
ders., Modèle américain et modèle européen de justice constitutionnelle, Annuaire International de Justice Constitutionnelle IV (1988), S. 51 ff.
Favoreu, Louis/Philip, Loïc, Les grandes décisions du Conseil constitutionnel, Paris 1975
Favoreu, Louis u. a., Droit constitutionnel, 17. Auflage, Paris 2017
Federer, Julius, Die Rechtsprechung des Bundesverfassungsgerichts zum Grundgesetz für die Bundesrepublik Deutschland, JöR n. F. 3 (1954), S. 15 ff.
Fernández Segado, Francisco, La faillite de la bilpolarité „modèle américain – modèle européen" en tant que critère analytique du contrôle de la constitutionnalité et de la recherche d'une nouvelle typologie explicative, JöR n. F. 52 (2004), S. 471 ff.
von Feuerbach, Anselm, Blick auf die teutsche Rechtswissenschaft (1810), in: ders., Anselms von Feuerbachs kleine Schriften vermischten Inhalts, Nürnberg 1833, S. 152 ff.
Fichte, Johann Gottlieb, Die Grundzüge des gegenwärtigen Zeitalters (1806). Vierzehnte Vorlesung, in: ders., Johann Gottlieb Fichte's sämmtliche Werke, Bd. VII, Berlin 1846, S. 198 ff.
Fischer-Lescano, Andreas, Die Emergenz der Globalverfassung, ZaöRV 63 (2003), S. 717 ff.

Fleck, Ludwik, Entstehung und Entwicklung einer wissenschaftlichen Tatsache. Einführung in die Lehre vom Denkstil und vom Denkkollektiv. Mit einer Einleitung hrsg. v. Lothar Schäfer/Thomas Schnelle, Frankfurt a. M. 1980 (zuerst 1935)

Fögen, Marie-Theres/Teubner, Gunther, Transfer, Rechtsgeschichte 7 (2005), S. 38 ff.

Foljanty, Lena, Recht oder Gesetz. Juristische Identität und Autorität in den Naturrechtsdebatten der Nachkriegszeit, Tübingen 2013

dies., Rechtstransfer als kulturelle Übersetzung. Zur Tragweite einer Metapher, KritV 2015, S. 89 ff.

Forsthoff, Ernst, Otto Koellreutter. Der deutsche Führerstaat [Rezension], Juristische Wochenschrift 1934, S. 538 ff.

Foucault, Michel, L'archéologie du savoir, Paris 1969

ders., Die Ordnung der Dinge, 23. Auflage, Frankfurt a. M. 2015 (zuerst 1974)

ders., Archäologie des Wissens, 17. Auflage, Frankfurt a. M. 2015 (zuerst 1981)

Fraenkel, Ernst, Das richterliche Prüfungsrecht in den Vereinigten Staaten von Amerika, JöR n. F. 2 (1953), S. 35 ff.

ders., Das amerikanische Regierungssystem. Leitfaden, Opladen 1960

ders., Deutschland und die westlichen Demokratien, 2. Auflage, Stuttgart u. a. 1964

ders., Strukturanalyse der modernen Demokratie (1969), in: ders., Deutschland und die westlichen Demokratien. Erweiterte Ausgabe (1991). Mit einem Nachwort über Leben und Werk Ernst Fraenkels, hrsg. v. Alexander von Brünneck, Frankfurt a. M. 1991, S. 326 ff.

Frankenberg, Günter, Critical Comparisons: Re-thinking Comparative Law, Harvard International Law Journal 26 (1985), S. 411 ff.

ders., Stranger than Paradise: Identity & Politics in Comparative Law, Utah Law Review 2 (1997), S. 259 ff.

ders., Autorität und Integration. Zur Grammatik von Recht und Verfassung, Frankfurt a. M. 2003

ders., Comparative Law as Critique, Cheltenham und Northampton 2016

ders., Kischel, Uwe: „Rechtsvergleichung" – A New Gold Standard? [Rezension], ZaöRV 76 (2016), S. 1001 ff.

Fredman, Sandra, Foreign Fads or Fashions? The Role of Comparativism in Human Rights Law, International and Comparative Law Quarterly 64 (2015), S. 631 ff.

Freisler, Roland, Rechtsstaat, in: Erich Volkmar/Alexander Elster/Günther Küchenhoff (Hrsg.), Die Rechtsentwicklung der Jahre 1933 bis 1935/36. Zugleich Handwörterbuch der Rechtswissenschaft. Der Umbruch 1933/36, Bd. VIII, Berlin und Leipzig 1937, S. 567 ff.

Friedmann, Lawrence, Some thoughts on Comparative Legal Culture, in: David S. Clark (Hrsg.), Comparative and Private International Law. Essays in honor of John Henry Merryman on his Seventieth Birthday, Berlin 1990, S. 49 ff.

Friedrich, Carl J., Der Verfassungsstaat der Neuzeit, Berlin u. a. 1953

ders., Grundsätzliches zur Geschichte der Wissenschaft von der Politik, ZfP n. F. 1 (1954), S. 325 ff.

ders., La démocratie constitutionnelle. Traduction française d'André Martinerie, Simone Dreyfus, Stanley Hoffmann et Pierre Trouvat sous la direction d'André Bertrand. Préface de Marcel Prélot, Paris 1958

Friedrich, Manfred, Paul Laband und die Staatsrechtswissenschaft seiner Zeit, AöR 111 (1986), S. 197 ff.

ders., Erich Kaufmann, Der Staat 26 (1987), S. 231 ff.

ders., Geschichte der deutschen Staatsrechtswissenschaft, Berlin 1997

ders., Zur Lehre vom ‚echten' und ‚unechten' Parlamentarismus: Robert Redslob und Hugo Preuß, in: Detlef Lehnert/Christoph Müller (Hrsg.), Vom Untertanenverband zur Bürgergenossenschaft, Baden-Baden 2000, S. 189 ff.

Friesenhahn, Ernst, § 98. Staatsgerichtsbarkeit, in: Gerhard Anschütz/Ludwig Thoma (Hrsg.), Handbuch des Deutschen Staatsrechts, Bd. 2, Tübingen 1932, S. 523 ff.
Fromont, Michel, Chronique constitutionnelle et administrative étrangère. République Fédérale allemande. Le Tribunal constitutionnel fédéral en 1970, RDP 1971, S. 1411 ff.
ders., Chronique constitutionnelle et administrative étrangère. Allemagne fédérale. La jurisprudence constitutionnelle en 1982 et 1983, RDP 1984, S. 1555 ff.
ders., Allemagne fédérale, Annuaire International de Justice Constitutionnelle II (1986), S. 83 ff.
ders., Chronique étrangère. République fédérale d'Allemagne. La jurisprudence constitutionnelle 1984 et 1985, RDP 1987, S. 1199 ff.
ders., La justice constitutionnelle dans le monde, Paris 1996
ders., La diversité de la justice constitutionnelle en Europe, in: Mélanges Philippe Ardant. Droit et politique à la croisée des cultures, Paris 1999, S. 47 ff.
ders., La justice constitutionnelle en France ou l'exception française, Anuario Iberoamericano de Justicia Constitucional 8 (2004), S. 171 ff.
Frühwald, Wolfgang, Verlust und Gewinn – Folgen der Wissenschaftsemigration 1933 bis 1945, in: Robert Gerwin (Hrsg.), Wie die Zukunft Wurzeln schlug, Berlin und Heidelberg 1989, S. 83 ff.
Funke, Andreas/Lachmayer, Konrad, Einleitung, in: dies. (Hrsg.), Formate der Rechtswissenschaft, Weilerswist 2017, S. 7 ff.
Gadamer, Hans-Georg, Wahrheit und Methode. Grundzüge einer philosophischen Hermeneutik, Tübingen 1975
Galvão de Sousa, José Pedro, Remarques sur l'idée de Constitution et la Signification Sociologique du Droit Constitutionnel, JöR n. F. 16 (1967), S. 39 ff.
Gamper, Anna, The Methods and Parameters of Comparative Constitutional Reasoning, ZaöRV 79 (2019), S. 415 ff.
Gaudemet, E., Raymond Saleilles. 1855–1912, Extrait de la Revue Bourguignonne de l'Université de Dijon 12 (1912), S. 161 ff.
Gaudemet, P[aul] M[arie], Chronique constitutionnelle de l'Allemagne, RDP 1948, S. 204 ff.
ders., Paul Laband et la doctrine française de droit public, RDP 1989, S. 957 ff.
Gaudin, Hélène/Rousseau, Dominique, Le droit constitutionnel européen en débat, RDP 2008, S. 721 ff.
Geertz, Clifford, Local Knowledge: Fact and Law in Comparative Perspective, in: ders., Local Knowledge: Further Essays in Interpretive Anthropology, New York 1983, S. 55 ff.
Gellner, Ernest, Nations and Nationalism, Oxford 1983
Genevois, Bruno, Intervention, Annuaire International de Justice Constitutionnelle II (1986), S. 213 ff.
von Gerber, Carl Friedrich, Grundzüge eines Systems des Deutschen Staatsrechts, Leipzig 1869
Gessner, Volkmar, Soziologische Überlegungen zu einer Theorie der angewandten Rechtsvergleichung, RabelsZ 36 (1972), S. 229 ff.
Giese, Friedrich, Das öffentliche Recht der Gegenwart [Rezension], AöR 34 (1915), S. 186 ff.
Gigot, Albert, Étude de M. le baron d'Ourém sur la Représentation proportionnelle au Brésil, BSLC 1887, S. 108 ff.
Giraud, Émile, La crise de la démocratie et le renforcement du pouvoir exécutif, Paris 1938
Glenn, Patrick H., La tradition juridique nationale, RIDC 2003, S. 263 ff.
ders., Comparative Legal Families and Comparative Legal Traditions, in: Mathias Reimann/Reinhard Zimmermann (Hrsg.), The Oxford Handbook of Comparative Law, Oxford 2006, S. 421 ff.

Gmelin, Hans, Verfassungsentwicklung und Gesetzgebung in Hessen von 1913 bis 1919, JöR a. F. 9 (1920), S. 204 ff.
ders., Die hessische Verfassung und Gesetzgebung von 1920, JöR a. F. 10 (1921), S. 301 ff.
ders., Die Entwicklung des Verfassungsrechts in Spanien von 1913–1932, JöR a. F. 21 (1933/34), S. 335 ff.
Gneist, Rudolf, Das heutige englische Verfassungs- und Verwaltungsrecht, II. Hauptteil. Communalverfassung und Communalverwaltung, Berlin 1860
Goguel, François, Vers une nouvelle orientation de la révision constitutionnelle, RFSP 6 (1956), S. 493 ff.
Gosewinkel, Dieter/Masing, Johannes (Hrsg.), Die Verfassungen in Europa. 1789–1949, München 2006
Goyard-Fabre, Simone, Les droits de l'homme: origines et prospective, JöR n. F. 42 (1994), S. 1 ff.
Graf, Friedrich Wilhelm, Puritanische Sektenfreiheit versus lutherische Volkskirche. Zum Einfluß Georg Jellineks auf religionsdiagnostische Deutungsmuster Max Webers und Ernst Troeltschs, ZNThG 9 (2002), S. 42 ff.
Graziadei, Michele, The Functional Heritage, in: Pierre Legrand/Roderick Munday (Hrsg.), Comparative Legal Studies: Traditions and Transitions, Cambridge u. a. 2003, S. 100 ff.
Grewe, Constance, Le statut du Conseil constitutionnel à la lumière des enseignements du droit comparé, Anuario Iberoamericano de Justicia Constitucional 8 (2004), S. 189 ff.
Grewe, Constance/Ruiz Fabri, Hélène, Droits constitutionnels européens, Paris 1995
Grewe, Wilhelm G., Ein Leben mit Staats- und Völkerrecht im 20. Jahrhundert, Freiburger Universitätsblätter 31 (1992), S. 25 ff.
Grimm, Dieter, Solidarität als Rechtsprinzip. Die Rechts- und Staatslehre Léon Duguits in ihrer Zeit, Frankfurt a. M. 1973
ders., Kulturauftrag im staatlichen Gemeinwesen, VVDStRL 42 (1984), S. 46 ff.
ders., Methode als Machtfaktor, in: ders., Recht und Staat in der bürgerlichen Gesellschaft, Frankfurt a. M. 1987, S. 347 ff.
ders., Die Zukunft der Verfassung, Bd. II, Berlin 2012
ders., Une lecture allemande de Léon Duguit, RDP 2016, S. 185 ff.
ders., Recht oder Politik? Die Kelsen-Schmitt-Kontroverse zur Verfassungsgerichtsbarkeit und die heutige Lage, Berlin 2020
Grimm, Wilhelm/Grimm, Jacob, Art. Transferieren, in: dies., Deutsches Wörterbuch, Bd. 21, Leipzig 1935, Sp. 1237 f.
Grohmann, Marc, Exotische Verfassung. Die Kompetenzen des Reichstags für die deutschen Kolonien in Gesetzgebung und Staatsrechtswissenschaft des Kaiserreichs (1884–1914), Tübingen 2001
Grosser, Alfred, Cours constitutionnelles et valeurs de référence. A propos de décisions sur l'avortement (1980), Pouvoirs 1991, S. 125 ff.
Grossmann, Karl-Heinz, Inhalt und Grenzen des Rechts auf freie Meinungsäußerung im Spiegel der Entscheidungen des Supreme Court of the United States, JöR n. F. 10 (1961), S. 181 ff.
Grosswald Curran, Vivian, Cultural Immersion, Difference and Categories in U.S. Comparative Law, American Journal of Comparative Law 46 (1998), S. 43 ff.
Grote, Rainer, Rechtskreise im öffentlichen Recht, AöR 126 (2001), S. 10 ff.
Gueydan de Roussel, William, L'évolution du pouvoir exécutif en Allemagne (1919–1934), RDP 1935, S. 393 ff.
Guizot, [François], Histoire des origines du gouvernement représentatif et des institutions politiques de l'Europe depuis la chute de l'Empire Romain jusqu'au XIVe siècle, Bd. II, 4. Auflage, Paris 1880

Gumbrecht, Hans Ulrich, Dimensionen und Grenzen der Begriffsgeschichte, München 2006
Gumplowicz, Ludwig, Philosophisches Staatsrecht. Systematische Darstellung für Studirende und Gebildete, Wien 1877
ders., Allgemeines Staatsrecht, 2. Auflage, Innsbruck 1897
ders., Geschichte der Staatstheorien, Innsbruck 1905
Günther, Frieder, Denken vom Staat her. Die bundesdeutsche Staatsrechtslehre zwischen Dezision und Integration. 1949–1970, München 2004
ders., „Jemand, der sich schon vor fünfzig Jahren selbst überholt hatte". Die Nicht-Rezeption Hans Kelsens in der bundesdeutschen Staatsrechtslehre der 1950er und 1960er Jahre, in: Matthias Jestaedt (Hrsg.), Hans Kelsen und die deutsche Staatsrechtslehre. Stationen eines wechselvollen Verhältnisses, Tübingen 2013, S. 67 ff.
Gürke, Norbert, Die Verfassung Österreichs, JöR a. F. 22 (1935), S. 339 ff.
Gutman, Thomas, Recht als Kultur? Über die Grenzen des Kulturbegriffs als normatives Argument, Baden-Baden 2015
Guyho, Corentin, Étude de législation comparée sur la Chambre haute dans les divers pays, BSLC 1872, S. 241 ff.
Häberle, Peter, Verfassungslehre als Kulturwissenschaft, Berlin 1982
ders., Die Wesensgehaltsgarantie des Art. 19 Abs. 2 Grundgesetz. Zugleich ein Beitrag zum institutionellen Verständnis der Grundrechte und zur Lehre vom Gesetzesvorbehalt, 3. Auflage, Heidelberg 1983
ders., Europa in kulturverfassungsrechtlicher Perspektive, JöR n. F. 32 (1983), S. 9 ff.
ders., Aspekte einer Verfassungslehre der Arbeit [Rezension], AöR 109 (1984), S. 630 ff.
ders., Vielfalt der Property Rights und der verfassungsrechtliche Eigentumsbegriff, AöR 109 (1984), S. 36 ff.
ders., Die Freiheit der Kunst im Verfassungsstaat, AöR 110 (1985), S. 577 ff.
ders., Verfassungsstaatliche Staatsaufgabenlehre [Rezension], AöR 111 (1986), S. 595 ff.
ders., Die verfassunggebende Gewalt des Volkes im Verfassungsstaat – eine vergleichende Textstufenanalyse, AöR 112 (1987), S. 54 ff.
ders., „Wirtschaft" als Thema neuerer verfassungsrechtlicher Verfassungen, Jura 1987, S. 577 ff.
ders., Grundrechtsgeltung und Grundrechtsinterpretation im Verfassungsstaat. Zugleich zur Rechtsvergleichung als „fünfter" Auslegungsmethode, JZ 1989, S. 913 ff.
ders., Textstufen als Entwicklungswege des Verfassungsstaates. Arbeitsthesen zur Verfassungslehre als juristischer Text- und Kulturwissenschaft, in: Jürgen Jekewitz/Karl Heinz Klein/Jörg Detlef Kühne/Hans Petersmann/Rüdiger Wolfrum (Hrsg.), Des Menschen Recht zwischen Freiheit und Verantwortung. Festschrift für Karl Josef Partsch zum 75. Geburtstag, Berlin 1989, S. 555 ff.
ders., Gemeineuropäisches Verfassungsrecht, EuGRZ 1991, S. 261 ff.
ders., Europäische Rechtskultur, Baden-Baden 1994
ders., Verfassungslehre als Kulturwissenschaft, 2. Auflage, Berlin 1998
ders., L'État constitutionnel, Aix-en-Provence und Paris 2004
ders., Mexiko – Konturen eines gemeinamerikanischen Verfassungsrechts – ein jus commune americanum, JöR n. F. 52 (2004), S. 581 ff.
ders., Europäische Verfassungslehre, Baden-Baden 2011
ders., Idées associées au constitutionnalisme d'aujourd'hui – un point de vue allemand, RDP 2014, S. 1483 ff.
ders., Universaler Konstitutionalismus aus nationalen und völkerrechtlichen Teilverfassungen – sieben Thesen, JöR n. F. 62 (2014), S. 417 ff.
Haenel, Albert, Studien zum Deutschen Staatsrechte, Erste Studie. Die vertragsmässigen Elemente der Deutschen Reichsverfassung, Leizig 1873

Hahn, Erich J., Rudolf von Gneist. 1816–1895. Ein Jurist in der Bismarckzeit, Frankfurt a. M. 1995

Haines, Valerie A., Spencer, Darwin, and the Question of Reciprocal Influence, Journal of the History of Biology 24 (1991), S. 409 ff.

Hakim, Nader/Melleray, Fabrice, La Belle Époque de la pensée juridique française, in: dies. (Hrsg.), Le renouveau de la doctrine française, Paris 2009, S. 1 ff.

Halpérin, Jean-Louis, Art. Manuels, traités et autres livres (Période contemporaine), in: Denis Alland/Stéphane Rials (Hrsg.), Dictionnaire de la culture juridique, Paris 2003, S. 990 ff.

Hamon, Léo, Les juges de la loi. Naissance et rôle d'un contre-pouvoir: le Conseil Constitutionnel, Paris 1987

Harding, Andrew/Leyland, Peter, Comparative Law in Constitutional Contexts, in: Esin Örücü/David Nelken (Hrsg.), Comparative Law. A Handbook, Portland und Oxford 2007, S. 313 ff.

Hatschek, Julius, Gneist, Rudolf von, in: Allgemeine Deutsche Biographie, 1904, S. 403 ff., verfügbar unter <http://www.deutsche-biographie.de/pnd118717790.html> (zuletzt abgerufen am 15.3.2022)

ders., Allgemeines Staatsrecht auf rechtsvergleichender Grundlage, Bd. I, Leipzig 1909

ders., Konventionalregeln oder über die Grenzen der naturwissenschaftlichen Begriffsbildung im öffentlichen Recht, JöR a. F. 3 (1909), S. 1 ff.

ders., Das Parlamentsrecht des Deutschen Reiches im Auftrage des Deutschen Reichstages, Bd. I, Berlin und Leipzig, 1915

Hauriou, André, Droit constitutionnel et institutions politiques, 2. Auflage, Paris 1967

ders., Recherches sur une problématique et une méthodologie applicable à l'analyse des institutions politiques, RDP 1971, S. 305 ff.

Hauriou, Maurice, La crise de la science sociale, RDP 1894, S. 294 ff.

ders., Précis de Droit constitutionnel, 2. Auflage, Paris 1929

ders., La théorie de l'institution et de la fondation (Essai de vitalisme social), Cahiers de la Nouvelle Journée 23 (1933), S. 89 ff.

Held, Hermann J., Unter dem Friedensvertrag von Versailles nach Locarno und Genf, JöR a. F. 15 (1927), S. 313 ff.

Helfritz, Hans Hugo, Rechtsstaat und nationalsozialistischer Staat, Deutsche Juristen-Zeitung 39 (1934), S. 426 ff.

Heller, Hermann, Diskussionsbeitrag, VVDStRL 3 (1927), S. 57

ders., Der Begriff des Gesetzes in der Reichsverfassung, VVDStRL 4 (1928), S. 98 ff.

ders., Staatslehre, hrsg. v. Gerhart Niemeyer, Leiden 1934

Hendlé, Exposé de la nouvelle loi établissant en Autriche le jury en matière de presse, BSLC 1871, S. 150 ff.

Héraud, Guy, Chronique constitutionnelle européenne. La communauté européenne de défense dans ses relations avec l'alliance atlantique et la „Fédéralisation fonctionelle" du continent, RDP 1952, S. 980 ff.

Hérold, Communication sur la durée du mandat et le mode de renouvellement des chambres législatives, BSLC 1872, S. 49 ff.

Herder, Johann Gottfried, Ideen zur Philosophie der Geschichte der Menschheit. Dritter Theil, Karlsruhe 1794

Hesse, Konrad, Verfassungsrechtsprechung im geschichtlichen Wandel, JZ 1995, S. 265 ff.

ders., Stufen der Entwicklung der deutschen Verfassungsgerichtsbarkeit, JöR n. F. 46 (1998), S. 1 ff.

Heun, Werner, Die Entdeckung der Rechtsvergleichung, in: Werner Heun/Frank Schorkopf (Hrsg.), Wendepunkte der Rechtswissenschaft. Aspekte des Rechts in der Moderne, Göttingen 2014, S. 9 ff.

Heuschling, Luc, § 28. Wissenschaft vom Verfassungsrecht. Frankreich, in: Armin von Bogdandy/Pedro Cruz Villalón/Peter M. Huber (Hrsg.), Ius Publicum Europaeum, Bd. II. Offene Staatlichkeit – Wissenschaft vom Verfassungsrecht, Heidelberg 2008, S. 491 ff.

Heyen, Erk Volkmar, Die Anfangsjahre des „Archivs für öffentliches Recht". Programmatischer Anspruch und redaktioneller Alltag im Wettbewerb, in: ders. (Hrsg.), Wissenschaft und Recht der Verwaltung seit dem Ancien Régime. Europäische Ansichten, Frankfurt a. M. 1984, S. 347 ff.

ders., Profile der deutschen und französischen Verwaltungsrechtswissenschaft. 1880–1914, Frankfurt a. M. 1989

Hillgruber, Christian, Die Bedeutung der Rechtsvergleichung für das deutsche Verfassungsrecht und die verfassungsgerichtliche Rechtsprechung in Deutschland, JöR n. F. 63 (2015), S. 367 ff.

von Hippel, Ernst, Die Entwicklung des öffentlichen Rechts in Frankreich seit 1914, JöR a. F. 15 (1927), S. 149 ff.

Hirsch, Ernst E., Die Einflüsse und Wirkungen ausländischen Rechts auf das heutige türkische Recht, in: ders., Das Recht im sozialen Ordnungsgefüge. Beiträge zur Rechtssoziologie, Berlin 1966, S. 106 ff.

Hirschl, Ran, Comparative Matters. The Renaissance of Comparative Constitutional Law, Oxford 2014

Hobsbawn, Eric/Ranger, Terence (Hrsg.), The Invention of Tradition, Cambridge 1993 (zuerst 1983)

Hoffmann-Riem, [Wolfgang], Diskussionsbeitrag, VVDStRL 71 (2012), S. 336

Hofmann, Hasso, Repräsentation. Studien zur Wort- und Begriffsgeschichte von der Antike bis ins 19. Jahrhundert, Berlin 2003

Hold-Fernek, Alexander, Der Staat als Übermensch. Zugleich eine Auseinandersetzung mit der Rechtslehre Kelsens, Jena 1926

Holstein, [Günther], Diskussionsbeitrag, VVDStRL 3 (1927), S. 55

Hollmann, Die Akten des Bundesverfassungsgerichts im Bundesarchiv. Zur Geschichte des Bestands B 237 und seiner archivischen Erschließung, in: Florian Meinel (Hrsg.), Verfassungsgerichtsbarkeit in der Bonner Republik. Aspekte einer Geschichte des Bundesverfassungsgerichts, Tübingen 2019, S. 97 ff.

Hönnige, Christoph/Gschwend, Thomas, Das Bundesverfassungsgericht im politischen System der BRD – ein unbekanntes Wesen?, PVS 51 (2010), S. 507 ff.

Huber, Ernst Rudolf (Hrsg.), Dokumente zur Deutschen Verfassungsgeschichte, Bd. 1. Deutsche Verfassungsdokumente 1803–1850, 3. Auflage, Stuttgart u. a. 1978

Hubert, Peter, Uniformierter Reichstag. Eine Geschichte der Pseudo-Volksvertretung 1933–1945, Düsseldorf 1992

Hugo, Gustav, Lehrbuch eines civilistischen Cursus, Bd. 1, welcher die juristische Encyclopädie enthält, 2. Auflage, Berlin 1799

Hunt, Alan, The Theory of Critical Legal Studies, Oxford Journal of Legal Studies 6 (1986), S. 1 ff.

Husa, Jaakko, Farewell to Functionalism or Methodological Tolerance, RabelsZ 67 (2003), S. 419 ff.

ders., The Tip of the Iceberg or What Lies Beneath the Surface of Comparative Law, Maastricht Journal of European & Comparative Law 12 (2005), S. 73 ff.

Ipsen, Hans Peter, Politik und Justiz. Das Problem der justizlosen Hoheitsakte, Hamburg 1937

Isensee, Josef, § 254. Legitimation des Grundgesetzes, in: Josef Isensee/Paul Kirchhof (Hrsg.), Handbuch des Staatsrechts, Bd. XII. Normativität und Schutz der Verfassung, 3. Auflage, Heidelberg u. a. 2014, S. 3 ff.

Izorche, Marie-Laure, Propositions méthodologiques pour la comparaison, RIDC 2001, S. 289 ff.

Jacobi, Erwin, Die Wandlungen der Verfassung und Verwaltung in Sachsen, JöR a. F. 9 (1920), S. 163 ff.

Jamin, Christophe, Le vieux rêve de Saleilles et Lambert revisité. A propos du centenaire du Congrès international de droit comparé de Paris, RIDC 2000, S. 733 ff.

ders., Saleilles' and Lambert's Old Dream Revisited, American Journal of Comparative Law 50 (2002), S. 701 ff.

ders., Dix-neuf cent: crise et renouveau dans la culture juridique, in: Denis Alland/ Stéphane Rials (Hrsg.), Dictionnaire de la culture juridique, Paris 2003, S. 380 ff.

Jakab, András/Dyevre, Arthur/Itzcovich, Giulio (Hrsg.), Comparative Constitutional Reasoning, Cambridge u. a. 2017

Janoska-Bendl, Judith, Methodologische Aspekte des Idealtypus. Max Weber und die Soziologie der Geschichte, Berlin 1965

Jayme, Erik, Das Zeitalter der Vergleichung – Emerico Amari (1810–1870) und Friedrich Nietzsche (1844–1900), in: Aldo Mazzacane/Reiner Schulze (Hrsg.), Die deutsche und italienische Rechtskultur im „Zeitalter der Vergleichung", Berlin 1995, S. 21 ff.

Jeanvrot, Étude sur la loi allemande du 23 octobre 1878 contre les tendances démocratiques socialistes, BSLC 1879, S. 216 ff.

Jellinek, Georg, Die Lehre von den Staatenverbindungen, Wien 1882

ders., Die Sprachenrechte in den Staaten gemischter Nationalität. Nach den von Dr. Adolph Fischhof gesammelten Daten und gemachten Andeutungen dargestellt. Wien 1885. Manz [Rezension], [Grünhut's] Zeitschrift für das Privat- und öffentliche Recht der Gegenwart 12 (1885), S. 690 ff.

ders., Gesetz und Verordnung. Staatsrechtliche Untersuchungen auf rechtsgeschichtlicher und rechtsvergleichender Grundlage, Freiburg 1887

ders., Die Erklärung der Menschen- und Bürgerrechte, Leipzig 1895

ders., Allgemeine Staatslehre, Berlin 1900

ders., La déclaration des droits de l'Homme et du citoyen. Contribution à l'histoire du droit constitutionnel moderne. Traduit de l'allemand par Georges Fardis. Avec une préface de M. F. Larnaude, Paris 1902

ders., La déclaration des droits de l'Homme et du citoyen, RDP 1902, S. 385 ff.

ders., Das Pluralwahlrecht und seine Wirkungen. Vortrag gehalten in der Gehe-Stiftung zu Dresden am 18. März 1905, Dresden 1905

ders., System der subjektiven öffentlichen Rechte, 2. Auflage, Tübingen 1905

ders., Verfassungsänderung und Verfassungswandlung. Eine staatsrechtlich-politische Abhandlung, Berlin 1906

ders., Regierung und Parlament in Deutschland. Geschichtliche Entwicklung ihres Verhältnisses. Vortrag gehalten in der Gehe-Stiftung zu Dresden am 13. März 1909, Leipzig und Dresden 1909

ders., Die Erklärung der Menschen- und Bürgerrechte, 4. Auflage, München und Leipzig 1927

ders., Besondere Staatslehre. Ein Fragment (zuerst 1911), in: ders., Ausgewählte Schriften und Reden, Aalen 1970, S. 153 ff.

ders., Das Recht der Minoritäten, hrsg. v. Walter Pauly, Goldbach 1996 (zuerst 1898)

Jellinek, Georg/Laband, Paul/Piloty, Robert, Vorwort, JöR a. F. 1 (1907), S. III ff.

Jellinek, Walter, Revolution und Reichsverfassung, JöR a. F. 9 (1920), S. 1 ff.

ders., Diskussionsbeitrag, VVDStRL 3 (1927), S. 59

ders., Le droit public de l'Allemagne en 1934, RDP 1935, S. 346 ff.

Jestaedt, Matthias, Der europäische Verfassungsverbund – Verfassungstheoretischer Charme und rechtstheoretische Insuffizienz einer Unschärferelation, in: Rüdi-

ger Krause/Winfried Veelken/Klaus Vieweg (Hrsg.), Recht der Wirtschaft und der Arbeit in Europa. Gedächtnisschrift für Wolfgang Blomeyer, Berlin 2004, S. 637 ff.
ders., Perspektiven einer Rechtswissenschaftstheorie, in: Matthias Jestaedt/Oliver Lepsius (Hrsg.), Rechtswissenschaftstheorie, Tübingen 2008, S. 185 ff.
ders., Wiener Summe. Die „Allgemeine Staatslehre" als Kelsens vollständigstes Werk, in: *Hans Kelsen*, Allgemeine Staatslehre. Studienausgabe der Originalausgabe, hrsg. und eingeleitet v. Matthias Jestaedt, Tübingen und Wien 2019, S. XI ff.
Jestaedt, Matthias/Lepsius, Oliver (Hrsg.), Rechtswissenschaftstheorie, Tübingen 2008
Jèze, Gaston, Notes de jurisprudence, RDP 1914, S. 311 ff.
ders., L'influence de Léon Duguit sur le droit administratif français, Archives de philosophie du droit et de sociologie juridique 1932, S. 135 ff.
von Jhering, Rudolph, Geist des römischen Rechts auf den verschiedenen Stufen seiner Entwicklung, Bd. I, 3. Auflage, Leipzig 1873
Jouanjan, Olivier, § 2. Grundlagen und Grundzüge staatlichen Verfassungsrechts in Frankreich, in: Armin von Bogdandy/Pedro Cruz Villalón/Peter M. Huber (Hrsg.), Handbuch Ius Publicum Europaeum, Bd. I. Grundlagen und Grundzüge staatlichen Verfassungsrechts, Heidelberg 2007, S. 87 ff.
ders., Die Krise der französischen Verfassungsrechtswissenschaft um 1900, ZRG GA 126 (2009), S. 98 ff.
ders., Modèles et représentations de la justice constitutionnelle en France: un bilan critique, Jus Politicum 2 (2009), S. 1 ff.
ders., Conseil constitutionnel und Bundesverfassungsgericht: zwei verschiedene Modelle der europäischen Verfassungsgerichtsbarkeit, in: Michael Stolleis (Hrsg.), Herzkammern der Republik. Die Deutschen und das Bundesverfassungsgericht, München 2011, S. 137 ff.
ders., Duguit et les allemands, in: Fabrice Melleray (Hrsg.), Autour de Léon Duguit. Colloque commémoratif du 150ᵉ anniversaire de la naissance du doyen Léon Duguit. Bordeaux, 29–30 mai 2009, Brüssel 2011, S. 195 ff.
ders., Histoire de la science du droit constitutionnel, in: Dominique Chagnollaud/Michel Troper (Hrsg.), Traité international de droit constitutionnel, Bd. 1. Théorie de la constitution, Paris 2012, S. 69 ff.
Juillard, Patrick, Chronique constitutionnelle et parlementaire française. Difficultés du changement en matière constitutionnelle: l'aménagement de l'article 61 de la Constitution, RDP 1974, S. 1703 ff.
Julliard, Jacques, La IVᵉ République (1947–1958), Paris 1968
Julliot de la Morandière, Léon, Nécrologie. Boris Mirkine-Guetzévitch, RIDC 1955, S. 597 ff.
Jung, Matthias, Wilhelm Dilthey zur Einführung, 2. Auflage, Hamburg 2014
von Justi, Johann Heinrich Gottlob, Vergleichungen der Europäischen mit den Asiatischen und andern vermeintlich Barbarischen Regierungen in drey Büchern verfasset, Berlin u. a. 1762
Kahn-Freund, Otto, Comparative Law as an Academic Subject, Law Quarterly Review 82 (1966), S. 40 ff.
ders., On Uses and Misuses of Comparative Law, Modern Law Review 37 (1974), S. 1 ff.
Kaiser, Anna-Bettina, Die Kommunikation der Verwaltung. Diskurse zu den Kommunikationsbeziehungen zwischen staatlicher Verwaltung und Privaten in der Verwaltungsrechtswissenschaft der Bundesrepublik Deutschland, Baden-Baden 2009
dies., Leibholz, Gerhard, in: Rüdiger Voigt/Ulrich Weiß (Hrsg.), Handbuch Staatsdenker, Stuttgart 2010, S. 231 ff.
dies., Verfassungsvergleichung durch das Bundesverfassungsgericht, JRP 2010, S. 203 ff.

dies., Ist die Begriffsgeschichte noch zu retten? Ein Wiederbelebungsversuch, Rechtsgeschichte 19 (2011), S. 142 ff.
dies. (Hrsg.), Der Parteienstaat. Zum Staatsverständnis zum Gerhard Leibholz, Baden-Baden 2013
dies., „It Isn't True that England Is the Moon": Comparative Constitutional Law as a Means of Constitutional Interpretation by the Courts?, GLJ 18 (2017), S. 293 ff.
dies., Die Verfassung der Krisenrepublik – Reichstag versus Reichspräsident, in: H. Dreier/C. Waldhoff (Hrsg.), Weimars Verfassung. Eine Bilanz nach 100 Jahren, Göttingen 2020, S. 179 ff.
Kaiser, Joseph H., Vergleichung im öffentlichen Recht, ZaöRV 24 (1964), S. 391 ff.
Kaufmann, Erich, Auswärtige Gewalt und Kolonialgewalt in den Vereinigten Staaten von Amerika. Eine rechtsvergleichende Studie über die Grundlagen des amerikanischen und deutschen Verfassungsrechts, Leipzig 1908
ders., Die Gleichheit vor dem Gesetz im Sinne des Art. 109 der Reichsverfassung, VVDStRL 3 (1927), S. 2 ff.
ders., Bismarcks Erbe in der Reichsverfassung (1917), in: ders., Gesammelte Schriften. Autorität und Freiheit. Von der konstitutionellen Monarchie bis zur Bonner parlamentarischen Demokratie, Bd. I, Göttingen 1960, S. 143 ff.
Kelsen, Hans, Hauptprobleme der Staatsrechtslehre entwickelt aus der Lehre vom Rechtssatze, Tübingen 1911
ders., Allgemeine Staatslehre, Berlin 1925
ders., Aperçu d'une théorie générale de l'État, RDP 1926, S. 561 ff.
ders., Diskussionsbeitrag, VVDStRL 3 (1927), S. 53 f.
ders., La garantie juridictionnelle de la Constitution (La Justice constitutionnelle), RDP 1928, S. 197 ff.
ders., La garantie juridictionnelle de la Constitution (La Justice constitutionnelle), Annuaire de l'Institut international de droit public 1 (1929), S. 52 ff.
ders., Vom Wesen und Wert der Demokratie, 2. Auflage, Tübingen 1929
ders., Wesen und Entwicklung der Staatsgerichtsbarkeit, VVDStRL 5 (1929), S. 30 ff.
ders., Wer soll der Hüter der Verfassung sein?, Berlin 1931
ders., La démocratie. Sa nature. Sa valeur, Paris 1932
ders., La méthode et la notion fondamentale de la théorie pure du droit, Revue de métaphysique et de morale 1934, S. 183 ff.
ders., Droit et état du point de vue d'une théorie pure, Annales de l'Institut de Droit comparé II (1936), S. 17 ff.
von Kempski, Jürgen, Wissenschaft von der Politik – sozusagen, Merkur 20 (1966), S. 454 ff.
Kennedy, David, New Approaches to Comparative Law: Comparativism and International Governance, Utah Law Review 2 (1997), S. 545 ff.
ders., The Methods and the Politics of Comparative Law, in: Pierre Legrand/Roderick Munday (Hrsg.), Comparative Legal Studies: Traditions and Transitions, Cambridge 2003, S. 345 ff.
Kennedy, Duncan, Critical Labor Law Theory: A Comment, Industrial Relations Law Journal 4 (1981), S. 503 ff.
Kersten, Jens, Georg Jellinek und die klassische Staatslehre, Tübingen 2000
Kiesow, Rainer Maria, Das Naturgesetz des Rechts, Frankfurt a. M. 1997
Kischel, Uwe, Rechtsvergleichung, München 2015
ders., Critical Legal Studies, Postmodernism and the Contextual Method in Comparative Law – A Reply to Günter Frankenberg, ZaöRV 76 (2016), S. 1009 ff.
ders., La méthode en droit comparé. L'approche contextuelle, RIDC 2016, S. 907 ff.

Koellreutter, Otto, Die neue staatsrechtliche Gestaltung in Baden, JöR a. F. 9 (1920), S. 180 ff.
ders., Das parlamentarische System in den deutschen Landesverfassungen, Tübingen 1921
ders., Die verfassungsrechtlichen Entwicklungen in Oldenburg, Braunschweig, Anhalt, Lippe, Schaumburg-Lippe und Waldeck, JöR a. F. 21 (1921), S. 409 ff.
ders., Der nationale Rechtsstaat. Zum Wandel der deutschen Staatsidee, Tübingen 1932
ders., Grundriß der Allgemeinen Staatslehre, Tübingen 1933
ders., Vorwort, JöR a. F. 21 (1933/34), S. I ff.
ders., Vorbemerkung, JöR a. F. 21 (1933/34), S. V ff.
ders., Vorbemerkung, JöR a. F. 22 (1935), S. III ff.
ders., Vorbemerkung, JöR a. F. 23 (1936), S. V ff.
Kötz, Hein, Abschied von der Rechtskreislehre?, ZEuP 1998, S. 493 ff.
ders., The Trento Project and its Contribution to the Europeanization of Private Law, in: Mauro Bussani/Ugo Mattei (Hrsg.), Making European Law, Trient 2000, S. 115 ff.
Kohler, Josef, Das Recht als Kulturerscheinung. Einleitung in die vergleichende Rechtswissenschaft, Würzburg 1885
ders., Rechtsgeschichte und Culturgeschichte, [Grünhut's] Zeitschrift für das Privat- und Öffentliche Recht der Gegenwart 12 (1885), S. 583 ff.
ders., Über die Methode der Rechtsvergleichung, [Grünhut's] Zeitschrift für das Privat- und öffentliche Recht der Gegenwart 28 (1901), S. 273 ff.
Kopelmanas, Lazare, Chronique européenne. Cour de justice de la communauté européenne du charbon et de l'acier, RDP 1955, S. 54 ff.
Korioth, Stefan, Erschütterungen des staatsrechtlichen Positivismus im ausgehenden Kaiserreich. Anmerkungen zu frühen Arbeiten von Carl Schmitt, Rudolf Smend und Erich Kaufmann, AöR 112 (1992), S. 213 ff.
Koselleck, Reinhart/Spree, Ulrike/Steinmetz, Willibald, Drei bürgerliche Welten? Zur vergleichenden Semantik der bürgerlichen Gesellschaft in Deutschland, England und Frankreich, in: Hans-Jürgen Puhle (Hrsg.), Bürger in der Gesellschaft der Neuzeit. Wirtschaft – Politik – Kultur, Göttingen 1991, S. 14 ff.
Kotzur, Markus, Föderalisierung, Regionalisierung und Kommunalisierung als Strukturprinzipien des europäischen Verfassungsraumes, JöR n. F. 50 (2002), S. 257 ff.
ders., Kooperativer Grundrechtsschutz – eine Verfassungsperspektive für Europa, JöR n. F. 55 (2007), S. 337 ff.
Kranenpohl, Uwe, Hinter dem Schleier des Beratungsgeheimnisses. Der Willensbildungs- und Entscheidungsprozess des Bundesverfassungsgerichts, Wiesbaden 2010
Kraus, Herbert, Der Friedensvertrag von Versailles, JöR a. F. 9 (1920), S. 291 ff.
Krauß, Günther, These: Der Begriff des Rechtsstaats ist an die verfassungsrechtliche Lage des 19. Jahrhunderts gebunden; für den Staat des 20. Jahrhunderts hat er keine Bedeutung mehr, in: Günther Krauß/Otto von Schweinichen (Hrsg.), Disputation über den Rechtsstaat, Hamburg 1935, S. 9 ff.
Krüger, Herbert, Verfassung und Recht in Übersee, VRÜ 1968, S. 3 ff.
Küchenhoff, Erich, Nachruf auf Gerhard Leibholz, PVS 23 (1982), S. 362 ff.
Kumm, Mattias, The Cosmopolitan Turn in Constitutionalism: On the Relationship Between Constitutionalism in and Beyond the State, in: Jeffrey L. Dunoff/Joel P. Trachtman (Hrsg.), Ruling the World? Constitutionalism, International Law, and Global Governance, Cambridge 2009, S. 258 ff.
Kundoch, Harald G., Reformbestrebungen innerhalb des Europäischen Parlaments, JöR n. F. 25 (1976), S. 1 ff.
Kuntze, Johannes Emil, Der Wendepunkt der Rechtswissenschaft; ein Beitrag zur Orientierung über den gegenwärtigen Stand- und Zielpunkt derselben, Leipzig 1856

Laband, Paul, Das Staatsrecht des Deutschen Reiches, Bd. 1, Tübingen 1876
ders., Das Staatsrecht des Deutschen Reiches, Bd. 3.2, Freiburg i. B. und Tübingen 1882
ders., Das Staatsrecht des Deutschen Reiches, Bd. 1, 2. Auflage, Freiburg i. B. 1888
ders., Le Droit Public de l'Empire Allemand, Bd. 1, Paris 1900
ders., Préface de l'édition française, in: ders., Le Droit Public de l'Empire Allemand, Bd. 1, Paris 1900, S. V ff.
ders., Georges Cahen. La Loi et le Règlement [Rezension], AöR 18 (1903), S. 287 ff.
Laband, Paul/Stoerk, Felix, Vorwort, AöR 1 (1886), S. V ff.
Laboulaye, [Edouard-René], Discours d'ouverture de M. Laboulaye, BSLC 1871, S. 1 ff.
de Lacharrière, René, Opinion dissidente (1980), Pouvoirs 1991, S. 141 ff.
Lagrange, Claude, L'ordre juridique de la C. E. C. A. vu à travers la jurisprudence de sa Cour de Justice, RDP 1958, S. 841 ff.
ders., Les pouvoirs de la haute autorité et l'application du traité de Paris, RDP 1961, S. 40 ff.
Lahusen, Benjamin, Rechtspositivismus und juristische Methode. Betrachtungen aus dem Alltag einer Vernunftehe, Weilerswist 2011
Lalumière, Pierre/Demichel, André, Les régimes parlementaires européens, Paris 1966
Lambert, Édouard, Rapport sur les communications d'ordre général concernant la deuxième section, in: Congrès international de droit comparé (Hrsg.), Procès-verbaux des séances et documents, Paris 1905, S. 26 ff.
ders., Le gouvernement des juges ou la lutte contre la législation sociale aux États-Unis. L'expérience américaine du contrôle judiciaire de la constitutionnalité des lois, Paris 1921
ders., Quatre années d'exercice du contrôle de la constitutionnalité des lois par la Cour suprême des États-Unis, in: Mélanges Maurice Hauriou, Paris 1929, S. 467 ff.
Landwehr, Achim, Diskurs und Diskursgeschichte (1. 3. 2018), verfügbar unter <http://doc upedia.de/zg/Landwehr_diskursgeschichte_v2_de_2018> (zuletzt abgerufen am 14.3.2022)
Laneyrie, G., La représentation proportionnelle en [sic!] Portugal, BSLC 1885, S. 329 ff.
Lang, Markus, Juristen unerwünscht? Karl Loewenstein und die (nicht-)Aufnahme deutscher Juristen in der amerikanischen Rechtswissenschaft nach 1933, Jahrbuch politisches Denken 2003, S. 55 ff.
ders., Karl Loewenstein. Transatlantischer Denker der Politik, Stuttgart 2007
Langrod, Georges, Quelques réflexions méthodologiques sur la comparaison en science juridique, RIDC 1957, S. 353 ff.
Larnaude, Ferdinand, Notre programme, RDP 1894, S. 1 ff.
ders., Préface, in: Paul Laband, Le Droit Public de l'Empire Allemand, Paris 1900, S. VII ff.
ders., Droit comparé et droit public, RDP 1902, S. 5 ff.
ders., L'inconstitutionnalité des lois et le droit public français, RPP 1926, S. 181 ff.
Lassalle, Claude, Chronique constitutionnelle étrangère. Allemagne. Le Tribunal Fédéral Constitutionnel et la réorganisation des Länder de l'Allemagne du Sud-Ouest, RDP 1952, S. 396 ff.
ders., Chronique constitutionnelle étrangère. Allemagne. Les limites du contrôle de la constitutionnalité des lois en Allemagne occidentale, RDP 1953, S. 106 ff.
ders., Aspects institutionnels de la Communauté Charbon-Acier, RDP 1958, S. 410 ff.
Latour, Bruno, La fabrique du droit. Une ethnographie du Conseil d'État, Paris 2002
de Laubadère, André/Mathiot, André/Rivero, Jean/Vedel, Georges (Hrsg.), Pages de doctrine, Paris 1980
Laun, Rudolf, Der Staatsrechtslehrer und die Politik, AöR 43 (1922), S. 145 ff.

ders., Les actes de gouvernement, Annuaire de l'Institut international de droit public 2 (1931), S. 85 ff.
Lauvaux, Philippe/Le Divellec, Armel, Les grandes démocraties contemporaines, Paris 2015
Le Bon, Gustave, Lois psychologiques de l'évolution des peuples, 8. Auflage, Paris 1907 (zuerst 1894)
Lebon, André, Communication d'une Étude sur la législation électorale de l'Empire d' Allemagne, BSLC 1879, S. 333 ff.
ders., Das Staatsrecht der französischen Republik, in: Heinrich Marquardsen (Hrsg.), Handbuch des Oeffentlichen Rechts der Gegenwart in Monographien, Bd. IV. Das Staatsrecht der außerdeutschen Staaten. Erster Halbband. Sechste Abtheilung. Das Staatsrecht der französischen Republik, Freiburg i. Br. 1886
ders., La constitution allemande et l'hégémonie prussienne, Annales de l'École libre des sciences politiques 2 (1887), S. 37 ff.
ders., Les origines de la constitution allemande, Annales de l'École libre des sciences politiques 3 (1888), S. 321 ff.
ders., Un historien constitutionnel. M. Boutmy [Rezension], Revue internationale de l'enseignement supérieur 8 (1888), S. 337 ff.
ders., Le Reichstag allemand, Annales de l'École libre des sciences politiques 4 (1889), S. 193 ff.
ders., Les institutions prussiennes, Annales de l'École libre des sciences politiques 5 (1890), S. 70 ff.
Lebreton, J.-P., Les particularités de la juridiction constitutionnelle, RDP 1983, S. 419 ff.
Le Divellec, Armel, Adhémar Esmein et les théories du gouvernement parlementaire, in: Stéphane Pinon/Pierre-Henri Prélot (Hrsg.), Le droit constitutionnel d'AdhémarEsmein, Paris 2009, S. 149 ff.
ders., La fondation et les débuts de la Revue du droit public et de la science politique (1894–1914), RDP 2011, S. 521 ff.
ders., Robert Redslobs Theorie des Parlamentarismus, in: Detlef Lehnert (Hrsg.), Verfassungsdenker, Berlin 2017, S. 107 ff.
ders., La QPC, déclin de la pensée constitutionnelle, in: Dominique Rousseau/Pascale Pasquino (Hrsg.), La question prioritaire de constitutionnalité. Une mutation réelle de la démocratie constitutionnelle française?, Le Kremlin-Bicêtre 2018, S. 93 ff.
Legeais, Raymond, Grands systèmes de droit contemporains. Approche comparative, 2. Auflage, Paris 2008
Legrand, Pierre, Comparer, RIDC 1996, S. 279 ff.
ders., Against a European Civil Code, Modern Law Review 60 (1997), S. 44 ff.
ders., The Impossibility of Legal Transplants, Maastricht Journal of European & Comparative Law 4 (1997), S. 111 ff.
ders., Le droit comparé, Paris 1999
ders., Sur l'analyse différentielle des juriscultures, RIDC 1999, S. 1053 ff.
ders., What „Legal Transplants"?, in: David Nelken/Johannes Feest (Hrsg.), Adapting Legal Cultures, Oxford und Portland 2001, S. 55 ff.
Leibholz, Gerhard, Die Gleichheit vor dem Gesetz. Eine Studie auf rechtsvergleichender und rechtsphilosophischer Grundlage, Berlin 1925
ders., Syndicalisme, Corporatisme et Etat corporatif, RDP 1939, S. 65 ff.
ders., Parteienstaat und Repräsentative Demokratie. Eine Betrachtung zu Art. 21 und 38 des Bonner Grundgesetzes, DVBl. 1951, S. 1 ff.
[ders.], Der Status des Bundesverfassungsgerichts, JöR n. F. 6 (1957), S. 109 ff.
ders., Das Wesen der Repräsentation und der Gestaltwandel der Demokratie im 20. Jahrhundert, Berlin 1960

ders., Die Stellung des Bundesverfassungsgerichts im Rahmen des Bonner Grundgesetzes, PVS 3 (1962), S. 13 ff.

ders., Das Bundesverfassungsgericht. Eine Institution im Schnittpunkt von Recht und Politik, in: J[ean] Rivero u. a. (Hrsg.), MNHMH. Mélanges à la mémoire de Michel A. Dendias, Athen und Paris 1978, S. 163 ff.

[Leibniz,] G[ottfried Wilhelm], Nova methodus discendae docendaeque jurisprudientiae, Francofurti 1667

Leisner, Walter, Die klassischen Freiheitsrechte in der italienischen Verfassungsrechtsprechung, JöR n. F. 10 (1961), S. 243 ff.

Lepenies, Wolf, Wissenschaftsgeschichte und Disziplingeschichte, Geschichte und Gesellschaft 4 (1971), S. 437 ff.

Le Pillouer, Arnaud, La théorie constitutionnelle d'Édouard Laboulaye, Revue Française d'Histoire des Idées Politiques 2018, S. 119 ff.

Lepsius, Oliver, Erkenntnisgegenstand und Erkenntnisverfahren in den Geisteswissenschaften der Weimarer Republik, Ius Commune 1995, S. 283 ff.

ders., Braucht das Verfassungsrecht eine Theorie des Staates?, EuGRZ 2004, S. 370 ff.

ders., Vom Reiz der US-amerikanischen Rechtsgeschichte, Rechtsgeschichte 19 (2011), S. 190 ff.

ders., Karl Loewenstein (1891–1973), in: Peter Häberle/Michael Kilian/Heinrich Wolff (Hrsg.), Staatsrechtslehrer des 20. Jahrhunderts. Deutschland – Österreich – Schweiz, Berlin und Boston, 2. Auflage 2018, S. 489 ff.

ders., La Cour, c'est moi. Zur Personalisierung der (Verfassungs-)Gerichtsbarkeit im Vergleich Deutschland – England – USA, JöR n. F. 64 (2016), S. 123 ff.

Leroy, Roland, Causes et conditions de Mai 1958, in: *H. Claude/D. Tartakowsky/E. Mignot/R. Leroy*, La IVe République (La France de 1945 à 1958), Paris 1972, S. 139 ff.

Lescuyer, Georges, Coopération européenne en matière nucléaire et nationalisation, RDP 1975, S. 379 ff.

Leven, Communication relative à la peine de mort, BSLC 1871, S. 192 ff.

Leyland, Peter, Oppositions and fragmentations: in search of a formula for comparative analysis?, in: Andrew Harding/Esin Örücü (Hrsg.), Comparative law in the 21st century, London u. a. 2002, S. 211 ff.

Limbach, Jutta, Globalization of Constitutional Law through Interaction of Judges, VRÜ 2008, S. 51 ff.

Lingg, Emil, Empirische Untersuchungen zur Allgemeinen Staatslehre, Wien 1890

Link, Christoph, Zum Tode von Gerhard Leibholz, AöR 108 (1983), S. 153 ff.

[Livingstone, Debra], Round and Round the Bramble Bush: From Legal Realism to Critical Legal Scholarship, Harvard Law Review 95 (1982), S. 1669 ff.

Lodemann, Catharina, Die Geschichte des französischen *acte de gouvernement*, Frankfurt a. M. 2005

Loening, Otto, Die Verfassung des Freistaates Danzig, JöR a. F. 21 (1921), S. 439 ff.

Loewenstein, Karl, Das heutige Verfassungsrecht des britischen Weltreichs, JöR a. F. 13 (1925), S. 404 ff.

ders., Verfassungsleben in Großbritannien 1924–1932, JöR a. F. 20 (1932), S. 195 ff.

ders., Militant Democracy and Fundamental Rights (I), The American Political Science Review 31 (1937), S. 417 ff.

ders., Contrôle législatif de l'extrémisme politique dans les démocraties européennes, RDP 1938, S. 294 ff.

ders., Reconstruction politique en Allemagne zonale et interzonale, RDP 1948, S. 26 ff.

ders., Etude de droit comparé sur la Présidence de la République à l'exclusion de celle des Etats-Unis, RDP 1949, S. 153 ff.

ders., Chronique constitutionnelle étrangère. L'Allemagne soviétique, RDP 1952, S. 145 ff.
ders., Staatspolitik und Verfassungsrecht in den Vereinigten Staaten 1933 bis 1954, JöR n. F. 4 (1955), S. 1 ff.
ders., Political Power and the Governmental Process, Chicago 1959
ders., Verfassungslehre, Tübingen 1959
Lowell, A. Lawrence, La crise des gouvernements représentatifs et parlementaires dans les démocraties modernes, RDP 1928, S. 571 ff.
Lübbe-Wolff, Gertrude, Die Beratungskultur des Bundesverfassungsgerichts. Rede zur Verabschiedung aus dem Amt der Bundesverfassungsrichterin, EuGRZ 2014, S. 509 ff.
dies., Wie funktioniert das Bundesverfassungsgericht?, Göttingen 2015
Luchaire, François, Le Conseil Constitutionnel est-il une juridiction?, RDP 1979, S. 27 ff.
ders., Le Conseil constitutionnel. Sa Place parmi les Pouvoirs publics français, JöR n. F. 38 (1989), S. 173 ff.
Luchaire, François/Vedel, Georges, „Contre": le point de vue de deux anciens membres du Conseil constitutionnel, Les Cahiers du Conseil constitutionnel 8 (2000), S. 111 ff.
Luhmann, Niklas, Die Wissenschaft der Gesellschaft, Darmstadt 2002 (zuerst 1990)
ders., Die Kunst der Gesellschaft, Darmstadt 2002 (zuerst 1995)
Lyotard, Jean-François, La condition postmoderne. Rapport sur le savoir, Paris 1979
Mahrenholz, Ernst Gottfried, Europäische Verfassungsgerichte, JöR n. F. 49 (2001), S. 15 ff.
Maier, Hans, Epochen der wissenschaftlichen Politik, in: H. J. Lietzmann/W. Bleek (Hrsg.), Politikwissenschaft. Geschichte und Entwicklung in Deutschland und Europa, München und Wien, 1996, S. 7 ff.
Maitland, F. W., Prologue to a History of English Law, Law Quarterly Review 14 (1898), S. 13 ff.
Mann, Thomas, Joseph und seine Brüder, Bd. 2. Joseph in Ägypten. Joseph, der Ernährer, Frankfurt a. M. 1960
Marec, Vers une République sociale? Un itinéraire d'historien. Culture politique, patrimoine et protection sociale aix XIXe etXX^e siècles, Mont-Saint-Aignan 2009
Marjanen, Juri, Undermining Methodological Nationalism. *Histoire croisée* of Concepts as Transnational History, in: Mathias Albert/Gesa Bluhm/Jan Helmig/Andreas Leutzsch/Jochen Walter (Hrsg.), Transnational Political Spaces. Agents – Structures – Encounters, Franfurt und New York 2009, S. 239 ff.
Markard, Nora, Unausweichliche Gleichheit. *Obergefell* und die Öffnung der Ehe für gleichgeschlechtliche Paare, JöR n. F. 64 (2016), S. 767 ff.
Marrus, Michael R./Paxton, Robert O., Vichy France and the Jews, Stanford 1995
Martens, Gunter, Textdynamik und Edition. Überlegungen zur Bedeutung und Darstellung variierender Textstufen, in: Gunter Martens/Hans Zeller (Hrsg.), Texte und Varianten. Probleme ihrer Edition und Interpretation, München 1971, S. 165 ff.
Martinek, Michael, Wissenschaftsgeschichte der Rechtsvergleichung und des Internationalen Privatrechts in der Bundesrepublik Deutschland, in: Dieter Simon (Hrsg.), Rechtswissenschaft in der Bonner Republik. Studien zur Wissenschaftsgeschichte der Jurisprudenz, Frankfurt a. M. 1994, S. 529 ff.
Martini, Stefan, Lifting the Constitutional Curtain? The Use of Foreign Precedent by the German Federal Constitutional Court, in: Tania Groppi/Marie-Claire Ponthoreau (Hrsg.), The Use of Foreign Precedents by Constitutional Judges, Oxford und Portland 2013, S. 229 ff.
ders., Vergleichende Verfassungsrechtsprechung. Praxis, Viabilität und Begründung rechtsvergleichender Argumentation durch Verfassungsgerichte, Berlin 2018
Mathieu-Izorche, Marie-Laure, Approches épistémologiques de la comparaison des droits, in: Pierre Legrand (Hrsg.), Comparer les droits, résoulment, Paris 2009, S. 123 ff.

Mathiot, André, Les apports du droit comparé au droit constitutionnel français de 1870 à 1940, in: Société de législation comparée (Hrsg.), Livre du centenaire de la Société de législation comparée. Un siècle de droit comparé en France (1869–1969), Paris 1969, S. 165 ff.

Mattei, Ugo, Three Patterns of Law: Taxonomy and Change in the World's Legal Systems, American Journal of Comparative Law 45 (1997), S. 5 ff.

ders., Comparative Law and Critical Legal Studies, in: Mathias Reimann/Reinhard Zimmermann (Hrsg.), The Oxford Handbook of Comparative Law, Oxford 2006, S. 815 ff.

Matter, Paul, Les partis politiques en Allemagne, Revue des sciences politiques 38 (1923), S. 349 ff.

ders., Quarante ans d'évolution constitutionnelle en Europe. F.-R. et P. Dareste. Les constitutions modernes. 4e édition de J. Delpech et J. Laferrière. Préface de E. Chavegrin [Rezension], Revue des sciences politiques 43 (1928), S. 620 ff.

ders., B. Mirkine-Guetzévitch, Les constitutions de l'Europe nouvelle, 1928 [Rezension], Revue des sciences politiques 44 (1929), S. 310 ff.

ders., F. R. et P. Dareste. Les constitutions modernes [Rezension], Revue des sciences politiques 45 (1930), S. 310 ff.

Maurel, Chloé, Manuel d'histoire globale. Comprendre le „global turn" des sciences humaines, Paris 2014

Mayer, Otto, Droit administratif allemand, Paris 1903

ders., Republikanischer und monarchischer Bundesstaat, AöR 18 (1903), S. 337 ff.

Mayeur, Jean-Marie, Les débuts de la IIIᵉ République. 1871–1898, Paris 1973

McGrath, Matthew/Frank, Devin, Propositions, in: Edward N. Zalta (Hrsg.), The Stanford Encyclopedia of Philosophy (Spring 2018 Edition), verfügbar unter <https://plato.stanford.edu/archives/spr2018/entries/propositions/> (zuletzt abgerufen am 15.3.2022)

McLuhan, Marshall, Das Medium ist die Botschaft – The Medium is the Message – (hrsg. u. übersetzt von Martin Baltes, Fritz Boehler, Rainer Höltschl, Jürgen Reuß), Dresden 2001

McWhinney, Edward, Verfassungsrechtsprechung in Kanada, JöR n. F. 6 (1957), S. 35 ff.

ders., A Supreme Court in a Federal State – its organisation and philosophy, JöR n. F. 7 (1958), S. 155 ff.

Meindl, Thomas, Le contrôle de constitutionnalité des actes de droit communautaire dérivé en France: La possibilité d'une jurisprudence *Solange II*, RDP 1997, S. 1665 ff.

Meinel, Florian, The constitutional miracle on the Rhine: Towards a history of West German constitutionalism and the Federal Constitutional Court, I.CON 14 (2016), S. 277 ff.

Meinel, Florian/Kram, Benjamin, Das Bundesverfassungsgericht als Gegenstand historischer Forschung. Leitfragen, Quellenzugang und Perspektiven nach der Reform des § 35b BVerfGG, JZ 69 (2014), S. 913 ff.

Meininger, Marie-Christine, Avant-propos – Les Cahiers du Conseil constitutionnel fêtent leur dixième anniversaire, Cahiers du Conseil constitutionnel 20 (2006), verfügbar unter <http://www.conseil-constitutionnel.fr/conseil-constitutionnel/francais/nouveaux-cahiers-du-conseil/cahier-n-20/avant-propos-les-cahiers-du-conseil-constitutionnel-fetent-leur-dixieme-anniversaire.51761.html> (zuletzt abgerufen am 15.3.2022)

Mels, Philipp, Bundesverfassungsgericht und Conseil constitutionnel. Ein Vergleich der Verfassungsgerichtsbarkeit in Deutschland und Frankreich im Spannungsfeld zwischen der Euphorie für die Krönung des Rechtsstaates und der Furcht vor einem „gouvernement des juges", München 2003

Merton, Richard K[ing], Social Theory and Social Structure. Toward the Codification of Theory and Research, Glencoe 1949

ders., Éléments d'une théorie et de méthode sociologique, Plon 1953

ders., Manifest and Latent Functions, in: ders., Social Theory and Social Structure, 3. Auflage, New York 1968, S. 73 ff.
ders., On Sociological Theories of the Middle Range, in: ders., Social Theory and Social Structure, 3. Auflage, New York 1968, S. 39 ff.
Mesnard, André-Hubert, Droit et politique de la culture, Paris 1990
Mestre, Achille, Congrès international de droit comparé, RDP 1900, S. 570 ff.
Meyer, Georg, Das parlamentarische Wahlrecht. Nach des Verfassers Tode hrsg. v. G. Jellinek, Berlin 1901
Michaels, Ralf, The Functional Method of Comparative Law, in: Mathias Reimann/Reinhard Zimmermann (Hrsg.), The Oxford Handbook of Comparative Law, Oxford 2006, S. 339 ff.
Michoud, L., Raymond Saleilles et le droit public, RDP 1912, S. 369 ff.
Mirkine-Guetzévitch, Boris, Les constitutions de l'Europe nouvelle, Paris 1928
ders., Les nouvelles tendances du Droit constitutionnel, RDP 1928, S. 5 ff.
ders., Les nouvelles tendances du droit constitutionnel, RDP 1929, S. 564 ff.
ders., Les constitutions de l'Europe nouvelle, 2. Auflage, Paris 1930
ders., Les nouvelles tendances du Droit constitutionnel (I), RDP 1930, S. 35 ff.
ders., Les nouvelles tendances du Droit constitutionnel (II), RDP 1930, S. 490 ff.
ders., L'Exécutif dans le régime parlementaire, RPP 1931, S. 155 ff.
ders., Les nouvelles tendances du droit constitutionnel, Paris 1931
ders., La défense de l'Etat démocratique en Tchécoslovaquie, RPP 1935, S. 562 ff.
ders., Le parlementarisme sous la Convention nationale, RDP 1935, S. 671 ff.
ders., Pleins pouvoirs sous le régime parlementaire, Annales de l'Institut de Droit comparé III (1938), S. 69 ff.
ders., L'échec du parlementarisme rationalisé, Revue internationale d'histoire politique et constitutionnelle 1954, S. 99 ff.
Modéer, Kjell Å., Lebende Ruinen des Rechts. Rechtliche Metaphern in postkolonialen und spätmodernen Rechtskulturdiskursen, Rechtsgeschichte 19 (2011), S. 228 ff.
Moderne, Franck, Rapport de synthèse, Annuaire International de Justice Constitutionnelle II (1986), S. 219 ff.
ders., Jurisprudence constitutionnelle étrangère. „La liberté ne trouve pas refuge dans une jurisprudence qui doute" (à propos de l'arrêt de la Cour suprême des États-Unis *Planned Parenthood of Southeastern Pennsylvania et al.*, v. *Robert P. Casey et al.*, du 29 juin 1992, relatif à l'interruption volontaire de grossesse), RFDC 11 (1992), S. 583 ff.
Mohl, Robert, Das Bundes-Staatsrecht der Vereinigten Staaten von Nord-Amerika, Stuttgart und Tübingen 1824
Mohnhaupt, H[einz], Art. Rechtsvergleichung, in: Adalbert Erler/Ekkehard Kaufmann (Hrsg.), HRG, Bd. IV, Berlin 1990, S. 403 ff.
ders., Rechtsvergleichung in Mittermaiers „Kritische Zeitschrift für Rechtswissenschaft und Gesetzgebung des Auslandes" (1829–1856), in: Michael Stolleis (Hrsg.), Juristische Zeitschriften. Die neuen Medien des 18.–20. Jahrhunderts, Frankfurt a.M. 1999, S. 277 ff.
Möllers, Christoph, Staat als Argument, München 2000
ders., § 3 Methoden, in: Wolfgang Hoffmann-Riem/Eberhard Schmidt-Aßmann/Andreas Voßkuhle (Hrsg.), Grundlagen des Verwaltungsrechts, Bd. I. Methoden. Maßstäbe. Aufgaben. Organisation, München 2006, S. 121 ff.
ders., Der vermisste Leviathan. Staatstheorie in der Bundesrepublik, Frankfurt a. M. 2008
ders., Staat als Argument, Tübingen, 2. Auflage 2011
ders., Diskussionsbeitrag, VVDStRL 71 (2012), S. 337
ders., Die Möglichkeit der Normen. Über eine Praxis jenseits von Moralität und Kausalität, Berlin 2015

Montesquieu, L'Esprit des lois, Bd. 1, Paris 1836
Moreau, Félix, Régime parlementaire et principe représentatif (1), RPP 1901, S. 331 ff.
ders., Les Éléments du droit constitutionnel français et comparé de M. Esmein [Rezension], RPP 1903, S. 348 ff.
Morton, Frederik L., Point de vue d'outre-Atlantique sur le Conseil constitutionnel, Pouvoirs 1988, S. 127 ff.
Mosler, Hermann, Das Heidelberger Kolloquium über Verfassungsgerichtsbarkeit. Ziel – Methode – Ergebnis, in: Max-Planck-Institut für ausländisches und öffentliches Recht und Völkerrecht (Hrsg.), Verfassungsgerichtsbarkeit in der Gegenwart. Länderberichte und Rechtsvergleichung. Constitutional Review in the World Today. National reports and comparative studies. La Juridiction Constitutionnelle à l'époque contemporaine. Exposés de la situation dans différents pays et étude comparée. Internationales Kolloquium veranstaltet vom Max-Planck-Institut für ausländisches öffentliches Recht und Völkerrecht, Köln und Berlin 1962, S. IX ff.
Most, Glenn W., Preface, in: ders. (Hrsg.), APOREMATA. Kritische Studien zur Philologiegeschichte, Bd. 5. Historicization – Historisierung, Göttingen 2001, S. VII ff.
Motte, Oliver J., Laboulaye, Édouard René Lefebre de, in: Michael Stolleis (Hrsg.), Juristen. Ein biographisches Lexikon. Von der Antike bis zum 20. Jahrhundert, München 1995, S. 366 ff.
Mouskhély, Michel, Chronique constitutionnelle étrangère. Union des Républiques socialistes soviétiques. La notion soviétique de constitution, RDP 1955, S. 894 ff.
Muir Watt, Horatia, Comparer l'éfficience des droits, in: Pierre Legrand (Hrsg.), Comparer les droits, résolument, Paris 2009, S. 434 ff.
Müller, Ernst/Schmieder, Falko, Begriffsgeschichte und Wissenschaftsgeschichte. Bestandsaufnahme und Forschungsperspektiven, Geschichte und Gesellschaft 44 (2018), S. 79 ff.
Müßig, Ulrike, Reason and Fairness. Constituting Justice in Europe, from Medieval Canon Law to ECHR, Leiden 2019.
Musil, Robert, Der Mann ohne Eigenschaften. Roman. Aus dem Nachlaß, hrsg. v. Adolf Frisé, Bd. 1, Reinbek bei Hamburg 1978
ders., Der Mann ohne Eigenschaften. Roman. Aus dem Nachlaß, hrsg. v. Adolf Frisé, Bd. 2, Reinbek bei Hamburg 1978
ders., Die Nation als Ideal und als Wirklichkeit [Dezember 1921], in: ders., Gesammelte Werke. Prosa und Stücke. Kleine Prosa, Aphorismen. Autobiographisches. Essays und Reden. Kritik, Bd. II, Reinbek bei Hamburg 1978, S. 1059 ff.
Mutua, Makau Wa, The Ideology of Human Rights, Virginia Journal of International Law 36 (1995–1996), S. 589 ff.
Nader, Laura, Harmony Ideology. Justice and Control in a Zapotec Mountain Village, Stanford 1990
Narayan, Uma, Dislocating Cultures. Identities, Traditions, and Third-World Feminism, New York und London 1997
Nawiasky, Hans, Die Gleichheit vor dem Gesetz im Sinne des Art. 109 der Reichsverfassung, VVDStRL 3 (1927), S. 25 ff.
Neliba, Günter, Peter Hubert, Uniformierter Reichstag [Rezension], ZNR 1994, S. 460 ff.
Nelken, David, Legal Transplants and Beyond: Of Disciplines and Metaphors, in: Andrew Harding/Esin Örücü (Hrsg.), Comparative Law in the 21st Century, London u. a. 2002, S. 19 ff.
ders., Defining and Using the Concept of Legal Culture, in: David Nelken/Esin Örücü (Hrsg.), Comparative Law. A Handbook, Portland und Oxford 2007, S. 109 ff.
ders., Legal cultures, in: David S. Clark (Hrsg.), Comparative Law and Society, Cheltenham und Northampton 2012, S. 310 ff.

Nergelius, Joakim, § 22. Offene Staatlichkeit. Schweden, in: Armin von Bogdandy/ Pedro Cruz Villalón/Peter M. Huber (Hrsg.), Ius Publicum Europaeum, Bd. II. Offene Staatlichkeit – Wissenschaft vom Verfassungsrecht, Heidelberg 2008, S. 277 ff.

Neumann, Almut, Preußen zwischen Hegemonie und „Preußenschlag". Hugo Preuß in der staatsrechtlichen Föderalismusdebatte, Tübingen 2019

Nézard, Henry, De la méthode dans l'enseignement du droit constitutionnel, in: Faculté de Droit et des Sciences Politiques de Strasbourg (Hrsg.), Mélanges Carré de Malberg, Paris 1933, S. 377 ff.

Nietzsche, Friedrich, Menschliches, Allzumenschliches I. 23. Aphorismus, in: Giorgio Colli/Mazzino Montinari (Hrsg.), Kritische Studienausgabe. Sämtliche Werke. Kritische Studienausgabe in 15 Bänden, München 1999, S. 44 f.

Nörr, Knut Wolfgang, Zwischen den Mühlsteinen. Eine Privatrechtsgeschichte der Weimarer Republik, Tübingen 1988

O. A., André Lebon. Das Staatsrecht der französischen Republik [Rezension], Annales de l'École libre des sciences politiques 1 (1886), S. 476 ff.

O. A., Charles Benoist. De l'organisation du suffrage universel. La crise de l'État moderne [Rezension], Annales de l'École libre des sciences politiques 10 (1895), S. 760 ff.

O. A., La sophistication du suffrage universel (1), Annales des sciences politiques 24 (1909), S. 415 ff.

O. A., De la sophistication du suffrage universel (2), Annales des sciences politiques 25 (1910), S. 344 ff.

O. A., René Brunet, La constitution allemande du 11 août 1919 [Rezension], Revue des sciences politiques 36 (1921), S. 138 ff.

O. A., Agnes Headlam-Morley, New democratic constitutions of Europe [Rezension], RPP 1930, S. 616 ff.

O. A., B. Mirkine-Guetzévitch/A. Tibal, La Tchécoslovaquie [Rezension], Revue des sciences politiques 45 (1930), S. 150 ff.

O. A., Avertissement, RIDC 1949, S. 3 ff.

O. A., Zum Status des italienischen Verfassungsgerichtshofes, JöR n. F. 7 (1958), S. 191 ff.

O. A., L'interruption volontaire de grossesse dans les jurisprudences constitutionnelles comparées, Annuaire International de Justice Constitutionnelle II (1986), S. 81 ff.

von Oertzen, Peter, Die soziale Funktion des staatsrechtlichen Positivismus. Eine wissenssoziologische Studie über die Entstehung des formalistischen Positivismus in der deutschen Staatsrechtswissenschaft, Frankfurt a. M. 1974

Oeter, Stefan, Rechtsprechungskonkurrenz zwischen nationalen Verfassungsgerichten, Europäischem Gerichtshof und Europäischem Gerichtshof für Menschenrechte, JöR n. F. 66 (2007), S. 361 ff.

Osterkamp, Jana, Verfassungsgerichtsbarkeit in der Tschechoslowakei (1920–1939), Frankfurt a. M. 2009

Panikkar, Raimundo, La notion des droits de l'Homme est-elle un concept occidental?, Diogène 120 (1982), S. 87 ff.

Parsons, Talcott, The Social System, Glencoe 1951

ders., Éléments pour une sociologie de l'action. Introduction et traduction de François Bourricaud, Paris 1955

ders., Social Structure and Personality, Glencoe 1964

Passez, Ernest, Étude sur les résultats de la nouvelle législation électorale dans la Grande Bretagne et en Irlande, BSLC 1887, S. 277 ff.

Pauly, Walter, Der Methodenwandel im deutschen Spätkonstitutionalismus. Ein Beitrag zu Entwicklung und Gestalt der Wissenschaft vom Öffentlichen Recht im 19. Jahrhundert, Tübingen 1993

Pêcheux, Michel, Über die Rolle des Gedächtnisses als interdiskursives Material. Ein Forschungsprojekt im Rahmen der Diskursanalyse und Archivlektüre, in: Manfred Geier/ Harold Woetzel (Hrsg.), Das Subjekt des Diskurses. Beiträge zur sprachlichen Bildung von Subjektivität und Intersubjektivität, Berlin 1983, S. 50 ff.

ders., Rôle de la mémoire, in: Pierre Achard/Max-Peter Gruenais/Dolores Jaulin (Hrsg.), Histoire et linguistique, Paris 1984, S. 261 ff.

Pellet, Alain, La ratification par la France de la Convention européenne des droits de l'Homme, RDP 1974, S. 1319 ff.

Pelloux, Robert, Contribution à l'étude des régimes autoritaires contemporains, RDP 1945, S. 334 ff.

Pernau, Margrit, Transnationale Geschichte, Göttingen 2011

dies., Einleitung: Neue Wege der Begriffsgeschichte, Geschichte und Gesellschaft 44 (2018), S. 5 ff.

Pernice, Ingolf, Das Verhältnis europäischer zu nationalen Gerichten im europäischen Verfassungsverbund, Berlin 2006

Perrot, Jean-Claude/Bergeron, Louis/Woolf, Stuart, Introduction, in: École des Hautes Études en Sciences Sociales. Séminaire de Louis Bergeron (Hrsg.), La Statistique en France à l'époque napoléonienne, Bruxelles 1981, S. 7 ff.

Peters, Anne/Schwenke, Heiner, Comparative Law Beyond Post-Modernism, International and Comparative Law Quarterly 49 (2000), S. 800 ff.

Petersen, Niels, Quantifying Constitutional Reasoning, ZaöRV 79 (2019), S. 425 ff.

Petersmann, Hans G., Einige verfassungsrechtliche Implikationen der britischen Mitgliedschaft in den Europäischen Gemeinschaften, JöR n. F. 23 (1974), S. 47 ff.

Petot, Jean, Quelques remarques sur les notions fondamentales du droit administratif français, RDP 1965, S. 369 ff.

Pfersmann, Otto, Le droit comparé comme interprétation et comme théorie du droit, RIDC 2001, S. 275 ff.

ders., Classifications organocentriques et classifications normocentriques de la justice constitutionnelle en droit comparé, in: En hommage à Francis Delpérée. Itinéraires d'un constitutionnaliste, Paris 2007, S. 1153 ff.

Philip, Loïc, Bilan et effets de la saisine du Conseil constitutionnel, RFSP 34 (1984), S. 988 ff.

Picot, Georges, Discours d'ouverture, Journal du Congrès international de droit comparé (1900), S. 1 ff.

Pieroth, Bodo, Kultur als juristisches Spiel ohne Grenzen, Der Staat 22 (1983), S. 394 ff.

Piloty, Robert, Das Parlamentarische System, Berlin und Leipzig 1917

ders., Die bayerische Verfassung vom 14. August 1919, JöR a. F. 9 (1920), S. 129 ff.

Piloty, Robert/Koellreutter, Otto, Vorwort, JöR a. F. 11 (1922), S. I ff.

Pinon, Stéphane, Les idées constitutionnelles de Boris Mirkine-Guetzévitch, in: Carlos Miguel Herrera (Hrsg.), Les juristes face au politique. Le droit, la gauche, la doctrine sous la Troisième République, Bd. 2, Paris 2005, S. 61 ff.

ders., Boris Mirkine-Guetzévitch et la diffusion du droit constitutionnel, Droits 46 (2007), S. 183 ff.

ders., Regard critique sur les leçons d'un „maître" du droit constitutionnel. Le cas Adhémar Esmein (1848–1913), RDP 2007, S. 193 ff.

ders., Le „nouveau droit constitutionnel" à travers les âges, VIIe Congrès français de droit constitutionnel, 27. 9. 2008, verfügbar unter <https://de.calameo.com/read/0044911 18e069cdc0d8f4> (zuletzt abgerufen am 15.3.2022)

ders., Adhémar Esmein et la doctrine constitutionnelle de son temps, in: Stéphane Pinon/ Pierre-Henri Prélot (Hrsg.), Le droit constitutionnel d'Adhémar Esmein. Actes du colloque „Le droit constitutionnel d'Adhémar Esmein", organisé le 26 janvier 2007 à l'Université de Cergy-Pontoise, Paris 2009, S. 209 ff.

Pinto, Roger, La Cour Suprême Américaine et l'avortement, RDP 1993, S. 907 ff.
Pinwinkler, Alexander, Amtliche Statistik, Bevölkerung und staatliche Politik in Westeuropa, ca. 1850–1950, in: Peter Collin/Thomas Horstmann (Hrsg.), Das Wissen des Staates. Geschichte, Theorie, Praxis, Baden-Baden 2004, S. 195 ff.
Plachta, Bodo, Editionswissenschaft. Eine Einführung in Methode und Praxis der Edition neuerer Texte, Stuttgart 1999
Poetzsch-Heffter, Fritz, Vom Staatsleben unter der Weimarer Verfassung (1), JöR a. F. 13 (1925), S. 1 ff.
ders., Vom Staatsleben unter der Weimarer Verfassung (2), JöR a. F. 17 (1929), S. 1 ff.
Ponthoreau, Marie-Claire, Le droit comparé en question(s). Entre pragmatisme et outil épistémologique, RIDC 2005, S. 7 ff.
dies., Le recours à „l'argument de droit comparé" par le juge constitutionnel. Quelques problèmes théoriques et techniques, in: Ferdinand Mélin-Soucramanien (Hrsg.), L'interprétation constitutionnelle, Paris 2005, S. 167 ff.
dies., Trois interprétations de la globalisation juridique. Approche critique des mutations en droit public, AJDA 2006, S. 20 ff.
dies., L'argument fondé sur la comparaison dans le raisonnement juridique, in: Pierre Legrand (Hrsg.), Comparer les droits, résolument, Paris 2009, S. 537 ff.
dies., Droit(s) constitutionnel(s) comparé(s), Paris 2010
Pontier, Jean-Marie/Ricci, Jean-Claude/Bourdon, Jacques, Droit de la culture, Paris 1990
Post, Albert Hermann, Das Naturgesetz des Rechts. Einleitung in eine Philosophie des Rechts auf Grundlage der modernen empirischen Wissenschaft, Bremen 1867
ders., Einleitung in eine Naturwissenschaft des Rechts, Oldenburg 1872
ders., Der Ursprung des Rechts. Prolegomena zu einer allgemeinen vergleichenden Rechtswissenschaft, Oldenburg 1876
ders., Ueber die Aufgaben einer Allgemeinen Rechtswissenschaft, Oldenburg und Leipzig 1891
Poulain, Martine, Livres pillés, lectures surveillées. Les bibliothèques françaises sous l'Occupation, 2. Auflage, Paris 2013
Prélot, Marcel, Institutions politiques et droit constitutionnel, 4. Auflage, Paris 1969
Prélot, Marcel/Boulois, Jean, Institutions politiques et droit constitutionnel, 11. Auflage, Paris 1990
Preuß, Hugo, Über Organpersönlichkeit. Eine begriffskritische Studie, [Schmoller's] Jahrbuch für Gesetzgebung, Verwaltung und Volkswirtschaft im Deutschen Reich 36 (1902), S. 557 ff.
ders., Ein Zukunftsstaatsrecht, AöR 18 (1903), S. 373 ff.
ders., Die neue preußische Verfassung, JöR a. F. 21 (1921), S. 222 ff.
ders., Denkschrift zum Verfassungsentwurf (3./20. Januar 1919), in: ders., Das Verfassungswerk von Weimar, hrsg. v. Detlef Lehnert/Christoph Müller/Dian Schefold, Tübingen 2015, S. 134 ff.
Preux, Jules, Étude sur la question des langues en Autriche sous le ministère Taaffe (1879–1887), BSLC 1888, S. 162 ff.
Preyer, Gerhard/Krauße, Reuß-Markus, Rechtliche Kommunikation in der chinesischen Gegenwartsgesellschaft als normativ-faktischer Ausgleich ohne Gleichheit, Rechtstheorie 43 (2012), S. 403 ff.
Quaritsch, Helmut, Staat und Souveränität, Bd. 1, Frankfurt a. M. 1970
Rabel, Ernst, Aufgabe und Notwendigkeit der Rechtsvergleichung [1924], in: Hans G. Leser (Hrsg.), Ernst Rabel. Gesammelte Aufsätze, Tübingen 1967, S. 1 ff.
Radbruch, Gustav, Einführung in die Rechtswissenschaft, 5. und 6. Auflage, Leipzig 1925
Raithel, Thomas, Parlamentarisches System in der Weimarer Republik und in der Dritten Französischen Republik 1919–1933/40. Ein funktionaler Vergleich, in: Horst Möller/

Manfred Kittel (Hrsg.), Demokratie in Deutschland und Frankreich 1918–1933/40. Beiträge zu einem historischen Vergleich, München 2002, S. 283 ff.

ders., Der Preußische Verfassungskonflikt 1862–66 und die französische Krise von 1877 als Schlüsselperioden der Parlamentarismusgeschichte, in: Stefan Fisch/Florence Gauzy/Chantal Metzger (Hrsg.), Machtstrukturen im Staat in Deutschland und Frankreich. Les structures de pouvoir dans l'État en France et en Allemagne, Stuttgart 2007, S. 29 ff.

Rambaud, Thierry, Adhémar Esmein et le droit comparé, in: Stéphane Pinon/Pierre-Henri Prélot (Hrsg.), Le droit constitutionnel d'Adhémar Esmein. Actes du colloque „Le droit constitutionnel d'Adhémar Esmein", organisé le 26 janvier 2007 à l'Université de Cergy-Pontoise, Paris 2009, S. 71 ff.

Redlich, Josef, Recht und Technik des Englischen Parlamentarismus. Die Geschäftsordnung des House of Commons in ihrer geschichtlichen Entwicklung und gegenwärtigen Gestalt, Leipzig 1905

Redor, Marie-Joëlle, De l'État légal à L'État de droit. L'Évolution des Conceptions de la Doctrine Publiciste Française, Paris und Aix-en-Provence 1992

dies., L'État dans la doctrine publiciste française du début du siècle, Droits 15 (1992), S. 91 ff.

Redslob, Robert, Die parlamentarische Regierung in ihrer wahren und in ihrer unechten Form. Eine vergleichende Studie über die Verfassungen von England, Belgien, Ungarn, Schweden und Frankreich, Tübingen 1918

ders., Le régime parlementaire en Allemagne, RDP 1923, S. 511 ff.

ders., Le régime parlementaire. Étude sur les Institutions d'Angleterre, de Belgique, de Hongrie, de Suède, de France, de Tchécoslovaquie, de l'Empire Allemand, de Prusse, de Bavière et d'Autriche, Paris 1924

ders., Hans Kelsen. Allgemeine Staatslehre [Rezension], RDP 1926, S. 147 ff.

ders., Alma mater. Mes souvenirs des Universités allemandes, Straßburg 1958

Rehm, Hermann, Allgemeine Staatslehre, Leipzig und Tübingen 1899

Reich, Johannes, „Originalismus" als methodologischer Scheinriese und verfassungspolitische Konterrevolution. Rechtsvergleichende Kritik der Auslegung der Verfassung der Vereinigten Staaten von Amerika aufgrund ihres Wortlauts in seiner ursprünglichen Bedeutung, JöR n. F. 65 (2017), S. 713 ff.

Renard, Georges, Les constitutions de la nouvelle Europe, RPP 1930, S. 270 ff.

Ress, Georg, Der Conseil Constitutionnel und der Schutz der Grundfreiheiten in Frankreich. Betrachtungen aus Anlaß der Entscheidung des Conseil Constitutionnel vom 16. Juli 1971 zur *Reform des französischen Vereinigungsrechts* mit rechtsvergleichenden Hinweisen, JöR n. F. 23 (1974), S. 121 ff.

ders., Allemagne fédérale. L'interprétation du droit à la vie par le Tribunal constitutionnel allemand par rapport à la question de l'avortement volontaire, Annuaire International de Justice Constitutionnelle II (1986), S. 89 ff.

Rheinberger, Hans-Jörg, Historische Epistemologie zur Einführung, Hamburg 2013

Rheinstein, Max, Comparative Law and Conflict of Laws in Germany, The University of Chicago Law Review 2 (1935), S. 232 ff.

Ribot, Compte rendu du programme de la septième session du Congrès international de statistique, BSLC 1871, S. 48 ff.

Ribot, Alexandre, Derniers travaux du Parlement anglais, BSLC 1872, S. 101 ff.

Richard, Guillaume, Enseigner le droit public à Paris sous la Troisième République. Préface de Jean-Louis Halpérin et Éric Millard, Paris 2015

Richers, Dominik, Postmoderne Theorie in der Rechtsvergleichung?, ZaöRV 67 (2007), S. 509 ff.

Rickert, Heinrich, Kulturwissenschaft und Naturwissenschaft, 6. und 7. Auflage, Tübingen 1926

ders., Die Grenzen der naturwissenschaftlichen Begriffsbildung. Eine logische Einleitung in die historischen Wissenschaften, 5. Auflage, Tübingen 1929

Riegner, Gerhart, Le pouvoir du „Führer"-Chancelier en Allemagne, RDP 1935, S. 701 ff.

Rinck, H.-J., Die höchstrichterliche Rechtsprechung zum Gleichheitssatz in der Bundesrepublik, der Schweiz, Österreich, Italien, den USA und Indien, JöR n. F. 10 (1961), S. 269 ff.

Rivero, Jean, Existe-t-il un critère du droit administratif?, RDP 1953, S. 279 ff.

ders., Les principes fondamentaux reconnus par les lois de la République: une nouvelle catégorie constitutionnelle?, Recueil Dalloz Sirey, Chronique 1972, S. 265 ff.

ders., Le Conseil constitutionnel et les libertés, 2. Auflage, Paris und Aix-en-Provence 1987

Röder, Werner (Hrsg.), Biographisches Handbuch der deutschsprachigen Emigration nach 1933, 3. Auflage, München u. a. 1983

Roguin, Ernest, Les débats des Corps législatifs suisses relatifs à la représentation proportionnelle des minorités, BSLC 1885, S. 301 ff.

Roquet, Léon, Compte rendu de l'ouvrage de Henry Sumner Maine, l'Ancien droit, BSLC 1874, S. 245 ff.

Rosanvallon, Pierre, Le sacre du citoyen. Histoire du suffrage universel en France, Paris 1992

ders., La légitimité démocratique. Impartialité, réfléxivité, proximité, Paris 2008

Rosenthal, Eduard, Die Entwicklung des Verfassungsrechts in den thüringischen Staaten seit November 1918 und die Bestrebungen zur Bildung eines Staates Thüringen, JöR a. F. 9 (1920), S. 226 ff.

ders., Die Verfassung des Landes Thüringen vom 11. März 1921, JöR a. F. 10 (1921), S. 366 ff.

Rothfels, Hans, Zeitgeschichte als Aufgabe, VfZ 1 (1953), S. 1 ff.

Rousseau, Dominique, La justice constitutionnelle en Europe, Paris 1992

ders., „Pour": une opinion dissidente en faveur des opinions dissidentes, Les Cahiers du Conseil constitutionnel 8 (2000), S. 113 ff.

ders., Pour une Cour constitutionnelle?, RDP 2002, S. 363 ff.

Rubio Llorente, Francisco, Tendances actuelles de la juridiction constitutionnelle en Europe, Annuaire International de Justice Constitutionnelle XII (1996), S. 11 ff.

ders., Tendencias actuales de la jurisdicción constitucional en Europa, in: Fundación „Cánovas del Castillo" (Hrsg.), Manuel Fraga. Homenaje Académico, Bd. II, Madrid 1997, S. 1411 ff.

Rudelle, Odile, La tradition républicaine, Pouvoirs 1987, S. 31 ff.

Rüstow, Alexander, Weshalb Wissenschaft von der Politik?, ZfP n. F. 1 (1954), S. 131 ff.

Sacksofsky, Ute, „Große Richter"? Vergleichende Beobachtungen zum Tod von Antonin Scalia, JöR n. F. 65 (2017), S. 743 ff.

Sacriste, Guillaume, Droit, histoire et politique en 1900. Sur quelques implications politiques de la méthode du droit constitutionnel à la fin du XIXème siècle, Revue d'Histoire des Sciences Humaines 4 (2001), S. 69 ff.

ders., La République des constitutionnalistes. Professeurs de droit et légitimation de l'État en France (1870–1914), Paris 2011

Saleilles, Raymond, Le droit commercial comparé. Contribution à l'étude des méthodes juridiques. A propos d'un Livre de M. A. Sraffa, Annales du droit commercial comparé 5 (1891), S. 217 ff.

ders., The Development of the Present Constitution of France, The Annals of the American Academy of Political and Social Science 6 (07/1895), S. 1 ff.

ders., Y a-t-il vraiment une crise de la science politique?, Annales de l'École libre des sciences politiques 12 (1897), S. 91 ff.

ders., La représentation proportionnelle (1), RDP 1898, S. 215 ff.
ders., La représentation proportionnelle (2), RDP 1898, S. 385 ff.
ders., Conception et objet de la science du droit comparé, BSLC 1899/90, S. 383 ff.
ders., Rapport présenté à la commission d'organisation sur l'utilité, le but et le programme du Congrès, in: Congrès international de droit comparé (Hrsg.), Procès-verbaux des séances et documents, Paris 1905, S. 9 ff.
Samuel, Geoffrey, Epistemology and Methodology of Comparative Law: Contributions from the Sciences and Social Sciences, in: Mark Van Hoecke (Hrsg.), Epistemology and Methodology of Comparative Law, Oxford und Portland 2004, S. 35 ff.
Sander, Fritz, Rechtsdogmatik oder Theorie der Rechtserfahrung? Kritische Studie zur Rechtslehre Hans Kelsens, Wien und Leipzig 1921
ders., Kelsens Rechtslehre. Kampfschrift wider die normative Jurisprudenz, Tübingen 1923
Sarasin, Philipp, Geschichtswissenschaft und Diskursanalyse, in: ders., Geschichtswissenschaft und Diskursanalyse, Frankfurt a.M. 2003, S. 10 ff.
Sarraute, Pierre, Étude sur les débats du Parlement italien relatifs à la Représentation proportionnelle, BSLC 1887, S. 476 ff.
Scalia, Antonin, Common-Law Courts in a Civil Law System: The Role of United States Federal Courts in Interpreting the Constitution and Laws, in: Amy Gutman (Hrsg.), A Matter of Interpretation, Princeton 1997, S. 3 ff.
Schacherreiter, Judith, Das Verhängnis von Ethnozentrismus und Kulturrelativismus in der Rechtsvergleichung. Ursachen, Ausprägungsformen und Strategien zur Überwindung, RabelsZ 77 (2013), S. 272 ff.
dies., Postcolonial Theory and Comparative Law. On the Methodological and Epistemological Benefits to Comparative Law through Postcolonial Theory, VRÜ 2016, S. 291 ff.
Schauer, Frederick, On the Migration of Constitutional Ideas, Connecticut Law Review 37 (2004–2005), S. 907 ff.
Schelcher, Walter, Die Verfassung des Freistaates Sachsen, JöR a. F. 10 (1921), S. 285 ff.
Scheuner, [Ulrich], Ueber die verschiedenen Gestaltungen des parlamentarischen Regierungssystems I, AöR n. F. 13 (1927), S. 209 ff.
ders., Die Entwicklungen des öffentlichen Rechts in Frankreich in der Zeit vom 1. Januar 1927 bis 1. Juli 1931, JöR a. F. 19 (1931), S. 137 ff.
ders., Die nationale Revolution. Eine staatsrechtliche Untersuchung, AöR 63 (1934), S. 166 ff.
ders., Le peuple, l'Etat, le droit et la doctrine nationale-socialiste, RDP 1937, S. 38 ff.
Schlaich, Klaus, Von der Notwendigkeit des Staates – Das wissenschaftliche Werk Ulrich Scheuners, Der Staat 21 (1982), S. 1 ff.
Schlink, Bernhard, Die Entthronung der Staatsrechtswissenschaft durch die Verfassungsgerichtsbarkeit, Der Staat 28 (1989), S. 161 ff.
Schmale, Wolfgang, Archäologie der Grund- und Menschenrechte in der Frühen Neuzeit. Ein deutsch-französisches Paradigma, München 1997
Schmidt, Bruno, Der Staat. Eine öffentlich-rechtliche Studie, Leipzig 1896
Schmidt, Richard, Allgemeine Staatslehre, Bd. II.1, Leipzig 1903
ders., Die Grundlinien des deutschen Staatswesens, Leipzig 1919
Schmitt, Carl, Die geistesgeschichtliche Lage des heutigen Parlamentarismus, 2. Auflage, München und Leipzig 1926
ders., Verfassungslehre, München und Leipzig 1928
ders., Der Hüter der Verfassung, Tübingen 1931
ders., Nationalsozialismus und Rechtsstaat, Juristische Wochenschrift 1934, S. 713 ff.

ders., Nachwort, in: Günther Krauß/Otto von Schweinichen (Hrsg.), Disputation über den Rechtsstaat, Hamburg 1935, S. 84 ff.
ders., Was bedeutet der Streit um den „Rechtsstaat"?, ZgStW 95 (1935), S. 189 ff.
ders., Faschistische und nationalsozialistsiche Rechtswissenschaft, Deutsche Juristen-Zeitung 41 (1936), Sp. 619 f.
ders., Légalité. Légitimité, Paris 1936
ders., Une étude de droit constitutionnel comparé. L'évolution récente du problème des délégations législatives, in: Introduction à l'étude du droit comparé. Recueil d'Études en l'honneur d'Edouard Lambert, Bd. 3. Le droit comparé comme science juridique moderne, Paris 1938, S. 200 ff.
ders., Über die drei Arten rechtswissenschaftlichen Denkens, 2. Auflage, Berlin 1993 (zuerst 1934)
Schnapper, Dominique, Une sociologue au Conseil constitutionnel, Paris 2010
dies., L'expérience-enquête au Conseil constitutionnel. Réflexion sur la méthode, Sociologie 2 (2011), S. 295 ff.
Schönberger, Christoph, Vom repräsentativen Parlamentarismus zur plebiszitären Präsidialdemokratie: Raymond Carré de Malberg (1861–1935) und die Souveränität der französischen Nation, Der Staat 34 (1995), S. 359 ff.
ders., Das Parlament im Anstaltsstaat, Frankfurt a. M. 1997
ders., Penser l'Etat dans l'Empire et la République: Critique et réception de la conception juridique de l'Etat de Laband chez Carré de Malberg, in: Olivier Beaud/Patrick Wachsmann (Hrsg.), La science juridique française et la science juridique allemande, Straßburg 1997, S. 255 ff.
ders., Der „Staat" der Allgemeinen Staatslehre, in: Olivier Beaud/Erk Volkmar Heyen (Hrsg.), Eine deutsch-französische Rechtswissenschaft? Une science juridique franco-allemande?, Baden-Baden 1999, S. 111 ff.
ders., Ein Liberaler zwischen Staatswille und Volkswille: Georg Jellinek und die Krise des staatsrechtlichen Positivismus um die Jahrhundertwende, in: Stanley L. Paulson/Martin Schulte (Hrsg.), Georg Jellinek, Tübingen 2000, S. 3 ff.
ders., „L'État" de la théorie générale de l'État. Remarques comparatives sur une discipline spécifiquement allemande, in: Alain Chatriot/Dieter Gosewinkel (Hrsg.), Figurationen des Staates in Deutschland und Frankreich, München 2006, S. 257 ff.
ders., Verfassungsvergleichung heute: Der schwierige Abschied vom ptolemäischen Weltbild, VRÜ 2010, S. 6 ff.
ders., Wissenschaftsgeschichte als Schlüssel zur Geschichte des öffentlichen Rechts? Bemerkungen zu einem schwierigen Verhältnis, Rechtsgeschichte 19 (2011), S. 285 ff.
ders., Der „German Approach": Die deutsche Staatsrechtslehre im Wissenschaftsvergleich, in: ders. (Hrsg.), The „German Approach". Die deutsche Staatsrechtslehre im Wissenschaftsvergleich, mit Beiträgen von Atushi Takada und András Jakab, Tübingen 2015
ders., Zwischen Versailler Vertrag und europäischer Verfassungswelle: Die Weimarer Reichsverfassung im internationalen Kontext, in: H. Dreier/C. Waldhoff (Hrsg.), Weimars Verfassung. Eine Bilanz nach 100 Jahren, Göttingen 2020, S. 75 ff.
Schöttler, Peter, Wer hat Angst vor dem „linguistic turn"?, Geschichte und Gesellschaft 23 (1997), S. 134 ff.
von Schweinichen, Otto, Gegenthese: Das Wort Rechtsstaat kann so gebraucht werden, daß es den typischen Zusammenhang von Staat und Rechtsverwirklichung bezeichnet; dann hat es so viele Rechtsstaaten in der Geschichte gegeben, wie es Staaten gegeben hat, in denen Recht in typischer Weise Geltung gefunden hat; von hier aus betrachtet erscheint der Staat des 19. Jahrhunderts als typischer Gesetzesstaat, während der nationalsozialistische Staat Rechtsstaat im wahrsten Sinne ist, in: Günther Krauß/Otto von Schweinichen (Hrsg.), Disputation über den Rechtsstaat, Hamburg 1935, S. 33 ff.

Schwenzer, Ingeborg, Development of Comparative Law in Germany, Switzerland, and Austria, in: Mathias Reimann/Reinhard Zimmermann (Hrsg.), The Oxford Handbook of Comparative Law, Oxford 2006, S. 69 ff.

Sciascia, Gaetano, Die Rechtsprechung des Verfassungsgerichtshofes der Italienischen Republik, JöR n. F. 6 (1957), S. 1 ff.

Seckelmann, Margrit, Ist Rechtstransfer möglich? Lernen vom fremden Beispiel, Rechtstheorie 43 (2012), S. 419 ff.

Seibt, Gustav, Besser im Plural. Stellen Zweifel an der Globalisierung auch das junge Fach der Globalgeschichte infrage? Nein – denn historisch ist die Entwicklung hin zur Weltgesellschaft keineswegs zwangsläufig, Süddeutsche Zeitung vom 24. 4. 2017, S. 9

Seydel, Max, Der Bundesstaatsbegriff, ZgStW 28 (1872), S. 185 ff.

ders., Vergleichende Rechtswissenschaft (1889), in: ders., Staatsrechtliche und politische Abhandlungen, hrsg. v. Karl Krazeisen, Tübingen und Leipzig 1902, S. 1 ff.

Siems, Mathias M., The End of Comparative Law, Journal of Comparative Law 2 (2007), S. 133 ff.

Siotto-Pintòr, Norbert, Der Ausbau des obrigkeitlichen Regierungssystems in Italien (1928–1934), JöR a. F. 22 (1935), S. 459 ff.

Slaughter, Anne-Marie, A Global Community of Courts, Harvard International Law Journal 44 (2003), S. 191 ff.

Smend, Rudolf, Die Preussische Verfassungsurkunde im Vergleich mit der Belgischen, Göttingen 1904

ders., Les actes de gouvernement en Allemagne, Annuaire de l'Institut international de droit public 2 (1931), S. 192 ff.

ders., Die Verschiebung der konstitutionellen Ordnung durch die Verhältniswahl [1919], in: ders. (Hrsg.), Staatsrechtliche Abhandlungen. und andere Aufsätze, 3. Auflage, Berlin 1994, S. 60 ff.

Sommermann, Karl-Peter, Die Bedeutung der Rechtsvergleichung für die Fortentwicklung des Staats- und Verwaltungsrechts in Europa, DÖV 1999, S. 1017 ff.

Sontheimer, Kurt, Antidemokratisches Denken in der Weimarer Republik. Studienausgabe mit einem Ergänzungsteil, München 1968

Starck, Christian, Der Gesetzesbegriff des Grundgesetzes, Baden-Baden 1970

ders., Chronique étrangère. La jurisprudence de la Cour Constitutionnelle Fédérale concernant les droits fondamentaux, RDP 1988, S. 1263 ff.

ders., Rechtsvergleichung im öffentlichen Recht, JZ 1997, S. 1021 ff.

ders., Gründe, Bedingungen und Formen von Rechtsrezeptionen, in: Werner Heun/Christian Starck/Tzung-jen Tsai (Hrsg.), Rezeption und Paradigmenwechsel im öffentlichen Recht, Baden-Baden 2009, S. 25 ff.

Steiner, Udo, Kulturauftrag im staatlichen Gemeinwesen, VVDStRL 42 (1984), S. 7 ff.

von Stephanitz, Dieter, Exakte Naturwissenschaft und Recht. Der Einfluß von Naturwissenschaft und Mathematik auf Rechtsdenken und Rechtswissenschaft in zweieinhalb Jahrtausenden. Ein historischer Grundriß, Berlin 1970

Sternberger, Dolf, Panorama oder Ansichten vom 19. Jahrhundert, Frankfurt a. M. 1981 (zuerst 1938)

Stierle, Karlheinz, Zur Begriffsgeschichte von ‚Kontext', Archiv für Begriffsgeschichte 18 (1974), S. 144 ff.

Stillmunkes, Pierre, La classification des actes ayant force de loi en droit public français, RDP 1964, S. 261 ff.

Stoerk, Felix, Das französische Listen-Wahl-Recht, AöR 1 (1884), S. 199 ff.

ders. (Hrsg.), Handbuch der Deutschen Verfassungen. Die Verfassungsgesetze des Deutschen Reiches und seiner Bundesstaaten nach dem gegenwärtigen Gesetzesstande, Leipzig 1884

Stolleis, Michael, Geschichte des öffentlichen Rechts in Deutschland, Bd. I. Reichspublizistik und Policeywissenschaft. 1600–1800, München 1988

ders., Geschichte des öffentlichen Rechts in Deutschland, Bd. II. Staatsrechtslehre und Verwaltungswissenschaft 1800–1914, München 1992

ders., Nationalität und Internationalität. Rechtsvergleichung im öffentlichen Recht des 19. Jahrhunderts, Mainz und Stuttgart 1998

ders., Einleitung, in: ders. (Hrsg.), Juristische Zeitschriften. Die neuen Medien des 18.–20. Jahrhunderts, Frankfurt a. M. 1999, S. VII ff.

ders., Geschichte des öffentlichen Rechts in Deutschland, Bd. III. Staats- und Verwaltungsrechtswissenschaft in Repubik und Diktatur. 1914–1945, München 1999

ders., Deutsch-französische Debatten um den Ursprung der Menschenrechte, in: Bernard Durand/Laurent Mayali (Hrsg.), Excerptiones iuris: Studies in Honor of André Gouron, Berkeley 2000, S. 729 ff

ders., Georg Jellineks Beitrag zur Entwicklung der Menschen- und Bürgerrechte, in: Stanley Paulson/Martin Schulte (Hrsg.), Georg Jellinek – Beiträge zu Leben und Werk, Tübingen 2000, S. 103 ff.

ders., Furchtbare Juristen, in: Etienne François/Hagen Schulze (Hrsg.), Deutsche Erinnerungsorte, Bd. II, München 2001, S. 535 ff.

ders., Geschichte des öffentlichen Rechts in Deutschland, Bd. IV. Staats- und Verwaltungsrechtswissenschaft in West und Ost. 1945–1990, München 2012

Störig, Hans Joachim, Kleine Weltgeschichte der Philosophie, Stuttgart 1958

Sunstein, Cass, Constitutional Personae, Oxford 2015

Szöllösi-Janze, Margit, Wissensgesellschaft in Deutschland: Überlegungen zur Neubestimmung der deutschen Zeitgeschichte über Verwissenschaftlichungsprozesse, Geschichte und Gesellschaft 30 (2004), S. 277 ff.

Takada, Atsushi, Die Eigenschaften der deutschen Staatsrechtslehre und ihre künftigen Herausforderungen, in: Christoph Schönberger (Hrsg.), Der „German Approach". Die deutsche Staatsrechtslehre im Wissenschaftsvergleich, Tübingen 2015, S. 55 ff.

Tasič, Le relativisme et normativisme dans la science juridique, Revue internationale de la théorie du droit 1926-27), S. 165 ff.

Texeira, Anderson Vichinkeski, La méthode en droit constitutionnel comparé: propositions pour une méthodologie constitutionnelle comparative, RDP 2019, S. 217 ff.

Teubner, Gunther, Legal Irritants: Good Faith in British Law or How Unifiying Law Ends Up in New Divergences, Modern Law Review 61 (1998), S. 11 ff.

ders., Rechtsirritationen. Zur Koevolution von Rechtsnormen und Produktionsregimes, in: Günter Dux/Frank Welz (Hrsg.), Moral und Recht im Diskurs der Moderne, Opladen 2001, S. 351 ff.

Tezner, Friedrich, Das Staatsrecht des Deutschen Reiches. Von Prof. Laband. 2 Bände, 2. Auflage. Freiburg 1890–1891 [Rezension], [Grünhuts] Zeitschrift für das Privat- und öffentliche Recht der Gegenwart 21 (1894), S. 272 ff.

Thamin, R., Variétés. Les relations scientifiques avec l'Allemagne, RDP 1919, S. 130 ff.

Thier, Andreas, Steuergesetzgebung und Verfassung in der konstitutionellen Monarchie. Staatssteuerreformen in Preußen 1871–1893, Frankfurt a. M. 1999

Thoma, Richard, Les règles et la pratique du referendum dans le Reich Allemand et les Länder Allemands, Annuaire de l'Institut international de droit public 2 (1931), S. 335 ff.

Thurn, John Philipp, Welcher Sozialstaat? Ideologie und Wissenschaftsverständnis in den Debatten der bundesdeutschen Staatsrechtslehre. 1949–1990, Tübingen 2013

Trendelenburg, Adolf, Naturrecht auf dem Grunde der Rechte, 2. Auflage, Leipzig 1868

Triepel, Heinrich, Die Kompetenzen des Bundesstaats und die geschriebene Verfassung, in: Wilhelm von Calker u. a. (Hrsg.), Staatsrechtliche Abhandlungen. Festgabe für Paul

Laband zum fünfzigsten Jahrestag der Doktor-Promotion, Bd. 2, Tübingen 1908, S. 247 ff.
ders., Der Weg der Gesetzgebung nach der neuen Reichsverfassung, AöR 39 (1920), S. 456 ff.
ders., Diskussionsbeitrag, VVDStRL 3 (1927), S. 50.
ders., Vom Stil des Rechts. Beiträge zu einer Ästhctik des Rechts, Heidelberg 1947
Turpin, Dominique, France. Sur l'interruption volontaire de la grossesse dans la jurisprudence constitutionnelle française, Annuaire International de Justice Constitutionnelle II (1986), S. 145 ff.
ders., Droit constitutionnel, Paris 2003 (Neudruck der Erstausgabe von 1992)
Tusseau, Guillaume, Les causes du choix d'un modèle de contrôle de constitutionnalité, Jus Politicum 13 (2014), S. 1 ff.
Uhlenbrock, Henning, Der Staat als juristische Person. Dogmengeschichtliche Untersuchung zu einem Grundbegriff der deutschen Staatsrechtslehre, Berlin 2000
Van der Smissen, Ed., La question du suffrage universel en Belgique, Annales des sciences politiques 17 (1902), S. 578 ff.
Van Hoecke, Mark, Deep Level Comparative Law, in: ders. (Hrsg.), Epistemology and Methodology of Comparative Law, Oxford und Portland 2004, S. 165 ff.
Van Hoecke, Mark/Warrington, Mark, Legal Cultures, Legal Paradigms and Legal Doctrine: Towards a New Model for Comparative Law, International and Comparative Law Quarterly 47 (1998), S. 495 ff.
van Ooyen, Robert Christian, Politics, Staatsrecht und die demokratische Kontrolle der Macht im Spiegel totalitärer Erfahrung, in: ders. (Hrsg.), Verfassungsrealismus. Das Staatsverständnis von Karl Loewenstein, Baden-Baden 2007, S. 13 ff.
ders., Die „Kopftuch-Entscheidung" des Bundesverfassungsgerichts zwischen Pluralismustheorie (Kelsen/Fraenkel) und Staatstheologie (Hegel/Schmitt), JöR n. F. 65 (2008), S. 125 ff.
Vedel, Georges, Essai sur la notion de cause en droit administratif français, Paris 1934
ders., De l'arrêt Septfonds à l'arrêt Barinstein (La légalité des actes administratives devant les Tribunaux judiciaires), JCP 1948, I n° 682
ders., Droit constitutionnel, Paris 1949
ders., La juridiction compétente pour prévenir, cesser ou réparer la voie de fait administrative, JCP 1950, I n° 851
ders., Topologie et recherche politique, Bulletin SEDEIS. Supplément Futuribles n° 791 (1961), S. 3 ff.
Verdroß, Alfred, Der Friedensvertrag von St. Germain-en-Laye, JöR a. F. 10 (1921), S. 474 ff.
Viala, Alexandre, Le droit constitutionnel à l'heure du tournant arrêtiste. Questions de méthode, RDP 2016, S. 1137 ff.
Villers, Robert, La Convention pratiqua-t-elle le gouvernement parlementaire?, RDP 1951, S. 375 ff.
Virally, Marcel, L'introuvable „acte de gouvernement", RDP 1952, S. 317 ff.
Vogel, Bernhard/Nohlen, Dieter/Schultze, Rainer-Olaf, Wahlen in Deutschland. Theorie – Geschichte – Dokumente. 1848–1970, Berlin und New York 1971
Voßkuhle, Andreas, §1. Neue Verwaltungsrechtswissenschaft, in: Wolfgang Hoffmann-Riem/Eberhard Schmidt-Aßmann/Andreas Voßkuhle (Hrsg.), Grundlagen des Verwaltungsrechts, Bd. 1. Methoden. Maßstäbe. Aufgaben. Organisation, München 2006, S. 1 ff.
ders., Der europäische Verfassungsgerichtsverbund, NVwZ 2010, S 1 ff.
ders., Die Landesverfassungsgerichtsbarkeit im föderalen und europäischen Verfassungsgerichtsverbund. Am Beispiel des Staatsgerichtshofs der Freien Hansestadt Bremen, JöR n. F. 59 (2011), S. 215 ff.

ders., Rechtspluralismus als Herausforderung. Zur Bedeutung des Völkerrechts und der Rechtsvergleichung in der Rechtsprechung des Bundesverfassungsgerichts, ZaöRV 79 (2019), S. 481 ff.

Voßkuhle, Andreas/Wischmeyer, Thomas, Der Jurist im Kontext. Peter Häberle zum 80. Geburtstag, JöR n. F. 63 (2015), S. 401 ff.

Wada, Hideo, Continental Systems of Judicial Review, JöR n. F. 31 (1982), S. 29 ff.

Wahl, Nicholas, Aux origines de la nouvelle Constitution, RFSP 9 (1959), S. 30 ff.

Waldhoff, Christian, Das Jahrbuch des öffentlichen Rechts der Gegenwart 1907 bis 2014 – unter besonderer Berücksichtung seiner Entstehung, JöR n. F. 63 (2015), S. 1 ff.

Waline, M[arcel], Éléments d'une théorie de la juridiction constitutionnelle en Droit positif français, RDP 1928, S. 441 ff.

Walter, Christian, La pratique des opinions dissidentes en Allemagne, Les Cahiers du Conseil constitutionnel (2000), S. 81 ff.

Walter, Hannfried, Die Rechtsprechung des Europäischen Gerichtshofs für Menschenrechte 1959–1974, JöR n. F. 24 (1975), S. 25 ff.

Walter, Maja Katharina, Verfassungsprozessuale Umbrüche. Eine rechtsvergleichende Untersuchung zur französischen Question prioritaire de constitutionnalité, Tübingen 2015

Watson, Alan, Society and Legal Change, Edinburgh 1977

ders., Legal Transplants. An Approach to Comparative Law, 2. Auflage, Athen und London 1993

Weber, Max, Gesammelte Aufsätze zur Wissenschaftslehre, hrsg. v. J. Winckelmann, 3. Auflage, Tübingen 1968

ders., Wirtschaft und Gesellschaft. Grundriß der verstehenden Soziologie. Studienausgabe, 5. Auflage, Tübingen 1980

Weber, Ruth Katharina, Der Begründungsstil von Conseil constitutionnel und Bundesverfassungsgericht, Tübingen 2019

Wendel, Mattias, Richterliche Rechtsfindung als Dialogform: Die Integrationsrechtsprechung nationaler Verfassungsgerichte in gemeineuropäischer Perspektive, Der Staat 52 (2013), S. 339 ff.

ders., Das Bundesverfassungsgericht als Garant der Unionsgrundrechte. Zugleich Besprechung von BVerfG, Beschlüsse v. 6. 11. 2019 – 1 BvR 16/13 (Recht auf Vergessen I) und 1 BvR 276/17 (Recht auf Vergessen II), JZ 2020, S. 157 ff.

Wenzel, Max, Die neuen mecklenburgischen Verfassungen, JöR a. F. 10 (1921), S. 321 ff.

Werner, Michael, Le prisme franco-allemand: à propos d'une histoire croisée des disciplines littéraires, in: Hans Manfred Bock/Reinhart Meyer-Kalkus/Michel Trebitsch (Hrsg.), Entre Locarno et Vichy. Les relations culturelles franco-allemands dans les années 1930, Bd. I, Paris 1993, S. 303 ff.

Werner, Michael/Zimmermann, Bénédicte, Vergleich, Transfer, Verflechtung. Der Ansatz der Histoire croisée und die Herausforderung des Transnationalen, Geschichte und Gesellschaft 28 (2002), S. 607 ff.

dies., Penser l'histoire croisée: entre empirie et reflexivité, Annales. Histoire, Sciences sociales 58 (2003), S. 7 ff.

dies., Beyond Comparison: *Histoire Croisée* and the challenge of reflexivity, History and Theory 45 (2006), S. 30 ff.

Westfall, Robert S., Never at Rest. A Biography of Isaac Newton, Cambridge 1980

Whitman, James Q., The neo-Romantic turn, in: Pierre Legrand/Roderick Munday (Hrsg.), Comparative Legal Studies: Traditions and Transitions, Cambridge u. a. 2003, S. 312 ff.

Wieacker, Franz, Privatrechtsgeschichte der Neuzeit unter besonderer Berücksichtigung der deutschen Entwicklung, 2. Auflage, Göttingen 1967

Wiehl, Reiner, Subjektivität und System, Frankfurt a. M. 2000

Wiener, Antje/Lang Jr., Anthony F./Tully, James/Poiares Maduro, James/Kumm, Mattias, Editorial. Global constitutionalism: Human rights, democracy and the rule of law, Global Constitutionalism 1 (2012), S. 1 ff.

Windelband, Wilhelm, Geschichte und Naturwissenschaft. Rede zum Antritt des Rektorats der Kaiser-Wilhelms-Universität Straßburg. Gehalten am 1. Mai 1894, Straßburg 1904

Winkler, Heinrich August, Weimar 1918 – 1933. Die Geschichte der ersten deutschen Demokratie, München 1998

Wolff, Bernhard, Die Rechtsprechung des Bundesverfassungsgerichts von 1954 bis 1957, JöR n. F. 7 (1958), S. 107 ff.

Worms, René, Sciences naturelles et sciences sociales, RDP 1896, S. 66 ff.

Yeh, Sonja, Anything goes? Postmoderne Medientheorien im Vergleich. Die großen (Medien-)Erzählungen von McLuhan, Baudrillard, Virillo, Kittler und Flusser, Bielefeld 2013

Yidong, Guo, The Ugly Chinaman (1984), verfügbar unter <https://www.thechinastory.org/yearbooks/yearbook-2013/forum-counting-and-corruption/the-ugly-chinaman/> (zuletzt aufgerufen am 15. 3. 2022)

Zagrebelsky, Gustavo, Italie, Annuaire International de Justice Constitutionnelle II (1986), S. 169 ff.

Zajtay, Imre, Aus der rechtsvergleichenden Arbeit in Frankreich: Fünfzehn Jahre „Revue internationale de droit comparé", in: Ernst von Caemmerer/Arthur Nikisch/Konrad Zweigert (Hrsg.), Vom Deutschen zum Europäischen Recht. Festschrift für Hans Dölle, Tübingen 1963, S. 451 ff.

Zieger, Gottfried, Die Rechtsprechung des Europäischen Gerichtshofs. Eine Untersuchung der Allgemeinen Rechtsgrundsätze, JöR n. F. 22 (1973), S. 299 ff.

Zimmermann, Bénédicte/Didry, Claude/Wagner, Peter, Introduction, in: dies. (Hrsg.), Le travail et la nation. Histoire croisée de la France et de l'Allemagne, Paris 1999, S. 1 ff.

Zoller, Élisabeth, Qu'est-ce que faire du droit constitutionnel comparé?, Droits 32 (2000), S. 121 ff.

dies., Introduction, in: dies. (Hrsg.), Migrations constitutionnelles d'hier et d'aujourd'hui, Paris 2017, S. 13 ff.

Zorn, Philipp, Georg Jellinek, Die Lehre von den Staatenverbindungen [Rezension], Deutsche Litteraturzeitung 4 (1883), Sp. 126 f.

ders., Die Entwicklung der Staatsrechtswissenschaft seit 1866, JöR a. F. 1 (1907), S. 47 ff.

Zuleeg, Manfred, Die Kompetenzen der Europäischen Gemeinschaften gegenüber den Mitgliedstaaten, JöR n. F. 20 (1971), S. 1 ff.

Zumbansen, Peer, Comparative Law's Coming of Age? Twenty Years after Critical Comparisons, German Law Journal 6 (2005), S. 1073 ff.

Zweigert, Konrad, Zur Lehre von den Rechtskreisen, in: Kurt H. Nadelmann/Arthur T. Von Mehren/John N. Hazard (Hrsg.), XXth century comparative and conflicts law. XXth century comparative and conflicts law. Legal essays in honor of Hessel E. Yntema, Leyden 1961, S. 42 ff.

ders., Des solutions identiques par des voies différentes (Quelques observations en matière de droit comparé), RIDC 1966, S. 5 ff.

ders., „Die Praesumptio Similitudinis" als Grundvermutung rechtsvergleichender Methode, in: Mario Rotondi (Hrsg.), Inchieste di Diritto Comparato II: Scopi e Metodi du Diritto Comparato, Padua 1973, S. 735 ff.

Zweigert, Konrad/Kötz, Hein, Einführung in die Rechtsvergleichung auf dem Gebiete des Privatrechts, Bd. I, Tübingen 1971

Zweigert, Konrad/Puttfarken, Hans J. (Hrsg.), Rechtsvergleichung, Darmstadt 1978

Zwerschina, Hermann, Die editorische Einheit ‚Textstufe', in: Hans Zeller/Gunter Martens (Hrsg.), Textgenetische Edition, Tübingen 1998, S. 177 ff.

Namens- und Personenregister

Alexy, Robert 268
Ancel, Marc 224
Arminjon, Pierre 207
Arndt, Adolf 80
Aubin, Bernhard 209

Bachelard, Gaston 16, 274
Bader Ginsburg, Ruth 164
Baer, Susanne 170, 173
Bagehot, Walter 118
Barthélemy, Joseph 82, 115
Beaud, Olivier 153
Beauvoir, Simone de *148*
Berlia, Georges 210
Bismarck, Otto von 72
Bodin, Jean 216
Bonnard, Roger 190
Bornhak, Conrad 191, 193
Boulanger, Georges 72
Boutmy, Émile 65, 84–87, 104, 106
Breyer, Stephen 164, 173
Bryce, James 83

Cahen, Georges 79
Capitant, René 123, 139, 145
Carré de Malberg, Raymond 125 f., 136, 138
Chavegrin, Ernest 67, 97
Chevallier, Jacques 265
Comte, Auguste 36, 40, 47
Cuvelier, Claire 9

Darwin, Charles 36
David, René 185, 207 f., 211, 255
de Gaulle, Charles 146 f.
Debré, Michel 145, 147
Delmas-Marty, Mireille 267
Deslandres, Maurice 101, 105 f.

Dicey, Albert 83
Duguit, Léon 81, 118, 134, 137 ff.
Duverger, Maurice 197, 201, 204 ff.

Eisenmann, Charles 136, 138, 140, 156
Esmein, Adhémar 67, 76 f., 80–83, 94, 96, 184, 187 f., 208, 277

Favoreu, Louis 152, 156 ff.
Fernández Segado, Francisco 159
Fleck, Ludwik 16 f., 271
Foljanty, Lena 275
Foucault, Michel 15
Fraenkel, Ernst 197, 200, 205
Frankenberg, Günter 230
Friedrich, Carl J. 200
Friesenhahn, Ernst 211
Fromont, Michel 159, 162

Gambetta, Léon 53
Gerber, Carl Friedrich von 5, 59, 80, 86, 184
Gneist, Rudolf 37
Grévy, Jules 53
Grosser, Alfred 160
Gürke, Norbert 196

Häberle, Peter 170, 249, 252–257, 263 ff., 267 f.
Hänel, Albert 56
Hatschek, Julius 89, 99 f., 118, 185 f., 188 f., 216, 277
Hauriou, André 222 ff.
Hauriou, Maurice 92, 134, 137–140
Heller, Hermann 255, 257
Hesse, Konrad 155, 165
Hillgruber, Christian 173
Huet, Delphine 9

Ipsen, Hans Peter 191 ff.

Janssen-Bennynck, Clémence 9
Jellinek, Georg 42, 65, 77, 80, 84–87, 93, 95, 97–100, 103, 107 f., 185–188
Jèze, Gaston 83, 115
Jhering, Rudolf von 38, 90

Kahn-Freund, Otto 262
Kaiser, Anna-Bettina 275
Kaufmann, Erich 100, 119, 139, 272
Kelsen, Hans 25, 113, 122, 126 ff., 132–141, 156, 272
Kischel, Uwe 212
Koellreutter, Otto 117, 191, 194, 196, 213
Kohler, Josef 42 f., 45, 92 f., 258
Kötz, Hein 207, 215, 217, 220 f., 224–227, 243

Laband, Paul 1, 5, 56 f., 68, 79 f., 83 f., 97, 99, 103, 106, 215
Laboulaye, Edouard 1, 6, 34, 40, 45, 48, 65
Lambert, Edouard 130, 135, 157
Larnaude, Ferdinand 83 f., 96, 105, 115
Latour, Bruno 174
Legrand, Pierre 229, 249, 252, 258 f., 261 f., 266, 269
Leibholz, Gerhard 120, 190, 206, 210, 279
Loewenstein, Karl 124, 190, 196 f., 200–206, 214
Luhmann, Niklas 25
Luther, Martin 86

Mac Mahon, Patrice de 53
Maine, Henry Sumner 47
Mayer, Otto 83
Merton, Richard 224
Michaels, Ralf 244 f.
Mirkine-Guetzévitch, Boris 115, 122 f., 125 ff., 140, 205
Moreau, Félix 76

Nawiasky, Hans 119 f.
Newton, Isaac 36
Nolde, Boris 207

Pfersmann, Otto 156
Pflimlin, Pierre 146
Pieroth, Bodo 257
Piloty, Robert 103
Post, Hermann Albert 40, 45 f., 92 f.
Preuß, Hugo 114, 116 f., 122
Prévost-Paradol, Lucien-Anatole 118

Rabel, Ernst 216, 221
Radbruch, Gustav 220
Redslob, Robert 117 f.
Rosanvallon, Pierre 73
Rosin, Heinrich 58
Rousseau, Jean-Jacques 78, 85

Saleilles, Raymond 70, 77–79, 92, 106, 213
Savigny, Friedrich Carl von 80, 170
Scalia, Antonin 164, 171, 173
Schmidt, Richard 185, 187, 189
Schmitt, Carl 132 f., 135, 138–141
Schnapper, Dominique 174
Schraut, Rudolf 196
Seydel, Max von 56, 58, 92
Siebeck, Oskar 196
Siebeck, Paul 1, 58, 103
Smend, Rudolf 100
Spencer, Herbert 36, 47
Stoerk, Felix 1, 6, 57, 215
Stolleis, Michael 7

Trendelenburg, Adolf 44
Triepel, Heinrich 100, 119, 129, 209
Troper, Michel 156
Turpin, Dominique 162

Vedel, Georges 202

Waldhoff, Christian 10
Waline, Marcel 138
Watson, Alan 252, 258 f., 261 f., 266, 269
Weber, Max 185, 202
Wolff, Martin 207

Zorn, Philipp 80
Zweigert, Konrad 207, 209, 215, 217, 220 f., 224–227, 240, 244

Sachregister

Abberufungsrecht 71, 122
acte de gouvernement 192
Ähnlichkeitsvermutung 227, 234 f., 244
Akteurszentrierung 173, 280
Allgemeine Staatslehre 63 f., 66, 88 ff., 93, 95, 97 f., 100, 109, 128, 136, 200, 274
Allgemeiner Gleichheitssatz 119, 129
Allgemeines Staatsrecht 59, 88, 99
Annales de l'École libre des sciences politiques 67
Antiparlamentarismus 72
Äquivalent, funktionales 244
Arbeiterbewegung 73
Archiv für öffentliches Recht 1, 57
Auflösungsrecht 75, 117, 186, *siehe auch* Parlament
Auslandsrechtskunde 3
Auslegungsmethode, fünfte 170

Begriffsgeschichte 14
belle époque 64, 90, 121
Beratungsgeheimnis 174 f.
Besatzung 189
Besetzung Frankreichs 53
Bundesrat 80
Bundesstaat 56
Bundesverfassungsgericht 143, 153, 158, 162, 168, 200

Chronologie 11, 182, 271
Conseil constitutionnel *siehe* Verfassungsrat
Critical Legal Studies 229 f.

Dekonstruktion 228, 246
Demokratie
– direkte 125
– Krise der ~ 111, 123

Demokratietheorie 78
Denkkollektiv 17, 24, 29, 34
Denkstil 17, 271
Deutsches Reich 56, 71 f.
Dezisionismus 132
Diktatur der Nationalsozialisten 53
Diskurs 2
Diskursanalyse 15
– historische 10, 13
Diskursbegriff, linguistischer 13, 16
Dogmatik 99 f., 133
Drittes Reich 182 f.
Dysfunktionalität 226

École libre des sciences politiques 104
Editionswissenschaft 252 f.
EGMR 165 f.
Empirie 33, 43, 45, 60
– Begriff, unklarer 33, 41, 60
– Begeisterung für die ~ 33
– Entwicklungsgesetz 35
– Entwicklungsstufe 37, 43, 46, 60
Erfahrungswissenschaften, Primat der 35 f.
Erklärung der Menschen- und Bürgerrechte 84 f., 129, 131
– Rechtsnatur, strittige 131
Erster Weltkrieg 63, 134, 140
Ethnozentrismus 238
EuGH 165 f.
Europa, neues 115, 124
Europarechtswissenschaft 219, 263
Evolution 36, 46
– ~sbiologie 43
– ~sgesetz 47, 60
– ~sparadigma 37
Exekutive, Stärkung der 80, 125, 127
Exekutivverordnung *siehe* décrets-lois

Fortschritt 46
Französische Revolution 49
– Tradition der ~ 80
Fundamentalkritik 240, 242
Funktionalismus 215–220, 243, 245 f., 275 f.
– Bedeutung der Perspektive 244
– soziologischer ~ 246
Funktionalität, latente 226
Funktionstyp 100

Gemeinrecht *siehe* ius commune
Gesellschaft für Gesetzgebungsvergleichung 6, *siehe auch* Société de législation comparée
Gesetzgeber
– Grundrechtsbindung 120, 129
– negativer 118, 133
Gesetzgebungsvergleichung 48, 50 f., 91
gouvernement des juges 130, 145, 157, 177, 274
Grundgesetz 151

Historische Rechtsschule 45
Historisierung 15
Hoheitsakt, gerichtsfreier *siehe* Hoheitsakt, justizloser
Hoheitsakt, justizloser 151, 192, *siehe auch* acte de gouvernement
Hybridisierung als Metapher 260

Idealtyp 185, 202, 212
Inkommensurabilität 242
Instabilität, politische 75
Institutionenlehre 139
interföderale Verfassungsvergleichung 3, 5
ius commune 249, 265, 268

Jahrbuch des öffentlichen Rechts 20, 66, 102, 107, 150, 170, 210, 252
Jahrhundertwende 96, 101

Kalter Krieg 222
Kammerauflösung 53
– Recht der ~ 53
Kolonialismus 42, 70, 262
– Dekolonisierungskonflikt 146
Konstitutionalismus

– globaler 250, 263 ff., 269, 276
– – rechtstheoretische Prämissen 266
– regionaler 264
Kontext 244
Kontextualisierung 15, 26
Kontextualismus 246
Krieg, deutsch-französischer 69
Kulturalismus 244
Kulturrelativismus 240 f.
Kulturverfassungsrecht 256 f.

Magna Charta 85
Metapher 259
Methode
– Auslegungsmethode 119
– geisteswissenschaftliche 132
– historisch-kritische 106
– juristische 57, 59, 95, 98, 106
– Methodenmigration 215
– Methodenreflexion 90 f., 274
– wissenschaftliche 91
Monarch 80
– kaiserliche Allmacht 81
Monarchie
– Bürokratie, monarchische 80
– Juli~ 82

Nachkriegsverfassung 144
Nachkriegszeit 112, 121, 128, 149, 177, 200
Nation 35, 58, 61
– verspätete 48
Nationalsozialismus 189 f., 213, 275
Nationalstaat 28
Naturwissenschaft 54, 60, 92 f., 99, 186, 272
– des Rechts 34, 41
Normenkontrolle, konkrete 158
Normfixierung 199

Parlament 70, 128, *siehe* Zeitalter der Parlamente
– Allmacht des ~ 129
– als Schutzwall gegen die Exekutive 80
– als Vergleichsgegenstand 48, 53, 61
– belgisches 54
– Demokratisierung des ~ 70, 73 f., 76, 78 f.
– Despotismus des ~ 69, 75 f., 79
– Herrschaft des ~ 70 f., 74

- Parlamentarisierung 118
- Parlamentsabsolutismus 117 f., 125
- Tyrannei des ~ *siehe auch* Parlament, Despotismus des ~
- Vorherrschaft des ~ 73, 76

Parlamentarismus 55, 96, 122
- absoluter 75
- echte Form 117
- englischer 118
- Krise des ~ 141
- preußischer 123
- unechte Form 117

Partei 206
Parteienherrschaft 125 ff.
Parteienstaat 126, 206
Parteiensystem 75
Perspektive
- akteurszentrierte 164
- Makro~ 153
- Mikro~ 153

Petition of Rights 85
Politikwissenschaft 64, 101, 108, 150, 183, 198 f., 201, 214, 223, 278
- Konstituierung als Disziplin 102

Positivismus 132
- Gesetzes~ 46, 59
- kausalgesetzlicher 36

Postmoderne 228
Postulat, Verfassungsvergleichung als 2, 6, 91, 99, 106, 116, 120, 150, 170, 176, 232, 243, 255, 261, 269, 272, 278
- Rolle der Statistik 37, 39

Präsident
- der Republik 147
- Präsidentenamt 53
- Staats~ in der III. Republik 75
- Weimarer Reichs~ 133

Privatrecht 9, 103
Prüfungsrecht, richterliches 113, 129 f., 133 ff., 140, 151

Quellenkorpus, offenes 13, 17 f., 20

Rationalisierung
- der Macht 122 ff., 140
- des Parlamentarismus 147

Recht
- Individual~ 77, 85, 87
- subjektiv-öffentliches 86 f.

Rechtsethnologie 35, 37, 42, 44 f., 48, 60, 91 ff.
Rechtsfamilie 94, 181, 183 f., 188, 208, 210, 214
Rechtskontext 181
Rechtskreis 181–184, 207, 214, 276
- ~konzeption 198
- Kritik 212
- Verfassungs~ 210
Rechtskultur 181, 209 f., 243
Rechtsphilosophie 43 f.
Rechtsprechungsvergleich 172
Rechtsstil 181
Rechtstheorie 66
Rechtstransfer 11, 249
- Rolle von Metaphern 250
Rechtstransplantat 258, 260
Rechtsvergleicherkongress 63, 69 f., 74, 96
Rechtsvergleichung
- Kritische 218, 228 f., 231, 243, 245 f., 276
- Bedeutung der Perspektive 236 f.
- Betonung von Unterschieden 233
- kulturalistische 232
Rechtswissenschaft, allgemeine *siehe* Rechtsethnologie
Referendum 125, 147
Regierungssystem 182
Regierungstyp 183, 197 f., 204, 211, 277
Regiment der Richter *siehe* gouvernement des juges
Reichsgründung 50, 55 f., 59, 89, 97, 275
Reichskanzler 71
Reichspräsident 139
Reichsverfassung, deutsche 97
Relativismus 241, *siehe auch* Kulturrelativismus
Religionsfreiheit 85 f.
Repräsentation 96
- parlamentarische 79
- proportionale 52, 61, 70 f., 74, 76 ff.
Republik 72 f.
- III. Republik 53, 58 ff., 72, 88, 153, 157, 275
- Verfassung 117
- IV. Republik 146, 199 f.

- Räterepublik, sozialistische 73
- V. Republik 144, 147
- Weimarer Republik 118
Revolution
- Französische 58, 94
- US-amerikanische 85, 94, 193
Revolution, methodische 200, 213
Revue du droit public 9, 20, 76, 102, 107, 160, 170, 196
Revue internationale de droit comparé 22
Revue Politique et Parlementaire 67
Rezeption 252, 260

Schwangerschaftsabbruch, Entscheidungen zum 160–163, 177
Société de législation comparée 1, 22, 49, 69
- Bulletin de la ~ 22, 34, 49 ff., 55
- Gründung 34
Souveränität
- kollektive 78
- nationale 78
Sozialvertrag 85
Soziologie 223, 225 f., 276
Staat
- Begriff 80 f.
- Selbstverpflichtungslehre 80
Staatenbund 56
Staatsperson 80
Staatsrechtslehrervereinigung 114, 119, 139, 190, 200
- Auflösung der 190
Staatstheorie 64, 108, 115, 272
Statistik 37, 40
- ~kongress, internationaler 39
- Gesetzes~ 92
- terminologische Orientierung an der ~ 39
Statusbericht 147
Stufenbau der Rechtsordnung 133
Supreme Court 157, 161, 164, 171, 173, 175
Systemtheorie 26

Technik
- Auslegungs~ 111, 121, 140
- Rechtsetzungs~ 116, 140, 147
- Verfassungsvergleichung als ~ 128, 272
Tertium comparationis 221

Textkorpus, virtueller 13
Textstufe 258, 263
- Textstufenparadigma 252 f., 255, 268 f.
Theorietransfer 25, 63, 65 f., 79, 83, 88, 90, 108, 113, 128, 135, 141
Transfer 259, 263
- als Prozess 261, 265, 269
- historischer 25, 27, 29
- Rechts~ 263, 268, 275 f.
- Resultat des ~ 265

Transplantat *siehe* Rechtstransplantat
Trennungsmodell der Disziplinen 102, 107, 109
Typisierung 208
Typologie 11, 159, 181 f., 187 f., 191, 204, 275

Übersetzung als Metapher 259, 269
Übersetzung 83
Universalismus 241

Vereinigungsfreiheit, Entscheidung zur ~ von 1971 147
Verfassung
- Hüter der ~ 132 f.
- Nachkriegs~ 140
- Verfassungslaboratorium 72
- Weimarer Reichs~ 133, 193, 272
Verfassungsbeschwerde 149, 151
Verfassungsfamilie 182
Verfassungsgericht 131, 136, 140, 151, 155, 164, 166
- als Kollegialorgan 164, 174
- als Vergleichssubjekt 177
- Legitimation des ~ 177
- Modell, europäisches 154, 156
- Modell, französisches 156
- Modell, US-amerikanisches 154, 156, 159
- Verfassungsgerichtliche Kontrolle von Parlamentsgesetzen 155
- Verfassungsgerichtsbarkeit 152, 159
- Legitimierung der 160
- Legitimität der 157
- Verfassungsgerichtspositivismus 153
- Verfassungsgerichtsverbund 164, 166, 167, 169 f., 173

Verfassungspolitik 53
- französische 65
Verfassungsrat 144 f., 147 f., 153 f., 156, 160, 162, 167, 169
Verfassungsrecht
- als universitäre Disziplin 58, 60, 97
- gemeineuropäisches 171, 264
- Legitimation des ~ 59
Verfassungsrechtswissenschaft 2, 5
- Konstituierung als universitäre Disziplin 35, 64, 95 f., 103, 107, 109, 274 f., 278
- Legitimierung der ~ 97
- neue ~ 153, 156, 177, 274
Verfassungstransfer 249, 252
Verflechtungsgeschichte 2 f., 10, 23 f.
- Bedeutung der Asymmetrien 24, 65, 69, 84
- Beobachterposition 24
- räumlich-zeitlicher Untersuchungsmaßstab 24 f.
Vergleich, historischer 27
Vergleichsgegenstand, Verfassungsgerichte als ~ 144
Vergleichsland 94, 184, 188 f., 279
- Deutschland 83
- England 55, 83
- USA 87
- Argentinien 70
- Bayern 122
- Belgien 120
- England 58, 61, 94, 121, 280
- Frankreich 58, 161
- Italien 161
- Japan 193
- Österreich 120, 161
- Preußen 122
- Schweiz 70, 87, 119, 122, 280
- sozialistische Länder 222
- USA als ~ 280
- USA 54, 94, 119, 129 f., 133, 135, 141, 153, 171, 258
Vergleichsobjekt 153
Vergleichssubjekt 144

Verordnungsgewalt der Regierung 80
Verschränkungsmodell der Disziplinen 102, 107, 109
Verwaltungsrecht 83, 218
Vichy-Regime 183, 190, 200
Volkssouveränität 73
Volkswirtschaftslehre 39
volonté générale 75

Wahl
- ~kreis 75
- allgemeine ~ 71
- Mehrheits~ 47, 76, 79
Wahlrecht 52, 54 f., 75
- allgemeines 73
Wahlsystem 51, 61
- empirisches 54
- proportionales 74
- rationales 54
Weltausstellung von Paris 1900 69
Wissenschaft
- exakte 36 f.
- positive 40 f.
Wissenschaftler, jüdische 195
Wissenschaftsgeschichte 9 f.

Zeitalter
- der Nationalismen 48
- der Parlamente 53, 61, 64 f., 72, 108, 116, 143, 273
- der Verfassungsgerichte 54, 143, 152, 176 f., 273
- der Vergleichung 33, 48
Zeitschrift für ausländisches öffentliches Recht und Völkerrecht 22
Zeitschriftenanalyse 10, 18, 20
Zivilrecht 21, 210, 275
Zivilrechtsvergleichung 198, 206 f., 217, 221, 227, 246, 278
Zweiter Weltkrieg 53, 143, 151, 183, 199, 202, 206, 210, 218
Zwischenkriegszeit 111, 114, 135, 139 f., 149

Grundlagen der Rechtswissenschaft

herausgegeben von
Marietta Auer, Horst Dreier und Ulrike Müßig

Die Schriftenreihe *Grundlagen der Rechtswissenschaft* (GRW) widmet sich Fragen nach den Grundlagen des Rechts, aber auch Rechtsfragen allgemeiner Art. Die Entwicklung der Rechtswissenschaft wird nicht nur von den Einzeldisziplinen und ihren Nebengebieten getragen, sondern entscheidend auch durch historische, philosophische, soziologische und methodische Fragestellungen bestimmt. Rechtsgeschichte, Rechtsphilosophie, Rechtssoziologie und Rechtstheorie ist gemeinsam, daß sie das Recht selbst zum Gegenstand ihrer Forschung machen und sich so auf ihre je eigene Art mit den Grundlagen des Rechts beschäftigen. Diese Fragen sind bei der täglichen Arbeit der Juristen, auch der der Rechtswissenschaftler, vielfach aus dem Blick geraten. In Zeiten, in denen sich auch die Rechtswissenschaft immer weiter ausdifferenziert, droht damit ein eher an der Oberfläche bleibendes, zusammenhangloses Nebeneinander. Die Auseinandersetzung mit Grundlagen sensibilisiert demgegenüber für die Abhängigkeit des Rechts von der Entwicklung der eine Rechtsordnung tragenden Gesellschaft, weckt Verständnis für Zusammenhänge und gibt Orientierung im Dickicht zahlloser Einzelfragen.

ISSN: 1614-8169
Zitiervorschlag: GRW

Alle lieferbaren Bände finden Sie unter *www.mohrsiebeck.com/grw*

Mohr Siebeck
www.mohrsiebeck.com